KB069923

대상관계이론과 상담

호모 렐라티우스 되어 가기

가요한 · 문은영 공저

학지사

머리말

이 책을 쓰게 된 계기는 두 가지이다. 우선, 지난 2011년부터 학부와 대학원에서 대상관계이론을 강의하면서 학생들이 이 이론에 많은 관심과 매력을 느끼지만, 이론을 명확하게 이해하는 데에 어려움을 겪는 모습을 보아 왔다. 다양한 교재를 사용해서 수강생들의 이해를 도우려 노력했지만, 다른 문화의 사례와 번역을 통한 전달이 마음에 와닿는 깊은 이해를 돕기에는 한계가 있었다. 또한 지난 2017년부터 한국청소년상담복지개발원 청소년 상담사 보수교육, 교육청 Wee센터 전문상담사 교육과 슈퍼비전, 시·군·구 청소년상담복지센터의 청소년 상담사, 청소년 동반자 교육과 슈퍼비전 등 다양한 임상 현장에서 대상관계이론에 대해서 강의해 왔는데 현장 상담사들이 대상관계이론을 배운 후에 이론의 관점과 기법을 내담자들에게 직접 적용하는 데 어려움을 겪는다는 피드백을 많이 들어 왔다.

학생들과 상담사들의 피드백이 이해되는 부분은, 우선 대상관계이론(object relations theories)은 영어 이름이 복수형(theories)으로 되어 있는 것처럼 체계성과 통일성을 강조하는 이론이기보다는 다양한 이론가와 임상가의 고유한 관점과 임상적인 다양성을 인정하고 있기 때문이다. 대상관계이론은 이론의 창시자 혹은 대가 한 사람이 자신의 이론을 종합하고 체계적으로 정리한 후 후학들에게 전수한 이론이기보다는, 다양한 임상가가 각자의 임상 현장에서 내담자를 이해하고 치료한 경험을 정리한 이론이라고 볼 수 있다. 그만큼 처음 배우는 사람들이 습득하는 데 어려움이 크다. 또한 대상관계이론이 인지행동치료나 다양한 상담이론처럼 구체적이고 명확하게 정리된 상담 매뉴얼과 같은 기법을 제공하고 있지 않기 때문이다.

이런 상황에서 대상관계이론을 공부하는 심리학 전공생들, 현장 상담사들, 대상관계에 관심 있는 일반인을 위한 대상관계이론 및 실제에 관한 읽기 쉬운 책을 출판하면 좋겠다고 생각하게 되었다. 하지만 '신뢰할 만한 저자와 역자에 의해서 저술되고 번역된 좋은 대상관계이론 책들이 이미 국내에 학지사 출판으로도 많이 나와 있는데 이 이론에 관한 새로운 책이 또 필요할까?'라는 생각이 들어서 주저하는 마음도 들었다. 그래도 오랜 주저함 끝에 용기를 내어서 이 책을 내는 이유는 한국 문화와 사회에서 태어나고 자라난 저자들의 관점으로 대상관계이론을 쉽게 설명하고 이해하기 쉬운 사례를 제시하는 책이 있으면 좋겠다는 생각 때문이었다.

이 책에는 대상관계이론에 대한 완전히 새로운 논의들이 포함되지는 않았다. 대상관계이론을 공부해 본 분들이라면 이미 알고 있는 내용이 정리되어 있다. 하지만 저자들이 오랫동안 대상관계이론을 공부하면서 힘들여 이해하고 소화하고 정리한 내용을 독자들에게 맛있고 소화가 잘 되도록 요리해서 내놓은 대상관계이론 **강의 노트**로 이해해 주면 좋을 것 같다. 저자들은 그동안 대상관계이론 강의 때마다 기존에 번역되어 출판된 책들을 대부분 다 참고도서로 이용해 왔는데, 이제는 그 내용 중에서 독자들에게 꼭 전달하고 싶은 내용, 기존 교과서에 포함되지 않은 이론가들의 개인적 배경과 이론의 역사, 특히 최근의 신경생리학과 뇌 연구의 내용을 이 강의 노트에 녹여 내려고 노력했다.

대상관계이론은 원래 지그문트 프로이트의 고전 정신분석이 영국에서 수정되고 꽃피운 이론이다. 19세기 말과 20세기 초에 유럽 전역과 미국으로 퍼져 나간 정신분석은 카리스마적이고 권위적인 창시자인 프로이트의 강력한 영향 아래 있었다. 정신분석의 초기 상황에 종교적 수준의 강력한 신념과 교리적인 분위기가 있었던 것은 잘 알려진 사실이고, 프로이트와는 다른 의견을 가졌던 칼 융과 알프레드 아들러가 정신분석에서 떨어져 나왔던 것도 주지의 사실이다. 창시자의 강력한 영향 아래에 있었던 오스트리아와 스위스의 초기 정신분석가들과는 달리, 유럽 대륙과 떨어진 영국의 정신분석가들은 섬나라인 영국의 지리적 위치, 영국인들의 경험주의적인 성향, 비교적 고립되어서 독자적인 임상 및 이론 활동이 가능했던 상황적인 이점 때문에 고전 정신분석과는 다른 관점에서 인간발달 과정을 보는 것이 가능했던 것으로 보인다. 그 결과, 기존 정신분석과는 다른 대상관계이론의 독자적인 발전이 가능했다.

어떤 분야든 이미 견고하게 형성된 기존 구조(structure)와 새로운 방향성 및 관점을 제안하는 변혁 운동(movement) 사이에 건설적인 긴장 및 상호작용이 있어야 발전이 있을 수 있다. 대상관계이론은 기존의 지배적인 집단이 가진 관점 혹은 낡은 틀에 반대하는 지속적인 논의로 볼 수 있고, 새로운 아이디어와 생명을 불어넣으려는 시도로 볼 수 있다(Hamilton, 1988/2007, p. 9). 미국 전통의 자아심리학(ego psychology)과 자기심리학(self psychology)이 정신분석의 이단 혹은 주류에서 벗어난 아류 이론으로 간주되었던 것처럼, 영국 전통의 대상관계이론도 한때는 주류에서 떨어져 나간 이단적 이론으로 취급되었던 때도 있었다. 하지만 지금은 건강한 사람들뿐만 아니라 성격적인 장애와 인간관계의 어려움을 가진 사람들에 대한 의미 있는 연구로 상담 실제에 많은 도움을 주고 있고 지금도 꾸준히 성장하고 발전하는 과정 중에 있다.

1998년에 미국 보스턴칼리지 강의실에서 마이클 세인트 클레어(Michael St. Clair) 교수님의 대상관계이론 대학원 세미나 수업을 한 학기 수강하면서 처음 이 이론을 접한 이후 지금까지 25년 동안 대상관계이론이 한국 문화에서 이해하고 적용하기에 큰 무리가 없고 한국인 내담자를 상담하는 데 중요한 자원이 된다고 느끼고 있다. 하지만 고메즈가 지적한 것처럼, 고전 정신분석과 대상관계이론은 19세기 후반과 20세기 초반 유럽 백인들의 문화, 사회, 가족 구조라는 사회문화적 맥락에 뿌리를 두고 발전되었고, 이론적ㆍ철학적 기초가 중산층 백인의 신경증을 치료하는 것에 집중되었던 점을 기억할 필요가 있다(Gomez, 1997/2008, p. 15). 대상관계이론을 자세히 검증해 보면 모든 문화에 보편적으로 적용되는 이론이 아닌, 인류학 이론에서 강조하는 문화 특정적(culture-bound) 이론일 수도 있다는 점이다.

초기 정신분석 전통에서 대상관계이론의 발전을 위해서 많은 공헌을 했던 여성 임상가들이 섬세한 감수성과 창의성으로 인간의 심리적 탄생의 과정을 세심하게 관찰하고 체계화한 것처럼, 앞으로 한국 문화와 사회에서 다양한 계층, 연령층, 성별에 따른 인간의 심리적 발달과정을 잘 검토해 보는 과정이 중요하다. 이를 통해서 각 개인의 차이점과 특별한 관계 및 정서 욕구에 대한 인식을 더 높이고 발달이론의 확장 혹은 수정이 필요해 보인다. 필요하다면 영유아들이 부모와의 안정적이고 지속적인 관계 속에서 건강하게 성장할 수 있는 점의 중요성을 한국 사회 전반에 인식시키고 영유아의 양육과정, 아동ㆍ청소년기 교육, 성인 초기 정체성 형성과정 등에 관련된 사회적 정책을 수립하는 데 공헌하는 것도 중요하다. 이 책에서는 아직 한국 문화에서의 적용에 관한 이론을 만들지는 못했지만, 한국 문화의 관점에서 본 대상관계이론의 이해가 담겨 있다.

이 책의 부제인 '호모 렐라티우스 되어 가기(Becoming *Homo Relativus*)'는 여러 의미를 담고 있다. 우선, 라틴어 호모 렐라티우스는 '관계를 맺는(having relation to)' 또는 '다른 사람 혹은 다른 어떤 것에 의지하는(having dependence on someone or something else)' 인간이라는 뜻이다. 인간은 본성적으로 다른 사람과 관계를 맺으며 존재하고 성장하는데, 다른 대상에게 의지하기도 하고 의지가 되면서 살아가는 존재이다. 또한 호모 렐라티우스는 '상대적 인간'이라는 의미도 내포한다. '상대적'이라는 단어의 반대어인 '절대적'은 '비교하거나 상대될 만한 것이 없는'이라는 뜻인데, 반대로 '상대적'은 다른 대상과의 관계에서 자기의 고유한 특징이 드러난다는 의미로서 각 개인이 자기만의 고유함을 가지고 대상과 함께 존재하며 상호작용함을 강조한다. 아무리 포스트모던, 포스트 코로나 시대라 해도 각 개인은 홀로 떨어진 절대적인 존재일 수 없고 반드시 다른 대상들과 함께 살아가는 상대적인 존재일 수밖에 없다.

호모 렐라티우스 '되어 가기(becoming)'의 의미는 렐라티우스는 일생에 한 번 유아기에 부모로부터 분리-개별화를 완성하고 대상항상성을 형성하면, 그 이후에는 관계를 맺는 인간, 관계적 인간, 자기의 고유한 특징을 가진 상대적 인간으로 살아가기에 부족함이 없고 아무런 어려움이 없는 것은 아니라는 것이다. 오히려 이후에도 아동기, 청소년기, 성인기까지 인생의 새로운 변화의 시기마다 관계를 재경험하고 다져 나가는 과정이 필요하다. 결국 호모 렐라티우스는 나면서부터 주요 대상과 관계를 맺고 성장하는 운명을 지닌 존재이기도 하지만, 일생 동안 그 과정을 통해서 끊임없이 성숙하고 발달하는 책임과 권리를 지닌 존재이기도 하다. 인간은 현재도 호모 렐라티우스면서 항상 호모 렐라티우스로 '되어 가는(becoming)' 과정 중에 있다.

이 책의 공저자로 한동대학교 대학원 심리학박사 과정 졸업생인 문은영 박사가 함께 작업하게 된 것을 감사하게 생각한다. 이 책의 전반에 걸쳐 많은 통찰이 담긴 좋은 원고를 작성해 주었고, 약사로서의 학문 훈련과 임상 경험으로 대상관계이론에 관한 뇌신경생리학적인 관점의 이해를 추가해서 책의 내용을 더 차별화되고 풍부하게 해 주었다. 마지막으로, 출판하기 어려운 주제의 저술인 『심리영성발달의 이해: 호모 스피리투스 되어 가기』(2021)의 출판을 흔쾌히 허락해 주셨고 『대상관계이론과 상담: 호모 렐라티우스 되어 가기』(2022)까지 출판해 주신 학지사 김진환 대표님께 진심으로 감사드린다. 기대하기는, 저자들의 저술의 주제인 호모 스피리투스, 호모 렐라티우스, 그리고 이후에 연구와 저술이 진행될 호모 프로테우스의 개념을 통해서 포스트 코로나 시대의 인간 본성과 존재에 대한 이해에 조금이라도 도움이 되기를 간절히 바란다.

2022년 9월
저자 대표 가요한

II. 대상관계이론의 이해

III. 대상관계이론의 적용

IV. 대상관계이론의 실제

I. 대상관계이론의 시작

제1장
클라인과 위니컷

대상관계이론의 출발점

이 책을 시작하면서 대상관계이론의 뿌리인 정신분석이론이 발달하던 과정에서 벌어졌던 이론적·관계적 갈등에 관한 흥미로운 이야기를 간략하게 나눔으로써 출발해 보려고 한다. 정신분석이 발전하던 과정에서 창시자이자 카리스마적인 아버지 인물이었던 지그문트 프로이트(Sigmund Freud)의 역할이 절대적이었지만, 이론에 관한 논의와 토론을 함께 했던 두 명의 파트너가 있었다. 그들은 알프레드 아들러(Alfred Adler)와 칼 융(Carl Jung)이다. 프로이트(1856~1939), 아들러(1860~1939), 융(1875~1961)의 나이를 보면 아들러는 프로이트보다 네 살 연하, 융은 프로이트보다 열아홉 살 연하였다. 그들을 동료로 보기에는 좀 무리가 있고, 그렇다고 아들러와 융이 프로이트의 제자였다고 하기에는 그들 각자도 이미 이루어 놓은 학문과 고유한 관점이 있었다. 세 사람은 운명적으로 만나서 정신분석의 태동기에 트리오가 되었고, 또 운명적으로 헤어지게 되었다.

프로이트와 아들러는 나이 차이는 있지만 둘 다 오스트리아 비엔나에 살면서 비엔나 대학교 의과대학에서 공부한 의사였다. 헝가리계 유대인이었던 아들러는 어릴 때 폐렴으로 생사의 고비를 넘겼고, 동생이 병으로 죽자 의사가 되기로 마음먹었으며 결국 의사가 되었다. 아들러는 1902년에 프로이트가 주관하는 수요 모임에 초대되어 함께 활동했지만, 점점 프로이트와의 이론적 관점의 차이를 견디지 못했다. 가장 큰 이론적 차이점은 프로이트가 원초아, 자아, 초자아의 개념을 제시하며 인간을 부분으로 나누어서 분석할 수 있다고 생각했던 반면, 아들러는 인간을 개인(individual), 즉 더는 나눌 수 없는 통합적인 존재로 보았던 점이다.

아들러는 프로이트가 인간을 조각으로 나누고 인간의 모든 문제를 성적으로 이해하고 해석하려는 것에 불편함을 느끼면서 서서히 프로이트로부터 멀어지게 되었다. 프로이트는 인간의 본성, 동기, 행동을 이해하는 데 있어서 쾌락에의 의지, 성적 충동, 그리고 생물학적 본성을 강조했다. 반면, 아들러는 인간의 마음속 깊은 곳에 존재하는 본능적 열등감(inferiority)에 깊은 관심을 두면서, 인간은 누구든지 열등감을 느끼지만, 이 열등감을 극복하기 위해 우월성(superiority) 혹은 자기 완벽(self-perfection)을 추구하는 본능이 있다고 보았다. 상담사가 장애물을 치워 주고 물꼬를 터 주면 누구나 잠재력을 발휘할 수 있다는 인간에 대한 긍정적 관점을 가지고 있었다. 그는 또한 인간은 열등감을 보상하려고 시도하는 과정에서 자기만의 생활양식을 형성하고 신체적 열등감을 승화시킬 수 있다고 강조해서 많은 호응을 얻기도 했다.

또한 프로이트가 각 개인의 심리 내적(intra-psychic) 구조와 상호작용에 깊은 관심을 두면서 인간의 관계 맺는 측면을 많이 강조하지 않았던 반면, 아들러는 사람들 간의 관계에 깊은 관심을 두었다. 아들러는 인간은 본능적으로 다른 사람을 존중하고, 다른 사람에 관심을 가지며, 관계 맺음과 상호작용 가운데 살아간다고 생각했다. 그는 인간에게는 본성적으로 공동체성이 있다고 설명하면서, 독일어로 공동체 감정(Gemeinschaftsgefühl), 즉 공동체(Gemeinschaft)와 공동체에 속한 사람들에 대한 감정(gefühl)이 있음을 강조했다. 아들러는 또한 인간에게는 다른 사람들과 공동선을 위해서 함께 일하는 능력이 있고, 사회적 관심(social interest)이 포함되어 있다고 보았다.

아들러는 결국 1911년에 정신분석학회를 탈퇴하고 개인심리학(individual psychology)을 주창하게 되었다. 대상관계이론이 아들러의 심리학에서 나오지는 않았지만, 아들러가 프로이트와 공동작업 초기에 서로 갈라서게 한 주요 주제들이 대상관계이론의 주제와 맥을 같이하는 측면이 매우 흥미롭다. 그런데 이렇게 인간의 관계성, 타고난 사회적 관심과 공동체 정서를 강조했던 아들러의 심리학이 개인심리학이라는 이름으로 불린 것은 매우 역설적이다. 이유는 아들러가 각 개인의 고유성을 강조하고 싶었기 때문으로 보인다.

프로이트와 아들러는 결별한 후 평생 한 도시에 살면서도 서로 만나지 않았다. 그만큼 인간의 심리 이해에 대한 관점의 차이가 이들의 관계 회복을 어렵게 했다. 아들러는 프로이트와 결별한 이후에 자기가 프로이트로부터 많은 것을 배웠다는 점을 인정했고, 자기의 심리학은 프로이트 심리학의 약점을 발전시킨 이론이라고 언급했다. 반면, 프로이트는 깊이 파인 자기애적 상처 때문인지 아들러와 결별한 이후에 아들러의 심리학 작업을 크게 의식하면서 남은 인생을 아들러를 비판하는 일로 많은 에너지를 썼다. 널리 알려진 유명한 이야기로 프로이트가 아들러를 난쟁이에 비유하면서 자기가 난쟁이를 위대하게 만들었다고 혹평하자, 아들러는 난쟁이가 거인의 어깨 위에 있으면 그 거인보다 훨씬 더 멀리 볼 수 있다고 응수하기도 했다.

프로이트와 융의 첫 만남도 운명적이었다. 1907년 어느 날 32세였던 융이 정신분석학의 대가인 프로이트와 만나서 13시간 동안 이야기를 나눈 후 두 사람은 5년 동안 공동으로 이론 작업을 하게 되었다. 하지만 훗날 국제정신분석학회의 회장까지 되었던 융은 정신분석 운동을 국제적으로 확장하는 과정에서 결국 1914년에 프로이트와 결별하고 자기의 길을 가게 되었다. 프로이트와 아들러의 결별이 일어났던 1911년으로부터 불과 3년 후의 일이었다. 가장 큰 이유는 프로이트와 아들러의 관계처럼 프로이트와 융의 좁힐 수 없는 이론적 관점의 거리였다. 우선, 융은 프로이트와의 5년간의 공동작업 후반부에 접어들면서 프로이트가 강조했던 신경증의 주요 원인이 성적인 것에 있다는 강조점을 불신했다. 즉, 둘 사이를 갈라놓은 가장 큰 원인은 프로이트의 성 이론이었다.

프로이트는 리비도를 성적 에너지와 공격성이라고 생각하는 것에서 한 발짝도 물러나지 않았고, 융은 리비도를 일반적인 삶의 에너지로 강조하면서 그 에너지 안에 성적 에너지와 공격성도 포함될 수 있다고 생각했다. 융은 프로이트가 생각했던 것보다 훨씬 더 넓은 의미의 삶의 에너지가 인간에게 있다고 보았다. 프로이트는 매우 세속적인 사람이었는데, 융은 자기의 기독교 신앙을 드러내 놓지는 않았지만, 태생적으로 목사의 아들이었다. 그 둘의 갈등은 빅토리아 시대를 살던 유대인 가부장과 목사의 아들 사이의 갈등이었다. 융은 기질적으로 프로이트의 성 이론을 소화하고 받아들이는 데 어려움을 겪었고 프로이트의 비종교성, 반종교성을 매우 냉소적으로 바라보았다. 훗날 융은 프로이트가 자기의 비종교성을 너무 자랑스럽게 떠벌린다고 생각했고, 신 대신에 성이라는 새로운 강력한 도그마를 대체해 놓았다고 비판했다. 융은 프로이트가 리비도를 성적 에너지로 보면서 결국 숨겨진 신의 자리에 리비도를 등극시켰다고 꼬집었다.

프로이트와 융의 결별의 또 다른 결정적 원인은 개인 무의식과 집단 무의식 개념이었다. 프로이트의 무의식 개념은 혁명적이었지만, 그는 개인 무의식만 강조했다. 개인 무의식은 원래는 의식의 영역에 있던 생각, 감정, 이미지, 동기, 욕구 등인데, 그것을 의식하고 살아가면서 표현하는 것은 매우 위험하기에 억압을 통해서 무의식의 영역으로 들어갔다는 것이다. 즉, 무의식의 내용은 원래는 인간의 의식에 있던 내용이라는 것이다. 반면, 융은 집단 무의식이 존재한다고 보면서 집단 무의식은 태어날 때부터 누구에게나 이미 선천적으로 갖추어져 있는 것으로 보았는데, 프로이트는 융이 강조했던 집단 무의식의 존재를 전혀 인정하지 않았다. 융이 강조했던 집단 무의식은 개인 무의식의 일부이거나 개인적 경험이 축적된 것이 아닌 인류의 역사와 문화를 통해서 선조로부터 전해 내려오고 공유된 정신적 자료라는 것이었다. 이런 내용이 어머니 원형(archetype)과 같이 이미지로 전해 내려오면서 신화, 민속, 예술 등에서 보편적이고 공통적인 주제로 나온다고 본 것이다.

인간 존재를 통합적이고 역사적이며 관계적으로 보았던 융의 심리학이 분석심리학(analytical psychology)으로 불리게 된 것도 역설적이다. 마치, 앞서 언급한 것처럼 공동체 정서와 다른 사람에 대한 사회적 관심을 강조했던 아들러의 심리학이 개인심리학으로 불린 것과 비슷하다. 이렇게 프로이트, 아들러, 융의 트리오 관계는 해피엔딩으로 마무리되지는 못했다. 프로이트는 1911년과 1914년, 두 차례의 결별을 통해서 좋은 학문 파트너였던 소중한 두 사람을 연속으로 잃게 되었다. 프로이트와 한 도시에 평생 살았고 같은 유대인이었던 아들러와 달리, 융은 스위스에 살아서 프로이트와 서신 교류를 주로 했었던 지리적 거리와 개신교 목사의 아들이었던 융의 태생적 차이점도 관점의 차이에 한몫했던 것으로 보인다. '프로이트가 정신분석의 창시자로서 이론을 발전시키는 과정에서 아들러와 융의 관점을 잘 융합했으면 어땠을까?' 하는 생각에 많은 아쉬움이 남는다.

이 책에서 살펴볼 대상관계이론은 프로이트의 정신분석을 수정하고 확대하며 인간관계적인 측면을 강조한 이론이었다. 아들러의 개인심리학이나 융의 분석심리학이 아닌 프로이트의 정신분석학 이론을 출발점으로 삼았지만, 아들러와 융의 관점이 신기하게도 대상관계이론에 많이 나타나고 있다. 이 점은 어떻게 이해하고 설명할 수 있을까? 결국 프로이트 이론에 대한 아들러와 융을 비롯한 후대 임상가들의 비판적이고 수정된 관점은 서로 일맥상통하는 지점이 있는 것으로 볼 수 있다. 그런데 대상관계 이론가들의 관계는 프로이트, 아들러, 융의 관계와는 달랐다. 정신분석이론 트리오처럼 대상관계이론에도 트리오가 있었다. 대상관계이론이 태동할 때 영국학파(British School)에 속했던 트리오는 멜라니 클라인(Melanie Klein, 1882~1960), 도널드 위니컷(Donald Winnicott, 1896~1971), W. R. D. 페어베언(W. R. D. Fairbairn, 1889~1964)이었다.

이들의 관계는 선배들의 관계와는 매우 달랐다. 오스트리아 비엔나를 떠난 후 영국 런던에 정착해서 임상 활동을 했던 클라인과 영국 런던 태생의 위니컷은 같은 도시에서 오랫동안 임상적·학문적으로 교류했다. 위니컷은 클라인보다 열네 살 연하였지만, 이들은 서로 영향을 주고받으며 좋은 관계로 지냈고 위니컷이 클라인의 아들을 맡아서 정신분석을 해 줄 만큼 가까운 관계였다. 클라인보다 일곱 살 연하였던 페어베언은 런던에서 멀리 떨어진 스코틀랜드 에든버러에서 심리적 자유를 느끼며 임상 활동을 했고, 클라인과 편지로 교류하면서 지냈다. 페어베언은 클라인과 위니컷보다는 학문의 아버지였던 프로이트의 영향에서 비교적 자유로웠고, 그 결과로 정신분석이론의 영향을 가장 덜 받는 순수 대상관계이론을 개발했다.

또한 이들 대상관계이론 트리오만큼 주목받지는 못했지만, 페어베언에게 영향을 받고 훈련받으면서 대상관계이론 발달에 나름의 고유한 공헌을 했던 해리 건트립(Harry Guntrip, 1901~1975)이 있다. 이 책을 시작하는 제1장과 제2장에서는 대상관계이론 운동을 시작했던 클라인, 위니컷, 페어베언, 건트립이 형성한 가족, 학문 훈련과 임상 훈련의 배경, 각자의 관점과 이론을 발달시켜 가는 과정에서 서로 주고받고 도움이 되었던 영향에 대한 상세한 논의로 시작하려고 한다. 이 논의가 독자들이 대상관계이론을 이해하는 첫걸음에 많은 도움이 되리라 기대한다.

멜라니 클라인(Melanie Klein, 1882~1960)

삶과 경험

20세기 초 대부분의 학계에서는 여성들의 사회에서의 위상과 여러 가지 제약으로 인해서 여성 학자들의 활동이 어려웠는데, 대상관계이론 분야에서 멜라니 클라인(Melanie Klein), 마거릿 말러(Margaret Mahler), 에디스 제이콥슨(Edith Jacobson)과 같은 여성 임상가들의 공헌이 있었던 것은 굉장한 행운이었다. 이들은 여성 특유의 섬세함으로 유아와 엄마의 상호작용을 직접 경험하기도 하고 세밀히 관찰함으로써 새로운 관점의 이론으로 발전시키는 놀라운 능력을 보여 주었고, 이들의 공헌을 통해서 대상관계이론이 많은 발전을 이루게 되었다. 그중에서 가장 먼저 선구적인 역할을 했던 인물은 클라인이었다. 클라인은 어린 시절 성장 경험과 성인기 결혼생활의 많은 관계적 어려움, 고통, 상실을 경험했고, 고통스럽고 좌절스러웠던 그러한 경험이 그녀가 고유한 관점에서 사람을 이해하고 치료하게 된 토대가 되었다.

클라인은 가족 구성원들이 정서적으로 건강하게 분리-개별화되지 못하고 서로 심하게 얽혀 있던(enmeshed) 신경증적인 유대인 가족에서 자라났다. 4남매 중 막내로 태어난 클라인은 원치 않았던 임신으로 자기가 태어났음을 알게 되었고 부모님이 언니와 오빠를 편애하는 것을 보면서 심한 질투심을 느끼며 자랐다. 클라인은 의사였지만 오스트리아 비엔나의 반유대인 정서로 경력이 단절되었던 아버지 대신에, 강력한 카리스마로 사람을 쉽게 조종하고 가족 내의 힘이 컸던 어머니에게서 많은 영향을 받았다. 아버지는 의사 대신 치과의사로 직업을 이어 갔고, 어머니가 가게를 운영하며 가족 생계의 상당 부분을 감당했다. 어머니가 딸에게 건강한 정서적 경험을 주지는 못했지만, 클라인은 어머니를 희생적이고 헌신적인 인물로 이상화했고 딸인 자기를 무시하던 아버지 대신 자기의 재능을 알아보고 공부하도록 격려했던 오빠를 따르며 자랐다.

하지만 클라인이 18세 때 아버지가 갑자기 세상을 떠났고 20세 때는 오빠가 죽음으로써 굉장히 고통스러운 상실을 연속으로 경험하게 되었고, 계획했던 의학 공부도 포기하게 되었다. 오빠가 떠난 이듬해에 클라인은 어린 나이에 결혼하게 되었는데 화공기술자였던 남편이 자주 출장을 다니게 되면서 서로 친밀하고 만족스러운 결혼생활을 하지 못했다. 클라인은 이후 세 자녀를 낳았지만 산후 우울증을 심하게 겪었고, 삶에 기쁨이 없고 힘겹다는 느낌을 오랫동안 받으면서 지내게 되었다. 그녀는 아이들에 대한 애정을 느끼고 엄마의 역할에 충실해 보려고 최대한 노력했지만 늘 행복하지 않았고 그러한 개인적 불행감으로부터 빠져나올 길이 보이지 않음을 안타까워하기도 했다. 클라인은 어머니의 도움으로 장기 휴가를 여러 번 떠나 보기도 했지만, 심리적 상태는 별로 호전되지 않았다.

아마도 클라인이 현실적 여건 때문에 교육받을 기회를 놓치면서 그녀의 지적 능력과 상상력이 충분히 사용되지 못하고 갇혀 버렸던 상황이 그녀를 깊은 우울감에 빠지게 했던 것으로 보인다. 딸의 정서적 회복을 위해서 도움을 주었던 어머니마저 세상을 떠났던 개인적인 위기의 순간에 클라인은 정신분석을 접하게 되었다. 프로이트의 저술을 읽고 많은 영감과 통찰을 얻었고, 잘 알려진 정신분석가인 산도르 페렌치(Sándor Ferenczi)에게 정신분석을 받게 되었다. 페렌치는 정신분석가가 되고 싶은 클라인의 소망을 지지하고 격려했는데, 클라인은 페렌치를 애착 대상으로 느끼고 많이 의지했던 것으로 보인다. 클라인은 지적 능력과 섬세함으로 그 당시 미개척 분야였던 아동 정신분석에 집중하게 되었고, 자기만의 고유한 방식으로 아동을 치료하는 능력을 보여 주었다. 그녀는 프로이트가 신경증의 주원인으로 보았던 오이디푸스 갈등보다 훨씬 이전 단계의 전오이디푸스기 유아의 원초적인 불안과 공포 경험을 매우 중요하게 보고 그 문제에 깊이 파고들었다. 이런 다른 관점이 정신분석이론과 대상관계이론을 구분 짓는 중요한 전환점이 되었다.

클라인의 결혼생활이 점점 더 악화되면서 그녀는 아이들을 데리고 베를린에 정착하게 되었다. 그곳에서 매우 힘든 시간을 보낸 몇 년 후 카를 아브라함(Karl Abraham)에게 정신분석을 받게 되었고, 아브라함도 그녀에게 중요한 애착 대상이 되었다. 클라인이 페렌치와 아브라함에게 강한 애착 경험을 하게 된 것은 정신분석 분야에서 혼자 고립되어서 분투하던 경험과 아버지에게 사랑을 받지 못했던 정서를 반영했을 것으로 보인다. 그녀는 정신분석을 받은 덕분에 예전처럼 깊은 우울 상태에 빠지지는 않았지만, 독일의 정신분석가들에게 따뜻한 환대를 받지 못하고 매우 외롭고 고통스러운 시간을 보냈다. 그녀가 의학 공부를 한 적이 없으며 당시 편견에 시달리던 유대인이었던 데다가 당시 기준에서 이혼을 사회적으로 잘 인정해 주지 않았기 때문이다.

이때 클라인에게 도움의 손길을 베풀고 지지해 준 인물은 영국 정신분석학계의 중요 인물이었던 어니스트 존스(Ernest Jones)였다. 존스가 클라인을 런던으로 이주하도록 강하게 권했는데, 클라인은 첫째와 둘째 자녀는 베를린에서 교육을 마치도록 남겨 두고 6년 정도의 베를린 생활을 마친 1927년에 막내와 함께 런던으로 이주하게 되었다. 그곳에서 좋은 기회를 얻은 클라인은 자신이 가장 관심 있던 생애 초기 유아의 가장 깊은 내면의 경험을 깊이 이해하고 해석하고 분석하는 이론적인 작업을 하게 되었다. 그런데 이러한 그녀의 새로운 관점을 동조하고 지지하는 정신분석가 그룹과 반대하고 비판하는 그룹으로 나뉘어서 갈등하는 일이 벌어지기도 했다. 클라인은 1927년부터 프로이트와 딸 안나 프로이트(Anna Freud)가 런던으로 이주했던 1938년까지 약 11년의 기간 동안 프로이트가 없던 비교적 자유로운 분위기 속에서 새로운 관점을 발전시켜 나갔다. 공교롭게도 프로이트 부녀의 런던 이주 역시 클라인을 이주시켰던 존스의 주선이었는데, 이 사건은 클라인에게는 매우 실망스러웠던 사건이었던 것으로 보인다. 프로이트는 일 년 후 사망했지만, 클라인은 프로이트가 살아 있을 때뿐만 아니라 그 이후에도 안나 프로이트와의 관점의 차이로 인해서 평생 경쟁과 충돌 속에 지내게 되었다.

영국에서 활동하는 동안 클라인은 계속해서 상실 경험을 하게 되었다. 유일하게 사랑에 빠졌던 남자에게서 버림받아 배신감과 심한 정신적 고통을 당하기도 했고, 정신분석가로 자리 잡았던 딸 멜리타(Melitta Schmideberg-Klein)가 남편, 자기의 교육분석가와 힘을 합쳐 어머니 클라인의 이론과 임상 방식에 반대하면서 학회에서 축출하려는 일에 앞장서는 수모를 당하기도 했다. 결국 딸과의 증오관계는 평생 회복되지 못했고, 딸은 클라인의 장례식에도 참석하지 않을 정도였다. 큰아들 한스(Hans Klein)는 자살로 보이는 등반사고로 사망했고, 곧이어 좋아했던 언니의 죽음까지 맞이하게 되었다. 클라인은 생의 많은 시간을 반복되는 상실 경험과 애도로 보내게 되었는데, 자기의 극심한 정서적 고통을 사용하고 승화해서 생애 초기 유아의 박해 불안, 공포 경험, 시기, 질투, 외로움, 죄책감, 상실감 등의 정서를 깊이 이해했던 것으로 보인다.

클라인은 실제 인간관계에서도 고통받는 어린 환자들에게는 깊은 애정을 가지고 가깝게 느꼈지만, 주변의 많은 성인과는 편안하고 친밀한 관계를 맺지 못했다. 오히려 인간관계를 맺는 데 많이 미숙했고 적대적인 태도로 대할 때가 많아서 주변 사람들에게 두려움이나 적개심을 느끼게 하는 경우가 많았다. 실제로 주변 동료들에 대해서 자기의 적군이 될지 우군이 될지 몰라 불안한 마음으로 대하는 경우가 많았고, 동료들도 그녀를 좋아하고 경외심을 가진 사람들과 그녀에게 혐오감과 적개심을 가진 사람들로 분명하게 나뉘기도 했다. 특히 클라인과 안나 프로이트의 갈등과 분쟁은 뛰어난 두 여성의 개인적인 감정과 경쟁심으로 점점 더 가열되었고, 그들의 심한 불화는 영국 정신분석학계의 큰 어려움이 되기도 했으며, 반대로 이론적·임상적 발전의 좋은 토대가 되기도 했다.

주관적 세계와 주체 관계

클라인은 항상 자기의 이론적·임상적 관점이 프로이트의 고전 정신분석의 틀 안에 있으면서 정신분석이론을 발전시키는 것으로 생각했다. 하지만 다른 사람들은 클라인이 정신분석 관점의 엄청난 변화와 수정을 이루었고 심지어 정신분석을 이탈했다고 간주하기까지 했다. 클라인은 자기의 관점을 정신분석의 이단아와 같은 관점으로 보는 평가를 도무지 이해하기 어려웠다. 또한 클라인은 프로이트를 아버지처럼 생각했지만, 프로이트의 친딸인 안나 프로이트와 평생 경쟁과 갈등 관계 속에 있었고 프로이트는 두 여성 간의 이론적 충돌이 있을 때마다 거의 항상 친딸 안나의 편을 들어주었다. 흥미롭게도 클라인과 안나 프로이트 둘 다 아버지가 자기보다 언니를 더 좋아하는 상황에서 자랐고, 클라인은 특히 프로이트와의 관계에서 자기를 인정하지 않고 무시했던 어린 시절의 아버지와 관련된 역전이 감정을 느꼈을 것으로 보인다. 클라인과 안나의 이론적 갈등과 충돌은 특별한 재능을 가진 두 임상가의 경쟁으로도 볼 수 있지만, 아버지의 인정과 사랑을 쟁취하기 위한 개인적인 경쟁심과 정서적인 갈망으로 더 가열되었던 점은 분명해 보인다.

의사가 아니었던 클라인은 사실 프로이트의 의학적·생물학적 관점의 틀 안에서 임상적·이론적 작업을 해야 하는 필요성을 전혀 느끼지 못했다. 그러면서도, 자기의 고유한 관점이 프로이트의 이론으로부터 얼마나 큰 변화를 만들어 냈는지 정확하게 인식하지는 못했다. 어쩌면 마음속으로는 프로이트를 벗어나려는 의도가 전혀 없었기에 그렇게 인식하지 못했을 수도 있다. 클라인에게 무엇보다도 가장 중요한 것은 내담자들의 주관적인 내적 경험이었다. 클라인은 굉장히 직관적인 성격이었고 자기가 만났던 내담자들의 내적 감정을 그대로 느끼고 깊이 이해하는 상상력이 풍부했기에 자기를 도구로 사용하여 내담자의 고통, 두려움, 분노, 슬픔 등을 정서적으로 공명하는 특별한 능력을 발휘했다. 결국 클라인의 경험에 근거한 개념과 이론적 전제들은 객관적·과학적이라기보다는 주관적·철학적이었다. 즉, 생물학, 자연과학보다는 인문학, 사회과학에 가까운 관점이었다. 또한 클라인은 고전 정신분석이 건조하고 지루하다고 불평했고, 자기의 고유한 관점이 정신분석에 생기를 불어넣고 흥미롭게 만들어 준다고 생각했다.

클라인 관점의 출발점은 내담자의 주관적 세계와 주체 관계로 볼 수 있는데, 그녀는 인간을 수동적 존재라기보다는 능동적이고 주체적인 행위자로 보았다. 이 출발점이 고전 정신분석의 인간관과 매우 달랐다. 클라인은 각 개인이 자기의 주관적 세계를 형성하고, 이 주관적 세계를 매개로 해서 외적·객관적 세계를 경험한다고 보았다. 또한 외적 세계는 주관적 세계로 들어와서 주관적 세계의 구조와 성격 형성에 영향을 미침으로써 주관적 세계와 외적 세계가 상호작용한다는 관점을 가지고 있었다. 결국 클라인의 관점은 주체 관계를 강조하던 관점으로 대상관계이론의 중요한 시작점으로 볼 수 있다.

이 관점은 스키너(B. F. Skinner)의 행동주의, 행동수정의 관점이 1930년대부터 1960년대까지 막강한 영향력을 끼쳤던 미국 심리학계에서 칼 로저스(Carl Rogers)와 아브라함 매슬로우(Abraham Maslow)가 인간중심 심리학을 제시했던 것과 같은 맥락으로 볼 수 있다. 인간중심 심리학의 핵심 전제 중 하나는, 내담자는 자기 자신의 주관적 세계의 경험에 대해서는 그 누구보다 가장 잘 아는 전문가이며, 상담사나 그 누구도 내담자 자신만큼 내담자의 내적 경험을 정확하게 경험하거나 알 수 없다는 주장이었다. 이전까지 전문가인 상담사가 내담자를 평가하고 판단하던 수직적인 관계에서 내담자를 인정하고 존중하던 관점으로의 극적인 변화였는데, 클라인의 인간에 대한 관점과도 일맥상통한다.

자기의 형성

클라인의 관점은 원초아(id)가 신생아의 출발점이 된다는 프로이트의 관점과는 달리 자아(ego)가 중심이었다. 프로이트는 인간이 원초적 자기애 상태로 태어나서 원초아로부터 서서히 자기감(sense of self), 즉 자기가 발달하는 과정의 처음에 필요한 자기에 대한 기본적인 감각과 현실 인식이 생긴다는 관점을 가지고 있었는데, 클라인은 신생아가 어머니의 존재, 젖가슴 등의 신체 부위에 대해서 이미 입력된 기초 지식을 가지고 태어난다고 생각했다. 실제로 신생아를 관찰해 보면 엄마의 얼굴을 알아보고, 엄마의 가슴을 찾아서 젖을 빨아 먹는 방법을 아는 등 상당한 정도의 능력과 지식을 나면서부터 갖고 태어난다고 볼 수 있기도 하다.

클라인은 신생아의 이런 생득적 능력에 기초해서 신생아의 모든 심리 내적인 움직임이 대상(object)과 연결되고 대상과 상호작용하고 싶은 욕구에 근거한다는 관점을 강조했다. 이런 대상과의 관계 욕구는 앞서 언급한 내적 세계와 외적 세계의 순환적 상호작용을 통해서 실현된다고 보았는데, 개인 내면의 감정, 이미지 등 내적 세계의 주관적 경험을 대상에게 투사하고, 외적 세계를 자기의 내적 세계로 내사해서 안으로 받아들이는 과정의 중요성을 강조했다. 클라인은 이렇게 내적 세계와 외적 세계가 서로 순환 작용을 통해서 감정과 지각을 지속해서 주고받기 때문에, 두 세계의 일부는 서로 다른 세계에 비추어서 느껴지고 경험된다고 보았다(Gomez, 1997/2008, p. 62).

클라인은 프로이트의 입장을 잘 받아들여서 인간의 삶이 생존하고 사랑하고자 하는 충동과 파괴하고 소멸하려는 충동 사이의 끊임없는 갈등을 조절하는 것이라고 정의했다. 즉, 삶의 본능과 죽음 본능의 조절이라는 과제가 출생부터 죽음까지 평생 우리에게 있다고 강조했지만, 프로이트의 설명에서 더 진전된 상세한 설명은 제공하지 않았다. 삶의 본능은 인간의 기본적인 경향성으로서 연합하고 창조하려는 본능으로 보았고, 죽음 본능은 생애 초기의 좌절과 갈등을 겪는 유아가 그런 어려움과 고통이 없다고 생각되는 출생 이전의 상태로 필사적으로 돌아가고 싶어 하는 본능으로 설명했다. 클라인은 유아가 태어난 이후의 삶을 파괴하고 싶은 충동 때문에 심리 내적으로 파괴에 대한 불안과 두려움을 느낀다고 보았고 그런 소멸 충동을 외부로 투사하게 된다고 보았다. 유아는 자기가 외적 세계로 투사한 것 때문에 세상을 두렵고 나쁘게 느끼고, 삶의 본능에서 느끼는 사랑과 선함을 투사해서 적대적으로 보이는 세상을 따뜻하고 좋게 만들고 싶은 보상심리를 느끼는 것으로 설명했다.

결국 유아는 투사와 내사의 순환 작용을 통해서 대상과 연결하고 관계 맺고 싶은 욕구를 실현하게 되고, 내적 세계와 외적 세계를 상호 반영하면서 자기를 서서히 채워 가며 형성해 나가게 된다. 클라인의 유아의 자기(self) 발달에 관한 관심은 생애 첫 1년에 집중되어 있어서 프로이트의 도식과는 매우 달랐다. 생애 첫해에 유아는 편집-분열적 양태(position)와 우울적 양태 중 한쪽이 상대적으로 우세한 양태를 경험한다고 보았다. 이 두 양태는 유아가 초기 발달에서 자기의 불안을 어떻게 느끼고 어떻게 방어하는지에 대한 묘사라고도 볼 수 있다. 앞서 언급한 것처럼 클라인의 삶에서 삶의 기쁨이나 긍정적 경험보다는 고통과 부정적 경험이 우세했기에 자기의 부정적 경험을 투사했다고 비판하던 임상가들도 있지만, 오히려 클라인의 이런 경험이 유아의 경험을 정서적으로 깊이 공명하고 유아의 내면에 있는 존재에 대한 불안을 확인하고 강조하는 계기가 되었다고도 볼 수 있다.

그런데 편집-분열적이고 우울적 양태라는 표현이 너무 비관적으로 들리기에 '우리가 일반적으로 생각했을 때 생애 첫해를 살아가는 유아의 내적 심리 상태가 정말 이럴까?'라는 강한 의문이 들기도 한다. 사실, 생애 초기 유아는 언어 이전, 논리 이전의 상태로 있기에 유아의 내적 경험을 물어보고 확인할 방법은 없다. 하지만 우리가 학교에 막 입학한 신입생이거나, 군대에 막 입대해서 배치받은 신병이거나, 회사에 막 입사한 신입 사원일 때처럼, 새로운 곳에 처음 가서 경험하는 감정은 막연한 불안과 두려움이다. 그곳이 어떤 곳인지 잘 모르고, 어떤 사람들이 나를 힘들게 하고 괴롭힐지도 모르며, '내가 과연 이곳에서 살아남을 수 있을까?'라는 생각이 들기 때문에 이 세상에 갓 나온 유아들의 경험은 엄마의 따뜻한 돌봄에도 혼란과 불안과 두려움이 가득할 수 있다.

편집-분열적 양태

클라인이 강조했던 편집-분열적 양태는 유아가 태어나고 첫 3개월 동안 생존하는 과정에서 불안하고, 혼란스러우며, 박탈당하는 가혹한 경험을 자기 나름의 방식으로 통제하려고 시도하는 상태라고 볼 수 있다. 클라인과 다른 입장을 가진 임상가들은 이 시기 유아의 경험을 긍정적으로 보면서 불안과 스트레스를 거의 경험하지 않는다고 했지만, 클라인은 유아의 경험을 자기 존재가 파멸되고 사라질 것과 같은 두려움과 공포 상태로 보았다. 생후 3개월 미만의 편집-분열적 양태의 유아가 자기가 처한 현실에 대해서 종합적인 그림을 그리는 것은 인지와 정서 능력의 부족으로 인해서 어렵고, 오히려 유아에게는 정확한 그림보다는 내면의 정리와 질서가 더 중요하다고 생각했다.

또한 유아는 아직 어른처럼 인지 발달과 정서 발달이 되어 있지 않아서 한번에 여러 조각의 감정과 생각을 소화하거나 내면에 유지하기는 어렵다. 그래서 유아는 한번에 여러 가지의 감정과 생각을 동시에 느끼기보다는 자기가 인식하고 소화할 수 있는 분량의 감정과 인지의 조각을 하나씩만 가지고 있는 것이 불안감을 주지 않는다. 결국 유아는 자기 경험을 좋은 것과 나쁜 것으로 분열(splitting)해서 유지할 수밖에 없다. 유아는 자기의 혼란스러운 내면을 조금이라도 정리하려는 시도로 여러 가지 방법을 사용할 수 있는데, 예를 들면 분열, 투사, 내사 등이다. 이런 여러 가지 심리 기제 중에서 가장 기본이 되는 것은 분열인데, 분열을 통해서 유아는 자기의 기초를 만들 수 있다. 유아가 자기 존재가 사라지고 파멸할지도 모른다는 불안과 두려움 속에서 느긋한 마음으로 대상을 신뢰하거나 사랑하기는 거의 불가능에 가까워 보인다. 유아는 대상에 대한 관계 욕구를 가지고 태어나고 내적 세계와 외적 세계 간의 순환적 상호작용을 통해서 자기가 형성된다.

그런데 실제로 외적 세계인 대상에 대한 신뢰와 사랑이 어려우면 순환적 상호작용도 어렵다. 그래서 유아는 좋은 것에서 나쁜 것을 분리하고 축출함으로써 좋은 것만을 충분히 경험하게 되고, 그 좋은 것을 내사해서 자기감의 토대로 사용할 수 있게 된다. 여기서 좋은 것은 좋은 대상, 특히 좋은 대상의 부분을 의미하는데, 문제는 편집-분열적 양태의 유아가 좋은 대상과 전적으로 좋은(all good) 경험을 하다 보면, 외부의 나쁜 힘이 자기를 공격해서 자기가 파멸될 수도 있다는 두려움과 공포를 느끼게 되는 것이다. 이 느낌을 클라인은 **박해 불안**(persecutory anxiety)으로 명명했고, 이 무서운 감정을 편집-분열적 양태 유아의 주요한 경험으로 보았다. 유아의 두려운 감정은 외적 세계에서 비롯된 가혹한 경험 때문에 느껴지지만, 유아가 다른 사람에게 투사하는 죽음 본능이 부메랑처럼 되돌아옴으로써 강하게 일어나기도 한다.

클라인은 심지어 어떤 유아들은 죽음 본능의 경향성이 다른 유아들보다 더 강하기도 해서 실제로 죽거나 잘 자라지 못한다고 생각하기도 했다. 이 유아들에게는 세상을 믿고 수용하면서 성장하는 일이 불가능하기 때문이다. 그러면 유아가 자기의 두려움을 이겨 보고 상황에 대처하려고 자기가 감당할 수 있는 정도로 내적 경험을 더 분열하려고 시도하다 보면 자기가 통합되어 가지 못하고 점점 더 파편화(fragmentation)되어서 심지어는 정신증적 상태가 될 수도 있다.

투사와 내사는 유아의 환상에서 일어나기는 하지만, 유아는 그 경험을 실제인 것으로 느낀다. 투사와 내사는 유아의 분열하는 능력과 함께 일어나는 과정이다. 유아는 자기 내면에 내버려 둘 수 없는 감정과 충동을 분열해서 대상에게 투사하는데, 보통은 나쁜 것, 미운 것을 투사함으로써 자기 내면에서 없애려고 시도하는 경우가 많지만, 때로는 좋은 것을 투사하기도 한다. 유아가 좋은 것을 투사하는 이유는 자기 내면에 여전히 있는 나쁜 것으로부터 좋은 것을 보호하기 위해서이다. 이는 마치 자기에게 좋은 물건을 안전한 다른 곳에 숨겨 놓는 심리와 유사하다.

반대로 내사는 좋은 것을 자기 내면에 주로 받아들이지만, 때로는 바깥 세상을 안전한 환경으로 만들기 위해서 나쁜 것을 자기 내면에 받아들이기도 한다. 나쁜 것을 바깥 세상에 그냥 놔두면 바깥 세상이 나쁜 세상이 될 수 있어서 자기 환경이 더 위험해질 수 있기에 그 나쁜 것을 자기 안에 집어삼키는 것으로 볼 수 있다. 투사와 내사는 유아가 본능적으로 생존하기 위해서 사용하는 방법인데 유아의 환상에서 일어나지만, 유아에게는 현실이기도 하다. 그런데 유아가 생애 초기에 하는 분열, 투사, 내사와 편집-분열적 양태는 유아기에만 경험하고 완전히 벗어날 수 있는 것은 아니고, 성인기 동안에도 지속해서 경험할 수 있다.

편집-분열적 양태와 박해 불안은 유아의 생애 초기가 지나고 나면 많이 줄어들지만, 성인이 되어서도 완전히 벗어날 수 있는 것은 아니다. 우리가 생존과 관련된 상황에 마주하게 되면 편집-분열적 양태를 경험하고 굉장히 자기중심적으로 될 수밖에 없다. 특히 박해 불안 상태에서는 나쁜 일이나 상황은 모두 다른 사람의 잘못으로 몰아갈 수밖에 없다. 자기 생존 문제가 심각한 현대 사회를 살아가는 성인들은 편집-분열적 양태 속에서 살아가게 되고 박해 불안 상태에 만성적으로 놓여 있는 경우가 많다. 그래서 결국 죽기 아니면 살기와 같은 절박하고 두려운 삶의 상황에서 사람들은 내면에서 분열과 투사를 자주 사용하여 상황을 이해하고 불안과 두려움을 다루게 된다. 이 모습은 우리가 현재 한국 사회의 정치권이나 사회 전반에 걸쳐서 자주 볼 수 있는 현상이기도 하다. 즉, 내 편과 네 편을 갈라서 상대편에 대해서는 무조건 반대하고 비판하기도 하고, 내가 무조건 더 갖고 이겨야만 하는 긴장된 마음속에 살아가는 경우가 많다. 마치, 좋은 것과 나쁜 것을 필요에 따라 자기의 내면과 외부 세계에 잘 분리해 놓음으로써 안전감과 편안함을 느끼는 유아의 마음과도 비슷하다.

편집-분열적 양태와 밀접하게 연결된 클라인의 중요한 개념은 **시기심**(envy)이다. 시기심은 클라인의 개념 중에서 가장 논쟁의 중심에 있는 개념이라 볼 수 있는데 클라인은 시기심을 유아가 생후 몇 달 동안 자기의 생존의 원천인 엄마의 좋은 젖가슴에 대해 강력한 파괴적 충동을 느끼는 경험으로 묘사했다. 유아의 시기심 경험을 들으면서 우리에게 들 수 있는 의문은 '자기를 먹여 주고 살려 주는 엄마의 젖가슴을 파괴하려는 충동이 왜 강하게 일어날까?'이다. 이 의문에 대한 클라인의 설명은 유아는 엄마의 젖가슴이 너무 좋은데 그 좋은 것이 자기를 지지하기는 하지만 자기 내부가 아닌 외부에 존재하기에 그것을 망가뜨리고 싶은 강렬한 충동을 느낀다는 것이다. 그 이유는 유아가 출생할 때 엄마로부터 갑작스럽게 분리되었던 트라우마와 분리로 인한 박탈 경험을 반복적으로 상기시키기 때문이다. 그런데 유아의 시기심의 문제점은 나쁜 것이 아닌 좋은 것을 파괴하려는 강한 충동이라는 점이다. 좋은 것을 파괴하면 유아는 결국 좋은 양육과 도움 같은 유익을 얻지 못하게 된다. 또한 좋은 것, 나쁜 것을 이분법적으로 분열하는 원초적인 내적 경험을 혼란스럽게 하고, 좋은 것을 나쁜 것으로 오해하고 공격하는 결과를 낳게 된다.

클라인이 중요한 정서적 경험으로 강조했던 시기심을 생각하면 여러 가지 비슷한 용어가 연상되는데, 예를 들면 동경과 선망, 시기와 질투라는 표현이다. 이 네 가지 용어를 잘 생각해 보면 타인의 훌륭한 모습, 타인이 잘 되는 것을 부러운 마음으로 모방하고 따르고 싶은 마음부터 부러운 타인에 대한 부정적 감정으로 그 사람을 평가 절하하거나, 음해하거나, 공격하는 행동까지 스펙트럼이 다양함을 볼 수 있다. 즉, 타인에 대해서 느끼는 감정이 주로 동경과 선망인 경우에는 긍정적인 부분이 있어서 대상이 좋은 역할 모델이 되어서 내가 더 성장하고 성숙하는 과정에 큰 도움이 되지만, 주로 시기와 질투의 감정이라면 대상도 파괴되고 나도 파괴되는 경우가 많다.

우리말에서는 시기와 질투를 함께 사용하거나 같은 의미로 사용하는 경우가 많지만, 정신분석과 대상관계이론의 관점에서 보면 시기심(envy)과 질투심(jealousy)은 명확하게 구분된다. 질투는 다른 사람을 부러워하면서 평가 절하하는 모습을 보이는 경우가 많지만, 비교적 긍정적으로 작용해서 자기의 성장에 도움이 될 수도 있다. 하지만 시기는 클라인이 강조한 것처럼 그 대상이 좋은 대상인 것은 어느 정도 알지만, 그 대상이 자기 안에 있지 않고 외부에 존재하기에 자기 안에 소유하지 못하는 그 대상을 망가뜨리고 싶은 강렬한 충동을 느끼는 공격적인 감정이라 훨씬 더 강력하고 위험하다.

시기심은 자기에게 중요한 사람을 고통스럽게 만들고 그 사람의 인생을 파괴하는 경우도 많다. 또한 시기심은 남녀관계에서도 나타나는데, 자기가 좋아하고 강렬하게 원하는 사람과 짝이 되지 못하거나 소유하지 못한다는 느낌이 들면 그 사람을 스토킹하거나 해코지하는 등 데이트 폭력을 하거나, 심지어는 공격하고 죽이려는 충동으로 끔찍한 사고가 일어나는 경우도 흔하다. 또한 직장에서도 동료나 경쟁자를 시기하여 공격하고 죽이려는 시도가 반복적으로 일어나서 사회생활에 큰 관계적 갈등과 고통을 초래하기도 한다. 클라인이 강조했던 유아의 시기심 경험은 대상관계 상담에서 상담사와 내담자의 관계를 어렵게 만들기도 하는데, 이 책의 제12장에 제시된 두 사례를 통해서 좀 더 자세히 이해해 볼 수 있다.

우울적 양태

클라인은 유아가 생후 3개월이 되면 우울적 양태를 발현하기 시작하고 7개월에서 12개월 사이에 우울적 양태가 더 우세하기 시작한다고 보았다. 하지만 우울적 양태로 접어들어도 편집-분열적 양태가 완전히 사라지는 것은 아니고 스트레스나 불편한 상황을 접하게 되면 편집-분열적 양태로 되돌아가는 경험을 반복적으로 하게 된다. 우울적 양태에 접어든 유아는 자기의 생존에 대한 불안은 줄어들고, 박해 불안 때문에 하던 분열, 투사, 내사 등의 방어를 사용할 필요가 줄어든다. 대신, 이전과는 다른 유형의 근심거리가 생기고 불안을 동반한 우울을 경험하기에 유아는 나름대로 또 다른 어려움을 겪으며 분노, 두려움, 우울감, 무력감과 같은 다양한 감정을 느낀다.

우울적 양태에 접어든 유아는 그동안 분열을 통해서 느끼던 좋고 나쁜 부분 대상과 자기가 좀 더 통합되는 경험을 하고, 외적·내적 현실에 대한 이해도 좀 더 정확해진다. 이때 유아에게 힘든 점은, 이전에는 나쁜 부분 대상이 자기를 공격하고 무엇인가를 빼앗아 간다고 느껴서 편집-분열적 양태를 경험했다면, 이제는 나쁨과 좋음이 통합된 대상을 상실하는 경험을 하게 된다. 이전에는 나쁜 대상에 대한 분노와 공격성을 느꼈다면, 이제는 상실하는 슬픔을 느낀다. 분노와 공격성 경험도 유아가 감당하기에는 힘든 감정이지만, 대상을 상실하고 애도하는 감정도 유아에게는 매우 고통스러운 감정이다. 또한 유아는 전보다 더 통합된 대상 경험, 자기 경험을 하기에 좋은 것에 대해서도 이전만큼 굉장히 좋게 느껴지지 않고, 나쁜 것에 대해서도 이전만큼 엄청 나쁘게 느껴지지는 않는다. 유아가 덜 분열적이고 덜 극단적으로 된 것으로 볼 수 있지만, 그만큼 순수함과 생생한 감정을 덜 느끼게 된 것도 사실이다.

우울적 양태의 유아는 큰 충격을 받는 경험을 한다. 앞서 시기심에 대한 클라인의 설명처럼 유아는 엄마의 젖가슴에 대한 강력한 파괴적 충동을 느끼는데, 그동안 자기가 파괴하려고 했던 나쁜 것이 바로 자기에게 가장 필요하고 자기가 가장 사랑하는 대상이라는 사실을 알고서 큰 충격을 경험한다. 이 충격적 발견으로 인해서 유아는 자기 자신의 파괴적 충동과 분노에 대해 겁을 먹고 두려움을 느끼게 되는데, 바로 이 두려움이 우울적 양태의 주요 감정 중 하나이다. 이 두려움은 박해 불안이나 자기가 사라져 버릴 것 같은 편집-분열적 불안보다는 덜 심각한 감정이지만, 자기의 분노로 인해서 대상을 상실할 수 있다는 위협을 느끼기에 유아는 여전히 큰 두려움을 느낀다.

　그런데 유아는 자기의 분노가 외적 세계, 외적 대상으로 향하는 것에 대한 두려움 때문에 그 분노를 내부로 향하는데, 결국 자기 자신이 나쁘고 이기적이라는 이유로 자기를 강하게 질책한다. 그 결과, 유아는 깊은 우울감을 느끼고 무력한 감정에 빠질 수 있다. 클라인의 관찰에 의하면 유아는 생후 12개월이 끝나 가는 시점에 슬픔을 표현하고 가끔 뒤로 물러나는 모습을 보이는데, 그 시점이 되면 유아가 내적인 갈등을 그대로 느끼고, 자존감이 낮아지며, 슬픔, 우울감, 죄책감 등의 감정을 느끼는 상태가 되는 것으로 보았다. 또한 클라인은 불안을 동반한 우울감이 최고조에 이르는 이유를 생후 1년경에 젖을 떼는 것과 관련이 있다고 보았다. 유아가 대상과 자기에 대한 인식이 잘 통합되고, 분노, 상실, 슬픔을 잘 겪을 수 있는 능력이 생긴다면 더 성숙해 갈 수 있지만, 준비가 아직 되지 않은 상태에서 젖을 떼면 그 상실 경험을 공격적으로 느낄 수 있고, 외적 세계에 대한 적대감을 강하게 느낄 수 있다. 그만큼 너무 이른 젖떼기나 강제적인 젖떼기는 유아의 심리적 경험에 상처와 트라우마를 줄 수 있다. 유아마다 젖떼기를 편하게 느끼는 시점이 있는데 다른 아이들보다 늦다는 부모의 조급함으로 유아가 상처를 경험하기도 한다.

　클라인이 언급한 유아의 생후 1년경의 젖떼기 훈련은 배변 훈련과 마찬가지로 대부분의 유아가 발달단계상 자연스럽게 되는 시점이 있기는 하지만 사실은 개인차가 크게 나는 주제이기도 하다. 대상관계 이론가들은 생후 1년경 비교적 빠른 시기에 젖을 떼는 경향이 독립과 분리를 매우 강조하는 서구 사회의 문화적 영향이라고 보았다. 한국 문화에서는 예전에 유아들이 엄마 젖을 계속 물고 싶어 하고 잘 떼지 않으려고 버티면 억지로 떼지는 않았다. 심지어는 출산 후 일정한 시간이 지나서 엄마 젖이 잘 나오지 않아도 아이가 물고 있고 싶어 하면 대부분의 엄마는 강제적으로 막지는 않았다. 아마도 자기 아이에 대한 한국 엄마 특유의 희생과 사랑이 작용한 점도 있을 것이고, 정해진 특정 시간이 되면 모든 유아가 예외 없이 젖을 떼야만 발달하고 성장한다는 생각보다는 각각의 유아가 자기의 페이스에 맞춰서 충분히 젖을 먹었다고 느끼고 떨어질 때까지 두는 게 낫다고 판단했던 것 같기도 하다. 이런 지혜로운 판단 덕분에 클라인이 관찰한 서구 사회의 유아들이 이른 젖떼기와 정서적 분리과정에서 큰 상처를 입었던 것에 비해서 한국 사회의 유아들은 문화적인 경향성으로 인해 그 문제에서는 조금은 자유로웠던 것으로 볼 수 있다.

클라인이 제시했던 편집-분열적 양태와 우울적 양태를 발달단계로 보는 사람들도 종종 있지만, 실제로는 평생 동안 우리의 일상에서 어느 양태에 더 집중되고 초점이 맞추어져 있는지가 지속해서 변동하는 것으로 보는 편이 더 정확하다. 인생의 특정 시점마다 우리는 자기와 세상을 덜 안전하게 느끼기도 하고, 조금은 더 안전한 상태로 느끼기도 한다. 어떨 때는 정서적 상태 때문에 상황에 대한 이해를 정확하게 못하기도 하고 어떨 때는 상황을 명확하게 보기도 한다. 어떨 때는 용기가 없어서 문제를 회피하기도 하고 어떨 때는 조금 더 용기를 내어서 문제를 직면하고 정면 돌파를 시도하기도 한다. 결국 편집-분열적 양태와 우울적 양태는 발달단계라기보다는 특정 순간의 자기의 상태라고 보는 것이 더 맞을 것 같다. 그런데 이 두 양태가 시점에 따라 변동되지 않고 비교적 고정적인 패턴으로 나타나는 사람들이 있는데, 클라인의 관점을 따르던 정신분석가들은 경계선 상태에 있는 내담자들에게 편집-분열적 양태의 고정적 패턴이 보인다고 지적했다. 그들에게는 편집-분열적 방어 기제가 일관되게 파괴적으로 사용된다.

즉, 경계선 상태의 내담자들은 정신증 상태의 내담자들처럼 현실을 부인하지도 않고, 신경증 상태의 내담자들처럼 현실이 잘 인식되지도 않는다. 경계선 상태의 내담자들은 모든 것이 좀 더 통합되어 가는 우울적 양태로의 변화를 힘들어한다. 왜냐하면 상실감, 죄책감, 우울감, 무력감 등 동반되는 감정이 고통스럽기 때문이다. 그래서 그들은 지각이 이상하게 작동하거나 왜곡되고 자기들에게 조금 덜 힘들고 더 익숙한 방어를 사용하는 경향이 우세하다. 그래서 그들이 주로 사용하는 익숙한 방어는 대상으로부터 후퇴하거나 철수하고 달아나는 것이다.

이런 방어를 사용하는 내담자들을 만나는 상담사들은 어려움을 많이 경험한다. 우선, 이들은 자기가 안정되고 통합되어 가는 과정에 대한 불안과 두려움이 심해서 마음의 저항이 심한데, 지각을 왜곡해서 자기가 믿고 싶은 대로 믿는 것이 이들에게는 묘하게 기분 좋은 일이기 때문이다. 이런 내담자들은 상담사가 제공하는 필요한 반응을 받아들이기 어려워한다. 그 이유는 그들이 느끼는 강렬한 시기심 때문이다. 상담사가 그들에게 필요한 반응을 해 줘도 그들은 상담사가 자기한테 선심 쓰는 듯한 태도를 보인다고 느끼거나, 자기의 불행을 상담사가 고소하게 생각한다고 느끼기도 한다. 또한 상담사가 자기에게 냉담하다고 불평할 수도 있고, 상담사가 하는 반응을 자기와는 상관없는 불필요한 것으로 받아들이기도 한다. 그런 내담자와 마주하는 상담사는 평정심을 유지하면서 주의 깊게 관찰하기보다는 때로는 역전이에 걸려서 무기력감을 느끼거나 그만두고 싶은 마음의 갈등을 느끼는 경우가 많다.

상담사가 이런 내담자들에게 상담을 제공하는 목적은 가능한 한 우울적 양태를 조금 더 안전하게 안착시키는 것이다. 우울적 양태에서 온전히 안전한 감정을 경험하는 것은 불가능하고, 상담을 통해서 이전보다 조금이라도 안전한 감정을 느끼게 되면 내담자들의 일상의 삶에 정서적으로 큰 도움이 되기 때문이다. 실제로 내담자들은 자기가 박해받고 공격받아서 위험하다고 느끼는 상황뿐만 아니라 일상에서 실망을 느끼고 상실감을 느끼는 상황에서 외부 세상이 나에게 적대적이고 공격적이라고 느끼는 편집-분열적 양태로 되돌아가기가 쉽다. 우울적 양태가 비교적 안전하게 자리 잡는다면, 자기를 비난하거나 경멸하거나 혐오하는 마음으로 자기를 공격하는 대신에, 자기에 대한 공감과 연민의 정을 느끼며 좀 더 균형 잡히고 겸허한 마음으로 지낼 수 있다.

놀이치료

아동을 대상으로 정신분석적 작업을 하는 것에 대한 논란은 오랫동안 이어져 왔다. 아동 정신분석을 시도했던 두 인물은 클라인과 안나 프로이트였는데, 두 사람은 아동에 대한 기본적 관점, 이해, 작업 방식에서 매우 달랐다. 우선, 안나는 아버지의 관점을 따라서 3세부터 7세까지의 오이디푸스 콤플렉스와 그에 따른 위기를 어떻게 해소하는지가 중요하다고 보았고, 7세 이전 아동과의 정신분석은 별로 소용없다고 보았다. 그 나이 이전의 아이들은 아직 성격이 형성되지 않은 불완전한 존재로 간주했기 때문이다. 클라인은 반대로 출생부터 아동의 존재와 기능을 온전한 인간으로 인정하는 관점을 가지고 있었다. 클라인은 원초적 자아, 초자아 구조와 오이디푸스 갈등 경험은 출생 때부터 발달하고 대상관계가 시작된다고 보았기에, 발달상 어려움이 있는 아동들은 가능한 한 이른 시기에 치료 작업을 시작해서 문제가 확산되거나 굳어지는 일을 최소화하는 것이 더 좋다고 믿었다.

안나는 아동들이 아직 불완전하다는 자기의 관점 때문에 자발적·적극적으로 심리치료를 먼저 요청할 가능성은 별로 없다고 생각했다. 6~7세가 지나고 분석을 시작하더라도 분석가의 역할은 아동과 관계를 형성하고, 분석에 대한 동기를 촉진해 주며, 친근하고 따뜻한 좋은 대상의 역할을 해 주는 일이라고 생각했다(Gomez, 1997/2008, p. 81). 또한 분석 시간에도 아동 내담자를 너무 혼란스럽게 하는 주요 작업은 가능하면 시도하지 않음으로써 분석 작업에 대한 아동의 호감도를 높이는 것이 필요하다고 보았다. 반면, 클라인은 아동들은 그들의 무력감과 경험이 부족하기 때문에 자기 스스로 도움을 요청하는 것이 어려울 뿐이지 실제로는 그들도 고통스러울 때 스스로 요청할 의향도 있고 요청할 수 있다고 생각했다. 안나가 생각했던 것처럼 아동들에게 분석가를 좋아하도록 만드는 일은 오히려 아동의 문제를 숨기고 분석관계를 망가뜨리는 것으로 보았다. 클라인은 아동들이 오히려 자기의 불안과 두려움을 편안히 내어놓고 도움을 받는 경험을 하게 되면 자기 스스로 동기를 갖게 되고 적극적으로 참여할 것으로 믿었다.

또한 전이와 관련해서 안나 프로이트는 아동들이 주로 가족 안에서 부모에게 의존하면서 살기 때문에 자기의 정서적 경험이나 고통을 상담사와의 관계에 전이하는 경우가 많지 않다고 보았다. 그러므로 상담사가 상담 시간에 있었던 아동 내담자의 전이 감정을 자의적으로 해석해서 마치 아동을 잘 이해한 것처럼 생각하고 그 정서적 경험을 변화시키려고 시도하는 일은 경우에 맞지 않다고 생각했다. 하지만 클라인은 아동들도 성인들과 크게 다르지 않다고 강조했다. 아동들도 성인들처럼 전이관계를 깊이 경험하는데, 그 내용은 주로 아동과 부모와의 외적 관계보다는 아동의 마음속에 내면화된 부모 혹은 내면화된 부모의 부분(part)과 아동의 내적 자기-대상관계를 전이한다고 보았다. 아동의 내적 대상은 주로 우울적 양태 이전인 편집-분열적 양태에서 전적으로 나쁘거나 전적으로 좋은 부분 대상으로 형성된 것으로 간주했다. 분석에서 전이관계를 경험할 때 아동들이 주로 경험하는 감정은 내적 대상과 관련한 두려움 혹은 소망이고, 이러한 감정들은 비현실적이기도 하고 극단적인 경우가 많다는 것이다.

클라인이 아동들을 성인들만큼 온전한 존재로 보고 아동들에게도 같은 방식의 접근과 치료가 필요하다고 보았던 관점은 굉장히 높이 평가할 만하다. 아동들을 늘 가까이서 관찰하고 함께했던 클라인의 눈에는 아동들도 성인들만큼 강렬한 정서 경험과 무의식적 경험을 하고, 오히려 성인들보다 더 무의식적 과정에 대해서 개방적인 삶을 사는 존재들로 보았다. 특히 클라인은 아동들이 생애 초기부터 두려움과 박해 불안이 가득한 초자아에 의해서 압도당하고 박해당하는 느낌을 경험할 수 있다고 강조했다. 아동들이 그런 경험을 할 때 자기 내면의 가혹한 평가를 조율함으로써 자기에 대해서 더 너그럽게 평가하고 수용하는 경험을 할 필요가 있다고 보았다. 클라인은 분석가의 할 일은 아동들이 자기 내면의 깊은 불안을 알아보고 직면하도록 옆에서 돕는 일이라고 생각했다. 분석에서 아동이 불안감을 느끼고, 명명하고, 놀이 혹은 언어를 통해서 작업함으로써 아동이 불안감을 줄이고 해소해 나갈 수 있다는 것이었다.

클라인은 안나 프로이트와는 다른 아동에 관한 견해로 인해 결국 자기만의 고유한 방식으로 아동 놀이치료를 시작하고 발전시키게 되었다. 클라인은 아동이 언어적 의사소통만 어느 정도 가능하면 치료를 시작했는데 그 나이가 대략 2세 6개월 정도였고, 분석의 방법은 성인의 자유연상(free association)과 같은 기능을 하는 자유 놀이(free play)였다(Gomez, 1997/2008, p. 78). 클라인은 아동이 자연스럽고 자발적으로 하는 놀이를 통해서 자기 불안과 관심을 외부로 표현함으로써 불안을 다루는 경험을 하게 된다고 보았다. 아동 놀이치료에서 클라인은 무엇보다도 아동들이 장난감 선택의 자유와 통제권을 가지는 경험을 하게 하는 것을 중요하게 생각했다. 특히 클라인이 보기에 아동이 선택의 통제권을 가진다는 것은, 아동에게 자율성과 주도권을 느끼게 해 줄 수 있고 발달에 아주 중요한 요소였다. 클라인의 치료실에서 각 아동은 잠금장치가 있는 자기만의 서랍에 자기 장난감을 보관할 수 있었고, 분석가 외에는 누구도 접근하는 것이 불가능했다. 클라인의 치료실에서 아동이 사용할 수 있는 매개체는 종이, 가위, 풀, 동물과 사람 피규어, 물, 모래, 점토 등으로 다양했다.

아동이 언어적 · 비언어적 방식으로 표현하거나 표현하지 않는 것을 분석가가 최대한 잘 알아보고 가능한 한 아동의 표현과 언어를 사용해서 다시 말로 표현해 주고, 아동이 자기의 장난감을 자유롭게 가지고 놀다가 훼손하든, 잘 보관하든, 망가진 것을 다시 복구하든 아동의 마음대로 하는 것이 가능했다. 자기가 그린 그림 위에 낙서하거나 찢는 것도 괜찮았고 테이프로 다시 붙일 수도 있었다. 클라인은 아동을 전적으로 존중했고, 아동의 창의적이고 자유로운 표현방식을 그대로 인정했다. 클라인은 늘 아동들과 언어적으로 소통하기를 시도했지만, 언어적 소통이 어려운 경우에 아동의 의식적이고 무의식적인 내면을 분석가와 명확하게 의사소통하는 데에 놀이라는 매개체가 굉장히 유용했음을 발견했다. 클라인은 아동이 느끼는 불안, 두려움 등의 감정과 고유한 생각을 놀이와 말로 최대한 편하게 표현하고 잘 해소할 수 있는 능력을 배양하기를 바랐고, 실제로 클라인의 치료를 받는 아동들은 불안과 두려움을 해소하게 되는 경험을 했다.

하지만 아동들이 치료실에서 처음부터 쉽게 불안을 해소하는 경험을 한 것은 아니었다. 아동들이 처음 치료실에 오면 낯선 장소에 대한 경계심과 불안을 느끼는 경우가 많았고, 머뭇거리거나, 숨을 공간을 찾거나, 긴장한 상태로 장난감을 고르거나, 그림을 그리는 경우도 많았다. 클라인은 아동이 느끼는 가장 깊은 불안이 무엇인지를 알아차리려고 애를 썼는데, 아동의 불안은 주로 자기 주변의 주요 대상 인물들에 대해서 자기가 본능적 욕구, 분노 감정, 요구 사항 등이 있다는 사실 때문에 두려움을 느끼는 경험에서 기인한다고 보았다(Gomez, 1997/2008, p. 79).

클라인은 아동이 그런 두려움을 분석가와의 전이관계에서 놀이나 언어로 드러내게 되고, 아동의 불안을 아동과 분석가가 의사소통을 통해서 언어화하는 것이 가능하면, 아동은 지지받고 이해받는다고 느끼고 두려움이 훨씬 줄어드는 경험을 하게 될 것이라고 믿었다. 그런데 아동은 불안과 두려움에 민감하기에 아동과 작업하는 데 있어서 섬세하게 하지 않으면 오히려 아동의 감정을 담아내려는(containing) 노력이 아동에게 경계를 침범하는 느낌을 줄 수가 있다. 그래서 클라인과 동시대 상담사들은 클라인이 아동의 무의식을 언어화하려는 방식이 위험할 수 있음을 강력하게 표현하기도 했다.

클라인이 아동에 대한 고유한 관점과 놀이치료를 적용했다는 공헌이 있지만, 아동을 너무 이상적·고차원적으로 보았던 측면도 있다. 놀이를 매개로 해서 아동들의 내적 세계와 경험을 구체적으로 재구성했던 부분도 있지만, '어린 아동들의 내면이 정말 그렇게까지 복잡하고 정교할까?'라는 질문은 항상 있었다. 하지만 클라인은 자기가 항상 아동들과 가까이서 생활하며 아동들의 고유한 표현방식과 언어로 소통했던 점과 아동들이 경험하는 현상을 최대한 묘사하려고 노력했던 점을 강조했다. 실제로 클라인은 학술적인 이론을 수립하고 설명하려는 노력보다는, 아동들이 직접 언어로 표현할 수 있다면 경험한 현상을 언어로 이렇게 표현했을 것이라는 관점의 설명을 제시하려고 노력했던 것으로 보인다.

 클라인이 아동들을 이상적·고차원적으로 보았던 관점은 어떻게 보면 클라인의 연구 결과를 마주하는 후학들에게는 굉장한 부담을 주기도 한다. 클라인이 임상을 통해서 관찰하고 묘사했던 유아의 내면 세계가 고통스럽고 매우 두려운 경험이기에 후학들이 보기에는 클라인의 관점이 차라리 맞지 않았으면 하는 마음이 들 수도 있다. 유아들의 내면이 그렇다면, 그리고 우리가 그 과정을 다 거쳐 왔다면 우리 자신에 대해서도 막 태어나서 자라나는 유아들에 대해서도 연민을 느낄 수밖에 없다. 또한 편집-분열적 양태를 넘어서서 우리가 성취 가능한 모습과 경험이 우울적 양태와 양가감정을 견디는 능력이라고 본 점이 어떤 면에서는 맞지만, 한편으로는 굉장히 아쉽기도 하다. 우울적 양태에서 살아가고 견딜 수 있는 능력은 결국 우리가 주요 대상들과 관계를 맺을 수 있고, 관계를 통해서 좀 더 안전함을 느낄 수 있으며, 행복감을 느낄 수 있다는 뜻이기도 한데, 클라인의 관점과 용어들은 훨씬 더 무겁고 어두운 측면이 있다. 클라인의 인생에서 겪은 수많은 상실과 마음의 고통을 보면, 클라인의 내면이 이론에 반영된 것은 확실해 보인다.

도널드 위니컷(Donald Winnicott, 1896~1964)

삶과 경험

영국학파에 속하는 1세대 대상관계 이론가 트리오의 두 번째 인물은 도널드 위니컷이다. 위니컷은 1882년생인 클라인보다 14세 연하였지만, 클라인과 오랫동안 학문적·임상적으로 교류하며 영향을 받으며 지냈고 클라인의 아들을 맡아서 분석할 만큼 가깝기도 했다. 하지만 위니컷은 영국 정신분석 학계에 영향이 크던 클라인에게 절대적으로 영향을 받지는 않았고 자기만의 개방성, 융통성, 창의성을 발휘하면서 비교적 자율적이고 독립적으로 임상

작업을 해 나갔다. 위니컷은 소아과 의사로서의 경험과 정신분석가로서의 임상 훈련을 잘 접목해서 나름대로 고유한 관점으로 정신분석을 새로운 방향으로 나아가도록 공헌했다. 그 일이 가능했던 이유는 위니컷이 정신분석을 접하던 초기부터 운 좋게도 프로이트의 이론과 클라인의 이론을 동시에 접할 수 있었기 때문이었다(Gomez, 1997/2008, p. 136).

위니컷은 1896년 영국 플리머스의 사업가 가정에서 막내이면서 외아들로 태어났다. 그의 원가족은 종교적 배경이 있었지만 아주 엄격하지는 않았고 비교적 개방적이고 자유로운 분위기였다. 비록 아버지는 사업을 하느라 늘 바빴고 정서적으로 거리감이 있었지만, 어머니, 누나들, 가족과 친척의 많은 구성원으로부터 특별한 관심과 대우를 받으며 따뜻한 가족 환경 속에서 정서적으로 풍부하게 자라난 것으로 보인다. 위니컷은 가족에서 귀한 존재로 존중받으면서, 큰 갈등이나 좌절 없이 순조롭게 성장했다. 위니컷이 경험했던 거의 유일한 좌절 경험은 위니컷이 13세 때 아버지가 그를 기숙학교로 보낸 사건이었다.

그 이유 중 하나는 위니컷이 나쁜 말을 한 것이 아버지의 마음에 걱정되고 거슬려서

였는데, 위니컷의 기억에 의하면 당시 품행이 불량한 친구들과 어울리기도 했다. 기숙학교의 경험이 힘들었을 수 있는데, 어린 시절 평온하고 행복했던 가족 경험 덕분에 비교적 잘 적응하고 어울렸던 것으로 보인다. 나중에 위니컷이 의학을 공부하게 된 계기는 어린 시절 목뼈가 부러졌던 경험 때문으로 알려졌는데, 자기가 앞으로 살아가면서 아플 때 의사에게 의존하고 싶지 않아서였다고 한다(Gomez, 1997/2008, p. 133). 위니컷은 의사가 되고 싶었지만, 집안의 사업을 물려받기를 원했던 아버지의 기대를 알고 있었기에 실망하게 할 것 같아 두려움을 느꼈었다.

평온했던 어린 시절과 비교해서 위니컷의 성인기는 제1차, 제2차 세계대전의 영향을 많이 받았는데, 처음에는 케임브리지대학교에서 약학을 공부하다가 제1차 세계대전이 발발했을 때 의학을 공부하면서 군 복무를 하게 되었다. 이후에 위니컷은 소아과 의사가 되었고 정신분석가가 되어 런던에 있는 유명한 패딩턴 그린 아동병원에서 40년 가까이 의사로 일하면서 6만 명 이상의 환자를 진료한 것으로 알려졌다. 이렇게 많은 환자를 만나면서 다른 정신분석가보다 더 많은 사례 경험을 하게 된 것으로 보인다. 위니컷은 이 병원에서 제2차 세계대전 당시 런던 시내 공습을 모르고 지나갈 정도로 환자들을 만나는 일에 몰입했다.

위니컷은 두 번의 결혼을 했는데, 첫 결혼은 그가 26세 때였다. 그의 첫 부인 앨리스(Alice)에 대해서는 알려진 바가 많지는 않은데 두 사람의 결혼생활이 힘들었던 것으로 보인다. 위니컷은 아내가 혼자 살아갈 능력이 될 때까지 함께해 주려고 노력했고, 아버지 사업을 물려받지 않아 아버지를 이미 실망시켰다는 불안감으로 인해서 아버지 생전에는 이혼을 감행하지 못했다. 두 사람 사이에 아이는 없었고, 27년의 결혼생활 끝에 위니컷이 53세일 때 결국 이혼하게 되었다. 이혼 후 위니컷은 깊은 우울감에 시달렸고 심장병이 생기기도 했으며, 2년 뒤 재혼 후에는 앨리스와 연락하면서 지내기도 했다. 두 번째 부인 클레어(Clare)는 제2차 세계대전 기간에 함께 일했던 임상 사회복지사였는데, 이후에 정신분석가가 되었다. 두 사람은 전쟁고아 중 위탁 가정에서 돌보기에 트라우마가 심한 아이들을 위한 치료소와 생활공간을 함께 세우고 운영한 동료이기도 했으며, 클레어는 위니컷이 세상을 떠난 후에도 위니컷의 관점과 사상을 가장 열렬한 마음으로 응원하고 따르기도 했다.

위니컷은 자기의 정체성을 돌봄을 주는 사람(caring person)으로 느꼈던 것 같고, 종종 자기가 '심각한 내담자를 너무 과도하게 돌보는 것이 아닐까?' 하는 고민도 했던 것으로 보인다. 아마도 그에게 사랑을 듬뿍 받고 자란 원가족 경험도 있었을 것이고, 자기 자녀가 없었기에, 에릭 H. 에릭슨(Erik H. Erikson)이 말한 중년기 과제인 생산성(generativity)의 욕구가 자기 자녀가 아닌 다른 가족의 아이들에게 작동했을 수도 있다. 에릭슨은 중년기가 되면 대부분의 사람은 자기 자녀를 포함해서 사회의 다음 세대에 속하는 사람들을 위한 돌봄의 욕구와 역할이 자연스럽게 강화된다고 설명했다. 하지만 위니컷이 자기 아이를 낳고 한 아이의 아버지가 되었다면 장시간 연구하고 상담하고 과도하게 많은 아이를 돌보던 그의 삶의 방식이 오히려 방해받았을 수도 있다. 위니컷은 많은 아동에게 이상화 대상이 되기도 했고, 과도하게 돌보면서도 어느 정도 정서적 거리감이 있는 관계를 맺음으로써 자기 아버지와 매우 닮은 모습을 보이기도 했다. 어쩌면 그 정도 거리에서 아동들을 치료하는 일이 위니컷에게는 가장 편한 정도의 친밀감이었을 수도 있다.

위니컷은 제2차 세계대전 중에 많은 아동·청소년을 돌보게 되었는데, 위탁 가정에 맡겨진 후에 문제 행동 때문에 되돌려 보내진 아동들을 위한 합숙소를 설립하는 데 도움을 주었고 자문하기도 했다. 위니컷은 아동들이 자라나는 환경에 대한 관심이 많았고, 분석가의 존재와 관계도 중요한 환경이라고 보았다. 환경으로서의 분석가는 때로는 내담자들의 과도한 요구도 들어주어야 한다고 생각했고, 자기가 시간 내기가 어려운 경우에는 비정기적이라도 환자들을 직접 다 치료하려고 욕심을 부렸다. 위니컷은 실제로 주변 동료들에게 정기적으로 진료를 요청할 수 있는 여건에서도 자기가 직접 환자를 봐야 한다는 막중한 부담감을 느껴 과도한 욕심을 부리기도 했다. 어쩌면 위니컷의 이러한 지나친 책임감 때문에 오히려 내담자들에게는 충분한 치료의 기회가 줄어들고 그들이 더 많은 정서적 고통을 받기도 했던 것으로 보인다.

하지만 다른 한편으로는 위니컷의 차가운 성격적 측면도 주변에 많이 드러났다. 실제로 수많은 환자를 진료하면서 따뜻하고 다정한 모습을 보였던 위니컷도 때로는 진료 상황에서 환자의 수를 자기가 원하는 만큼으로 제한했으며, 주변 사람들도 놀라워할 정도로 잘 치료하던 환자를 별 고민 없이 쉽게 내보내기도 했다. 위니컷의 글을 읽거나 라디오 방송을 들었던 많은 사람은 공감적이고 따뜻한 면모를 느끼고 기대하기도 했지만, 철저하게 자기중심적으로 자기의 임상 환경을 조절하고 제한하는 모습도 있었다. 위니컷의 자서전에 쓰인 기도문이 그의 성격을 많이 드러내는데, "하나님, 내가 죽을 때에도 생생하게 살아 있게 해 주시옵소서."라는 문구이다(Gomez, 1997/2008, p. 139에서 재인용). 즉, 위니컷에게 자기애적인 측면도 분명히 있어서 그 면이 환자들과의 관계에서도 선명하게 드러났고, 아동 환자의 엄마들을 대할 때 아동을 대하는 말투로 대하면서 오만함을 보이기도 했다.

위니컷의 이런 자기애적 성격은 아동기 성장 과정과 젊은 시절 인생 경험의 영향으로 볼 수 있다. 위니컷은 어린 시절 각별한 관심과 사랑을 받고 자란 것으로 알려졌지만, 다른 한편으로는 그의 인생에도 그림자는 있었다. 위니컷은 거리감이 있었던 아버지와 정서적으로 따뜻하면서도 과도한 관심을 보였던 어머니 사이에서 어려움을 겪었다. 특히 그의 어머니는 늘 생기 없고 우울했기에 어린 위니컷이 어머니를 즐겁고 기쁘게 하기 위해서 아이로서는 거의 불가능한 과제를 감당하기도 했다. 즉, 어머니가 아이를 돌보기보다는 아이가 어머니의 정서를 돌보는 역할을 했다. 이런 역할 역전은 아동이 정작 자기의 감정을 잘 느끼지 못하는 큰 어려움을 형성하게 된다. 자기의 감정을 정직하고 편안하게 느끼는 참 자기(true self)의 경험보다는 자기의 감정은 뒤로 하고 부모나 다른 사람의 감정을 돌보다 보면 자기의 감정을 잘 인식하지 못하는 거짓 자기(false self)를 형성하게 될 수도 있다. 위니컷은 우울했던 어머니를 생생하게 살아나도록 노력하는 과정에서, 겉모습으로는 유쾌하고 따뜻하고 명랑한 거짓 자기를 형성했던 것으로 볼 수 있다.

고유 관점

위니컷의 고유한 관점을 알아보기 전에 위니컷의 임상과 글쓰기의 특징에 대해서 잠깐 언급할 필요가 있다. 위니컷은 논리적이고 정교한 이론가였기보다는 정신분석 임상에서 창의적인 방법과 새로운 시도를 하는 타고난 임상가였다. 예를 들면, 위니컷은 한 회기에 50분이라는 상담 시간을 항상 정확하게 지키지는 않았고 때로는 몇 시간 동안 이어지는 개방 회기를 갖기도 했다. 그는 내담자들을 정서적으로 안아 줄 뿐만 아니라, 신체적으로 안아 주기도 했다. 또한 회기가 아닌 시간에 내담자를 지지하는 활동을 하기도 했고, 내담자가 요구할 때 회기를 갖기도 했다. 이런 예들이 때로는 너무 냉정하고 비인간적으로 보이는 정신분석 분야에 인간미를 추가했지만, 그의 자기애적인 성격 때문인지 자기의 새로운 시도로 인해 좋지 않은 결과가 있을 때도 진지하게 성찰하지 않았다는 단점이 있었다. 심지어는 임상에 대한 많은 경험과 자신감 때문인지 위니컷은 어떤 증상이 있든 누구나 다 치료 가능하다는 과도한 긍정주의와 오만함을 보이기도 했다.

위니컷의 임상적인 논문은 이론적으로 항상 앞뒤가 맞는 것은 아니었고 난해한 부분도 종종 있었다. 논문은 보통 논리적이고 분석적인 경우가 많은데, 그의 글은 정서적이고 매우 인상적이었다. 위니컷은 자기의 글에서 분명한 근거와 논지를 보여 주기보다는 자기가 임상에서 경험한 느낌, 자기가 글을 쓰던 상태를 있는 그대로 독자들에게 느끼도록 해 주려는 의도가 많았다. 마치 임상가가 자기 내담자와의 관계에서 연상되고 느껴지는 것들을 생생하게 느끼는 것처럼, 그 생각의 흐름과 감정을 독자들이 생생하게 떠올리고 느끼기를 바랐던 것이다. 결국 그의 논문은 매력적이고 독자들에게 정서적으로 깊은 감동을 주는 글이기는 하지만 논리적인 독자들이 읽으면 이해하기 어려운 측면이 있었다.

특히 이 점이 위니컷의 성격과 연관되어 보이기도 하는데, 자기애적인 성격이었던 위니컷이 독자들과 정서적 접촉을 시도하고, 투사적 동일시를 불러일으키려는 욕구와 시도가 있었던 것일 수도 있다. 투사적 동일시는 자기애적인 사람들이 대상관계에서 종종 사용하는 심리 기제인데, 투사와 동일시가 동시에 일어나는 과정이다. 즉, 자기와 대상의 관계 경계를 불분명하게 느끼는 자기애적인 사람이, 자기의 감정을 대상에게 전달해서 대상을 자기의 정서 상태와 같은 상태로 만든 이후에 자기와 대상이 동일한 정서 상태임을 느끼는 기제를 의미한다. 좋게 보면 투사적 동일시를 사용하는 것은 자기가 생각하고 느끼는 것을 듣는 대상이 자기처럼 생생하게 똑같이 느끼기를 바라는 욕구에서 나오는 것으로 볼 수 있고, 나쁘게 보면 대상을 나의 상태와 똑같이 통제하기를 바라는 욕구로 볼 수도 있다. 어쨌든 위니컷 덕분에 당시 많은 임상가와 후대의 독자들은 딱딱하고 지루한 학문적인 글 대신에 그가 내담자와의 관계에서 정서적으로 생생하게 경험했던 것을 묘사하는 글을 읽으면서 상담사와 내담자 사이에 벌어졌던 상호작용을 정서적으로 생생하게 느끼는 경험을 할 수 있게 되었다.

위니컷은 대상관계이론의 트리오 중 한 명으로서 유아의 환경이나 관계 역동에 관한 입장은 명확했다. 하지만 클라인처럼 위니컷도 본능이나 추동 이론과 같은 고전 정신분석의 기본 전제에 관한 기본 입장도 완전히 버리지는 않았다. 위니컷은 유아에게 추동이 있는 점은 인정하면서도 그들이 신체적인 만족만을 갈망하고 추구하는 존재는 아니라는 점을 강조했다. 그는 프로이트와 클라인이 본능적 갈등을 중요시하고 우선시하는 관점에 대해서는 반대 입장을 명확히 했는데, 프로이트와 클라인과의 관계를 부드럽게 하려고 부딪히지 않고 지혜롭게 처신했던 것으로 보인다. 예를 들면, 위니컷은 프로이트의 깊은 정서적 신념과 같았던 죽음 본능 개념은 그 개념이 논리적·임상적으로 맞고 틀리고를 떠나서 인간의 본성과 본능을 이해하는 데 논의가 꼭 필요하지는 않은 불필요한 개념이라고 생각했다. 또한 클라인이 강조했던 유아의 내적 갈등에서 생겨난 무의식적 환상에 대해서도 그 환상의 복잡성과 중요성에 대한 평가보다는 유아의 환경의 영향력을 강조함으로써 클라인의 논점이 균형을 갖출 수 있도록 부드럽게 시도했다.

위니컷의 고유한 관점에서 가장 눈에 띄는 것은 인간이 가진 고유한 사회성을 강조한 부분이었다. 이 관점은 고전 정신분석 트리오 중 한 명인 아들러의 사회적 관심(social interest)과도 비슷하다고 볼 수 있다. 위니컷의 유명한 명제인 '홀로 존재하는 아이는 없다.'라는 표현은 유아는 홀로 존재할 수 없고, 유아가 존재하는 곳에는 항상 어른이 있어 유아를 돌보고 있다는 것인데, 유아-엄마는 서로 떨어진 존재이기보다는 둘이 같이 존재하는 짝이라는 관점이었다. 또한 위니컷은 유아의 자기(self)가 어떻게 나타나고 발달하는지에 대해서 상세하게 묘사하고 싶어 했는데, 그 과정에서 인간의 사회성, 공동체의 중요성에 대해서 강조했다. 위니컷은 공동체는 개인의 자기 발달을 위해서 꼭 필요하고 개인은 공동체 안에서 늘 불완전한 존재라고 보았다. 또한 이 공동체는 자기 외부에만 존재하는 것이 아니라 자기 내부에도 존재한다고 보았다. 즉, 외적 대상들이 내면화되어 내적 대상들로 자기 안에 존재한다는 의미로서 이는 대상관계이론의 핵심 주제이기도 했다.

위니컷의 관점에서 또 다른 고유한 측면은 인간을 비교적 건강한 존재로 보았다는 점이다. 인간의 본성을 긍정적으로 본 측면은 인간의 내적 경험을 불안하고 두렵고 고통스럽게 보았던 클라인의 관점과는 매우 달랐다. 위니컷은 이전 정신분석가들과는 달리 대부분의 사람은 넓은 의미에서 볼 때 심리적으로 비교적 건강한 사람들이고 그들은 자기 자녀들에게 이만하면 괜찮은(good enough) 정서적·신체적 돌봄을 제공함으로써 대체로 잘 키워 간다고 보았다. 위니컷은 완벽한 엄마가 아닌 이만하면 괜찮은 엄마의 돌봄을 통해서 유아의 개인적 자기가 서서히 발달해 간다고 보았다. 엄마는 본능적인 모성적 몰두를 통해서 유아와 동일시를 경험하게 되고, 엄마와 자기를 같은 존재로 느끼는 유아는 엄마의 능력에 힘입어서 안전감을 느끼고 자기가 전능하다는 환상을 가지게 된다. 이후에 유아는 엄마가 항상 전능하지 않고 자기를 실망하게 하고 좌절시킬 때도 있다는 사실을 인식하게 되고, 엄마의 한계를 알고 좌절에 대한 내성을 키워나간다. 이후 엄마는 서서히 모성적 몰두에서 벗어나 자기 정체성을 찾고 유아는 자기 스스로 생존하는 법을 배울 수 있다고 보았다.

위니컷의 고유 관점을 프로이트와 클라인과 비교해서 다시 한번 정리해 보면, 위니컷은 프로이트와 클라인의 이론에 동의하지 않으면서도 그들에 대해서 비판하거나 명시적으로 의견을 논박하지는 않았다. 그 이유는 여러 가지로 볼 수 있는데, 우선 위니컷의 세계관이 권위에 대해서 비교적 보수적이었다는 점이고, 또 다른 이유는 아버지 인물에 대한 두려움으로 거역하지 못하는 성품 때문이었다. 또한 위니컷이 프로이트와 클라인으로부터 사상적으로 깊은 영향을 받았기에 자기가 직접 임상 작업을 하면서 개인적 의견이 달라졌어도 그들에 대한 애정이 여전히 남아 있기 때문이었다. 하지만 위니컷의 이론과 임상 실제에서의 접근이 관계적 접근이었기에 기계적 접근이었던 프로이트와 달랐고, 유아의 정서 발달에서 환경도 본능만큼 중요한 기능을 한다고 보았기에 클라인과도 달랐다고 볼 수 있다.

유아의 발달과정에 대한 위니컷의 이론을 보면, 대상관계적인 관점과 추동이론의 관점이 명료하게 통합되지 않은 다소 혼란스러운 상태로 공존하고 있음을 볼 수 있다 (Gomez, 1997/2008, p. 162). 그는 마치 유아의 발달과정에 두 갈래의 발달이 있는 것처럼 보았다. 하나는 참 자기, 거짓 자기의 발달과 관련해서 인간이 관계와 의미를 일차적으로 추구한다는 관점이다. 다른 하나는 신체적 본능에 대한 강조였는데, 이 부분은 의미와 관계만큼은 아닌 이차적 지위로 낮추어서 보았다. 이 두 갈래 발달에 대한 위니컷의 이론은 자아와 원초아라는 개념을 구별한 데서 확인할 수 있다. 위니컷은 자아라는 용어를 사용할 때 그 용어가 결국 사람과 같은 의미라고 정의했고, 사람이 직접 경험하면서 발달하는 것이 아니고는 발달과정을 논할 수 없다고 생각했다. 즉, 경험하는 자아가 신체 발달을 포함하는 인간 발달을 가능하게 한다고 주장했다.

또한 자아와 별개 요소로서 원초아 경험이 있다고 설명했다. 위니컷은 뇌가 손상된 상태로 태어났던 유아를 예로 들었는데, 그런 유아는 뇌 손상으로 인하여 자아가 경험하는 능력이 없기에 유아의 신체적 본능에 의한 생리적 기능은 자아 기능으로 보기는 어렵다는 것이다(Gomez, 1997/2008, p. 163). 즉, 위니컷의 관점은 자아의 발달과 주관적 경험이 신체의 본능적 발달보다 더 중요하다는 것이다. 위니컷은 자아가 어느 정도 성립이 되고 강해야만 본능에 의한 욕구가 유아의 정체성에 위협적인 요소가 되지 않는다고 보았다. 배고픔, 배설 욕구, 성적인 흥분 등 만족시켜 주어야 하는 신체적 욕구를 본능으로 본다면 본능이 원초아 경험을 가져오는데, 문제는 자아가 연약한 상태에서는 이런 신체적 욕구가 유아의 정체성을 침범한다는 것이다. 결국 위니컷이 생각하는 인간 발달은 대상을 추구하는 것과 동시에 욕구를 충족하는 것이었다.

결핍

위니컷은 자기가 만났던 많은 유아와 아동 내담자, 비행 청소년, 경계선 환자를 보면서 모든 정신증은 결국 환경적 결핍증이라고 보았다. 의사였던 위니컷이 내담자들의 심리적 갈등과 문제에서 유전적 요인을 전혀 고려하지 않았던 것은 아니었다. 하지만 위니컷이 가장 강조했던 정신적 문제를 일으키는 원인은 위니컷이 절대적 의존기로 명명했던 유아기 초기에 자기 형성이 되는 과정에서 정서적인 보살핌을 제대로 받지 못한 것이었다. 즉, 가장 핵심 문제는 유아가 느끼는 결핍(privation) 경험이다. 생애 초기 유아는 자기와 엄마, 자기와 환경을 구분하지 못하고 엄마 혹은 환경을 자기로부터 분리된 것으로 인식하지 못하기에 유아가 경험하는 상처는 외적 결핍이라기보다는 자기 내적·주관적 세계에서 경험되는 트라우마나 분리 경험이라는 것이다. 위니컷은 유아가 잘 발달하고 성숙하려면 필수 요소가 공급되어야 하는데, 그 필수 요소가 결핍되거나 부재하면 결국 건강하게 성장할 수 없다고 보았다. 결국 대부분 아동, 청소년, 성인 내담자의 정신적 문제는 초기의 정서적 관계가 실패할 때 기인하는 것이고, 연약한 아동의 경우에는 관계의 실패가 더 트라우마적이고 치명적일 것으로 설명했다.

위니컷이 아동들의 정서적 상태에 대해서 특별히 생각했던 점은 아동들은 자기 스스로는 생각할 수 없는 불안을 인식하는 사람들이라는 것이다(Gomez, 1997/2008, p. 144). 스스로 생각할 수 없는 불안은 정확히 그 감정이 무엇이고, 왜 생기는지에 대한 이해가 전혀 없기에 아동들은 그 불안이 무엇인지를 모른다는 의미이다. 반면, 불안이라는 감정은 아동들이 인식하든 못하든 그들이 실제로 정서적으로 느끼고 있기에 엄연히 존재하는 감정이기는 하다. 스스로 인식은 못하지만 그 불안을 어딘가 모르게 느끼는데, 그 모호하면서도 불안한 느낌은 아동들이 엄마가 자기와 분리된 존재라고 명확하게 인식하지 못하는 것에서 유래한다고 보았다. 아동들은 엄마를 자기를 감싸고 있는 환경으로 경험하지만, 동시에 자기 존재의 생존에 대한 위협을 느끼기도 한다는 것이다. 자기의 필요를 만족시키지 못하는 엄마에 대한 불만과 불안을 느낀다면 외부의 존재가 그렇다고 생각하면 되는데, 엄마가 자기를 감싸고 있다고 느끼는 상태에서는 자기의 환경 전체가 불안하고 위협적이라고 느낄 수 있다.

아동들은 실제로 견디기 힘든 상태에 빠지거나 혹은 그렇게 느껴지는 상태에서 위협을 느끼는 것을 주로 인식하게 되는데, 위니컷은 그 경험을 **멸절**(annihilation)이라고 명명했다. 아동들은 이 상태에서 자기가 완전히 고립되고, 아무하고도 의사소통이 되지 않으며, 세상에서 방향을 잃고 방황하는 듯한 경험을 한다. 그런 상태에서 멸절 불안을 느끼게 되는데, 자기가 산산이 조각나고, 몸의 감각이 없으며, 존재가 사라지는 것 같은 느낌이다. 이것은 아동들에게 굉장히 압도적이고 고통스럽게 느껴지는 감정이다. 이 감정은 이후에 성인이 되어서도 자기 존재가 위협받는다고 느끼는 경계선적 혹은 정신증적 불안으로 나타나는 두려움, 공포 경험으로 볼 수 있다. 위니컷은 이러한 멸절 불안으로부터 유아를 보호하기 위해서 엄마가 할 수 있는 방법이 있다고 보았다.

보듬어 주기, 다루어 주기, 제시하기

멸절 불안을 겪는 유아들을 위해서 사용할 수 있는 세 가지 방법은 유아들에게는 생사가 달린 경험이지만, 엄마에게는 자기가 엄마가 되어 가는 과정이기도 하다. 우선, 엄마들이 본능적으로 하는 것은 보듬어 주는 행동이다. 보듬어 주기(holding)에는 신체적 보듬어 주기, 정서적 보듬어 주기 둘 다 포함된다. 엄마가 보듬어 주면 유아의 혼란스러운 정서와 충동은 세심하게 잘 다루어지고 조절된다. 엄마는 유아의 몸이 고통스럽거나, 갑자기 큰 소리가 나거나, 눈을 뜨기 힘든 정도의 빛과 같은 충격을 잘 알아차릴 수 있고, 유아의 존재가 움츠러들거나 숨지 않고 이런 충격을 스스로 다룰 수 있을 때까지 반복적으로 보듬어 주고 조절해 준다. 이러한 경험이 쌓이면 유아는 다른 경험에 대해서도 편집적으로 방어하지 않고 여유롭게 수용하는 모습을 보일 수 있다.

하지만 가장 필수적 보호 기능인 보듬어 주기가 제대로 작동하지 않을 때 유아는 큰 충격을 받고 스스로 싸우려는 태세를 취하게 된다. 유아는 갑작스러운 큰 소리나 눈부신 조명과 같은 외적 위협뿐만 아니라, 자기 내면의 관계 욕구나 배고픔의 욕구 같은 내적 위협에 대해서도 온 힘을 다해서 싸우려고 한다. 보듬어 주기를 통해서 건강하게 성장하고 있는 유아라면 안간힘을 쓰거나 싸우지 않더라도 자기가 생생하게 살아 있는 느낌과 현실감을 느끼며, 자기의 감각에 연속성과 통합된 느낌을 가질 수가 있다. 반대로, 보듬어 주기 경험이 부족하고 멸절 불안을 느끼는 유아는 현실감이 약하고 자기가 산산이 조각나서 부서질 것 같은 두려움을 느끼고 이렇게 열심히 싸워야만 그나마 자기가 존재할 수 있다고 느낀다. 이 경험은 정신증 환자들의 분열 상태와 같은 느낌을 주는데 그들은 자기를 부분적으로만 경험하고, 자기의 일관성과 연속성을 느끼지 못하며, 자기를 마치 다른 사람인 것처럼 느끼고 행동한다.

위니컷이 강조했던 엄마의 두 번째 보호 기능은 다루어 주기(handling)이다. 보듬어 주기가 신체적·정서적으로 끌어안고 다독여 주고 보듬어 주는 기능이었다면, 다루어 주기는 신체와 마음을 연결하고 통합해 주기 위한 기능이다. 사람들의 신체와 마음이 항상 연결되어 있는 것 같지만 실제로는 신체 감각(sensing)과 정서(feeling), 이 두 영역이 따로 노는 듯한 경험을 하는 사람들도 많고, 신체 감각도 둔하고 정서 인식도 둔한 사람들도 많다. 다루어 주기는 엄마가 유아의 신체를 세심하고 민감한 손길로 배려하고 다루어 줌으로써 유아의 감각과 정서가 잘 연결되고 유아가 신체적·정서적으로 만족스러운 감정을 경험하게 해 주는 것이다. 마치 유아의 신체를 잘 어루만지면서 유아의 정서를 신체에 꾹꾹 눌러서 붙여 주는 것과 같은 과정이다.

유아에게 그 반대의 경험은 홀로 남겨지는 시간이 길어서 불만족스럽고 불안하거나 아니면 자기의 신체가 함부로 대해지고 비인간적으로 다루어지는 경험을 하는 경우이다. 이렇게 되면 유아는 자기 몸의 욕구를 무시하거나 몸의 경험에서 분리되어서 몸의 중요성을 생각하지 못할 수 있다. 자기 몸에 대한 감각이 둔해지고 자기 마음만이 자기의 전부인 것처럼 착각하기도 한다. 위니컷이 말한 참 자기는 몸과 마음이 합쳐진 전체로서의 자기를 의미하는데, 다루어 주기 경험이 부족한 경우에는 참 자기를 마음으로만 느낄 수 있다. 유아가 자기 신체와의 관계를 잘 인식하지 못하면 현실감이 약해지고, 마음이 몸에 연결되지 못하며, 붕 떠 있는 듯한 느낌으로 고통당하게 된다. 아주 심하면 몸과 마음의 감각과 감정을 잘 느끼지 못하고, 앞과 뒤, 안과 밖도 잘 구분하지 못하는 감각의 방향 상실을 경험할 수도 있다.

멸절 불안을 겪는 유아들을 보호하기 위한 엄마의 세 번째 방법으로 위니컷이 강조한 것은 제시하기(presenting)이다. 제시하기는 엄마가 유아에게 직접 대상을 제시하는 것뿐만 아니라, 유아가 직접 대상을 발견하고 탐색하면 엄마가 반응해 주는 일도 포함된다. 우선, 엄마는 외적 세계, 대상을 유아에게 보여 주고 제시해 준다. 잘 제시해 주면 유아는 그 대상을 탐색하고 받아들일 준비를 하게 되고, 엄마는 유아가 독립적으로 경험할 수 있도록 허용해 주게 된다. 위니컷이 언급한 가장 기본적인 대상 제시는 엄마가 유아에게 젖이나 젖병을 가져다주고 물려 주는 것이다. 섬세한 엄마는 유아가 너무 오래 기다리거나 찾도록 두지 않고, 유아가 멸절 불안을 겪지 않도록 잘 배려한다. 또한 유아가 스스로 대상을 발견하고 기쁨을 표현할 때 엄마가 유아의 성취에 반응해 줄 수 있다. 엄마의 정서적 반응에 유아는 자기의 노력과 성취에 대해 만족감을 경험할 수 있고, 마치 자기가 자기의 세계를 스스로 창조하는 것처럼 느끼기도 한다. 또한 유아는 창조자로서 대상들을 자기의 마술적 통제하에 있는 것처럼 느낄 수도 있다.

위니컷이 강조했던 제시하기는 유아의 발달에 매우 중요하지만, 엄마와 환경의 실패로 인해 많은 문제가 생길 수도 있다. 우선, 엄마가 초조함으로 인해 유아가 원하지 않거나 필요하지 않을 때 뭔가를 제공할 수 있다. 예를 들면, 유아가 아직 졸릴 때 안아서 깨울 수도 있고, 배고프지 않을 때 먹이려고 시도하기도 하고, 놀고 싶지 않을 때 놀아 주기도 한다. 이 부분은 많은 부모가 종종 실수하는 부분이다. 이런 경우 유아는 자율성을 침해당했다고 느끼고, 스스로 노력해서 대상을 찾고 탐색하려고 하지 않는다. 노력하지 않아도 환경이 자기가 원하는 대로 될 것이라고 비현실적인 기대를 하게 되기도 한다. 대상이 자기를 압도하고 조종할 것이라는 두려움으로 인해서 자기의 영역을 확보하지 못하고 능력을 개발하지 못한다.

　반대인 경우도 많다. 엄마가 우울감에 빠져 있거나 고통스러운 상황에 있을 때 유아가 원하는 것에 잘 반응하지 못하고 자기에게만 몰입한 경우이다. 앞의 상황과 마찬가지로 이 경우도 유아는 건강한 자존감을 형성하기는 어렵다. 부모가 자기에게 충분히 반응해 주는 경험을 하지 못한 유아는 자기의 주변 환경, 세상이 자기를 공감하고 이해할 것이라는 기대를 하기 어렵다. 자기가 원하는 것을 맘껏 표현하기 어렵고 타인의 요구에 부응하는 것에서 더 안전감을 느낀다. 위니컷은 이 경험을 거짓 자기가 형성되는 것으로 보았다. 대상 제시하기가 실패하는 경우 가장 심한 결과는 대상과의 관계 맺음을 소용없다고 느끼고 혼자서 모든 것을 하는 게 차라리 낫다고 느끼는 것이다. 결국 깊은 고립감, 공허감, 외로움으로 고통당할 수밖에 없다.

전환기 대상

　어느 문화든 유아들이 성장하는 과정에서 강렬하게 집착하는 대상이 있는데 주로 곰 인형, 담요, 이불 등이다. 위니컷은 유아들이 들고 다니는 이 대상에 대해서 주의 깊게 관찰했고 그 의미와 역할에 대해서 통찰을 제공하면서 그 대상을 전환기 대상(transitional object)이라는 용어로 명명했다. 대부분의 우리말로 번역된 대상관계이론 책에는 중간 대상 혹은 이행 대상으로 번역되어 있는데, 엄밀히 말하면 위니컷이 설명했던 발달단계인 절대적 의존기(출생~6개월)에서 상대적 의존기(6~24개월) 단계로 전환되는 과정에 꼭 필요한 대상이라는 의미에서 전환기 대상이라는 용어가 더 적절해 보인다. 절대적 의존기 유아들은 엄마가 젖을 먹일 때 매우 친밀하고 강렬한 접촉을 주었다가 떨어지면서 금방 다시 혼자 남겨지는 경험을 반복하며 강한 집착을 보이기 시작한다. 즉, 강렬한 융합과 분리가 반복해서 벌어지면서 유아들에게는 그 경험이 상대적 의존으로 넘어가는 연습이 되기도 하지만 여전히 매번 혼자 남겨질 때마다 힘든 정서적 경험을 할 수도 있다. 그때 유아들이 엄마 대신에 집착하는 대상이 전환기 대상이다. 유아들은 개인적 차이가 크지만 주로 생후 9개월 정도에 젖을 떼게 되는데 그때 전환기 대상이 유아들에게 큰 위로가 되고 불안과 두려움을 줄여 주면서 발달을 도와주는 역할을 한다.

위니컷은 유아들의 이 전환기의 경험을 전환기 현상이라고 불렀다. 절대적 의존에서 상대적 의존으로 전환되는 시기의 유아들의 경험은 엄마에게서 떨어져서 혼자 남겨지는 두려움을 느끼고, 그 두려움을 다루기 위해서 특정 물건에 의지하고 집착한다. 유아는 주로 잠들기 직전에 자기가 안고 있거나 입으로 빨 수 있는 대상으로 부드러운 인형, 담요, 베개 등을 원하는데, 엄마의 가슴 촉감과 비슷한 부드러우면서 따뜻한 느낌을 주는 물건을 선호한다. 자기가 필요할 때 엄마가 항상 곁에 있지 못하는데 전환기 대상은 자기가 가지고 다니기만 하면 언제든 존재하기에 유아가 전환기를 경험할 때 오히려 더 정서적 안정감을 줄 수도 있다.

전환기 현상은 어른들이 마치 이야기를 듣거나 노래를 부르면서 눈에 보이지 않는 대상을 기억하고 그리워하거나 특정 인물, 기억에 애착하는 것과도 비슷하다. 유아는 이 시기에 정서적으로 사투를 벌이는데, 엄마가 자기와 몸도 생각도 분리된 존재라는 것을 깨달았기에 엄마를 놓아주려고 분투하면서도 동시에 자기의 정서적 안정감을 위해서 엄마 대신 그 물건을 붙잡고 있는 상태로 볼 수 있다. 그러면서 서서히 유아들은 불안감을 느낄 때나 잠자리에 들 때 이제는 실제 엄마보다 자기가 항상 소지하고 위로받을 수 있는 전환기 대상을 필요로 하게 된다.

유아들은 전환기 대상이 자기와 함께하지만 자기와 같은 존재는 아니며 분리된 대상이라는 것을 반복적으로 느끼게 되고, 한편으로는 안도감을, 다른 한편으로는 분리됨을 동시에 느끼면서 서서히 성장한다. 일반 부모들은 보통 아이들의 대상이 그런 의미와 기능이 있는 전환기 대상이라는 것을 정확히는 몰라도 대부분 직관적으로 아이들의 욕구를 지지해 준다. 예를 들면, 지하철에 곰 인형을 데리고 탄 아이가 친구처럼 옆에 앉혀 놓은 모습을 본 어른이 곰 인형을 마치 사람이나 동물처럼 여기면서 말을 걸어 줄 수도 있고, 아이에게 물어봐서 아이가 그 인형을 자랑스럽게 소개하는 것을 들어 주기도 한다. 집에서 밥을 먹을 때 곰 인형을 의자에 앉혀 놓고 먹으려는 아이에게는 엄마나 아빠가 그 인형을 치우고 밥을 먹으라고 하는 대신에 곰 인형 앞에 숟가락과 젓가락을 놓아 줄 수도 있다.

위니컷은 전환기 대상의 조건과 특징에 대해서 언급했다(Gomez, 1997/2008, p. 152). 우선, 전환기 대상은 유아에게 소속되어 있고, 유아는 그 대상을 필요로 할 때 언제든지 자기 마음대로 대할 수 있어야만 한다. 동시에 전환기 대상은 유아가 자기의 마술적 능력으로 완전히 통제할 수 있다는 생각이 들 만큼 너무 약한 존재여서는 안 된다. 전환기 대상은 유아가 생애 초기에 대상과 관계 맺는 방식의 공격성과 강렬함으로 실컷 험하게 다루어도 살아남을 수 있어야 한다. 그래야만 유아가 그 대상에 대해서 걱정하지 않고 마음껏 치대고 다룰 수 있다.

전환기 현상이 나타나는 시기에 대해서 위니컷은 명확하게 특정하지는 않았지만, 생후 "4, 6, 8개월에서 12개월 사이에 나타나기 시작한다."라고 설명했다(Gomez, 1997/2008, p. 152). 위니컷의 발달단계에서는 절대적 의존 시기가 출생부터 6개월까지이고, 상대적 의존 시기가 생후 6개월에서 24개월이다. 절대적 의존에서 상대적 의존으로 전환되는 생후 6개월의 전후 2개월 정도에서 시작해서 12개월 사이에는 전환기가 시작된다고 본 것이다. 위니컷은 전환기 경험은 유아가 독립된 존재이면서 연결된 존재라는 두 가지 모두를 자연스럽게 받아들이게 되면 자연스럽게 사라지게 된다고 보았다. 전환기 대상은 어느 날 하루아침에 무 자르듯이 잘라 내거나 떼어 낼 수 있는 것은 아니고, 천천히 아이의 삶에서 중요성을 잃어 가고 자연스럽게 잊히는 과정으로 볼 수 있다.

반사회성과 비행 행동

앞서 언급한 것처럼 위니컷은 칼 로저스와 아브라함 매슬로우 같은 인간중심 심리학자들처럼 인간의 본성을 기본적으로 긍정적으로 평가했다. 또한 알프레드 아들러가 사회적 관심을 강조했던 것과도 맥을 같이한다. 아들러는 사회적 관심을 공동체성을 추구하고 자기 주변의 사회적 환경과 상황에 반응하려는 인간의 타고난 성향이라고 정의했다. 위니컷도 사회의 다수를 차지하고 있는 보통 사람들은 비교적 심리적으로 건강하며 자기 자녀에게 이만하면 괜찮은 정도의 필요충분한 보살핌을 줄 수 있는 경향성과 능력이 있다고 생각했다. 또한 엄마의 모성적 몰두는 타고난 본능으로 가능한 것이고, 유아가 엄마와 친밀한 상호작용이 가능한 것도 유아가 직접 배우지 않더라도 타고난 본성이 관계적이고 사회적인 부분을 가지고 있다는 점을 강조했다.

위니컷은 유아의 초기 발달이 사회적이고 관계적인 측면을 통해서 이루어진다고 보았는데, 동시에 자기(self)의 주요 경향성을 반사회성이라고 지적했던 점을 보면 위니컷의 인간 본성에 관한 이해가 매우 역설적이라고 느껴지기도 한다. 위니컷의 반사회성에 대한 관점은 프로이트의 죽음 본능처럼 핵심적인 개념이기는 하지만, 논리적이고 이성적으로 설명된 개념이기보다는 개인적이고 정서적인 신념에 더 가깝다고 볼 수 있다. 하지만 위니컷이 임상적 관찰에 근거해서 펼쳤던 공격성, 반사회성, 박탈(deprivation), 비행 행동 등 인간 본성의 부정적 측면에 관한 설명은 상당히 매력적이고 긍정할 만하다. 어쩌면 위니컷의 이 관점은 두 번의 세계대전을 겪었고, 붕괴한 가정에서 자랐거나 부모를 잃은 많은 아동을 보살피고 치료했던 개인적 경험에서 자연스럽게 나온 것으로 볼 수 있다.

그런데 위니컷이 이해한 공격성은 프로이트와 클라인이 보았던 관점과는 달랐다. 프로이트와 클라인은 인간의 공격성을 별도로 분리된 본능이라고 보았던 반면, 위니컷은 사랑과 공격성이 처음에는 구분이 안 되는 한 덩어리의 정서였다가 유아가 성장하면서 서서히 구분되는 관계의 한 측면이라고 보았다. 유아가 보이는 공격성은 자기가 사랑하는 대상이 자기와 분리되어 있고 약한 존재라는 사실을 알기 이전에 자기 만족적으로 흥분해서 대상에게 함부로 하는 행동이라는 것이다. 유아의 공격적 행동을 귀여운 강아지의 행동에 비유하면 마치 사회화가 아직 덜 된 어린 강아지가 기분이 좋고 흥분될 때 주인에게 입질하는 행동과 비슷하다고 이해할 수 있다. 입질이 주인에게 치명적인 상처를 입힐 확률은 낮지만, 입질도 무는 행동이기에 허용되는 행동은 아니다.

그러다가 시간이 지나면 유아가 엄마와 융합된 환상과 엄마의 전능함 덕분에 자기도 전능하다는 환상에서 서서히 벗어나면서, 자기의 흥분되는 욕구가 대상에게도 피해를 미칠 수 있음을 서서히 인식하고 더 진지하게 고려하고 행동하게 된다는 것이다. 결국 유아는 한 대상에게서 선함과 악함, 사랑과 미움 등을 동시에 느낄 수 있다는 것을 알아 가고, 대상에 대한 분열적 관점이 아닌 통합적 관점을 가지게 된다. 이러한 통합적 관점이 유아가 엄마나 다른 대상과의 관계에서 더 책임감을 느끼면서 자기의 분노와 공격성을 잘 조절하고 대체하는 능력을 발달시킨다. 클라인이 편집-분열적 양태에서 우울적 양태로의 변화를 설명했는데, 위니컷은 이 우울적 양태의 명칭을 배려의 단계(stage of concern)로 부를 것을 제안하기도 했다. 유아가 이제는 엄마를 진지하게 배려하는 상태에 접어들면서 훨씬 더 고민하고 진지해지는 시기를 경험하고, 우울함과 불안을 어느 정도 해소해 가면서 전보다는 안정된 상태가 될 수도 있다.

유아는 환경의 따뜻한 보호 속에서 신뢰감과 안전감을 느껴야 전능함의 환상 속에만 계속 머무르지 않고 그 이상으로 성장하려는 위험 감수를 하게 된다. 하지만 이렇게 안정적인 배려를 경험해 보지 못한 유아는 일관된 자기감을 형성하거나 같은 대상에 대한 사랑과 미움 같은 상반된 감정을 동시에 느끼고 통합하는 데 어려움을 겪을 수밖에 없다. 실제로 감정의 통합이 어려우면 대상에 대한 이해도 통합되기 어렵다. 또한 자기 주변의 가족이나 공동체, 사회를 균형 있게 느끼지도 못하고, 다른 사람에 대한 책임감이나 소속감도 느끼기 어렵다. 친밀한 관계 경험이 없거나 친밀감을 느끼는 관계 대상이 자주 바뀐 경험을 한 유아 중에 이런 극단적인 상태가 나타날 수 있다.

위니컷은 유아의 이런 경험을 **박탈**(deprivation)이라고 불렀고, 박탈은 유아가 관계에서 실패하는 경험을 하게 되면 결국 대상을 배려하는 유아의 핵심 능력을 키울 수 없기에 그 능력이 박탈된다고 본 것이다. 박탈은 위니컷이 강조했던 결핍(privation)과는 다른 의미이다. 앞서 살펴본 것처럼, 결핍은 유아가 생애 초기 발달에 필수적인 산소와 같은 환경, 즉 엄마가 존재하고 정서적으로 반영해 주는 것을 공급받지 못하는 상황이라고 본다면, 박탈은 유아가 조금 더 성장해서 대상이 분리된 존재임을 인식하고 상실감을 느낄 수 있는 발달 상태일 때, 대상과의 지속적인 좋은 경험을 잃어버리는 것이라고 보았다. 즉, 결핍 경험이 먼저이고, 박탈이 나중에 경험하는 것이다. 결핍은 절대적 의존기 경험에 가깝고, 박탈은 상대적 의존기 경험에 더 가깝다.

위니컷은 이러한 박탈 경험으로 인해 유아가 상대적 의존 시기에 이르면 결국 반사회성을 드러내게 된다고 보았기에, 유아의 공격성, 박탈 경험, 반사회성 성격 성향, 비행 행동은 인과관계적인 연결고리가 있는 셈이다. 유아가 상실 경험, 즉 박탈 경험을 하면 견디기 힘들고 결국 부모와 외적 환경에 대한 신뢰가 깨진다. 그 결과, 유아는 깊은 절망과 고통을 느끼고 자기를 붙잡아 주는 대상이 없어서 내적인 붕괴를 경험할 수 있다. 이런 내적 붕괴는 유아에게 다급함을 느끼게 하고 앞으로 다가올 재앙에 대해서 방어적인 행동을 도모하게 한다. 그리고 위험한 외적 환경이나 세상에 자기를 맞추려고 노력하게 되고, 자기 욕구를 드러내기보다는 외적 환경에 자기를 복종시키는 상태가 되기도 한다. 이 시기의 유아는 위니컷의 용어로 표현하면 결국 참 자기가 손상되지 않도록 보호하기 위해서 거짓 자기를 드러낼 수 있다. 거짓 자기를 드러내는 유아는 겉으로는 잘 적응하는 좋은 상태로 보이지만, 사실은 자기의 진정한 욕구나 사랑과 분노 같은 감정을 생생하게 느끼는 인간관계를 맺는 것은 어려워진다.

그런데 유아가 박탈감에 순응하는 상태에만 계속 머무는 것은 아니다. 주변 환경에 대해 다시 한번 긍정적인 반응을 기대하게 되고 희망을 느끼게 되면 반사회적 행동을 통해서 자기의 그런 마음을 드러내게 된다. 박탈감에 저항하게 되고 상황을 고치려고 시도할 수도 있다. 박탈 경험은 자기의 것을 도둑질을 당한 느낌으로 남기 때문에 그 상황을 바르게 고치기 위해 남의 소유를 훔치는 행동을 통해서 다시 찾아오고 싶은 무의식적 욕구를 드러낸다. 자기에게 그런 당연한 권리가 있다고 느끼고 실제로 부모의 물건을 훔치는 행동을 하기도 한다. 위니컷은 유아들이 발달과정에서 물건을 훔치는 행동을 하는 시기가 있다는 점을 강조했고, 부모들이 그런 유아의 행동을 잘 이해하고 수용하며 애정으로 배려하는 태도를 유아들에게 보여 주는 것이 매우 중요하다고 보았다.

이 시기의 유아는 분노를 느끼고 부모에 대한 파괴적인 행동을 보이기도 하는데, 아이는 부모가 분노를 느끼거나 복수하려는 마음 없이 자기의 행동을 통제해 주고 받아 주는 강한 모습을 보이기를 기대한다고 볼 수 있다. 그런 강한 부모의 모습에 유아는 다시금 안전감을 느끼고 불안과 긴장에 휩싸이지 않게 된다. 또한 부모가 자기를 통제하고 책임져 준다는 느낌을 받기에 거짓 자기로 방어하는 것이 아니라 참 자기의 모습을 발현하면서 살아갈 수 있다. 유아가 가족관계에서 보이는 파괴성과 반사회성을 부모가 한편으로는 받아 주면서도 다른 한편으로는 확고한 태도로 통제해 준다면 유아가 안심하면서 성장할 수 있다.

유아가 느끼는 작은 박탈감에서 시작된 반사회적 행동은 초기에는 확고한 태도로 아이를 잘 잡아 주는 강한 부모에 의해서 비교적 쉽게 다루어질 수 있다. 하지만 반사회성이 장기간 유지되어서 삶의 패턴으로 형성되고 난 후에는 고질적이고 복잡한 문제로 자리 잡는다. 유아는 생애 초기에 박탈감을 느낄 때 그런 감정을 극복하기 위해서 필사적으로 노력하면서 부모가 자기를 잘 잡아 주었으면 하는 마음을 가진다. 그런데 부모가 항상 아이를 도와주기는 어렵기에, 유아는 부모가 자기를 잡아 주는 경험을 못하고 그럴수록 더 간절하게 매달린다. 유아들의 반사회성은 결국 비행 행동으로 이어지는데 유아들은 불안감으로 인해 견디기 힘든 내적 고통을 경험하고, 내면에 박해가 쉽게 사라지지 않는 상태가 된다. 그런 마음을 다스리기 위해서 유아들은 무언가를 훔치거나 공공 시설물을 파괴하는 행동 등을 통해서 마음의 고통을 극복해 보려 시도하고 자기 자신이 아닌 사회와 법이 자기를 통제해 주기를 바라는 막연한 기대를 할 수 있다. 실제로 사회와 법이 자기들을 통제하고 처벌하면 자기가 있는 환경을 오히려 안전한 곳으로 착각하기도 한다.

실제로 반사회성 성격을 가진 사람들이 비행 행동을 할 때 다양한 유익을 경험하는 것으로 착각하는 경우가 있다. 예를 들면, 자기의 비행이 주변을 지배하고 통제하는 힘을 느끼게 해 주기도 하고, 물건을 훔치는 행동을 통해서 실제로 물건을 얻고 짜릿한 흥분과 자극을 느낀다. 또한 자기의 능력에 대한 자부심을 느끼기도 하고, 친구들 앞에서 으쓱하는 경험을 한다. 위니컷은 한편으로는 반사회성을 가진 사람들에게는 없는 내적 통제를 대체할 수 있는 사회 환경을 만들어 주는 작업이 중요하다고 강조했고, 다른 한편으로는 반사회적 방어를 무너뜨리고 신뢰감에 기초를 둔 정서적 성장이 일어나도록 상담사의 따뜻하면서도 엄격한 보살핌을 느끼는 것이 필요하다고 보았다(Gomez, 1997/2008, p. 158). 즉, 심리치료와 환경의 관리가 동시에 필요하다는 것이다. 비행 행동을 하는 사람들이 내적 통제가 없이 외적 통제에만 자꾸 의존하게 되면 표면적인 행동 변화는 가능할 수 있지만, 깊은 내적 변화는 어렵게 된다.

만약에 인간관계로 이들을 지지하고 성장을 촉진하는 방법이 어렵게 되면 관리 차원의 개입은 더 엄격하고 강할 수밖에 없다. 위니컷은 반사회성이 매우 높은 사람들의 경우 그들을 엄격한 통제와 규율로 압박하는 것이 훨씬 효과적이고, 그게 오히려 그 사람들을 덜 고통스럽게 하는 인간적인 방법이라고 생각했다. 위니컷이 보기에는 전쟁 중 부모를 잃고 위탁 가정에 맡겨진 아이들이 따뜻하게 돌봄을 받는 것이 오히려 약이 아니라 독이 되는 경우가 많았다. 아이들은 반사회성과 두려움으로 인해 화를 분출하고 비행 행동을 하는데, 친밀감과 따뜻한 돌봄은 아이들에게 오히려 자기들을 거부하고 버리겠다는 위협으로 느껴질 수도 있기 때문이다. 외적 통제가 없는 환경에서 그렇지 않아도 부족한 아이의 내적 통제가 완전히 무너져 내리는 경우도 많았다. 위니컷의 관찰에 의하면 이 아이들은 극단적인 방법으로 위탁 가정의 부모들을 폭력적인 행동으로 시험하고, 감당하지 못하는 부모들은 아이들을 포기하게 되어서, 결국 아이들은 여러 위탁 가정을 전전하다가 법 위반으로 인해 소년원으로 가게 되는 패턴을 보였다.

위니컷이 공격성, 박탈, 반사회성, 비행으로 이어지는 패턴에 대한 깊은 통찰을 줌으로써 우리는 유아들이 대부분 전환기에 혼란스러운 행동을 보이고 물건을 훔치는 행동을 한다는 사실과 그 이유에 대해서 더 잘 이해할 수 있게 되었다. 우리에게 위니컷에 대한 따뜻한 인간적 이미지가 있지만, 위니컷은 아이들이 어쩔 수 없는 박탈 경험으로 인해 불가피하게 반사회성이 발현되고 비행 행동을 보이면, 강력한 제재와 처벌을 하는 방법이 공동체와 사회에 꼭 필요하다고 주장했다. 사회가 체계적이고 엄격한 처벌을 통해서 울타리를 제공해 주는 것이 결국 비행을 하는 아이들이 그 울타리 안에서 안전감을 느끼면서 비행 행동을 줄일 수 있는 더 좋은 방법이라고 생각했다.

제2장
페어베언과 건트립

W. R. D. 페어베언(W. R. D. Fairbairn, 1889~1964)

삶과 경험

페어베언은 1세대 대상관계 이론가 트리오 중에서 지리적으로 가장 고립되어 있었고, 프로이트의 정통 정신분석 모델에서 가장 멀리 벗어나 있었다. 그동안 클라인과 위니컷이 대상관계 이론가 중에는 가장 잘 알려져 왔지만, 최근에는 페어베언이 영국 대상관계이론 전통에서 가장 순수하고 명료한 대상관계이론을 개발한 임상가였음이 인정되고 있어서 전보다 훨씬 더 주목받고 있다. 제1장에서 논의한 것처럼 우리에게 좀 더 잘 알려진 인물인 클라인과 위니컷은 영국의 중심 런던에서 활동했지만, 페어베언은 영국 북쪽에 위치한 스코틀랜드 에든버러에서 1889년에 태어나서 그의 생애 전체를 보냈다. 스코틀랜드는 1922년에 현재의 영국(UK)이 결성되기 전까지는 잉글랜드와 다른 나라였고, 지금도 월드컵 축구 경기에는 잉글랜드, 스코틀랜드, 웨일스, 아일랜드가 각각 국가대표팀을 결성해서 나갈 정도이다. 런던과 에든버러는 지금도 기차로 다섯 시간이 걸리는 지리적 위치

에 있으니, 클라인, 위니컷, 페어베언이 살았던 100년 전에는 지리적으로도, 심리적으로도 굉장히 먼 거리였다. 지금처럼 이메일, SNS, Zoom이 없었던 시절이니 페어베언이 어떤 상황에서 임상적·학문적 작업을 했을지 충분히 짐작이 간다.

앞서 살펴본 것처럼 클라인과 위니컷은 프로이트의 이론적 관점을 직접적으로 비판하지는 못했다. 아마도 학문의 아버지이자 권위자인 프로이트를 거역하지 못하는 심리적 이유와 정통 정신분석에 새로운 관점을 추가해서 균형을 맞추고 싶어 했던 클라인과 위니컷의 개인적 욕구가 작동한 것으로 보인다. 반면, 페어베언은 프로이트의 이론을 공개적·명시적으로 비판하고 도전했기에 외롭고 소외된 학문적·임상적 삶을 살아야만 했다. 어쩌면 프로이트가 살았던 오스트리아와 유럽 본토나 프로이트 부녀가 1938년에 이주했던 영국 런던이 아닌 스코틀랜드 에든버러라는 지리적 위치가 페어베언에게 무한한 심리적 공간과 자유를 주었을 것으로 보이기도 한다.

외아들이었던 페어베언은 따뜻한 보살핌이 있는 양육 환경 속에서 자랐다. 그의 집안은 기독교 가정이어서 종교적으로 엄격한 환경 속에서 훈육을 받았지만, 정서적으로는 아낌없는 사랑과 지지 속에서 성장할 수 있었다. 이러한 환경 속에서 페어베언은 칼뱅주의 장로교의 중심인 에든버러에서 엄격한 신앙 훈련을 받으면서 자랐다. 그의 어머니는 영국 여성이었는데, 전통적인 한국 어머니들처럼 외아들에 대한 지극한 정성과 관심을 가졌고 이상과 포부가 컸다. 그녀는 똑똑하고 자랑스러운 외아들인 페어베언이 옥스퍼드대학교에 진학해서 사회적으로 성공하기를 간절히 바랐다. 하지만 그의 아버지는 옥스퍼드가 도덕적으로 너무 해이하다는 이유와 등록금이 너무 비싸다는 두 가지 이유를 들어서 아들의 옥스퍼드 진학을 반대했다(Gomez, 1997/2008, p. 94). 그의 가족이 비교적 경제적으로 부유한 상황이었기에 등록금을 이유로 한 아버지의 반대는 핑계였을 것으로 보이고, 오히려 아들이 집을 멀리 떠나면 기독교 신앙을 멀리하고 자유로운 사상에 물들 것으로 걱정했던 이유가 가장 컸을 것이다.

결국 페어베언은 아버지의 뜻을 따라서 스코틀랜드의 명문 에든버러대학교에서 신학, 철학, 그리스어를 공부했고, 법률가가 되려던 처음의 꿈을 접고 기독교와 교회에 헌신하기로 마음먹게 되었다. 하지만 그가 결심한 종교적 헌신은 맹목적인 헌신은 아니었다. 페어베언은 자신이 자란 칼뱅주의 기독교를 불만스러워했고, 자기의 헌신의 삶을 자기가 자라 온 교회와 신앙을 개혁하는 방향, 일종의 종교개혁으로 생각했다. 실제로 페어베언의 21세 생일의 일기에 의하면, 그 당시 교회의 문화가 "음울하고 수동적"이었고, 자기는 그런 문화를 따르지 않고 오히려 "강건한 기독교(muscular Christianity)"를 꿈꾸고 있음을 명확하게 드러냈다(Gomez, 1997/2008, p. 94). 페어베언이 꿈꾼 강건한 기독교는 강력한 힘으로 세상을 지배하는 국가와 같은 기독교의 모습이 아니라, 밝고 능동적이며 신앙과 육체가 건강하게 균형 잡힌 기독교인들의 모습이었던 것으로 보인다.

또한 그가 말한 '강건한 기독교'는 각자 자기의 삶에 대한 진지한 책임과 동시에 부드러움과 유연함을 균형 있게 유지하려는 의미도 있다. 즉, 신의 뜻에 순종하며 주어진 운명을 살아가는 것이 기독교인의 소명이라고만 생각한 것은 아니고, 각자 자기의 삶에 대한 책임 있는 태도와 주체적인 선택과 결정이 필요하다는 생각이었던 것으로 보인다. 이는 무엇보다도 자기 스스로에 대한 다짐이기도 했다(Gomez, 1997/2008, p. 98). 신과 인간 사이의 관계에서 인간의 경험, 역할, 책임을 강조하고 인간의 가능성을 높이 평가한 것을 볼 때, 페어베언의 관점은 훗날 미국의 인간중심 심리학의 관점과 같은 방향의 관점으로서 이를 앞서서 추구했던 것으로 볼 수도 있다.

이러한 페어베언의 확고한 결심과 헌신은 제1차 세계대전에 영국 포병대 소속으로 참전한 경험을 계기로 방향을 전환하게 된다. 그 방향 전환은 강건한 기독교에 대한 꿈을 버렸다기보다는 그 꿈을 이루는 방법(method)을 바꾼 것이다. 에든버러대학교에서 신학과 그리스어 전공으로 1911년에 문학석사(M.A.) 학위까지 마쳤던 페어베언은 참전 경험을 계기로 영감을 받아서 다시 의학을 공부하게 되었고, 극심한 외상 후 스트레스 장애(PTSD) 중 하나인 셸쇼크(shell shock)를 겪고 있는 병사를 목격한 후 방법을 전환하게 된다. 그 방법은 종교를 통해 인간을 이해하고 치유하고 구원하는 방법보다는 심리학의 지식과 학문을 통해 당시 유럽 사회에 심각했던 사회적 문제, 정신적 문제를 해결하고 마음이 아픈 사람을 치유하는 방법을 추구하게 된 것이다. 이미 학업을 오래 했던 페어베언은 이러한 방향 전환에 근거해서 다시 힘든 의학 공부를 4년간 더 하게 되었고, 결국 수련을 무사히 마치고 의사가 되었다.

그런데 심리학 공부를 하고 정신분석가가 되려던 페어베언에게 정신분석가 훈련 전에 먼저 의사가 되라고 권고했던 인물은 흥미롭게도 정신분석가 어니스트 존스였다. 앞서 언급했던 것처럼, 존스는 클라인뿐만 아니라 프로이트 부녀가 런던에 정착하도록 주선하고 도운 인물이기도 하다. 페어베언은 의학 수련 후 에든버러에서 정신분석 임상을 본격적으로 시작하게 되었고, 경력 초기에 런던으로 옮겨서 활동해 보려고 시도한 경험은 있지만 남은 생의 모든 시간을 에든버러에 남아서 활동하며 보냈다. 하지만 초기에는 에든버러에 페어베언을 제대로 훈련해 줄 정신분석가가 없었고, 정규 교육이나 임상 슈퍼비전을 받을 수가 없어서 어려움을 많이 겪기도 했다. 후에 페어베언은 에든버러대학교의 교수와 정신과 의사로 활동하면서 말기 환자와 정신적 트라우마를 겪은 군인들을 치료하기 시작했고, 심각한 정서적 학대를 당한 아동, 조현증 환자, 성범죄자 등 심각한 임상적 증상을 가진 다양한 계층의 사람들을 치료하게 되었다. 그는 정신분석이 소수의 선택된 사람들만을 위한 고급 심리치료가 아니라 사회 전반과 각 계층에 혜택이 돌아갈 수 있음을 직접 보여 주려고 했다.

지금까지 살펴본 것처럼 페어베언이 이렇게 개척자의 마음으로 뚝심 있게 정신분석을 공부하고 많은 내담자에게 임상 경험을 제공했지만, 개인적으로 겪은 어려움도 많았다. 특히 그가 매우 내성적이고 숫기 없는 성격이었기에 정신분석적 관점을 인정하지 않는 동료들과 환자들에게 자기의 관점에 대해서 효과적으로 자신 있게 전달하거나 방어하지 못했고, 주변의 지지가 없이 고립된 상태에서 조롱과 적대의 희생자가 되기도 했다. 결국 페어베언은 40대에 접어들면서 심한 정신적 압박, 불안감, 자살 사고, 신체화 증상 등에 시달리기도 했고, 평생 심각한 불안장애를 겪으면서 집을 비우거나 여행도 하지 못하는 증상까지 겪기도 했다. 이런 개인적인 모습은 프로이트 이론에 담대하게 도전하고 공격을 이겨 냈다고 알려진 모습과는 달리 믿기지 않을 만큼 상반된 모습이었다. 하지만 그는 40대 중반부터 60대 중반까지 꾸준하게 논문을 쓰면서 대상관계이론의 고유한 개념들을 소개하며 독창적인 관점을 수립해 나갔고, 그의 업적은 이후에 서서히 영국과 미국에서 인정받으며 소개되기 시작했다.

페어베언이 만약에 런던에서 활동했다면 그의 업적은 많이 달라졌을 수 있다. 지금까지 살펴본 것처럼 페어베언이 에든버러에서 정규 교육과정, 슈퍼비전, 교육분석을 받을 기회는 적었지만, 자기만의 독창적이고 혁신적인 관점을 펼치는 데는 고립된 환경이 실제로 큰 도움이 되었다. 정신분석가들 사이에 끊임없는 토론과 논쟁이 벌어졌던 런던과는 매우 다른 환경에 있었기에, 좋은 동료에게서 지속적인 자극이나 피드백을 받지는 못했던 아쉬움이 있었다. 하지만 다른 한편으로는 프로이트의 기존 이론을 수용하고 지키라는 집단의 조직적인 압박이 없었기에, 프로이트의 이론을 마음껏 분석하고, 해체하고, 비평하고, 재구성하는 큰 자유를 경험했다(Gomez, 1997/2008, p. 98). 페어베언은 1931년에 영국 정신분석협회 준회원, 1939년에 정회원이 되면서 영국 대상관계이론 학파에 깊이 몸담고 영향력을 끼치게 되었지만, 실제로 그는 클라인 학파에도 안나 프로이트 학파에도 속하지 않은 중간 학파(Middle Group) 혹은 독립 학파(Independent Group)의 주요 이론가로서 자유를 누리며 활동할 수 있었다.

페어베언은 임상적 · 이론적 자유를 누리면서 순수한 대상관계이론 모델을 확립해 나가게 되었는데, 그런 면에서 클라인과는 달랐다. 클라인은 프로이트가 강조했던 본능적 욕동(drive)과 생물학을 자기의 이론 속에 보존했던 반면, 페어베언은 프로이트의 그 강조점을 받아들이지 않았다. 페어베언은 프로이트의 욕동 모델을 넘어서서 자기만의 순수한 심리 모델을 제시하고 싶었고, 프로이트가 시작한 작업을 자기가 '개정'하고 '완성'하고 있다는 일종의 종교적 소명감 같은 태도까지 보였다(St. Clair, 2003/2014, p. 88). 페어베언이 추구하던 대상관계이론은 가장 순수한 의미의 모델이기도 했지만, 다른 사람의 관점에서는 가장 극단적인 모델이기도 했다. 결국 이후의 주요 대상관계 이론가들인 에디스 제이콥슨, 오토 컨버그(Otto Kernberg) 같은 임상가들은 대상관계이론과 프로이트의 욕동 모델을 다시 연결 짓고 균형을 잡으려고 시도하기도 했다. 페어베언의 관점은 기존의 강력한 정통(orthodox) 이론이 존재하는 곳에 새로운 관점을 불어넣으려면 정반대의 극단적인 주장을 할 수밖에 없는 상황이었던 것으로 이해할 수 있다.

그의 상황은 고무줄의 비유를 생각해 보면 쉽게 이해가 될 수 있다. 고무줄은 탄력성이 굉장히 좋고 튼튼해서 적당한 정도로 늘이는 일이 쉽지 않다. 빡빡한 고무줄을 조금이라도 늘이기 위해서는 있는 힘껏 힘을 주어서 최대한 늘여서 잡고 있다가 놓는 과정을 반복해야 겨우 조금이라도 늘일 수 있고, 적어도 중간 정도까지 늘이려면 반대편으로 최대한 잡아당겨야 어느 정도 원하는 만큼 늘일 수 있다. 마찬가지로 이론이든, 사회적 관념이든, 종교적 신념이든, 반대편의 관점이나 새로운 의견을 포함해서 균형 잡힌 의견을 만들어 내려면 결국 정반대의 극단적인 목소리를 높이는 수밖에 없다. 페어베언의 대상관계이론 작업도 그런 작업이었을 것이다. 프로이트-페어베언-제이콥슨 혹은 컨버그의 이론 간의 관계를 보면 각각 정-반-합의 과정을 통해서 어느 한쪽으로 쏠리지 않는 균형 잡힌 관점으로 최종적으로 도출되는 것으로 볼 수 있다. 이후 제이콥슨과 컨버그는 프로이트의 모델과 페어베언의 순수 대상관계 모델의 중요한 강조점을 놓치지 않고 균형을 잡으려는 시도를 꾸준히 했던 것으로 보인다.

고유 관점

페어베언이 프로이트의 이론에 이의를 제기하고 반대했던 출발점은 프로이트의 욕동 모델이 적절하지 않다는 판단과 인간의 동기에 관한 관점의 차이였다. 프로이트는 욕동을 인간의 기본적인 동기로 강조했고, 몸의 충동, 즉 원초아를 만족시키는 자아의 역할이 중요하다고 생각했다. 반면, 페어베언은 인간에게는 다른 사람과의 친밀한 관계를 갈망하는 기본적인 욕구가 있고, 인간 내면의 삶의 에너지인 리비도는 근본적으로 대상을 추구하고 있으며 그 대상 추구를 향한 뚜렷한 목표 지향적인 동기와 방향성을 가지고 있다고 보았다. 즉, 인간이 가진 리비도 자체가 타인과 관계를 맺고자 하는 에너지, 욕구라는 것이다.

프로이트에게는 원초아가 인간의 심리 에너지의 근원이자 인간 성격의 중심이었다. 프로이트는 빅토리아 시대 당시 과학이론의 이분법적 분류를 도입해서, 인간의 심리 내면에도 심리 구조와 심리 에너지는 서로 구별된다는 관점을 가지고 있었다. 그런데 이 관점이 페어베언이 보기에는 전혀 맞지 않아 보였다. 심리 구조와 에너지를 분리하게 되면 결국 리비도라는 에너지는 구조도 방향성도 없이 존재하며 그 에너지가 개인의 성격이라는 구조에 영향을 주고 있다는 설명이 된다. 프로이트는 원초아를 무의식적인 에너지가 끓고 있는 용광로와 같은 곳이자 인간 본능의 저장고로 보았는데, 페어베언은 구조와 에너지를 통합해서 보면서 저장고와 저장고 안에 담긴 본능을 분리할 수 없다면 원초아가 별도로 존재할 이유는 없다고 생각했다(Gomez, 1997/2008, p. 101).

페어베언의 주장은 에너지인 리비도를 담고 있는 그릇이 꼭 필요하고, 그 그릇에 리비도라는 내용물이 담긴 것으로 생각하면, 그릇이라는 구조와 그릇 안에 담긴 내용물인 에너지를 굳이 구분할 필요가 없다는 의미가 된다. 또한 심리 에너지는 자동차의 엔진 및 연료와 같은 것이고, 심리 구조는 자동차의 차체 및 바퀴와 같은 것으로 비유해 볼 수 있다. 결국 엔진과 연료가 없는 차체와 바퀴는 움직일 수도 없고 이동할 수도 없는 상태가 되고, 반대로 엔진과 연료만 있고 차체와 바퀴가 없으면 그것 역시 방향을 잡을 수도 없고 전진이나 후진을 할 수도 없는 상태가 되어서 어느 한쪽만 존재하는 것은 아무런 의미가 없게 된다. 결국 페어베언은 프로이트식으로 심리 구조와 심리 에너지를 구별해서 생각하는 관점은 논리적으로 맞지 않다고 생각하게 되었다.

페어베언은 프로이트의 해석을 바꾸어서 리비도와 자아의 관계를 새로운 방식으로 설명했는데, 리비도가 자아 안에 자리 잡고 있다고 보았다(St. Clair, 2003/2017, p. 90). 즉, 엔진과 연료인 리비도가 자아 구조 안에 존재하고 바퀴를 통해 방향을 전환하며 이동한다는 의미이다. 프로이트 모델에서 설명한 것처럼, 자아가 원초아로부터 에너지를 공급받아서 그 에너지의 방향성을 제공하면서 활동하는 것이 아니라, 자아 안에 자체 에너지원인 리비도를 포함하고 있다는 관점이었다. 결국 자아는 원초아의 욕구와 초자아의 통제 사이에 끼어서 둘 사이를 수동적으로 중재하는 역할만 하는 것이 아니라, 자아 자체가 에너지와 구조 및 방향성을 가진 능동적이고 주체적인 역동적 구조(dynamic structure)가 되는데, 이 자아는 대상과 관계 맺기를 갈망한다. 그리고 한 개인의 내면에서 이 역동적 구조인 자아의 각 부분이 내면화된 다양한 대상과 어떤 방식으로 내적인 관계를 맺는지에 관심을 두는 것이 매우 중요하다.

페어베언이 이해한 자아는 인간이 출생한 이후 나중에 파생되어서 생기는 것이 아니라 인간 삶의 처음 순간부터 존재하는데, 자아가 존재하는 것이 인간의 시작점이 되고 리비도는 자아의 활동을 드러내 준다고 이해했다. 즉, 한 개인 자체가 심리 구조와 에너지로 이분법적으로 나뉘는 것이 아니라 구조와 에너지가 하나로 융합된 "구조화된 에너지"이거나 "역동적 구조"라는 것이다(Gomez, 1997/2008, p. 100). 페어베언은 인간을 관계 맺고자 하는 갈망과 목표를 가진 "리비도적인 나"로 정의했는데, 그에 의하면 이 리비도를 가진 사람에게는 신체적 만족보다는 대상을 추구하는 욕구가 훨씬 더 강한 힘으로 작용하고, 이 관계 맺음의 욕구가 사람을 근본적으로 동기화시킨다는 것이다(Gomez, 1997/2008, p. 100). 그렇기에 관계를 추구하는 인간에게 가장 근본적인 실존적 불안은 자기의 신체적 생존과 심리적 생존을 위해서 의지하는 대상을 잃어버릴 수도 있다는 깊은 불안, 즉 분리 불안이라는 것이다. 페어베언의 이 강조점은 실존주의 심리학의 관점과 궤를 같이한다고 볼 수 있다.

페어베언이 프로이트에게 동의하지 못했던 또 다른 중요한 주제는 생애 초기 유아의 내적 상태와 관련된 부분이었다. 즉, '유아는 내면이 이미 어느 정도 통합되고 완성된 상태로 태어날까? 아니면 태어난 후에 서서히 이루어져 가면서 통합을 이루게 될까?'라는 관점의 차이였다. 프로이트는 생애 초기 유아는 처음에는 서로 연관이 없는 분리된 조각들 또는 부분들로 이루어져 있다가 시간이 지나면서 차츰 조각들 사이의 통일성을 갖추어 가고 통합되어 가는 존재로 보았다. 이와는 정반대로 페어베언은 생애 초기 유아는 처음부터 어느 정도 전체적이고 통합적인 존재로 출발한다고 보았다. 페어베언은 유아가 이렇게 통합된 존재로 삶을 출발했다가 생애 초기에 거칠고 힘든 삶의 상황을 불가피하게 겪게 되는데, 그때 경험한 외상과 스트레스로 인해서 통합된 상태가 깨지게 된다고 보았고, 결국 심리 내적으로 분열되고 각 부분끼리 서로 상충하는 경험을 하게 되었다고 이해했다. 이런 힘든 상황에서 예외일 수 있는 사람은 아무도 없으며 우리 모두가 이런 과정을 거쳐서 성장해 간다고 보았다. 결국 인간은 불가피하게 내적 갈등과 분리를 경험하고 그런 경험을 통해서 서서히 자기를 형성해 간다는 의미이다.

유아가 생애 최초로 경험하는 외상과 스트레스가 우리의 내면을 분열적인 상태로 경험하게끔 하는데, 이 경험이 불가피하게 인간을 분열적 성격으로 형성해 간다는 의미는 아니다. 페어베언은 이러한 상태를 분열적 양태(split position)로 지칭했고, 이 양태가 인간의 성격 발달의 기초가 되는 최초의 자기 구조라고 보았다. 유아는 일차적 외상과 분열적 양태를 가진 초기 자기 구조 때문에 외부에 존재하는 외적 대상과 온전한 관계를 맺지 못하게 되는데, 유아의 열망, 동기, 리비도가 중요 대상과 관계를 맺는 일에 집중되어 있다면 관계를 제대로 맺지 못하거나 관계를 철회하는 것은 유아의 마음에 깊은 갈등과 혼란을 초래할 수 있다. 그렇게 되면 유아는 자기가 관계하고 싶은 대상인 엄마가 자기를 사랑하지 않는다고 확신하거나, 엄마를 향한 자기의 사랑이 거부당했다고 느낄 수도 있다. 이런 경험은 유아의 생애 초기부터 관계에서 실패한 경험을 주게 되고, 더 나아가 관계에서 버려지는 경험, 즉 유기(abandonment) 경험을 하게 되면 유아는 견딜 수 없는 불안과 두려움에 빠지게 된다.

이때 유아는 자기를 보호할 수 있는 나름의 방법을 추구하게 되는데, 힘이 없고 능력이 없는 유아 관점에서는 자기의 정서적 피해를 최소한으로 줄이기 위해서는 외상 경험을 분리해서 자기 내면에 재배치하고 통합시키는 방법밖에 없다. 예를 들면, 자기를 정서적으로 학대하는 부모가 있다면 유아가 그런 힘들고 끔찍한 문제를 개선하는 유일한 방법은 분열을 사용해서 자기 내면을 변화시키는 것이다. 즉, 유아는 자기가 상대하기 힘든 대상을 좋은 측면, 나쁜 측면으로 자기 내면에서 심리적으로 나눈 다음에 대상의 나쁜 측면을 자기 안에 받아들이고 내면화하게 된다. 그러고 나면 결과적으로는 나쁜 측면이 사라졌기 때문에 그 대상은 좋은 대상이 되고, 나쁜 측면을 내면화한 유아는 오히려 자기를 나쁜 존재로 여기게 된다. 이런 방법은 우리가 만성적으로 신체적·정서적 학대를 당한 아이을 통해 흔히 볼 수 있는 현상이다. 학대당한 아동은 자기가 잘못했기 때문에, 자기가 맞을 만하기에 처벌받은 것이고 자기를 처벌한 부모님은 아무 잘못이 없다는 표현을 하는 경우가 많다.

이렇게 마음속으로 받아들여져서 내면화된 대상은 단수의 대상이 아니라 복수의 대상들이다. 일단, 유아가 한 대상의 좋은 측면, 나쁜 측면을 각각 받아들이기만 해도 적어도 두 개의 내적 대상으로 내면화가 된다. 유아에게는 처음에는 대상이 엄마 한 사람이겠지만, 자라면서 생후 7개월 정도 되면 서서히 엄마와 엄마 아닌 대상을 구분하게 되어 낯선 사람에 대한 불안(stranger anxiety), 즉 우리말로 낯가림이 생긴다. 유아는 자기와 엄마를 구분하는 것을 인식하기 전에, 먼저 엄마와 엄마가 아닌 대상을 구별하는 능력을 얻게 되기 때문에 마음에 내면화되는 내적 대상은 단수가 아니라 필연적으로 복수의 내적 대상들이 될 수밖에 없다. 페어베언은 이렇게 마음속에 내면화된 내적 대상들이 각각 매우 역동적으로 작용하며, 구조로서 기능한다고 보았다. 내적 대상들은 마음속에서 각각 독립적 기능을 수행할 수 있다고 보았기에 단순한 내적 이미지 혹은 정신적 표상으로 보지 않았고, 구체적인 심리적 행위를 할 수 있는 기관(agency)으로 간주했다(St. Clair, 2003/2014, p. 89).

이런 내면화된 대상들은 자아의 부분들과 연결되어서 불가분의 관계가 되고, 대상이 자아에게 의미 있는 존재로 성립하기 위해서는 둘 사이가 감정으로 연결되어야 하기에, 결국 대상은 자아의 특성 중 일부를 공유할 필요가 있게 된다. 페어베언이 주목하는 점은 자아의 부분들과 내면화된 다양한 내적 대상이 어떻게 다양한 내적 관계 방식을 맺는지, 이러한 내적 관계 방식들이 실제로 외적 대상들과 어떻게 역동적으로 작용하는지, 그리고 어떤 경험을 하게 되는지이다. 프로이트는 자아가 원초아의 요구와 초자아 통제 사이의 갈등과 충돌을 어떻게 현실적으로 중재하는지에 관심을 가졌다면, 페어베언은 자아가 관계를 추구하는 특성 및 실제로 외적 대상들과 관계를 맺는 방식에 깊은 관심을 두었다.

심리 내적 상황

페어베언의 통찰에 의하면, 자아가 경험하는 외적 대상과의 관계가 비교적 만족스러우면 자아는 분열되지 않은 전체 자아, 즉 온전한(whole) 자아로 존재하지만, 불만족스러운 경험을 하게 되면 자아는 나쁘게 느껴지는 외적 대상을 밖에 내버려 두지 않고 내적 대상으로 받아들여 자기 성격 구조 안에 포함한다. 나쁜 대상이 밖에 존재하면 자아에게 더 위협적으로 느껴지기 때문이다. 외적 대상의 일부가 내적 대상이 된 후 심리 내면에서 역동적인 활동을 하게 되면 온전한 자아의 통일성에 서서히 균열이 생기고 분열하게 되는데, 그 이유는 자아의 부분들이 내면화된 내적 대상들과 각각 짝이 되어 관계를 맺기 때문이다. 이후에 자아가 경험하는 대상이 분열할 때마다 그 분열된 대상과 짝이 되는 자아 역시 분열되고, 분열된 자아가 대상의 다른 부분들과 다시 관계를 맺는 방식이 순환된다. 결국 많은 내적 대상이 심리 내면에서 활동적인 구조로 만들어져 가고 자아 내의 수많은 자아 구조, 자아의 부분과 내적 대상의 짝끼리 서로 경쟁하고 갈등하는 전쟁과 같은 상태가 벌어지게 된다. 마치 자아가 세포 분열을 하듯이 점점 더 많아지면서 한 사람의 내적 상태는 점점 더 복잡해지는 것이다.

페어베언은 자아 구조들 사이의 전쟁과 같은 갈등 상황을 심리 내적 상황(endopsychic situation)이라고 불렀다. 원래 이 용어는, "자아가 내면화된 대상들과 관계 맺고 있는 구조"를 가리키는 것이었다(St. Clair, 2003/2014, p. 91). 그런데 자아가 마주하는 대상은 두 가지 조건이 있다. 하나는 자아가 마주하는 대상이 외적 대상이 아니라 내적 대상이라는 조건이고, 다른 하나는 대상이 단수가 아니라 복수의 대상들로 존재한다는 것이다. 프로이트는 심리 내적 구조를 원초아, 자아, 초자아의 세 기관이 끊임없이 역동적 갈등 상태에 있다고 보았는데, 페어베언이 심리 내면이 갈등 상태에 있다고 본 것은 프로이트와 같았지만 자아의 부분들과 내적 대상들이 짝을 이룬 구조들 사이의 갈등이라고 본 점은 프로이트와 달랐다. 페어베언이 강조한 것처럼 우리 내면의 자아의 부분들이 내면화된 대상들과 관계를 맺고 있는 구조를 이루고 있다면, 부분 자아와 내적 대상이 이룬 짝들끼리 각기 다른 경험과 다른 감정을 경험했기에 서로 일치하고 화합하기보다는 갈등과 경쟁이 일어나고 있다고 볼 수 있다. 어쩌면 우리의 내면이 잘 다루어지지 않는다면 우리의 내면은 매우 복잡하고 위험한 상황, 상태일 수도 있다.

그렇기에, 페어베언의 심리 내적 상황이라는 용어에 상황(situation)이라는 단어가 포함된 것이 매우 상징적이고 의미심장하게 느껴진다. 상황이라는 단어는 한마디로 설명하기 힘든 어떤 복잡하고 어려운 상태를 지칭하는 뉘앙스가 있다. 물론, 페어베언이 영어 단어로 situation이라고 명명한 것과 우리말 단어의 상황은 완전히 같은 뉘앙스는 아닐 수 있지만, 비슷한 의미를 표현하는 것은 사실이다. 상황이라는 단어가 자주 쓰이는 영어 표현 중에 'critical situation'이라는 용어가 있는데 이 표현은 중대한 국면이나 위기라는 뜻으로 번역할 수 있다. 우리말 표현 중에는 표준국어대사전에 "지금의 상황은 비상시국이다." "만일의 상황에 대비해 준비를 철저히 하자." "겨울철 등산에는 눈사태와 같은 돌발적인 상황에 대비해야 한다." 등의 표현이 예시로 제시되어 있다.

페어베언이 상황이라는 표현을 사용한 것은 어쩌면 많은 사람이 원하는 것처럼 우리의 내면이 항상 정돈되어 있고, 편안하며, 의견이나 결정이 분명하고, 자기 정체성이 명확해서 우리가 주변 사람들과 깊은 인간관계를 맺으며 세상을 살아가는 데 내적 어려움이 없는 상태는 아니라는 의미를 내포하고 있는 것으로 보인다. 페어베언의 통찰에 의하면 실제로 우리의 내면은 안정과 평화보다는 갈등과 전쟁에 가깝다. 즉, 수많은 자아 구조, 즉 부분 자아와 내적 대상의 짝들끼리 역동적으로 갈등하는 전쟁과 같은 복잡하고 위험한 상태에 처해 있다.

페어베언이 설명한 이런 심리 내적 갈등의 의미와 느낌을 음미하다 보니 우리말의 '심란하다'라는 표현이 생각나는데, 마음이 복잡하고 어수선하고 걱정된다는 의미이다. 비슷한 표현으로 경상도에서 많이 쓰는 말 중에 '속 시끄럽다'라는 표현이 생각난다. 원래 이 표현은 마음이 복잡하고 혼란스럽고 불편할 때 자주 쓰는 말인데, 물론 프로이트와 페어베언이 설명한 심리 내적 갈등을 표현하는 것과 정확히 일치하는 말은 아닐 것이다. 하지만 그 표현을 처음 들었을 때, 꼭 이 말은 어쩌면 우리 내면의 자아 구조들 사이에 갈등이 있어서 복잡하고 심란하다는 의미와 비슷한 표현이 아닐까 하는 생각이 들었다. 각기 다른 감정과 관계 경험을 한 부분 자아들과 내적 대상들의 짝들이 각기 다른 주장을 하면서 우리의 외적 대상과 관계를 맺는 방식에 영향을 주고 훈수를 두려고 하는 상황일 것이니 속이 시끄러운 것은 어찌 보면 당연하다.

자아 구조들이 내면에서 각기 서로 다른 목소리를 내어서 갈등을 경험하게 되면, 우리의 일상생활에 큰 영향을 주게 된다. 이 문제가 아동기, 청소년기를 거치면서 다른 사람과의 관계에서도 어느 정도 드러나기도 하지만, 가장 두드러지게 생생한 경험을 하는 시기는 성인 초기이다. 성인 초기는 부모를 떠나기도 하고, 연인을 만나기도 하고, 결혼하는 시기이기도 하다. 특히 전혀 다른 부모님의 양육을 받으며 각기 다른 성격을 형성한 성인 남녀가 만나서 연애를 하게 되면 서로 많이 부딪힐 수 있다. 부딪히는 원인을 올빼미형, 아침형 인간 같은 생활 습관이나, 관점, 취향, 이념의 차이 등으로 이야기하는 경우가 많지만, 두 사람이 갈등하고 결별하는 데 가장 많이 등장하는 표현은 성격 차이이다. 여기서 말하는 성격 차이는 단순히 겉으로 드러나는 성격 차이만이 아니라 자아의 부분들과 내적 대상들의 조합인 자아 구조가 각기 확연히 다르기 때문으로 이해하면 좋을 것 같다. 즉, 두 사람의 성격 차이는 내면화된 대상관계 차이로 볼 수 있다. 그래도 연애 시절에는 종일 같이 지내는 것은 아니니 조금은 나을 수도 있지만, 결혼 후에는 피할 수 있는 여건이 되지도 않는다.

자아의 부분들이 내적 대상들과 짝으로 맺은 관계의 경험과 감정, 즉 자아 구조가 현재 외적 대상관계에 투사되어서 강렬한 정서적 경험으로 작동하면 내 남편이나 아내가 내가 알던 그 사람이 아닌 다른 사람으로 느껴질 수 있어서 서로 오해하고 많이 다툴 수 있다. 예를 들면, 결혼 후 남편은 자기가 아내에게 남편으로 느껴지지 않는다고 생각할 수 있다. 남편의 느낌이 사실이 아닐 수도 있지만, 실제로 아내는 남편을 남편이 아니라 다른 사람 혹은 다른 사람의 부분으로 느낄 수 있다. 여기서 다른 사람 혹은 다른 사람의 부분은 아내의 부모와 같은 과거 주요 대상관계 인물을 표상하는 것일 수 있다. 다른 사람 혹은 다른 사람의 부분은 원래 외적 대상이었는데, 내적 대상이 되면서 아내의 자아 구조에 들어왔다가 현재 남편과의 관계에서 그 관계가 영향을 줄 수 있기 때문이다.

아내가 그렇게 느낄 수도 있지만, 남편이 자기 스스로를 자기 아내의 남편, 즉 심리적으로 건강하고 성숙한 성인으로서, 남편으로서, 자기 이미지가 약하다고 느끼기도 한다. 마치 자기를 마냥 순진하고 철없는 어린 소년으로 느낄 수 있다. 그런 느낌으로 아내를 마주하면, 자기 아내가 마치 어린 시절 자기 어머니의 두 가지 상반된 모습, 즉 따뜻하고 그리운 어머니와 무섭고 증오스러운 어머니, 두 가지 내적 대상으로 느껴지기도 한다. 그러면 남편은 자기를 아이로 느끼고 아내를 어머니로 느껴서 아내가 자기에게 다가오려고 할 때 어떤 순간에는 반가운 마음에 다가가서 안고, 어떤 순간에는 무섭고 증오스러워서 강하게 밀쳐 낼 수 있는데, 아내는 영문을 모르고 매우 놀라고 당황할 수도 있는 상황이 된다. 아내는 남편 자신도 잘 알아차리지 못하는 남편의 부분적인 측면, 남편은 아내 자신도 잘 인식하지 못하는 아내의 부분적인 측면에만 특정한 반응을 보일 수 있기 때문이다. 그만큼 내면 구조와 경험이 다른 두 사람이 만나서 관계를 맺고, 친밀감을 느끼며, 오랜 시간 관계를 아름답게 이어 가는 과정은 쉽지 않다.

분열성 성격 구조

페어베언은 자기가 프로이트의 자아 개념을 수정하는 것으로 생각했지만, 실제로는 완전히 새로운 자아 개념을 만들어 내고 말았다. 페어베언은 자아를 원초적 심리적 자기(primary psychic self)로 보았고, 자체적으로 리비도 에너지를 가진 통합적인 구조로 생각했다(Greenberg & Mitchell, 1983/1999, p. 163). 페어베언이 설명하는 자아는 생애 초기부터 기본적으로 분열성 구조이다. 자아의 세 가지 부분이 대상의 다른 부분들과 각각 관계를 맺는다고 보았는데, 자아의 다양하고 역동적인 여러 개의 하부 구조 간의 복잡하고 역동적인 갈등과 전쟁 같은 내적 상태를 심리 내적 상황이라고 지칭했다.

유아가 이러한 세 부분으로 구성된 자아의 내부 구조를 서서히 확립하기 위해서 꼭 필요한 조건이 있는데, 페어베언이 생각하는 그 조건은 유아의 좌절 경험이다. 엄마가 아무리 최대한 유아가 원하는 조건을 맞추어 주려고 노력해도 불완전한 인간이기에 결국 실패할 수밖에 없다. 엄마의 실패는 유아에게는 생존의 문제와 직결되기에 자기 삶의 여건이 안전하지 않다고 느끼게 된다. 불완전한 삶의 여건이 엄마와 유아 사이의 안정된 정서적 관계를 방해하게 되고, 유아는 자기의 안전과 생존을 보장하기 위해서 다양한 방어 기제를 사용해서 그 상황에 반응할 수밖에 없다. 이러한 다양한 방어 기제를 통해서 유아의 내적 구조들이 세워지는 일이 가능하게 된다. 유아의 타고난 성격 기질에 따라서 좌절감을 느끼는 정도와 반응하는 강도는 개인적으로 차이점이 분명히 있겠지만, 좌절 경험이 유아에게는 엄마와 젖가슴을 향해서 불가피하게 공격성을 촉발하게 된다. 페어베언은 아무리 어리고 순한 유아라 해도 자기의 생존이 왔다 갔다 하는 상황에서는 인간의 기본적인 본성 중의 하나인 공격성을 발휘하게 된다고 보았다.

그렇다면 유아는 좌절을 어떻게 경험하는지, 좌절에 대해서 어떻게 반응하는지 궁금할 수밖에 없다. 그 어린아이가 과연 어떤 정서적 경험을 하고 얼마만큼 당황하고 고통스러울까? 과연 극복은 가능할까? 페어베언은 유아의 내적 경험에 대한 비교적 상세한 이해와 통찰이 있었던 것으로 보인다. 우선, 유아는 좌절을 느끼게 되면 엄마의 사랑이 부족하다고 느낄 수 있다. 즉, 사랑의 결핍을 느끼는 것이다. 어떤 유아는 엄마가 자기 존재를 거부하는 것으로도 느낄 수도 있다. 그러면 유아가 엄마 대상을 향해 분노와 증오를 느끼는데, 그걸 엄마에게 맘껏 표현하는 것은 매우 위험해 보인다. 왜냐하면 자기 생존이 담보가 안 되고 어쩌면 엄마가 자기를 더 거부하게 되어서 경멸감, 굴욕감과 같은 더 큰 좌절과 고통을 느낄 수 있기 때문이다. 그래서 유아가 쓰는 방법은 공격적인 반응을 보이거나, 대상의 문제 있는 부분을 내면화해서 자기 내면에 수용하는 방법이다.

외부에서 유아를 관찰해 보면, '이 아이가 엄마를 공격하네.' '이 아이가 엄마에게 화가 많이 났구나.' '이 아이가 엄마를 좋아하기도 하지만 바로 만족이 안 되면 미워하기도 하는구나.'라고 생각할 수 있다. 하지만 유아는 그런 이해가 아마도 억울할 것이다. 왜냐하면 유아가 보기에는 이랬다저랬다 하는 사람, 양가적인 태도를 보이는 사람은 자기가 아니라 바로 엄마이기 때문이다! 엄마가 어떨 때는 좋은 사람처럼 행동하고, 어떨 때는 나쁜 사람처럼 행동하기도 해서 유아는 혼란스러움을 느낄 수 있다. 유아의 성격이 이미 발달하고 성숙했다면, '엄마가 두 가지 면이 있을 수도 있지!'라고 생각할 수 있는데, 유아는 아직 성숙을 경험하지 못했기에 두 가지 다른 엄마가 사실은 한 명이고, 그 엄마가 두 가지 다른 모습을 가지고 있다고 이해하기는 어렵다. 유아는 내면으로 이해하기 힘들고 견디기 힘든 상황을 견딜 만한 상황으로 완화하기 위해서 여러 단계에 걸쳐 노력하는 과정을 통해 내적 구조들을 형성해 간다고 볼 수 있다.

유아가 나쁜 대상, 불만족스러운 대상에게 자기가 느끼는 감정대로 행동하기는 너무 힘들다. 원래 감정대로 하면 그냥 그 나쁜 대상을 거부하고 상대하지 않으면 되는데, 그럴 수는 없다. 유아에게는 부모가 꼭 필요하고, 부모에게 의존하기 때문이다. 실제로 부모는 유아를 통제하는 힘을 가지고 있다. 결국 유아에게 남은 선택지는 그 나쁜 외적 대상을 자기에게 내면화해서 자기 내부에 가지고 있는 것밖에는 없다. 자기 내부에 나쁜 외적 대상인 부모를 받아들이게 되면 유아는 부모의 통제와 위협에서 자유를 얻을 수 있다. 하지만 그 자유는 사실 완전한 자유는 아니다. 나쁜 외적 대상이 시야에서 사라져서 위협감이 덜할 뿐, 사실은 내면에 자리 잡고 더 큰 힘과 영향력을 유지할 수 있기 때문이다. 결국 유아는 "내면화된 대상에게 마치 사악한 영들에게 사로잡힌 것처럼 사로잡혔다고 느낀다"(St. Clair, 2003/2014, p. 95에서 재인용). 유아는 자기를 사로잡은 그 대상들을 억압하려고 시도할 수 있는데, 실제로 억압되는 것에는 나쁜 대상들뿐만 아니라, 나쁜 부분 대상들과 연결된 자아의 여러 부분도 포함된다고 볼 수 있다.

페어베언이 설명하는 자아 구조는 꽤 복잡하다. 자아에는 자아 구조(ego structure)가 있는데 자아 구조는 세 측면으로 나뉜다. 자아 구조의 핵심은 중심 자아(central ego)인데, 중심 자아는 결국 '나'를 의미하고 주변 환경과 관계를 맺고 있으며, 의식적·무의식적 요소들로 구성되어 있다(St. Clair, 2003/2014, p. 97). 중심 자아는 복수의 보조 자아를 자기로부터 적극적으로 떼어 놓고 필요할 때는 보조 자아들을 억압한다. 페어베언은 자아가 생애 초기에 어떻게 발생하는지 설명하면서 분열적 양태라는 용어를 사용했다. 처음에 자아는 손상이 없는 상태에서 대상과 문제없는 관계를 경험하고 있었는데, 나쁜 경험 때문에 애정 어린 좋은 관계가 깨지거나 손상되는 경우 불가피하게 두 가지로 분열해서 자아 내면에 받아들여야 하는 상황이 된다.

하나는 유아가 견딜 수 있는 부분이고, 다른 하나는 견딜 수 없는 부분인데, 이 두 부분은 각각 내면화된다. 페어베언은 견딜 수 있는 부분을 "이상적 대상"이라고 보았고, 이 대상의 짝을 자아의 주요 부분인 "중심 자아"로 명명했다(Gomez, 1997/2008, p. 103). 이상적 대상은 말 그대로 우리가 다른 사람에게서 원하는 모습의 대상이고, 중심 자아는 내가 정말 나다운 모습으로 돌아왔다고 느낄 때의 자기의 감각이라고 볼 수 있다. 이상적 대상과 중심 자아의 관계는 부드럽고 편안한, 통제 가능한 내적 관계의 모습이다. 이 관계에서는 욕구나 분노가 지나치게 표출되지는 않는다.

반대로 견딜 수 없는 부분은 두 가지 조각으로 다시 분열된다. 이 두 가지를 페어베언은 "흥분시키는 대상"과 "리비도적 자아"의 짝과 "거부적 대상"과 "반리비도적 자아"의 짝으로 명명했다(Gomez, 1997/2008, pp. 104-106). 이 두 가지 짝은 이상적 대상과 중심 자아에 의해서 억압받고 분리된 상태로 있다. 먼저, 리비도적 자아는 중심 자아에서 떨어져 나온 자아의 조각인데, 흥분시키는 대상에게 매달리고 지나치게 의존하는 욕구를 드러낸다. 예를 들면, 내가 좋아하는 사람이 지금 나에게 올 수 없다는 사실을 알지만, 혹시라도 나타날까 하고 애타게 기다리는 경우가 있다. 리비도적 자아는 흥분시키는 대상을 갈망하고 의존하는 욕구를 드러내지만, 그 욕구가 충족되지 않아서 애타는 마음으로 고통을 느끼게 된다.

반면, 거부적 대상은 또 다른 자아의 조각인 반리비도적 자아와 짝이 된다. 반리비도적 자아는 리비도적 자아의 지나친 의존성을 경멸하는 자아의 다른 부분인데, 의존적 관계를 원하지 않는 자아, 즉 거부하는 자아라고 볼 수 있다. 사실, 대상을 향한 리비도가 존재하고 관계를 맺고 싶은 갈망을 느끼는 것은 인간의 기본적인 욕구인데, 그 욕구를 인정하지 않고 경멸하면 결국은 원하는 것을 추구하지도 못하고 얻지도 못하게 된다. 그래서 페어베언은 이 요소를 "내적 파괴자(internal saboteur)"라고 불렀다(Gomez, 1997/2008, p. 107). 반리비도적 자아는 거부적 대상과의 관계에서 분노에 찬 모습을 보이고, 억압된 상태에서 풀려서 감정이 올라올 때는 분노, 혐오, 죄책감 등이 결합한 복잡하고 혼란스러운 감정을 느낄 수 있다. 리비도적 자아가 흥분시키는 대상을 향해서 의존성을 드러내면, 반리비도적 자아의 측면은 리비도적 자아를 비웃고 정신승리를 하면서 '원래 그 사람하고 사귀고 싶은 마음이 처음부터 없었어.'라는 식의 강력한 내면의 목소리를 내기도 한다.

지금까지 언급한 세 짝의 관계는 억압하고 거부하는 관계이다. 중심 자아와 이상적 대상의 짝은 견딜 수 없는 부분의 두 짝, 즉 리비도적 자아/흥분시키는 대상, 반리비도적 자아/거부하는 대상을 평소에 인식하고 느끼지 못하도록 강력하게 억압하고 갈라 놓는 역할을 한다. 또한 반리비도적 자아/거부하는 대상은 리비도적 자아/흥분시키는 대상을 거부하고 버린다. 즉, 반리비도적 자아의 분노하는 감정에 의해서 리비도적 자아의 욕구가 거부되고 버려지는 것으로 볼 수 있다. 그리고 전체 자아가 외부 대상과 관계를 맺을 때 중심 자아/이상적 대상의 짝도 억압되고 무의식에 남아 있기도 하지만 현실적인 수준에서 중요한 역할을 한다. 실제로 외적 대상과의 관계 경험에서 좌절감 이나 다양한 부정적 감정을 느끼게 되면, 내면이 점점 더 복잡하게 분리되고 갈등하는 과정이 생길 수 있다.

예를 들면, 자아가 외적 대상에게서 기분이 나쁘거나 화가 나면 그 감정을 대상에게 직접 표현하고 관계를 불편하게 만들기보다는 나쁜 감정을 내면화하고 외적 대상은 좋게 생각하면서 관계를 이어 가는 때가 많다. 아이러니하게도 외적 대상과의 관계가 안 정적으로 유지되려면, 심리 내적 상황은 불안과 갈등 속에서 분주하게 움직이고 작동 해야만 한다. 마치 호수에 유유히 떠 있는 우아한 백조가 수면 아래에서는 발을 분주하 게 움직여야만 하는 것과 비슷한 원리이다.

페어베언이 설명한 세 가지 짝이 있는 내적 상태는 교류분석 분파를 창설한 에릭 번 (Eric Berne)이 설명했던 자아의 세 가지 상태 모델과도 유사한 측면이 있는데, 중심 자 아/이상적 대상 짝은 "현실에 기초한 성인의 모습", 리비도적 자아/흥분시키는 대상은 "의존적이고 충동적인 아이"의 모습, 반리비도적 자아/거부하는 대상은 "도덕적 설교 를 하는 부모님"에 해당한다고 보았다(Gomez, 1997/2008, p. 109).

정서적 발달과정

페어베언은 리비도적 자아가 흥분시키는 대상에게 의존하려는 강한 욕구가 있음을 강조했는데, 유아가 부모를 향해 의존한다는 설명은 존 볼비(John Bowlby)의 애착이론을 선구한 것으로 평가받기도 한다. 페어베언은 추동보다는 관계가 더 중요하다고 보았고, 리비도적 발달과정을 프로이트의 심리성적 발달단계처럼 신체 부위나 성적인 용어를 사용하지 않고 정서적인 단어를 사용해서 표현했다. 그는 특히 사람이 성장하면서 어떤 방식으로 내적 대상들에게 의존하는지를 주의 깊게 살펴보았는데, 정서적 발달과정은 부분 대상인 엄마의 젖가슴에 의존하는 "유아적 의존"부터 유아와 대상의 관계가 확장되는 "전환기"를 거쳐서 온전한 인간인 전체 대상에 대한 "성숙한 의존"의 방향으로 진행된다고 보았다(St. Clair, 2003/2014, p. 100). 페어베언이 성숙을 완전한 독립으로 보지 않고 성숙한 의존으로 표현한 점이 주목할 만한데, 그 이유는 대상에 대한 인간의 욕구가 시간이 흐름에 따라 조금씩 변화하지만, 인간은 평생 대상을 필요로 한다고 보았기 때문이다.

페어베언은 발달과정의 첫 단계인 유아적 의존 단계는 유아가 대상과 동일시하는 것을 기초로 한다고 보았는데, 각 단계에서 리비도적 연결(connection)의 중요성을 강조했다. 이 단계에서는 대상과의 동일시에 근거한 받아들이는(taking) 리비도적 연결을 하게 되고, 유아는 대상을 분리된 대상으로 느끼지 못하고 자기의 한 부분으로 느낀다고 보았다. 유아는 자기와 대상의 차이점도 잘 인지하지 못하고, 대상인 부모가 주는 정서, 태도, 분위기, 행동 등을 구강으로 빨아들이면서 자기 존재가 서서히 채워지는 느낌을 경험하게 된다. 또한 유아는 자기가 느끼는 욕구를 대상도 똑같이 느낀다고 생각하고, 어떤 차이점이나 갈등을 느끼지 못한다. 유아는 자기가 원하는 것을 맞춰 주기 위해 대상이 존재하고 자기 욕구를 완벽하게 채워 줄 것이라는 믿음까지 가진다. 그런데 이런 느낌이 계속 지속되지는 못한다. 왜냐하면 실제로 부모는 어느 순간 자기만의 욕구를 느끼게 되고, 유아의 욕구를 채워 주는 것이 귀찮기도 하고, 부당함을 느끼기도 하며, 유아로부터 공격을 당한다고 느끼기까지 하기 때문이다.

페어베언이 강조했던 전환기 단계는 자기와 대상의 관계가 확장되고 정서적으로 분리되어 가는 과정으로 볼 수 있다. 전환기 단계에서 유아의 갈등은 대상과 동일시를 계속 유지하고 싶은 퇴행적인 욕구와 그런 유아적 의존을 포기하고 성장하고 싶은 충동 사이의 갈등이다. 이때 유아는 대상이 더는 자기와 같지 않음을 점차 깨달으면서 자기가 대상을 효과적으로 통제할 수 없음을 알고는 무기력감과 취약함을 느낀다. 유아는 내적 대상을 효율적으로 조종함으로써 복잡한 심리 내적 상황을 통제하고 정리하기 위해서 투사를 사용하기도 한다. 유아는 자기 내면의 거부적 대상, 흥분시키는 대상과 같은 내적 대상을 주변에서 만나고 상호작용하는 외적 대상에게 투사하면 자기의 내적 갈등과 어려움을 제거할 수 있다는 착각을 하는 것으로 보이지만 실제로는 유아가 원하는 대로 해결되지 않는 경험을 주로 하게 된다.

내면화된 내적 대상들에 대해서 자아가 가지는 태도는 수용하면서도 거부하는 양가감정이 반영된 태도를 보인다. 페어베언은 전환기 단계 동안 자아가 내적 대상들과의 관계를 조율하거나 잘 다루기 위해서 다양한 기술을 사용한다고 보았는데, 주요 기술들은 공포증 기술, 강박 기술, 히스테리성 기술, 편집증 기술이다.

공포증 기술은 거부적 대상들과 흥분시키는 대상들을 외적 대상들에게 투사하는 방법이다. 두려움 때문에 자기가 거부적 대상으로 투사했던 사람 혹은 상황에서 도망치려고 시도하고, 흥분시키는 대상으로 투사했던 사람에게 절박하게 매달리는 모습을 보인다. 그런 후에 유아는 자기가 흥분시키는 대상에게 먹혀 자기를 잃을지도 모른다는 두려움을 느껴서 흥분시키는 대상을 거부적 대상으로 바꿀 때까지 동일시한다(Gomez, 1997/2008, p. 116). 즉, 융합을 갈망하면서도 대상에 의해 자기가 사라질지도 모른다는 두려움을 느끼는 경험을 한다.

강박 기술은 공포증 기술과 유사하게 동일시와 분리 사이의 갈등을 드러낸다. 차이점은 거부적 대상과 흥분시키는 대상을 내적인 것으로 경험하고, 서로 명확하게 분리하지 않는다는 점이다. 강박 기술이 가진 문제는 흥분시키는 대상이 가진 매력적인 측면에 매달리는 동시에 위험한 거부적 측면은 외부로 이동하는 점이다. 이 경험은 프로이트가 말했던 항문기의 갈등과 직접 연관된다. 프로이트는 항문기 유아들이 배설물을 버려야 하는지 아니면 간직해야 하는지 사이의 갈등을 경험한다고 설명했는데, 그런 감정을 느끼는 경험과 유사하다는 것이다.

페어베언은 히스테리성 기술과 편집증 기술은 대상의 흥분시키는 측면을 받아들이는 것과 좌절시키는 측면을 거절하는 것 사이의 갈등을 나타낸다고 설명했다. 히스테리성 기술은 특이하게도 자기의 중심 자아를 거절하는 거부적 대상과 동일시하면서,

흥분시키는 대상은 투사한다. 그러면 결국 자기 자신을 자원으로 활용하지 못하면서, 대상에게 필사적으로 매달리는 모습을 보인다. 히스테리적인 사람은 정서적 유대감을 느끼는지 아닌지보다는, 자기에게 필요한 대상을 실제로 붙잡고 있는 상황에서 안전감을 느낀다. 그런데 흥분시키는 대상이 자기에게 충분히 편안함을 주지 못하면 대상을 언제든지 갈아치울 수도 있다. 반면, 편집증 기술은 흥분시키는 대상과는 동일시하고, 거부적 대상은 투사할 때 경험된다. 거부적 대상이 투사된 세상은 위험하고 적대적인 곳으로 느끼고, 자기는 선하고 좋은 사람으로 느껴서 자기를 위험한 외부로부터 편집증적으로 보호하려고 하게 된다.

성숙한 의존 단계도 리비도적 연결이 중요한데, 자기가 대상이 분리되었음을 인정하면서도 자기와 대상 사이에 서로 "주고받는(giving and receiving)" 성숙한 태도로 연결된다고 보았다(St. Clair, 2003/2014, p. 100). 프로이트의 모델은 리비도가 신체의 어느 부위에서 나타나고 만족을 얻는지가 중요했던 반면, 페어베언은 대상이 어떤 성격을 가지고 자기와 관계를 맺는지와 둘 사이의 관계의 질을 강조했다. 예를 들면, 프로이트 모델에서는 유아가 손가락을 빠는 행동을 통해서 쾌감을 경험하고 구강 만족을 얻는다고 생각했던 반면, 페어베언은 손가락이 엄마의 젖가슴을 대체해서 일시적으로 사용되는 것인데 유아는 자기 입으로 함입될 수 있는 대상인 손가락보다 엄마와 엄마의 젖가슴과의 관계가 정서적으로 더 필요함을 강조했던 점이 다르다.

한 가지 아쉬운 점은, 페어베언이 전환기 단계에서 어떤 과정을 통해서 성숙한 의존 단계로 갈 수 있는지 자세히 설명하지 않았다는 것이다. 하지만 전반적으로 성숙한 의존 단계로의 성장은 심리치료를 통해서 도움받을 수 있다고 보았다. 페어베언은 심리치료의 목적을 개인이 가진 폐쇄적인 자아와 대상의 관계 구조를 버리는 것과 개인의 내적 대상들이 외적 대상에 투사됨으로써 오염되거나 왜곡된 관계를 맺는 것을 하지 않도록 돕는 것이라 강조했다. 또한 상담사와 내담자 사이의 전이관계만 강조하지 않고, 진실한 실제 관계가 내담자의 치료와 변화를 촉진할 수 있다고 강조했다. 이 관점은 먼 훗날 로저스와 매슬로우가 강조했던 인간중심 상담의 관점을 선행하는 것으로 평가할 수도 있다.

해리 건트립(Harry Guntrip, 1901~1975)

삶과 경험

목사였던 건트립은 제1장과 제2장에서 살펴본 1세대 대상관계 이론가들과 함께 영국학파(British School)에 속한 주요 인물이지만, 클라인, 위니컷, 페어베언 트리오만큼 주목받지는 못했다. 1901년 생인 건트립은 클라인(1882년생), 페어베언(1889년생), 위니컷(1896년생)과 비교했을 때 클라인을 제외하고는 세대 차이가 날 만큼 나이 차이가 크지는 않았지만, 세 인물보다는 조금 늦은 시기에 이론과 임상 작업을 했다. 건트립은 자기 원가족의 문제와 삶의 의미로 고민하면서 탈출구를 찾던 시절에 페어베언 이론의 영향을 깊이 받았고, 페어베언과 위니컷 두 사람 모두에게 정신분석을 받는 독특한 경험을 했다. 건트립은 페어베언의 독창적인 이론적 관점과 위니컷의 임상 실제를 통합하려는 열망을 가졌고, 그럼으로써 자기가 통합적인 대상관계이론에 근거한 심리치료를 할 수 있을 것이라고 기대했다(Gomez, 1997/2008, p. 207).

건트립은 목사의 아들로 태어났는데, 아버지와 어머니 둘 다 기독교 신앙을 가진 열정적인 복음주의자들이었지만, 부부관계는 썩 좋지 못했고 불행한 원가족 경험을 했던 사람들이었다. 건트립의 아버지는 거역하기 불가능할 정도로 굉장히 지배적인 어머니 밑에서 자란 후 목사가 되었는데, 그는 어머니가 세상을 떠난 뒤에 결혼했고, 목회를 그만두고 다른 직업을 가지게 되었다. 그런데 곧이어 발발한 전쟁으로 직업을 잃게 되어서 건트립의 어머니가 포목상을 열게 되었고, 건트립은 어머니 일을 돕던 아버지 대신에 이모의 양육을 받으며 자라게 되었다. 건트립의 원가족에게는 여러 번 상실의 아픔이 있었는데, 건트립의 부모는 첫 아이를 유산한 후 건트립을 출산했고 건트립이 세 살 때 그가 아끼던 두 살 아래 남동생이 갑자기 죽는 충격적인 경험을 하게 되었다. 동생의 갑작스러운 죽음은 건트립에게 트라우마가 되었는데 어린 건트립은 깊은 절망과 슬픔을 느꼈고, 이것은 일생 그를 자주 괴롭혔던 신체화 증상과 깊은 불안 경험의 출발점이 되었다(Gomez, 1997/2008, p. 209).

대상관계이론의 관점에서 볼 때 그의 가족은 건강한 가족은 아니었다. 아들을 잃은 건트립의 아버지는 열정을 잃어버린 무능한 사람이 되었고, 어머니는 지나치게 지배적인 여성이었다. 건트립의 아버지는 지배적인 자기 어머니가 세상을 떠난 후 결혼했지만, 이번에는 지배적인 아내와 갈등하게 된 것이었다. 그녀는 남편에게뿐만 아니라 아들 건트립에게도 정서적으로 침범적이었다. 어린 아들이 기분이 안 좋은 상태일 때도 옷가게에 가서 아들에게 여자아이 옷을 입히기도 했는데, 다른 고객이 말릴 때까지 지속되곤 했다. 어릴 때부터 경계가 없는 이런 융합적 관계 경험 때문에 건트립은 어머니를 동일시하고 어머니의 침범을 받아들임으로써 여성으로서의 정체성을 느꼈을 것이라는 의구심까지 받기도 했다(Gomez, 1997/2008, p. 210). 이 세 명의 가족 구성원은 슬픔과 불행감을 느끼며 분리-개별화되지 못한 융합적인 관계로 지냈고, 어머니의 지배하에 건트립과 아버지는 순응하면서 살아갔던 것으로 보인다.

건트립은 또한 몸이 약해서 자주 아팠고 소극적인 태도를 보여 어머니의 분노 어린 꾸중을 자주 듣고 매를 많이 맞기도 했다. 그러던 건트립이 적극적이고 열정적인 태도를 서서히 습득해 나가기 시작했는데, 그 절정은 청소년기 구세군 활동에 참여했던 경험이었다. 건트립은 열정적으로 신앙생활을 하며 성장했지만, 한편으로는 그의 강박적인 성격 성향이 신앙생활에 고스란히 드러나기도 했다. 건트립의 청소년 시절 기도일지에는 삶에서 지킬 스물네 가지 규칙이라는 리스트가 있었는데, 자기를 부정하기, 잠을 덜 자기, 나태함과 소심함 이겨 내기 등이 포함되어 있을 정도였다. 훗날 목사가 되려고 결심하게 되었을 때 건트립은 구세군 교파가 군대 조직처럼 너무 권위적이라고 느꼈고, 결국 회중 교회의 목사로 훈련받고 일하게 되었다. 건트립은 따뜻하고 지지적인 아내를 만나 열심히 목회하면서 실직자 센터, 난민 센터 등을 운영하다가 결국 심리치료사의 길로 접어들게 되었다.

건트립은 35세가 되던 해에 그의 삶을 지속해서 괴롭혀 온 다양한 신체화 증상과 심리적인 어려움으로 인해 정신분석을 받기 시작했다. 그의 증상은 그가 형제처럼 지내던 애정 대상을 상실하거나 어머니와 너무 융합된 관계로 지내는 상황이 벌어질 때마다 어김없이 발생했다. 건트립의 내면에 어린 시절 남동생을 잃은 트라우마와 경계를 침범당하는 트라우마가 자극될 때마다 고통을 당했던 것으로 보인다. 건트립의 어머니 또한 남편과 사별 후 며느리를 심하게 공격하는 등 정신병이 발발해서 아들 부부와 함께 살게 되었고, 그 상황이 건트립의 아내에게 엄청난 짐이 되고 스트레스 요인이 되었다. 건트립은 삶의 무의미함과 무가치함으로 고통당하던 중 삶의 의미 부재와 어머니로부터의 탈출구를 찾기를 간절히 원했는데, 그 답의 실마리를 페어베언의 초기 대상관계 저술에서 찾았다고 생각했다. 결국 건트립은 목사로서의 사역을 그만두고 페어베언에게서 정신분석을 받으면서 심리치료에 전념하게 되었다.

건트립은 페어베언을 비판적으로 평가했지만, 위니컷은 굉장히 긍정적으로 평가했다(Gomez, 1997/2008, p. 213). 이유는 페어베언이 프로이트의 이론을 떠나서 비교적 순수한 대상관계이론을 수립했다는 평가와는 달리, 실제 정신분석 임상 상황에서는 훨씬 전통적인 프로이트 이론의 관점을 가지고 있다고 느꼈기 때문이었다. 건트립은 실망했고 페어베언의 이론을 비판하고 수정하기도 했다. 그러던 중 페어베언의 건강이 나빠지면서 건트립이 받던 정신분석을 중단하게 되었고 페어베언이 죽음을 맞는 상황이 벌어질까 봐 둘 다 염려하는 상황이 벌어졌다. 남동생을 잃은 트라우마가 있던 건트립은 상실 경험이 반복될 것에 대한 깊은 불안과 두려움을 느꼈고, 페어베언을 대신해서 위니컷과 치료관계를 맺을 수 있을 것이라는 희망을 품기도 했다.

건트립은 결국 위니컷에게 정신분석을 받게 되었고, 깊은 신뢰관계와 편안함을 경험했다. 그 관계는 위니컷이 나이가 들어 가면서 건강이 나빠질 때까지 10년 이상 이어졌는데, 건트립은 자기가 생각하던 자기의 근본적인 문제와 위니컷이 보는 해석이 달랐기에 위니컷의 해석을 받아들이지 않았다. 건트립은 남동생의 죽음에 대한 주제에 평생 집착했는데, 자기의 문제는 초기의 정서적 결핍 문제, 정서적 단절 경험이 원인이 되어서 결국 동생의 삶과 죽음을 기억하지 못하고 망각한 문제로 인해 발생했다고 굳게 믿었다. 반면, 위니컷과 페어베언 둘 다 건트립이 평생 그 문제에 집착하는 이유는 동생을 상실한 것에 대한 슬픔보다는 두 살 아래 동생의 출생에 대한 분노와 질투심의 문제였을 것으로 보았다(Gomez, 1997/2008, p. 215). 실제로 건트립은 이모의 손에 자라면서 어머니의 사랑을 충분히 받지 못한 결핍이 있었고, 아픈 동생이 엄마 무릎에서 죽어 갔던 모습에 대해 깊은 질투심을 느꼈을 것으로 보인다.

고유 관점

건트립은 심리치료 분야에서는 프로이트가 했던 것처럼 생물학적·생리학적 관점에서 인간 이해를 해서는 안 된다고 생각했다. 인간은 그 자체로서 중요한 존재론적 의미가 있는 것이지, 인간을 어떤 메커니즘이나 화학적 과정으로 보는 관점, 즉 전체 인간이 각 부분으로 나뉜다는 환원적인 관점으로 보아서는 안 된다는 것이다. 건트립은 프로이트가 정신분석의 초기에 품었던 희망을 지적하면서, 실제로 그의 희망대로 인간의 심리를 생리학으로 환원할 수 있고 인간의 내적 충동과 에너지를 화학적으로 통제하고 조절할 수 있다면, 미래에는 정신분석, 심리치료 분야 자체가 아예 필요 없을 수도 있다는 점을 강조했다(Gomez, 1997/2008, p. 217). 건트립은 프로이트가 생물학적 심리학에 대한 꿈을 완전히 접지는 않았고, 그런 사고 구조를 계속 유지했기에 좀 더 순수 심리학적인 이론을 수립하려는 움직임이 저지되고 방해받았다고 비판했다.

프로이트는 오이디푸스 콤플렉스를 강조했는데, 이는 가족 내의 아이, 엄마, 아빠의 삼자관계에서 아이가 자기 자리를 차지하려고 시도하는 과정에서 경험하는 자기보다 훨씬 더 강력한 아빠와의 경쟁과 징벌, 관계에서 성별의 차이, 불안과 두려움 등을 경험하는 현상을 의미한다. 또한 삼자관계가 확대되면 학교와 사회에서 만나는 사람들과의 다자관계에서 자기의 확고한 위치를 찾으려고 시도하면서 경험하는 현상을 의미하기도 한다. 그런데 오이디푸스 갈등을 경험하기 위해서는 각 개인에게 이미 잘 발달한 자기(self)가 있고 그 자기의 기능과 역할이 비교적 온전해야 한다는 것이 전제조건이 된다. 프로이트의 이 개념은 비교적 덜 심각한 신경증적 문제를 가진 사람들을 위한 정신분석에 적합한 개념이었다.

그런 프로이트의 강조점과는 달리 클라인은 오이디푸스 콤플렉스 이전의 자기 형성 과정이 중요하다고 강조하면서 유아가 초기에는 편집-분열적 양태를 경험하고 이후에는 불안과 우울감을 느끼는 우울적 양태를 경험한다고 보았다. 그중 우울적 양태 또한 개인의 주관적 세계가 좋고 나쁨으로 분열된 상태가 아니라 자기와 대상이 각각 비교적 통합되어서 온전한 자기-대상관계가 성립되는 것을 자각하고 관계 맺을 때 경험된다. 건트립은 클라인의 우울적 양태 개념을 혁신적인 개념으로 높이 평가했고, 클라인의 이론이 자기-대상관계 갈등, 개인의 심리 내적 갈등 양쪽에 다 초점을 맞춤으로써 기존의 프로이트 이론보다 더 광범위한 심리치료가 가능해졌다고 긍정적으로 평가했다. 그런데 문제는 프로이트의 오이디푸스 콤플렉스 개념과 클라인의 우울적 양태 개념 둘 다 이미 어느 정도 잘 성립된 자기가 이미 존재할 때 설명할 수 있는 경험이라는 점이었다(Gomez, 1997/2008, p. 219).

결국 건트립이 특히 관심을 가졌던 개념은 자기 구조조차 존재하지 않던 상태로서 유아의 생애 초기 경험인 분열적 양태였다. 건트립의 주요 공헌은 페어베언이 이미 강조했던 분열적 양태 개념을 더 명확하게 설명하면서 그와 관련해서 중요한 심리치료 기법을 제안했던 점이었다. 페어베언과 그의 영향을 받았던 건트립은 20세기 서구 문화에서 각 개인이 사회 구조와 가족의 통합 기능의 지지를 받아서 잘 통합된 자기 구조를 갖지 못하고, 오히려 인간관계에서는 소외와 단절을 경험하면서 심리 내적으로는 잘 통합되지 못하고 분열적 자기를 형성하게 되는 상황을 주목해서 보았다. 이런 사회적 상황에서 분열적 자기를 형성하는 것은 정체성 형성에 어려움을 겪고 있다는 의미도 된다.

근대 사회를 살았던 사람들은 사회 구조와 문화의 강력한 통제 가운데 죄책감, 우울감 경험과 같은 도덕적 갈등이 심각했던 반면, 현대 사회를 살아가는 개인들에게는 불안, 두려움에 의해 생기는 자기 존재의 약함의 문제가 오히려 성격 문제의 핵심이 되는 경우가 많다고 보았다. 페어베언과 건트립의 이 지적은 매우 정확하고 예리한 통찰이었고, 실제로 1960년대와 1970년대 하인츠 코헛(Heinz Kohut)의 자기심리학 연구와 임상에서도 뒷받침이 되었다. 건트립이 주목했던 분열적 양태에서의 정서적 경험은 배고픔과 결핍의 느낌이 자기 존재를 지배하는 경험이다. 이런 사람들은 대상의 사랑을 충분히 받지 못한 느낌 때문에 외로움과 결핍감이 점점 증가하고, 그 강렬한 감정으로 인해 대상을 심하게 열망한 나머지 그 대상을 빨아들여서 삼켜 버리고 결국 파괴할 것 같은 두려움을 경험하게 된다.

이런 고통스러운 경험을 하는 내담자들은 사실 우리 주변에서 자주 볼 수 있는데, 그들은 주변 사람들에게 적당한 정도로 요구하는 방법을 잘 몰라서 아예 요구하지 않는 경우가 많다. 즉, 결핍감에서 오는 열망 때문에 누군가에게 뭔가를 요구할 때 적절한 수위에서 조절하는 것이 어려운 경험을 많이 하는 데서 오는 불안함과 두려움 경험이라고 볼 수 있다. 또한 일단 사랑을 주거나 받게 되면 자기나 대상의 존재가 상대에게 흡수될 수도 있다는 두려움 때문에, 다른 사람이 자기를 사랑해 주는 것도 두려워하고, 자기가 다른 사람을 사랑했다가 결국은 주게 될 상처까지도 두려워한다. 결국 이런 두려움 때문에 어떤 관계도 안전하다고 느끼지 못하고, 심리 내적으로는 분열된 상태가 유지되고 다른 사람들과의 관계도 단절된 이중고를 경험하게 된다. 건트립은 이런 이유로 "분열성 특징을 가진 사람은 대상이 필요함에도 불구하고 그 대상과의 관계를 끊게 된다."라는 점을 강조했다(Guntrip, 1968/1992, p. 18).

퇴행한 자아

건트립은 퇴행한 자아라는 개념을 강조했는데, 이것은 프로이트가 강조했던 죽음 본능과도 비슷한 특징이 있었다. 생애 초기에 주요 대상과의 관계에서 외상을 입은 사람이 두려움 때문에 자기의 내적 대상관계에서도 철회해서 결국 활동을 중지하고 퇴행하는 상태가 된다고 보았다. 건트립이 강조한 퇴행한 자아의 상태는 초기 관계 경험의 두려움 때문에 관계를 철회한 사람도 해당하고, 대상을 안전하게 느끼지 못해서 아예 관계를 맺을 시도조차 해 보지 못한 사람들도 해당한다. 건트립은 퇴행한 자아를 약하고 결핍이 많고 내적 자원이 거의 없는 자아가 모든 정서적 경험과 관계적 활동을 중단하고 비활동적인 상태, 마치 어머니의 자궁으로 회귀하는 것과 같은 상태와 같다고 묘사했다.

건트립은 퇴행한 자아라는 개념 때문에 결국 페어베언이 제시한 자아 구조 모델을 수정하게 되었다. 앞서 설명한 것처럼 페어베언의 자아 구조는 굉장히 복잡한데, 자아는 중심 자아, 리비도적 자아, 반리비도적 자아로 구분된다. 간단히 다시 정리해 보면, 중심 자아는 결국 나를 의미하고 주변 대상들과 관계를 맺고 있다. 이 관계는 중심 자아가 견딜 수 있는 부분인데, 정말 나다운 모습이라고 느끼는 중심 자아가 우리가 다른 사람에게서 원하는 모습을 가진 이상적 대상과 짝을 맺고 만족스럽게 관계를 맺는 측면이다. 반면, 중심 자아가 견딜 수 없는 부분은 자기로부터 적극적으로 떼어 놓고 억압하기도 하는데, 견딜 수 없는 부분이 리비도적 자아와 반리비도적 자아로 다시 분열된다. 리비도적 자아는 흥분시키는 대상과 짝이 되고, 반리비도적 자아는 거부적 대상과 짝이 되는데, 이 두 짝은 중심 자아와 이상적 대상의 짝에 의해서 억압되고 분리되어 있다고 보았다.

페어베언의 이런 복잡한 자아 구조 모델에 건트립은 한 가지 중요한 개념을 추가해서 설명했다. 건트립에 의하면 페어베언의 개념인 리비도적 자아가 어떤 대상에 애착을 형성하고 적극적으로 뭔가를 요구하며 욕구를 충족하기 위해 노력하는데, 이후에 리비도적 자아가 다시 분열함으로써 또 다른 부분 자아가 생긴다는 것이다. 이 부분 자아는 리비도적 자아와 연관이 있지만 분리된 다른 자아이다. 이 자아가 바로 퇴행한 자아인데 수동적이고 비활동적인 상태에 있고, 리비도적 자아뿐만 아니라 자아 구조의 모든 측면에 의해서 억압된 상태에 있다. 퇴행한 자아는 마치 말러가 구분했던 자폐기 기간의 유아처럼 아직 자기감도 없고 대상도 인식하지 못하며 어떤 관계도 맺지 못하는 상태와 비슷하다. 이 자아는 어떤 내적 대상과도 관계를 맺거나 애착을 형성하지 못하고, 마치 프로이트의 죽음 본능처럼 수동적으로 복종하고 비존재적이며 심지어는 자살에 대한 열망과 같은 것으로 경험된다.

건트립은 퇴행한 자아를 마치 우리가 태어나기 이전 상태처럼 생후 경험할 수 있는 모든 종류의 관계로부터 완전한 철회를 원하는 상태라고 보았는데, 이는 죽음의 상태와도 같다. 실제로 분열성 내담자들은 자살을 시도할 가능성이 있는데, 그들에게 죽는다는 것은 내면의 모든 고통과 갈등이 끝나고 완전한 휴식과 평화에 이르는 상태를 의미한다. 건트립은 임상 경험을 통해서 분열성 내담자들이 자살을 시도하며 한없는 평안함이 경험되는 상태에 대한 강한 내적 갈망을 느끼고 있음을 알게 되었다. 또한 건트립은 분열성 내담자들이 자살을 통해서 존재하지 않는 상태, 마치 태내기에 해당하는 엄마의 자궁 속의 안전한 상태로 돌아가고 싶은 열망이 있는 무의식적인 철회를 원한다고 생각했다. 실제로 퇴행한 자아 상태인 사람들은 다른 어떤 임상적 증상을 가진 사람들보다 훨씬 더 심각하게 현실에서 철회된 심리 상태에 있다. 건트립은 퇴행한 자아 개념을 심리치료의 중요한 개념으로 강조하고 그에 맞는 임상 기법을 사용하기 위해서 노력했다.

심리치료

건트립은 페어베언과 위니컷의 공헌을 이론적 설명과 임상적 기법으로 각각 평가했다. 페어베언은 일차적 외상에 의해 경험되는 분열적 양태에 대한 이론적 설명을 논리적으로 제공했고, 위니컷은 임상 실제에서 퇴행한 상태의 분열성 내담자를 효과적으로 치료했던 점을 강조했다. 특히 위니컷이 임상 실제에서 제공했던 효과적인 치료는 상담사가 내담자에게 요구하거나 통제하는 태도를 보이지 않고 마치 괜찮은 부모가 하는 것처럼 내담자 존재를 깊이 수용해 줌으로써 내담자의 취약한 상태를 자연스럽게 드러내고 새로운 성격 구조가 발달하도록 도왔다는 것이다. 이 기법은 전통적인 정신분석에서 해석과 통찰을 통해 내담자의 무의식적 충동을 지금-여기에서 드러나도록 하는 방법과 굉장히 다른 방법이었다. 결국 페어베언과 위니컷이 강조했고, 건트립이 열정적으로 지지했던 심리치료의 관점과 기법은 상담사가 내담자와 진정한 관계를 맺고 내담자의 존재를 있는 그대로 받아들여 줌으로써 튼튼한 자기의 발달 및 개인적 성숙을 촉진하는 것이었다.

건트립이 정의하는 심리치료는 내담자가 퇴행한 자아로 돌아가는 경험을 하고 치료자에게 온전히 의존하게 한 후, 비교적 온전하고 건강한 상담사의 이해와 보호를 통해서 온전한 관계를 형성할 수 있는 상태로 되돌아오게 하는 것이었다(Gomez, 1997/2008, p. 227). 그러기 위해서 상담사는 내담자가 신뢰할 수 있고 무언가를 요구하지 않는 비교적 좋은 대상이 되어야 하고, 아직 태어나지 않은 아이를 위한 자궁과 같은 존재여야 한다고 보았다. 그런 상담사가 내담자를 수용하고 잘 조율된 공감을 제공함으로써 내담자가 퇴행한 자아로부터 점차 회복되면 그동안 경험해 온 불안과 두려움에서 벗어날 수 있다고 보았다. 건트립은 이런 치유적 관계 경험이 쉽지는 않음을 잘 알고 있었고, 퇴행을 잘 받아 줄 수 있고 함께해 줄 수 있는 좋은 실제 대상이 있을 때 도움이 될 수 있다고 강조했다.

심리치료는 내담자가 상담사에게 전적으로 의지하고 따르면 새로운 삶의 경험을 할 수 있지만, 한편으로는 내담자가 자기의 그동안의 삶의 방식 전체를 버려야만 하는 두려운 경험으로 느껴지기 때문에 결단하기 매우 어려운 과정으로 이해되었다. 그렇기에 실제로 이런 위험한 치료의 과정을 감당하려는 내담자는 많지 않을 것이고 이 작업을 하는 동안 내담자들은 일상생활에서 어려움과 갈등을 겪을 수도 있다. 또한 상담사도 이 정도의 극단적인 의존성을 보이는 수준까지 퇴행한 내담자가 들어주기 어려운 요구를 할 때 그것을 받아 줄 수 있는 능력은 상담사마다 큰 차이가 있고, 감당하기 어려운 경우가 많다.

건트립은 우리가 내적 대상 및 외적 대상과 관계를 맺는 현상을 인간으로서 기본적으로 관계 욕구가 있어서이기도 하지만, 다른 한편으로는 퇴행한 자아 상태로 옮겨 가도록 우리를 뒤에서 잡아당기는 강력한 힘에서 벗어나고 싶은 욕구 때문이라고 이해했다. 그는 우리가 맺고 있는 관계가 너무 고통스럽지 않다면 결국 관계를 추구하게 되지만, 관계가 매우 고통스러운 경우에는 우리의 내적 환상 속에서 관계의 철회라는 상태를 추구하고 그 상태로 들어가게 된다고 생각했다. 하지만 안타깝게도 관계의 철회 역시 인간에게 내적 두려움을 완전히 없애 주지는 못하고 오히려 두려움을 촉발할 수 있어서 온전한 해결책이 되지는 못한다고 볼 수 있다.

제3장
자기-대상관계이론

지금까지 제1장과 제2장에서 대상관계이론의 트리오인 클라인, 위니컷, 페어베언과 건트립의 생애, 학문적·임상적 배경, 각 임상가가 인간의 본성과 심리치료에 대해서 다른 관점을 가진 부분들을 살펴보았다. 제3장에서는 자기-대상관계이론에 관한 논의에 앞서서 한국 문화와 사회에서 자기, 대상, 대상관계에 관한 간략한 논의가 먼저 필요해 보인다. 머리말에서 언급했던 고메즈(Gomez)가 지적한 대로 대상관계이론은 20세기 초반 중산층 백인들의 가족관계와 심리 내적 경험을 이해하고 그들의 심리적인 문제를 치료하던 일에 뿌리를 두고 발전했고, 대상관계이론에서 강조하는 3년간의 심리적 탄생과정도 서양 사람들의 엄마-유아 관계에 대한 관찰을 토대로 설명되었다.

그렇기에 한국 문화에서 엄마-유아의 관계에는 어떻게 적용이 될지, 대상관계이론의 적용과 상담 기법이 달라져야 하는지, 다르다면 어떤 부분을 염두에 두어야 하는지에 대해서 고민해 볼 필요가 있다. 바로 이 점이 한국인 저자들에 의한 대상관계이론 책이 필요하다고 생각했던 이유이기도 하다. 머리말에서 이미 밝힌 것처럼 저자들은 대상관계이론이 한국 문화에서 한국 사람들의 관계를 이해하고 상담에 적용되는 데 큰 어려움이나 차이점이 없으며, 오히려 상담의 중요한 자원으로 느끼고 있다. 하지만 21세기 한국 사회, 특히 포스트 코로나 시대에 자기와 대상은 어떤 의미인지를 살펴보고, 한국 사람들에게 자기-대상관계의 경험과 상호작용이 어떤 면에서 다른 부분이 있는지를 생각해 볼 필요가 있다.

한국 사회에서 자기의 의미

역사적으로 오랜 시간 동안 너와 나의 경계 구분을 명확하게 짓지 않고 서로 정 (情)을 나누며 살아온 아름다운 전통을 가진 한국 문화와 사회에서, 자기(self)와 대상 (object)이라는 용어를 사용하는 일, 자기와 대상의 관계를 명확하게 구분 짓는 일은 많은 사람에게 익숙하지 않은 것으로 보인다. 자기와 대상 사이의 경계를 명확하게 그으면 왠지 냉정하게 느껴지기도 하고, "우리끼리 왜 이래?"라는 말을 듣기도 한다. 요즘은 예전보다는 덜하지만, 같이 식사를 하고 나면 으레 한 명이 비용을 내는 것을 당연하고 자연스러운 일로 생각했었다. 단체 모임이면 윗사람이나 연장자가 주로 계산하고, 남녀 간의 데이트에서는 주로 남자가 데이트 비용을 계산했던 방식이다. 누군가 더치페이를 요구하면 그 사람은 이상한 사람 혹은 쪼잔한 사람으로 여겨지는 경우가 많았다.

더치페이의 정의는 "2명 이상의 단체가 모여 어떤 재화나 서비스에 대해 돈을 계산할 때, 한 사람이 한꺼번에 계산하지 않고 각 개인이 취한 부분에 대해서 돈을 따로 치르는 계산 방식"(위키백과)을 의미한다. 일본어에서 온 속어로서 분배(分配)의 일본어식 발음인 '뿜빠이'를 사용하기도 했는데, 국립국어원에서 '더치페이' 대신 '각자 내기'라는 순화어를 제안하기도 했다(2010년 7월 23일). 이 개념은 엉뚱하게도 2016년에 시행되면서 한국 사회를 떠들썩하게 했던 「부정청탁 및 금품등 수수의 금지에 관한 법률」, 소위 「김영란법」이 실시되면서 다시 한국 사회에서 주목받기 시작했다. 심지어 「김영란법」은 「더치페이법」이라고 불리기도 했는데, 공무원 등 사회지도층 인사에게 금품을 제공하거나 식사비를 대신 내는 것이 이해 충돌에 해당하기에 주지도 말고 받지도 말자는 운동이었다.

6년 전 상황을 생각해 보면, 「김영란법」이 필요하다는 것에 공감했는데, 많은 사람이 「김영란법」 때문에 한국 사회가 더 삭막해지고 인간관계가 깨어지는 방향으로 갈 것이라고 우려를 했다. 하지만 실제로는 걱정했던 것만큼 한국 사회의 인간관계가 변하지는 않은 것으로 보인다. 오히려 젊은 사람들 사이에서는 합리적이고 긍정적으로 생각하는 사람들이 많은 것 같고, 데이트 비용이나 식사 비용을 나누어 내는 것을 당연하게 여기고 좋게 생각하는 사람들이 늘어나는 것 같다. 어떻게 보면 '식사 비용을 나누어 내는 일이 왜 그렇게까지 서로에게 불편하고 문제가 될까?'라는 생각이 들기도 하는데, 아마도 두 사람 이상의 사람을 서로 구분하고 경계를 긋는 것에 대한 심리적인 불편함, 혼자 남겨지는 것에 관한 불안함도 중요한 이유가 되는 것으로 보인다. 그만큼 한국 사람들에게는 나와 너, 자기와 대상보다는 '우리'가 더 안전하고 편안한 개념이었던 것 같다.

한국 사회에서 자기의 의미에 대해서 생각해 볼 주제로 다음의 몇 가지가 있다. 첫째, 한국인들이 자기(自己)와 자아(自我)를 구분하지 않고 혼용하는 점, 둘째, 한국인들이 '자기(self)'를 '나(I)'가 아닌 상대방, 즉 대상(object)을 지칭하는 호칭어로 사용하는 점, 셋째, 한국 사회에서 자기와 대상을 구분하기보다는 합쳐서 '우리'라는 개념으로 사용하고 '자기성(selfhood)'보다는 '우리성(we-ness)'을 가치 있게 판단하는 점, 넷째, 자기(self)라는 단어의 뉘앙스가 스스로 자(自)를 의미하는, 즉 다른 사람의 도움이나 수고 없이 스스로 직접 어떤 것을 한다는 의미를 담고 있는 점, 다섯째, 한국인들에게 자기(self)의 의미가 타인과의 관계에서 정서적으로 너무 깊이 연결되지 않는, 정서적인 독립의 삶을 내포하고 있는 점 등이다. 이에 대해 자세히 살펴보면 다음과 같다.

첫째, 그동안 서양 심리학에서 중요 개념으로 사용해 온 자기(self)라는 용어를 한국 사회에서는 '자아(自我)'로 번역해서 사용해 왔다. 한자어에서 온 한국어 단어인 자기(自己)와 자아(自我)를 그동안 한국 사회의 많은 사람은 같은 의미의 동의어로 사용하기도 했다. 하지만 국립국어원 표준국어대사전에 의하면, '자기'는 명사로 '그 사람 자신'을 의미하고, '자아'는 명사로 심리 용어와 철학 용어에서 각기 다르게 정의되어 설명되었다. 자아는 심리 용어로는 "자기 자신에 대한 의식이나 관념. 정신분석학에서는 원초아(id), 초자아와 함께 성격을 구성하는 한 요소로, 현실 원리에 따라 원초아의 원초적 욕망과 초자아의 양심을 조정한다."라고 정의되었고, 철학 용어로는 "대상의 세계와 구별된 인식·행위의 주체이며, 체험 내용이 변화해도 동일성을 지속하여, 작용·반응·체험·사고·의욕의 작용을 하는 의식의 통일체"라고 정의되었다. 전자의 용법으로는 '자아가 강하다', 후자의 용법으로는 '자아를 찾다'가 예시로 제시되기도 했다. 그만큼 심리학 정의가 아닌 일반 우리말 용법에서도 '자기'와 '자아'는 명확히 구분된다.

영어로 된 심리학 용어 사용에서도 self(자기, 自己)와 ego(자아, 自我)를 비슷하지만 다른 개념으로 구분해서 사용하기에 그동안 자기(self)와 관련된 오해가 많았을 것이다. 심지어는 심리학을 전공하는 학생들까지도 자기와 자아를 구분하지 않고 사용하거나, 구분을 어떻게 해야 하는지 모르는 상황이다. 심리학 전공생들이 많이 사용하는 개념들의 예를 들어 보면, 자아 탄력성, 자기 개념 명확성, 자아 정체성, 자기 효능감 등 자기와 자아를 구분 없이 혼용해서 쓰는 경우가 대부분이다. 그만큼 자기와 자아는 정의하고 명확하게 구분해서 사용하기 힘든 개념이기도 하다. 자기와 자아의 구분은 다음 장인 제4장의 맨 앞부분에서 상세히 다루어 볼 것이다.

둘째, 한국인들이 '자기'를 '나'가 아닌 대상을 지칭하는 호칭어로 사용하는 점도 주목할 만한 부분이다. 한국 사회에서는 연인이나 부부 사이에 상대방을 애교스럽게 '자기' 혹은 '자기야'라는 호칭으로 부르기도 해서 연인 사이에서는 '자기'가 마치 '대상'을 대체하는 듯한 느낌이 들기도 한다. 즉, '자기'가 '나(I)'가 아니라 '너(You)'가 되는 것이다. 영어에서 '자기'라는 애칭은 'honey' 또는 'darling'이라서 용어의 혼란이 없는데, 한국어에서는 공교롭게도 자기라는 호칭이 '자기(self)'가 아닌 '대상(object)'을 지칭하게 됨으로써 정반대의 의미가 되어서 자기를 정의하는 데 혼란을 초래하기도 한다. '자기'라는 호칭은 1970년대부터 연인이나 부부 사이에 상대방을 호칭하는 말로 쓰인 것으로 알려져 있다. 국립국어원에서 발행한 표준국어대사전을 보면, 현재 '자기'의 의미가 열 가지로 나와 있지만, 여전히 공식적으로는 '자기'가 상대방을 지칭하는 의미로 인정되지는 않고 있다. 하지만 우리 문화에서는 많은 사람이 상대방을 지칭하는 의미로 공유하는 호칭이기에 그 용어의 영향력이 크게 느껴진다.

최근 한국 사회의 트렌드를 보면, '자기'라는 단어의 호칭어로서의 사용 환경이 점점 더 확장되고 있는 것으로 나타난다. 처음에는 연인이나 부부 사이에 '자기'라고 불리던 것이, 여성 직장 선배가 여성 직장 후배를 부를 때 사용하게 되고, 이후에는 여성 직장 선배가 남성 직장 후배를 부를 때도 종종 사용되고 있다. 흥미롭게도, 선배가 연인도 아닌 직장 후배를 '자기'라고 부르는 호칭을 듣는 후배들의 반응은 대부분 나쁘지 않다. 오히려, '자기'라는 단어를 들을 때 그 어감과 느낌이 '나'를 이제 드디어 그들의 무리, 틈바구니에 정서적으로 친밀하게 받아들여 주고 있다는 느낌을 받는다는 사람들이 많다. 요즘 목격한 예로는, 직장 선배가 후배에게 "자기, 오늘 회의 장소는 어디야?"라고 물었던 경우인데, 학교를 졸업하고 성인이 되어서 처음으로 만난 편안한 동료관계에서 주로 동기 혹은 선배가 후배에게 사용하는 것으로 보인다.

영남일보에 실린 "[우리말과 한국 문학] '자기'의 매력"(2019. 06. 20.)에서는 '자기'라는 호칭의 긍정적인 면을 조명하면서 좀 더 적극적인 사용을 권장하기도 했다. 이 기사에서 경북대학교 홍미주 교수에 의하면, 요즘은 공공 방송에서 남성 연예인이 남성 연예인 후배를 지칭할 때 '자기'라는 호칭을 쓰기도 한다는 것이다. 이 기사에는 한 예능 프로그램에서 인기 연예인인 유재석이 다른 남성 연예인인 조세호를 '자기야'라고 부르는 상황이 언급되었다. 원래 '자기'는 그동안 여성 사이에서 많이 사용되는 호칭어였지만, 유재석과 조세호가 출연했던 예능 프로그램의 취지가 일반인 출연자들을 만나서 그들의 인생 이야기를 잘 듣고 공감하는 친밀함이 중요한 요소인 프로그램이라서 그런지 서로에 대한 친밀감을 드러내는 호칭으로 사용되었다는 것이다. 프로그램에서 유재석이 나이가 적은 후배인 조세호를 '자기야'라고 불렀는데, 공공 방송에서 '세호야'라고 부르기에는 부적절하고 또 너무 하대하는 느낌이 날 수 있고, '조세호 씨'라고 하기에는 너무 딱딱할 수 있다는 것이다.

남성들이 '자기'라는 호칭을 사용하는 것에 관해 아직은 한국 사회에서 거부감이 크고 사용의 초기 단계이지만, 너무 부정적으로만 보지는 말자는 취지의 언급도 기사에 포함되었다. 한국 사회에서 사회생활을 하면서 다른 사람들과 관계를 맺고 지내게 되면 결국은 관계의 성격이 바뀔 수밖에 없는 상황이 자주 생긴다는 것이다. 즉, 격식을 깍듯이 차리던 사이가 격의 없이 지내는 사이가 되고, 친밀하지 않던 관계가 친밀한 사이로 바뀌기도 한다. 홍미주에 의하면, 자기를 그러한 관계의 변화를 잘 드러내는 표현으로 볼 수 있고, 공적 관계이지만 격식이 없는 상황에서 친밀감이 높아지면 그 관계를 강조하기 위해서 '자기'라는 호칭어를 사용하게 된다는 것이다. 그렇기에 누군가가 나를 '자기'라는 호칭으로 부른다면 상대방이 나를 친밀하게 느끼고 있는 것이므로 나와 친밀하고 싶은 마음을 받아들여 주면 좋다고 강조했다. 관계 초기부터 사용하면 오히려 역효과가 날 수 있지만, 관계가 어느 정도 진전되면 '자기'라는 말이 더욱 빛날 수 있다는 주장이었다.

셋째, 자기 및 대상과 관련해서 한국인들에게 많이 떠오르는 단어는 자기와 대상의 구분보다는 '우리(we)'라는 개념이다. 한국 문화에서는 자기와 대상의 구분보다는 우리라는 용어로 공동체성과 동질성을 강조하며 정서적인 편안함을 느끼기도 한다. 즉, '자기성(selfhood)'보다는 '우리성(we-ness)'을 더 가치 있게 여기는 경향이 있다. 영어로는 자기 엄마를 'my mom', 즉 '나의 엄마'로 표현하는 반면, 우리말로는 '우리 엄마', 즉 'our mom'이라고 표현한다. 여기서 우리(our)라는 표현은 형제자매가 있든 없든 간에 여러 자녀의 공동의 엄마라는 의미를 부여한다. '두 명 이상의 형제자매가 있는 사람들이 "우리 엄마"라고 표현한다면 그 엄마는 여러 자녀의 공동의 엄마라는 의미가 되지만, 외동딸이나 외동아들인 사람이 "우리 엄마"라고 표현한다면, 그 엄마는 누구와 공유되는 존재일까?'라는 생각을 해 볼 수도 있다. 그만큼 한국 사람들은 언어와 마음에서 나 혼자 떨어지고 독립된 존재라기보다는 항상 공유되고 연결되고 이어진 관계로 사람들을 대하는 것이다.

한국 사회에서 생활하다 보면 가족뿐만 아니라 친밀한 사람들의 관계에서 상대방을 자기의 일부나 부속물로 느끼는 사람도 있고, 상대방을 자기 마음대로 해도 된다고 느끼는 사람도 볼 수 있다. 이런 사람들은 자기와 대상의 구분을 정확히 짓지 못하고 자기의 약함을 대상을 통해서 안심하고 채우려는 욕구를 가진 사람들이다. 이들은 심리학적으로 볼 때 자기가 약해서 대인관계를 건강하게 안정적으로 맺지 못하고 자기 자신에 대해서 취약함과 열등감을 느끼는 자기애적인 사람으로 평가받는다. 우리도 일상에서 다른 사람들을 어떻게 느끼고, 어떻게 상대하고 있는지 각자 자기의 경험에 대해서 진지하게 생각해 보면 좋을 것 같다.

내가 타인을 어떻게 대하는지는 타인의 평가가 더 정확하고 객관적일 수 있으니, 먼저 타인이 나를 대할 때 어떤 느낌인지를 기억해 보는 것이 더 정확할 것 같다. 나는 타인이 나의 경계를 침범하고 자기 마음대로 나를 조정하려고 할 때 어떤 느낌이 드는가? 그게 불편하지 않은 사람도 있을 수 있고, 굉장히 불편하고 불쾌하게 느끼는 사람도 있을 수 있다. 만약 불편하다고 느낀다면 타인에게 그러지 말라고 편하게 직접 이야기할 수 있을까? 나를 친밀하고 가깝게 대하며 격의 없이 지내는 사람이 편한지, 아니면 거리를 적당히 두고 오랫동안 지내는 관계가 편한지도 사람마다 다르게 느낄 것이다.

자기와 대상의 구분이 가장 명확하지 않은 경우가 가족관계인 경우가 많다. 몇 년 전 뉴스에서 한의사 부부 가족에 관한 안타까운 소식을 들었던 기억이 난다. 서울의 젊은 한의사 부부가 5세, 1세 된 두 아이를 키우며 살고 있었는데, 어느 날 남편이 아이 둘과 아내를 목 졸라 살해하고 자신은 투신해서 자살로 온 가족이 삶을 마감한 사건이다. 자세한 이유는 알기 어렵지만 새로 개원한 한의원의 인테리어와 관련해서 남편이 극심한 스트레스를 받았고 재정적인 압박도 받은 것 같다는 소식이었다. 이 안타까운 사건에서 분명한 점은 남편이자 아빠인 남자가 너무 과도한 심적 부담을 느꼈다는 점과 자기의 죽음 이후 남겨져서 어려움을 당할 수도 있는 아내와 아이들을 자기와 같은 존재로 혹은 자기의 분신으로 느꼈을 것이라는 점이다.

잘 알지도 못하는 이미 고인이 되신 분의 명예를 훼손할 수도 있을 것 같아 조심스럽기는 하지만, '그분이 일상에서 엄청난 고통을 받고 심한 마음의 부담을 느꼈다 할지라도, 아내와 특히 자기 생명에 대한 선택권이 없었던 아이들에게는 삶의 기회를 주고 떠나셨어도 되지 않았을까?'라는 생각이 든다. 어쩌면 이 남편에게는 아내와 아이들을 깊이 사랑하는 마음과 그들이 마치 자기 자신 혹은 자기의 분신과 같아서 도저히 남겨 두고 세상을 등질 수는 없었으리라 짐작해 본다. 이런 경우를 자기와 대상이 선명하게 분리된 존재로 느껴지지 않는 경우라고 볼 수 있다.

넷째, 한국 사회에서 자기(self)라는 단어는, 스스로 자(自)를 의미하는, 다른 사람의 도움 없이 나 스스로 직접 한다는 의미를 담고 있기도 하다. 즉, 식당이나 주유소 등 서비스 업소에서 셀프서비스를 의미하는 용어로 사용된다. 최근에 자기(self)라는 용어를 가장 자주 볼 수 있는 곳은 엉뚱하게도 운전하는 사람들이라면 자주 들르는 셀프주유소이다. 요즘 모든 분야에서 인건비 절감을 위해 고객이 많은 것을 스스로 해야 하는 곳들이 많아지고 있는데, 주유소 건물에 self라는 영어 단어가 특히 눈에 들어온다. 이 주유소에 가면, 어려운 일은 아니지만 자기 스스로 많은 것을 해야만 한다. 카드 승인을 먼저 받고, 차의 주유구를 열고 주유를 해야 하고, 주유를 마치면 뚜껑을 닫고 결제한 후에 영수증을 받고 마무리를 해야 한다.

얼마 전까지 셀프주유소가 많지 않았을 때 운전자들은 셀프주유소를 만나면 귀찮은 생각이 들어서 직원이 친절하게 응대해 주고 직접 주유해 주는 주유소를 일부러 찾아가기도 했지만, 요즘은 주유소에 내려서 주유하는 동안 몸도 스트레칭하고, 타이어나 차에 문제가 없나 둘러보는 운전자들이 많다. 사실, 이렇게 셀프주유소가 좋다고 일종의 정신승리를 하는 이유는 기름값이 조금 저렴한 부분도 있고, 그보다는 이제 직원들이 친절하게 응대해 주고 서비스해 주는 주유소를 찾기가 점점 더 어려워지고 있는 현실적인 이유가 더 크다. 공항에 가도, 햄버거 가게에 가도, 식당에 가도, 점점 더 사람을 대면해서 주문하거나 일을 처리하는 것보다는 혼자서 해야 하는 상황이 많아지고 있어 포스트 코로나 시대에는 우리가 사람 대상(object)을 만나기 어려운 환경이 더 많아지지 않을까 상상해 보기도 한다.

다섯째, 한국인들에게 자기(self)의 의미가 타인과의 관계에서 정서적으로 너무 깊이 연결되지 않는 정서적 독립의 삶을 내포하고 있는 점이다. 요즘 한국 사회를 휩쓰는 트렌드 중의 하나는 가족, 어른, 직장 상사, 동료, 친구 등 주변 인물들의 과도한 정서적 간섭 없이 독립적인 존재로서 살아가고자 하는 욕구이다. 친구나 주변 사람들의 조언과 압박이 있어도 직업, 결혼, 삶의 방식 등에서 자기만의 선택을 원하는 경우가 많다. 코로나 이후에 비대면 근무를 시작하면서 회식이 없어져서 좋아하는 젊은 사람들도 많았고, 다시 대면 근무가 시작되었어도 예전처럼 회식은 원하지 않는다는 응답도 많아졌다. 지난 몇 년간 혼밥 같은 혼자서 하는 활동이 대세로 자리를 잡기도 했고, 최근에 한 국내 자동차 회사는 한국어와 영어 단어를 합친 '혼 라이프를 위한 차'라는 광고를 하기도 했다. 독립적인 삶을 사는 젊은 사람들을 위한 알맞은 차라는 의미이다. 그만큼 '혼 라이프'는 한국 사회에서도 중요한 현상이 되어 가고 있다.

최근에 가장 두드러지는 현상은 현재 싱글의 삶을 즐기는 사람 중에서 비혼(非婚)을 선택하는 사람들이 많아지는 것이다. 잘 알려진 것처럼 예전에 사용하던 미혼(未婚)이라는 용어는 한자어의 '아직 미'를 사용해서, '아직 결혼하지 않은' '앞으로 결혼할 예정'인 사람이라는 의미로, 마치 인생의 중요한 부분이 아직은 완결되지 않은 미완성된, 앞으로의 해결 과제가 있는 듯한 느낌을 주었다. 결혼을 안 한 자녀를 둔 부모들이 자녀들이 독신으로 사는 것을 안타깝게 느끼는 경우가 여전히 많지만, 요즘은 비혼을 선택하는 것에 대한 사람들의 인식도 점점 한 개인의 선택에 대한 존중으로 자리 잡아 가는 것 같다는 생각이 든다.

이런 급격한 사회적 변화에도 불구하고, 여전히 많은 사람은 좋은 대상(object)과의 지속적인 관계를 원하고, 연인 간의 깊은 정서적 친밀감을 원한다. 정신분석가이자 발달심리학자인 에릭 H. 에릭슨은 성인 초기 중요한 내면적 갈등을 친밀감(intimacy) 대 고립(isolation)의 갈등으로 보았다. 이 갈등을 잘 극복하고 성장하면 대인관계에서 친밀감을 느낄 수 있고, 어려움을 겪는다면 고립감과 외로움을 느끼며 살아가게 된다는 것이다. 영유아 시절에 대상과의 무수한 정서적 상호작용을 통해서 자기(self)의 뼈대가 비교적 건강하게 형성된 아이들은, 아동기와 청소년기를 거치면서 자기라는 그릇 안에 내용물인 정체성을 잘 채워 나가게 되고, 발달심리학의 구분으로 보면 특히 성인 초기(20~40세)에 깊은 정서적 유대감과 친밀감을 가지고 좋은 대상과 안정적인 관계를 맺을 수 있다. 그렇기에 '자기의 의미는 무엇이고, 대상의 의미는 무엇이며, 좋은 대상의 역할은 무엇인가?'라는 생각을 해 보게 되고, 자기와 대상의 관계 역동(dynamics)과 상호작용에 대해서 궁금하다는 생각을 가지게 된다.

자기-대상관계이론의 기본 전제

자기와 대상의 의미에 대한 정의를 내리기 이전에 대상관계이론이 가지고 있는 인간관과 이론적 전제에 대해서 간략하게 살펴보는 것이 중요하다. 대상관계이론의 원래 명칭은 자기-대상관계이론(self-object relations theories)이다. 이론을 복수형(theories)으로 사용한 것에서 알 수 있듯이 말 그대로 자기와 대상의 관계에 관련된 여러 이론을 의미한다. 대상(object)은 대상관계 이론가들이 처음 사용했던 용어가 아니라, 원래 프로이트가 처음 사용했던 용어이다. 프로이트가 사용했던 대상의 원래 의미는 사람들이 사용하는 물건과 같은 무생물 대상이 아니라, 사람이 가진 본능적 에너지가 향하는 표적(target), 대상(object)이라는 의미였다(Gomez, 1997/2008, p. 10). 즉, 사람을 주요 대상으로 본 것이다. 대상이라는 용어는 사실 사람을 지칭하기에는 어감이 좋지는 않다. 원래 프로이트가 처음 사용할 때 대상의 의미가 본능, 성적 욕망의 대상(object), 목표(target)라는 의미였기 때문이다.

프로이트는 학문을 발전시켜 가면서 인간의 마음과 감정이 생물학적이고 구조적이며 측정 가능한 심리 내적(intra-psychic)인 것이라는 자신의 초기 연구의 전제를 넘어서려는 관점의 변화를 보였다. 결국 후기 연구에서는 심지어 타인과의 상호작용이 중요하다는 점과 부모의 기능을 내면화한 초자아 개념, 삼각관계를 의미하는 오이디푸스 콤플렉스 개념에서 부모와의 대상관계를 통해서 서서히 형성되는 자기의 구조를 강조했다. 대상관계이론은 프로이트가 원래 사용했던 대상이라는 용어와 그가 보인 관점의 변화에 자극과 탄력을 받아서 인간이라는 존재 의미의 중심에 대상관계를 통한 자기의 형성과 성장을 강조하게 되었다.

대상관계이론에서 인간에 대한 기본 전제는 인간은 필연적·운명적으로 관계적 존재, 즉 호모 렐라티우스(Homo Relativus)라는 의미를 담고 있다. 즉, 인간에게 대상과의 관계에 대한 욕구는 일차적인 욕구로서 필수적이며, 자기(self)는 의식적 수준과 무의식적 수준에서 대상(object)과의 내적인 상호작용으로 만들어진다는 것이다(Gomez, 1997/2008, p. 12). 자기와 대상은 둘 다 객체가 아닌 주체(subject)로서 존재할 수 있어야 하고, 그 둘은 긴밀한 접촉과 지속적인 상호작용이 필요하다는 것이다. 그런데 이러한 주체로서의 경험은 인간이 태어난 처음부터 가능한 것은 아니다. 난자와 정자가 수정되어서 임신이 되고 나면 만 9개월(266일)의 기간 동안 엄마의 태중에서 자라게 되고 엄마의 산고를 통해서 출생하게 된다.

정신분석가이자 초기 대상관계이론 형성과 발달에 큰 공헌을 했던 마거릿 말러는 신체적 탄생과 심리적 탄생을 구분 지으면서, 유아의 신체가 형성되고 태어나는 9개월 동안의 신체적 탄생에 비해, 인간이 하나의 심리적 주체로서 대상과의 관계가 비로소 가능한 심리적 탄생은 출생부터 만 3세까지 최소 36개월의 긴 기간이 걸림을 강조했다. 결국 심리적 탄생은 신체적 탄생에 비해 최소 네 배나 긴 기간이 필요하고, 그 과정에서 좋은 대상과의 안정적이고 일관적인 정서적 상호작용이 필요하다. 대상관계 이론가들의 인간관은 대상관계가 본격적으로 시작되는 순간을 인간의 삶의 시작점으로 간주하고 의미를 부여하며, 인간이 심리적 주체가 되는 시점부터 인간의 본질이 시작된다는 신념을 가지고 있다. 즉, 대상(객체)이 없다면 자기(주체)도 없고 자기의 의미도 찾기 어렵다.

대상관계 이론가들에게 '대상과의 접촉(contact) 혹은 만남(encounter)을 추구하는 인간으로서의 일차적인 정서적 욕구가 없이도 인간의 삶은 인간적이라고 평가할 수 있는가?'에 대한 질문을 한다면 '그렇지 않다'고 답할 것이다. 또한 그들에게 '인간성이라는 의미는 관계 경험을 할 수 있는 욕구와 능력에 의존하는 것인가?'에 대한 질문을 한다면 각각 정도의 차이는 있지만 '그렇다'고 동의를 할 것이다(Gomez, 1997/2008, p. 345). 제1장과 제2장에서 논의했던 클라인, 위니컷, 페어베언 등은 대상관계가 시작될 때에 이르러서야 비로소 인간으로서의 삶이 시작된다고 보았고, 특히 페어베언은 인간의 기본적 목표는 대상과의 접촉, 만남이라고 강조했다(Gomez, 1997/2008, p. 345).

유아가 돌봄 제공자와 맺는 최초의 관계는 유아 자신의 생존을 위한 생물학적인 필요에 따라 자기중심적으로 보인다. 하지만 자기중심적이라고만 볼 수 없는 이유는 유아의 삶의 경험과 관계를 맺는 능력이 부족하기 때문이다. 즉, 유아는 외부 대상인 사람을 있는 그대로 충분히 경험하지 못하고, 자기에게 이득이 있는 것 중심으로 자기와 직접적으로 관련된 것들만 경험할 수 있기 때문이다. 그렇지만 유아가 관계를 추구하고 맺을 수 있는 능력이 형성되는 시점부터는 인간으로서의 본격적인 삶을 추구하며 더는 감각적 쾌락만을 삶의 목표로 추구하지 않게 된다.

대상이란

이 책의 다음 장부터 이어지는 여러 장에서 자기와 대상에 관한 자세한 논의를 하겠지만, 이 장에서 우선 대상과 감정(emotion)의 의미와 중요성에 대해서 강조하고 시작하려고 한다. 누군가 우리에게 자기와 대상의 의미에 관해서 묻는다면, 그 두 단어를 알고 있어도 그 의미와 정의에 대해서 쉽게 답하기는 어려울 것이다. 그중에서 특히 자기에 관한 질문은 대상에 관한 질문보다 훨씬 더 어렵게 느껴진다. 이 질문을 자신에게 해 본다면, '나는 누구인가?' '나의 자기는 어디에 있는가? 머리에 있는가? 가슴에 있는가? 내 몸 안에 있기는 한가?' '나의 자기는 몸의 영역을 벗어나서 다른 사람과 공유하거나 다른 사람에게 영향을 줄 수 있을까?' '나의 정체성은 무엇인가?' 등 쉽게 답할 수 없는 질문과 생각들이 꼬리에 꼬리를 물고 일어날 것이다.

그렇다면 자기와 관계를 맺는 대상에 대해서 생각을 해 보는 것이 훨씬 더 빠를 것 같다. '나의 대상은 누구인가?' '나는 대상과 어떤 관계를 맺는가?' '대상은 나에게 어떤 의미인가?' '나는 대상에 대해서 어떤 느낌과 생각을 갖고 있는가?' '나에게 의미를 지닌 주요 대상은 누구인가?' '나의 주요 대상은 사람인가? 동물인가? 아니면 물건인가?' 등에 관한 질문들이다. 또한 '자기와 대상 사이에는 항상 명확한 경계가 있는가? 아니면 그 경계는 유동적이고 허물어질 수 있는가? 나와 대상의 상호작용은 어느 정도 강렬하고 역동적인가?' 등의 질문도 할 수 있다.

앞서 언급한 것처럼, 프로이트가 처음 사용한 대상(object)이라는 용어는 자기의 본능, 심리적 에너지가 향하는 대상이라는 의미였다. 무생물인 물건을 지칭하기보다는 사람 혹은 역동적인 관계를 맺을 수 있는 살아 있는 생물을 의미하는 용어였다. 프로이트가 처음 대상이라는 용어를 사용했던 곳은 1905년에 출판한 「성욕에 관한 세 편의 에세이」라는 성도착에 관한 연구 논문이었다(Hamilton, 1988/2007, p. 21). 프로이트는 이 논문에서 일부 병리적인 사람들이 어떻게 스타킹이나 신발과 같은 사물 대상을 마치 사랑하는 대상 혹은 성적 욕망의 대상으로 느끼고 관계할 수 있는지에 관한 흥미로운 논의를 했다.

여기에서 핵심은 그 대상이 물건이든 혹은 사람이든, 사람의 생각이나 환상이든, 자기의 강렬한 감정이 투여된 것은 다 대상이라는 것이다(Hamilton, 1988/2007, p. 21). 사실, 사람을 대상(object) 혹은 목적(object)으로 지칭하는 것은 영어의 어감과 뉘앙스에서도, 한국어의 어감과 뉘앙스에서도 부정적인 느낌이 있기는 하다. 한국어 소설 혹은 희곡과 같은 문학작품에 등장하는 표현을 예로 들어 보면, '그는 그녀를 성적 욕망의 대상으로 삼았다.' 혹은 '그녀는 그를 성적 욕망의 대상으로 느꼈다.' 등의 표현에서 알 수 있듯이, 대상에게 강렬한 감정이 투여되는 의미가 마치 자기의 욕망을 채우는 것, 자기가 원하는 목표를 달성하는 것과 같은 순수하지 못한 목적으로 보이기도 하기 때문이다.

대상에 대해서 한국 사람들이 접했던 익숙한 경험은 중고교 시절 영어 수업일 것이다. 수업 시간에 영어 선생님들을 통해서 지겹게 듣고 외웠던 여러 가지 공식이 있었다. 하지만 요즘 영어를 배우는 초중고 학생들은 이런 공식을 더는 외우지는 않는 것 같다. 학창 시절 기억을 더듬어 보면 영어 문장 순서에 대해서 S(주어)+V(동사)+O(목적어)라고 배웠고, 감탄문 순서는 What a 형+명+주+동! 또는 How 형(부)+주+동!인데 주동(주어+동사)은 주로 생략한다, 뭐 이런 식으로 배운 것 같다. 이런 배움이 학창 시절 영어시험에는 도움이 되었지만, 실제로 성인이 되어서 하게 된 영어 말하기에는 큰 도움이 되지 않았던 기억이 난다. 우리가 이렇게 공식으로 외운 이유는 영어 문장의 어순과 우리말 문장의 어순이 서로 다르기 때문이다. 어쨌든, 주어+동사+목적어로 외웠던 S+V+O에서 O를 목적어로만 알았지 영어 단어의 목적어가 object라는 것을 몰랐던 학생들도 사실 많았다.

실제로 대상관계이론의 자기와 대상관계에 대한 의미는 영어 문장 어순으로 이해하기가 더 편리하다. 가장 단순한 영어 문장인 I love you, 즉 '나는 너를 사랑한다'를 생각해 보면, 나(I)와 너/당신(you) 사이에 사랑한다(love)라는 동사가 들어 있다. 이 문장에서 사랑한다(love)는 동사는 자기의 대상에 대한 감정이 담겨 있는 동사이다. 자기의 강렬한 감정, 깊은 감정이 투여된 사람 대상이 자기의 대상이 되는 것이다. 이 대상은 꼭 사람이 아니어도 된다. 국가대표 선수가 올림픽에서 우승해서 금메달을 따는 경우 태극기를 보고 애국가 연주를 들으면서 뭉클해서 감격스러운 감정을 느끼는 경우, 국가가 국가대표 선수의 강렬한 감정이 투여된 대상이면 국가도 대상이 될 수 있다. 독립운동가들이나 한국전쟁 참전 용사들에게 대한민국은 강렬한 감정이 있는 대상이 되기도 한다. 그렇기에 자기의 젊음과 행복과 목숨을 바쳐 강렬한 감정의 대상인 국가를 수호하는 일에 뛰어드는 것이다. 이처럼 추상적 개념인 국가는 사람 대상이 아닌데도 사람들은 국가에 대해서 강한 충성심, 깊은 사랑과 같은 강렬한 감정을 가질 수 있다.

요즘은 한국 사회에도 반려동물을 키우는 사람들이 많아지면서 많은 사람에게 강아지와 고양이 같은 반려동물이 사람 대신에 애정의 대상이 되기도 한다. 예전에는 집에서 키우는 동물을 애완동물이라 불렀지만, 이제는 애완동물이라 부르지 않고 반려동물이라고 부른다. 즉, 우리 삶의 주요 대상으로서의 동물이 '애완', 즉 가까이 두고 귀여워하거나 즐기는 장난감과 같은 존재가 아니라, '반려', 즉 인간의 일생을 짝처럼 함께하는 중요한 대상으로 여겨지게 된 것이다. 사람 대상과의 관계도 중요하지만, 반려동물과 함께 행복한 삶을 살아가는 사람들도 많이 있어서 동물을 아예 가족 구성원으로 느끼고, 자기를 엄마 혹은 아빠, 동물을 딸 혹은 아들로 호칭하는 경우가 많다.

어떤 사람들에게는 실내 꾸미기를 자기 맘껏 할 수 있는 자기 소유의 집이 심리적 안정감과 같은 깊은 감정을 투여하는 대상이 되기도 하고, 또 다른 사람들은 자동차를 애정 대상으로 삼아서 평생의 동반자로 생각할 정도로 아끼고 사랑하며 간직하기도 한다. 요즘 한국 사회에서 특정 물건, 대상에 몰두해서 마니아와 같은 열정과 흥미를 느끼고 즐기는 사람들을 덕후라고 부르기도 한다. '오타쿠'라는 일본어 단어를 한국식으로 발음한 '오덕후'의 줄임말이라서 사용하기에 좀 그렇기는 하지만, 이 용어도 한국 사회에서 대다수 사람이 의미를 이해하는 단어로 자리를 잡았다. 그만큼 사람 대상이 아닌 동물 대상 혹은 사물 대상과 깊은 정서가 담긴 관계를 추구하는 사람들이 많아진 것으로 보인다.

그렇다면, 여기서 의문이 생긴다. 반려동물을 인생의 주요 대상으로 삼아서 사는 사람들은 심리적으로 건강하지 않은가? 사물을 주요 애정 대상으로 삼아서 아끼고 간직하는 사람들은 심리적으로 문제가 있는 것인가? 이 문제에 대한 정답은 없을 것이다. 하지만 몇 가지 생각해 볼 사안이 있다. 우선, 사람 대상과 건강한 관계를 맺고 친밀감을 깊이 느끼는 사람들이 반려동물이나 사물도 역시 자기의 주요 대상으로 삼고 아끼는 경우가 있다. 이런 경우에 그런 사람들은 당연히 심리적으로 건강한 사람들이다. 하지만 어떤 사람들은 사람 대상과의 관계 맺음이 너무 어렵고 고통스러워서 반려동물에만 의지하는 경우가 있다. 더 나아가서 반려동물과의 관계도 함께 생활하고 사랑을 주고받으며, 특히 돌보는 것이 힘들어서 사물 대상만 찾는 사람들도 있다. 이런 두 경우는 심리적으로 건강하다고 보기는 어렵다.

오래전에 상담에서 만났던 내담자 중에 이런 사람이 있었다. 그 내담자는 아내와의 관계에서 심한 갈등을 느끼고 이혼을 고민하던 상황에 있었다. 그 내담자의 아내는 남편이 자기를 존중하거나 인생의 동반자로 진정성 있게 대해 주지 않는다고 호소했다. 남편은 자기에게 굉장히 무관심하고 아무런 애정도 없으며 본인의 필요를 위해서만 이용한다는 것이다. 심지어는 남편이 자기를 가사 도우미나 몸종으로 생각하고 있는 것 같다고까지 언급했다. 남편은 아내를 신뢰할 수 없기에 그런 무관심한 행동을 보인다고 항변했다. 남편에 따르면 자기가 정성을 들이고 노력한 만큼 아내가 자기에게 보상해 주거나 돌려주는 것이 없다고 느꼈다. 아내는 자기가 뭔가를 선물하고 보상을 해 주면 살갑고 따뜻하지만, 그렇지 않을 때는 쉽게 무시하고 상대해 주지 않는다는 것이었다. 그렇기에 자기도 아내를 믿고 함께 부부관계를 유지해 가기가 싫어졌다는 것이다.

그 내담자의 아내는 이런 호소를 했다. "우리 남편이 저를 옆집 아줌마만큼만 대우해 줬으면 좋겠어요." 그 이야기를 듣는 순간 머리를 스치고 지나간 생각은 '그 '옆집 아줌마'는 이 남자 내담자에게 과연 어떤 대우를 받는가?'라는 것이었다. 이후에 그 내담자의 아내 입에서 나왔던 '옆집 아줌마'가 받는 대우에는 이런 것들이 있었다. 일단, 남편이 그 아주머니를 만나면 아주 깍듯이 예의를 갖추어서 미소 지으며 인사를 한다는 것이었다. 남편이 그 옆집 아주머니에게는 말투도 공손하고, 목소리도 화난 사람처럼 크지 않고 적당하며, 눈빛도 따뜻하다는 것이었다. 또한 엘리베이터가 서면 아주머니가 먼저 내리도록 엘리베이터의 열림 버튼을 다소곳이 누르며 인내심을 가지고 기다려 준다고 했다. 가끔 그 옆집 아주머니가 벨을 눌러서 도와달라는 이야기를 하면, 남편이 바로 나서서 도와주기도 한다는 것이었다. 여기까지 듣고 나면 그 남편이 아무 문제가 없는 것처럼 보이지만 문제는 남편의 이 모든 행동이 아내에게는 전혀 적용되지 않는다는 것이었다.

이 상황에서 생각해 볼 만한 질문이 있다. '남편이 옆집 아주머니에게 했다는 행동은 과연 아내가 부러워할 만한 것인가?' '이 남편은 옆집 아주머니와 의미 있는 대상관계를 맺고 있는 것인가?' 등이다. 물론, 아내는 옆집 아주머니에게 자상하고 따뜻한 행동을 보이는 남편에게 상심한 마음이 있을 것이다. 나도 그런 대우를 받고 싶다고 생각하는 것은 자연스러워 보인다. 하지만 남편이 옆집 아주머니에게 하는 친절한 행동은 진정한 의미에서의 자기-대상관계는 아닐 것이다. 그러려면 이 남자 내담자와 옆집 아주머니 사이에는 강렬한 감정이 존재해야 하는데 그건 아니었던 것으로 보인다. 이 남자는 사실 자존감이 약해서 주변 사람들에게 두루두루 좋은 사람으로 칭찬받고 좋은 말로 평가받고 싶은 욕구를 가지고 있다. 사실, 이 남자는 사람 대상과는 의미 있는 관계를 맺고 있지 못하고 고립되어서 살아가던 사람이었다.

이 남자 내담자는 오래전에 반려동물로 강아지를 키운 적이 있다고 했다. 그는 어린 시절 부모님과 함께 살던 당시에도 집에 계속 반려동물이 있었고, 반려동물과 함께 지내는 것을 굉장히 좋아했다. 결혼한 다음에도 어린 시절 함께하던 반려동물에 대한 그리움도 있고 자기 아이들에게 좋은 영향을 줄 것 같아서 반려동물을 또 키우게 되었다는 것이다. 이야기를 들어 보니 반려동물을 사랑하는 사람들이라면 누구나 키우고 싶은 좋은 견종이었는데, 어느 날 그 강아지가 그 남자를 물고 말았다. 그 이후로 반려동물에 대한 그의 신뢰는 안타깝게도 완전히 깨지고 말았다. 결국 아내와 아이들의 눈물 어린 호소에도 불구하고 그 강아지를 다른 곳으로 보내 버렸다.

아내에게도 신뢰감을 느끼지 못하고, 자기를 물어 버린 강아지도 신뢰하지 못하던 그 남자는 결국 사물 대상과 관계를 맺기 시작했다. 그의 사물 대상은 다양한 물건이었는데, 이런저런 물건을 아끼는 마음으로 소장하면서 관계를 맺던 그가 최종적으로 선택한 사물 대상은 자동차였다. 브랜드 이름만 들으면 누구나 알 법한 고급 외제차를 타던 그는 그 대상을 애지중지하기 시작했다. 자동차의 외장, 내장, 성능 등 모든 면에서 그 차에 좋다는 것은 다 퍼붓기 시작했다. 직접 세차를 하기 위해서 엄청난 양의 세차용품을 사기 시작했고, 한번 세차를 시작하면 적어도 반나절 이상 시간을 사용해서 엄청나게 정성을 들였다. 그중에 가장 압권은 세차 후 물을 닦아 내는 수건이 미처 닿지 않는 곳의 물기를 완벽하게 제거하기 위해서 면봉까지 사용한다는 것이었다. 그는 무릎을 꿇거나 쭈그리고 앉아서 자동차 문의 경첩과 작은 공간 구석구석을 긴 시간을 들여서 정성스럽게 말린다고 했다.

그 남자 내담자에 대해서 불편한 감정을 느끼던 중 결국 못 참고 직설적인 질문을 하고 말았다. 그렇게까지 차를 애지중지하는 마음이 무엇인지 궁금하다고 물었다. 오랜 시간이 지난 아직도 생생하게 기억하고 있는 그 내담자의 대답은 정확히 이랬다. "아내도 믿기가 어렵고, 강아지도 믿기가 어렵습니다. 그런데 제 차만큼은 저를 배신하지 않는다는 생각이 들어요." 이 말을 듣고 순간 머리가 띵해졌다. 일단 "아, 그런 마음이 드시는군요."라는 말 외에는 딱히 할 말이 없었다. 조금 후에 다시 질문했다. "그런데 차도 가끔은 고장 날 수 있고, 고속도로 한가운데 멈춰 설 수 있지 않나요?" 그 질문에 잠깐 멈칫한 내담자는 자신감 있게 이런 답을 했다. "제 차는 제가 잘 알아요. 저는 그 차에 문제가 발생하지 않도록 늘 점검하고 정비하고 정성을 다하고 있습니다. 절대 길에서 문제가 생기거나 멈춰 서지는 않을 겁니다." 그 남자는 심지어 차를 직접 믿을 수 있게 정비하기 위해서 자동차 정비사 자격증까지 취득했다.

사물 대상은 한없이 신뢰하고 정성을 다하지만, 사람 대상인 아내와 동물 대상인 반려동물은 신뢰하지 못하고 의미 있는 대상관계를 맺지 못하던 한 남자 내담자의 안타까운 삶의 이야기이다. 반려동물은 사람과의 대상관계에서 정서를 느끼고, 반응을 보이며, 가족으로 느끼는 사람을 위해서 때로는 위험을 무릅쓰고 구하기도 한다. 사람 대상만큼은 아닐 수는 있지만, 동물 대상은 사람과 깊은 정서가 있는 대상관계를 맺을 수 있다. 그런데 한국 사회에서는 셀 수 없이 많은 반려동물이 가족에 의해서 버려지고 새로운 가족을 찾지 못해 목숨을 잃는 경우가 허다하다. 사람 대상과도, 동물 대상과도 대상관계를 맺지 못하는 사람들이 사물 대상과 관계를 맺는다. 그런데 사물 대상과 깊은 정서적 애착을 느끼는 경우 무생물인 대상이 직접 반응을 보인다기보다는 대상을 만나는 자기 내면의 주관적인 정서적 반응이 일어나고 강렬한 감정을 느낀다고 보는 것이 맞을 것 같다.

사람 대상, 동물 대상과의 관계가 어려운 사람들에게 사물 대상과의 대상관계를 맺는 경험은 때로는 과도한 의존관계를 불러일으킬 수 있다. 살아 있는 존재를 통해서 위안받을 수 있고, 기쁨을 누릴 수 있는 관계가 없으면, 사물 대상에게 과도한 의존을 하게 된다. 그 사물 대상이 술일 수도 있고, 마약일 수도 있다. 그 사물 대상은 성인이 되고도 정서적으로 성장하지 못한 어른들인 성인 아이, 즉 키덜트(kidult)들이 열광하고 의존하는 장난감일 수도 있다. 또한 요즘 한국 사회에서 문제가 되고 있는 섹스 돌(sex doll)일 수도 있다. 그렇게 되면, 결국은 대상관계의 어려움과 문제는 현대 한국 사회의 큰 문제인 중독의 문제로 연결이 된다고 볼 수 있다. 사람 혹은 반려동물 대상과의 관계와 사물 대상과의 관계가 골고루 균형 잡힌 애착관계를 형성하고 정서를 느낄 수 있다면, 삶의 정서적인 측면에서는 가장 풍부한 삶이 될 수 있을 것이다.

그렇다면 지금까지 언급한 긍정적 정서, 긍정적 관계 경험 말고 부정적 정서로 인한 고통스러운 관계 경험을 맺는 대상도 대상으로 볼 수 있을까? 물론이다. 자기-대상관계의 전제조건이 두 존재 사이에 강렬한 감정이 느껴지는 것인데, 그 강렬한 감정은 사랑이나 친밀감 같은 긍정적 정서뿐만 아니라, 미움이나 두려움 같은 부정적 정서도 포함된다. 어린 시절 부모로부터 신체적·정서적 학대를 당한 피해자들의 경우에는 가해자인 부모에 대해서 강한 부정적 감정을 느낄 수 있다. 두려움, 분노, 미움, 혐오 같은 감정들이다. 피해자들은 심한 트라우마 반응으로 평생 고통을 당하며 살기도 한다. 인생을 살아가면서 학대의 기억이 나는 경우 또는 학대당한 상황에 대한 정서적 반응이 있는 경우, 피해자는 그 과정을 경험하고 극복하면서 부정적인 정신적 에너지가 사용되기 때문에 가해자를 대상으로 경험하는 것으로 볼 수 있다. 사랑과 미움 같은 강렬한 감정 또는 정서적 에너지를 느끼게 되는 특정 대상은 다 인생의 중요한 대상들이다.

우리 속담에 미운 정 고운 정이라는 표현이 있는데, 순서는 미운 정이 고운 정보다 먼저 등장한다. 여기서 미운 정은 분노, 혐오, 미움과 같은 강력한 부정적 정서도 포함하지만, 살아가면서 크고 작은 일상의 다툼을 통해서 쌓여 온 일상적인 미움이라는 뜻에 더 가깝다. 어쨌든 미운 정을 느끼는 대상도 대상이고, 고운 정을 느끼는 대상도 대상이다. 그런데 무정(無情)인 상태인 경우는, 그 대상을 특정하기도 어렵지만, 그런 대상이 있더라도 대상으로 지칭할 수도 없고 대상으로서의 의미도 없다고 볼 수 있다. 어떤 인물이나 사물에 대해서 깊은 정서적 반응이 없다면 그 인물 혹은 사물은 대상에 해당하지는 않는다. 예를 들면, 같은 공간에 있는 사람이라고 할지라도 그 사람과 긴밀한 상호작용이 없거나, 있더라도 정서적 반응을 느낄 수 없다면 대상으로 성립하지는 않는다. 길에서 내 앞을 스쳐 지나가는 사람도 물리적인 대상으로 존재하긴 하지만 정서적인 대상에는 해당하지 않는다.

정서의 중요성

대상관계와 발달이론에 관심을 가지고 연구하다 보니 직업병도 심각한 것 같다. 앞서 언급했듯이 셀프주유소를 지나갈 때마다 self라는 영어 단어가 눈에 크게 띄는 것처럼, 서울시청 앞을 지날 때마다 서울시 슬로건이 눈에 들어온다. I·SEOUL·U이다. 왜 이 슬로건이 대상관계이론을 주장하는 것처럼 보일까? '뭐 눈에는 뭐만 보인다.'라는 우리말 격언처럼 하여튼 이 슬로건이 자주 눈에 띈다. 보일 때마다 드는 생각이 꼭

I·SEOUL·U가 마치 I Love You처럼 느껴진다는 점이다. '나는 너를 서울한다.'는 것은 어떤 의미일까? 이건 무슨 감정일까?

　서울은 어떤 사람에게는 활기차고 역동적이고 즐거운 도시이니 나는 너를 생각할 때마다 활력과 기쁨과 역동성을 느낀다는 의미일까? 어떤 이에게는 서울은 복잡하고 경쟁이 심하며 무서운 곳이라 사람 살 곳이 못 된다고 느껴지니 나는 너를 생각하면 복잡하고 무섭고 싫은 감정이 든다는 뜻일까? 물론, 서울 같은 세계적인 대도시의 홍보용 슬로건이니 분명히 좋은 의미, 좋은 정서일 것이다. 어쨌든 I·SEOUL·U는 뭔가 한국 사회를 살아가는 현대인들에게 서울이라는 이전에 없던 새롭고 복합적인 정서를 표현한 것이 아닐까 하고 상상하고 웃어 보았다.

　그러다가 궁금해서 그 슬로건을 자세히 봤더니 I·SEOUL·U라는 슬로건 밑에 한글로 "너와 나의 서울"이라는 표현이 있고, 다른 버전의 슬로건은 이번에는 우리말로 "나·서울·너"라고 되어 있다. 그걸 보는 순간 '아, 이 슬로건은 확실히 대상관계를 의미하는 것이구나.'라는 생각이 들었다. 너와 나의 서울이라는 의미는 너와 내가 함께 존재하고 누리는 도시, 공유하는 도시, 그런 장소라는 의미일 것이고, 나·서울·너라는 의미는 나와 너 사이에 서울이 있다는 의미로 너와 나 사이에 서울과 같은 매개체, 중간 지대, 감정과 같은 공유된 경험이 있을 것이라는 의미로 느껴졌다. 어쨌든 서울시에서 시민들의 공모로 선정했다는 이 슬로건은 뭔가 새로운 경험이나 색다른 경험을 하고 싶다는 아이디어를 낸 사람의 마음이 가득 담긴 꽤 의미 있는 표현으로 보인다.

　대상에 대한 앞의 논의에서 강렬한 긍정적·부정적 정서가 투여된 대상이 대상이라는 설명을 했는데, 그렇다면 과연 정서 혹은 감정은 무엇일까? 우리는 타인으로부터 '지금 기분이 어때?'라는 질문을 종종 받는다. 그때마다 항상 드는 느낌은 별로 할 말이 없다는 것이다. 어떨 때는 감정이 생생하지 않아서 그런 느낌이 들 때도 있고, 어떨 때는 복잡미묘한 감정이 말로 설명이 잘 안 되어서 그럴 때도 있다. 그럴 때마다 생각해 봐야 할 질문들은, '나는 감정을 풍부하게 느끼는가? 내 감정은 생생한가? 그 감정을 편안하게 느끼고 표현할 수 있는가? 혹은 그 감정이 올라오면 억압하고 통제하는가? 느끼는 감정을 오랫동안 표현하지 않고 살아왔다면 감정의 표현이 가능할까?' 등이다.

　사실, 감정을 잘 느끼고 표현하려면, 어린 시절에 감정을 느끼는 대로 표현할 수 있는 편안한 정서적 환경이 필요하다. 울고 싶을 때 울고, 웃고 싶을 때 웃고, 짜증 내고 싶을 때 짜증 낼 수 있는 상황 말이다. 우리는 대부분 편안하게 그런 환경에 있지 못했던 경험이 있다. 그런 경험이 가능하기 위해서는 감정적 표현을 받아 줄 수 있는 안정적이고 정서적으로 여유로운 대상이 필요하고, 그 대상이 그 감정에 대해서 함께 공유하고 언어로 표현해 주는 경험이 필요하다. 사실, 유아들은 자신이 느끼는 불편한 감정을 정확하게 어떤 감정인지는 아직 알지 못하고, 쾌 혹은 불쾌 정도로 느낄 수 있다. 또한 그들은 아직 감정을 제대로 처리할 수 없기에 자기가 느끼는 감정을 강력하게 느끼고 그 감정에 압도되는 경험을 하게 된다.

자기감정을 잘 느끼고 처리하고 이겨 내려면, 그 감정이 어떤 감정인지 명명(naming)하고, 그 감정에 대해서 아는 것이 중요한데, 그러려면 엄마 혹은 아빠로부터 반복적으로 그 감정에 관한 대화, 설명, 위로를 받는 것이 중요하다. 그래야만이 성장하면서 그 경험이 다시 느껴져서 힘든 순간에 부모님이 곁에 없더라도 자기 혼자서 그 과정을 감당해 나갈 수가 있다. 그렇지 않으면 어른이 된 후에도 마치 어린아이처럼 감정에 압도되어서 고통을 당하는 경험을 하게 된다.

그런데 왜 우리는 감정이 생생하게 잘 안 느껴지고, 감정에 대한 표현을 대상에게 잘하지 못할까? 이 상황을 〈들장미 소녀 캔디〉 신드롬으로 볼 수도 있다. 가끔 농담 반 진담 반으로 우리 한국 사람들이 감정을 잘 못 느끼고 잘 표현하지 못하는 이유는 우리가 어렸을 때 만화 영화 〈들장미 소녀 캔디〉를 너무 열심히 봐서라고 이야기를 한다. 그 이야기를 하면 이게 무슨 소리인가 하고 아주 잠깐의 침묵이 있다가 많은 분이 곧 알아듣고 공감을 하며 활짝 웃는다. 그리고 내가 그 주제가의 가사를 읊어 대기 시작하면 시키지 않아도 듣는 분들이 떼창을 하는 경우가 많다. 그만큼 그 주제가가 지금의 40대 이상의 세대에게 많은 영향을 주었다는 의미도 되고, 그 만화의 내용이 우리가 자라던 시절에 우리의 상황 및 처지와 매우 비슷해서 공감이 잘 되었다는 의미도 된다.

그 노래 가사를 기억해 보면 왜 들장미 소녀가 우리에게 그렇게 인기가 높았는지, 왜 우리 부모님들은 이 만화 영화를 우리에게 열심히 보여 줬는지, 왜 우리는 이 주제가 가사를 아직도 명확하게 기억하고 있는지 알 수 있을 것 같다. 그 가사는 다음과 같다.

외로워도 슬퍼도 나는 안 울어

참고, 참고, 또 참지 울긴 왜 울어

웃으면서 달려 보자 푸른 들을

푸른 하늘 바라보며 노래하자

내 이름은 내 이름은 내 이름은 캔디

나 혼자 있으면 어쩐지 쓸쓸해지지만

그럴 땐 이야기를 나누자 거울 속의 나하고

웃어라, 웃어라, 웃어라, 캔디야

울면은 바보다 캔디, 캔디야

이 노래에서 보면 어린 캔디가 어린 나이에 고아원에서 자라다가 나중에 다른 가정에 살러 들어가면서 경험한 학대와 괴롭힘 가운데 경험했던 힘든 시간이 느껴진다. 캔디는 외로움과 슬픔 같은 힘든 감정을 느껴서 실제로 엉엉 울기도 했지만, 어디선가 나타난 왕자님 같은 낯선 소년이 '우는 얼굴보다는 웃는 얼굴이 더 예쁘다.'라는 말을 해준 것에 위로와 힘을 얻고 이제는 울지 않고 씩씩하게 살기로 마음먹었다는 사연이 나온다. 우리가 자라면서 경험한 실제적인 삶의 상황은 캔디의 현실과 많이 다를 텐데, 우리가 이 노래를 그렇게 따라 부르고 공감한 이유는 무엇일까? 우선, 우리가 캔디처럼 외로움과 슬픔 같은 감정을 어릴 때 종종 느꼈지만 편하게 표현할 수가 없었던 일 때문으로 보인다. 그래서 캔디처럼 푸른 들을 힘껏 달리며 푸른 하늘을 보면서라도 긍정적인 관점에서 노래하고 웃는 게 더 나았을지도 모르겠다. 또 다른 이유는, 나 혼자 있어서 쓸쓸할 때가 많았던 것 같다. 그럴 때는 실제로 대상이 없더라도 거울 속의 나라도 대상 삼아서 이야기를 나누고 웃으며 극복하는 게 도움이 되었을 것 같다.

여기서 '캔디는 부모님 없이 성장한 고아였지만 우리 중에 많은 사람은 부모님이 계셨을 텐데, 왜 캔디와 같은 외롭고 슬픈 정서적 경험을 했을까?'라는 생각이 든다. 다른 사람들은 어떨지 모르겠지만, 사실 〈들장미 소녀 캔디〉 이야기의 정확한 내용은 기억이 나질 않는다. 그저 캔디를 보면 좋았던 느낌과 캔디가 부르는 노래에 가슴이 찡하면서 슬펐던 느낌, 여러 가지 복잡한 감정이 뒤섞였던 정서적 기억이 있을 뿐이다. '왜 우리가 캔디처럼 슬프고 외로운 정서적 경험을 했을까?'라는 의문에 대해서 생각해 보면, 실제로 우리에게 부모님이 존재했든 아니었든 간에 부모님의 정서적인 부재는 어느 정도 있었던 것으로 보인다. 옆에 존재하기는 했지만, 정서적으로 아이들에게 안정적이고 일관된 반응을 해 주지 못하는 상태 말이다. 부모님 자신도 자기 부모님에게서 정서적인 반응을 잘 받지 못했을 수도 있고, 부모님들이 아이들을 양육하는 과정에서 바쁜 직장생활과 생활고 때문에 심리적인 여유가 없었을 수도 있다. 그보다 더 중요한 이유는, 부모님들이 항상 마음의 여유를 가지고 받아 주기에는 아이들의 정서적 표현과 요구가 굉장히 강력했기 때문이기도 하다.

예전에 우리나라에서는 아이들의 감정 표현이 거칠어지고 달래 주기 힘들었던 이유 때문에 '미운 일곱 살'이라는 말이 있었다. 요즘은 그 나이대가 더 내려가서 '미운 네 살'이라는 표현이 있다. 아이들의 영양 상태, 발육 상태가 좋아지면서 신체적·정서적으로 예전보다 더 빨리 자라나서 부모들이 아이를 상대하기 어려워지는 나이대가 점점 더 낮아지는 것이다. 너무 과격한 표현이기는 하지만 최근에 젊은 엄마들 사이에서는 심지어 '미운 네 살, 죽이고 싶은 일곱 살'이라는 말도 있다. '엄마와 아빠들이 아이를 정서적으로 양육하는 게 얼마나 힘들면 이런 말이 나왔을까?'라는 안쓰러운 생각이 든다. 사실, 이런 표현은 우리나라에만 있는 게 아니다. 미국에서도 만 나이로 두 살, 세 살, 일곱 살 시절이 힘들다 해서 끔찍한 두 살배기들(Terrible twos), 끔찍한 세 살배기들(Terrible threes), 끔찍한 일곱 살배기들(Terrible sevens)이라는 표현이 있을 정도이다. 그 예쁜 아이들을 끔찍하다고 느낄 정도이니 인종과 문화를 초월해서 아이 양육이 얼마나 힘든 일인지 알 수 있다.

미국 엄마들이 끔찍하다는 이 시기는 발달단계상 평균적으로 보면 유아들이 생후 16~24개월 사이인 때이다. 말러의 설명으로 보면, 분리-개별화 과정의 하위 단계 중 하나인 재접근기(16~24개월)에 해당하는 시기이고, 위니컷의 단계로는 상대적 의존기(6~24개월)의 후반부에 해당하는 시기이다. 만 나이로 생후 16~24개월 사이면 출생한 달에 따라서 한국 나이로는 2~4세 정도까지 해당하는 시기이니, 한국 부모들이 미운 네 살이라고 표현하는 시기와도 같은 시기라고 볼 수 있다. 재접근 혹은 상대적 의존이라는 단어가 의미하는 것처럼, 이 시기에 해당하는 유아들은 적어도 두 가지 이상의 긍정적·부정적 감정이 공존하는 경험을 하고 있다. 한편으로는 양육자로부터 독립해 가면서 우월감, 성취감, 기쁨, 희열을 느끼고, 다른 한편으로는 조금씩 커 가며 양육자도 완벽하지 못하고 자기도 완벽하지 못하다는 현실을 인지해 가면서 우울함, 걱정, 불안도 동시에 느낀다. 유아들은 또한 복잡하고 불편한 여러 가지 감정을 동시에 느끼기는 하지만, 그러한 강력한 감정을 잘 다루지 못하고 압도되어서 어쩔 줄 몰라 하는 경험을 자주 한다.

이럴 때 유아들이 할 수 있는 생존 전략은 자기의 대상인 엄마 혹은 아빠에게 자기 감정을 투사하는 것이다. 기쁜 감정, 긍정적 감정을 투사하기도 하지만, 주로 자기에게 힘든 감정, 부정적 감정을 투사한다. 그 감정을 쏟아 놓으면서 엄마나 아빠가 어떻게 해 주길 간절히 원한다. 그리고 대상인 엄마 혹은 아빠가 그 감정을 잘 이해하지 못하고, 공감해 주지 못하고, 잘 다루어 주지 못하면 유아는 심하게 짜증을 부린다. 온몸을 써서 격렬하게 불만스러움을 표출하기도 한다. 어떨 때는 자기가 느끼는 감정이 너무 힘든데 잘 다루어지지 않는 것에 대해서 깊은 좌절감과 절망감을 느끼기도 한다. 이때 부모들은 속된 말로 유아들이 '지랄발광'을 하는 것으로 느끼기도 한다.

'아이는 왜 저렇게까지 화가 났을까? 아이는 왜 저렇게까지 난리를 칠까? 내가 뭘 잘못했을까? 내가 뭘 해 줘야 하나?' 하는 당혹스러운 느낌이 많이 든다. 그런데 이 재접근기 기간(16~24개월)이 부모의 관점에서 보면 무려 8개월이나 되어서 참 견디기 힘든 시간이 된다. 아이가 감정적으로 원하는 것을 잘 모르는 상황에서 이렇게 해 줘도 울고 저렇게 해 줘도 우는 상황이 자주 벌어진다. 이 시기가 우리가 우스갯소리로 언급하던 소위 '지랄 총량의 법칙'을 처음으로 충족시켜야 하는 시기가 된다. 이 법칙에 의하면, 아이들이 이때 총량을 맘껏 채우지 못하면, 사춘기 시기에 그 지랄의 총량을 채워야 하고, 그때도 실컷 채우지 못하면 20대 시절 연애하면서 연인에게 그 총량을 채우려고 할 수도 있고, 그래도 안 되면 결혼해서 배우자에게 채우려고 할 수도 있다.

가장 이상적인 방법은 아이가 미운 네 살인 시절에 엄마와 아빠 앞에서 자신의 감정을 편안하게 맘껏 느끼고 표현할 수 있는 정서적 환경을 제공하는 것이다. 하지만 문제는 엄마와 아빠도 들장미 소녀 캔디와 같은 상태라는 점이다. 외로워도 슬퍼도 그 힘든 감정을 자기 부모 앞에서 표현하지 않으려고 억압하면서 의연하고 착한 아이들로 자랐기 때문이다. 자기의 감정을 맘껏 느끼지 못하고, 편안하게 표현하지 못하고, 심지어 자기의 감정을 돌보지 못하고 거꾸로 부모님의 감정을 헤아리면서 효도하려 했던 조숙한 아이들이었다는 것이다.

그래서 아이가 압도된 감정을 느끼며 힘들어하고 어떻게 해야 할지 몰라서 엄마와 아빠에게 투사했을 때, 엄마와 아빠도 그 감정을 잘 받아 주지 못하고 같이 당황하는 모습을 보인다. 아이는 '엄마와 아빠도 내 감정적 상태를 잘 다루지 못하는구나!'라는 감정이 들면 더 놀라고 당황할 수도 있다. 마치 우리가 어린 시절 뛰어가다가 넘어져서 무릎이 다 까지고 피가 났을 때, 먼저 엄마나 아빠의 얼굴을 쳐다봤던 것과 비슷한 상황이다. 그때 부모가 안타깝지만 평온한 얼굴을 하면서 괜찮다고 위로해 주면 아프지도 않은 것 같고 금방 나을 것 같았다. 반대로, 엄마나 아빠가 정말 큰일이 난 것처럼 당황하고 놀라는 모습을 보였다면, 우리는 정말 큰일이나 죽을 일이 난 것처럼 느꼈던 기억이 있다.

들장미 소녀 캔디처럼 자라난 엄마와 아빠가 그래도 할 수 있는 일은 아이들의 정서를 같이 잘 공유해 주는 것이다. 자기들은 부모로부터 충분히 받지 못했을 수 있지만, 어른으로 성장하는 과정을 경험하고, 결혼하고, 부모가 되었기 때문에 재접근기 아이처럼, 그리고 캔디처럼 꼭 어려움을 겪는 것은 아니다. 물론, 어른이 되었는데도 불구하고 여전히 어려움을 겪는 엄마와 아빠의 경우에는 자기의 감정을 느끼고 표현하고 다룰 수 있는 훈련과 어린 시절의 트라우마를 해소하는 상담이 필요할 것이다. 하지만 완벽한 부모도 없고 완벽한 상담사도 없듯이, 자기도 상처가 있고 정서적으로 경험이 부족하지만, 아이에게는 편안한 정서적 환경이 되도록 노력할 수는 있다.

아이가 몸부림치고 짜증을 부릴 때 힘들지만 가만히 아이 앞에서 함께 느껴 주는 것, 아직 언어가 다 발달하지 않았더라도 아이에게 자기의 감정 상태를 표현하도록 기회를 주고 기다려 주는 것, 엄마나 아빠가 아이의 감정이 느껴지는 것을 자기의 언어로 표현해 주고 그 감정이 맞는지 물어봐 주는 것 등이 아이에게 도움이 될 수 있다. 아이에게는 자기의 감정에 대해서 부모와 대화하고 설명을 듣고 위로를 받는 것이 큰 도움이 된다. 그러면 아이는 자라나면서 서서히 부모가 해 주었던 그 기능을 자기를 위해서 할 수 있고, 성인이 된 후에는 자기의 아이에게도 해 줄 수가 있다. 또한 아이에게 일관된 반응을 보이는 것이 중요하다. 부모의 그날 감정에 따라서 지난번에 어떤 행동을 했을 때는 칭찬해 주고, 이번에는 같은 행동을 했는데 주목하지 않거나 꾸짖게 되면 아이는 정서적인 혼란 상태에 빠질 수 있고, 자기의 감정에 대해서 잘못 이해하거나 잘못 명명하게 될 수도 있다.

II. 대상관계이론의 이해

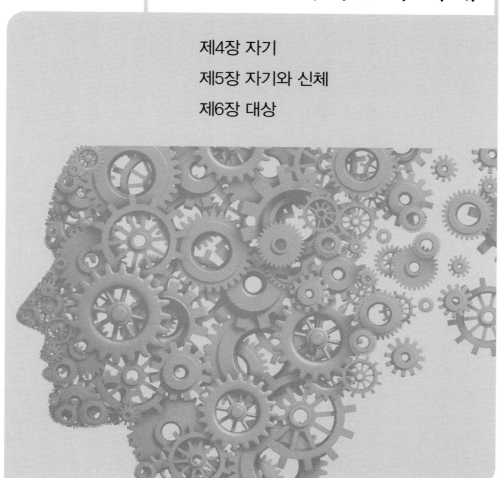

제4장
자기

제3장에서 한국 사회에서의 자기의 의미와 경험, 대상관계이론의 기본 전제, 대상의 기본적인 정의, 정서에 대해서 논의를 하였는데, 제4장부터 제6장까지는 자기와 대상에 대해서 좀 더 심도 있는 논의를 하려고 한다. 특히 한국 사회의 인간관계는 자기와 대상을 명확하게 구분하거나 경계를 냉정하게 긋지 않는 경향과 친구, 가족, 공동체의 관계에서 각 개인의 개별성, 고유성을 존중하지 않고 '우리성(we-ness)'에 더 큰 가치를 두는 경향이 있었다. 그런 이유로 그동안 한국 사회에서 나이가 어리거나 상하 수직적 관계에서 낮은 위치에 있는 사람들이 종종 자기의 경계를 침범당하고, 이용당하고, 착취당하며, 심지어는 만성적인 정서적 학대를 당하는 경험을 하는 경우가 많았다. 이런 현상의 이면에는 어쩌면 한국 사회에서 나고 자란 우리가 '자기'의 개념과 의미에 대해서 잘 배우거나 깊이 생각해 보지 못한 부분도 있을 것으로 보인다. 이 장에서는 자기와 자아의 구분, 자기와 자아 개념의 형성과정, 자아 기능(ego functioning), 응집된 자기(cohesive self), 참 자기(true self) 등에 대해 논의하고 임상 사례를 제시함으로써 독자들의 이해를 도우려 한다.

자기와 자아

자기(self)와 자아(ego)에 대한 정확한 의미가 무엇인지, 어떻게 구분되는 것인지에 대해서는 대학에서 심리학을 전공한 사람들도 혼란스러운 것 같다. 한 가지 중요한 원인은 프로이트가 처음에 사용했던 'Ich'라는 용어가 독일어로 '나'를 의미하는데, 이것이 미국으로 넘어오면서 영어 단어 'ego'로 번역되었고, 영어로 된 글을 번역한 우리나라 서적들은 이를 다시 '자아'로 번역하면서 혼란을 가져온 것으로 보인다. 또한 심리학 용어 중에서 자기와 자아를 구분 없이 혼용해서 쓰기도 하고, 자아존중감(self-esteem), 자아실현(self-realization)과 같이 자기(self)가 포함된 용어를 자아(ego)로 번역해 왔던 원인도 있다. 심리학자들이 사용하는 자기와 자아의 의미는 분명히 다르기에 자아존중감은 자기존중감으로, 자아실현은 자기실현으로 바꾸어야 좀 더 명확한 의미를 담을 수 있다.

자기와 자아의 의미가 어떻게 구분되는지에 대해 헷갈린다면 자기애라는 말을 먼저 생각해 보면 도움이 될 것 같다. 일반 사람들이 아는 자기애는 자기를 특별하게 여기고 과도하게 사랑하는 것을 의미한다. 요즘 들어 자주 듣는 자기애적 성격장애는 자기애적 경향성이 성격의 일부로 받아들여지고 굳어진 성격을 의미하는데, 용어가 지칭하는 것처럼 성격장애로 간주된다. 자기가 너무 훌륭해 보여서 과도한 칭송을 바라고, 세상이 자기 중심으로 돌아가는 것을 당연하다고 생각하는 사람들이다. 자기애적 성격장애인 사람들은 자기를 훌륭하고 특별대우를 받을 만한 자격이 있다고 생각하지만, 이들의 깊은 내면에는 사실 뿌리 깊은 열등감이 자리 잡고 있다. 실제로는 자기가 훌륭하지 않으며, 그렇기에 누군가 자기의 열등감이나 자존감을 건드리는 말을 듣게 되면 쉽게 자기애적 상처를 받게 된다.

자기애적 성격을 가진 사람들은 자기 눈에는 자기의 단점이 보이지 않고 다 훌륭해 보이겠지만, 누구나 그렇듯 완벽한 사람은 없다. 어쨌든 우리는 '자기애'라고 표현하지 '자아애'라고 부르지 않는다. 자아애는 어감도 뭔가 이상하고, 실제로 한국 사회에서 사람들이 사용하지 않는 용어이다. 그렇게 보면, '자아'는 좀 더 긍정적이고 이상적인 의미로, 자기는 좀 더 부정적인 의미로 사용되는 것처럼 보이기도 한다. 실제로 자아가 붙어 있는 많은 단어를 생각해 보면 앞서 살펴본 것처럼 자아실현, 자아존중감 등 주로 긍정적 단어 앞에 많이 붙는 것을 볼 수 있다. 자아가 붙어 있는 단어는 왠지 강하고 좋을 것 같다. 또한 자아는 자기보다 왠지 한 사람의 마음 중심에 더 깊이 존재하고 더 핵심축에 존재하는 것 같은 좀 더 추상적 개념으로도 들린다. 그런데 흥미롭게도 우리가 직관적으로 이같이 느끼는 것과 실제 이론가들이 이야기했던 것은 비슷한 면이 있다.

프로이트는 한 개인의 심리 구조를 원초아(id), 자아(ego), 초자아(superego)의 구조로 구분해서 설명하였고, 자아라는 용어를 처음 제시하면서 오이디푸스기 내적 갈등을 정신병리의 원인으로 보았다. 이는 엄마, 아빠, 아이의 삼자관계를 유지하기 위해 본능을 억압해야 하기에 나타나는 갈등으로 볼 수 있다. 남자아이의 경우를 보면, 아이가 어렸을 때 처음에는 "나는 엄마랑 결혼할 거야."라고 말하다가 나중에는 "나는 엄마 같은 사람이랑 결혼할 거야."로 바뀐다. 프로이트의 설명에 의하면, 만약 오이디푸스기의 갈등을 해결하지 못하면 아이가 자기 경쟁상대인 아빠를 죽이고 엄마랑 결혼하는 환상을 가지게 되고, 오히려 힘이 더 센 아빠에게 자기가 거세를 당할 것 같은 불안이 생기고 그 환상은 무의식 속에 억압된다는 것이다. 무언가를 잘못하면 벌을 받을 것 같은 거세 불안과 무의식적 죄책감이 여기에서 나오며, 이러한 요소가 정신병리의 원인이 된다.

이 안에는 아이가 엄마, 아빠를 이미 중요한 대상으로 경험한다는 가정이 들어 있다. 프로이트가 현대 정신분석에서 많은 이론가와 임상가가 사용하는 자기라는 개념을 직접 사용하지는 않았더라도, 유아의 자기 구조가 정상적으로 형성되었다는 점을 가정하는 것처럼 보인다. 프로이트가 보는 정신병리의 원인은 대상을 향해 자기가 뭔가를 잘못했다는 양심의 가책과 죄책감이다. 프로이트의 딸인 안나 프로이트에게 분석을 받고 자아심리학적 관점의 정신분석가이자 발달심리학자가 되었던 에릭 H. 에릭슨은 오이디푸스기의 유아가 대상과의 관계 경험을 할 때 자기가 한 행동(doing)에 대한 죄책감의 감정을 느낀다고 설명했다.

반면, 현대 정신분석이론인 대상관계이론은 오이디푸스기보다 앞선 이전 시기, 즉 전(前)오이디푸스기(0~3세) 발달이 더 중요하다고 생각하면서 깊은 관심을 가졌다. 에릭슨은 이 시기 유아들의 경험을 자기의 존재(being)에 대한 수치심으로 보았고, 그 어려움이 결국 정신병리를 유발한다고 보았다. 생애 초기인 전오이디푸스기는 유아의 내면에 심리 내적 통합이 어느 정도 이루어지면서 심리 구조가 서서히 형성되는 시기이다. 이 시기에 경험하는 문제는 결국 성격 발달이 제대로 이루어지지 않도록 영향을 주어서 자기가 존재함에 대해 생생하게 느끼는 감각인 존재감의 문제가 유발된다. 즉, 자기가 존재하는 것이 적절하지 못하다는 수치심이 전오이디푸스기 정신병리의 주요 원인 중 하나이다(St. Clair, 2003/2017, p. 6).

유아는 성장 초기에 자기 구조를 형성하는 과정을 경험할 것이고, 자기 구조가 건강히 형성된 이후에는 이 구조를 유지하려고 노력하게 된다. 자기 구조는 자기 안에 어떤 내용물을 담을 수 있는 그릇과 같은 것이다. 이 그릇은 꼭 모양이 예쁘게 잘 만들어졌거나 고급스럽지 않아도 된다. 하지만 그릇이 제대로 기능하기 위해서는 음식이나 물을 담았을 때 밖으로 새지 않을 만큼 견고하게 잘 만들어질 필요가 있다. 자기 구조는 이제 막 형성되기 시작하는 유아의 자기와 주요 대상 간의 무수한 정서적인 상호작용을 통해 형성되는데, 자기 구조가 어린 시절에 건강하게 형성되지 못한 경우는 성인이 된 후에 자기 구조를 형성할 수 있다. 유아의 자기 구조가 건강하게 형성된 이후에도 자기 구조를 잘 유지하기 위해서는 엄마, 아빠, 또는 다른 주요 대상의 비난을 피하고 사랑과 인정을 받는 것이 중요하기에 이를 위한 노력을 계속할 것이다.

이렇게 자기 구조를 유지하기 위해 사용하는 정신 기능을 자아로 볼 수 있다. 즉, 자기는 구조(structure)로 자아는 기능(function)으로 보는 것이 간결한 구분 방법이다. 물론, 자기와 자아가 내용물이 없이 구조와 기능을 한다는 의미는 아니다. 자아라는 용어를 사용할 때 대상관계 이론가들은 자아 기능이라는 용어를 사용했다. 정신분석가이자 자기심리학자인 하인츠 코헛은 자기는 개인의 직접적인 경험을 통해 생겨나고 인식되는 비교적 간단한 마음속 구조이고, 자아는 일상의 직접적인 경험과는 거리가 있는 좀 더 추상적이고 높은 수준의 정신적 기능이라고 설명하기도 했다(Kohut, 1971/2002, pp. 10-11). 대상관계 이론가들이 정의하는 자아는 인간의 지각, 사고, 행동, 통합 등의 기능을 하고 인간 성격의 중심에 위치하지만 각 개인이 명확하게 알 수도 없고, 주관적으로 경험할 수 없다(Hamilton, 1988/2007, p. 43). 대상이 하는 자아 기능은 측정 가능하고 외부에서 그 사람의 자아가 작동하는 것을 관찰할 수 있지만, 개인이 자아 기능을 사용할 때는 주관적이고 심리 내적인 작용이기에 직접적으로 알기 어려운 부분이기도 하다. 또한 자기가 어느 정도 인식하고 있는 자기 표상이나 자기 이미지도 엄밀하게 보면 자아는 아니다.

구조로서의 자기는 인간이 가지고 있는 전체 인격으로서의 심리 구조와 신체 구조로 볼 수 있고, 자아는 추상적 개념으로 자기 안의 하부 요소로서 실행 기능을 가지고 있다. 자기는 여러 가지 요소로 구성되는데, 우선 자아와 내적 대상들이 포함된다. 내적 대상들은 외적 대상들이 내면화되어서 개인의 내면에 자리 잡은 대상의 이미지들이다. 예를 들면, 외적 대상인 아버지가 돌아가시더라도 아버지에 대한 이미지와 기억이 자기 내면 안에 존재하는 것이 내적 대상이다. 이렇게 자아와 다양한 내적 대상이 자기 구조 안에 포함되는데, 그들이 관계를 맺고 역동적으로 상호작용을 함으로써 성격을 구성하게 된다. 이렇게 구성된 성격은 한 개인의 삶에서 오랜 시간 안정적으로 지속되는 정체성 감각을 가지게 된 것으로 볼 수 있다(Scharff & Scharff, 1995/2008, p. 50).

또한 초기 대상관계이론에서 자기라는 개념은 내담자의 정신병리에 관해 연구하면서 만든 개념으로 심리 구조를 주로 의미했지만, 프로이트는 생물학적 욕구 충족을 포함한 나(Ich)를 말했기 때문에 자기의 의미 안에 신체를 포함하지 않을 수 없다. 즉, 자기는 심리적 자기이자 신체적 자기이다. 위니컷도 'holding environment', 즉 우리말로 '보듬어 주는 환경'이 있어야 유아가 신체에서 오감을 사용해서 느끼는 다양한 감각이 서서히 형성되어 가는 자기 안에 응집되고 뭉쳐지면서 존재로서 계속되는 상태의 감각을 느낄 수 있다고 강조했다. 부모가 유아를 팔에 안고 끊임없이 어루만져 주고, 다독여 주며, 주물러 주고, 눌러 주는 과정이 있어야 유아의 오감이 서로 뭉쳐져서 유아의 몸에 하나의 통합된 형태로 자리하게 되는 것이다.

정신분석가인 다니엘 스턴(Daniel N. Stern)도 유아가 엄마와 직접적인 접촉 경험을 통해 신체적 자기가 인식되고 이것이 핵심 자기감각을 형성하는 것이라고 강조했다(Stern, 1985/2018, p. 38). 결국 신체적 자기가 빠져 있는 심리적 자기만을 이야기하는 것은 무의미하다고 볼 수 있기에 자기 안에 심리적 자기와 신체적 자기를 모두 포함해 생각할 필요가 있다. 바로 이 점이 일상에서 우리가 자기라는 단어를 접할 때 흔히 간과하는 부분이다. 마치 자기를 우리 몸 안에 있는 어떤 정신 구조 또는 심리 구조로만 생각하는 경우가 많기 때문이다.

자기와 자아 개념의 형성과정

그렇다면 왜 이렇게 복잡하게 자기와 자아의 의미를 구분하게 되었는지에 대해서 궁금한 마음이 들 것이다. 이는 대상관계이론이 시작된 역사를 좀 더 자세히 살펴보면 알 수 있다. 앞서 언급했듯이, 프로이트는 구조이론에서 원초아, 자아, 초자아를 설명하면서 자아라는 개념을 제시했다. 초기 정신분석의 치료 방법은 정신병리가 있는 환자들의 무의식에 접근하는 것을 통해 무의식을 의식화해서 치료하는 방법이었다. 하지만 분석 상황에서 환자들이 무의식에 접근하는 것에 저항하는 것을 보고, 저항하는 원인이 자아 때문이라고 언급하면서 자아가 무엇인지에 대해 설명했다. 사실, 프로이트는 Ich를 설명할 때 명료하게 설명하지 않았다. 하지만 프로이트가 말한 Ich는 기본적으로 응집된 조직체, 조직자(organizer), 신체상(body image)을 의미하는 자기와, 자각, 충동, 감정, 양심의 요구를 통합하는 기능으로서의 자아의 의미를 둘 다 내포하고 있었다.

원래 Ich는 프로이트가 정신분석이론 발달의 초기에 제시했던 욕동이론에서 유래한다. 인간은 본래 생물학적 욕동(drive)을 충족시켜야 하는데, 이러한 욕동이 현실에서 용납되지 않으면 무의식에 억압된다. 프로이트는 이러한 생물학적 욕동의 원초적인 측면을 원초아라고 보았고, 원초아의 충동을 자아가 현실에 맞게 조절하고 실현해 준다고 보았다. 사회적·문화적·도덕적으로 용납할 수 없는 원초아의 소망을 도덕 체계인 초자아가 억압하게 되는데, 그 과정에서 현실에 맞게 조절해 주는 자아의 방어 기제를 사용하게 되고 그 결과로 정신병리가 나타난다. 이렇게 원초아, 자아, 초자아 사이의 갈등으로 인해 정신병리가 일어나는 것이다.

이러한 설명을 볼 때, 자아는 현실에 적응하기 위한 실행 기능을 가진다고 이해할 수 있다. 프로이트는 자아가 욕동의 좌절로부터 발달한다고 설명했고, 전오이디푸스기의 대상과 오이디푸스기의 대상이 서서히 포기되면서 발달한다고 했다. 다시 말하면, 엄마와의 초기 관계에서 애착이 포기되면서 외적 대상인 엄마가 심리 내적 대상으로 받아들여져 내적 표상, 내적 이미지로 자리하게 된다. 결국 자아는 리비도가 집중되었던 대상들이 내면화되면서 생겨난다고 볼 수 있다. 이러한 관점이 이후 대상관계이론에 영향을 미쳤다(St. Clair, 2003/2017, p. 23).

이후 자아심리학자들의 관점은 프로이트의 생각을 그대로 이어받아서 자아 기능의 발달이 욕동의 좌절로 인해 생긴다는 기본적인 관점을 유지했다. 안나 프로이트는 아버지 프로이트의 자아 개념을 그대로 받아들였고 정신분석 치료는 자아와 관련한 방어 기제들과 원초아의 소망에 초점을 맞췄다. 하지만 다른 한편에서는 자아가 그 자체로 자율성과 독립성을 가지고 있어서 발달한다고 보기도 했다. 하인츠 하트만(Heinz Hartmann)은 자아가 일차적 자율성을 지니고 있으며, 이차적 자율성은 욕동의 좌절을 통한 갈등에서 발달한다고 보았다. 즉, '갈등 없는 자아 영역(conflict−free ego sphere)'인 지각, 기억, 운동 연상과 같은 활동을 통해 자아는 욕동의 좌절과 상관없이 자율적으로 발달한다고 강조했다(Greenberg & Mitchell, 1983/1999, p. 141).

한편, 마이클 화이트(Michael White)는 자아가 완전히 자율성을 가지고 있다고 보았는데, 유아에게 생물학적 동기가 아니라 환경에 영향을 주기 위한 동기인 영향력 동기의 욕구가 존재한다고 강조했다. 그는 실제 유아들을 관찰하면서 생후 며칠 된 유아들이 탐구하는 일에 시간을 보내며, 한 살 정도가 되면 놀이를 위해 하루에 약 6시간을 사용하는 것을 발견했다. 또한 유아들이 먹을 때 시간이 걸리더라도 손으로 먹는 것보다 숟가락을 사용하는 것을 더 선호하는 경향성도 확인했다. 따라서 이는 욕동하고는 상관없고, 자아는 독립적으로 기능하여 부모를 모방하는 것을 통해서 동일시한다는 것이다. 이는 프로이트가 설명했던 대상을 함입을 통해 동일시한다는 것과 다르다(Summers, 1994/2004, pp. 22−23).

지금까지 언급된 이론가들은 분명하게 자아심리학자로 분류되는 이론가들로서 이 중 하트만이 자아와 자기를 명확히 구분하는 것을 특히 강조했다. 그는 자아를 경험적이고 적응적인 측면을 가진 심리 구조라고 보고, 자기를 자기 표상으로 일종의 경험적 구조물로 보면서 자신의 이론에서 덜 강조했다. 즉, 자아의 역할을 더 중요하고 핵심적인 것으로 본 것이다. 이는 욕동이론에 새로운 연구 결과를 합쳐 수정 보완한 것이기는 하지만, 원래 하트만의 이론의 목적은 고전적인 욕동이론을 고수하기 위한 것이었다. 하트만은 환경과의 관계와 정신기구들의 상호관계를 조절하는 높은 수준의 자아 기능을 제시하였고, 자기 구조는 자아의 조절 기능을 설명하기 위한 이차적인 개념이었다(Greenberg & Mitchell, 1983/1999, p. 419).

대상관계 이론가들로 분류되지만, 여전히 '자아'라는 용어를 사용한 두 사람은 클라인과 페어베언이다. 두 임상가 모두 자아가 내사, 즉 대상을 안으로 받아들이는 것을 통해 발달한다고 했다. 클라인은 프로이트의 욕동이론을 받아들였지만, 프로이트가 사용한 '본능'이나 '자아'와는 다른 용법을 사용하면서 정통 정신분석에서 대상관계이론으로 향하는 분명한 전환점을 만들었다(Guntrip, 1971/2020, p. 89; St. Clair, 2003/2017, p. 59). 클라인은 인간관계에서의 갈등과 변화 안에 있는 인간이 주체적 행위자임을 강조하며, 외부 세계는 개인에게 주관적으로 경험되어 개인의 성격과 구조에 영향을 미친다는 주체관계(subject relations)이론을 제시했다(Gomez, 1997/2008, p. 59). 클라인은 자아가 원초아로부터 발달하고 계속해서 쾌락을 추구하므로 '쾌락 자아'는 좋은 것을 자신 안에 내사하고, 나쁜 것을 모두 방출, 즉 투사한다고 설명했다(Segal, 1964/1999, p. 33).

제2장에서 언급한 것처럼 페어베언은 초반에는 클라인의 영향을 받았지만 이후에는 독창적인 노선을 구축했는데, 죽음 본능을 기본으로 하여 전개된 클라인의 이론에 대해 반론을 펼쳤다(Guntrip, 1971/2020, p. 133). 페어베언은 인간이 태어나면서부터 자아를 가지고 태어난다고 보았으며, 프로이트의 욕동이론의 반대편에서 자신의 이론을 펼쳤는데, 리비도가 대상을 추구하는 뚜렷한 목표를 가진다고 보았다. 그의 이론에 따르면 자아는 정신적 자기를 지칭한다(Chessick, 1985/2012, p. 113). 정신적 자기는 신체적 자기가 아닌 심리적 자기를 의미하는 것으로 보인다. 이러한 페어베언의 관점은 분명히 자아를 욕동의 산물이 아니라 자기와 대상의 관계의 산물인 심리적 자기로 보는 것을 의미한다.

페어베언은 유아가 엄마로부터 제대로 된 돌봄을 받지 못하면 어려운 상황을 마주한 자아는 분열되는데, 이러한 분열이 정신병리의 원인이라고 했다. 다시 한번 간략하게 설명하면, 유아가 엄마에게 좋은 돌봄을 받다가 갑작스럽게 좌절스러운 엄마를 경험하면 엄마로부터 버림받았다는 좋지 못한 느낌을 갖게 되어 분리되는 불안을 겪게 된다. 이에 유아는 분리를 막기 위해 엄마를 내사하는데, 이는 반리비도적 자아가 된다. 반대로, 유아가 원하지 않을 때 미리 먹을 것을 주거나 과도하게 밀착되어 있어 유아를 흥분시키는 엄마도 있다. 이러한 엄마를 유아는 리비도적 자아로 내사한다. 중심 자아

(central ego)는 리비도적 자아, 반리비도적 자아로 분열된 자아들을 방어하는 것이 필요하면 무의식에 억압하는 기능을 한다. 페어베언은 자아가 중심 자아, 리비도적 자아, 반리비도적 자아의 세 부분으로 구성된다고 했는데, 리비도적 자아는 공격받는 자기의 일부분이고 반리비도적 자아 혹은 내적 파괴자는 공격하는 초자아와 비슷하게 작용한다. 중심 자아는 이 가운데에서 현실에 적용하기 위해 작동한다. 이러한 내용을 통해 볼 때, 페어베언은 '자아'라는 용어를 사용했지만, 의미상으로는 '심리적 자기'를 말했던 것으로 보인다(Scharff & Scharff, 1995/2008, p. 41).

자아심리학 중에 대상관계이론에 가장 영향을 미쳤던 또 다른 관점은 자아 기능을 대상관계의 기능으로 본 것이다. 이 관점은 프로이트가 자아를 대상을 향한 리비도가 포기되면서 생겨난 것으로 보는 견해를 기초로 하는데, 이러한 관점은 엄마가 유아와의 상호작용으로 자아, 초자아의 발달에 영향을 미친다고 보는 것이다(Summers, 1994/2004, p. 31). 한편, 욕동이론의 기초에 대상과의 관계가 중요하다는 관점을 접목한 에디스 제이콥슨은 자아심리학자로 분류되기도 하고, 대상관계 이론가로 분류되기도 한다. 그녀는 유아는 욕동, 자아, 대상관계 이 세 가지의 발달과 성장이 함께하는 과정이라고 보았다. 유아는 리비도가 향해진 엄마와 한 몸이라는 융합 환상을 가지다가 만족스러운 경험은 내사하고, 좌절시키는 경험은 투사한다고 보았다. 즉, 만족스러운 경험은 안으로 들어오고, 좌절시키는 경험은 밖으로 내뱉는 것이다.

초기의 내사는 원시적인 함입으로 원시적 동일시를 시작하게 하고 자기 이미지를 형성한다. 원시적인 함입은 자기와 대상이 구분되지 않은 상태에서 자기 것으로 변형시키는 것을 의미한다. 이후 자라면서 원시적 동일시가 점차 자아 동일시로 바뀌게 되는데, 자아 동일시는 자기와 대상이 구분된 상태에서 선택적으로 동일시하는 것을 의미한다. 또한 좌절 경험은 공격성을 유발해서 부모에게 투사되고 초자아의 일부를 형성하기도 한다. 그녀의 이론에 따르면 엄마에 대한 리비도가 대상관계를 위한 기초가 되며, 이러한 긍정적 자기 이미지들이 건강한 자아를 형성하는 단위가 된다고 했다. 그녀는 자아 발달과 대상관계 사이의 연결을 확장해서 엄마와 유아의 실제 관계가 자기를 형성하는 데 중요하다는 점을 강조했다(Greenberg & Mitchell, 1983/1999, p. 480).

말러 역시 엄마와 유아의 관계가 심리 구조 발달에 가장 중요한 요소라고 보았다. 하지만 그녀는 전통적인 욕동이론을 접목한 자아심리학자라기보다는 발달심리학자에 더 가깝다. 실제로 유아가 엄마와 상호작용하며 발달하는 것을 관찰함으로써 이론을 정립했기 때문이다. 초기 유아는 자기와 엄마를 구분할 수 없다가 실제 관계를 통해 심리 구조가 서서히 발달하게 된다. 말러는 유아를 초기부터 엄마와 상호 연결되고 애착이 있는 융합된 상태로 보았는데 이는 다른 애착 이론가들이 유아의 발달과정에서 엄마와 상호 연결된 감각이 맨 마지막에 성취되는 결과라고 봤던 시각과는 굉장히 다르다. 따라서 말러는 다른 애착 이론가들과도 구분된다. 유아는 처음에 엄마와 심리적 융합 상태에서 시작해 공생하다가 점차 분화되면서 분리된다. 자기와 대상은 분리되었다는 것을 인식하고 개인적인 특성을 획득하면 유아가 독립을 향해 나아갈 수 있는 초석이 마련된 것이다. 말러는 이 과정을 분리-개별화라고 명명했고, 유아의 심리적 자기의 탄생이라고 보았다(Summers, 1994/2004, p. 35).

지금까지 자아와 자기 개념을 제시했던 이론의 역사를 통해 우리는 자아가 욕동의 좌절로 인해 포기된 대상을 동일시함으로써 형성되거나, 아니면 자율적으로 발달하면서 형성된다는 관점이 있다는 것을 알게 되었다. 자아의 역할은 욕구를 현실적으로 충족하기 위한 심리적 실행 기능을 하는 것이다. 한편, 자기-대상관계가 성격 구조 형성에 중요함을 알게 되면서 대상과 관계를 맺는 상대 주체인 자기의 개념이 나왔고, 대상관계를 통해 내면화된 대상을 포함하는 대상관계의 산물이 자기 구조임을 알게 되었다. 대상관계이론의 관점에서는 내담자가 욕동의 좌절로 인해 나올 수 있는 공격성에 대해 방어하는 것이 아니라, 관계를 포기해야만 할 것 같은 두려운 상황을 피하려고 병리적인 증상이 나타나는 것으로 본다.

프로이트의 관점에서 자아가 원초아와 초자아를 조절해야만 하는 고정된 요소라면, 대상관계에서의 자아 기능은 대상과의 관계 변화에 따라 달라질 수 있다. 이러한 변화는 성격장애가 있는 사람이나 외상을 겪은 사람들뿐만 아니라 성숙한 사람들에게서도 나타나서 상황에 따라 생각하고 감정을 조절하는 능력이 변한다(Hamilton, 1996/2008, p. 32). 이렇게 변화된다고 보는 관점이 상담 안에서 대상인 상담사와의 경험을 통해 자아 기능이 변화할 가능성을 제시한다.

자아 기능

지금까지 자기는 구조(structure)로, 자아는 기능(function)으로 두 개념을 구별해서 정의하고, 두 개념의 형성과정과 관련한 대상관계 이론가들의 논의를 살펴보았는데, 자아 기능에 대해서 조금 더 논의해 보는 것이 필요하다. 현대 정신분석인 대상관계이론과 자기심리학에서는 자아의 존재와 자아 기능이 그동안 상대적으로 간과되었고, 임상 실제에서도 자아에 관한 관심이 줄어드는 상황이었다. 그러나 최근에는 대상관계이론의 관점에서 자아 기능을 새롭게 조명해 볼 필요가 있음이 강조되면서 **통합적 자아 기능**이라는 용어가 널리 사용되고 있다.

정신분석의 전통적인 이해에서는 대상을 포기해야 하는 갈등 상황에서 자기의 욕동을 타인의 눈에 띄지 않도록 위장하기 위해 자아가 방어 기제와 같은 것을 사용하는 기능을 한다고 보았다. 그런데 프로이트는 자아가 방어 기제를 잘못 사용하여 욕동을 과도하게 억압시키면 정신병리가 일어나게 된다고 강조했다. 프로이트가 제시했던 다양한 방어 기제가 있지만, 자아의 기능을 좋은 방향으로 잘 활용하는 예로 주로 드는 것이 승화(sublimation)이다. 프로이트는 승화를 인간의 다양한 문화적 활동 같이 인간의 공격성과 같은 욕동을 좀 더 사회적으로 수용되는 방향으로 바꾸는 고도의 방어 기제를 사용하는 것으로 설명했다. 예를 들면, 공격성이 높은 사람이 격렬한 스포츠를 통해서 자기의 공격성을 좋은 차원으로 승화시키는 방법이 있다.

이후 안나 프로이트는 방어 기제를 억압, 반동 형성, 퇴행, 격리, 취소, 투사, 전치, 내사, 전환, 역전, 승화 등의 좀 더 다양한 형태로 나누어 설명한다. 그녀는 이러한 방어 기제가 분석에서 저항으로 작용하기에 다루어져야 하는 것으로 보았다. 즉, 이 관점에서 보면 자아 기능은 사람들이 환경 안에서 적응적으로 살아가기 위해 사용하는 감정을 처리하거나 생각하는 심리적 기능을 말한다(Hamilton, 1996/2008, p. 18). 자아가 강하면 불안을 잘 견딜 수 있고, 본능적 충동과 초자아의 요구 사이에서 잘 조정하여 현실에 적응하게 된다. 현실 감각이 있어서 판단력을 가지고, 좌절에 대한 내성도 가질 수 있다. 이러한 설명에서 알 수 있는 점은 자아 기능이 욕동이 좌절되면서 발달하는 관점이라는 것이다.

전통적으로 자아 기능은 사람들이 어떻게 생각하는지, 어떻게 감정을 처리하는지, 어떻게 대상을 대하는지와 관련한 기능으로 보았는데, 자아심리학을 이어받은 하트만은 앞서 언급한 것처럼 자아를 기능으로만 본 것이 아니라 독립적인 행위자(agent)로 보았고, 갈등과 무관한 자율적인 자아 기능들이 있다고 가정했다. 하트만은 지각과 인지, 충동 조절, 운동 기능 영역에서 변별하고, 조합하고, 통합하며, 균형을 조직화하는 능력을 자아 기능으로 정의했다(Hamilton, 1996/2008, p. 18). 이는 프로이트가 자아가 원초아의 에너지인 리비도로부터 에너지를 받아 사용한다고 했던 것과 달리, 일단 세 가지 정신 체계인 원초아, 자아, 초자아가 형성되고 나면 세 개의 체계가 각각 다른 독립적 정신 에너지를 배분받고 활동한다고 본 것이다(Mitchell & Black, 1995/2000, p. 83).

'통합적 자아 기능'이라는 용어를 제시하면서 자아에 관한 관심을 촉구했던 해밀턴(Hamilton)은 자아가 원초적인 자기 표상들과 대상 표상들이 점진적으로 변별, 통합, 조직화되는 과정에서 독립적이고 주도적인 행위자(agent)로서 작동한다고 보았고, 그렇기에 대상관계 상담에서 자아 기능을 확인하는 것이 중요함을 강조했다. 특히 자아 기능은 자기의 내면에서만 중요한 것이 아니라, 자기-대상의 관계에서 중요한 역할을 한다는 것이다. 해밀턴에 의하면, 자기와 자아는 평생 유동적이고 지속적인 교류를 통해 발달하고, 성숙한 사람의 자기와 자아도 사람들이 생각하는 수준보다 훨씬 더 심한 정도로 매 순간 시간에 따라 변동한다(Hamilton, 1996/2008, p. 11). 그렇기에, 내담자의 고유한 자기-대상관계의 패턴을 보는 것도 중요하지만, 특정 대상과의 관계에서 자아 기능이 매 순간 변동하는 현상에 주목하는 것이 매우 중요하다(Hamilton, 1996/2008, p. 5).

해밀턴이 제시한 사례에 30대 중반의 젊은 철학 교수가 등장하는데, 이 내담자는 동료, 친구, 아내와의 관계에서 자주 소원함을 느끼는 불만을 호소했다(Hamilton, 1996/2008, p. 15). 이 내담자는 직업에서 유추할 수 있듯이, 평소에 생각의 흐름이 유연하고, 인지 기능이 잘 되며, 기억을 잘하고, 말을 논리적으로 잘하는 사람이다. 그런데 사람들과의 모임에서는 정신이 멍해서 생각의 흐름이나 사람들의 말을 종종 놓치기도 하고, 평소처럼 논리정연하게 말을 이어 갈 수도 없었다. 또한 다른 사람들이 자기를 도무지 이해할 수 없고 베일에 싸인 사람으로 느낀다고 생각하며 불안해했다. 이 내담자는 사람들이 자기를 지루하게 느끼는 것처럼 생각되지만, 실제로는 자기가 그들에게 거리를 두고 있음을 잘 알아차리지 못하는 것을 이상하게 생각하기도 했다. 이 내담자는 자아 기능의 어려움 때문에 주변 사람들과의 관계에서 그 상황에 맞게 창의적으로 상호작용하지 못했고, 이전의 말과 행동을 기계적으로 반복하는 모습을 보였다.

이 내담자는 이렇게 몽롱한 상태로 주변 사람들과의 관계에서 묘한 단절감, 고립감을 느꼈다. 특정 사람들과 함께 있을 때 지각과 인지, 기억, 감각 등에서 손상된 자아 기능을 보였고, 그 사람들과의 관계에서 순간순간 적절한 사고를 할 수 없었다. 즉, 혼자 있을 때 비교적 정상적으로 작동하는 자아 기능이 다른 사람들과 함께 있을 때 작동하지 않고 생각하는 것이 어려워지는 경험을 하고 있었다. 특히 어려움을 겪었던 부분은 왜곡된 자기 이미지였다. 자기를 다른 사람에게 완전히 감춰져 있고, 제대로 이해되지 못하고, 멀리 떨어져 있는, 거짓 자기와 같은 사람으로 느꼈다. 이 느낌은 주변 사람들이 이 내담자에 대해서 느끼는 것과는 상관없는 것이었다.

이 내담자의 기억은 손상되지 않았지만, 지각은 자기에 초점이 맞춰져 있었고, 느끼는 정서는 소원함이었으며, 행동은 주눅 들고 억제되어 있었다. 그는 자기 자신에 대한 관찰이 극단적으로 왜곡되는 시점까지 지각을 자기 내면에만 집중했고, 다른 사람과의 자기-대상관계에 대해서는 전혀 주목하지 못했다. 그의 내적 경험은 자기-대상관계에만 주목해서는 알 수 없는 상태였고, 자기와 대상에 대한 감정 이상의 어떤 부분을 경험하고 있었다. 그렇기에 자기-대상관계의 패턴뿐 아니라, 순간순간 대상에 따라 변하는 자아 기능의 변화도 눈여겨봐야 함을 알 수 있다.

해밀턴은 자아 기능이 대상과의 관계 속에서 자기의 한 부분이고 자기의 목적을 위해서 기능한다는 점에서 중요하게 여겼고, 치료과정에서 드러나는 자기-대상관계의 패턴 안에서 자아가 자기의 목적을 위해서 기능하도록 치료에 적용하는 것이 중요함을 강조했다(Hamilton, 1996/2008, p. 11). 자아 기능을 주목하여 보는 이유는 오이디푸스 갈등을 경험하는 신경증 수준 이상의 비교적 건강한 내담자에게는 자아 기능을 높여 주는 것이 필요하기 때문이다. 내담자가 특정 대상관계에서 드러내는 자아 기능의 약점과 강점에 대한 이해가 있다면 심리치료가 훨씬 더 효과적으로 진행될 수 있다. 또한 구조적인 뇌 손상이 있고, 신경생리학적 결함이 있는 사람의 경우에는 자기-대상관계를 고려할 때 지각, 기억, 인지 기능, 정서 등에 손상이 있는 경우가 많아서 자아 기능에 주의를 기울이는 것이 매우 중요하다(Hamilton, 1996/2008, p. 52).

자아 기능 문제를 가진 성인 사례

A는 50대 초반 남성으로 의사이다. 개업의로 살면서 직업적·경제적으로 살아가는데에 문제가 없이 잘 살아왔지만 몇 개월 전부터 우울하고 불면증이 생겼으며, 무기력한 느낌이어서 아침에 침대에서 일어나기 힘들다. 다음은 간략한 축어록이다.

> 내담자: 남들이 보기에는 잘 살고 있는 것 같은데, 전 그렇게 느껴지지 않아요. 일도 그럭저럭 문제없이 해 왔는데, 이제는 다 귀찮고. 아내는 괜찮은데, 왜 이렇게 불만족스러운지. 예전 같지 않네요. 이런 저 자신이 싫네요. 계속 우울해하면 아내도 저를 싫어할지도 모르겠어요.
>
> 상담사: 아내와의 사이는 어때요? 예전과 많이 다른 것 같아요?
>
> 내담자: 아내는 아이들도 잘 돌보고, 집안일도 잘해요. 화도 안 내고. 괜찮은 사람이죠.
>
> 상담사: A 씨가 하는 일에 집중할 수 있게 잘 지지해 줘요?
>
> 내담자: 네. 제가 하는 일을 방해하거나 하지 않아요. 아, 이러면 선생님이 저를 불만이 많은 사람으로 보겠네요.

이 대화에서 A는 상담사가 그를 비난할 것이라고 가정한다. 그의 내적 대상은 그를 비난하는 사람들로 구성되어 있는 것으로 보인다.

> 상담사: 제가 A 씨를 이해 못하고 불합리한 이유로 비난할 것처럼 느껴지세요?
>
> 내담자: 선생님이 비난할 분으로 느껴지는 것은 아니에요. 그냥 그럴까 봐 걱정되네요.

A는 현실감 없이 상황을 판단하지는 않는 상태로 자아 기능이 비교적 잘 작동하고 있음을 알 수 있다.

> 내담자: 사실, 저는 직업도 좋고, 아내와 아이들도 속 썩이지 않고 잘 지내고 있어서 이렇게 우울해하는 건 바람직하지 않은데.
>
> 상담사: 꼭 객관적으로 힘든 상황은 아니더라도 누구나 우울증은 겪을 수 있죠. 매일의 일상이 똑같고 지겨울 수도 있고요. 지금 이 시기가 삶을 돌아볼 좋은 기회일 수도 있을 것 같아요.
>
> 내담자: 그렇게 생각해 주시니 다행스럽네요. 저는 얼른 괜찮아져야 합니다. 의사로 살면서 아픈 사람들 치료해 주는 의미 있는 일을 하고 싶었는데. 이렇게 무기력해서야 환자들이 저한테 힘을 받고 갈 수 있을지. 여름에 휴가 내서 아프리카에 봉사활동을 가려고 했는데, 갈 수 있을지 모르겠어요. 기운 나도록 아침 일찍 운동이라도 해 볼까요?
>
> 상담사: A 씨는 충분히 잘하고 있는 것 같은데. 어쩌면 지금까지 너무 많은 일을 해 왔는지도 몰라요. 그래서 A 씨에게 조금 쉬어 가라고 몸에 증상이 나타나는 건 아닐까요?
>
> 내담자: 아픈 사람을 치료하는 제가 아파서 다른 사람의 조언을 듣고 있네요. 사실, 전 의사지만 아파도 약 한 알을 안 먹는데.
>
> 상담사: 제가 A 씨께 조언해서 마음이 불편하신가 봐요.
>
> 내담자: 꼭 그런 건 아닌데, 제가 여기 와서 이렇게 힘든 것을 이야기하는 게 적절한지 모르겠어요. 제힘으로 잘 이겨 내야 할 것 같은데.

A는 신경증 수준의 대상관계를 가지고 있다. 만약 경계선 수준의 내담자라면 이러한 상황에서 수치심을 느껴 분노할지도 모른다. 하지만 A는 자신이 이겨 내야만 한다고 하는 자아 이상(ego ideal)과 관련된 이야기를 하고 있다.

상담사: A 씨는 항상 다른 사람을 위해 많은 것을 해야만 한다고 생각하시나 봐요.

내담자: 네. 어머니가 저를 키울 때 저 자신보다는 남을 위해 사는 삶을 살아야 한다고 하셨거든요. 교회를 다니는데, 교회에서도 목사님이 설교하실 때 항상 그 이야기를 하시고.

상담사: 여기에서도 뭔가를 해야만 할 것 같으신가요? 저한테도 뭘 더 해야 한다고 계속 말하는 걸 보면요. 제가 듣기에는 지금까지 삶을 충분히 열심히 살아오신 거 같아요. 하지만 자기 자신을 먼저 돌보지 않으면, 언젠가 에너지가 고갈되기도 하죠. 그리고 어쩌면 가족 분들은 A 씨가 자기 자신을 돌보지 않아서 힘든 것보다 자기를 아끼며 사는 행복한 모습을 보고 싶어 할지도 몰라요.

A가 자기의 욕구를 돌볼 수 있도록 자아 기능을 발달시키는 해석을 해 주는 것을 통해 A는 조금씩 자신의 욕구를 돌보기 시작했다. 물론 A의 상담에서 앞에 제시된 내용 외에도 대상관계이론 기법을 사용한 공감, 지지, 전이-역전이를 활용한 해석 등도 함께 활용했다. 상황에 따라 잘 판단하여 자아 기능을 활용하거나 대상관계 기법을 적절히 사용하는 것이 중요하다. 상담을 욕동이론과 관련된 자아의 역할을 교정하고 강화해 주는 관점에서만 볼 것이 아니라, 대상관계를 통해 자기의 구조를 발달시키는 것으로 확장하게 되면 좀 더 깊은 병리를 다룰 수 있다. 무의식적 욕구를 의식으로 드러내고, 이러한 발견에 저항하는 방어 기제에 대한 해석으로 치료하면 된다고 보는 고전적 관점은 인간의 욕구만을 충족시키면 모든 것이 해결될 수 있다는 기계적이고 단순화된 접근법이다(Hamilton, 1996/2008, p. 10). 이는 인간이 태어나고 살아가면서 다양한 상호작용과 활동을 통해 만족을 느끼며 살아간다는 점을 무시하는 관점이라 할 수 있다.

또한 해석해 주는 것은 인지가 잘 발달한 이후에 치료적으로 효과가 있는 것인데, 만일 생애 초기의 발달 문제로 인해 인지 기능이 발달하지 못한 경우에는 해석만으로 증상 해결이 안 될 수 있다. 해석해 주어도 내담자가 이해할 수 없는 경우가 많기 때문이다. 대상관계 상담에서는 해석만을 강조하기보다는 관계에서의 경험을 중시한다. 이러한 경험은 정서적 경험을 포함하는 것으로, 초기의 문제로 인해 인지적으로 해결이 안 되는 경우 대상관계 기법을 통한 정서적 경험이 치료적 효과를 가져올 수 있을 것이다.

하지만 상담에서 대상관계이론만 중요하다는 의미는 아니다. 임상에서나 현실에서 봤을 때 욕동과 관련된 자아 기능, 대상관계와 관련된 자기 구조 확립, 이 두 가지가 모두 중요하다. 욕동에는 인간이 생존하기 위한 본능에 의해 흥미나 자극을 추구하게 되는 리비도라는 개념이 포함된다. 리비도가 대상에게 향하지 않는다면, 즉 대상에 대한 흥미나 관심 같은 내적 에너지가 없다면 대상을 내재화하는 힘은 약할 것이다. 대상인 엄마 또한 그 자체 내에 유아를 향한 리비도가 없다면 사랑이 담긴 돌봄과 공감은 해 줄 수 없다. 프로이트는 자신을 위한 리비도를 채우고 난 후 남은 리비도가 대상에게 흘러가게 된다고 보았고, 대상에 대한 리비도가 집중되어야만 자아 본능 에너지를 구분해서 성숙한 사랑을 할 수 있다고 강조했다. 즉, 자기의 욕동을 잘 알고 이를 추구해서 리비도가 충분히 채워져야 대상을 구분하는 힘이 생겨 진정한 사랑을 할 수 있다.

프로이트는 자아가 사랑하는 대상에 대한 만족을 통해 다시 리비도를 채우지만, 리비도가 대상만을 향한다면 리비도가 빈곤해진다고 보았다. 대상과의 관계에서 자기 구조의 형성이 시작될 때 엄마의 돌봄과 사랑이 자기 구조를 단단하게 해 주는데, 이를 통해 유아가 리비도를 채우고 나면 엄마에게 리비도가 향하고, 엄마는 유아의 리비도를 받아 자기의 리비도가 채워져 넘치면 다시 유아에게 리비도가 향하는 선순환적인 과정이 가능하게 된다는 것이다. 프로이트가 말한 리비도는 기와 혈의 순환을 중시한 동양적 사상과 굉장히 비슷해 보인다. 그런데 대상과의 관계만 이론적으로 적용해 인간이 관계 안에서만 자기가 어떤 존재인지를 알 수 있는 게 중요하다고 보면서 자신의 욕구를 들여다보지 않으면, 타인과의 관계를 위해 살아가는 거짓 자기를 만들어 낼 우려가 있다.

즉, 자기의 욕구가 무엇인지 살피고, 이를 타인과의 관계에서 적절히 추구할 수 있는 인간으로 살아가게 되는 것이 건강한 자기로 성장하는 길이다. 물론 많은 상담사가 상담에서 무의식적으로 이러한 모든 면을 통합적으로 사용하고 있겠지만, 기본적인 이론의 원리를 파악하고 잘 습득하여 상담 기법에 녹여 낸다면, 더 효과적인 상담을 할 수 있을 것이다. 요약해 보면, 건강한 자기 구조의 형성을 위해 대상관계이론을 적용해서 상담할 때도 자아 기능의 문제가 내담자의 성장을 가로막고 있다면, 내담자의 욕구가 무엇인지 탐색해 보고, 이를 막는 방어 기제가 무엇인지 알아보는 것과 같이 자아 기능을 위한 상담 기법을 활용하는 것이 필요하다. 이 장의 남은 부분에서 우리는 자기와 관련된 다양한 개념과 자아 기능이 무엇인지, 그리고 자아 기능을 활용한 기법에 대해 좀 더 자세히 살펴볼 필요가 있다.

응집된 자기

제이콥슨과 말러가 엄마와의 관계를 통해 자기를 형성한다는 개념을 먼저 제시하기는 했지만, 심리치료에서 '자기'의 개념을 중요하게 생각하며 다양한 종류로 분류해 사용한 대표적인 사람은 정신분석가이자 의사였던 하인츠 코헛이다. 그는 자기심리학이라는 독창적인 분야를 정립했고, 자기애적 성격장애 환자들에게 자기심리학 이론과 기법을 적용하여 치료했다. 제이콥슨이 정의하는 자기는 대상과 구별되는 주체로서 정신과 육체를 포함하는 총체적인 인간을 묘사하는 용어인데, 코헛이 말하는 능동적인 주체로서의 자기와는 조금 다른 의미로 볼 수 있다. 코헛이 정의하는 자기는 응집되고, 영속적이며, 주도성이 있고, 지각적 인상을 수용하는 단위체로서의 자기를 의미한다 (St. Clair, 2003/2017, pp. 248-249).

앞서 살펴본 것처럼 대상관계이론에서 사용하는 자기는 대상과의 경험을 통합하여 형성된 심리적이고 신체적인 구조를 의미한다. 일상적으로 사용할 때는 단순히 대상의 반대말로 쓰기도 하고, 자기 개념, 자기 도식, 자기 이미지, 정체성의 의미들을 포함하며 각 개인이 가진 자기 표상을 통해서 드러난다(American Psychoanalytic Association, 1990/2002, p. 372). 자기 표상은 자기에 대한 내적 이미지로서, 무의식적·전의식적·의식적으로 자기 자신을 표상하는 것이다. 반면, 코헛의 자기는 좀 더 긍정적인 의미를 부여한다. 개인의 야망, 이상, 재능, 기술이 저장된 주도적인 중심 구조를 가지는 단일체로서의 자기이다. 이는 인간에게 독립된 존재로서 삶의 목적을 제시하고 동기를 부여한다(American Psychoanalytic Association, 1990/2002, p. 381).

코헛은 여러 의미가 포함된 자기를 제시했다. 코헛은 처음에는 발달하지 않은 상태인 유아의 초보적 자기(rudimentary self)가 부모가 생각하는 유아의 잠재적 자기인 가상적 자기(virtual self)로부터 시작해서 핵심 자기(nuclear self)로 어떻게 발달하는지에 대한 설명을 제공했다. 이러한 초보적 자기가 대상인 양육자의 사랑과 공감을 통해 응집력 있는 핵심 자기가 된다. 만약 대상의 돌봄이 제대로 이루어지지 않아 좌절을 느끼면 병리적인 원초적 자기(archaic self)가 된다. 원초적 자기는 유아에게는 정상적인 자기이지만, 성인에게서 발견되면 병리적인 자기로 부정적 의미를 내포한다. 원초적 자기는 원초적인 과대 자기와 원초적인 자기대상들, 즉 자기가 자기의 일부로 착각하는 대상들로 구성되어 있다. 정신병리는 이러한 원초적인 자기의 구성물들이 성격에 통합되지 못하기 때문에 발생한다고 보았다(American Psychoanalytic Association, 1990/2002, pp. 382-383; Kohut, 1971/2002, p. 15).

대상인 엄마가 유아에게 반영해 주고 공감해 주는 것이 필요한데, 이에 대한 좌절로 인해 유아는 과대-과시적인 대상에 몰두하게 될 수 있다. 이를테면 병리가 심한 경우 젖가슴이나 페니스에 대한 몰두로 관음증이 나타날 수도 있고, 건강염려증이 생기거나, 수치심으로 인한 우울증이 나타날 수도 있다. 또한 자기의 환상 속에 전지전능한 자기를 가지는 과대-과시적인 태도를 보이는 것 등으로 나타나기도 한다. 따라서 건강한 자기를 형성하기 위해서는 엄마의 사랑과 돌봄이 무엇보다도 중요하다(Kohut, 1971/2002, p. 32; Kohut, 1971/2006, p. 171). 위니컷도 이 점을 중요하게 여겼는데, 유아의 절대적 의존기(0~6개월까지) 동안의 엄마의 돌봄이 유아 스스로를 연속된 존재로 느끼게 해 주어 매우 중요하다고 강조했다. 특히 엄마의 모성적 몰두 시기 초반은 엄마가 유아에게 관심을 집중하며 외부 세계에서 철수하는 모습을 보이는 시기로 이를 통해 유아가 완전한 돌봄을 받을 수 있다고 보았다. 이러한 관심과 사랑이 핵심 자기를 건강하게 만드는 기본적인 요소가 된다(Lefèvre, 2011/2016, pp. 33-37).

핵심 자기는 유아가 자기애적 리비도를 두 부분으로 나누어서 투자함으로써 두 요소로 구성되는데, 과대-과시적 자기(grandiose-exhibitionistic self)와 이상화된 부모 원상(idealized parent imago)이다(Kohut, 1971/2002, p. 43). 과대-과시적 자기는 자기가 세상의 중심이며 전능한 존재라고 생각하는 자기를 말한다. 대상이 유아의 과대-과시적 모습을 인정해 주고, 거울 반응(mirroring)을 해 주는 양육자의 사랑과 공감 속에서 과대-과시적 모습이 자기 안에 통합되면서 정상적으로 발달한다. 이상화된 자기 원상은 자기의 이상화된 부분이 부모에게 투사되면서 형성되는 것으로 부모가 이상화된 대상으로 존재하면서 유아에게 공감해 줄 때 건강한 이상화된 자기의 핵을 형성하게 된다. 이러한 두 과정이 실패하면 자기애적 상처를 유발해 자기의 부분들이 통합되지 못하고 파편화된 상태로 남아 정신병리를 발생시키게 된다.

좋은 양육 환경에서 유아는 응집력 있고 견고한 핵심 자기를 가지게 되는데, 이를 **응집된 자기**(cohesive self)라고 한다. 이와는 반대로 건강하지 못한 자기는 **파편화된 자기**(fragmented self)이다. 이는 신체-정신-자기(body-mind-self)가 단단하게 통합되지 못하고 파편화되어 퇴행하는 상태이다(Kohut, 1971/2002, p. 41). 파편화가 심해서 해체된 상태의 자기는 정신증이 나타나고, 해체 가능성이 좀 더 위협을 받는 파편화에 가까운 정도는 경계선 증상으로 본다. 코헛은 자기애적 병리는 어느 정도 응집된 자기를 가지고 있어서 상담사와 내담자 사이에 자기애적 전이를 형성해 치료할 수 있다고 보았다.

코헛의 핵심 자기 형성에는 엄마가 유아에게 사랑과 공감을 해 주는 것이 가정되어 있다. 여기서 중요한 것은 유아의 존재 자체를 엄마가 그대로 바라봐 주면서 사랑과 공감을 주는 것이 이상적인데, 엄마도 사람이라는 한계로 인해 엄마의 욕구를 유아에게 집어넣을 수 있다는 것이다. 만일 엄마가 유아가 진정으로 좋아하는 것이 무엇인지를 알 수 없는 상태에서 사랑과 공감을 준다면, 유아는 자기의 욕구를 추구하지 못하고 엄마의 욕구에 순응하기 위해 거짓으로 살아갈 수 있다. 코헛은 분석 상황에서 환자의 계속되는 순응이 가장 다루기 힘든 방어 기제라고 했을 만큼, 엄마의 욕구에 순응하면서 자란 내담자의 경우 상담사와의 관계를 통해서 대상관계 패턴을 수정하기가 굉장히 힘들다고 봤다(Chessick, 1985/2012, p. 116). 상담관계에서도 내담자가 상담사에게 자기가 정말 좋아졌다고 하면서 적응적인 모습을 보이며 괜찮아진 것처럼 여기고 떠났다가 얼마 지나지 않아 다시 상담을 받으러 오는 경우가 종종 있다.

참 자기

　이러한 문제로 인해 위니컷은 **참 자기**(true self)와 **거짓 자기**(false self)의 개념을 제시하며 이것들이 중요하다고 보았다. 엄마가 유아의 진정한 욕구가 무엇인지 제대로 바라봐 주고 이를 수용하고 지지해 주면, 유아는 자기의 욕구에 대해 수치심을 느끼지 않고 자연스럽게 펼칠 수 있게 된다. 이럴 때 참 자기는 진정한 핵심 자기로부터 원 본능을 자발적으로 표현할 수 있어서 자기의 욕구에 진실한 삶을 살 수 있다. 하지만 엄마가 자기의 욕구를 채우는 데에 급급해서 유아를 엄마의 소망에 따라 사는 것이 바람직하고, 좋은 것이라는 생각을 주입하면 유아는 자기의 욕구를 잘못된 것으로 간주하게 되어서 무의식 깊숙이 억압하게 될 것이다. 이럴 때 엄마의 욕구에 순응하는 거짓 자기가 나오게 된다. 이러한 삶은 참 자기를 보호하기 위해 환경에 순응하며 안정적으로 사는 거짓된 삶이다. 물론 세상이 자기의 욕구에 다 맞추어 줄 수 없기에 세상에 적응하려면 정상적으로 살아가는 사람들도 어느 정도 거짓 자기로 살아갈 수밖에 없다. 하지만 자신의 참 자기가 무엇인지 모르고 거짓 자기가 자신의 참 자기인 양 착각하며, 참 자기가 무의식 깊숙이 숨어들게 되어 거짓 자기의 삶을 오랜 기간 살다 보면, 자기의 감각을 점차 잃고 결국엔 공허해질 수 있다.

　본래 참 자기는 자기의 개념인 정신 내적 이미지, 대상의 내적 이미지, 관련된 감정과 생각들을 포함한다. 이는 자기만의 독특하고 개인적인 측면, 개인적인 소망을 포함하는 것이다. 어떠한 경험을 하면서 개인이 자기만의 독특한 방식으로 관계를 맺고, 과업을 수행할 때 그러한 경험들이 통합되고 참 자기의 이미지는 강해진다. 즉, 이러한 경험을 통해 자기 이미지들이 모여 우리 자신의 진정하고 본질적인 독특한 정체성이 무엇인지 인식할 수 있고, 다시 이를 표현하면서 실제의 나라는 느낌을 가질 수 있는 것이다. 참 자기는 고정된 형태가 아니라 계속해서 발달하고 성숙해진다. 이렇게 참 자기가 중요한데, 참 자기로 살지 못하고 거짓 자기로 살게 되는 대표적인 이유는 버림받을 것 같은 공포 때문이다.

　유아는 어린 시절의 공감적이지 못한 돌봄 속에서 자랄 때, 엄마 말을 따르지 않으면 버림받을지 모른다는 유기 불안을 느끼게 된다. 유기 불안의 위협을 없애기 위해 엄마를 기쁘게 하려고 순응하는 일을 반복할 수 있는데, 이런 경우 참 자기가 거짓 자기 밑으로 숨어들게 되는 것이다. 따라서 어린 시절 좌절과 상처로 인해 유기 불안의 공포를 가지는 경계선 성격장애와 자기애적 성격장애 내담자의 경우 거짓 자기의 방어로 상담에 임할 확률이 높다. 거짓 자기의 모습은 자기표현을 하지 않고, 자기만의 독특한 개성을 보여 주지 않으며, 수동적인 태도로 경직된 형태의 순응을 지속하는 모습으로 나타난다.

　자기의 존재를 그대로 봐 주는 좋은 양육 환경에서 자라나서 참 자기를 가지는 사람은 유기 불안을 적게 느낀다. 따라서 이들은 반드시 대상이 옆에 존재하지 않아도 되므로 홀로 있을 수 있는 능력이 있다. 이들은 고통스러운 감정을 달래는 능력과 존재의 연속성을 가지므로 고통스러운 위기를 경험해도 흔들리지 않을 수 있다. 따라서 참 자기를 따라 자기가 원하는 목표에 전념할 수 있다. 자기만의 방법을 찾아 통합해 낼 수 있었던 경험은 새로운 환경에서 다시 자기만의 방법을 찾을 수 있게 하는 창의적인 능력으로 나타나 진정한 적응력을 보여 줄 수 있다. 따라서 상담사는 상담 현장에서 내담자들이 이러한 모습을 보이는지 잘 살펴야 할 것이다. 상담의 목표는 사회에의 적응이 아니라 내담자들의 참 자기를 찾는 과정이 되어야 한다.

제5장
자기와 신체

제4장에서 자기와 자아에 대해서 논의하였고, 특히 자기는 심리적 자기이자 신체적 자기임을 강조했다. 자기는 종종 심리적인 자기로만 이해되는 경우가 많은데, 사실 심리적 자기가 담겨 있는 그릇은 인간의 신체이고, 신체가 없이는 심리적 자기가 담겨지거나 존재할 수 없기에, 자기를 이해하는 데 있어서 자기와 몸의 관계를 알아보는 것은 매우 중요한 논의 주제이다. 이 장에서는 자기의 감각, 자기와 뇌의 관계에 대해서 자세히 알아보려고 하는데, 대상관계이론에 관한 기존 논의의 관점과는 조금 다르게 보일 수도 있지만 자기에 관한 종합적인 이해를 위해서는 이 주제의 논의가 꼭 필요하다.

사실, 자기가 심리적 자기이자 신체적 자기라는 점은 한자어를 사용한 한국어 단어에도 명확하게 표현되어 있다. 우리는 종종 '자기 자신'이라는 표현을 쓰기도 하는데, 이 말은 자기와 자신이라는 같은 의미의 단어를 반복하게 되는 것이다. 마치 예전에 우리가 썼던 '역전 앞'이라는 단어와 반복되는 용법이 같다. '역전'이라는 단어 자체의 의미가 역 앞이라는 뜻인데, '역전 앞에서 만나자.'라는 말은 역 앞 앞에서 만나자는 말이니 사실 잘못 사용된 표현이었다. '자기 자신'이라는 표현도 마찬가지이다. 국립국어원 표준국어대사전에 보면, 자기(自己)는 '스스로 자' '몸 기'를 써서 "그 사람 자신"을 의미하고, 자신(自身)은 '스스로 자' '몸 신'을 써서 "그 사람의 몸 또는 바로 그 사람을 이르는 말"을 의미한다. 결국 자기이든 자신이든 그 사람의 몸을 의미하기에, 자기라는 단어에는 이미 심리적 자기라는 의미와 신체적 자기라는 내용이 포함되어 있다. 이 단어를 보면 우리 조상들이 인간의 마음, 심리학을 정확하게 파악하고 있었음을 알 수 있다.

자기의 감각

　　인간은 시각, 청각, 미각, 후각, 촉각 등 오감을 가지고 태어나고, 그중 일부 기능은 태어났을 때는 바로 작동하지는 않지만, 시간이 지나면서 감각이 활성화된다. 오감 중 시각과 청각은 태중에 있는 태아가 태어나기 3개월 전부터 감각이 발달하기 시작한다. 그래서 태교에 신경을 쓰고 좋은 음악을 들려주거나 말을 하는 것은 실제로 태아가 들을 수 있기에 내용을 모르더라도 좋은 자극을 줄 수 있다. 유아의 시각이 발달하는 시기는 청각과 같지만, 태어났을 때 처음부터 온전한 기능을 하지는 못한다. 3~4주 정도는 시각이 완전히 활성화되지 않아서 유아가 엄마의 얼굴을 명확히 인식하기 어렵다.

　　갓난아기를 둔 엄마나 아빠가 유아가 자기를 알아보고 방긋 웃었다고 이야기하는 것을 종종 들을 수 있는데, 유아가 엄마나 아빠를 인식하고 웃었다기보다는 웃는 행동은 사실 유아의 반사(reflex) 반응이다. 반사 반응은 무의식적이고 자동적인 반응이다. 어떤 물체가 자기를 향해서 날아올 때 반사적으로 눈을 감는 행동이 대표적인 예인데, 심지어 갓 태어난 유아는 수영장에 넣었을 때 눈을 떴다 감았다 하고 호흡을 했다 참았다 하면서 수영하는 능력이 있다. 그렇다면 우리는 모두 수영을 잘해야 정상이지만, 아쉽게도 이러한 수영 반사 반응은 생후 몇 개월 후 근육이 자기 의지대로 움직이는 시점이 되면 자연스럽게 소멸하게 된다. 하지만 눈감기 반사 반응은 인간의 눈을 보호하는 주요 기제가 되기에 평생 사라지지 않고 남는다.

　　인간은 9개월 동안의 신체적 탄생과 생후 36개월 동안의 심리적 탄생을 통해서 심리적 자기로 형성되어 가는 과정 동안, 자기의 감각을 유지하기 위해 꾸준히 노력하게 된다. 자기의 발달에 관한 뇌과학 연구에서는 신생아가 손을 자기 얼굴에 갖다 대면서 볼을 만지는 자기-자극(self-stimulation)을 하는 활동과 실험참여자인 외부 대상이 검지를 신생아 볼에 닿을 때를 비교 관찰해 본 결과, 신생아가 외부 세계와 자기를 구분한다고 보았다. 또한 신생아는 감각 운동을 하면서 다양한 수송기관을 통합한 자각과 탐구를 하는 능동적 과정을 통해 타인과 상호작용하면서 자기-대상관계가 가능한 자기가 발달한다(Decety & Chaminade, 2003, p. 578). 예를 들면, 입으로 젖을 빨기, 기저귀를 갈아 주는 엄마 손길을 느끼기, 안고 볼에 뽀뽀해 주는 촉감 등과 같이 신체접촉을 통한 감각과 미소 지어 주는 엄마의 얼굴, 눈 맞춤, 엄마의 목소리 등과 같은 감각적인 자극 등 다양한 경로를 통해 자기의 감각이 나타나고 발달하고 통합하게 된다.

〈표 5-1〉은 스턴이 제시한 정신분석과 발달심리학적 시각에서 바라본 자기의 감각이 형성되는 순서에 관한 내용을 정리한 것이다. 이 표를 통해 자기의 발달과정에서 실제로 신체와 연관된 감각이 어떻게 발달하면서 심리적 자기가 발달하는지 상세히 알 수 있다.

〈표 5-1〉 심리적 자기 발달과 신체적 자기 발달의 관계

출현하는 자기의 감각	발달심리학에서 유아를 대상으로 한 실험 결과, 유아는 태어나면서부터 자기/타인이 구분된다는 감각이 있어서 자폐와 같은 단계는 경험하지 않는다고 본다. 유아는 이를 통해 자기-조직화 과정을 인식하도록 설계되어 있다. 출현하는 관계성의 영역에서 유아는 다양한 경험을 연결하며 통합을 향해 나아가기 시작한다.
핵심 자기의 감각	약 2~6개월 사이에 일어나는 경험적 자기의 감각을 통해 핵심 관계성의 영역에서 작동한다. 유아는 엄마가 자신과 신체적으로 구별되어 있음을 알고, 다른 정서적 경험을 하고, 개별적인 존재임을 감지하게 된다.
주관적 자기의 감각	약 7~15개월 사이에 유아와 엄마의 상호주관성의 가능성이 시작된다. 상호주관적 관계성 안에서 유아는 다른 사람의 정신 상태를 읽을 수 있고, 맞추면서 조율하고, 같은 태도를 보이기도 한다.
언어적 자기의 감각	약 15~18개월에 유아는 자기가 개인적인 세계의 지식과 경험의 저장소를 갖고 있다고 느낀다. 자신의 앎을 언어를 통해 상징화하며, 소통하고 공유하는 언어적 관계성의 영역에서 작동하게 된다. 이 시기는 자기성찰을 하는 역량이 시작된다.

출처: Stern (1985/2018), pp. 37-47.

인간은 생애 초기뿐만 아니라 유아기를 지나고 나서도 끊임없이 자기감을 유지하기 위한 활동을 하게 된다. 유아들은 놀이를 통해 친구들과 신체적 접촉을 하면서 자기의 감각을 발달시킨다. 청소년들은 친한 친구들과 수다를 떨면서 관계적이고 언어적인 자기의 감각을 익히기도 한다. 어른이 되어서도 다양한 활동을 하면서 끊임없이 자기감을 유지하려고 하는데, 자기의 감각을 생생하게 느끼고 유지하기 위해 신체를 극도로

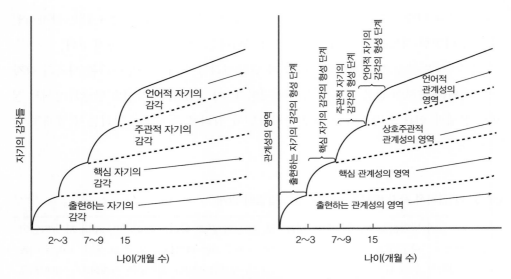

[그림 5-1] 심리적 자기 발달과 신체적 자기 발달의 관계 그래프

출처: Stern (1985/2018), pp. 46-47.

많이 쓰는 운동을 하게 되기도 한다. 암벽 등반, 마라톤, 산악자전거, 검도 등 신체를 강렬하게 사용하는 운동의 종류도 수없이 많고, 신체를 좀 덜 쓰는 요가나 단전호흡같이 편안한 운동도 스트레칭과 명상을 통해 신체를 자각하며 자기 몸의 호흡을 인식하고 느끼는 방법이 되기도 한다.

최근에 야외 활동을 즐기는 캠핑의 유행과 차에서 잠을 자는 차박 캠핑 문화는 이러한 추세를 반영하고, 윈드서핑, 수상스키, 래프팅, 패러세일링, 패러글라이딩 등 신체를 이용한 다양한 레저 활동도 신체를 자극하고 신체 감각을 유지하기 위한 목적을 담고 있다. 이는 신체적 활동이 과거보다 훨씬 더 적은 상황에 있는 현대인들이 자기의 신체 감각을 잃을지도 모른다는 무의식적인 불안감으로 인해 감각 유지를 위해 노력하는 것이기도 하다. 다른 한편으로는, 현대 사회에서 타인과 끊임없이 관계를 잘 맺고 기능을 하기 위해서 정서를 억압하고 살아야만 하는 현실 때문이기도 하다.

자기의 감각은 신체적 감각뿐만 아니라 심리적 감각 또한 포함하는데, 타인에게 감정을 잘 드러내지 않는 것이 더 편한 현대인들은 심리적인 자기의 감각을 유지하기 힘들다. 그래서 그에 대한 보완으로 신체적 감각을 유지하려고 더 노력하는 것일 수도 있다. 하지만 자기의 신체적인 부분과 심리적인 부분은 서로 영향을 주게 되기에 두 부분 모두에 관심을 가지고 균형 있게 발달하도록 해야만 건강한 자기감을 느낄 수 있다. 자기의 전반적인 정서에 대한 예민한 자각과 매 순간 느껴지는 느낌을 억압하지 않고 인식하면서 통합하는 것이 심리적 자기감을 건강하게 유지하는 방법이다.

코헛의 응집된 자기, 위니컷의 통합된 자기, 말러의 자기항상성 개념 모두 신체적 자기와 심리적 자기 모두를 포함한 건강한 자기의 중요성을 강조하고 있다. 이러한 건강한 자기의 형성으로 사람은 연속적인 존재로서의 견고한 자기의 감각을 가지면서 자기감을 통해 결정되는 인생의 중요한 선택을 실행하며 주도적인 모습으로 살게 된다. 건강한 자기를 가진 사람의 모습은 정서적인 생생함이 느껴지며, 신체적으로도 건강해 보이고 활력이 있어 보여 자신감이 있는 모습이다. 반면, 건강하지 못한 자기를 가진 경우 이러한 정서적·신체적 생생함이 없다. 자기가 어떠한 내적 동기로 무엇인가를 선택하고 행동하는지에 대한 자발적인 선택을 하지 못하고, 부모나 주변 친구 혹은 유명인의 말을 좇으며 살게 된다.

자기는 심리적 자기이기도 하지만 신체적 자기임을 명확하게 볼 수 있었던 사례가 있었다. 오래전에 만났던 내담자 한 명은 감정을 잘 느끼지 못하고 자기감이 약한 사람이었다. 그는 자기의 마음속에서 어떤 감정을 느끼는지 그 감정을 어떻게 다루어야 하는지 잘 모르는 사람이어서 사회생활을 하는 데 다른 사람들과의 관계에서 어려움을 겪던 사람이었는데, 신체 감각도 둔한 사람이었다. 어느 날 그 내담자의 맹장이 터졌는데 그는 몸의 통증을 잘 인식하지 못해서 병원에 가지 않고 출근했다. 맹장 부위에 약간의 불편함을 느끼긴 하였지만 큰 고통은 없어서 무려 3일간 회사에 출근했고 결국 맹장이 터진 내용물이 주변 장기에 다 퍼지고 나서야 병원에 실려 갔다. 의사는 조금만 늦었으면 목숨이 위험할 뻔했다고 화를 내며 말했지만, 그 내담자는 크게 신경 쓰지 않고 수술 후에 상담실에 다시 왔다. 이 사례가 심리적 자기와 신체적 자기가 얼마만큼 유기체적으로 연결되어 있는지 알 수 있는 명확한 예이다.

자기의 감각은 여러 가지 다양한 차원에서 생각해 볼 수 있는데, 자기 구조 형성과정에 문제가 생겨서 행위자(agency)의 감각이 없으면 마비된 느낌, 자기가 하는 행동의 소유권이 없다는 느낌, 통제를 상실하는 경험을 할 수 있다. 또한 자기의 감각이 응집되게 느껴지지 않으면 신체 경험이 파편화되고, 비인간화를 경험하며, 신체 이탈 경험과 현실감을 상실한다. 연속성에 대한 감각의 부재로 시간적 해리, 기억상실을 경험할 수 있고, 정서 상태에 대한 감각의 부재로 인해 쾌감 상실, 모호함, 해리, 대상과의 관계에서 상호주관성을 취하는 능력의 부재 등이 나타난다. 결국 자기감각의 문제는 전반적으로 만성적인 무기력감, 공허감, 건강 염려증, 행복한 느낌의 부재, 다양한 신체화의 양상을 나타내게 된다.

부모가 제대로 된 돌봄과 반영, 공감을 해 주지 못한 경우 유아의 자기감에 문제가 생기게 된다. 특히 학대나 방임을 한 경우 심리적·신체적으로 심각한 문제가 생기게 되는데, 이를 애착 트라우마라고 한다. 학대를 당한 유아는 세상을 신뢰하지 못하게 되고 세상은 위협으로 가득 차 있다고 느끼게 되는데, 청소년기나 성인기에 경계선 성격장애를 진단받은 사람들의 경험이 대표적이다. 이 경우 내적인 자기의 감각은 혼란스럽고 공허하게 느껴지며, 스트레스가 많은 상황에서는 해리 경험을 하거나, 인간관계도 전반적으로 안정적인 정서나 친밀감에 근거하지 못하기 때문에 결국 파국으로 치닫게 된다.

신체적 학대도 피해가 크지만, 정서적 학대는 자기의 발달과 유지에 치명적이다. 특히 유아가 무엇인가를 원할 때 유아가 원하는 대로 해 주지 않고 부모 마음대로 하는 경우 또는 유아가 원하는 것을 계속 방해하거나 막는 경우가 많다. 신체적 학대는 주변 사람들의 눈에 띄는 경우가 많지만, 방임으로 인한 문제는 시각적으로 명확하게 드러나지 않는 경우가 대부분이다. 정서적으로 충분히 반영해 주지 않으면 유아가 공허감, 우울함, 두려움, 유기 불안 등을 느낄 수 있는데, 이런 피해는 표면적으로 눈에 띄지 않는다는 문제점이 있다. 방임을 당한 유아의 경우 모호함, 신체적·정서적 둔감함, 현실에서의 거리감 등이 나타나며 회피성 성격장애를 주로 나타내게 된다. 이 외에도 자기감의 문제는 자기애적 성격장애, 히스테리 성격장애, 해리성 정체감 장애, 분열성 성격장애 등에서 광범위하게 나타나게 된다. 성격장애로 진단받지 않더라도 자기감의 문제는 임상 현장에서 많이 접할 수 있는데, 다음의 실제 사례를 통해 알 수 있다.

사례

B는 20대 후반 여성으로 직장 초년생이다. 그녀의 주 호소 문제는 회사 사무실에서 사람들의 압력이 느껴져서 힘들다는 것이었다. 회사에 출근해서 사무실 안의 자기 책상에 앉아서 일하려고 하면 마치 주변에 앉은 상사, 동료들이 자기를 향해 압박하면서 밀고 들어오는 느낌이라고 표현했다. B는 아침에 눈을 뜨기 힘들어서 알람을 몇 분 간격으로 수십 개는 맞춰 놔야 겨우 일어나는데, 눈을 떠도 회사에 가는 것이 두렵고 침대에서 나오는 것이 너무 싫어서 시간이 많이 걸렸다. 가까스로 침대에서 나와서 허둥지둥 준비하고 출근 시간에 겨우 맞추거나 때로는 5분, 10분 지각하는 일이 빈번했다. 사무실에 들어가면 숨이 막히는 느낌이 들고, 사람들의 압력이 느껴져서 위축되는 느낌이 들었다.

그녀는 일하다가 누군가 자기 이름을 부르면 너무 깜짝 놀라기도 했다. 사무실에서 자기가 무슨 일을 했는지 모르게 둔감하게 있으면서 지나가는 시간이 많고, 가끔은 정신이 이탈되어 자기 머리 위에 올라가서 자신을 보는 것 같은 느낌도 들었다. 회의 시간에는 멍하니 있다가 회의 내용 파악을 잘못해서 일을 제대로 하지 못해 혼나는 경우도 많았다. 자기가 무엇을 좋아하는지, 싫어하는지도 잘 모르겠고, 지금 그냥 일을 하기는 하는데, 그냥 이렇게 시간을 보내면서 사는 게 무의미한 것 같은 느낌이 들었다. 이제까지 남자와 제대로 사귀지 못했는데, 소개팅으로 남자를 만나 봐도 그가 좋은지 안 좋은지, 자기에게 맞는지 아닌지도 잘 모르겠다고 표현했다.

이 내담자는 부모가 방임하면서 키웠던 것으로 짐작되는데, 기본적으로 머리가 똑똑하여 좋은 대학을 졸업하고 다른 사람들이 부러워하는 회사에 들어갔지만, 현실 감각이 부족하고, 타인의 감정을 잘 느끼지 못하는 문제가 있었다. 상담에서도 말을 느릿느릿하게 하다가 멈추고 침묵을 지키며 가만히 멍하게 있는 경우도 많았다. 상담사가 주로 시도했던 상담적 개입은 떠오르는 것을 말하게 하고, 일관된 반영을 계속해서 해 주며, 느껴지는 정서를 물어봐 주기도 하고, 함께 느끼기도 해 주는 것이었다.

내담자: 오늘 사무실에서 부장님과 차장님께 혼이 나서 멍하네요.

상담사: 무슨 일이 있었어요?

내담자: 아침에 사무실에 앉아 있는데, 부장님이 계약서를 작성해야 할 일을 주시면서 오늘까지 마무리하라고 하시는 거예요. 그런데 조금 있다가 차장님이 또 영업 현황 보고서를 오후까지 작성하라고 하셨어요. 자리에 와서 앉아 어떻게 해야 하지 하고 멍하니 있다가 점심도 못 먹고. 결국 일도 잘하지 못하고 혼만 났어요.

상담사: 두 가지 일이 한꺼번에 닥치니 일이 너무 많아 당황했던 걸까요?

내담자: 그랬던 거 같아요.

상담사는 '왜 B는 차장님에게 부장님이 먼저 시킨 일이 있다고 이야기하지 못했을까?' 하는 궁금증이 생겼지만, 그 질문 또한 B를 혼란에 빠뜨리는 일일지도 모르겠다는 생각에 침묵하고 앉아 있었다. B가 침묵하기 시작하면서 상담사는 B가 그 상황에서 왜 제대로 된 대처를 하지 못했을까 몽상하며 담아내기를 했다. 얼마 후 B가 모호하게 멍하니 있는 답답함이 상담사에게 전이되어, 상담사는 내담자가 감정을 바로 생생하게 느끼지 못하고 표현하지 못하는 일이 얼마나 답답할지 함께 느끼게 되었다.

상담사: 저는 지금 왠지 답답한 느낌이 드는 것 같은데, B 씨가 감정을 잘 느끼지 못해서 많이 답답한 걸까요?

내담자: 네. 상대의 말을 듣는 순간 어떻게 대응해야 하는지 잘 몰라서 혼란스러워져요. 어떨 때는 갑자기 숨이 막히기도 하고, 어떨 때는 어쩔 줄을 몰라서 허둥대다가 아무것도 하지 못하고 하루를 보내고.

상담사: 부장님이 일을 시켰는데, 차장님이 또 일을 시켰다면 B 씨가 두 가지 모두를 하루에 끝마치는 것은 어려움이 있었겠어요.

내담자: 선생님도 그랬을 것 같으세요?

상담사: 네. 저도 두 가지 일이 한꺼번에 닥치면 당황스럽고 집중하기 어려웠을 것 같아요.

내담자: 음. 갑자기 좀 화가 나네요.

상담사: 화나는 느낌이 들어요?

내담자: 네. 그 상황에서 차장님에게 이야기하지 못했던 저 자신에 대해서요.

내담자의 이야기를 들은 상담사는 비난의 화살이 내담자 자신에게로 돌아가며 내담자가 자기 비난에 매몰되지 않도록 개입하려고 시도했다.

상담사: B 씨 자신에 대해 화가 나는군요. 하지만 당황하면 순간적으로 말을 못할 수도 있지 않을까요?

내담자: 제가 나중에라도 일이 많이 있었다고 차장님께 이야기하는 게 나았을까요?

상담사: 그랬을 것 같기도 한데. B 씨는 어떻게 생각하세요?

내담자: 나중에라도 할 수는 있었을 것 같네요. 일 마감 시간을 조금 늦추거나 일을 다른 직원과 나누어서 할 수 있었을 것 같기도 하고요.

이 외에도 내담자는 아버지가 돌아가시던 때에 슬프지 않았던 일로 상실에 대한 애도가 되지 못한 문제가 있었다.

내담자: 아빠가 돌아가셨을 때도 별로 눈물이 나질 않았어요.

상담사: 슬픈 감정이 느껴지지 않았던 걸까요?

내담자: 좀 슬픈 생각이 들긴 했는데, 아빠가 어린 시절 저를 때렸던 일이 떠올랐어요.

상담사: 아, 아버지에게 맞은 기억이 있네요. 그때 어떤 느낌이 들었는지 기억나세요?

> 내담자: 그냥 멍하니 있었던 거 같아요. 맞은 곳이 엄청 아팠어요. 그런데 어느 순간, 마
> 치 제가 다른 사람이 된 것처럼 위에서 저를 내려다보게 되었고, 아픈 게 사라
> 졌어요.
> 상담사: 무섭고 당황스러웠겠어요.
> 내담자: 네. 엄청 무섭고 놀랐어요.

상담사는 역전이 감정으로 인해서 순간 화가 치밀어 오름을 느꼈다. 어떻게 아이가
해리될 정도로 아버지가 폭력을 행사했는지 이해되지 않았고, 감정을 억압하게 된 원
인이 여기에 있음을 알게 되자 분노가 솟아올랐다.

> 상담사: 혹시 아빠에게 화가 나진 않았을까요?
> 내담자: 아뇨. 제가 잘못을 했던 것 같이 느껴져요. 제가 맞을 만한 일을 했겠죠.

이 상담 사례에서 내담자는 자기의 감정에 바로 접촉하는 것이 힘든 것처럼 보였다.
화가 나는 감정이 아닐지라도 어떤 감정을 느끼는지에 대해 억압하고 있었던 것으로 보
인다. 내담자는 그 당시 일을 정확히 기억할 수 없었다. 외상의 충격이 컸기에 기억은 억
압되어 있었고, 그때 어린아이가 느꼈을 감정에 대해 조금씩 기억을 떠올려 볼 수밖에
없었다. 내담자는 말로 표현하지는 못했지만, 몸이 굳어진다거나, 손이 부들부들 떨린다
거나 하는 등의 신체화 증상이 있었다. 우선, 신체적 감각에 집중해 보도록 몸에 일어나
는 반응에 집중해 보게 하기도 했다. 하지만 이러한 과정들은 내담자의 거부감이 있는
경우에는 중단하고 다른 이야기들을 하였고, 내담자가 원하는 때에만 함께 작업했다.

> 내담자: 하나님이 저를 버리신 거 같은 느낌이었어요.
> 상담사: 마음에 절망감을 느끼셨나 봐요.

> 내담자: 네. 제가 필요 없는 존재라서 그런 경험을 했던 걸까? 엄마, 아빠는 나를 왜 낳
> 았을까?
> 상담사: 실존적인 고민과 불안감이 깊어 보이네요.
> 내담자: 네. 가끔은 눈뜨고 일어날 때 제가 사라졌으면 좋겠다는 생각도 들어요.

상담사는 가끔 자기에게도 올라오는 실존적 불안의 감정이 함께 공명하면서 내담자가 느꼈을 고통에 대해 마음속 깊이 공감할 수 있었다.

> 상담사: 어린아이가 느꼈을 두려움과 고통이 느껴지고, 지금까지 고통받는 것을 보니
> 저도 화가 치밀어 오르기도 하고, 한편에서는 마음이 쓰리고 아프기도 하네요.
> 내담자: 네. 저 자신이 불쌍해요. 어제는 가만히 있다가 아빠에게 화가 난다는 것을 느
> 꼈어요.

긴 기간 동안 상담받으며 내담자는 조금씩 자기의 감정에 접촉할 수 있었다. 이 내담자는 처음에는 자기의 감정에 접촉하지 못했다. 자기에게 아버지를 증오하는 감정이 있다는 사실을 상담사가 이해해 주거나, 수용해 주거나, 감당해 주지 못할 것으로 생각했다. 내담자는 장기간의 상담을 통해 상담사의 일관된 반영을 받으면서 안전감을 느꼈고, 결국 자기의 감정에 접촉할 수 있었다. 상담사는 적절한 시기라고 판단되었을 때 자기가 느끼던 슬픔이나 고통스러운 감정을 표현해 주었다. 상담은 상담사 안에 불러일으켜지는 경험을 공유하면서 상보적 동일시와 일치적 동일시의 과정을 통해 결합했다.

일치적 동일시는 내담자가 투사한 내담자의 내적 자기 혹은 자기 표상을 상담사가 동일시하는 것으로, 내담자가 상담사에게 자기의 경험을 이야기할 때 상담사가 마치 내담자처럼 내면에 불러일으켜지는 정서나 생각과 같은 반응을 하는 것이다. 반면, 상보적 동일시는 내담자가 투사한 내담자의 내적 대상 혹은 대상 표상을 동일시하는 것을 말하는데, 내담자가 대상에 대해 말할 때 상담사는 내담자의 대상을 동일시하게 된다. 이를

테면, 이 내담자가 일을 제대로 처리하지 않는 데에 대한 답답한 마음이 들면서 잔소리를 하고 싶어지는 역전이 감정이 상담사에게 드는 것은, 어린 시절 내담자가 멍하니 있었을 때, 내담자의 엄마가 답답해하며 잔소리하던 것을 상담사가 자기도 모르게 동일시하는 것이다. 즉, 상담사가 내담자의 대상인 어머니의 관점에서 동일시했다. 이러한 동일시에 의한 역전이는 정확히 무엇이 옳고 그르다고 할 수는 없다. 하지만 이를 활용한 치료적 접근을 어떻게 할 것인가는 상담사의 몫으로 볼 수 있다. 상담사와 내담자가 공동으로 하는 탐색과정을 통해서 찾아 나가고, 치료적 목표는 내담자 자신이 자기의 감각을 되찾고, 살아가는 과정에서의 생생함을 느끼게 되는 것이 중요하다. 해석하고 직면하게 되기까지 상담사가 진실한 마음으로 접촉하려는 노력을 담은 긴 숙고과정이 필요할 것으로 보인다.

지금까지 살펴본 사례는 정서적 학대와 관련된 사례이므로 신체적 돌봄과 관련된 사례도 살펴볼 필요가 있다. 신체적 학대 사례가 아니라 신체적 돌봄과 관련해 언급하는 이유는 신체적 학대의 경우 명백한 원인을 알 수 있지만, 신체적 돌봄과 관련해서는 돌봄을 잘해 주었다고 생각하는 경우라도 자세히 들여다보면 돌봄이 실패였던 경우가 많기 때문이다. 우리는 각자 주관성을 가지고 어떠한 상황을 대하는 경우가 많기에 돌봄에 대해 좀 더 깊이 생각해 봐야 할 필요가 있다. 이 사례는 우리에게 좋은 돌봄이 무엇인지에 대해 깊이 생각해 볼 필요를 알려 준다.

만 4세 남아가 발달장애로 진단받아 상담센터에 놀이치료를 받으러 왔다. 남아의 엄마는 임신 초기에는 직장 일을 해도 괜찮다는 의사의 말을 듣고, 무리하게 일을 하다가 조산할 뻔했다. 이 엄마는 조산의 위험을 막기 위해 자궁 경부를 묶는 수술을 했고 일을 그만두어 임신 내내 누워 지냈지만 출산 예정일보다 50일 전에 진통이 와서 조산하게 되었다. 아이는 한 달가량을 인큐베이터에 있어야만 했고, 엄마는 자기의 잘못으로 아이를 조산하게 되었다는 죄책감에 아이를 아주 정성스럽게 키웠다고 했다. 하지만 상담사가 엄마의 말과 행동을 관찰해 본 결과, 엄마가 노력했다던 아이에게 쏟은 정성은 사실은 엄마 자신을 위한 것이지 않았을까 하는 생각이 들었다. 아이가 상담실을 낯설어하며 들어오지 않으려 하자 엄마는 너를 위해 온 건데 왜 들어오지 않느냐며 아이를 다그치기 시작했다. 아이는 그러한 엄마로 인해 더욱 들어오고 싶어 하지 않았다.

상담사는 아이에게 들어오고 싶지 않으면 거기 있으라고 하고, 상담실 문을 연 상태로 엄마와 상담실 안에서 이야기를 시작했다.

엄마는 출생 초기부터 아이를 올바르게 키우기 위해 육아 책을 보면서 정석대로 키우려고 온갖 노력을 다하며 정성을 쏟아 키운 사실을 이야기했다. 젖병과 그릇을 적외선 소독기에 소독하고, 아이 옷을 세탁하려고 하면 세탁기를 세탁물 없이 물과 세제를 넣고 돌려 매번 청소한 후 세탁하는 등 그 내용이 다양했다. 하지만 상담사가 듣기에는 과도하게 완벽하게 키우려고 했던 강박적인 엄마의 모습만 그려졌다. 아이는 현재 만 4세가 되었는데, 말을 하려 하지 않았고, 잘 먹지 않았는데, 특히나 이유식을 하던 습관을 버리지 못해 양념과 간을 한 음식을 먹지 못했기에 이유식을 끊지 못하고 있었다. 게다가 아직 기저귀를 떼지 못하고 있는 상태였다.

아이의 엄마는 아이가 어린 시절부터 원하는 부분을 표현하는 것을 알아차리려고 노력하기보다는 책을 통해 아이를 키우려고 했던 문제를 가지고 있었다. 이는 아마도 정답만을 찾아 그것을 향해 열심히 살았던 엄마의 방식을 그대로 적용하면서 아이를 키웠기에 나타난 문제처럼 보였다. 아이는 장기간 엄마가 자신의 욕구를 알아차리지 못했던 까닭에 말을 하기를 거부했고, 엄마가 주는 과도한 사랑을 받고 싶지 않아 잘 먹지 않는 것처럼 보였다. 그리고 이유식과 기저귀를 떼려는 엄마에게 저항하고 있는 것처럼 보였다.

이 사례는 극단적인 부분이 있지만, 좋은 돌봄이 무엇인지에 대해 깊이 고민하게 만든다. 이 사례를 통해 우리는 아이의 욕구를 알아차릴 수 있는 엄마의 능력이 중요함을 알 수 있다. 엄마가 올바르다고 생각하는 것과 세상이 옳다고 하는 정보에 따르는 것이 아니라, 아이에게 집중하여 아이에게 적응하는 엄마의 능력이 초기의 자기감 형성에 중요하다고 생각해 볼 수 있다.

자기와 뇌

자기라는 용어는 심리학적이고 철학적인 용어이면서 주관성을 포함하므로, 정답을 찾으면서 객관적 사실이 존재한다는 관점을 가지는 사람들은 자기라는 개념이 중요하지 않다고 생각할 수 있다. 이러한 관점을 갖는 사람들은 주체적인 자기를 추구하기보다는 보편적인 대중들의 소리를 따르는 것이 정답을 따르는 것이라고 확신할 수 있기에 안전하다고 생각하는 것일 수도 있다. 하지만 대상관계적인 관점에서는 개인의 주체성을 갖지 못하는 상태가 자기감이 부족한 상태라고 보기에 그 관점을 수용하는 사람과 수용하지 못하는 사람들의 의견 차이가 좁혀지지 않을 수 있다. 한편, 뇌 영상 연구에서는 자기와 관련된 뇌 연구를 통해 자기의 실체에 대해 밝히려고 노력했다.

인간이 어떤 의사 선택을 하고 결정하거나 다양한 활동을 할 때는 무수히 많은 뇌의 영역에서 동시다발적으로 함께 작용을 하기에 어떤 기능에 어떤 뇌의 영역이 작용하는지에 대해 뚜렷하고 분명하게 딱 잘라 말할 수는 없다. 예를 들어, 집행 기능은 예전부터 전전두엽의 기능이라고 여겨져 왔지만, 최근에는 집행 기능을 실행할 때 신체적·인지적·감정적·사회적 기능을 포함한 다양한 기술과 능력이 상호작용하여 나타나게 된다는 것을 알게 되었다. 따라서 인간이 어떤 실행을 하거나 행동하는 데 있어서 다양한 뇌의 영역이 활동할 것이라고 가정해 볼 수 있지만, 그렇다고 해서 모든 뇌가 모든 행동에 다 함께 작동한다고 보는 관점은 다소 환원주의적 사고방식이므로 무의미할 수 있다. 결국 뇌가 기능할 때 뇌의 어느 영역이 구체적으로 어떤 작용을 하는지 살펴보는 것이 의미가 있을 것이다.

인간의 자기감이 형성되는 과정은 대상관계 이론가들이 주장했듯이 융합과 분리 사이에서 이루어진다. 유아는 태어난 후 애착을 시작하면서 융합의 상태에서 안전감을 느끼고 자기 통합을 형성해 나가는 동시에 자기만의 내적 세계를 만들어 나가면서 외부와는 구분되는 자기감을 형성한다. 이때 필요한 가장 기본적인 기능은 대상을 통한 자기의 경험을 쌓아 나가는 활동이다. 자기의 경험은 앞서 언급한 것처럼 신체적 감각과 정서적 감각을 통해 이루어지고, 이러한 감각들을 통합해 낼 수 있는 인지 능력을 통해 자기감을 차츰 형성해 나간다. 이러한 인지 능력은 또한 분리된 자신을 인식하는 데에도 쓰인다. 이 과정 안에는 엄마의 좋은 돌봄을 통해 유아가 존재의 연속성을 유지하는 것이 자기감의 형성에 중요하다고 했던 위니컷의 말처럼 자기에 대한 시간적 연속성을 가지는 것을 포함한다.

초기 유아는 엄마의 좋은 돌봄을 통해 조율을 경험하게 되고, 유아는 엄마에게 애착을 형성해 나가게 된다. 이때 엄마만 유아에게 조율하는 것이 아니라, 유아 또한 엄마와 조율하게 되고, 서로의 정신 상태를 직관적으로 알아차리면서 역동적으로 소통하는 상호주관적 의사소통과정을 거치게 된다. 이러한 공감 반응은 뇌 피질하, 변연계, 신피질 영역의 활성 증가 반응을 유발하며 감정이 소통된다. 이때 유아는 '신체 기능 조절'과 '심리적 마음 연결'을 통해 민감하게 상호작용하게 된다(Fosha et al., 2000/2013, pp. 77-79). 이때 우뇌는 감정 신호를 포함한 의사소통 신호를 수용하고, 좌뇌는 자기의 의도를 표현하는 기능을 한다. 유아는 생후 18개월까지의 초기에는 우뇌의 발달이 이루어지지만, 만 2세 이후부터는 좌뇌가 폭발적으로 성장함으로써 의사소통 능력을 키워 간다. 이러한 우뇌를 통한 감정의 소통을 통해 정서적인 감각을 형성하게 되고, 점차 좌뇌가 발달하면서 의사소통을 하게 되어 타인과 구분되는 자신의 의도를 표현할 수 있다. 자신의 의도를 표현하는 데에 대한 엄마의 반영을 통해 유아는 자기의 감각을 키워 가게 되는 것이다.

코헛도 초기 돌봄에서 중요하다고 제시했던 엄마의 거울 반응(mirroring)을 통해 유아가 응집된 자기를 형성해 나가게 된다고 보았다. 이러한 반영을 통해 유아는 엄마의 행동을 모방하게 되고 이러한 모방은 일종의 반응성을 만들게 하는 기초가 된다고 할 수 있다. 유아는 엄마의 감정에 반응하고 모방하기도 하면서 대상관계에 대한 민감성을 키우게 되는 것이다. 그렇다면 이와 관련해서 우리는 유아가 자기에 대해 먼저 인식하는지, 대상에 대해 먼저 인식하는지에 대해 의문을 가질 수 있다. 유아가 이에 대해 직접 대답할 수 없기에 인간이 자기에 대한 인식을 먼저 하는지 대상에 대한 인식을 먼저 하는지 분명하게 확인할 수는 없지만, 유인원과 인간이 거울을 봤을 때 자기 얼굴을 인식할 수 있는 기능을 가지는 것이 다른 동물들과 구분된다는 것으로 보아 자기에 대한 인식이 더 나중에 생긴다는 점을 유추해 볼 수 있다.

이는 대상관계적 접근에서 사람이 대상을 통해 내적 대상 표상을 가지고, 내면화를 하면서 자기감을 형성한다고 보는 관점과도 유사하다. 이때 작동하는 영역이 거울 뉴런(mirror neuron)이라 할 수 있다. 자기의 얼굴을 인식하는 데 작용하는 것이 우반구 전두엽과 두정엽 영역인데, 이때 활성화되는 부위가 거울 뉴런 영역들과 겹치게 된다.

뉴런들이 활성화되면서 자기 지각과 타인의 의도를 이해하는 연결성을 가지는 정신 상태가 될 수 있다. 전전두엽의 거울 뉴런이 모방뿐만 아니라 이를 감정과도 연결하고, 언어를 습득하도록 돕는데, 유아의 전전두엽 피질은 아직 미숙하므로 전두피질하 영역의 거울 뉴런이 모방과 관련되고 자기감을 형성하는 데에 필요한 자기 지각을 할 수 있는 능력의 기초를 형성할 수 있음을 유추해 볼 수 있다(Fosha et al., 2000/2013, p. 92).

앞서 제시했던 자기의 경험 중 신체적 감각은 체감각피질, 운동 영역과 공간 능력을 형성하는 두정엽과 관련된다. 두정 영역은 폰 에코노모(von Economo)의 뇌지도([그림 5-2])를 통해 살펴볼 수 있다. 이 지도에 따르면 두정 영역으로는 PA, PB, PE, PF, PG 두정 영역이 있고, 이 중 PE, PF, PG가 후측 영역으로 감각 정보 통합에 특수화되어 있다. 인간은 동물보다 PG가 특히 우반구에서 커져 있는 양상을 보이므로 PG가 중요하게 작용함을 알 수 있다. 기본적으로 신체 감각을 느끼고 받아들이면서 운동피질, 운동 영역과 연결되어 운동 영역과 관련해 정보를 전달하는 것은 PE와 PF인 반면, PG는 시각, 체감각, 자기수용 감각, 청각, 균형, 안구 운동, 동기를 포함한 더 복잡한 연결을 받아서 통합적인 경로를 혼합하는 것으로 이해할 수 있다. 유아는 처음에는 원하는 곳에 정확히 손을 뻗는 것이 어렵고, 원하는 것을 집는 것 또한 불가능하다. 하지만 점차 뇌가 발달하게 되면서 이러한 것들이 가능하게 된다.

따라서 이러한 기능은 뇌 영역의 복잡한 기능을 통해 이루어짐을 알 수 있는데, 이

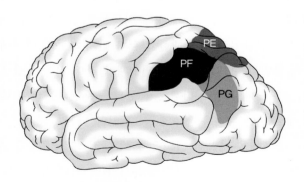

[그림 5-2] von Economo의 세포 구축 영역

출처: Kolb & Whishaw (2015/2018), p. 344.

렇게 움직일 수 있는 것을 감각 운동 변형(sensorimotor transformation)이라고 부른다. 이는 물체를 향해 움직이려고 할 때 몸의 여러 부분을 움직이고, 실제로 움직임이 이루어지고 있는지에 대한 감각적 피드백과 움직임을 계획하는 것을 통합한다. 이러한 과정은 자기 몸의 부위별 위치와 몸이 어떻게 움직이고 있는지에 대한 지각이 끊임없이 이루어져야 하는 것으로, 이러한 과정을 감각 운동 변형이라고 할 수 있다(Kolb & Whishaw, 2015/2018, p. 349). 앞서 살펴본 후측 두정피질이 이러한 기능을 하며, 이를 통해 체감각피질과 운동 영역이 관여하여 신체 감각을 가지게 함을 알 수 있다. 신체 감각에서 중요한 것은 운동 능력의 정확성이다. 손이 어떠한 물체를 집을 때 정확히 목표를 향해 가야 하는데, 유아의 경우에는 수많은 시도를 통해 학습한다. 이때 함께 작용하는 것은 소뇌이다. 특히 손을 뻗고 집는 두 가지 행동을 결합하는 것이 목표물로 정확하게 향하게 하는 데에 필요한 부분인데, 여러 가지 행동을 결합하는 것과 관련해서 소뇌가 중요하게 작용한다.

연속성의 감각을 가지게 하는 자서전적 기억은 엔델 툴빙(Endel Tulving, 2002)의 '자기인지적 인식'이라는 용어를 통해 알 수 있다. 자기인지적 인식은 시간의 흐름 속에 있는 인간이 연속적인 개체로서 자기에 관한 통합된 인식을 하게 해 주는 역할을 하는 것을 말한다. 이러한 자기인지적 인식은 개인이 과거를 회상하거나 과거 경험을 통해 미래를 상상해 보는 활동을 가능하게 한다. 자기인지적 인식은 해마와 우반구 전두피질 영역, 복측 전전두피질과 측두엽을 연결하는 구상 속, 내측 측두엽을 포함하는 여러 피질과 피질하 영역과 관련된다. 좌반구 전전두피질은 정보를 부호화하는 데에 관여하는 것으로 보이며, 우반구 전전두피질이 자서전적 기억 인출에 관여한다(Kolb & Whishaw, 2015/2018, p. 448). 해마의 손상은 과거의 기억을 손상시키거나, 손상 이후 일상에서의 기억을 잘할 수 없게 하는데, 전자는 역행성 기억상실증이고 후자는 순행성 기억상실증이다.

신기한 점은 해마의 손상은 사실적 지식인 읽고 쓰고 말하는 능력이나 얼굴, 물체에 대한 간단한 기억은 유지되지만, 얼굴과 물체를 연결하는 물체-장소를 연결하거나 얼굴-목소리의 연결을 필요로 하는 과제에서는 저하된 능력을 보였다는 것이다. 내측 측두엽은 해마로 뻗어 나가는 영역들과 연결되어 있어 이 부위의 손상은 기억과 관련됨을 알 수 있다. 실제로 우측 측두엽 손상은 공간과 관련된 과제에서 기억 손상을 보이며, 좌측 측두엽 손상은 이전에 제시된 이야기와 관련된 단어 쌍을 회상하는 일과, 단어, 숫자, 의미 없는 음절의 반복을 재인하는 데에 있어 문제를 초래했다. 따라서 자기 연속성의 감각을 가지게 하는 기억은 우반구 전전두피질, 해마, 측두엽과 관련됨을 알 수 있다.

정서 경험이 기억되려면 인지 능력이 발달해야 하는데 이는 전전두엽 기능과 관련된다. 전전두엽의 기능은 언어 기능을 포함한 인지 기능, 반응 억제, 자기 조절과 관련된다. 언어 기능이 생겨나야 경험을 언어화함으로써 기억이 의식에 남아 있을 수 있는데, 전전두엽 기능이 발달하기 전인 만 2세 이전에는 언어 기능이 없기에 정서적 경험을 언어화할 수 없어서 암묵적인 기억이 남게 되고, 이는 무의식에 들어 있게 된다. 앞서 살펴본 자기인지적 인식이 전전두엽과 관련되는 것을 살펴보았는데, 이러한 자기인지적 인식이 시간이 지남에 따라 바뀌게 되는 자신에 대한 자각을 하나로 묶는 역할을 한다. 즉, 전전두엽이 자기감의 통합과 관련됨을 알 수 있다. 특히 내측 전두피질과 복측 전두피질이 자기 인식 능력에 중요하게 작용을 하는데, 이 부위의 손상은 인생의 목적의식과 기준점을 잃게 한다.

트라우마로 인해 뇌 기능에 문제가 있는 경우에 뇌의 활동에 차이가 있으므로 트라우마를 입지 않은 뇌와 확연한 차이가 있을 수 있다. 이러한 뇌의 활동은 개인마다 차이가 있으므로 어떠한 상황에서 각 개인은 주관성을 가지며, 각기 다른 판단을 내리게 될 것이다. 하지만 이것은 병리적인 경우뿐만 아니라 정상적인 경우도 마찬가지이다. 이와 관련하여 뇌 활동의 차이에 관한 많은 연구가 있지만, 정치적으로 보수와 진보의 뇌 활동의 차이에 관한 연구는 이러한 주관성을 극명하게 보여 준다. 카나이와 그의 동료들의 연구에서 성인 남녀 90명을 대상으로 정치적 태도를 묻고 뇌 영상 촬영을 한 결과, 정치 성향에 따라 뇌의 특정 부위 크기가 다르다는 것을 발견했다. 보수 성향의 사람들은 공포와 같은 두려움의 감정을 담당하는 우측 편도체의 부분이 두꺼워 외부 자극에 대해 불안감이 높을 가능성이 있으며, 진보 성향의 사람들은 외부 자극에 반응하는 전대상회 부분이 두꺼워서 새로운 자극에 민감한 특징을 보인다(Kanai et al., 2011, p. 677).

물론 이러한 결과와 반대되는 주장을 위해 다른 부위의 뇌 영상 촬영을 한 연구가 있기도 하다. 하지만 결국 다른 주장을 하는 뇌 연구일지라도 합의를 할 수 있는 점은 인간의 뇌 활성이 각기 다르므로 뇌 활동을 통해 이루어지는 자기감의 표현은 각 개인에게 모두 다르게 나타나는 주관성이 있다는 것과 주관성을 띤 자기는 각 개인의 삶에 중요하게 영향을 미치고 있다는 것이다. 그리고 이러한 주관성은 뇌가 발달하기 시작하는 초기 유아 시절부터 서서히 드러날 수 있다는 점이다.

유아는 언어를 사용하게 됨으로써 자기주장을 하게 되어 대상과 분리되었음을 느끼게 된다. 이와 더불어 대상과의 교류를 통해 자기를 형성함과 동시에 대상과 자기가 분리되었음도 인식한다. 이때 중요한 것이 정서적 교류인데, 이는 뇌의 안와전두피질과 관련된다. 이 영역은 감정뿐만 아니라 애착과 선호를 형성하고 조절하며, 보상과 관련하여 복잡한 사회 상황을 해석하고 자신의 감정적인 가치판단을 한다. 전전두엽이 통합에 관여할 때 함께 관여하는 부위는 대상피질과 뇌섬엽이다. 대상피질과 뇌섬엽은 신체 처리과정과 인지 처리과정의 통합, 주관적 느낌과 관련한 의식적인 경험, 외부 세상에 대한 행동 반응의 선택, 타인의 내적 상태에 관해 파악한다. 이때 자기성찰을 통해 주관적인 선호에 바탕을 둔 판단을 할 수 있게 되고, 이는 자기주장성으로 나타나 자기감 형성에 도움을 주는 것이다(Cozolino, 2010/2018, p. 156).

외부 경험을 잘 통합하기 위해서는 외부 경험에 집중하는 능력이 필요하다. 이때 집중할 수 있는 뇌의 영역을 주의 네트워크라고 지칭하는데, 포스너와 피터슨이 제시한 주의 네트워크와 관련한 중요한 논문에서 제시되었다(Posner & Petersen, 1990, pp. 25-42). 주의 네트워크에는 경계 네트워크, 지향(orienting) 네트워크, 집행 통제(executive control) 네트워크가 포함된다. 경계 네트워크는 자극을 탐지하기 위해 전전두엽과 후두정엽을 준비시키는 것이다. 이를 위해 교감신경과 관련된 노르아드레날린 분비가 뇌에 전달되는데, 이를 통해 주의집중에 대한 반응이 빨라지게 된다. 지향 네트워크는 시각, 청각, 촉각 등의 감각 중 한 가지와 공간에서 한 위치를 선택하는 것과 같이 감각 입력정보를 우선적으로 선택하는 것과 관련된다. 이와 관련해 전두시야장(frontal eye fields: FEF)의 배측 체계와 두정내구(intraparietal sulcus: IPS)가 관여한다. 다시 위치를 전환하여 집중하도록 하면 측두-두정 접합 부위와 복측 전두피질을 포함하게 된다.

이때 부교감신경계통과 관련된 콜린성 체계가 작동하여 조절한다.

　마지막으로, 집행 네트워크에는 두 종류의 네트워크가 있다. 새로운 과제를 도입할 때 과제 지시에 집중하는 것은 배외측 전전두피질-두정엽 네트워크이고, 집중을 지속시키는 것은 전대상피질/내측 전두-전측 뇌섬엽 네트워크이다. 즉, 전전두피질, 두정엽, 전대상피질, 전내측 뇌섬엽, 앞쪽 뇌섬엽이 관련됨을 알 수 있다. 이러한 주의집중에는 자기통제가 필요한데, 이것은 외측 전전두피질과 대상피질 영역과 관련된다. 자기통제에는 감정조절이 필요한데, 이때 정서와 관련된 편도체의 활성을 조절하는 것이 필요하다. 이러한 과정은 뇌에서 신체로 조절하는 하향식 조절과정인데, 전두엽 기능을 활성화해서 인지 능력이 발달하면 감정을 말로 표현함으로써 통제를 할 수 있다는 감각을 가지게 되어 정동을 조절할 수 있게 된다. 따라서 이러한 과정에도 전전두엽의 작용이 중요함을 알 수 있다.

　이와 같은 뇌 활동을 통해 외부 세계를 자기 안에 통합하면서 인간은 내적 세계를 만들어 가게 된다. 이는 자기만의 생각을 통해 자기성찰을 하는 것과 상상하기를 통해 이루어진다. 또한 이는 정신화와 관련된 마음이론, 남과는 구별되고 싶은 욕구인 창조성을 통해 자기감을 강화할 수 있는 역할을 한다. 이때 필요한 기능은 자기에게 집중하는 것과 외부 감각에 반응하는 감정을 조절할 수 있는 능력이다. 이는 위니컷이 말한 홀로 있을 수 있는 능력과도 관련된다. 내적인 세계의 몰입은 명상과도 관련되는데, 실제 명상가가 명상할 때 전전두엽의 활성도가 떨어지고 두정엽의 활성도가 높아지는 것을 보면, 두정엽이 중요하게 작용함을 알 수 있다.

　최근에는 어떠한 과제도 수행하지 않는 상태에 활성화되는 디폴트 모드 네트워크라고 일컫는 부위에 관한 관심이 대두되고 있는데, 휴지 상태 네트워크(rest state network)라고도 한다. 내측 전전두엽 피질, 후대상피질의 중간 영역, 두정엽피질의 설전부 영역에 퍼져 있는 신경세포망이 이에 해당한다. 평소 인지 과제 수행 중에는 서로 연결되지 못하는 뇌의 각 부위인데, 쉬는 동안에는 디폴트 모드가 작동하여 평소 연결되지 못한 뇌의 영역을 연결해 주어 창의성과 통찰력을 높여 준다고 알려져 있고, 중요하게 여겨지고 있다. 스트레스 상황이거나, 따분하고 혼란스러운 상황이 나타나거나, 졸음이 몰려올 때 주로 디폴트 모드 네트워크가 작동하여 뇌를 휴식 상태로 이끄는 것으로 보이는데, 이때 의식적이지 않더라도 무의식적으로 내적 세계에 몰입하고 있는 상태가 된다. 디폴트 모드 네트워크와 관련된 각 영역의 역할을 살펴보면, 내측 전전두엽 피질은 마음이론과 관련한 자기의 정신 상태와 관련된 역할을 하며, 후대상피질의 중간 영역은 감각을 통합시킨다. 두정엽피질은 자기에 대한 인식과 자기-타인을 비교하는 역할을 하며, 설전부는 홀로 집중할 때 활성화되는 영역으로 환경으로부터 지각한 정보들을 지식과 병합하는 기능을 수행하는 뇌의 영역으로 내적 정신 상태와 관련된다.

이러한 영역으로 구성된 디폴트 모드 네트워크에서는 우리가 타인과의 관계에 대해 성찰해 보고, 타인의 관점으로 바라보는 능력이 생기게 되며, 대인관계에서 자기의 행동에 따른 미래의 결과를 상상해 보게 하여 사회적인 관계에도 도움을 준다. 디폴트 모드 네트워크는 측두엽, 해마와 연결되어 기억을 되살리는 동안 활성화된다. 따라서 디폴트 모드 네트워크가 활성화된 순간에 회상된 기억을 통합하는 것을 통해 자기감을 강화할 수 있게 된다. 초기에 학대를 받아 외상을 입은 경우, 디폴트 모드 네트워크에서의 기능적 연결성이 감소한 것을 볼 수 있는데, 이러한 수준은 정상적인 7~9세 사이의 어린이와 유사하다. 이는 자기에 대한 자서전적 이야기를 하지 못하고, 어린 시절 학대를 경험하여 유발된 경계선 성격장애 환자의 자기와 타인을 구분하지 못하는 증상을 설명해 준다(Cozolino, 2010/2018, p. 156). 따라서 학대를 받은 내담자를 만나면서 고려해야 할 점은 심리적 문제가 생기는 것이 뇌의 문제와도 연결된다는 것과 상담을 통한 치료에서 뇌 연결성을 정상적으로 회복시키는 과정이 포함될 필요가 있다.

이처럼 인간은 태어나서 시간이 지남에 따라 뇌가 발달하고, 복잡한 과정을 통해 자기감을 형성하게 된다. 지금까지 독자들이 이해하기 쉽게 비교적 간단한 뇌의 영역을 설명했지만, 이외에도 자기와 관련된 뇌의 영역은 다양하게 있을 수 있다. 이 장에서는 자기의 형성과 관련된 뇌의 영역을 주로 살펴봤는데, 다른 사회과학 연구에서는 자기 인식과 평가, 참조와 관련된 다양한 자기 관련 뇌 연구가 흥미롭게 이루어지고 있고, 향후 더욱 발전된 뇌 연구가 나올 가능성이 있기에 관심을 가지고 지켜볼 필요가 있다.

제6장
대상

지금까지 자기-대상관계이론의 중요한 한 축인 자기에 대해서 설명했다. 자기, 자아, 자아 기능, 자기와 신체, 자기의 감각, 자기와 뇌에 대해 논의하면서 자기는 심리적 자기이자 신체적 자기이고, 신체의 감각, 뇌의 기능 없이는 자기가 성립할 수도 없고, 자기감을 느낄 수도 없으며, 자기-대상관계가 형성될 수도 없음을 알아보았다. 이 장에서는 자기-대상관계이론의 또 다른 중요한 축인 대상에 대해서 자세히 알아보려고 한다. 대상이라는 개념은 단 하나의 개념 같지만, 사실은 다양한 개념이 포함되어 있다. 이 장의 주요 내용은 전체 대상과 부분 대상, 외적 대상과 내적 대상, 외적 대상과 대상 표상 등에 대한 자세한 논의이다. 부정적이든 긍정적이든 자기의 강렬한 감정이 투여된 것은 모두 대상으로 성립할 수 있고, 주로 사람이 대상이지만, 동물, 사물, 조국과 같은 추상 명사 등도 강렬한 감정이 투여되어 있다면 대상으로 존재하고 상호작용할 수 있다.

전체 대상 vs. 부분 대상

우리 눈에 명확하게 구별되어서 보이는 대상보다 더 중요하기도 하고 더 어려움을 줄 수도 있는 대상이 있다. 하나는 부분 대상(part object)이고 다른 하나는 내적 대상(internal object)이다. 두 가지 용어 다 얼핏 듣기에는 이상해 보인다. 이 두 용어를 처음 듣는다면 아마도 여러 가지 의문이 들 것이다. '대상이 부분 대상이라면 대상을 전체가 아닌 부분으로 느끼고 경험할 수 있다는 의미일까? 대상은 자기의 외부에 있는 존재인데 대상이 어떻게 자기의 내부에 존재한다는 것일까?'라는 질문이 생길 수 있다. 그중에서 우선 부분 대상에 대해서 생각해 볼 필요가 있다. 대상이 사람이라면 어떻게 자기에게 부분으로 느껴질 수 있는가? 가능하다면 그 사람은 어떻게 부분 대상으로 존재하는가? 사람 대상의 전부가 아니라 일부분하고도 관계 맺기가 가능하다는 이야기인가? 이러한 질문에 대한 대답은 놀랍게도 '그렇다!'이다.

사실은 자기가 대상을 전체 대상으로 느끼는 것이 더 어렵다. 자기가 대상을 느끼는 것은, 한순간에 느끼는 완전히 주관적인 느낌으로 대상을 전적으로 좋거나 혹은 전적으로 나쁘게 느끼는 것이다. 예를 들면, 우리는 동료 혹은 직장 상사가 나에게 공격적인 언행을 할 때, 그 사람을 전체 대상으로 느끼는 경우는 거의 없다. 그 대상이 지금은 나에게 공격적인 언행을 하고 나쁘게 대하지만, 원래는 좋은 사람이고 그동안 나를 좋게 대했었다는 기억을 하기는 사실 어렵다. 특히 화가 많이 나거나 감정이 상한 상태에서 대상의 좋은 점과 나쁜 점을 동시에 기억하기는 굉장히 어렵다. 심지어 심리적으로 성숙한 사람도 대상을 전체 대상으로 보기가 힘들다. 어떨 때는 좋은 대상으로, 어떨 때는 나쁜 대상으로 한 번에 한 가지로만 느끼는 경우가 대부분이다. 대상을 부분 대상으로 느끼는 것은 자기가 대상을 주관적 느낌으로 좋음 혹은 나쁨, 쾌감 혹은 불쾌감 등으로 판단하게 되는 대상을 의미한다. 대상을 만족 혹은 좌절의 관점에서만 느끼는 것은 그 대상의 전체를 보지 못하고 부분적 측면만을 고려하는 것으로 볼 수 있다. 한 대상이 좌절시킬 수도 있고 만족시킬 수도 있다는 양 측면에서 대상을 보게 되면 그 대상을 비로소 전체 대상으로 보는 것이다.

대상을 부분 대상으로 경험하는 것의 출발점은 유아기로 거슬러 올라간다. 유아는 감각과 지각 기능이 아직 다 발달하지 않았다. 감각은 시각, 청각, 촉각, 후각, 미각의 오감이고, 지각은 외부에서 들어오는 정보를 받아들이고, 정리하고, 사용하는 컴퓨터의 정보처리 기능과 같다. 유아는 자기를 안아 주고 젖을 제공하는 첫 대상인 엄마를 처음에는 대상으로 구분하지 못한다. 마치 엄마가 자기인 것처럼 혹은 자기의 일부인 것처럼 느낀다. 유아의 이런 경험은 매우 자기중심적이며 자기애적이다. 이후 서서히 엄마를 자기나 자기의 일부가 아닌 타인, 대상으로 느끼기 시작하는데, 그때도 그 대상이 전체적으로 한눈에 다 들어오지는 않는다. 생존 본능이 작동하는 유아의 눈에 들어오는 엄마는 엄마의 전체 몸이 아니라, 엄마 몸의 일부인 젖가슴이다. 즉, 사람 대상의 신체의 한 부분, 사람 대상의 한 가지 측면하고만 관계 맺기가 가능하다(Gomez, 1997/2008, p. 10).

유아의 최초 대상은 부분 대상이다. 이유는 아직 지각하거나 감정을 느끼는 부분에서 성숙하지 못해서 한순간에 대상의 한 가지 측면, 특징만을 지각할 능력만 있기 때문이다. 유아가 두 가지 이상의 감정이나 생각을 동시에 갖는 것은 불가능하다. 어른도 감정이 섞여 있을 때는 그렇게 하기 힘든 부분이기에 유아에게 그런 능력을 기대할 수는 없다. 유아는 전체 대상인 엄마를 인식하기보다는, 배고플 때 젖을 바로 제공해 주는 엄마의 가슴이 주는 만족감만 느끼거나, 부재중인 엄마의 가슴이 주는 좌절감만 느낀다. 유아는 엄마가 때로는 좋기도 하고, 때로는 나쁘기도 할 수 있다는 것을 이해하기 어렵다. 무수히 반복되는 엄마와의 상호작용을 통해서 성장과 발달을 거치며 점차 엄마를 전체 대상으로 인식하는 능력이 생기게 된다.

청소년으로 자라고 성인이 되면서도 대상을 부분 대상으로 경험하는 우리의 경향성이 가족 구성원에 대해서도 부분 대상으로 느끼는 경우로 나타나서 매우 안타깝다. 예를 들면, 내담자 중에는 어린 시절 폭력적인 아버지에 대해서 부분 대상으로 느끼는 경우가 많다. 아버지는 무서운 사람, 폭력적인 사람이라는 공포 경험과 그 경험에 연결된 느낌에만 집중하고 사로잡힌다면, 아버지를 부분 대상으로 느끼는 것이다. 아버지가 가진 장점, 나에게 잘해 주셨던 점, 자기의 트라우마 경험 때문에 자식에게 종종 폭력을 쓰기는 했지만 그래도 내면에서는 자식들을 사랑하셨던 아버지의 모습 같은 아버지의 중요하고 긍정적인 부분은 묻혀 버리거나 아예 기억하지 못할 수 있다. 또한 우리가 가진 가족에 대한 기억들은 대부분 객관적 사실이 아닌 주관적 사실이거나 심지어 왜곡된 기억일 수도 있어서 대상에 대한 우리의 정서적 기억은 정확한 사실이 아닐 수도 있다.

형제자매가 여럿인 가족에서 자란 사람들이 공통으로 경험하는 현상이 있는데, 여러 명의 형제자매가 아버지와 어머니를 각각 전혀 다른 모습으로 기억하는 경우가 많다는 것이다. 그 이유는 각 자녀가 아버지와 어머니를 다르게 경험했기 때문인데, 이는 전체 대상이 아닌 부분 대상으로 경험하고 기억하고 있다는 의미이다. 성장해서 부모님을 떠나 독립한 자녀들이 명절이나 가족 행사 때 만나서 부모님을 회상하다 보면, 각기 기억하는 부모님의 모습이 너무 달라서 놀라기도 하고 자기가 받은 경험이 언니나 동생에 비해서 부족하여 서운한 감정을 느꼈던 경험이 있을 것이다. 또한 각 자녀가 태어나서 자기가 형성되면서 자라던 당시의 부모님의 정서적 상태, 경제적 상황이 다를 수 있고, 자녀를 양육할 때 부모님의 나이 및 각 자녀에 대한 반응과 관계 방식도 상이할 수 있다. 결국 같은 부모님 밑에서 자라도 자녀들은 각기 다른 경험을 할 수밖에 없다.

외적 대상 vs. 내적 대상

전체 대상과 부분 대상처럼 구분해 봐야 할 필요가 있는 개념은 외적 대상과 내적 대상이다. 앞서 설명했던 부분 대상이라는 개념도 사실 처음 들을 때는 이해가 어려운데, 대상이 내적 대상이라니? 이 말이 무슨 의미일까? 대상은 나의 외부에 있는 존재인데 내적 대상이 존재하는 것이 정말 가능할까? 내적 대상(internal object)은 우리가 대상이라고 지칭할 때 흔히 생각하는 대상과는 매우 다른 현상이고 경험이다. 이 용어는 굉장히 역설적으로 느껴진다. 우리가 보통 대상이라고 지칭하는 대상은 외적 대상(external object)이고, 내적 대상은 우리의 외적 대상이 시간과 공간을 초월하여 우리의 내면에 내재화된 대상으로 볼 수 있다. 내적 대상은 우리 내면에 있는 특정 대상에 대한 심리 내적 이미지, 정신적 표상(mental representation), 감정, 기억, 환상으로 볼 수 있다.

외적 대상은 자기의 눈에 보이는 자기 외부에 있는 대상이라 이해가 쉬운데 내적 대상은 자기의 눈에는 보이지 않는다. 내적 대상은 유아기에 주 양육자에게 느꼈던 감정에 의해 남겨지고 각인된 관계 경험의 흔적이라고 볼 수 있다. 내적 대상은 한 사람의 성격 안에 자리 잡고 형성된 심리 구조의 한 부분이기도 하여서 자기의 일부이기도 하다. 즉, 대상이 자기의 한 부분이 된 것이다. 외적 대상은 한 사람이 일상의 삶에서 관계를 맺고 있는 과거와 현재의 중요한 실제 인물인데, 외적 대상이 내면화되어서 내적 대상이 되고, 그 내적 대상이 자기가 현재 외적 대상을 선택할 때 영향을 주기에 내적 대상과 외적 대상은 서로 밀접하게 연결되어 있다.

예를 들면, 많은 사람에게 어머니와 아버지는 주요 외적 대상이다. 실제로 우리는 성장기 초기에 외적 대상인 어머니, 아버지를 인식하고 마주하며 상호작용을 통해서 자기가 발달했다. 외적 대상인 부모님의 일부가 자녀인 나의 내면에 내적 대상이 되고, 내면에 자리 잡은 내적 대상은 나의 자기의 중요한 한 부분이 된 것이다. 여기서 한 가지 중요한 질문은 '우리가 가지고 있는 내적 대상은 성장기 초기에 경험했던 외적 대상을 정확하게 반영하고 있는 기록일까?' 하는 점이다. 이 질문을 들으며 이미 눈치가 빠른 독자들은 내적 대상은 외적 대상의 정확한 기록은 아니라고 답을 할 것이다. 그 이유는 바로 앞에서 설명했던 부분 대상 때문이다.

유아는 엄마와의 초기 관계에서 엄마를 인식할 수 있는 몸의 감각도 잘 발달하지 않았고, 인지 기능도 아직은 잘 작동하지 않는 상태라서 엄마에 대한 지각을 왜곡하게 된다. 엄마의 감정이나 표현을 정확하게 이해하는 능력에도 제약이 있고, 엄마의 감정과 자기의 감정을 분리하는 능력도 발달하지 않았다. 결국 유아가 외적 대상을 내적 대상으로 내면화할 때 정확하게 반영하는 것은 정말 어렵다. 유아는 이후에 발달하는 과정을 통해서 외적 대상을 새롭게 경험하고 조명하게 되고, 내적 대상이 새롭게 느껴지고 기억되는 경험을 하게 된다.

또 다른 중요한 질문은 '내적 대상은 시간이 지나면 우리 내면에서 사라질 수 있을까?'이다. 예를 들면, 우리의 아버지와 어머니는 실제로는 우리 인생의 외적 대상이었다. 그 외적 대상과 함께 공유한 시간과 공간이 존재하고, 그 외적 대상과 연관된 강렬한 감정과 추억이 존재한다. 하지만 그 외적 대상은 우리가 성인이 되고, 직장을 잡거나 결혼하고, 먼 도시나 외국으로 떠나면서 직접 내 눈에 보이는 외적 대상으로는 존재하지 않게 되기도 한다. 외적 대상인 부모님은 시간이 지나면 언젠가는 세상을 떠나고, 물리적으로는 우리 눈앞에 외적 대상으로 더는 존재하지 않게 된다. 하지만 이미 내적 대상으로 자리 잡은 부모님은 우리 곁을 떠나도 우리 마음속에서 쉽게 사라지지 않는다. 사라지지 않을 뿐 아니라 오히려 평생 우리의 기억, 감정, 이미지로 남아서 강력하게 존재한다. 긍정적인 경험을 주었던 내적 대상도 오래 남지만, 학대와 같은 부정적인 경험을 주었던 내적 대상은 잊으려고 해도 정말 좀처럼 사라지지 않고 우리를 괴롭히게 된다.

상담하다 보면 여성 내담자 중에서 굉장히 일찍 결혼한 경우를 보게 된다. 어떨 때는 마음에 의아한 느낌이 들기도 한다. 좀 더 공부하거나 경력을 쌓고 좋은 가정을 이룰 수 있었던 밝고 젊고 지혜로운 여성이 왜 급하게 결혼을 선택했을까? 왜 충분히 남자를 만나 보거나 심사숙고하지 않고 결혼관계에 들어갔을까? 한눈에 반한 백마 탄 왕자님 같은 멋진 남자와의 열정적인 사랑이었을까? 그런데 살아온 이야기를 듣다 보면, 원가족에서 폭력적인 외적 대상으로 인한 도피성 결혼이었던 경우가 종종 있다. 원가족이 너무 힘들고 고통스럽기에 그 원가족을 탈출할 수밖에 없었던 것이다. 그 외적 대상이자 가해자는 대부분 아버지이다. 예를 들면, 아버지가 알코올 중독자이거나 어머니와 자녀들에게 폭력을 일삼았던 경우, 만성적인 정서적 학대와 극도의 공포 속에서 자란 딸은 폭력적인 아버지에 대한 트라우마로 인해 외적 대상에게서 멀어질 수 있고, 벗어날 기회를 의식적·무의식적으로 기대하거나 추구하게 된다. 먼 도시에 있는 대학에 진학하거나 결혼해서 먼 곳에 정착하기도 한다. 심지어는 한국을 떠나서 먼 나라로 이민을 갈 수도 있다.

하지만 문제는 아무리 물리적으로 거리를 떼어도 폭력적인 외적 대상이 마음에서 완전히 사라지는 건 아니라는 점이다. 그 외적 대상이 세상을 떠나도 피해자인 자녀의 마음에서 사라지는 건 아니다. 그 이유는 그 외적 대상이 내적 대상으로 딸의 마음에 이미 깊이 자리를 잡았기 때문이다. 아무리 멀리 떨어지려고 몸부림쳐도, 아무리 그 기억을 잊으려고 해도 쉽게 잊히지 않고 평생 생생하게 내적 대상으로 살아 있다. 그리고 그 살아 있는 내적 대상은 딸의 내면에 들리지 않는 목소리로 어떤 요구나 명령을 전하기도 하고, 딸의 일상생활에서 다른 외적 대상들과의 관계에서 보이지 않는 손이나 보이지 않는 힘으로 작용하기도 한다. 예를 들어, 딸은 이제는 내적 대상이 된 아버지가 지속적으로 내면에 영향을 주어서 비슷한 느낌을 주거나 비슷한 행동을 보이는 어떤 대상을 현재의 일상에서 만나게 되면, 그 대상에게 자동적인 반응을 보일 수 있다. 이 연결고리는 내적 대상을 오랜 시간에 걸쳐서 수정하지 않는 한 쉽게 사라지지 않는다.

그렇다면 내적 대상이 부정적이고 폭력적이며 두려운 경우에 어떻게 하면 그 관계에서 벗어날 수 있을까? 내적 대상을 수정하거나 삭제할 수 있을까? 일단 내적 대상이 자기의 일부로 형성된 시간이 꽤 길다는 점과 내적 대상이 자기 구조의 한 부분으로 자리 잡았다는 점을 생각해 보면 그리 긍정적인 기대가 들지는 않는다. 다음 장에서 자세히 설명할 자기 구조의 형성과정, 즉 심리적 탄생과정을 적어도 3년으로 본다면, 오랜 시간과 무수한 상호작용을 통해 내면화된 내적 대상을 수정 혹은 삭제하려면 긴 시간과 기존 경험을 수정하거나 삭제할 만큼 다른 상호작용이 누적되는 것이 필요하다. 심리적 탄생이 유아에게 적어도 3년이 걸리는 과정이지만, 유아보다 지각, 감각, 언어가 발달한 성인의 경우 그보다는 짧은 시간 안에 내적 대상의 수정이 가능할 수 있다.

앞선 예처럼 딸에게 있는 아버지 내적 대상이 폭력적이고 두려운 대상이라면, 다른 대상에 의해서 폭력적이지 않고 두렵지 않은 경험을 누적하는 것을 통해 기존의 내적 대상을 수정할 가능성이 생긴다. 결론적으로, 내적 대상관계는 지속될 수 있지만, 현재의 외적 대상관계를 통해서 변화될 수 있다. 잘 훈련되고 균형 잡힌 상담사와 장기적인 관계를 통해서 내담자가 가지고 있는 내적 대상이 서서히 수정된다면, 수정된 내적 대상이 현재 내담자의 삶에서 외적 대상을 만나고 상호작용하는 데에도 새롭게 영향을 주게 된다. 결국 내담자의 오래되고 자기 구조 안에 각인된 아버지 내적 대상이 새로운 외적 대상인 상담사에 의해서 변화되고, 변화된 내적 대상이 현재의 외적 대상을 새로 만나고 관계를 맺는 데에도 영향을 줄 수 있다. 내적 대상만 변화하는 것이 아니라, 내적 대상과 불가분의 관계인 외적 대상의 선택과 관계 경험에도 영향을 주기에, 내담자의 삶의 전반에 중요한 변화를 경험할 수 있다.

전환기 대상

지금까지 대상의 다양한 개념에 대한 논의를 통해서 전체 대상과 부분 대상, 외적 대상과 내적 대상 개념을 이해했는데, 전환기 대상과 자기대상이라는 개념이 아직 남아 있다. 제1장에서 이미 설명한 것처럼 전환기 대상(transitional object)은 위니컷이 제시한 용어로서 그동안 우리말 번역서에는 중간대상으로 번역되어서 사용되었다. 위니컷은 전환기 대상의 개념을 확장해 전환기 현상(transitional phenomena), 전환기 영역

(transitional area), 잠재적 공간(potential space) 등으로 설명하기도 했다. 전환기 대상은 유아가 처음으로 대상을 나-아닌(not-me) 것으로 인식하면서 갖게 되는 소유물이다. 유아가 처음에는 대상을 완전히 분리된 대상으로 인식하지 못하고 내가 아닌 어떤 존재로 희미하게 인식한다는 의미이다. 즉, 전환기 대상은 자기도 아니고 대상도 아닌 중간 어디 즈음으로 경험하는 대상이다. 이는 자기가 엄마와 한 몸이 아니라 분리된 존재라는 상실의 경험으로 인해 나타나는 불안에 대한 방어로 사용된다.

유아는 이런 분리 경험, 상실 경험이 처음이기에 굉장히 당황하게 되고 불안과 두려움을 느끼게 된다. 자기를 달래기 위해 빠는 손가락과 공갈 젖꼭지, 껴안는 부드러운 이불과 곰 인형 등 그 예는 유아마다 다양하다. 어떤 유아에게는 딱딱한 장난감이 전환기 대상이 될 수도 있다. 이러한 전환기 대상은 유아가 손에 쥐고 있거나, 입에 물고 빨기도 하면서 유아의 공격을 견뎌 낸다. 전환기 대상은 전환기 현상으로 확장된다. 어린 시절의 옹알이, 흥얼거리는 노래들, 성인이 되어서는 종교, 예술 활동 등의 문화생활과 사랑하는 감정 등을 예로 들 수 있다. 전환기 대상과 전환기 현상은 자기 몸의 일부는 아니지만, 완전히 외적 실제에 속한 것으로 여겨지지도 않는 것으로서 이러한 경험들이 일어나는 환상의 영역이 전환기 영역이다. 이러한 환상이 주관적인 세계에서는 실제로 느껴지며 상실된 엄마를 대신한다(Winnicott, 1971/1997, pp. 14-20). 전환기 영역, 전환기 대상, 전환기 현상을 통해 유아의 환상 속에서 엄마를 살려 내는 활동이 창조성의 근원이 된다.

하지만 이러한 주관적인 실제를 다른 사람에게 제시하거나 강요하면, 상대는 그 사람을 전혀 이해하지 못하고 미쳤다고 생각할지도 모른다. 자기에게는 너무나도 실제적인 전환기 영역, 전환기 현상이고 소중한 전환기 대상일 수 있지만, 타인에게는 아무런 의미가 없거나 심지어 싫거나 혐오스러울 수도 있다. 예를 들면, 길에서 자기가 믿는 종교나 신념만이 진리라고 외치는 사람이나, 다른 사람은 아무런 문제점을 느끼지 못하는데 특정 인물을 문제 삼으며 시위하고 있는 사람의 경우가 그 예이다. 어떤 경우에는 예술 작품이나 활동이 괴기스러워서 많은 사람이 혐오감을 느끼거나 구역질이 날 정도로 거부감이 느껴지고 공감할 수 없는 때도 있다. 자기에게는 주관적인 실제이고 사실이지만 다른 사람들에게는 큰 의미가 없는 경우가 많다. 개인의 이러한 주관적인 환상이 건강한 종교, 사상, 예술의 형태로 인정받기 위해서는 진정으로 타인과 공유될 수 있어야 한다. 이러한 활동들을 두 사람 이상이 공동으로 공유하게 되면 전환기 영역이 확장되었다고 볼 수 있고, 여기에서 인간의 집단이 형성되고 특정 집단의 문화가 탄생하게 된다. 전환기 대상이나 전환기 현상을 누군가와 공유한다는 의미는 상대가 그것을 공감하고 받아들이도록 하는 것이다.

전환기 대상을 제시했던 위니컷은 전환기 대상 자체의 가치는 다른 사람들과 공유할 수 있는 상징성보다는 엄마 또는 젖가슴을 대체하는 실제성에 있다고 보았다. 전환기 대상과 전환기 현상의 경험은 진짜인지 아닌지를 검증하거나 밝혀내려고 하는 시도와 도전을 받지 않는 쉼의 장소라 할 수 있다. 따라서 각 개인에게는 주관적으로 전환기 대상이 의미가 있는지 없는지, 위안이 되는지 안 되는지가 중요할 뿐 특정 전환기 대상이 사회에 필요해서 좋다 나쁘다고 할 수 있는 것은 아니다. 다만, 개인이 전환기 대상에 집착하게 되어 그것 없이는 살 수 없게 된다면 그것은 주물을 숭배하는 것이나 약물중독의 형태를 띠는 것이므로 좋은 영향이 있다고 볼 수는 없다(Winnicott, 1971/1997, p. 25).

건강한 경우에 전환기 대상이나 전환기 현상은 서서히 흥미를 잃어 가면서 보이지 않는 곳으로 사라지게 된다. 이는 내면으로 흡수되거나 억압되는 것도 아니고, 상실을 애도하거나 잊히는 것도 아니다. 단지 자기에게 그동안 위로를 주었던 전환기 대상, 전환기 현상으로서의 의미를 상실하게 되는 것이다. 하지만 인간에게 타인과 분리된 존재라는 현실 수용 과제는 끝이 없기에 결국 전환기 현상은 계속된다. 만약 사랑을 잃어버리는 경험을 하게 되면 자기를 위로하기 위해서 전환기 대상이 다시 나타날 수도 있다. 개인이 정신적으로 편안한 상황일 때는 전환기 현상이 확장되어 문화의 영역으로 나아갈 수 있다. 이를 전환기 영역의 확장이라 할 수 있는데, 수많은 개인은 서로의 전환기 영역이 겹쳐지는 곳에서 만나게 되고 문명의 발전이 이루어지게 된다.

전환기 대상을 유아의 관점에서 잘 수용해 주고 존중해 주는 어른들이 많지만, 부모가 원하는 방식으로 유아와 전환기 대상을 대하는 경우도 많다. 아는 여자아이 중에 애슐리라는 이름의 자기와 닮은 예쁜 인형을 전환기 대상으로 늘 가지고 다니는 아이가 있었다. 아이가 인형을 가지고 다닌다기보다는 늘 같이 다니는 그야말로 쌍둥이와 같은 존재였다. 그 아이는 늘 애슐리와 함께했고 가족과 하는 여행에도 늘 데리고 다녔다. 그런데 어느 날 아이가 백화점에 갔다가 화장실에서 애슐리를 실수로 바닥에 떨어뜨렸다. 백화점이기는 하지만 공용화장실 바닥이 깨끗할 리는 없고, 아이는 늘 애슐리를 가슴에 품거나 얼굴을 비비거나 뽀뽀하면서 같이 다니기에 엄마는 그 인형을 화장실 세면대에서 비누로 빨고 물로 헹궜다. 울다가 애슐리를 다시 돌려받은 아이는 "얘는 내 애슐리가 아니야!"라고 화를 내며 애슐리를 밀어냈다. 당황한 아빠는 백화점에서 똑같은 인형을 사서 아이한테 내밀었는데 역시 똑같은 반응이었다.

아이에게는 엄마가 깨끗하게 만들어서 돌려준 애슐리도 자기 애슐리가 아니고, 아빠가 새로 사 준 애슐리도 자기 애슐리가 아니었다. 그들은 그냥 애슐리를 닮은 인형일 뿐이었다. 그 이유는 두 인형 다 애슐리의 고유한 촉감과 냄새가 없었기 때문이다. 사실, 전환기 대상은 복사할 수 없고, 대체 불가이다. 이 에피소드에서 엄마와 아빠가 잘못한 행동은 전혀 없다. 위생을 생각한 엄마의 행동도 충분히 이해할 만하고, 똑같은 인형을 찾아서 사 온 아빠의 빠른 대처도 속상해하는 아이를 위로하기 위한 좋은 행동이었다. 그런데 문제는 부모가 생각하고 원하는 방식으로 아이의 전환기 대상을 대한 것은 아이 관점에서는 도움도 안 되고 위로도 안 되는 행동이었다.

차라리 아이가 애슐리를 떨어뜨렸을 때 그대로 다시 아이가 바로 돌려받아서 안을 수 있도록 했다면 아이가 전환기 대상을 잃어버리거나 헤어지는 충격을 받지는 않았을 것이다. "얘는 내 애슐리가 아니야!"라는 아이의 분노 어린 말은 자기의 두려움과 불안을 표현하는 말이다. 그만큼 그 여자아이는 인생의 큰 위기에 봉착한 상황으로 볼 수 있다. 이러한 전환기 대상이나 전환기 현상은 다른 사람에 의해서 침범되거나 빼앗기지 않아야 한다. 이렇게 되면 그 경험은 아이에게 침범으로 다가와 아이의 환상은 깨어지게 되고, 심각한 외상으로 남을 수도 있다. 또는 아이가 창조한 자기만의 전환기 대상이 더러운 것이라는 수치심을 느끼게 되어 창조성이 박탈되기도 한다. 이러한 경험을 한 아이는 자신만의 독특하고 독립적인 것을 추구하는 창의적인 삶을 살지 못하고, 거짓 자기로 순응하며 살게 된다.

엄마는 유아가 자기만의 삶을 살 수 있도록 유아의 내적 실제도 아니고 외적 실제도 아니지만, 유아에게 실재하고 있는 전환기 대상과 전환기 영역을 유아와 공유하며 수용하는 것이 중요하다. 이렇게 공유되는 공간을 잠재적 공간이라 하는데, 이 공간은 창조적 놀이와 문화를 경험하는 가상의 영역이다. 이러한 잠재적 공간에서 유아는 엄마와 함께하면서 홀로 있을 수 있는 능력을 발달시키며, 엄마와 융합된 상태에서 분리하는 성취를 이루게 된다. 이렇게 분리를 무사히 성취한 유아가 참 자기를 살면서 자신의 독특한 삶을 창조할 수 있다. 위니컷은 전환기 대상이 엄마의 상실에 대한 분리 불안에 대해 위안을 주는 것(comforting)이 아니라 달래 주는 것(soothing)이라고 했는데, 이는 주로 분리 불안을 직접적으로 진정시키고 완화해 준다는 의미에 더 가깝다.

전환기 대상과 관련하여 유아들이 고통받는 또 다른 상황은 유아들이 담요나 인형에 너무 집착한다고 생각하는 부모 중에서 억지로라도 떼어 내려고 하는 경우가 많다는 것이다. 이런 시도를 하는 부모들의 마음도 충분히 이해는 간다. 부모들은 아무래도 자기 유아가 다른 유아보다 더 늦은 나이까지 인형, 담요, 베개 등을 들고 다니면 자기 유아의 발달이 늦어지는 것 같은 느낌이 들어서 괜히 걱정되고 불안할 수밖에 없다. 어떤 부모는 발달이 늦은 유아를 데리고 다니는 것이 수치스러울 수도 있다. 그런데 부모가 불안하다고 해서 담요나 인형을 억지로 빼앗는 행동은 절대적 의존에서 상대적 의존으로의 전환기에 불안과 두려움을 달래 주는 유아의 좋은 위로자, 둘도 없는 친구를 강제로 빼앗는 것과 같다.

그럼 '언제가 전환기 대상을 유아의 손에서 떼는 최적기인가?'라는 질문을 할 수 있는데, 굳이 답을 하자면 정해진 시기는 없다는 게 답이다. 그 질문은 '모유 수유하는 유아의 젖을 언제 떼는 것이 맞는가?'라는 질문과 비슷하다. 보통은 생후 9개월에서 12개월 사이에 젖을 떼지만 훨씬 더 길게 엄마의 젖을 빠는 유아들도 많다. 적당한 시점이 되면 유아가 스스로 편안하게 젖을 떼는 경우도 많고, 어떤 유아는 끈질기게 엄마의 가슴에 매달리며 젖을 달라고 울기도 한다. 이 문제는 대소변을 가리고 기저귀를 떼는 것에도 적용된다. 육아 관련 정보에서 보면 유아가 배변 훈련이 되어서 기저귀에서 해방되는 시기를 대략 18개월에서 24개월 사이로 설명하지만, 실제로 유아들이 기저귀를 떼는 시기는 각각 다르다. 유아의 발달은 나이대별로 평균적인 발달 속도가 있지만, 사실 유아들은 각자 자기만의 속도와 자기만의 방법으로 성장하는 경향성이 있어서 마치 젖을 떼듯이 언제까지 전환기 대상을 떼어야 한다고 보는 것은 맞지 않다.

대학 강의 시간에 심리학 전공 대학생들에게 전환기 대상에 관해 설명하고 전환기 대상에 대한 경험과 기억에 대해서 질문을 하면 흥미로운 대답이 나온다. 그 대답 중 하나만 소개하면 학생 중에 아직도 자기가 기숙사에 전환기 대상을 가지고 있다는 답을 하는 경우가 꽤 많다는 점이다. 대학생들이 주로 가지고 있는 전환기 대상은 어린 시절에 잠들 때 자기가 늘 가지고 다니던 담요나 베개로, 기숙사에서 생활하기 위해 그 담요나 베개를 가져온다. 그런데 인형을 가지고 다니는 학생들도 꽤 많다. 기숙사 방에만 두는 것이 아니라, 가방에 넣고 다니기도 한다. 그럼 이 학생들이 모두 정서적으로 발달이 덜 되고 건강하지 않은 것일까? 그렇지는 않다. 정서적으로 비교적 잘 발달한 건강한 학생도 여전히 전환기 대상이 필요할 수 있다. 그 전환기 대상을 손에서 놓고 홀로 다니게 되는 시기는 각자가 편안한 시점에 하면 된다.

자기대상

지금까지 살펴본 전환기 대상과 유사한 개념은 자기대상(selfobject)인데, 두 가지 개념 다 자기와 대상이 분리되는 경험과 연관이 있다. 전환기 대상이 유아가 엄마와 한 몸이 아니라 분리된 존재라는 사실을 서서히 인식하기 시작하면서 엄마와 떨어지는 상실의 경험으로 인해 나타나는 분리 불안, 유기 불안에 대한 방어로 인간 대상을 대체하는 사물을 소유하고 관계를 맺는 것이라면, 자기대상은 자기와 대상의 분리를 명확하게 인식하지 못한 상태에서 자기 주변의 주요 대상을 자기의 연장선, 즉 확장된 자기로 인식하는 것을 의미한다.

자기대상은 용어 자체가 명확하게 보여 주듯이 자기와 대상이 합쳐진 어떤 존재를 지칭한다. 자기대상은 자기이지만 대상이기도 한 존재, 대상이지만 자기를 포함한 존재로 생각해 보면 된다. 마치 자기의 일부분이 된 대상이라는 의미를 지닌 내적 대상에 대상과 자기라는 상반된 두 개념이 공존하는 것처럼, 자기대상도 상반된 두 가지 존재, 두 가지 역할이 공존하는 것으로 볼 수 있다. 자기대상이라는 용어를 처음 제시했던 코헛은 자기대상을 자기를 위해 봉사하거나 자기의 일부로 경험되는 대상으로 정의했다.

또한 자기대상은 자기가 무의식적으로 자기의 일부 또는 확장인 것처럼 경험하는 다른 사람의 기능, 자기를 대신하여 정신 기능을 제공하는 다른 사람의 기능(Schlauch, 1999, p. 62)으로 설명되기도 한다. 이는 자기의 발달이 잘 일어나지 않아서 자기 내부에 정신 기능이 부족한 경우, 본능적으로 주변에 친밀한 주요 대상 인물의 정신 기능을 끌어다 쓸 수 있다는 의미인데, 그러기 위해서는 평소에 그 대상을 무의식적으로 자기의 확장 혹은 일부인 것처럼 느끼는 강렬한 정서적인 대상관계를 맺고 있다는 의미이기도 하다(가요한, 2021, p. 152).

자기대상의 존재는 다음 장에서 살펴볼 유아기 심리 발달, 즉 분리-개별화 과정의 어려움을 겪은 사람들이 지속해서 겪는 어려움을 나타낸다고도 볼 수 있다. 대상을 자기대상으로 느끼는 경험은 자기 눈앞에 존재하는 대상을 정서적으로 자기와 구분된 대상으로 느끼지 못하고 마치 자기의 일부인 것으로 느끼는 대상, 자기와 융합되어 연결된 것으로 느끼는 현상을 의미한다. 여기서 중요한 문제점은 자기대상은 분명히 자기와 분리된 외적 대상인데, 그 대상을 상대하는 자기는 그 외적 대상을 자기의 일부로 착각하고 자기가 원하는 대로, 자기 마음대로 움직여 줄 것으로 기대하게 된다는 것이다. 즉, 자기의 분신, 자기의 복심으로 착각하고 기대하는 것이다. 그런데 자기가 자기대상으로 착각하는 대상은 사실은 자기와는 완전히 분리된 대상이다. 그 대상이 심리적으로 건강하다면 자기가 원하는 대로 생각하거나, 느끼거나, 움직여 줄 필요가 전혀 없어서 자기와 자기대상 사이의 관계에 갈등과 어려움이 종종 생긴다.

사실, 자기대상은 그동안 서양철학의 인간에 대한 이해를 완전히 뛰어넘는 개념이다. 서양에서는 인간을 명확한 경계로 구분된 자기와 타자, 자기와 대상이라는 이분법적인 구분을 지어 왔기에 자기대상이라는 개념은 서양 심리학이나 정신분석학에서 보면 상상을 초월하는 충격적인 개념이기도 했다. 이 개념의 등장이 가능했던 것은 코헛의 개인적 경험 때문이었다. 그는 유아기뿐만 아니라 아동기와 성인기까지 외아들인 자신을 과도하게 사랑하고 집착했던 어머니와 밀착하고 융합되는 경험을 했기에, 대상관계가 꼭 서로 명확하게 구별된 자기와 대상의 관계가 아닌 관계도 있을 수 있다고 생각했다. 즉, 자기-대상관계가 아닌 자기-자기대상관계도 실제로 존재함을 인식했고 강조했다. 코헛이 어머니에게 느꼈던 관계는 마치 벤다이어그램의 두 원이 서로 많이 겹쳐서 교집합이 있는 것처럼, 교집합이 큰 자기-자기대상 간의 경험이었다.

코헛의 이런 개인적 경험은 그가 미국에 이민해서 정착했던 시카고 지역과 시카고대학교 학생들에게 비슷한 패턴의 대상관계 역동이 있음을 민감하게 인식하는 계기가 되었다. 비교적 안정된 가정에서 높은 수준의 교육을 받은 20대와 30대의 젊은 내담자들이 겉으로는 자존감이 높고 자신감이 있어 보였지만, 사실은 자기감이 약하고 대인관계에서 유기 불안과 분리 불안을 느끼고 있던 사람들이 많았다. 그들을 상담하다 보니 내면에 수치심과 열등감이 높았고, 연약한 자기 구조 때문에 상담사인 코헛을 분리된 대상이 아닌 경계가 흐려지고 자기와 융합된 존재로 느껴지는 자기대상으로 느낌을 알게 되었다. 코헛에게는 이러한 자기애적인 성격으로 형성된 내담자들을 만나서 상호작용한 경험이 자기의 과거 기억과 경험을 상기시키는 생생한 역전이 경험이었던 것으로 보인다.

유대인이었던 코헛의 어머니는 교육열이 높았고 외아들인 코헛을 매우 사랑했는데, 일생 가까이서 지내며 아들과 정서적으로 융합된 관계를 맺었다. 아마도 분리 불안, 유기 불안과 관련된 어머니 자신의 이슈와 욕구 때문에, 아들이 신체적·정서적으로 분리-개별화하고 독립하는 것을 의식적·무의식적으로 방해했던 것으로 보인다. 즉, 코헛의 어머니는 아들을 독립적이고 분리된 대상으로 보기보다는 평생 본인의 자기대상으로 삼아서 관계를 맺었다. 코헛과 어머니와의 관계를 보면서 한국의 부모-자녀 간에도 비슷한 경험이 많을 것이라는 생각이 든다. 자녀에게 많은 사랑과 관심과 돌봄을 주지만, 한편으로는 심하게 자녀의 경계를 침범하고, 융합된 관계를 맺는 부모들이 많다. 부모 자신이 자기의 부모로부터 정서적 독립이 덜 되어서 자녀와의 관계에서도 부모가 분리 불안, 유기 불안을 경험하는 경우가 많다. 그래서 그런지 한국 사회에 자녀의 주변을 맴돌며 살아가는 헬리콥터 부모들이 많은 것도 사실이다.

실제로 코헛은 평생 자기 경계를 침범하고 융합하려고 하는 어머니로부터 분리된 존재가 되고 자기의 고유성을 찾기 위해서 긴 시간 심리적 고통 가운데 몸부림쳤다 (Strozier, 2004, p. 18). 코헛의 전기 작가인 프랭크 스트로지어(Frank Strozier)에 의하면, 코헛의 어머니는 자기의 불안과 심리적 고통이 증가하면서, 자기 아들을 자기를 위한 정서적 저당물로 삼았다(Strozier, 2004, p. 20). 코헛이 아동기 때 어머니는 아들과 거의 24시간 붙어 지냈고, 초등학교에 입학할 나이가 되었을 때는 자기 마음의 심한 불안 때문에 학교에 보내지 않고 4학년이 될 때까지 집에서 전담 가정교사의 교육을 받도록 했다. 5학년이 될 때 비로소 학교에 입학이 가능했는데, 코헛의 어머니는 자기 아들의 가정교사가 5학년 담임교사가 되어 같이 학교에 가도록 했을 정도였다. 어머니가 대상 상실에 대한 불안과 두려움 때문에 아들을 자기대상으로 삼아서 관계를 이어 나갔던 것은 아들에게는 굉장히 힘든 굴레와 같은 경험이었다(가요한, 2021, p. 148). 하지만 코헛은 그 경험을 승화해서 자기대상이라는 개념을 만들고, 자기심리학의 관점을 발견할 수 있었다.

한국 문화의 관점에서 자기대상이라는 개념을 떠올려 보면 안타깝게도 우리의 일상에서 흔히 보이는 현상이다. 내가 누군가의 수족, 즉 자기대상이 되어서 관계를 맺기도 하고, 누군가가 나의 수족이 되어서 움직여 주기를 바라는 때도 있다. 누군가 내 마음을 잘 알아서 수족처럼 움직여 주는 대상이 있다면 그 대상이 바로 자기대상이다. 예를 들면, 가부장적인 남편과 현모양처 아내가 있는 가족에서 이런 상황이 생길 수 있다. 식탁에서 같이 밥을 먹다가 남편이 머리를 돌려 물이 있는 쪽을 힐끔 바라보면 아내가 물을 떠다 준다. 밥을 다 먹고 냉장고를 힐끔 보면 과일을 꺼내 온다. 아내는 남편의 자기대상 역할을 하는 것이다. 또 다른 예로, 사귄 지 얼마 안 된 커플이 있는데, 기념일이라고 남자친구가 꽃을 사 왔다. 사실, 여자는 핸드백을 받고 싶었던 터라 남자친구에게 맘이 상했다. 여자는 남자가 자기 마음을 알아채서 그 마음대로 움직여 주는 자기대상 역할을 해 주길 바랐던 것이다. 직장에서는 상사가 부하직원이 자기가 생각하던 대로 기획안을 써 오지 않아서 큰 소리로 혼을 내는 일도 있다. 자기가 뭘 원하는지 부하직원에게 미리 이야기를 하지 않았는데도 마술을 부린 것처럼 일을 해 오길 바란다.

이 외에도 누군가가 자기대상이 되어 주기를 바라는 예는 수도 없이 많다. 자기가 무엇을 원하는지 말로 표현이라도 정확하게 하면 차라리 낫다. 심각한 경우에는 자기가 직접 말은 하지 않으면서 자기가 원하는 대로 자기대상이 알아서 해 주길 바라기 때문에 문제가 더 많이 생긴다. 이와는 반대로 누군가의 수족이 되어서 그 사람이 원하는 대로 움직여 주는 사람도 있다. 그 사람의 비서가 아닌데도 말이다. 이러한 사람들은 자기에게 별다른 이득이 없는데, 자기를 돌보지 않으면서 단지 칭찬을 받기 위해 다른 사람이 원하는 대로 해 준다. 상대가 부탁하지 않는데도 알아서 다 챙겨 주기도 한다. 이런 사람이 옆에 있으면 과연 좋을까? 좋을 수도 있지만, 이런 사람은 대상이 자기에게 그만큼 해 주기를 바라는 마음도 있기에 자기대상 역할을 하는 것일 수도 있다. 이들은 자기가 해 주는 일을 대상이 인정하고 칭찬해 주지 않으면 분노가 폭발하기도 한다. 이 양극단의 사람들 모두 자기가 약한 자기애적인 사람들이다.

하지만 심리적으로 비교적 건강한 정상 범주의 성격인 경우에도 자기대상은 평생 필요하다. 코헛은 자기와 자기대상의 고유한 인간관계와 상호작용을 자기대상 모판(selfobject matrix)이라고 불렀는데, 모판은 벼를 논에 직접 심지 않고 볍씨를 모판에 뿌려서 자라게 한 다음에 어느 정도 자라난 벼를 논에 옮겨 심는 것처럼 자기 구조의 기초를 모판에서 우선 자라게 해 준다는 의미로 사용했다(가요한, 2021, p. 152). 코헛은 자기가 대상에 대한 의존으로부터 완전한 자유와 독립으로의 변화는 불가능하다고 보았고, 비교적 정상적인 심리 발달에서의 변화는 자기-자기대상관계의 질(quality)이 변화하는 것이라고 보았다. 즉, 이미 높은 수준의 심리 발달을 경험한 사람들도 일생 자기대상 모판의 존재와 지지가 지속되지 않으면 건강하게 성장하고 생존하기에는 어렵다는 것이다(가요한, 2021, p. 157).

자기대상의 역할을 조금 더 자세히 살펴보면 자기대상은 자기의 내면에서 자기 일부로 경험되면서, 기능적으로 반영하고 공감해 주고, 이상화 대상이 되어 주어 자기를 지탱해 주는 역할을 한다. 이를 반영적 자기대상(mirroring selfobject)과 이상화 자기대상(idealized selfobject)으로 구분해서 사용하기도 한다(American Psychoanalytic Association, 1990/2002, p. 385). 반영적 자기대상은 유아가 가지고 있는 전능한 과대-과시적 자기, 즉 자기의 위대함, 선함, 온전함을 잘 이해해 주고, 수용해 주며, 확인해 주는 자기대상의 측면을 말한다. 이상화 자기대상은 부모가 유아의 이상화된 사람이 되어 주는 것으로 유아가 완벽한 부모를 요구하고 추구하는 것을 부담스러워하거나 거절하지 않고 잘 수용해 주는 것이다.

코헛에 의하면, 유아가 처음에는 과대 자기가 나타나다가 이후 이상화된 부모 원상(idealized parent imago)의 자기가 나타나는데, 이 두 가지 모두 생후 1년 이내에 이루어진다. 유아가 배고파 울면 먹을 것을 주고, 땀이 나는지 혹은 떨고 있는지를 살펴 춥거나 덥지 않게 옷을 입혀 주고, 기저귀가 축축하여 불편해하는 것 같으면 기저귀를 갈아 주거나, 자고 싶어 하면 달래서 재워 주는 등 엄마가 유아의 요구를 잘 맞춰 주어 유아의 전능감이 충족되면, 유아는 전능한 자기대상인 엄마와 융합할 수 있는 여건이 마련된다. 코헛은 또한 자기대상이 유아에게 산소와 같은 역할을 한다고 강조했다. 산소는 눈에 보이지는 않지만, 생존을 위해서 잠시라도 없어서는 안 되는 존재인 것처럼, 자기대상이라는 존재도 잠시라도 없어진다고 가정하면, 유아의 정서적 생존을 보장할 수 없게 된다.

자기대상의 기능이 제대로 이루어져서 유아의 과대-과시적 욕구와 이상화 욕구가 잘 충족되면, 유아는 자기대상의 잘 발달한 심리조직을 자기의 것처럼 경험한다. 이러한 과정에서 유아는 자기대상의 기능을 내재화함으로써 자기의 심리 구조에 들여온다. 이후 자기 구조가 응집되고 견고해져서 핵심 자기가 형성되고, 자기의 감각, 즉 자기감이 분명해진다. 그러나 자기대상이 유아의 욕구에 제대로 반영해 주지 못하면 욕구가 과도하게 강조된 병리적인 원초적 자기대상(archaic selfobject)이 발달할 수 있다(American Psychoanalytic Association, 1990/2002, p. 385; Summers, 1994/2004, p. 365).

만일 자기대상의 문제가 원초적 자기대상이 되어 에너지가 고착된다면, 자기의 에너지가 대상을 향하지 못하고 연약한 자기가 자기 자신을 위한 기능을 수행하게 되며, 결국 나르시시즘, 즉 자기애가 발달하게 된다. 따라서 부모가 자기대상의 역할을 제대로 수행하여 자기의 기능이 잘되도록 돕는 것이 유아에게는 필수적이라 할 수 있다. 원초적 자기대상의 욕구가 어린 시절 나타난다면 정상이지만, 성인기 동안에도 지속된다면 자기애적 성격장애가 나타날 우려가 있다. 코헛은 이상화 자기대상이 생후 1년 정도에 나타나고, 생후 2년 정도에 점차 조직화한다고 설명했다. 이때 자기대상의 기능이 실패한다면 심각한 문제가 생긴다(St. Clair, 2003/2017, p. 254). 자기대상은 원래는 자기의 욕구에 정확히 맞춰 주어야 제대로 기능한다. 만약 유아가 졸려서 울면서 잠을 청하는데, 엄마는 유아가 배가 고픈 줄 알고 계속 젖을 먹이려고 하면 유아의 욕구에 정확하게 맞추는 것은 아니기에 자기대상은 제 기능을 하지 못한 것이 된다. 이러한 경험은 유아에게 결국 좌절 경험으로 남게 되고, 심한 좌절이 있는 경우에는 트라우마적 상처로 남는다.

이 시기의 유아는 자기 존재감을 형성하는데, 심한 좌절은 유아의 존재감에 의문을 불러일으켜 자기 존재에 대한 깊은 수치심이 생길 수 있다. 또한 유아는 자기 욕구에 대해서도 수치심을 느껴서 진정한 욕구가 무의식 깊숙이 억압되어 자기가 정말 좋아하는 것이 무엇인지 잘 모르는 거짓 자기로 살아갈 위험이 있다. 엄마는 유아가 원하는 것이 무엇인지 파악하는 것이 중요하고, 자기 욕구에 따라 마음대로 유아에게 주는 것이 아니라 유아가 원하는 것을 정확히 해 주는 것이 특히 중요하다.

예를 들면, 아이가 마트에서 원하는 장난감이 있었는데, 엄마는 아이가 원하는 장난감과 비슷한 다른 장난감이 있으면 그게 더 좋다는 식으로 유도해서 결국 엄마가 원하는 장난감을 사 줄 수 있다. 엄마는 아이가 정확히 원하는 것을 알면서도, 자기가 사 주는 장난감이 더 비싸고 좋은 것이라고 설명하기도 한다. 아이는 아직 인지 발달이 이루어지지 않아서 이해력과 판단력이 떨어지기 때문에 그 순간 엄마의 말을 듣게 된다. 하지만 엄마가 사 준 장난감은 자기가 원했던 장난감이 아니기 때문에 아이의 욕구가 충족된 것은 아니다. 집에 와서 아이가 할 행동은 불 보듯 뻔하다. 아까 자기가 봤던 그 장난감을 내놓으라고 하면서 찡얼대기 시작할 것이다. 엄마는 이게 더 좋은 장난감인데 왜 그러냐고 하면서 아이를 탓하게 된다.

사실, 부모가 초기 유아의 욕구에 완벽하게 맞추기란 쉬운 일이 아니다. 초기 유아는 말을 할 수 없어서 울음으로 표현할 수밖에 없는데, 민감하지 못한 부모의 경우 미세한 조율이 어려울 수 있기 때문이다. 아이는 커 가면서 이전에 충족되지 못했던 문제를 보상받을 기회를 계속해서 만든다. 아이는 엄마 없이는 살아가기 힘들기에 수많은 기회를 주는 것이다. 하지만 자기의 욕구를 충족시키기 급급하거나 아이의 버릇이 없어질 것 같아서 걱정하는 엄마는 이러한 아이의 신호를 계속해서 놓치게 된다. 그렇게 되면 아이는 자신의 자기애적 욕구를 채우지 못했기 때문에 자기대상을 향한 자기애적 리비도가 떨어져 나와서 대상 리비도로 바뀌기 힘들 것이다. 코헛은 유아에게 자기대상을 복구할 좋은 기회가 다시 생기게 되는 것은 잠재기 초반, 즉 만 6세 전후라고 했다.

유아의 발달과정이 순조롭다면 만 3세 정도에 엄마와 분리를 성취하고 자율성을 발달시키는 분리—개별화 과정을 완성하는데, 초기의 문제로 엄마와 분리되는 것을 여전히 불안해하면 잠재기 아동(6~12세)은 초기의 이상화 자기대상 추구과정을 다시 거치게 된다. 이는 엄마에 대한 상실의 두려움이 견딜 수 없어 퇴행적으로 나타나는 반응이다. 엄마와 떨어지는 것을 견딜 수 없이 불안해하는 아이라면 이러한 현상이 분명하게 판단되지만, 엄마와의 분리 불안, 유기 불안 말고도 다른 형태로 나타날 수 있다. 예를 들면, 아이가 무엇인가를 사 달라고 과도하게 떼를 쓴다든지, 무엇인가 마음에 안 들면 분노를 가라앉히지 못한다든지 하면 의심해 볼 수 있다. 이는 완벽하게 자신을 맞춰 주지 못했던 엄마에 대한 억압된 무의식적 분노가 폭발하고 있는 것인지도 모른다.

성인이 되어서도 자기애적 리비도가 자기대상을 향하여 고착되면, 외적 대상이 성인에게 욕구를 충족시켜 주는 일은 유아일 때 엄마가 충족시켜 주는 일보다 더 어렵기에 좀 더 어린 시절에 문제를 해결하는 것이 중요하다. 만약 성인이 되어서 문제가 생기면 자기 구조의 결함을 채우기 위한 보상 활동으로 현대인에게서 많이 볼 수 있는 중독이나 섭식장애가 나타날 수 있다. 또는 외적 대상을 실제 대상으로 인식하지 못하고 자기대상으로 잘못 인식할 수 있는데, 이 경우 대상을 자기의 연장선에 있다고 여기기 때문에 자기의 욕구를 충족시키기 위해 타인을 이용하게 된다. 이는 의식적인 수준이 아니라 무의식적인 수준이기에 자기대상으로 여겨지는 타인은 경계를 침범당하는 불편함을 느낄 수 있다. 예를 들어, 높은 지위에 올라가는 사람 중에서 타인의 업적을 당연한 듯이 가로채고 자기의 업적으로 만드는 행동을 하며 타인을 실제 대상으로 여기지 못하는 경우가 있다. 또한 자기가 높은 지위에 있기에 아래에 위치한 사람들이 자기를 위해 수족처럼 움직여야 한다고 생각하는 특권의식이 이에 해당한다.

그렇다면 대상관계이론에서의 대상과 자기대상의 차이점에 대해 궁금해질 것이다. 둘 간의 차이는 우선 분리된 존재로서 경험하는 대상인지 아닌지에 차이가 있다. 대상관계에서는 리비도가 대상을 향한다고 본다면, 자기애적 상태의 리비도는 대상으로서의 위치가 아닌 자기대상으로 리비도가 향하는 것이다. 그렇다면 자기대상이 자기 안에 있는 것이므로 대상관계이론에서 말하는 내적 대상과 유사한 것일까? 내적 대상은 대상과의 경험을 통해 자기에게 들어온 대상, 즉 내면화된 대상을 말하지만, 자기대상은 유아가 인지 발달이 덜 된 채 자기와 대상 사이를 구분하지 못하고 있는 상태에서 대상이 자기를 위해 뭔가를 해 주기를 바라는 심리 내적 기능이라 할 수 있다. 대상관계이론에서 자기가 투사적 동일시를 사용하는 일은 대상에게 무엇인가를 집어넣고 통제하는 것인데, 자기심리학에서 자기대상을 통제한다는 것은 결국 자기를 통제한다는 것과 같은 의미이다(Kohut, 1971/2006, pp. 91-93).

대상관계이론에서는 앞서 언급한 전체 대상과 부분 대상이라는 구분으로 건강한 대상관계 여부를 판단한다. 즉, 대상을 온전한 존재, 전체 대상으로서 대하는지, 아니면 대상을 일부분의 존재, 부분 대상으로 대하는지가 매우 중요하다. 반면, 코헛의 자기심리학에서는 자기대상과 실제 대상이라는 용어를 구분해서 사용했다는 차이점이 있다. 즉, 전체 대상은 실제 대상과 유사하지만, 부분 대상은 외적 대상의 부분을 바라보는 것이고, 자기대상은 자기 안에서 요구하는 대상이라는 점에서 차이가 있다. 결국 상담에서 자기애적 성격장애인 내담자를 만나는 경우 상담사는 내담자의 자기대상이 되어 주어서 자기 구조를 견고하게 만드는 작업을 해야 할 필요가 있다.

마지막으로, 앞서 살펴본 전환기 대상과 자기대상이 이론적으로 차이가 있는 부분을 살펴볼 필요가 있다. 자기대상이 과대한 자기를 수용하고 지지하며 닮고 싶은 이상적인 모습을 가진 개인의 심리 내적인 심리 구조라면, 전환기 대상은 실제로 존재하는 형태가 있는 외적 대상이다. 자기대상이 자기와 대상의 분리를 인식하지 못한 상태에서 자기의 연장선이라면, 전환기 대상은 분리를 인식하기 시작하면서 분리 불안에 대한 방어로 대상의 대체물을 소유하는 것이다. 서머스는 코헛이 자기대상을 상담사가 공감해 주는 행위로 표현했던 점을 들어 자기대상이 심리 내적 개념의 의미만 있다고 본 점을 비판했고, 상담사가 사실은 전환기 대상이면서 동시에 심리 내적인 개념의 의미가 있다고 주장하기도 했다(Summers, 1994/2004, p. 422). 그런데 상담사가 전환기 대상이라면 내담자는 상담사를 분리된 상태의 대상으로 인식해야 한다. 하지만 코헛은 분리된 실제 존재 그 자체로 공감을 해 주었던 것이 아니고 내담자의 융합을 견뎌 내며 내담자가 심리 내적으로 원했던 공감을 해 주었다. 이러한 사실을 통해 코헛은 분리된 상태의 전환기 대상이 아니라 분리가 되지 않은 상태의 심리 내적인 기능, 즉 자기대상의 역할을 해 준 것으로 보인다.

앞서 언급한 것처럼 위니컷은 전환기 대상이 엄마의 상실에 대한 분리 불안에 대해 위안을 주는 것(comforting)이 아니라 달래 주는 것(soothing)이라고 했는데, 이는 주로 분리 불안을 직접적으로 진정시키고 완화해 준다는 의미에 더 가깝다. 이러한 의미는 분리 이전 유아의 과대 자기 욕구를 충족시켜 주는 자기대상의 의미와 조금 차이가 있다. 상담에서 자기대상에게 욕구를 충족하지 못했던 내담자에게 이해를 통해 과대 자기를 지지하고 수용하는 의미와도 조금 다른 면이 존재한다. 한편, 전환기 대상은 환상 속에서는 자기의 일부로 경험할 수도 있고, 전환기 영역에서 타인과 공유할 때는 상징화를 통해 외적 실제로 분리할 수도 있는 자유로움이 있다.

이러한 부분은 건강한 개인이 자기대상과의 상호 수용 속에 자유롭게 자기대상을 활용하는 것과 유사하다. 이 경우에도 반영을 바라는 마음이 있고, 순간적인 융합을 원하기도 한다. 코헛이 자기대상에 자기애적 리비도가 고착되면 중독이나 섭식장애로 나타난다고 했던 것처럼, 위니컷은 전환기 대상에 대한 집착은 중독으로 나타난다고 한 점 또한 유사하다고 볼 수 있다. 이렇게 보면, 전환기 대상과 자기대상을 추구하는 이유는 각기 다르지만 나타나는 현상은 유사한 부분이 있기도 하다. 둘 간의 확연한 구분을 한다는 데에 의미가 있는 것이 아니라 의미의 미묘한 뉘앙스 차이 정도로 생각하면 될 것 같다.

대상 개념의 형성과정

제3장에서 대상관계이론에서 정의하는 대상에 대해 이미 충분한 논의를 했지만, 이 장을 마무리하면서 대상 개념이 어떤 과정을 통해서 형성되어 왔는지를 마지막으로 살펴보고 마치려고 한다. 대상에 대해 살펴보기 위해 가장 먼저 생각해 보아야 할 부분은 프로이트 이론과 대상관계이론 사이에 첨예한 논쟁이 이루어지는 이슈에 대해서이다. 이는 바로 욕동(drive)이 대상을 창조하고 추구하게 하는지, 아니면 대상을 추구하기 위해 욕동을 사용하고 있는 것인지에 관한 것인데, 이는 닭이 먼저인지 달걀이 먼저인지에 대한 답을 알기 힘든 것과 유사한 질문이다. 대상관계 이론가들은 물론 정신병리의 가장 큰 원인을 대상관계로 보기에 대상을 추구하기 위해 욕동을 사용한다고 볼 것이다.

대상이 먼저인가, 욕동이 먼저인가에 대해서는 정신분석의 출발점인 프로이트로부터 계속해서 논쟁해 온 문제이다. 프로이트는 욕동이론을 강조했던 초기에 대상이라는 말을 사용하지 않고 타자라고 했는데, 욕동은 타자와 관계가 거의 없다고 보았다. 앞서 언급한 것처럼 처음 대상이라는 용어를 사용한 것은, 「성욕에 관한 세 편의 에세이」 (1905)에서 "성적 매력을 느끼게 하는 사람을 성적 대상"이라고 불렸던 것에서부터 시작한다. 이후 외적 대상과 아무런 상호작용이 없는 자폐증이 유아의 최초 상태를 나타내는 표상이라 했고, 슈레버(Schreber) 사례에서는 자가 성애(autoerotism)가 외부 대상을 선택하기 전 발달단계라고 설명했다(Greenberg & Mitchell, 1983/1999, p. 79).

이는 외적 대상과의 대상관계가 처음부터 존재하는 것이 아니라 발달적으로 성취됨을 암시한다. 또한 「본능들과 그 변천들」(1915a)에서는 대상은 본능이 만족을 추구하는 동안 몇 번이고 변할 수 있다고 하였고, "대상은 본능의 전치에 의해 중요한 역할을 갖는 것"이라고 했던 것을 볼 때, 유아에게는 대상관계 추구가 우선적이지 않고 욕동을 충족시키는 일이 우선이라는 관점을 가졌던 것을 확인할 수 있다(Greenberg & Mitchell, 1983/1999, p. 78). 이후에도 프로이트는 엄마가 유아들을 만족시키는 경험을 계속해서 반복해 주면, 유아들은 엄마를 대상으로 창조한다고 설명하며 대상이 발달함을 직접적으로 언급했다. 하지만 초기 욕동이론에서 욕동이 타자와 관계없다고 했던 것으로부터 본능을 추구하기 위해 대상을 향한다고 이론을 바꾼 것은 프로이트가 점차 대상이 가지는 의미의 중요성을 알게 된 것이라고 볼 수 있다. 구조이론이 확립되면서 부모가 유아에게 영향을 미치는 초자아를 설명하기 위해 동일시 개념을 들여옴으로써 타자들과 관계를 맺는 방식이 중요하다고 분명하게 여겨지기 시작했다(Greenberg & Mitchell, 1983/1999, p. 78).

한편, 인간의 동기, 경험, 삶에서의 어려움 등의 원인이 개인의 욕동에 있는 것이 아니라 전적으로 사회·문화적 맥락에 있다고 하며 대상관계이론보다 더 관계 중심적인 이론은 대인관계(interpersonal)이론이다. 이 이론을 주장한 이론가들은 해리 S. 설리번(Harry S. Sullivan), 에리히 프롬(Erich Fromm), 카렌 호나이(Karen Horney) 등이 대표적이다. 대인관계이론은 1930년대 후반기에 시작되었는데, 이들이 성격을 사회적 관계와 문화적 산물의 결과로 본 것은, 욕동 이론가들에 의해서 대인관계 정신분석이 성격의 표면적인 부분에만 관심을 가지는 사회학 이론이라는 비판을 받게 된 계기가 되었다. 하지만 대인관계 이론가들은 표면적인 부분이 아니라 현실이나 상상 속에서 자기와 타인과의 관계를 통해 깊은 경험을 하고, 열정과 갈등이 생기면서 변화하는 심리적 구성물을 말하는 것이므로 단순히 표면적인 부분만을 이야기한 것은 아닌 것으로 보인다(Greenberg & Mitchell, 1983/1999, pp. 141-142).

대인관계이론이 대상관계이론에 가장 크게 영향을 미쳤던 것은 성격 형성에 있어서 어머니의 정서적 역할이 중요함을 강조하게 된 점이다. 앞서 언급한 것처럼 원래 대상관계이론은 클라인의 이론으로부터 발달하기 시작했는데, 클라인은 생물학적 어머니의 역할을 강조했다. 하지만 클라인의 강조점은 엄마의 존재를 부분적인 역할로만 봤던 한계를 가지고 있다. 이후 설리번이 유아의 정서적 욕구를 만족시키는 모성적 공감의 중요성을 처음 강조함으로써 대상관계이론에서도 대인관계이론처럼 어머니의 공감해 주는 역할이 정서적 발달을 위해 필수적이라는 점을 받아들이게 되었다(Greenberg & Mitchell, 1983/1999, pp. 141-142). 결국 대상관계이론에서는 생물학적 욕구와 정서적 욕구를 함께 충족시켜 주는 것이 중요하다는 기본적인 이론의 전제를 가지고 인간의 심리를 이해하려고 노력하게 되었다.

대상관계이론과 대인관계이론의 가장 큰 차이점은 대상관계이론은 심리 구조 형성에 중요한 것이 대상과의 상호작용이라는 점을 강조하는 반면, 대인관계이론은 인간의 본성 자체가 대인관계적이라고 보는 것이다. 따라서 대상관계이론은 개인의 발달과정에서 성격 형성의 문제가 현재 대상관계의 문제를 일으킨다고 보았던 반면, 대인관계이론은 발달의 문제는 중요하게 다루지 않고 현재 일어나고 있는 상담사와의 관계에서 문제를 찾았다. 분석 상황에서 대상관계이론은 전이-역전이를 통해 내담자의 내적 대상을 깨닫고, 기다림을 통해 담아내며, 해석을 주어 수정하는 작업을 하지만, 대인관계이론에서는 전이-역전이를 다루지 않고 지금-여기 상담사와의 사이에서 일어나는 일을 그 순간에 다룬다(Greenberg & Mitchell, 1983/1999, pp. 471-473). 대상관계이론과 대인관계이론이 차이점이 있고 서로를 비판하는 과정에서 이론적 발달을 이루었지만, 두 이론 모두 결국 대상의 상실을 통해 인간이 발달한다는 측면에서는 맥락을 함께한다고 볼 수 있다.

지금까지 살펴본 내용을 통해 우리는 대상의 정의를 다시 한번 내려 볼 수 있다. 대상은 본능적 욕동을 가진 주체가 욕구를 만족시키는 목적을 위해 필요한 수단으로 대상 관계에서는 주로 사람을 가리키지만, 종종 사물을 지칭하기도 한다. 욕동도 대상을 가지고, 느낌이나 정동 모두 대상을 가질 수 있다. 예를 들면, 사랑의 대상은 자녀들이고, 두려운 대상은 죽음이며, 배고픈 욕구의 대상은 엄마의 젖과 같은 것들이 있다. 대상관계이론에서는 주체가 대상을 어떻게 소유하고 있는지에 대한 의미가 있는 대상 표상(object representation)이라는 말을 더 자주 쓴다. 왜냐하면 대상은 실제의 대상보다는 주체에게 심리적으로 어떻게 작용하는가가 중요하기에 주체의 객관적 사실보다는 주체가 대상에게 어떤 구성물로 여겨지는지가 더 중요하기 때문이다. 이렇게 주체의 마음속 대상 표상이 앞서 이미 자세히 설명했던 내적 대상이다(St. Clair, 2003/2017, p. 10).

내적 대상에 대한 예를 더 들어 보면, 같은 엄마에게서 자란 형제라도 엄마에 대한 대상 표상, 즉 내적 대상이 다를 수밖에 없다. 어떤 가족의 형제의 나이 차이는 일곱 살로 보통의 다른 집의 형제보다 크게 난다. 그 가족의 첫째는 엄마가 좀 더 젊었던 23세에 낳아 키웠고, 둘째는 좀 더 철이 들었을 때인 30세에 낳아서 양육했다. 엄마가 첫째 아이 때는 돌봄이 서툴렀고 아이는 기운이 넘쳐서 잠을 안 자고 많이 울기도 했다. 첫째 아이가 유난히 많이 먹는 아이라는 것을 둘째를 낳고 보니 비교되어서 알게 되었고, 예전에 잠을 안 자고 울었던 것이 다른 이유가 아니라 배가 고파서 더 먹겠다고 울었을지도 모른다는 것을 나중에야 알게 되었다. 하지만 첫째를 젊은 시절에 낳았기에 엄마도 체력이 괜찮아서 아이가 좀 컸을 때는 같이 즐겁게 놀아 줄 수 있었다.

이 가족의 둘째 아이는 엄마의 나이가 좀 들어서 낳았고, 이미 아이를 키워 본 경험이 있었기에 첫째보다는 훨씬 능숙하게 키울 수 있었다. 나이가 좀 더 들어서 낳아서 그런지 둘째 아이가 첫째 아이보다 체력이 덜 좋은 것 같았고 잠들 때가 되면 잘 자서 엄마에게는 둘째 아이를 키우는 것이 좀 더 편한 일이었다. 하지만 둘째가 좀 더 컸을 때는 엄마가 나이도 들고 해서 첫째 아이 때처럼 신나게 놀아 주지는 못했다. 이러한 이유 때문인지는 몰라도 첫째가 10세였을 때와 둘째가 10세였을 때 아이들의 성격은 많이 달랐고, 두 아이가 엄마를 대하는 태도도 각각 달랐다.

또한 첫째 아이는 여러 친구와 밖에 나가서 노는 것을 좋아하고, 몸을 움직이는 활동을 좋아했던 반면, 둘째 아이는 친구와 만나서 놀 때 한 명하고만 놀거나 집에서 혼자

노는 것을 더 좋아했다. 첫째 아이는 엄마에게 친구와 같은 감정을 느끼고 수다를 많이 떨었다. 둘째 아이는 엄마를 더 어른처럼 느껴서 친구에게 하듯 엄마에게도 말을 그렇게 많이 하지는 않았지만, 엄마가 말을 걸면 첫째 아이보다 어른스럽게 대답해서 엄마를 자주 놀라게 했다. 이를 대상관계적 관점에서 설명해 보면 두 아이가 가지는 엄마에 대한 대상 표상이 각각 다르고 따라서 대상 표상이 내면화된 자기 표상도 다르기에 나타나는 현상이라 할 수 있다. 물론 두 아이의 타고난 기질적 차이가 있었던 것도 두 아이가 엄마를 대하는 방식이 다른 데 공헌하기는 했다.

대상관계이론의 관점에서 건강하고 성숙한 대상관계는 대상을 온전한 한 인격체로 보는 전체 대상과 관계를 하는 것이다. 부분 대상과 관계를 맺는 것은 인간의 의식이 성숙하지 못했기에 일어나는 일이며, 대상관계 상담에서는 자기에 대해서도 통합하고, 대상에 대해서도 통합을 시키는 것이 중요한 상담의 과정이라 할 수 있다. 인간은 자기가 완전하지 못하다는 것을 수용하기 어렵기에 나쁜 부분을 인식하고 통합하기도 어렵고, 타인의 좋은 부분은 시기심으로 인해 수용하기 어려워서 통합하기 어려울 수도 있다. 반면, 타인이 나쁜 대상으로 존재하는 것은 외부에 박해적인 요소가 있다는 것을 의미하기도 해서 불안하고 불편하므로 타인을 나쁜 대상의 측면이 없는 좋은 대상으로만 인식하게 되기도 한다.

이렇게 통합되지 못한 경우 인간을 대상으로 관계하기 어려워서 인간이 아닌 동물이나 사물과 대상관계를 하게 되기도 한다. 제3장에서 예를 들었던 것처럼 인간 대상과의 관계가 어려울 때 동물 대상관계를 하게 된다. 최근에 반려동물을 키우는 사람이 많아지면서, 개 엄마, 냥이 아빠와 같이 동물을 가족처럼 생각하며 살아가는 사람이 많아졌다. 자기에 대한 호칭도 반려동물의 엄마, 아빠, 형, 언니 등으로 부르는 경우가 많다. 또한 반려동물 유모차와 아기 띠, 반려동물 카시트 등 사람 아기용품인지, 반려동물 아기용품인지 언뜻 봐서는 알기 힘든 상품들도 많아지고 있다.

우리 주변의 일상에서 "우리 ○○이가 아파서 병원에 갔는데, 글쎄 항생제를 먹여야 한다는 거야. 그래서 먹기 싫어하는 걸 억지로 겨우 먹이고 왔네."라는 말을 자주 듣게 되는데 한참 듣다 보면 자기의 아이 이야기가 아니고 반려동물 이야기인 경우가 많다. 어떤 남성이 화장실에 들어가려 하자 강아지가 따라가려고 하는데 줄을 잡은 여성이

"응, ○○아. 조금만 기다려, 아빠 화장실 다녀온대."라고 하는 말을 듣기도 한다. 젊은 부부처럼 보이는 커플들이 강아지를 데리고 산책 나왔는데, 유모차에 태우고 나오거나 아기 띠에 두르고 나와서 마치 아기를 키우는 것 아닌가 하는 착각을 불러일으키는 경우도 많다. 다음은 동물 대상관계의 양상을 잘 보여 주는 사례이다.

어떤 부부가 오랜 시간 같이 지내다 보니 점점 더 사이가 틀어지게 되었다. 사이가 좋아지지 못했던 이유가 많이 있었겠지만, 그중에 아내가 화가 난 굉장히 중요한 이유가 있었다. 집에서 키우는 강아지를 남편이 싫어하는데 가족이 여행을 떠나면서 강아지를 남편이 친구 집에 잠시 맡겼다가 결국 핑계를 대고 그 집에 아예 보내고 말았다. 아내는 그 당시에는 남편이 친구 집에 강아지를 두고 온 것에 관해 조금 불만스럽게 말했는데, 사이가 틀어지고 난 후에는 강아지 이야기를 꺼내면서 엄청나게 화를 냈다. 그 남편은 아내가 자기보다 강아지를 더 중요하게 생각하는 것 같다고 너무 황당해했다. 아내는 강아지를 종일 무릎에 앉혀 놓고 쓰다듬고 있었고, 남편은 그것을 보면서 왠지 모를 질투가 나서 강아지가 너무 미웠다고 한다.

또한 둘째 아이가 자꾸 몸에 가려움증이 생겼는데 의사가 동물을 키우는지 물어봤었기에 남편은 강아지 때문에 둘째 아이가 자꾸 피부질환이 생기는 것일지도 모른다는 생각이 들었다고 한다. 의사도 아이의 피부 알레르기가 강아지 때문에 생기는 것일지도 모른다고 했으니 강아지를 그만 키워야 한다고 말해서 남편이 강아지를 친구네 집에 아예 맡기고 왔다는 것이다. 아내는 처음에는 조금 불만족스럽게 말하고 마지못해 동의했는데, 부부가 싸우고 관계가 틀어지고 나서는 아이의 피부질환이 강아지 때문인 걸 당신이 어떻게 증명하냐며 불같이 화를 냈다. 이후 남편은 "나는 강아지에게 밀렸다."라고 슬픔에 찬 표현을 종종 하기도 했다.

남편 말에 의하면 아내는 강박적인 완벽주의자였다. 아내는 남편이 집안일을 도와줄 때 사사건건 마음에 들어 하지 않으면서 잔소리를 하다가 결국 본인이 직접 했다. 그냥 대충하는 것은 살림의 정답이 아니라고 생각해서 인터넷을 찾아가면서 가장 좋은 방법을 찾아서 할 정도였다. 싱크대를 청소하는 법, 다림질을 깔끔히 잘하는 방법, 컴퓨터 키보드 청소하기, 방바닥 먼지 하나 없이 청소하기, 생선을 예쁘게 굽기, 고기와 채소 볶을 때 물이 나오지 않게 굽기 등 살림의 다양한 분야에서 완벽한 정보를 찾아서 완벽하게 따라 했다. 남편은 아내와 오랜 시간 같이 살면서도 아내가 남편이 하는 일에 불만스러워하면서 집안일을 하고 있다는 사실을 처음에는 인식하지 못했고, 도움을 바라지 않고 알아서 다 해 주는 좋은 아내와 살고 있다고 생각했다. 남편은 아내를 좋은 부분 대상으로 인식하고 있었던 것이었다. 하지만 사이가 틀어지고 나니 아내의 강박적인 완벽주의가 너무 싫어졌다고 한다. 이때는 나쁜 부분 대상관계를 맺게 된 것이다. 처음에 아내를 무조건 좋게만 보려던 것도, 나중에 아내의 존재를 나쁘게만 느낀 것도 전체 대상과의 관계가 아니라 대상이 통합되지 않은 부분 대상과의 관계를 한 것이라 볼 수 있다.

아내는 남편과의 대상관계보다 반려동물 대상관계가 매우 중요한 사람이었다. 또한 아내는 자기가 전능하다는 환상 속에 살고 있어서 완벽주의를 추구하는 강박적인 행동을 해 왔을지도 모른다. 이를 통해 추측해 보면, 엄마의 돌봄에 대한 좌절로 인해 생겼던 나쁜 대상을 내적 대상의 한 부분으로 통합시켜 내지 못하고 분열시켜 좋은 내적 대상을 소유하기 위해 완벽주의적인 강박행동을 했던 것일 수 있다. 아내가 남편에게 집안일을 못한다는 잔소리 없이 집안일을 대신했던 것은 수동 공격성의 한 형태이기도 한데, 아내는 어쩌면 자기를 일을 완벽하게 해내는 이상화된 자기로 위치해 둠으로써 집안일을 제대로 못하는 남편을 자기보다 못한 존재로 평가 절하하고 있던 것으로 생각해 볼 수 있다. 이 사례를 통해 우리는 전체 대상관계를 하는 것이 얼마나 중요한지 잘 알 수 있다. 또한 대상을 향한 좌절로 인해 유발되는 실망을 방어하기 위해 동물 대상관계를 하는 사람들이 예상외로 많을 수 있다는 점과 함께, 상담에서 이러한 내담자를 만나면 어떠한 관점에서 접근해야 하는지에 대해 미리 생각해 볼 필요가 있음을 알 수 있다.

III. 대상관계이론의 적용

제7장
심리적 탄생: 공생과 분리-개별화

    유아의 발달과정을 보면 인간은 처음에는 엄마와의 미분화상태에서 삶을 시작한다. 생애 초기에는 환경에서 자기 자신을 분리해서 보거나 느끼기 어렵고 자기가 환경으로부터 분리된 개체라는 인식도 없는 상태이다. 오히려 유아는 자기의 생존을 위해서 환경, 주로 엄마에게 전적으로 의존하는 상태로 삶을 시작하는데, 자기 생존에 대한 불안함, 두려움, 심지어 공포를 느낄 수도 있기에 처음에는 엄마와 융합된 상태에서 전적인 관심과 돌봄과 사랑을 공급받으면서 삶을 살아갈 용기를 얻는 것이 중요하다. 엄마의 이런 관심을 듬뿍, 충분히 받아야만 유아는 자기의 연약함과 부족함을 수용하면서 서서히 성장해 나가는 첫 발자국을 내디딜 수 있게 된다. 엄마와의 대상관계, 주변의 주요 인물들과의 대상관계를 통해서 주요 대상의 중요한 측면을 자기 내면에 서서히 받아들이게 되고, 나중에는 자기가 세상을 살아 나갈 수 있을 만큼 능력이 생겼고 충분히 강하다는 자기감과 자신감을 느낄 수 있다. 사실, 이 과정은 유아기에만 경험하는 것이 아니라 평생 지속되는 것이다.

    대상관계를 통한 유아의 정서적 발달과정, 즉 분리-개별화 과정은 사실 유아의 뇌-인지 발달, 신체 발달 없이는 불가능하다. 예를 들면, 생후 2개월까지의 기간을 말러는 정상적 자폐기라고 보았는데, 이 시기는 유아가 심리적으로 고립된 상태이고 아직은 대상과 관계를 맺는 능력이 생기기 이전 상태이다. 유아가 심리적으로 관계 맺지 못하는 상태와 심리적으로 철회된 상태는 마치 엄마의 태중에서의 상태와 비슷하다. 말러가 표현한 것처럼 '깨어나는(awakening)' 과정이라고 볼 수 있다. 이때는 정서적 관계가 가능하기 이전에 신체적으로 아직 발달이 덜 된 시기이다. 시력이 한 가지 예이다. 갓 태어난 아기의 시력은 성인의 건강한 시력의 대략 1/10 정도 수준이라서 실제로 자기 눈앞에 나타난 물체, 즉 엄마의 존재를 제대로 알아보기 어렵다. 마치 근시가 심한 사람이 안경을 끼지 않아서 대상을 알아보기 어려운 것과 비슷한 상태이다.

육아 경험이 있는 엄마들은 대부분 아는 것처럼, 이 시기의 유아들은 하루에 평균 16시간에서 17시간 정도 수면을 하고, 2시간 간격으로 수유를 한다. 유아는 반사(reflex) 반응 덕분에 배우지 않더라도 엄마의 젖을 빠는 방법도 알게 되고, 눈이 제대로 보이지 않아도 엄마가 가슴을 가까이 가져다 대 주면 젖을 찾고 입에 물 수 있다. 이렇듯 반사 반응은 무의식적·자동적 반응이다. 또 다른 반사 반응의 예로 눈에 무엇인가 다가오면 본능적으로 눈을 깜빡이는 반응이 있다. 이러한 반사 반응으로 인해 정상 자폐기 이후의 생후 2개월에서 6개월 사이인 공생기 유아들은 심지어 자유자재로 수영까지 할 수 있고, 물 안에서 눈을 뜨고 호흡을 참을 수도 있다. 양수로 가득 찬 엄마 태중에서 탯줄로 산소를 공급받고 호흡하면서 살아가던 당시의 신체적 능력과, 태어난 후 처음 울음을 힘차게 터뜨리면서 폐로 자가 호흡을 하던 당시의 능력이 동시에 나타나는 것이다. 수영 반사가 계속 우리 몸에 남아 있다면 우리가 수영을 힘들게 배우지 않아도 되고, 물에 빠져도 괜찮을 텐데, 너무 아쉽게도 수영 반사는 생후 6개월 이후가 지나면 서서히 사라진다.

그 이유는 그래야만 유아가 자기 몸의 근육을 자기 의지대로 움직일 수 있게 되기 때문이다. 반사 반응이 서서히 감소해야만 자기 몸과 행동에 대한 유아의 자발적 통제가 가능해진다. 유아가 엄마와의 공생에서 분리-개별화 과정을 겪을 때 필수적인 조건은 신체 발달이다. 신체의 각 부위의 근육, 특히 팔다리 근육이 발달해서 자기 스스로 기어갈 수 있고, 일어설 수 있고, 걸을 수 있어야 한다. 그래야만 엄마에게서 물리적으로 떨어졌다가 돌아왔다가 하는 행동을 반복하면서 정서적인 분리-개별화를 연습할 수 있다. 또한 유아의 뇌 발달로 인해서 인지 발달이 되어야만 대상을 알아보기도 하고, 대상과 자기가 분리된 존재라는 사실을 서서히 인식하기도 하며, 대상이 눈에 안 보일 때에도 대상 이미지를 기억해서 대상이 잠시 눈에 안 보여도 그 대상이 자기를 두고 떠나가지 않았고 잠시 자리를 비웠다고 인식해서 정서적으로 불안해하지 않고 편안함을 느낄 수도 있다.

　유아의 뇌 발달과 인지 발달은 자기의 감정을 알아차리고, 타인의 감정이나 얼굴 표정을 읽을 수 있는 능력도 가능하게 한다. 감정을 알아차림이 없이는 자기와 대상의 관계 맺음과 역동적인 상호작용도 불가능에 가깝다. 일단 자기의 감정 경험에 대한 인식이 생기게 되고, 더 나아가서 다른 사람의 감정을 이해하고 공감하는 능력이 발달할 수 있다. 유아가 분리−개별화를 시작하는 즈음인 생후 6개월경에는 인지 발달을 통해서 엄마가 아닌 다른 낯선 사람을 알아차리게 되고, 낯선 사람에 대한 불안을 느낄 수 있다. 이 감정을 대상관계이론에서는 낯선 사람 불안(stranger anxiety)이라고 하는데, 한국 문화에서는 낯가림이라고 표현한다. 곧이어 생후 7개월경부터는 분리 불안(separation anxiety)이 생긴다. 유아의 분리 불안은 육아 경험이 있는 사람이라면 금방 기억할 것이다. 엄마로부터 조금이라도 떨어지지 않으려고 필사적으로 애를 쓰고, 그 시도가 잘 안 되면 유아가 울고불고 난리 나는 경우가 생긴다.

　그 이유는 우선 유아가 아직 너무 어려서 그 상황을 정확하게 이해하지 못하기 때문이다. 유아의 마음속에는 '엄마가 어딜 가는 거지? 엄마는 왜 가는 거지? 엄마가 정말 돌아올까?' 등 불안함, 혼란스러움, 두려움이 혼재한 복잡한 생각이 떠오른다. 또한 그런 복잡한 생각 때문에 혼자 남겨지는 것이 불안하고 두려운 감정에 휩싸일 수 있다. 그래서 혼자 남겨지지 않도록, 엄마에게서 버려지지 않도록 유아가 필사적으로 그 상황을 막으려고 시도하는 것이다. 유아의 분리 불안이 잘 수용되고 섬세하게 다루어지지 않으면 결국 인간관계에서 버림받을 것 같은 유기 불안으로 이어지기도 한다. 그러므로 유아가 엄마의 부재를 잠시라도 정서적으로 견딜 수 있을 만큼 성장할 때까지 집에 두고 나가지 않도록 노력해야 하고, 아직 분리에 대한 불안한 감정을 표현하고 힘들어하면 유아가 준비될 때까지 좀 더 기다려 줄 수 있어야만 한다.

　특히 생애 초기 자기가 남겨지고 버려지는 것 같은 이런 무서운 경험이 반복되어 트라우마로 남은 아이는 그 깊은 불안감이 평생 정서적 기억에 남아서 쉽게 사라지지 않는 고통이 될 수도 있다. 성인이 되어서 연애를 하게 되면 자기와 만나는 여자친구 혹은 남자친구가 전혀 그런 마음이나 행동을 보이지 않는데도, 마치 자기를 버릴 것만 같은 불안이 마음속에서 사라지지 않는 경험을 하기도 한다. 이 경험이 객관적 사실은 아니지만, 주관적 사실일 수는 있기에 관계를 위태롭게 하고 힘들게 하는 주요한 원인이 된다. 연인과 같은 주요 대상에 대한 깊은 불신과 불안이 한 사람을 몹시도 고통스럽게 하기에 대상에게 더 매달리게 되고, 반대로 그 대상은 친밀한 인간관계에서 부담감과 숨 막힘을 느낄 수 있고 관계를 그만두고 싶은 마음이 생긴다. 그러면, 유기되는 경험을 다시 반복하기에 그 상처가 더 깊어지기도 한다. 이런 불신과 불안이 결혼한 부부 사이에서 반복되면 의처증, 의부증으로 한 명은 고통 가운데 시달리고, 의심을 받는 사람은 벗어나고 싶은 욕구가 들어서 결국 두 사람의 관계가 깨지게 된다.

공생 경험

심리적 탄생과정의 출발점은 공생 경험인데, 공생은 우리 인간이 세상에 태어나서 가장 먼저 경험하는 소중한 경험이다. 공생 경험은 다른 말로 두 사람의 융합 경험이기도 하다. 공생 혹은 융합은 자기와 대상을 명확하게 구분하는 것이 무의미해지는 정서적 상태이고, 자기와 대상의 경계가 흐려진 상태 혹은 거의 없는 상태라고 볼 수 있다. 대상이 나를 깊이 공감하고 이해한다고 느끼면 자기와 대상 사이의 경계가 필연적으로 흐려지게 된다. 자기와 대상의 경계를 너무 선명하게 선을 긋는 상태에서는 깊은 공감이나 공생은 불가능하다고 볼 수 있다. 연인이나 친한 친구 사이에서 분명한 경계를 유지하기 어려운 이유이기도 하다. 예전 TV 드라마에 자주 등장하던 오글거리는 대사인 "내 안에 너 있다."라는 표현처럼, 연인관계에서는 두 사람이 실제로 한 몸은 아니지만 정서적으로는 나와 너로 구분하지 않는다. 두 사람이 함께하는 시간은 얼마나 많이 흘러갔는지 전혀 인식하지 못하는 경우가 많고, 두 사람이 함께하는 공간은 마치 세상에 다른 사람은 존재하지 않고, 두 사람만 존재하는 것으로 착각하기도 한다.

연애와 마찬가지로 종교성이 깊은 사람은 깊이 기도에 몰입하는 순간을 통해서 신과 합일을 경험하기도 한다. 인간이 신과 하나의 존재가 될 수는 없지만, 신적 존재를 자기 존재 안에 깊이 느끼고 인간과 신이 구분되지 않는 신비로운 영적 체험을 할 수도 있다. 자기가 특별히 좋아하는 음악이나 미술 작품에 깊이 심취한 사람도 시간과 공간의 흐름을 인식하지 못하고 작품과 무아지경, 혼연일체의 상태가 되기도 한다. 좋아하는 음악을 듣거나 좋아하는 미술 작품 앞에 서서 시간이 얼마나 흐르는지도 인식하지 못하고, 자기와 그 작품이 분리된 존재라는 의식도 없이 그 작품과 하나가 되는 경험을 한다. 또 어떤 사람은 대자연 속에서 자기와 자연이 합일되는 황홀한 느낌을 경험하기도 한다. 자연 속에서 따뜻한 품을 느끼고 자기의 몸이 자연의 품에 안겨서 충전되고 치유되는 경험도 한다. 즉, 공생 경험에서는 시간과 공간의 개념을 잊어버리고 현실도 잊은 채 그 경험에만 몰두하게 될 수도 있다. 이런 공생 경험은 인간의 관계적 경험의 출발점이기도 하고 유아의 정서 발달의 모체가 되기도 한다.

유아는 정서 발달, 즉 심리적 탄생과정을 공생 경험으로 시작한다. 유아가 자기와 대상의 관계를 시작하려면 우선 자기와 대상이 분리된 존재라는 인식이 있어야 성립이 가능할 것 같은데, 유아의 생애 초기에는 이런 분리에 관한 인식이 없다. 자기와 대상이 땅콩이나 안경처럼 두 개의 알이 하나의 짝으로 이루어진 것을 구성단위(unit)라고 부르는데, 생애 최초의 자기-대상관계 구성단위는 공생이다. 공생은 자기와 대상을 구분하기 어렵게 서로 엉켜 있음을 경험하는 상태이고 자기와 대상이 미분화된 경험이다. 엄마와 공생 경험 상태의 유아는 불쾌한 감정을 경험할 수도 있지만, 주로 따뜻함, 채워짐, 사랑, 기쁨과 같은 좋은 감정에 휩싸여 있다. 사람의 모든 정신생활의 출발점은 공생이고, 공생은 인간이 정서적 삶을 시작하는 출발점이자 각 개인의 자기가 출현하는 모체이기도 하다.

유아는 모태에서 엄마와 공생하는 경험을 9개월간 하고 세상에 태어나는데, 생후 공생 경험은 엄마의 태중 경험의 연속선상에 있다고 볼 수 있다. 엄마와 태아가 하나의 몸으로 연결되어서 태아의 생존과 관련된 산소, 혈액, 영양분이 완벽하게 통제되고 공급된다. 태아의 몸은 엄마의 몸으로 둘러싸여서 외부의 충격이나 위험으로부터 보호받기도 한다. 태아가 세상에 태어나고 나면, 엄마도 신생아도 지난 9개월간 한 몸과 같은 상태로 지냈던 경험에서 두 명의 존재로 서서히 분리되고 개별화되는 과정에서 전환기가 필요하다. 그래야 충격도 덜 하고 적응도 쉽다. 유아는 대략 생후 6개월까지 이런 적응 기간이 필요하고, 엄마도 이 기간에는 유아의 생존을 위해서 자기의 온 마음과 힘을 모아서 유아를 보살피는 일에 몰두한다. 위니컷은 이 기간을 모성적 몰두(maternal preoccupation)로 명명했는데, 이는 엄마의 임신 기간의 마지막 3개월과 출산 후 첫 6 개월의 기간, 즉 9개월의 기간 동안 엄마의 상태를 의미한다. 이 시간이 지나면 엄마는 다시 한 인간으로서, 또한 자기의 전문 분야를 가진 여성으로서 자기의 정체성으로 다시 돌아간다고 보았다.

유아에게는 공생 경험을 충분히 하는 것이 이후의 정서적 발달을 위해서 굉장히 중요하다. 세상에 태어나 자기의 생존이 보장되지 않는 상황에서의 공생 경험은 유아에게 깊은 수준의 신뢰와 정서적 안전감을 제공할 수 있다. 유아는 이런 경험을 인지적으로 기억할 수는 없지만, 자기 존재로, 몸으로 느낀 안전감이나 불안감은 이후 발달과 생애 전반에 걸쳐서 무의식적으로 드러나게 되고 유아에게 큰 영향을 미친다. 유아의 타고난 성격 기질에 따라서 어떤 유아는 독립적으로 분리-개별화를 추구하기보다는 공생 상태에 더 머물러 있기를 원할 수도 있고, 어떤 유아는 분리-개별화에 대한 욕구가 이르게 나타날 수도 있다. 엄마의 관점에서 보면 같은 부모 밑에서 태어난 아이들도 어떤 아이는 빨리 떨어지려고 할 수도 있고, 어떤 아이는 더 오래 들러붙고 매달릴 수도 있다. 젖을 빨리 떼는 아기도 있고, 엄마의 젖을 오랫동안 집요하게 물고 늘어지는 아기도 있다.

그런데 각 유아가 충분하다고 느끼는 만큼 공생 경험이 제공되지 않으면 그에 대한 결핍감이 이후의 삶에서 드러날 수 있다. 공생 경험에 대한 결핍감을 느끼던 유아는 아동기에도, 청소년기에도, 성인기에도 공생에 대한 갈망으로 힘들어할 수 있다. 공생적 갈망은 인간에게는 자연스러운 욕망이기도 하지만, 성장이 덜 되고 미성숙한 욕망일 수도 있다. 공생 경험에 대한 결핍감은 다른 사람과의 관계에서 나타나기도 한다. 친구를 사귀었을 때 그 친구와 늘 함께 붙어 있고 싶어 하는 욕구가 너무 강하면, 두 사람 사이에서 친밀감을 느끼는 것과 건강하게 경계를 구분하는 것 사이의 균형을 맞추기 어렵다. 친구의 프라이버시와 경계를 침범하고 질리게 하기도 해서 관계가 깨어질 수도 있고, 친구에 대한 집착으로 친구를 괴롭힐 수도 있다. 그만큼 충분한 공생 경험은 유아의 분리-개별화 경험과 평생의 정서적 발달에 핵심적 경험이다.

반대로, 각 유아가 충분하다고 느낄 만큼 공생 경험을 하면 그에 대한 갈망은 자기가 조절하고 통제할 수 있는 수준이 된다. 우리가 성인이 된 후에도 공생에 대한 갈망은 여전히 느낄 수 있는데, 공생 경험의 가장 보편적인 승화는 사랑하는 남편, 아내와의 정서적 관계 경험이다. 깊이 사랑하고 존중하는 두 사람은 심리적으로도 육체적으로도 합일 경험을 할 수 있고, 그 만족스러운 합일 경험이 정서적인 충만감을 제공해서 직장 생활과 같은 일상에서의 크고 작은 어려움을 이겨 나가는 힘이 되기도 하며, 일이나 대인관계에서 신체적·정서적 에너지가 방전되면 충전해 주기도 한다. 어떤 사람은 결혼 대신에 영혼의 친구와 같은 평생의 친구를 만나서 공생 경험을 하는데, 다른 어떤 인간관계의 필요를 느끼지 못할 만큼 매우 만족스러운 경험을 하기도 한다.

하지만 어떤 경우든 두 사람이 늘 한 몸처럼 같이 움직이고 종일 같이 지낼 수는 없다. 공생 혹은 융합하는 시간이 있다면, 반대로 각자 독립적으로 자기만의 시간과 공간도 필요하다. 어떤 경우에도 현실을 떠나서 공생의 순간에만 계속 머무를 수는 없다. 공생의 순간이 있으면 반드시 자기 혼자 존재하는 순간으로 돌아가야만 한다. 그렇지 않으면, 현실을 부정하고 현실에 발붙이고 살아갈 수 없다. 현실 검증에 문제가 있는 상태가 되는 것이다. 또한 인간에게 공생 경험은 생애 초기에만이 아니라 일생 동안 꼭 필요한 경험이다. 유아들만 공생 경험을 통해서 공감받고, 지지받고, 성장하는 힘을 얻는 것이 아니라 모든 연령대의 성인들도 융합을 통해서 충전하는 시간이 있어야만 한다.

위니컷의 발달 관점

이 장에서는 심리적 탄생과정, 공생과 분리-개별화의 관점에 관해서 말러와 동료들의 연구를 중심으로 해서 소개하겠지만, 그에 앞서 대상관계이론 트리오의 주요 인물인 위니컷의 관점을 간략히 설명하려고 한다. 사실, 대상관계이론에서 발달과정에 관한 이론은 클라인의 편집-분열적 양태, 우울적 양태에 관한 것이 먼저 있었다. 앞서 설명한 것처럼, 클라인은 유아가 출생 직후부터 생후 3개월경까지 자기의 생존에 관한 불안과 두려움으로 인한 편집-분열적 양태가 우세하고, 생후 3개월 이후가 되면 우울적 양태가 발현하다가 생후 7개월에서 12개월 정도 사이에 우울적 양태가 훨씬 우세해진다고 보았다. 클라인의 발달과정에 관한 설명은 크게 두 양태로만 구분되어 있어서, 이를 발달단계로 보는 사람도 있지만, 인생의 각 순간에 어떤 양태가 더 우세하고 초점이 맞춰져 있는지에 관한 설명으로 보는 경향이 더 강하다. 이와 같은 관점에서는 위니컷의 발달단계에 관한 이론이 좀 더 구체적이고 명확한 단계들에 관한 이해라고 보는 것이 좋을 것 같다.

위니컷은 런던의 패딩턴 그린 아동병원에서 40년간 임상을 하면서 수천 쌍의 유아와 엄마 자기-대상 구성단위(unit)를 관찰하고, 돌보고, 치료했다. 위니컷의 관심은 주로 유아와 엄마가 어떤 방식으로 상호작용하는지에 있었고, 그 상호작용을 통해서 유아의 자기 구조가 출현하는 과정에 관심이 많았다. 그는 유아와 환경 사이의 적절한 균형을 중요하게 생각했는데, 환경, 즉 엄마의 영향이 너무 강해도 혹은 너무 약해도 유아의 자기 구조가 형성되는 데 문제가 생길 수 있다고 보았다. 너무 강하면 유아의 자기 구조의 출현이 어렵거나 늦어질 수 있고, 너무 약하면 유아의 자기 구조 형성에 필수적인 정서적 안전감과 영양분을 공급하기 어렵기 때문이다. 위니컷은 장기간의 세밀한 관찰을 통해서 유아의 대상관계 발달과정이 크게 3단계로 이루어진다고 보았다.

1단계는 절대적 의존(absolute dependence)이다. 절대적 의존은 유아의 출생부터 생후 6개월 정도의 경험으로, 앞서 언급한 엄마의 모성적 몰두 기간과 정확하게 겹치는 기간이다. 절대적 의존은 유아가 엄마와 공생 상태임을 의미하고, 엄마가 자기에게 절대적으로 의존하는 유아의 정서적·신체적 필요에 매우 민감하게 맞춰 가는 상태이다. 절대적 의존기의 엄마의 역할은 적응(adaptation)이라고 보았다. 유아는 엄마가 존재하지 않으면 생존할 수 없기에 엄마에게 절대적으로 의존하고, 엄마도 유아에게 정서적으로 의존하는 공동 의존(co-dependency)의 상태로 볼 수 있다. 물론 유아가 자기의 생존을 위해 엄마의 존재가 꼭 필요하다는 것을 의식적으로 아는 상태는 아니다. 위니컷이 관찰한 것은 유아가 엄마에게만 일방적으로 절대적 의존을 하는 것이 아니라 엄마도 유아에게 정서적으로 절대적 의존을 하는 공동 의존적 관계라는 점이다.

2단계는 상대적 의존(relative dependence)이고, 기간은 생후 6개월부터 24개월까지이다. 이 기간은 말 그대로 유아가 이전만큼 엄마에게 절대적으로 의존하는 기간은 아니지만, 여전히 상대적으로 의존하는 기간이라는 의미이다. 생후 6개월이 지나면서 유아는 자기가 엄마와 분리된 존재라는 것을 서서히 인식하기 시작한다. 그러한 인식이 유아에게 독립적인 느낌을 줄 수 있지만, 불안감과 두려움도 함께 느끼기 시작한다. 엄마 역시 예전만큼 유아에게 모든 것을 맞추지 않게 된다. 유아의 필요를 완벽하게 채워 주려는 마음이 줄어들고 유아에게 맞춰 주는 적응도 점점 줄어들게 된다. 즉, 모성적 몰두 상태에서 벗어나고 자기의 정체성을 다시 찾아가게 되는 것이다. 유아는 의식적으로 엄마가 자기에게 필요한 존재라는 사실을 알게 되고 엄마가 필요하다고 느낀다. 엄마와의 상호작용을 통해서 자기 구조가 서서히 통합되어 가는 과정을 거친다.

3단계는 독립으로 향함(towards independence)이다. 이는 유아의 생후 24개월 이후의 전 생애 과정을 의미한다. 3단계의 이름은 독특한데 위니컷이 명명한 이름에서 중요한 시사점이 있다. 유아는 3단계에 접어들면 실질적인 도움이 없이도 자기 스스로 행동하는 수단을 개발하게 된다. 대상관계의 범위도 계속 넓어지면서 다양한 대상과의 관계에서 개인으로서의 독립을 추구해 나가는 단계이다. 이 경험은 꼭 24개월 직후의 유아에게만 해당하는 것은 아니다. 어떻게 보면 유아의 정서적 발달단계가 3단계로 너무 단순하다고 볼 수 있지만, 생후 24개월 이후 인간의 관계적인 삶은 독립으로 향하는 상태를 유지해야 하고 독립으로 향하는 지속적인 성장과정을 꾸준히 경험해야 한다는 의미를 지닌다. 예를 들면, 만 20세의 청년은 생후 240개월이기에 24개월 이후에 지속되는 독립으로 향함 단계에 있어야 하고, 만 50세의 중년도 만 60세의 노년도 각각 생후 600개월, 생후 720개월이기에 여전히 독립으로 향함 단계에서 꾸준히 성장하고 유지하는 경험이 있어야 한다는 것이다. 결국 위니컷은 인간의 발달과정은 끝없이 성장으로 향하는 방향성을 가지고 있어야만 한다고 보았다.

심리적 탄생 연구의 시작

마거릿 말러(1897~1985)의 기념비적인 연구인 유아의 심리적 탄생에 대해 논의하기 전에 그 연구가 나오게 된 배경과 말러의 삶의 경험을 우선 살펴볼 필요가 있다. 이유는 말러의 연구가 그녀의 아동 시절 경험과 밀접한 연관이 있기 때문이다. 말러는 헝가리 출신 소아과 의사이자 정신분석가로서 오스트리아 국경과 가까운 헝가리의 작은 도시에서 유대인 부모 밑에서 출생했다. 말러의 부모는 유대인으로 지적이고 부유했지만, 말러는 엄마로부터 무시당하고 정서적으로 거절당하는 어려운 아동기를 보냈다. 아버지와의 관계는 매우 좋았지만, 어머니와의 관계는 거리감이 있었고 갈등적이었다. 행복하지 않고 우울했던 말러의 엄마는 그녀의 존재를 마치 없는 존재처럼 무시했다. 어떻게 하면 딸과 최소한의 상호작용을 하고 최소한의 관계를 맺을까를 늘 고민하는 것과 같은 상태였다.

　반면에 말러의 관찰에 의하면 여동생이 태어났을 때 엄마의 상태와 엄마와 동생의 관계는 정반대였다. 이 경험이 그녀에게는 매우 충격적이었다. 동생이 태어났을 때 엄마는 딸의 출생을 매우 기뻐하고 환영했고, 엄마와 동생은 마치 한 몸처럼, 그리고 한 사람처럼 서로 매우 사랑하는 상호작용을 하면서 거의 항상 융합된 상태로 지냈다. 그것을 본 이후에 말러는 거절감이 더 심해지고 정서적 트라우마를 경험했다. 그녀에 의하면 이 경험이 이후에 자기가 소아의학과 정신분석 분야에 들어서게 되고, 엄마-유아 커플의 상호작용, 이중성(duality 혹은 dual unity), 공생 경험 연구로 이끌어 주는 계기가 되었다고 기억했다. 이런 어린 시절을 극복하고 승화하게 해 준 경험은 아버지와의 관계였다. 아버지는 말러가 엄마와의 관계에서 경험하지 못한 공생관계를 대신 경험하도록 해 주었다. 당시 여성들이 공부를 이어 가기 힘들었던 사회적 분위기에서 마치 아들처럼 대해 주면서 지속해서 수학과 과학 공부를 하도록 격려했고 그 경험이 이후에 말러가 의학 공부를 하는 계기가 되었다.

　당시 여성들은 상급학교로 진학하기가 매우 어려웠지만, 말러는 헝가리 부다페스트의 김나지움으로 진학했고 거기서 한 친구에 의해서 저명한 정신분석가였던 산도르 페렌치를 소개받았다. 페렌치는 말러에게 프로이트의 관점을 소개했고, 이에 흥미를 느낀 말러는 부다페스트대학교 예술사학과에서 1년간 수학한 후 의학과로 전과를 했다. 3학기를 마친 후 독일의 뮌헨대학교 의대로 옮겼는데 유대인 여성이었던 말러는 당시 반유대주의로 인해 학교에서 나가라는 압박을 받았고, 결국 예나대학교로 옮긴 후 아동 클리닉에서 임상 경험을 하면서 학위를 마치게 되었다. 그곳에서 말러는 유아의 정신적·신체적 성장을 위해서는 놀이와 사랑이 매우 중요함을 깨닫게 되었고, 소아과 의사가 된 이후, 그녀의 관심은 부모와 자녀의 공생관계로 향했다. 말러는 졸업하면서 비엔나로 이주해서 의사로 일하게 되었고, 그곳에서 아우구스트 아이히혼(August

Aichhorn), 카를 아브라함(Karl Abraham), 안나 프로이트(Anna Freud) 같은 정신분석가들을 만나고 세미나에 참석하게 되었다. 결국 말러는 비엔나 정신분석연구소에서 임상 훈련을 받으면서 정신분석과 대상관계이론의 세계에 발을 들여놓게 되었다.

말러는 39세에 결혼했고, 제2차 세계대전과 나치의 공포에서 벗어나기 위해서 영국과 미국으로 두 번의 이주를 결심했다. 사업가이자 화학박사였던 남편은 돈을 벌기 위해 고생했지만, 전쟁으로 인해 돈을 거의 벌지 못했고, 돈도 거의 없고 영어도 거의 못하던 상태에서 두 사람은 말러가 41세 때 미국으로 이주했다. 말러는 뉴욕주 의사면허를 취득하고 지하실에서 개인병원을 개업하였고, 아동 정신분석으로 유명해지면서 금방 자리 잡게 되었다. 하지만 기쁨도 잠시 부모를 미국으로 초청하려고 알아보던 중에 아버지는 건강 악화로 사망했고, 여동생은 간신히 살아남았지만, 어린 시절 자기를 정서적으로 무시하고 힘들게 했던 어머니는 아우슈비츠 수용소에서 사망한 사실을 알게 되었다. 깊은 우울증에 빠진 말러는 정신분석가이자 대상관계 이론가인 에디스 제이콥슨에게 많은 위로를 받았고 그녀에게 정신분석을 더 받으면서 그녀의 관점의 영향을 많이 받게 되었다.

이후 말러는 필라델피아 정신분석연구소의 교수로 초청받았고, 아동 정신분석 프로그램 담당자가 되었다. 필라델피아에서 매우 만족스러운 시간을 보낸 말러는 지금은 잘 알려진 분리-개별화, 유아의 자기 발달, 대상항상성 등의 주요 대상관계 개념들을 발표하게 되었다. 말러는 1957년 맨해튼에 아동 심리치료센터를 개소하고 더 집중적이고 활발하게 임상과 연구 활동을 하게 되었는데, 이때 아동의 엄마가 아동의 심리치료 초기 회기들에 적극적으로 참여하는 삼원적 치료 모델(tripartite treatment model)을 개발했다. 말러는 연구를 통해 유아의 초기 양육 환경의 중요성에 대해서 강조했고 엄마-유아 커플의 상호적인 관계를 강조했지만, 부적절한 엄마의 양육이 자폐증의 주요 원인이 된다는 당시의 만연했던 주장에는 동의하지 않았다.

말러는 1959년에 프레드 파인(Fred Pine), 애니 버그만(Anni Bergman)과 창의적인 연구를 시작했다. 이 연구는 결과적으로 1975년에 『유아의 심리적 탄생: 공생과 개별화(The Psychological Birth of the Human Infant: Symbiosis and Individuation)』라는 제목의 기념비적인 저서로 출간하게 되었지만, 연구의 시작은 쉽지 않았다. 일단 정신분석학계에서 프로이트의 영향력이 여전히 매우 강해서 대상관계적인 관점의 연구와 새로운 이론적 설명을 발표하기가 매우 어려웠고, 언어기 이전의 유아들을 연구하는 것은 생각해 본 적도 없고 그런 연구는 불가능에 가깝다고 판단되었기 때문이다. 결국 두 사람의 동료가 함께 연구하게 되었는데, 파인은 하버드대학교에서 박사학위를 받은 정신분석가로서 당시 알버트 아인슈타인 의대의 정신과 교수이자 정신분석가로 일하고 있었고, 버그만은 당시에 40세의 엄마이자 음악 교사로서 일하고 있었다. 버그만은 이후에 정신분석가로서 다른 심리치료사들이 치료 불가능하다고 판단하는 심한 자폐증 아동과 성인을 효과적으로 치료함으로써 명성을 얻었다.

잘 알려지지는 않았지만, 말러는 처음에 심리적 탄생 연구를 위한 연구팀을 꾸리는 데 큰 어려움을 겪었다. 버그만은 자기 친구가 말러의 연구원 제안을 거절한 이야기를 듣고 말러의 연구 제안에 흥미가 생겨 지원해서 함께 연구하게 되었는데, 그 연구는 언어기 이전 유아의 행동과 엄마와의 상호작용을 선입견이나 판단 없이 세심하게 참여적 관찰을 통해서 해야 하는 연구여서 사람들이 주저했던 것으로 보인다. 말러처럼 버그만도 가족 내에서 많은 어려움과 고통을 겪었던 경험이 있었는데, 아동기에 어머니를 암으로 잃고, 두 여동생은 인플루엔자로 세상을 떠났으며, 청소년기에 아버지마저 세상을 떠나서 고아로 남겨지는 경험을 했다. 유대인인 버그만은 20세에 비엔나를 떠나서 긴 항해 끝에 미국 LA에 정착했고, 이후 결혼하면서 1943년에 뉴욕에 정착했다. 남다르게 특별한 섬세함과 관찰 능력이 있었던 버그만은 말러의 연구팀에서 언어기 이전 유아, 즉 자기 말로 설명할 수 없는 유아의 행동을 관찰하고 분석하고 해석하는 특별한 능력으로 연구팀에 큰 공헌을 했다.

말러 연구팀에서 한 공생과 분리-개별화 과정 연구는 자연스러운 환경에서 엄마-유아 커플을 세심하게 관찰하고 그들의 상호작용의 모든 내용을 자세히 기록한 것으로 알려져 있다. 말러 팀은 이 연구를 위해서 자폐증과 같은 심각한 정서적 문제를 가진 유아들을 연구한 이후에, 38명의 비교적 건강한 유아와 22명의 엄마를 10년간 참여관찰자로서 관찰하면서 연구했다(Hamilton, 1988/2007, p. 59). 연구자들은 유아가 출생부터 만 3세가 될 때까지 엄마와 상호작용하던 때와 혼자 있을 때를 구분해서 관찰했고, 그들이 공감적으로 관찰한 내용을 최대한 상세하게 기록으로 남겼다. 그들은 유아가 엄마에게서 멀어지는 것, 그리고 유아가 엄마에게로 돌아오는 것이 굉장히 중요하다고 생각했고, 엄마로부터의 분리가 유아에게 항상 힘든 일만은 아니라고 보았다. 또한 멀어지는 것은 항상 유아가 시작하는 것은 아니며, 유아들은 말할 수 있을 때까지 자신들의 세계에 관해서 설명할 수 없기에 관찰자의 공감적 관찰이 중요하다고 보았다.

심리적 탄생

대상관계 이론가 중에는 클라인과 위니컷이 유아의 심리적 발달과정에 관한 상태 혹은 단계를 명명해서 각 유아가 개인적인 차이점은 있지만, 발달과정에 일정한 패턴이 있음을 알려 주었다. 클라인과 위니컷도 오랜 시간 세심한 임상적 관찰을 통해서 심리발달의 패턴을 밝혀냈지만, 말러와 동료들이 10년에 걸쳐서 했던 유아-엄마 커플의 정서적 상호작용에 관한 연구는 유아의 발달과정에 대해서 좀 더 명확하게 그려진 그림을 우리에게 제공해 주었다. 말러 팀의 연구는 연구자들이 정신분석가들이었기에 여전히 거세 불안과 같은 프로이트의 고전 정신분석 관점과 용어들이 사용되었고 이후에 말러가 용어를 변경하거나 후속 연구를 통해서 수정된 부분도 있지만, 유아의 발달과

〈표 7-1〉 위니컷과 말러의 발달단계 비교

발달단계	위니컷	말러
1단계	• 절대적 의존 (0~6개월)	• 정상적 자폐기(0~2개월) • 정상적 공생기(2~6개월)
2단계	• 상대적 의존 (6~24개월)	• 분리-개별화 과정 　- 부화(6~10개월) 　- 연습(10~16개월) 　- 재접근(16~24개월)
3단계	• 독립으로 향함 (24개월 이후)	• 대상항상성/자기항상성 (24~36개월 이후)

정에 관한 이론으로서 광범위하게 활용되고 있다. 이 장에서는 말러 팀의 연구 결과를 근거로 심리적 탄생을 자세히 설명해 보려고 한다. 우선, 위니컷과 말러가 제시했던 발달단계들은 〈표 7-1〉과 같다. 두 사람이 명명한 단계별 용어는 각기 다르지만, 신기하게도 내용적인 면이나 기간 등은 거의 일치한다고 볼 수 있다.

엄마의 태중에서 수정란이 자라서 아기의 몸으로 성장하여 태어나는 과정을 신체적 탄생이라고 볼 수 있는데, 신체적 탄생은 만 9개월이 걸리는 과정이다. 한국 사람들은 임신 기간을 보통 10개월로 이야기하는데 정확하게는 만 9개월의 기간이다. 세상에 이전에 존재하지 않던 생명체가 생기고, 그 생명체가 신비롭게 자라서 인간의 몸이 되는 과정은 마치 기적과 같은데 그 과정은 생각보다는 빠른 9개월 이내에 이루어진다. 그런데 이렇게 신체적 탄생을 한 유아는 엄마, 아빠를 비롯한 자기 주변의 다른 사람과 정서적 관계를 맺는 정신적 능력이 생길 때까지 다시 많은 시간을 보내야만 한다. 그 발달과정을 말러는 심리적 탄생(psychological birth)이라고 불렀는데, 심리적 탄생에 걸리는 시간은 적어도 36개월이 소요된다. 즉, 9개월이 걸리는 신체적 탄생보다 무려 4배의 시간을 보내야만 유아가 사회적 관계 속에서 정서적 교류를 하는 한 인간으로서 탄생하게 된다. 즉, 심리적 탄생을 비로소 관계하는 인간, 호모 렐라티우스의 탄생이라고 볼 수 있는 것이다. 그런데 심리적 탄생은 그냥 36개월이라는 시간이 흐르기만 하면 자동으로 형성되는 것이 아니다. 엄마와 유아 모두의 무수한 반복적 연습과 노력이 있어야만 결국 그 능력이 발달하게 된다.

심리적 탄생이 적어도 36개월이 걸린다는 연구 결과는 매우 중요하다. 만 3년 정도의 기간이 인간이든 동물이든 무엇인가를 반복적으로 연습하고 경험해서 습득하는 데 필요한 최소한의 기간이기 때문이다. 한국 속담에 "세 살 버릇 여든까지 간다." "서당개 3년이면 풍월을 읊는다."라는 내용이 있다. 이 속담은 현대 심리학 연구에서도 확인이 된다. 스웨덴 출신 심리학자로서 미국 콜로라도대학교와 플로리다주립대학교에서 가르쳤던 K. 앤더스 에릭슨(K. Anders Ericsson)은 1993년에 발표한 연구에서 1만 시간의 법칙(The 10,000 Hours Rule)을 제시했다. 에릭슨은 인간이 어떤 분야에 숙달이 되고 전문가가 되기 위해서는 적어도 1만 시간의 훈련이 필요하다고 보았다. 그 점이 아마추어 바이올린 연주자와 프로 바이올린 연주자의 실력 차이를 보여 준다는 것이다.

1만 시간은 매일 3시간씩 훈련을 하면 10년, 매일 10시간씩 훈련을 하면 3년이 걸리는 시간의 양이다. 그만큼 집중적인 훈련과 반복이 인간에게 어떤 특정 능력을 주는 데 꼭 필요하다는 의미이다. 지금부터 3년간의 반복과 숙달을 통해 유아가 심리적 탄생을 경험하는 과정을 알아보려고 한다.

정상적 자폐기

말러가 말한 정상적 자폐기는 유아의 출생 직후부터 생후 2개월 정도까지의 기간을 의미한다. 정상적 자폐기와 이후에 이어지는 정상적 공생기는 위니컷의 절대적 의존기에 해당한다. 말러는 처음에 이 기간을 자폐기로 명명했다가 나중에는 유아와 성인의 임상적 증상인 자폐증과 구분하기 위해서 여러 가지 대체할 수 있는 용어를 고민했다. 반자폐적(semi-autistic) 혹은 깨어나는(awakening) 상태도 고려했지만, 고민 끝에 정상적 자폐기(normal autistic phase)라는 용어로 바꾸었다. 이 시기는 유아가 심리적인 고립을 경험하는 상태이고 대상과 관계를 맺는 능력에 선행하는 단계를 의미하는데, 유아는 대부분의 시간을 자는 데 사용한다. 유아의 심리적인 철회는 외부 세계로부터 격리되었던 태중에서의 삶과 매우 유사하다. 아직은 적극적으로 관계 맺기를 하지 않는 단계로 보면 좋을 것 같다.

신생아는 아직 자기와 대상을 구분할 수 있는 능력이 없고, 엄마가 자기를 먹여 주고, 안아 주고, 껴안아 주는 경험이 누적되기 전까지는 관계를 맺는 능력을 얻기는 어렵다. 신생아는 소리, 냄새, 맛, 빛 등의 접촉에 반응을 보이기는 하지만 인간이 주는 자극인지, 인간이 아닌 대상이 주는 자극인지 아직은 구별하지 못한다. 자기의 몸에 대해서도 마치 자기를 감싸고 있는 담요나 엄마에게 반응하는 것과 비슷한 반응을 보이기도 한다. 신생아의 모든 에너지는 자기 몸과 연관이 있거나 자기 몸 안에 머무르는 상태이다. 아직은 심리 내적으로 분리된 자기와 대상에 관한 인식도 없고, 내적 대상 표상이나 자기 표상도 없는 상태로 보인다. 그래서 정서적 에너지, 즉 리비도를 자기에게 주로 사용하는 상태로 볼 수 있다.

프로이트의 초기 설명에 의하면, 생애 초기 몇 주 동안 유아는 외부 자극에 대한 리비도의 집중이 없는 초기 상태인 자가 성애(autoeroticism) 상태에 있다. 즉, 외부 자극에 반응하지 않고 폐쇄된 상태로 볼 수 있다. 이후 엄마의 돌봄으로 리비도가 자기에게서 점차 대상으로 향하게 되는데, 자가 성애와 대상애의 중간 단계로 자기애적인 단계가 존재한다. 즉, 자가 성애 이후 서서히 리비도 집중이 자기에게 향하는 일차적 자기애(primary narcissism) 상태가 되는데, 자가 성애부터 일차적 자기애까지를 말러가 언급한 정상적 자폐 단계로 볼 수 있다. 여기서 일차적 자기애는 리비도가 자기에게 집중된 최초의 상태로 대상 사랑으로 가기 이전에 유아가 경험하는 것이고, 이차적 자기애(secondary narcissism)는 대상 사랑이 가능하게 된 이후에 대상을 상실하게 될 때 내사를 통해서 자기 안에 들어온 상실한 대상의 침전물에 리비도가 집중되는 상태를 의미한다.

이 시기의 유아는 자궁 밖에서의 유기체의 균형을 유지하기 위해 하루에 16~17시간 정도 자고, 2시간 간격으로 먹는데, 유아마다 개인적인 차이가 조금씩 있다. 유아가 모유나 분유를 자주 섭취하는 이유는 유아의 위가 매우 작아서 2시간 정도가 지나면 다시 배가 고파지기 때문이다. 이 시기 유아의 주요한 일은 인간의 기본적인 생리 기능, 즉 먹고, 자고, 배변하는 일이고, 이를 통해서 유아의 신체가 빠르게 자라나고 뇌와 인지 기능도 발달하게 된다. 유아가 하루 중 깨어 있는 약 7~8시간 정도는 배고픔이나 다른 욕구의 충족, 즉 정서적 허기의 충족을 위해 사용하게 되는데, 정서적 허기는 엄마의 전적인 돌봄과 사랑으로 채워질 수 있다. 이 시기는 생리적 욕구 충족이 중요한 시기로 신체적 성장을 위해서는 각성 상태보다는 외부 자극으로부터 보호하는 것이 필요하다. 그런 이유로 유아가 대상을 외부에서 찾음으로써 각성 상태를 경험하고 자극을 받기보다는 환각적으로 소원을 충족하게 되기에, 자기 내부의 내적 대상들과의 관계에 대한 무의식적 환상을 경험하게 된다(Greenberg & Mitchell, 1983/1999, p. 430; Mahler, 1975/1997, pp. 68-69).

정상적 공생기

앞서 논의한 정상적 자폐기는 따로 구분된 시기이기도 하지만 정상적 공생기의 초기 기간으로도 볼 수 있다. 정상적 공생기는 정상적 자폐기를 포함하면 출생부터 생후 6개월까지이고, 제외하면 생후 2개월부터 6개월까지의 기간이다. 앞서 논의한 것처럼, 공생 경험은 일생에 걸쳐서 중요하고, 공생 경험이 부족하고 갈증을 느끼면 관계적 갈망으로 평생 힘들 수도 있다. 실제로 공생기 경험에 대한 배고픔을 느끼면 청소년이 되고 성인이 되어도 관계에 대한 욕구와 집착이 커지게 되고, 이를 심리치료에서 상담사와의 관계를 통해서 해소하기도 한다. 결국 정상적 공생기는 유아의 심리적 탄생의 초기 시기를 의미하기도 하지만, 공생 경험의 필요성은 일생 줄어들지 않는 것이기도 하다.

유아의 공생기 경험의 특징은 자기의 필요를 충족해 주는 엄마를 희미하게 인식하기는 하지만 아직은 자기가 엄마로부터 완전히 분리된 존재라고 느끼지는 않는다는 것이다. 유아는 자기와 엄마가 같은 합일체인 것처럼 느끼고, 자기는 그 합일체의 일부인 것처럼 행동한다(Hamilton, 1988/2007, p. 63). 유아는 자폐 상태의 일인 체계(system)에서 공생 상태의 자기-대상 체계로 발전한 것으로 볼 수 있다. 유아는 엄마가 자기를 안아 주고, 쓰다듬어 주는 경험을 하고, 자기의 몸을 눈으로 보기도 하고 냄새도 맡아 보는 경험을 통해서 자기와 몸에 대한 인식도 싹튼다. 공생기 유아는 아직은 대상과 인지적 · 정서적으로 합일된 상태이기는 하지만, 대상과의 관계 경험을 통해서 자기 인식을 수립해 간다고 볼 수 있다.

공생기 유아는 다양한 인식과 경험을 하는데, 중요한 두 가지는 전능감과 혼란 경험이다. 우선, 아직은 자기 스스로 능력이 없는 유아가 눈을 움직여서 둘러보며 엄마를 찾게 되면 엄마는 마술처럼 그 순간에 나타나서 자기의 필요를 채워 준다고 느낀다. 마치 유아가 뭔가를 원하고, 느끼고, 몸을 움직이면, 주변 세상도 유아에게 맞춰 주고 움직이는 느낌이 들기에 자기를 둘러싸고 있는 세계를 원하는 대로 움직일 수 있다는 전능감을 경험할 수 있다. 반면, 엄마를 희미하게 인식하기는 하지만 아직은 자기와 엄마를 동일체로 알기에 자기에게 젖을 주고 쓰다듬어 주는 존재가 엄마인지 자기인지 혼란스럽다. 손으로 뭔가를 만져도 자기 몸인지 엄마 몸인지 구분하지 못하고 혼란스럽기도 하다. 유아들이 주로 하는 행동 중에 자기 손 혹은 주먹을 입으로 가져가서 물거나 빠는 행동이 있는데, 유아는 자기 주먹을 자기 입에 가져가서 넣으면서도 그 주먹이 자기 팔을 통해서 자기 몸에 붙어 있는 일부인지 대상의 일부인지 구분하기 어렵다. 그만큼 공생기 유아의 혼란 경험은 유아에게는 어려운 일이다.

유아가 엄마의 돌봄을 받으면서 자라서 서서히 외부 자극에 반응하게 되면, 리비도가 점차 외부 대상에게 향하기 시작하면서 엄마의 존재를 희미하게 느끼기 시작한다. 이는 생후 약 2개월 정도에 이르렀을 때 나타나며, 좋고 나쁨의 경험을 하면서 감각이 나타나게 된다. 이러한 좋고 나쁨의 감각은 분열 기제를 발생시키기 시작할 수 있다. 이 시기를 정상적 공생 단계라고 하는데, 유아는 엄마와 자신이 하나의 전능 체계인 것처럼 행동하고 기능하며, 자폐적 껍질이 깨지기 시작한다. 공생이라는 개념은 유아가 엄마를 자신과 합일된 존재로 인식하는 것으로 인해 생겨나는 자폐증 및 공생 증후군과 같은 유아 정신질환으로부터 알려지게 되었다. 말러는 정신질환이 있는 유아에 관한 연구와 건강한 유아와 엄마 연구를 비교함으로써 공생이라는 개념을 계속 발전시킬 수 있었다. 공생 단계까지는 대상과의 관계를 맺기 이전의 수준이며, 일차적 자기애 상태로 볼 수 있고, 공생 후반기에 가서 이차적 자기애로 향하는 것으로 볼 수 있다(Mahler, 1975/1997, pp. 22-30, 72-78).

유아는 엄마의 필요충분한 돌봄을 받으면 엄마와의 분리를 점차 성취할 수 있다. 엄마는 모성적 몰두 경험을 통해 생후 3~4개월 사이 절대적 의존기에 있는 유아의 욕구를 거의 완벽하게 채워 준다. 이런 전적인 돌봄은 유아에게 환경을 향해 탐색해 나갈 수 있게 해 준다(Lefèvre, 2011/2016, p. 34; Winnicott, 1971/1997, p. 27). 유아 관점에서 보면, 유아는 엄마에게 절대적으로 의존하게 되는데, 엄마가 유아의 욕구를 계속해서 완벽하게 맞추어 줄 수는 없다. 이는 유아를 향한 엄마의 욕구가 상대적이기 때문인데, 처음의 모성적 몰두 시기에 완벽한 돌봄을 주다가 점차 유아의 욕구를 만족시키는 데 실패하게 된다. 이는 코헛의 최적의 좌절, 위니컷의 점진적 환멸 개념과도 유사하다. 결국 유아는 엄마가 자기를 끝까지 만족시키지 못한다는 인식을 통해 대상의 공감 능력을 내면화하고, 점진적 환멸을 통해 분리를 성취할 수 있다고 볼 수 있다(Kohut, 1971/2006, p. 30; Winnicott, 1971/1997, p. 28).

유아뿐만 아니라 성인기에도 인간은 공생 경험에 대한 필요와 갈망이 있지만, 공생 경험이 항상 기분 좋고, 따뜻하고, 좋은 경험인 것만은 아니다. 공생관계에서도 대상과의 합일된 관계에서 모든 것이 완벽하지는 못하다. 배고픔, 추위, 몸의 고통 등 불쾌하고 힘든 경험도 많이 하는데, 유아가 아직은 자기와 대상을 분리하는 능력이 부족한 탓에 힘든 경험을 마치 자기의 경험 혹은 자기를 둘러싼 주변 세계 전체의 경험으로 느낄 수 있다. 불쾌한 정서 경험을 유아가 기억하게 되면 공생기뿐만 아니라 그 이후의 발달 과정에서도 대상 이미지와 자기 이미지를 형성하는 데 자료가 된다.

공생기 유아가 불쾌한 나쁜 경험을 하면서 울 때, 엄마가 젖을 먹이거나 기저귀를 갈아 주는 활동을 해서 긴장을 해소해 주면 좋은 경험들이 계속 쌓인다. 이렇게 좋은 경험과 나쁜 경험들이 반복되면서 구분되면, 좋은 경험은 자기의 부분으로, 나쁜 경험은 자기가 아닌 부분으로 할당되고 초기의 원시적 기억으로 남는다. 이러한 기억들은 대상과 자기의 부분 이미지로 분산된다. 이렇게 점차 신체 이미지와 내적 감각들을 통해 자기의 핵이 형성되고, 자기에 대한 감각, 즉 자기감으로 남게 된다(St. Clair, 2003/2017, pp. 156–157). 이렇게 유아는 엄마의 돌봄 속에서 감당할 만한 좌절을 경험하면서 대상과 자기 간의 구분이 점차 이루어진다.

또한 이 시기에는 유아의 신체적 능력도 빠르게 발달한다. 유아는 목을 가누기 시작하는데, 엎드렸을 때 만 2개월에는 45도, 만 3개월에는 90도까지 고개를 들 수 있다. 이처럼 유아는 자발적으로 목 근육을 쓰기 시작하며, 스스로 목을 움직여 가며 자기 몸과 주변 환경을 관찰할 수 있는 능력을 얻게 된다. 시력도 함께 발달해서 생후 1개월에 20cm 앞의 사물만 구분하던 것에서부터 2개월이 되면 더 멀리 있는 물체를 볼 수 있게 되고, 색을 구별하는 능력도 발달하게 되어서 타인의 얼굴을 알아볼 수 있는 능력이 점차 발달한다. 유아는 엄마 대상과 엄마가 아닌 대상의 구별을 먼저 시작하고, 이후 대상과 자기의 구분이 가능하게 된다. 처음에는 불특정 대상에게 미소를 짓는 사회적 미소(social smile)를 보이다가, 엄마를 구분하게 되면서 엄마를 향해 선택적으로 미소를 짓는다. 이러한 표시로 엄마와 유아 사이에 특정한 유대감과 친밀감이 확립되어 가는 것을 알 수 있다(Mahler, 1975/1997, p. 84).

분리-개별화 과정

  말러가 연구를 통해서 밝힌 분리-개별화 과정은 한번에 이루어지는 단순한 과정이 아니다. 말러는 분리-개별화를 부화, 연습, 재접근의 세 개의 하위 단계로 이루어지는 과정으로 보았다. 말러의 분리-개별화는 위니컷의 상대적 의존기에 해당하고, 기간은 생후 6개월에서 24개월이다. 분리-개별화 기간에 유아는 자기와 엄마 관계의 한계와 구별을 인식함으로써 분리(separation)를 우선 경험하고, 이후에 자기의 감각을 발달시킴으로써 개별화(individuation)를 성취할 수 있다. 분리-개별화 과정의 하위 단계 각각의 특징과 유아의 경험은 다음과 같다.

부화(생후 6~10개월)

  말러는 분리-개별화의 첫 번째 하위 단계를 부화(hatching) 혹은 분화(differentiation)로 명명했다. 두 용어는 알에서 자란 병아리가 때가 되면 부리로 알을 깨고 나와서 부화한다는 의미도 되고, 자기와 대상이 융합된 공생 상태에서 유아가 자기를 대상으로부터 차별화한다는 의미도 된다. 우리말 번역에서는 분화로 주로 표현하지만, 더 정확한 번역은 유아가 엄마로부터 자기를 차별화하는 경험이다. 엄마로부터 차별화하는 가장 전형적인 특징적 행동은 밀치기이다. 유아는 공생기처럼 엄마에게 자기 몸을 전적으로 맡기지 않고 엄마를 팔로 밀치려고 한다. 유아의 밀치기 행동은 엄마를 거부한다기보다는 조금 떨어져서 엄마의 얼굴과 몸을 조금 더 잘 보고 싶은 의도가 담겨 있다. 밀치기 행동이 숙달될 때쯤 유아는 엄마 몸의 부분들을 탐색하고 싶어 한다. 유아는 엄마의 귀, 코, 머리카락을 만지고 잡아당기기도 하고, 엄마의 입 안에 자기 손가락을 밀어 넣기도 한다.
  부화기 유아는 대상과의 접촉으로 인해 유발되는 감각과 내부에서 오는 감각을 구별하기 시작하며, 이는 자기와 대상의 차이를 감각적으로 식별할 수 있게 되었음을 알려주는 것이다(Greenberg & Mitchell, 1983/1999, p. 431). 또한 운동기술의 급격한 증가도 경험한다. 유아의 골격, 근육, 신경계가 빠르게 발달하면서 감각과 지각 모든 부분의 능력이 향상되고, 신체의 기동성이 높아진다. 손가락, 발가락, 팔, 다리, 몸 전체의 협응 능력이 생기고, 밀기, 기어가기, 구르기, 앉기 등의 능력도 발달한다. 아직 일어서거나 걷지는 못하지만 부화기가 끝나갈 즈음이 되면 손으로 벽을 잡거나 지탱하면서 일어서서 버틸 수 있다. 유아는 엄마의 팔이나 무릎에서 내려와 엄마의 발밑에서 노는 것을 즐기고, 배로 밀면서 기어 다닌다. 하지만 멀리는 가지 못하고 주로 엄마 근처에서 머문다.

생후 6개월에서 7개월 사이 부화기 초기의 유아는 엄마가 아닌 낯선 대상에 대해 느끼는 낯선 사람 불안과 곧이어 엄마에게서 떨어지는 것에 대한 분리 불안도 강하게 느낀다. 유아는 엄마나 아빠에게 안겨 있을 때 부모 등 뒤에 나타난 모르는 얼굴을 빤히 쳐다보며 관심을 보이기도 하고, 다시 품에 푹 안기면서 공생적 합일체로 다시 돌아가는 행동을 보인다. 이런 행동은 한두 번에 끝나는 것이 아니라 부화기 내내 무수히 반복되면서 숙달된다. 또한 이 시기는 위니컷의 용어로 상대적 의존기에 들어서는 시기이기에 유아는 자기가 양육자의 돌봄이 필요하고 의존되어 있다는 사실도 인식하기 시작한다. 이 시기 환경의 결핍은 유기 상태를 경험하게 하여 유아는 자기의 몸이 해체되는 멸절 불안이나 해체 불안을 겪을 수 있다. 유아는 엄마의 돌봄 아래에서 점진적 환멸을 느끼며 분리를 시작하는데, 손의 움직임이 자유로워지면서 엄마의 대체물인 손가락, 공갈 젖꼭지와 같은 전환기 대상을 사용하며 불안을 달래기 시작한다(Mahler, 1975/1997, p. 87).

말러가 부화기를 생후 6개월경에 시작한다고 보았지만, 부화 시기는 유아에 따라 좀 더 이른 시기에 일어날 수도 있고 지연될 수도 있다. 유아가 부모와의 공생관계가 불편하다면 빨리 부화를 이루게 되고, 충분한 공생관계를 경험하지 못하면 엄마와의 공생관계가 연장되어서 부화가 늦춰질 수 있다. 예를 들면, 어떤 유아는 엄마가 정서적으로 반응해 주지는 않았으면서 유아가 원하지 않을 때 깨우는 행동을 하는 등 침범당하는 경험을 반복적으로 겪었다. 유아가 출산 예정일보다 일찍 태어났다는 이유로 엄마는 유아의 건강이 걱정되어 강박적으로 깨끗이 하려고 노력했고, 유아의 일거수일투족을 보면서 위험한 일을 하지 못하도록 언어로 지나치게 설명했다. 엄마는 자기의 불안을 유아에게 투사했고, 유아는 불안이 높아졌다. 결국 그 유아는 만 4세가 다 되도록 말하는 것을 거부하며 엄마한테서 떨어지지 않고 공생 상태에 있는 것처럼 보였다. 동시에 유아는 엄마의 통제에는 분노로 응했다. 유아는 분화하려는 시도로 분노하지만, 실제로는 분화할 수 없는 딜레마 상태에 빠진 것으로 볼 수 있다.

연습(생후 10~16개월)

유아는 부화기 동안 배밀이를 시작으로 기어갈 수 있게 됨으로써 주변 환경을 자율적으로 탐색하는 것이 가능해진다. 이후에 연습기에 접어들면서 서고 걷고 뛰는 운동이 가능해져서 유아의 분리-개별화 연습은 점점 더 역동적으로 변한다. 이러한 운동 기능 발달과 더불어 유아는 엄마와 분리하는 연습기의 첫걸음을 시작한다. 연습기는 분리-개별화에서 굉장히 결정적인 자율적 움직임을 가능하게 하는 시기이다. 말러는 분리-개별화로 표현했지만, 분리와 개별화는 두 가지 각기 다른 발달 경로로 이해할 수 있다. 분리(separation)는 대상과 거리두기, 경계 형성하기, 엄마로부터의 신체적 분리 등 심리적·물리적 떨어짐의 경로이고, 개별화(individuation)는 자율성, 기억, 인식, 지각, 현실 검증 능력과 같은 심리 내적 발달과정이다(Mahler, 1975/1997, p. 100).

연습기의 특징은 유아에게 자유롭게 걷는 능력이 생기고, 유아가 더 적극적으로 주변을 탐색하는 것이다. 그럼으로써 엄마에게서 거리는 더 멀리 떨어질 수 있는데, 연습기의 멀어짐은 주로 짧은 시간에만 일어나고 엄마의 지지와 위로를 얻기 위해 종종 돌아오는 특징이 있다. 연습기 유아는 자기에게 돌봄을 제공하는 엄마를 항상 자기 시야에 두고 싶어 하는 욕구를 보인다. 유아는 자율적으로 움직여서 엄마에게서 멀어져 활동할 수 있으므로 분리-개별화에서 분리를 촉진한다. 자기가 원하는 요구에 맞추어 적절히 양육한 엄마에게서 자라난 유아는 두려워하지 않고 엄마에게서 멀리 떨어져서 탐색할 수 있게 된다. 유아는 엄마에게서 떨어져 있는 얼마간의 시간이 지나면 엄마에게 되돌아와서 신체적으로 접촉하며 확인하는 모습도 보인다. 이는 유아가 엄마를 정서적 충전이 가능한 안전기지로 생각하는 것으로 볼 수 있다. 엄마는 유아가 멀리 떨어졌을 때도 언어를 이용해 부르기도 하고 계속해서 접촉을 유지하게 되는데, 멀리 떨어져서도 정서적으로 연결이 잘되는 유아가 결국은 엄마에게서 어렵지 않게 분리하는 것을 볼 수 있다(Mahler, 1975/1997, pp. 105-106; St. Clair, 2003/2017, p. 159).

연습기는 생후 10개월에서 16개월에 이르는 시기에 걸음마를 내딛으면서 꽃을 피우게 된다. 누워서 기던 유아가 일어서게 되면 시야가 엄청나게 높아진다. 바닥에서 기던 유아가 대략 10cm 정도 높이에서 보다가 일어서면 50cm 정도 높이로 높아지는 것이니, 유아의 시야가 마치 건물 1층에서 보다가 갑자기 5층에서 훤히 내려다보는 정도로 높아진다. 직립보행을 한다는 것은 유아에게 세상을 보는 새로운 시각이 생기게 됨을 의미하며, 자기가 직접 걷고 세상을 탐험하면서 자기 존재의 위대함을 느끼며 자기애가 절정에 이르게 된다. 엄마로부터의 융합에서 벗어나 자율적으로 걸어 다니면서 탐험하는 것은 유아에게 의기양양함을 느끼게 한다.

전능감을 느끼며 세상과 사랑에 빠진 것처럼 탐색하는 유아는 새로운 것을 발견할 때마다 기쁨과 즐거움을 느낀다. 눈을 반짝이며 집안의 구석구석을 탐색하기도 하고, 집 밖의 공간도 적극적으로 탐색한다. 하지만 이때부터 유아는 현실 세계를 발견하는 경험도 시작하면서 현실 검증 능력을 키우게 된다. 유아가 첫걸음을 내딛으려 할 때 양육자가 정서적으로 지지해 주고 용기를 주는 것이 중요하다. 유아가 걸음을 떼면 성취를 함께 기뻐해 줘서 유아가 전능감을 맘껏 느끼는 경험을 하게 해 주는 것이 성장에 매우 중요하다(Mahler, 1975/1997, pp. 111-113).

유아의 적극적인 시도는 까꿍 놀이와 잡기 놀이로 이어지기도 한다. 까꿍 놀이는 유아가 손으로 자기 눈을 가리면 엄마가 사라지는데, 눈을 가린 손을 치우면 엄마가 다시 나타나는 마술적인 경험이다. 엄마가 나타났다 사라졌다 하는 놀이는 엄마에게 다가갔다 멀어졌다 하는 연습과 같다. 유아는 자기에게 능력이 있다고 생각하며 소리를 지르며 기뻐한다. 유아는 잡기 놀이를 통해 엄마에게 다가와서 주목을 받고는 엄마 앞에서 도망가기 시작한다. 이때 유아는 엄마가 자기를 따라와서 자기를 잡았다고 하며 안아 올렸다가 다시 내려 줄 것을 알고 안심하면서 맘껏 달아난다. 이렇게 반복적인 놀이 경험을 통해 엄마에게서 떨어지는 능력을 키우게 되고, 엄마에게서 멀리 떨어져서 일정 시간 있을 수 있는 능력은 결국 나(I)라는 명확한 정신적 표상 형성을 할 수 있게 촉진한다.

재접근(생후 16~24개월)

분리-개별화 과정의 세부 단계 3단계 중 마지막은 재접근이다. 재접근 경험은 유아기뿐만 아니라, 인간의 인생 전체에서 가장 중요한 것이라고 볼 수 있다. 물론 발달과정의 모든 시기가 중요하지 않은 때가 없지만, 이 시기에 어떤 정서적 경험을 했는가에 따라서 이후의 정서적 삶이 안정적일 수도 있고, 불안, 분노, 두려움, 관계의 어려움을 심하게 경험할 수도 있다. 이 책의 이후 장에서 자세히 설명하겠지만, 이 시기에 정서적 돌봄과 안정을 경험하지 못하면 경계선 수준의 성격 구조로 굳어져서, 우리가 잘 아는 반사회성, 경계선, 자기애적 성격장애를 형성하게 되어 사회생활이나 대인관계에 심각한 어려움을 경험할 수 있다. '만약에 우리가 이런 사실을 미리 안다면 아이를 양육할 때 재접근 시기에 특별히 주의를 기울이고 아이가 이후에 성격적인 어려움을 경험하지 않도록 예방할 수 있지 않을까?'라는 의문을 가지게 된다. 또 '아이가 자라는 시기 중 생후 16개월에서 24개월, 약 8개월 정도의 기간인데 그게 그렇게 어려울까?'라고 생각할 수 있다.

하지만 이 시기의 문제는 부모가 알더라도 미리 예방하는 일은 쉽지 않다. 그만큼 이 시기 유아를 돌보는 일은 부모를 탈진하게 만든다. 아직 언어가 발달하지 못하고 의사소통이 잘 안 되는 유아가 감정을 강하게 표출하면서 뭘 해 줘도 난리를 치고 불만족스러운 반응을 보이면 일단 부모는 유아가 원하는 것을 정확히 알 수 없고, 안다고 해도 매번 유아가 원하는 것을 맞춰 주기는 굉장히 힘들기 때문이다. 유아 또한 부모를 괴롭히기 위해 이랬다저랬다 하면서 상반되는 요구를 하는 것이 아니다. 자기가 원하는 것을 부모가 바로 들어주지 않을 때 자기도 답답함을 느끼고 짜증과 분노 같은 감정을 심하게 느낄 수 있다. 그런데 그 감정이 아직 언어가 발달하지 못하고, 자기를 불편하게 하는 감정이 정확하게 어떤 감정이며, 그 감정을 어떻게 해소하는지를 아직 배워 본 경험이 없는 유아로서는 그 감정을 잘 감당하지 못하고 감정에 압도당하는 고통스러운 경험을 하기도 한다.

또 다른 중요한 이유는, 유아의 내적 갈등이 의존 욕구와 독립 욕구의 상충으로 나타나기 때문이다. 유아가 알에서 막 깨어나는 부화기를 거쳐 자기 신체 능력의 급속한 발달을 발판 삼아 전능감을 느끼며 엄마에게서 분리하려고 끊임없이 연습하던 시기를 보내다 보면, 어느 순간 막연한 불안함을 느끼게 된다. 기고만장하던 연습기 유아는 어느 순간 자기가 전능하지 못하다는 사실과 자기를 전적으로 지지해 주던 엄마 또한 전능하지 못하며 전적으로 의지할 수 있는 존재가 되지 않는다는 사실을 어렴풋이 인식하기 시작한다. 자신의 취약함을 인식하게 되고, 엄마에게 의존하는 것이 아직은 필요하다는 것을 아는 것이다. 어린 나이지만 세상을 조금 더 살았고 현실을 경험했기 때문이다. 그렇게 되면, 유아는 엄마에게로 재접근, 즉 다시 돌아가는 모습을 보인다. 그래서 말러는 재접근이라는 용어를 엄마에게서 멀어지려던 유아와 엄마 사이의 화해 또는 관계 회복이라는 의미로 사용하기도 했다. 유아는 엄마에게 의존하고 싶은 마음과 자기 능력에 도취되고 고양되어 있던 연습기 시절의 유아처럼 독립하고 싶은 욕구가 공존하는 가운데 엄청난 내적 갈등을 경험한다.

유아는 독립으로 향해서 나아가는 것도 주저하게 되고, 엄마에게로 다시 돌아가서 의존하는 것도 주저하게 된다. 독립도 하고 싶고 의존도 하고 싶은, 이러지도 못하고 저러지도 못하는 양면적인 갈등에 처하게 되는 것이다. 그래서 말러는 이 시기의 유아가 경험하는 상태를 양면지향(ambitendency), 즉 유아에게 종종 상반되는 욕구와 필요가 공존하는, 양방향을 추구하는 경향성을 강조했다. 유아는 분리-개별화의 하위 단계 중 마지막 3단계인 재접근에 이르렀을 때 자기가 양육자로부터 분리된 한 개인이라는 생생한 감각을 생애 처음으로 느낀다. 유아에게 자기에 대한 이 생생한 느낌은 신나면서도 동시에 매우 두려운 발견이다. 말러의 관찰에 의하면 이 시기의 유아는 양육자가 자기 주변에 머물지 않을 때 그 점을 인식하고 살짝 처진 모습을 보인다. 하지만 유아가 편안하게 느낄 때는 세상을 탐험하는 일을 마음 놓고 추구한다. 어른을 흉내 내기도 하고, 다른 유아가 가진 좋아하는 장난감이나 물건들을 갈망하고 때로는 강제로 빼앗기도 하는 등의 행동을 보인다.

재접근기 유아는 짜증을 많이 부린다. 부모가 뭘 해 줘도 불만족스러운 얼굴로 찡얼대거나 분노에 찬 행동을 하기도 한다. 유아가 부모에게 다가와서 부모가 안아 주면 내려놓으라고 엉덩이를 뒤로 쑥 빼면서 내려가려고 하고, 내려놓으면 금방 다시 안아 달라고 한다. 바로 안아 주지 않으면 팔을 최대한 벌리고 뒤꿈치를 올려서 까치발을 하면서 강력하게 요구한다. 어떨 때는 엄마 주변에서 떠나지 못하고 머뭇거리면서 마음을 정하지 못하고 갈등하는 것처럼 보이기도 한다. 이런 행동을 하는 유아를 보면 부모의 마음도 편하지 않고 뭔가를 빨리 해 줘야 할 것 같은 강한 느낌을 받는다. 그래서 뭔가를 하면 유아는 자기가 원하는 것이 그게 아니라고 온몸으로 표현하고 다시 짜증을 부리는 악순환이 반복된다.

재접근 유아를 둔 부모의 마음속에 드는 생각은 '얘가 도대체 뭘 원할까?'이다. 궁금하기도 하고, 유아의 상반되는 요구나 행동이 반복되면 짜증이 확 몰려오기도 한다. 이 8개월 동안 부모는 정말 견디기 힘든 시간을 보내게 된다. 이 시기 부모에게 드는 공통적인 반응은 '그럼 도대체 어쩌라고?'라는 마음이다. 그렇지 않아도 유아 양육이 힘든데, 부모를 육아에 탈진하는 상태로 만들 수도 있다. 그래도 부모가 할 일은 유아의 요구를 자세히 들어 주려고 최대한 노력하고, 유아가 좀 더 독립적으로 하고 싶어 할 때는 걱정되더라도 허용해 주고, 다시 접근해서 안길 때는 마음을 열고 안아 주는 것이다. 유아가 감정에 휩싸이거나 압도되는 느낌을 받으면 유아가 느끼는 경험을 상세히 들어주고, 감정을 공유해 주며, 감정을 잘 가라앉히도록 달래 주고 위로해 주는 것이다. 하지만 이 모든 것 중 쉬운 것은 하나도 없다.

재접근 전반

재접근기 전반과 후반의 유아의 상태와 경험은 다르다. 부화기가 4개월(생후 6~10개월), 연습기가 6개월(생후 10~16개월) 동안 지속되는데, 재접근기는 약 8개월(생후 16~24개월) 동안 지속되는 경험으로 분리-개별화 하위 단계 중 가장 긴 기간이기 때문이다. 성인에게는 2~4개월 정도 차이가 긴 기간이 아닐 수 있지만, 유아에게는 꽤 긴 시간이다. 연습기 유아와 재접근 전반 유아 둘 다 엄마에게 가까이 왔다가 멀어지는 행동을 하는 것은 같다. 하지만 연습기 유아는 과도할 정도로 활동적이고 기분이 고양된 상태인데, 재접근 전반 유아는 좀 더 조심스러워하고, 정서적 불안정을 어느 정도 경험한다. 이후에 유아가 재접근 후반에 접어들면 걱정, 실망, 슬픔 등의 더 깊고 힘든 정서를 느끼는 경우가 많다. 재접근 전반에 엄마를 그림자처럼 따라다니기도 하고, 엄마가 다가가면 다시 피하는 행동이 번갈아 나타난다. 다가오든 멀어지든 이 두 가지 다른 행동은 연습기 유아가 보였던 달아나기 행동보다 훨씬 더 갈등적이고 능동적이다. 유아는 두 가지 상반된 욕구를 동시에 느끼고 동시에 행동으로 표현한다.

재접근기 유아는 연습기 때 느꼈던 자기 능력에 대한 자신감, 전능감을 상실한 것에 대해서 다양한 감정을 경험한다. 유아는 연습기 때 느꼈던 것만큼, 자기가 능력이 없음을 비교적 명확하게 인식하게 되고 그에 대한 두려움을 경험한다. 이 감정은 유아가 생애 초기에 경험하는 첫 좌절이기도 하고 상처이기도 하다. 유아는 자기가 능력이 없기에 다시금 엄마에게 의존하고 싶은 마음이 많이 들지만, 실제로 엄마가 도와주려고 하면 까다롭게 굴면서 엄마의 도움의 손길을 거부한다. '내가 할 수 있지 않을까?'라는 생각이 들기도 하고 엄마의 도움을 다시 받기에는 자존심이 상해서일 것이다. 아마도 얼마 전까지 엄마와 행복하게 융합되었던 때로 돌아가고 싶은 마음도 들 것이고, 능력이 없는 것을 인식한 상태에서 앞으로 어떻게 살아갈지에 대한 두려움도 클 것이다.

또한 유아는 자기가 원하는 것을 엄마가 항상 같은 마음으로 해 줄 것이라는 기대감이 떨어지는 감정을 느끼기도 한다. 지금까지는 엄마가 재충전할 수 있는 기지, 안전 기지로 느껴졌을 텐데 이제는 그런 기대를 하기가 어렵고 엄마를 대하는 마음이 더 조심스러워지고 망설여지는 경험을 할 수 있다. 유아의 마음속에서는 '내가 원하는 것을 지금 엄마가 들어줄 컨디션인가? 지금 엄마의 기분은 어떤가? 엄마가 과연 들어줄까?' 등에 대한 고민이 깊어지면서 바로 요구하지 못하고 여러 번 생각하며 주저하기도 한다. 결국 유아는 이제는 자기가 원하는 대로 엄마가 마술처럼 움직여 주지도 않고 통제되지도 않는다는 느낌을 받게 된다. 유아에게는 이런 경험이 큰 상실감을 느끼게 하겠지만, 다른 한편으로는 주변 환경과 세상이 자기가 원하는 대로 자기가 원하는 타이밍에 이루어지지 않는다는 현실감을 갖게 되는 경험이기도 하다.

앞서 묘사한 재접근기 유아가 보이는 짜증 섞인 표현과 행동은 유아의 내면에 느껴지는 깊은 무력감과 그로 인한 분노의 결과로 볼 수 있다. 이 감정이 사실 유아에게는 가장 견디기 힘들고 통제하기가 거의 불가능한 감정 경험이기도 하다. 자기 존재가 힘없고 한없이 작은 느낌, 전능감을 상실한 경험은 무력감을 느끼게 하고 분노로 폭발하게 만든다. 백화점이나 공공장소에서 심하게 떼를 쓰면서 발을 동동 구르거나, 드러누워서 팔다리를 막 흔들며 짜증 부리는 유아들을 본 적이 있을 것이다. 이 유아들의 행동은 재접근기 유아의 모습이 드러나는 것인데, 사실 잘 들여다보면, 이 유아들의 나이는 재접근기를 처음 경험하는 유아의 나이가 아니다. 이미 그 연령대를 지난 유아들이지만 재접근기에 양육자의 수용을 충분히 받지 못하면 재접근기에서 대상항상성 형성으로 넘어가는 시점에 어려움을 겪기에 나이가 들고 몸은 자라도 마음은 여전히 그 상태에 머무른다고 볼 수 있다.

재접근기 유아가 무력감과 분노로 인해 보이는 또 다른 전형적인 행동은 식탁을 난장판으로 만드는 것이다. 식사하다가 자기가 원하는 대로 안 되면 포크로 식탁을 여러 번 힘껏 내리찍기도 하고, 먹던 그릇을 엎기도 한다. 그릇을 엎어서 쏟아진 음식을 손으로 식탁에 널리 퍼트리며 비벼서 더 많이 더럽히는 유아들도 있다. 그만큼 유아에게는 좌절감과 무력감이 크고, 그 강력한 감정을 감당하기가 어렵기에 온몸으로 표현하게 될 수밖에 없다. 이때 아무리 정서적으로 잘 지지해 주는 부모라 해도 유아가 이런 강력한 감정을 잘 조율하도록 돕기는 어렵다. 양육자도 힘들지만, 곁에 있어 주고 표현을 들어 주고 감정이 조금 가라앉도록 돕는 것밖에는 할 수 있는 일이 별로 없다. 결국 유아가 느끼는 무력감이 부모에게도 전이되어서 부모도 무력감에 빠지기도 한다.

재접근 위기는 유아가 대상관계에서 발달과 성숙을 위한 극심한 변화를 겪는 시기이다. 엄마는 유아의 의존성이 나타날 때는 요구를 받아 주고 분리를 원할 때는 자율성을 인정해 주어야 하는데, 엄마가 유아의 의존성이 나타날 때 요구를 거부하거나 분리를 원할 때 안아 주면서 분리를 막으면 재접근기 문제를 유발할 수 있다(Greenberg & Mitchell, 1983/1999, p. 437). 이렇게 유아가 재접근기에 경험하는 내적 갈등이 잘 수용되지 않고 잘 해결되지 않으면 이후에 심각한 정신병리를 유발할 수 있다. 이 시기에 유아가 주로 사용하는 전형적인 방어 기제는 대상을 전적으로 좋은 대상과 전적으로 나쁜 대상으로 나누는 분열 심리 기제인데, 경계선 성격장애인 내담자들은 재접근기 발달 문제로 인해 대인관계의 불안정이 지속해서 나타난다고 볼 수 있다.

재접근기 유아의 정서는 쉽게 바뀌고 매우 강렬한 특징이 있다. 육아를 경험해 본 사람들이라면 대부분 알 수 있는 부분이다. 기분이 좋았다가 금방 투정이 심해지기도 하고, 엄마나 아빠가 좋은 사람이었다가 바로 나쁜 사람으로 바뀌기도 한다. 그 순간에 유아가 마주하는 상황이나 기분에 따라 급변한다. 바로 직전에 "엄마 좋아!"라고 하면서 방긋 웃었던 유아가 엉엉 울면서 "엄마 싫어!"라고 소리치는 모습을 종종 볼 수 있다. 유아가 마주하는 대상이 좋은 인물이었다가 나쁜 인물로 바뀌는 일은 특정 순간에 그 대상이 자기와 어떻게 상호작용해 주는가에 거의 전적으로 달려 있다. 만약 두 사람 이상이 유아의 주변에 있다면 좋은 사람과 나쁜 사람이 순식간에 뒤바뀌기도 한다. 유아의 분열 패턴은 엄마와 다른 대상이 번갈아 가면서 전적으로 좋은 사람이 되었다가 전적으로 나쁜 사람으로 느껴지는 정서적 경험으로 볼 수 있다.

엄마들이 당황하는 한 가지 공통 경험은 아침에 유아를 어린이집에 맡기러 갈 때 발생한다. 어린이집 문 앞에 도착하면 많은 유아는 보통 울면서 엄마한테 심하게 매달린다. 유아의 인식에는 그 순간에 엄마는 전적으로 좋은 대상이고 어린이집 선생님은 전적으로 나쁜 대상으로 느껴진다. 그런데 결국 엄마가 자기를 선생님께 맡기고 문을 닫고 나가면, 나가자마자 울면서 떼쓰는 행동을 멈추고 어린이집 선생님의 품으로 바로 파고드는 행동을 한다. 그리고는 선생님에게 잠시 안겨 있다가 다시 빠져나와서 다른 유아와 뛰어노는 모습을 보인다.

오후에 엄마가 데리러 왔을 때는 아침과는 반대의 과정이 펼쳐진다. 엄마가 온 것을 금방 알아차리지만 유아는 보통 엄마를 따라서 집에 가지 않으려고 엄마의 출현을 애써 무시하는 행동을 한다. 어린이집에서 나오는 것에 양가감정을 느끼면서 주저하는 모습도 보인다. 엄마에게 "엄마 나빠!"라고 투정하기도 한다. 그 순간에는 엄마가 전적으로 나쁜 대상이고 선생님이 전적으로 좋은 대상이기 때문이다. 하지만 어린이집에서 나오는 순간 엄마에게 안아 달라는 제스처를 하면서 팔을 벌리고 엄마에게 안긴다. 엄마 품에 안긴 유아는 대체로 만족스럽고 편안한 표정을 지으면서 엄마를 쳐다보기도 하고 엄마의 얼굴을 만지기도 한다. 엄마가 다시 전적으로 좋은 대상으로 바뀌는 순간이다. 어린이집에서 종일 유아를 헌신적으로 돌봐 준 전적으로 좋은 선생님의 기억은 사라지고 전적으로 나쁜 대상으로 느낀다.

재접근 위기의 또 다른 어려운 점은, 배변훈련과 관련이 있다. 만 2세경부터 유아는 항문과 요도 괄약근을 조절하는 능력이 생기게 된다. 부모는 유아에게 대소변 가리기 훈련을 시키기 시작하면서 재접근기 갈등과 겹칠 수 있다. 재접근기의 부모 양육이 순조로운 경우에 유아는 기저귀를 쉽게 떼고 성장을 향해 나아갈 수 있지만, 부모와의 갈등이 있는 경우 대소변 가리기는 권력 다툼(power game)을 하는 용도가 될 수도 있다. 유아에게 부모의 사랑에 대한 필요성이 증가하는 경우 자기가 발달을 완성하고자 하는 소망과 함께 대소변 가리기를 적극적으로 동참해서 무사히 마치게 될 수 있다. 이때 부모의 역할이 중요한데, 유아가 편안하게 배설과정을 통제할 수 있게 하면서 자기와 대상과의 관계에서 적응하도록 하는 것이다. 유아가 기저귀를 떼고 나서도 만 6세 전까지는 스트레스 상황에서 실수할 수 있다. 이는 신체적인 문제로 괄약근 조절에 실패한 것일 수도 있지만, 강압적인 상황에서 배설로써 공격성을 표출하는 행위일 수도 있다(Colarusso, 1992/2011, pp. 112-115).

재접근 후반

재접근기를 생후 16~24개월로 보았을 때, 언제까지가 전반이고 후반인지를 명확히 나누기는 어렵고 유아마다 개인적인 차이가 크다. 재접근 후반은 적어도 생후 20개월 이후로 볼 수 있고, 22개월 이후에는 다수의 유아가 명확한 재접근 후반부에 해당하는 특징적인 행동을 보인다. 가장 눈에 띄는 변화는 유아의 독립과 의존 욕구 사이의 내적 갈등이 현저하게 줄어든다는 점이다. 유아는 신체적·심리적으로 엄마에게 너무 가까이 가지도 않고 너무 멀리 떨어지지도 않는다. 나이가 조금 더 들어서 그만큼 성장하고 지혜로워진 이유 때문으로 보인다. 또한 엄마에게 다가왔다가 멀어졌다 하는 행동을 반복하는 연습을 통해서 최적의 거리를 발견한 이유 때문이기도 하다. 유아는 분리-개별화 과정에서 무수한 반복을 통해 어느 정도의 거리가 가장 적절하고 편안한 거리인지 발견하는 것으로 보인다.

그 결과, 재접근 전반의 유아가 보였던 투정이 지속되는 시간과 강도가 현저하게 줄어들고, 감정도 훨씬 더 잘 통제하고 조절하게 된다. 또한 감정을 느끼는 것도 쾌, 불쾌의 이분법적인 수준이 아닌 더 다양하고, 세련되고, 복잡한 감정을 느낄 수 있다. 이때부터 유아는 적어도 한 가지 이상의 감정, 즉 양가감정을 동시에 느낄 수 있고, 심지어는 두 가지 이상의 감정을 느끼고 동시에 다양한 감정을 유지하고 느끼는 능력이 생기기도 한다. 보통 어른들도 대상에게 화가 났을 때, 그 대상에 대해서 평소에 좋은 감정이 있었던 것을 기억하고 두 가지 이상의 감정을 함께 느끼기는 쉽지 않다. 또한 힘들고 고통스러운 삶의 순간에 마음의 다른 한편에서 고요함과 편안함을 느끼기는 어렵다. 이런 능력은 재접근 후반에 유아가 성장하고 반복적으로 연습하면서 조금씩 서서히 길러지는 것으로 볼 수 있다.

눈에 띄는 또 다른 변화는 유아가 엄마 같은 사람 대상뿐만 아니라 인형과 같은 사물 대상에 대한 흥미가 급격하게 높아진다는 점이다. 인형을 늘 자기 옆에 두려고 하고, 마치 사람을 대하듯 대화하기도 하며, 안 보이는 곳에 넣어 두었다가 꺼냈다가 하면서 인형이 없어졌다가 나타나는 것을 즐기기도 하고, 인형과 까꿍 놀이를 하기도 한다. 이러한 유아의 행동은 유아의 내적 세계에 많은 변화와 성장이 일어나고 있음을 보여 준다. 우선, 유아의 내적 세계가 더 풍부하고 다양해지고 있음을 알 수 있고, 내적 환상이 가능해짐을 볼 수 있다. 즉, 유아의 눈앞에서 벌어지고 있는 일이 아니더라도 내적으로 상상해 보고, 자기와 대상 사이에 관계를 맺고 상호작용할 수 있는 능력이 생기고 있음을 알 수 있다.

유아의 이러한 능력은 자기 내면에 자기 표상과 내적 대상 표상이 생기고 외적 대상인 인형에게 투사하는 능력이 생겼음을 보여 주는 것이다. 유아가 자기를 인식하고 내적 이미지로 형성하는 일도 쉽지 않은 능력이고, 외적 대상을 내적 대상의 이미지로 인식하고 마음에 저장하는 일도 쉽지 않은 능력이다. 이러한 자기와 대상에 대한 이미지, 즉 자기 표상과 대상 표상이 형성되어야만 자기와 대상 사이의 눈에 띄는 외적 관계뿐만 아니라 내적 관계와의 깊은 정서 교류도 가능해진다. 눈에 보이는 것만 인지적으로 인식하는 것이 아니라 눈에 보이지 않는 관계와 상호작용을 상상 속에서 생각하고 정서적으로 느낄 수 있는 것은, 유아의 관계적·정서적 성장과 자기-대상관계를 위해서 꼭 필요한 능력이다.

유아는 이 시기에 인형과 같은 대상과 늘 함께 있고 싶어 하고 애착이 증가하는 모습을 보이기도 한다. 재접근 후반 유아의 투정은 주로 자기가 좋아하는 인형, 담요, 베개 등과 같은 물건, 즉 전환기 대상을 대부분의 시간 동안 옆에 두고 가지고 있겠다고 고집부리는 모습으로 나타난다. 분리-개별화 과정의 초기인 부화기, 연습기에도 담요와 같은 포근한 느낌을 주는 물건이 유아에게 일시적으로 위로하는 기능을 하지만, 재접근, 특히 재접근 후반에는 유아에게 중요한 대상 혹은 소유물로서 계속해서 기능을 한다. 담요나 인형에 굉장히 집착하고 손에서 잠시도 놓지 않으려 하고, 그 대상에 대한 욕심을 부려서 다른 사람이 손을 못 대게 하려고 시도한다. 또한 유아는 밤마다 잠들기 전에 엄마나 아빠가 책을 읽어 주거나, 자장가를 불러 주거나 하는 등의 분리 의례 (separation ritual)를 통해서 안전감을 느끼는 것이 필요한데 그때도 인형이나 담요는 중요한 역할을 한다.

재접근 후반에 유아가 경험하는 매우 중요한 성장은 부모의 역할과 규칙을 서서히 내면화하는 것이다. 유아는 자기와 대상이 분리되고 개별화되는 것에 관한 감각이 잘 발달함에 따라 부모가 눈에 보이지 않는 순간에도 부모에 대한 대상항상성이 조금씩 형성되고 대상의 주요한 측면을 자기에게 받아들이는 과정을 경험한다. 즉, 부모 대상을 내면화하고 부모가 부재할 때 부모의 역할을 자기가 대신하는 능력을 획득하는 것이다. 이는 외적 대상인 부모가 내적 대상으로 자리 잡는 것으로도 볼 수 있다. 유아는 부모가 자기에게 주는 가르침이나 규칙을 점점 더 이해하고 알아듣게 되고, 부모가 부재할 때도 자기가 상황을 보고 필요하다고 생각하면 부모가 했던 역할, 규칙, 훈계 등을 자기에게 직접 주는 행동을 보인다. 유아는 부모가 칭찬하거나 혼냈던 것을 기억하고, 해도 되는 것과 하면 안 되는 것을 자기에게 직접 말한다.

예를 들면, 유아는 자기가 바람직한 행동을 하고 나서 부모가 자기에게 해 주던 것처럼 자기 머리를 스스로 쓰다듬으며 "아이, 잘했어!"라고 말한다. 이 모습을 옆에서 보면 귀엽고 웃기지만, 아이는 진지하게 마치 두 사람 역할을 혼자서 하는 일인극을 하듯이 그런 행동을 보인다. 연습기와 재접근기 유아들이 종종 위험하게 행동할 때도 있다. 아이를 키워 본 부모들이라면 이런 순간을 한 번 이상은 목격했을 것이다. 전기 콘센트가 노출되어 있는 것이 유아들에게는 흥미를 유발하고 위험하기 때문에 유아가 있는 집에는 콘센트 커버를 씌워 놓는 경우가 많다. 그렇지 않은 경우, 콘센트 구멍에 유아가 젓가락과 같은 물건을 자꾸 꽂으려고 한다. 서양 아이들은 포크를 넣으려고 하지만 잘 안 들어가는데, 한국 아이들은 쇠젓가락이 주변에 있기에 젓가락을 넣으려고 시도하는 경우가 종종 있다. 그러면 부모가 보기에는 전기 감전의 가능성도 있고 굉장히 위험해 보이기 때문에 말린다.

유아가 그런 행동을 할 때 엄마나 아빠가 놀라서 큰 소리로 "안 돼! 거기 만지면 아야야!"라고 외치면서 유아의 손을 찰싹 때리며 말려 본 적이 있다면, 유아는 부모의 그 행동을 정확하게 기억하고 내면화하게 된다. 유아는 부모가 부재할 때도 부모를 기억하고, 더 정확히는 부모의 역할, 규칙, 훈계를 기억하는 것이다. 나중에는 유아가 한 손으로는 콘센트에 젓가락을 넣는 행동을 하고, 동시에 다른 한 손으로는 자기 손을 찰싹 때리면서 "안 돼, 안 돼!"라고 소리치기도 한다. 심지어 짓궂은 유아는 부모들이 놀라는 모습을 보이면 부모님을 쳐다보고 실실 웃으면서 그 행동을 반복하며 재미있어한다. 이런 행동에 부모는 어이없는 경험을 하지만, 사실 유아의 이런 행동은 부모 기능을 내면화해서 시간 차이를 두고 활용하는 행동이기에 유아의 중요한 성장으로 생각하면서 뿌듯한 마음을 가져도 될 것 같다.

부모를 내면화하고, 시차를 두고 부모가 했던 행동을 기억하고 한다는 것은 유아의 심리적 탄생의 중요한 정점인 대상항상성이 서서히 생겨나고 있다는 의미이기 때문이다. 힘든 갈등이 많아서 고통스러운 재접근기가 잘 해결되어 가면서 만 3세경에 접어들면 유아는 자기를 분리된 존재로 인식하며, 자기에 대한 안정적이고 견고한 정체성이 생기면서 자기항상성을 획득한다. 이와 동시에 리비도가 집중된 긍정적인 내적 엄마 이미지가 내재화됨에 따라 정서적 대상항상성이 확립된다. 자기감이 커지면서 자기항상성을 통해 응집된 자기 구조가 생겨나는 것이다.

대상항상성과 자기항상성

대상항상성 형성은 유아의 3년간의 심리적 탄생이 마무리되어 가는 단계이다. 지금까지 살펴본 것처럼, 유아는 자폐(출생~2개월), 공생(2~6개월), 분리-개별화 과정의 부화(6~10개월), 연습(10~16개월), 재접근(16~24개월)의 성장 경험을 통해서 엄마로부터 서서히 분리된 존재가 되어 간다. 말러가 제시한 유아의 각 발달단계의 개월 수는 유아의 개인적 특성에 따라서 시점이 달라질 수 있지만, 대부분의 유아는 신체 발달, 인지 발달, 언어 발달, 정서 발달 등을 대략 비슷한 시점에 경험하게 된다. 마지막 단계인 대상항상성 형성을 24~36개월과 그 이후에 경험하게 되는데, 유아기 심리적 탄생과정에서 24~36개월 사이가 핵심적인 기간이기는 하지만 그 이후의 기간도 24~36개월의 기간 이상으로 매우 중요하다.

대상항상성의 첫 형성은 24~36개월 사이에 경험하지만, 그 시점에 끝나거나 완성되는 것은 아니고 평생 대상항상성을 강화하고 재정립하는 경험이 꼭 필요하다. 대상항상성이 이미 형성된 유아라도 청소년기, 대학 진학, 취업, 부모로부터의 독립 등의 순간마다 대상항상성을 다시 다지는 과정이 필요하다. 성인기에 결혼하고, 자녀를 낳아서 키우고, 이직하고, 성인이 된 자녀가 떠날 때도 필요하고, 심지어 중년기인 생후 600개월(50세), 생후 720개월(60세)에도 인생의 새로운 변화가 생길 때마다 대상항상성이 다시 한번 강화되는 경험이 있어야만 한다. 나이 들어서 몸이 병들었을 때도, 퇴직을 앞두었을 때도, 배우자를 상실했을 때도, 우리가 어린 시절에 분리-개별화 과정에서 겪었던 내적 갈등은 반복적으로 우리에게 다시 다가올 수 있다. 예전에 주요 대상에 대해서 정서적 대상항상성이 있었던 사람도 삶의 위기나 어려움을 겪으면서 항상성이 약화될 수 있고, 기존의 대상항상성이 새로운 관계에서 다시 재적응 과정을 거쳐야 할 필요도 있기 때문이다.

우리가 평생 재정립하고 다져 나가야 할 **대상항상성**(object constancy)은 무엇보다도 정서적 경험이다. 재접근기에 엄마와의 상호작용에서 독립 욕구와 의존 욕구가 공존하면서 갈등하던 경험이 유아에게 특히 어려웠던 이유가 엄마에게서 떨어지는 순간에 자기의 생존이 보장되지 않고 불안과 두려움에 사로잡혔던 정서적 경험 때문이었다. 즉, 분리 불안과 유기 불안 때문이었다. 대상항상성은 지금 유아의 눈에 보이지 않는 엄마가 자기를 버리고 완전히 사라지거나 자기와의 관계를 끊은 것이 아님을 정서적으로 편안하면서도 확실하게 느끼기에 유아가 어느 정도의 시간 동안 혼자 있을 수 있는 능력이 생기는 것이다. 유아가 독립 욕구를 느끼고 엄마로부터 분리되고 개별화되는 경험을 추구할 때, 엄마를 떠나는 것에 대해서 훨씬 더 편안함을 느낄 수 있고 그 결과로 엄마도 유아도 각각 신체적·정서적으로 분리된 길을 걸을 수 있게 된다.

말러가 강조했던 정서적 대상항상성은 발달심리학자 피아제(Jean Piaget)의 개념인 인지적 **대상영속성**(object permanence)과는 다른 개념이다. 피아제에 의하면 대상영속성은 생후 18~20개월 사이에 확립되는 것으로서 인지 발달에 해당한다. 대상영속성은 유아기에 신체 발달, 인지 발달, 뇌 발달을 통해서 경험되는데, 이 시기가 되면 표상적 지능, 즉 이미지 형성과 기억이 발달하면서 대상이 눈앞에서 사라지더라도 그 대상이 완전히 사라진 것이 아니라 어딘가에 존재하고 있음을 인식하게 된다. 유아의 인지 발달로 인한 기억력 향상은 대상영속성에 직접적으로 영향을 미쳐서 내적 표상 및 내적 이미지를 형성하게 하고 결과적으로 대상항상성을 형성하는 데 도움이 된다 (Greenberg & Mitchell, 1983/1999, p. 459; Mahler, 1975/1997, p. 172). 피아제는 이 능력이 유아가 선천적으로 갖고 태어나는 것이 아닌 태어나서 약 20개월까지의 감각운동기 동안 단계적으로 발달하는 것으로 보았다. 결국 인지적 대상영속성은 정서적 대상항상성의 전제조건이 된다. 대상영속성의 발달 없이는 대상항상성 형성이 어렵다.

대상영속성의 발달은 유아들과의 상호작용을 통해 부모가 금방 알아보고 느낄 수 있다. 유아들이 눈으로 보고 있던 장난감, 젖병, 물컵 등을 보이지 않는 곳에 치우면, 유아는 엄마의 등 뒤나 몸 아래 숨겨져 있는지 들춰 보기도 하고, 주변을 샅샅이 뒤지기도 한다. 분명히 유아의 기억에 그 물건이 존재했는데, 지금 눈에서 사라졌다고 해서 쉽게 잊거나 포기하지 않는 행동이다. 부모가 유아들을 키우면서 종종 하는 말 중에 "애 보는 앞에서는 물도 못 마셔."라는 말이 있는데, 이 말은 유아에게 대상영속성이 생겼음을 의미하는 말이기도 하다. 실제로 대상영속성이 생긴 유아는 엄마나 아빠가 하는 대부분의 행동을 관찰해서 모방하거나 자기도 달라고 떼를 쓰는 경우가 생긴다. 그러면 엄마와 아빠는 아이 앞에서 행동을 신경 쓰게 되고 제약을 받게 되기도 한다.

대상항상성을 성취하기 위해서는 이전 단계에서 대상을 전적으로 좋은 대상과 전적으로 나쁜 대상으로 나누었던 분열 기제를 통합할 수 있어야 한다. 유아가 자기를 따뜻하게 돌봐 주는 엄마에 대한 좋은 감정과 때로는 자기를 좌절시키는 엄마에 대한 나쁜 감정이 한 대상에게서 온다는 사실을 통합적으로 느끼는 것이 대상항상성 형성에 필요하다. 통합은 대상의 통합뿐 아니라 자기의 통합도 필요한데 각각 자기항상성과 대상항상성 형성에 중요한 역할을 한다. 주 양육자의 초기 돌봄이 유아가 내적으로 대상과 자기 통합을 하는 데 중요한 역할을 하는데, 클라인은 사랑이 담긴 엄마의 돌봄이 대상을 통합하게 한다고 강조했고, 위니컷은 보듬어 주기(holding), 다루어 주기(handling), 대상 제공(object providing)을 포함한 제시하기(presenting)를 통한 엄마의 돌봄이 유아의 통합을 촉진해서 유아를 성숙하게 한다고 했다.

유아는 태어나면서 자라는 동안 처음에는 온전한 자기로 경험하지 못하고 엄마의 돌봄 속에서 자기감을 획득하며 온전한 인격으로 성장하게 된다. 신체와 정신이 통합되어 있지 않은 초기의 유아는 불안한 상태로 존재하게 되는데, 돌봄이 부족하거나 부재하면 해체되는 느낌이 생길 수 있다. 그렇기에 엄마의 사랑이 담긴 돌봄이 필요한데, 엄마의 사랑은 응집된 자기감을 형성하게 해서 건강한 자기감을 가지게 되고 이는 곧 자기항상성을 획득하는 것이다. 좋은 돌봄이 없다면 유아는 파편화된 자기를 갖게 되는데, 이런 경우 자라나서 자기애적 성격장애나 경계선 성격장애, 심하면 정신증적 상태로 이끌게 된다.

통합에 필요한 돌봄의 형태로 제시된 보듬어 주기는 유아가 양육자에게 안겨 있는 것을 말한다. 이는 문자 그대로의 안아 주는 것뿐만 아니라 좋은 환경을 마련해 주는 것을 의미하고, 이것은 물리적인 부분뿐만 아니라 정신적인 부분까지도 포함한다. 이러한 보듬어 주기를 통해 유아는 물리적·정신적 위협으로부터 안전함을 느끼고 불안이 감소하게 된다. 편안한 상태의 유아는 감각을 느끼게 되고, 자기가 발달하게 된다. 다루어 주기는 유아의 물리적 필요에 대한 양육자의 적절한 응답을 말한다. 기저귀 갈아 주기, 먹여 주기, 옷 입혀 주기, 목욕시켜 주기, 마사지해 주기와 같은 유아의 필요에 대한 응답으로서의 다루어 주기는 유아의 몸과 마음을 하나로 연결시켜 준다. 대상 제공하기는 유아의 필요에 만족할 수 있도록 무언가를 제공하는 것을 말한다. 이만하면 괜찮은 엄마는 배고픈 유아에게 젖을 물려 주는 행동을 통해 대상을 제공한다.

또한 대상항상성 형성을 위해서는 두 가지의 중요 과제가 있다. 우선, 유아가 뚜렷하고 확실한 자기 개별성(individuality)을 성취하는 것이고, 유아가 성취한 자기 개별성에 기초해서 일정 수준의 대상항상성을 달성하는 것이다. 대상항상성 형성을 위한 첫 단계는 유아가 대상이 자기와는 분리된 정체성을 가진 존재임을 인식하기 시작하는 것과 자기도 역시 다른 사람들과는 분리된 개별성, 고유한 정체성이 있는 존재임을 알게 되는 것이다. 이 과제는 유아가 부화기, 연습기, 재접근기에 주요 대상인 엄마와의 상호작용에서 무수히 연습한 결과이기도 하다.

대상항상성 형성은 유아가 자기 정체성을 형성하면서 동시에 늘 변함없고 긍정적인 대상인 엄마에 관한 정서적 기억과 이미지를 서서히 자기에게 내면화하는 것에 달려 있다. 그 내면화된 엄마 이미지는 유아가 내적인 갈등, 불안, 두려움을 어느 정도는 느끼더라도 비교적 익숙한 환경에서는 엄마에게서 분리되어 혼자서 기능할 수 있도록 해 준다. 유아가 자라나면서 환경에 의존하는 일은 줄어들지만, 한 개인으로서 대상의 존재와 그 대상과의 상호작용에 어느 정도는 항상 의존하게 되어 있는데 그럼으로써 안정적인 자기감을 유지할 수 있게 된다.

정서적 대상항상성은 대상이 자기의 곁에 있거나, 자리를 비워서 눈에 보이지 않거나, 혹은 대상이 자기의 욕구를 충족시키거나 좌절시키는 것에 상관없이 그 대상에 대해서 이미지를 통합적으로 일관되게 유지하고 정서적으로 편안하게 느끼는 능력을 의미한다. 인지적 대상영속성도 유아에게 쉬운 능력은 아니겠지만 정서적 대상항상성은 대상영속성보다 훨씬 더 복잡하고 유지하기 어렵다. 대상영속성이 발휘되는 순간은 유아가 정서적으로 차분하고 집중하는 경우가 많다. 마음이 크게 고통스럽거나 힘들지 않고 정서적으로 비교적 안정된 상태에서 눈에 보이다가 사라진 물건을 기억하는 것은 어렵지 않다. 그 물건이 없어진 이유를 궁금해하며 찾으려는 시도는 마치 숨은 보물찾기 같은 놀이로 즐겁게 느껴질 수도 있다. 실제로 유아에게 자기 마음이 차분할 때 엄마가 숨겨 놓은 장난감을 기억하는 일은 비교적 쉽다. 하지만 엄마에 대해서 분노하거나 좌절감이 큰 상태에서 엄마가 그동안 좋은 사람이었다는 것을 기억하는 것은 훨씬 더 복잡하고 어렵다. 유아가 그 순간 느끼는 강한 감정은 이전의 감정이나 인지적인 기억을 완전히 압도하는 경우가 많다.

유아의 특징

대상항상성 형성기인 생후 24~36개월 사이의 유아의 특징은 재접근 단계 유아의 모습과는 굉장히 다르다. 가장 눈에 띄는 변화는 행동과 태도의 변화이다. 재접근 단계 유아를 관찰해 보면, 엄마에게 간절하게 매달리면서도 엄마가 도움을 주려고 하면 거부하는 모습을 보이거나, 심하게 투정을 부리거나, 엄마에게서 떨어지지 않으려 시도하고 의존하는 특징적인 행동들을 보이는데, 그런 행동들이 현저하게 줄어든다. 이 시기 유아는 무엇보다도 정서적 안정감이 있고 자기가 하던 놀이에 집중할 수 있는 능력이 늘어난다. 꽤 오랜 시간 동안 엄마한테 다가가지 않고 지내기도 하고, 엄마가 자리를 떠나도 쳐다보기는 하지만 불안해하거나 궁금해하지 않는 경우도 많다.

이런 정서적 안정감은 유아가 한 대상에게 느끼는 좋은 감정과 나쁜 감정을 통합하는 능력이 생기는 데서 비롯된다. 엄마가 일시적으로 곁에 없을 때 아이가 순간적으로 불안감과 좌절감을 느낄 수는 있지만, 좌절스러운 엄마가 자기 곁에 늘 있으면서 사랑해 주고 지지해 주었던 엄마와 같은 사람이라는 정서적인 확신을 느끼기 때문이다. 즉, 정서적으로 양극단적인 상반된 감정을 동시에 느끼고 통합하는 능력은 유아의 인지 능력을 통해서 가능하다. 또한 엄마가 일시적으로 떠났었지만 금방 돌아오고 정서적으로 편안해졌던 좋은 경험이 많이 누적되면 유아가 대상항상성을 느끼는 데 큰 도움이 된다. 따뜻하고 편안했던 좋은 경험이 쌓이면 엄마와 잠깐 떨어지는 경험으로 인해서 정서적으로 불안해하거나 압도되지 않고 잘 견딜 수 있다.

유아가 처음으로 엄마에게서 떨어져서 어린이집에 맡겨질 수 있는 나이는 대상항상성 형성이 시작되는 만 2세 이후이면 가능할 수 있다. 요즘은 직업을 가지고 사회생활하는 엄마들이 많아서 부부가 육아휴직을 사용하고 나면 최대한 이른 시기에 유아를 맡겨야 하는 경우가 있다. 엄마나 아빠가 적어도 3년 정도 편하게 육아를 할 수 있으면 참 좋겠지만 실제로 그런 형편이 안 되는 경우가 훨씬 많다. 만 2세에서 3세 사이의 유아를 어린이집에 맡기면 아침에 엄마에게서 떨어질 때와 오후에 선생님에게서 떨어질 때마다 앞서 설명했던 그런 재접근기 어려움이 지속되기도 한다. 엄마와 선생님을 전적으로 좋은 대상으로 느꼈다가 한순간에 전적으로 나쁜 대상으로 느끼는 경험이 반복된다. 만 2세가 지나면 이미 대상항상성 시기에 접어들기는 하지만, 이전 단계에서 경험한 어려움에서 완전히 벗어날 수 있는 것은 아니다. 재접근기 시절 유아가 보였던 투정도 어느 정도는 지속된다.

대상항상성 형성기의 유아는 보통 어린이집에서 놀고 있다가 엄마가 조용히 떠나도 불안을 느끼거나 칭얼거림 없이 원래 하던 놀이를 하면서 노는 경우가 많다. 분리-개별화 과정을 비교적 순조롭게 지난 유아는 엄마가 떠나도 엄마와의 친밀감이나 신뢰를 마음속에 그대로 기억한다. 조용히 놀던 유아가 둘러보고 엄마가 없음을 확인하기도 하지만 그냥 원래 하던 놀이로 돌아가기도 하고, 엄마가 어디 있는지 선생님께 물어볼 수는 있지만 선생님의 대답을 들은 후에는 별로 걱정하지 않는 모습을 보인다. 대상항상성 시기의 유아가 엄마를 찾을 때는 사실 불안과 걱정 때문이 아니라, 자기가 놀던 것을 엄마에게 자랑하고 싶거나 나누고 싶을 때이다. 하지만 엄마가 그 자리에 없다는 사실을 알면 정서적 동요 없이 곧 원래 집중하던 놀이로 돌아가는 경우가 많다.

이때 유아는 엄마가 지금은 자기 옆에 없어서 불만족스러운 마음이 있지만 늘 곁에 있어 주었던 엄마에 대한 긍정적 느낌을 지금도 유지할 수 있는 능력이 있다. 잘 놀던 유아는 엄마가 나중에 돌아오면 달려가 웃으면서 엄마에게 안기고 자기가 가지고 놀았던 장난감이나 하던 일을 보여 주려고 가져온다. 엄마가 없을 때도, 엄마가 돌아왔을 때도 유아가 떼를 쓰거나 화를 내는 행동은 보이지 않는다. 어떤 경우에도 유아의 감정이 잘 조절되는 상태로 있고 안정된 반응을 보여 주는 경우가 많다. 유아의 마음에서는 자기가 엄마를 필요로 하거나 원하면 엄마가 곧 돌아와서 자기와 함께해 줄 것으로 확신하는 상태로 볼 수 있다. 즉, 정서적 대상항상성이 잘 자리 잡은 상태로 볼 수 있다.

대상항상성이 잘 자리 잡게 되면 유아에게 자기를 돌봐 주고 양육해 주는 부모 존재의 중요성은 현저하게 감소한다. 부모의 중요성이 감소하는 것은, 유아의 신체를 돌보거나 생존을 위한 도움의 손길이 필요 없어진다는 의미는 아니다. 유아가 정서적으로 덜 불안하고, 부모 존재가 없는 시간에도 자기감을 잘 유지하고 정서적으로 고갈되지 않는다는 의미이다. 유아는 자기의 감각, 대상인 엄마에 대한 감각을 잃거나 두려워하지 않고 어느 정도 안정감을 느끼면서 어린이집에 다닐 수 있다. 또한 엄마에 대한 대상항상성은 아빠와의 관계를 더 촉진하기도 한다. 유아에게 아빠의 존재가 더 중요해지고 유아는 아빠와의 놀이에 더 즐겁게 적극적으로 참여할 수 있다. 아빠도 유아와의 관계에서 즐거움을 느끼고 새로운 관계 경험을 한다.

대상항상성 형성과 함께 유아에게 가장 중요한 발달은 자기항상성의 형성이다. 마치 동전의 앞뒷면처럼 대상항상성이 형성되면서 자기항상성도 같이 형성된다. 자기항상성은 자기에 대해 안정되게 발달한 감각과 인식, 즉 자기 인식이다. 유아가 자기에 대해서 긍정적 느낌과 부정적 느낌이 통합되고 공존하는 경험이라고 볼 수 있다. 자기항상성의 형성은 이후 청소년기에 정체성 형성의 토대가 되기도 한다. 자기에 대한 감각이 점차 응집력 있게 되고 안정되어 가면 목표를 가지고 이루어 가는 놀이나 활동을 가능하게 해 준다. 유아가 자기가 누구인지에 대한 어느 정도 인식이 생기고 자기가 원하는 것이 무엇인지에 대해서 알게 되면 엄마나 아빠와의 관계에서 좌절감을 느낄 때도 크게 방해받지 않고 자기가 하던 놀이에 지속해서 집중하는 일이 가능해진다. 대상이 주는 좌절감을 느끼고 자기에 대해서 부정적 느낌이 강하게 들어도 유아는 자기에 대한 긍정적 느낌을 기억하고 대상에 대한 좋은 느낌을 기억할 수 있는 능력이 생긴다.

심리적 탄생과정의 부모 경험

3년간의 심리적 탄생과정은 유아뿐 아니라 주 양육자인 엄마와 아빠에게도 무척 힘든 과정이다. 요즘은 늦게 출산하고 양육하는 부모도 많지만, 20대 후반~30대 초중반의 비교적 젊은 부모들에게 출산과 양육은 신체적·심리적으로 매우 힘들고 피곤하고 부담되는 일이다. 결혼을 필수가 아닌 선택으로 여기고 출산은 더더욱 젊은 부부의 개인적인 선택으로 결정하는 시대이기에, 유아의 신체적 탄생 이후에 3년간의 심리적 탄생과정을 함께해 주고 지지해 주어야 하는 대상관계이론의 설명이 어쩌면 젊은 사람들에게는 더 큰 심리적 부담을 줄 수도 있을 것 같다. 하지만 3년간의 육아는 부모를 지치게만 하는 과정이 아니고 유아와의 상호작용을 통해서 말로 표현할 수 없는 기쁨과 만족감을 주는 과정이기도 하다.

유아가 태어나서 자폐기에 있을 때 부모들은 쉽게 거짓말쟁이가 된다. "우리 아기가 나를 보고 방긋 웃고 반응했어요!"라는 표현을 종종 한다. 분명히 엄마를 쳐다봤고 눈을 맞추며 방긋 웃었다는 것이다. 그 말이 완전히 틀린 말은 아니다. 실제로 유아가 그렇게 행동한다. 그런데 유아가 엄마와 눈을 맞추고 보이는 미소는 사실 유아가 보이는 반사 반응(reflex)이다. 반사 반응은 자동적·무의식적 반응으로서 유아가 의지적·정서적으로 보이는 반응은 아니다. 반사 반응은 다양하게 있지만, 평생 남는 반사 반응의 예로 어떤 물체가 우리에게 날아올 때 자동으로 눈을 감는 행동이 있다. 앞서 이미 언급한 것처럼 실제 자폐(출생~2개월) 시기 신생아의 시력은 성인의 1/10 정도밖에 되지 않고, 아직은 신생아가 대상을 인지적으로 인식하고 정서적으로 느끼고 반응하는 단계가 아니라 자폐 상태이기에 신생아의 미소는 반사 반응으로 봐야 한다.

　자폐라는 단어의 뜻처럼 자폐기 유아가 심리적으로 스스로 닫아 버린, 아직은 문을 열지 않은 상태인 것을 엄마나 아빠가 쉽게 이해하거나 공감하기 어려운 이유는 부모가 유아에게 강한 유대감과 애착을 느끼고 있기 때문이다. 즉, 유아가 어느 정도 반응은 보이지만 실제로 부모에게 느끼는 감정은 거의 없는 심리적 고립 상태인데 부모는 유아에게 일방적인 애착을 느끼는 것이다. 아직 인지 능력이나 언어 능력이 없는 유아의 내적 경험을 우리가 다 알 수는 없지만, 유아와 엄마의 상호작용을 면밀하게 지켜본 관찰자의 눈에는 정서적 흐름은 대부분 부모에게서 유아에게로 흐른다. 아직은 부모의 사랑이 일방적 사랑이지만, 마치 물이 나오지 않는 펌프에 마중물을 붓고 물을 끌어 올려서 나오도록 하는 것처럼 부모의 사랑은 유아와 부모 사이의 정서적 관계와 상호작용의 시작을 위한 마중물의 역할을 한다. 이를 통해 유아는 이후 자기의 삶에서 필수적인 관계성을 형성하는 데 큰 도움을 받을 수 있다.

　유아와 엄마의 공생(생후 2~6개월) 기간에 엄마는 무한한 충만함과 기쁨을 느낀다. 품에 폭 안겨서 젖을 먹고 편안하게 잠이 든 유아를 안고 있는 따뜻함과 친밀감 경험은 대부분의 엄마에게 충족되는 느낌을 주기도 한다. 하지만 2시간 간격으로 깨서 젖을 찾는 유아를 먹이는 일이 종일 유아와 함께 있으면서 돌보느라 이미 지친 엄마에게는 너무 버거운 경험이기도 하다. 밤에도 충분한 수면을 하지 못해 몸도 마음도 지친 상태에서 유아와 한 몸처럼 공생하며 양육하는 시간은 대다수 엄마에게 큰 어려움을 준다. 특히 유아와 공생하는 상태, 깊은 친밀감을 느끼는 것이 한 젊은 여성인 엄마의 개인적 자율성과 정체성을 위협한다고 느끼기도 하기에 자기 인생을 생각하고 직업을 생각하는 엄마는 일상으로 돌아가고 싶고 빨리 돌아가야만 한다는 초조한 생각을 갖기도 한다.

　유아의 부화(생후 10~16개월)가 시작되면 마치 병아리가 알을 깨고 나오는 것처럼, 부모는 신비롭고 기쁜 경험으로 느낀다. 대부분의 부모는 이 시기를 만족스럽게 느낀다. 이때는 유아도 엄마도 공생기에 한 몸처럼 느끼던 경험이 좀 지나갔기에 서로가 별개의 존재임을 희미하게 느끼기 시작하고, 엄마는 유아가 아무리 순하더라도 자기 경계를 침범하고 끊임없이 필요한 것을 비언어적으로 소통하고 온몸으로 요구한다고 느낄 수 있다. 유아가 한없이 사랑스럽고 예쁘지만, 한편으로는 굉장히 귀찮고 짜증스럽게 느껴지기도 한다. 이 시기 엄마는 양가감정을 느끼는 경우가 많은데, 공생기에 늘 함께해야 하는 부담에서 벗어나 안도감을 느낌과 동시에 이제 유아가 알에서 깨어나 엄마의 품에서 벗어나려고 준비한다는 사실에 슬픔을 느낀다. 실제로 예전의 일상으로, 그리고 직장으로 복귀하고 싶은 마음이 커지기도 하고, 곧 자기 품을 떠날 유아를 생각하며 조만간 다시 임신해서 둘째 아이를 키우고 싶은 욕구를 느끼는 엄마들도 있다.

요즘은 유아를 키우는 엄마 자신이 자기 부모로부터 신체적·정서적으로 분리-개별화가 덜 된 상태에서 연애하고, 결혼하고, 출산하는 일도 많다. 만약에 유아를 출산하고 키우는 엄마가 자기의 유아 시절 심리적 탄생과정의 분리-개별화 과정에서 정서적 갈등과 어려움을 겪었다면, 특히 연습기와 재접근기에 독립하는 연습을 충분히 하지 못했다면, 자기 아이의 부화기 경험이 반갑지 않다고 느낄 수 있다. 어떤 엄마는 유아의 부화 경험이 필요하다는 인지적 이해는 있지만, 정서적으로는 유아와 떨어지는 것 자체를 원하지 않고 심지어는 무의식적으로 집요하게 거부감을 느끼며 방해하기도 한다. 이런 엄마는 사실 양육과정에서 친정 부모로부터 충분한 돌봄을 받지 못한 피해자이기도 하다.

자기 아이의 부화기에 엄마가 심한 외로움과 슬픔을 느끼기도 하고, 유아와 더 오래 함께하고 싶은 자기 욕구가 너무 커서 부화를 원하는 유아의 시도를 마음으로 받아 주지 못한다. 유아가 원하는 것 이상의 관심과 애정을 숨 막힐 정도로 쏟아부어 주기도 하다가, 어떤 순간에는 자기 자신의 융합 욕구를 유아가 받아 주지 않는다고 느끼면 오랜 시간 유아를 침대에 방치하거나 유아와의 상호작용을 거부하기도 한다. 이렇게 되면 유아는 인지적 기억에는 없지만, 자기의 경계를 침범당한 느낌, 자기가 정서적으로 방임된 느낌, 엄마가 자기 존재를 거부하는 느낌을 정서적·무의식적으로 기억해서 이후의 발달과정에 부정적인 영향을 줄 수도 있다.

유아가 연습기(10~16개월)에 접어들면, 유아는 엄마로부터 부화기보다 더 멀어져 간다. 이런 유아의 행동을 엄마는 대체로 받아들이고 환영하기도 한다. 연습기 엄마가 경험하는 주요 감정은 불안과 걱정이다. 유아가 엄마에게서 분리되는 연습을 하다가 다시 돌아올 때 엄마는 유아의 정서적 재충전을 위한 역할을 해 준다. 또한 유아가 주변 세계와 사랑에 빠져서 탐색하면, 그런 유아를 지켜봐 주고 기쁨을 함께 나누어 주기도 한다. 그런데 연습기 유아가 너무 의기양양해져서 탐색하는 것에 대해 부모는 대체로 위험하다는 느낌과 불안감을 경험한다. 유아가 혹시라도 도로로 뛰어들어서 사고가 나거나, 계단에서 떨어져서 뼈가 부러지고 크게 다치거나, 젓가락이나 칼 같은 날카로운 물건을 만지면 베일 수도 있기에 부모는 매 순간 많이 걱정하고 불안감에 휩싸이기도 한다.

연습기 유아의 부모들은 걱정과 불안을 떨쳐 내려고 노력하고 실제로 성공적으로 극복하는 경우가 많다. 하지만 일부 부모들은 분리 불안, 심지어 유기 불안을 경험하기도 한다. 이 분리 불안은 유아가 느끼는 것이 아니라 부모가 느끼는 불안이다. 보통은 유아가 엄마에게서 떨어질 때 분리 불안을 느끼는데, 부모가 분리 불안을 느낀다는 것은 부모가 자기 부모로부터 분리—개별화를 경험하는 과정에서 어려움을 겪었음을 의미한다. 유아의 부화기에도 일부 부모가 과도한 공생 욕구의 좌절로 인해 외로움과 슬픔을 느끼는 것처럼, 유아의 연습기에는 일부 부모가 분리에 대한 두려움과 고통 때문에 유아를 정서적으로 먼저 밀어내는 행동을 보이기도 한다. 버림받기보다는 버리는 편이 차라리 덜 고통스럽다고 느끼기 때문이다.

심각한 문제는 연습기 유아가 부모의 존재를 필요로 하는 순간에 부모가 나타나 번쩍 들어서 안아 주어야 하는데, 반대로 유아가 필요할 때가 아닌 자기가 유아의 친밀감이 필요할 때 안아 줌으로써 유아의 탐색과 떨어지는 연습을 방해한다. 그렇게 되면 유아의 필요에 따라 부모가 조율하고 맞춰 주는 것이 아니라, 부모가 필요할 때 유아가 기능과 역할을 하게 되는 상황이 벌어진다. 심지어는 유아가 연습과 재충전을 반복하는 것이 아니라, 부모가 자기 내적 갈등 때문에 연습과 재충전을 반복하는 것이 된다. 어이없게도 부모와 유아의 역할이 바뀌는 셈이다. 이때 부모가 유아를 위해서 제대로 역할을 하려면 정서적 접촉을 잘 유지하면서 유아가 부모로부터 분리하고 싶은 열망과 노력을 보일 때 그 순간에 정서적으로 지지하면서 촉진해 주는 것이 가장 적당한 방법이다. 그러면 유아는 부모가 자기의 노력과 시도를 승인해 주고 기대하고 있다는 긍정적인 느낌을 받게 되어서 분리를 연습하는 과정이 편안하고 기분 좋은 경험이 된다.

유아의 심리적 탄생과정에서 부모가 가장 좌절감을 느끼는 때는 재접근 시기이다. 부화기, 연습기도 마찬가지이지만, 재접근(16~24개월) 시기 부모의 경험은 만족스러움보다는 좌절이 더 큰 경우가 많다. 가장 힘든 점은 유아가 늘 양가감정을 느끼기에 맞춰 주기 어렵다는 점이다. 유아가 도움 요청을 하면서도 부모가 도움을 주려고 하면 바로 거절하기에 짜증이 많이 난다. 부모를 마치 자기 도구처럼 쓰는 느낌이 나고, 유아의 고집과 투정에 당해 내기 어렵다는 느낌과 이 시기가 곧 지나갈 것이라는 희망이 잘 느껴지지 않는다. 부모는 유아가 필요할 때 옆에 항상 있어 줘야 하지만 자기를 통제하면 안 된다는 느낌을 주기에 부모로서 마음의 평정을 지키기가 굉장히 어렵다. 유아가 원하는 적정한 선, 적정한 거리를 찾아서 가장 적절한 관계를 맺는 일이 불가능해 보인다. 분리-개별화의 문제가 있는 일부 부모는 유아의 재접근 시기에도 연습기와 마찬가지로 유아가 분화해 갈 때 계속해서 분리 불안과 유기 불안을 심하게 느낄 수 있다. 심지어 유아가 독립성을 추구할 때 그 자리에 버려두고 가겠다는 위협이 섞인 반응을 보이기도 한다.

아동 · 청소년기의 대상항상성과 자기항상성

자기항상성이 형성되면 아이가 자라면서 아동기와 청소년기에 자기의 성취가 부족하거나 실패하는 순간에도 자기에 대한 좋은 느낌과 감각을 기억하면서 그 위기를 지나갈 수 있다. 예를 들면, 학교에서 중간고사를 망쳤다고 생각하는 중학생이 자기에 대한 부정적 느낌이 가득 느껴질 때, 자괴감과 실패감이 강하게 느껴지면서 '나는 시험을 이렇게 못 봤으니 나가서 죽어야 해.'라는 극단적 생각을 하게 되고, 실제로 자살 생각을 하기도 한다. 반대로, 자기항상성이 잘 형성된 학생은 실패한 순간에도 자기가 학업에서 성취했던 좋았던 순간을 기억하면서 '이번 한 번은 망쳤지만, 다음에는 잘할 수 있어!'라고 자기에 대한 좋은 감정을 느끼기에 극단적 생각을 하지 않을 수 있다. 이는 자기가 통합되었기 때문에 가능한 것이다. 자기항상성의 기초는 대상항상성이 형성되는 시기인 24~36개월 사이에 처음 형성되지만, 그 이후에도 성장하면서 자기항상성을 꾸준하게 다지며 자기를 강화해 나가는 경험이 필요하다.

마찬가지로 대상항상성도 인생 전반에 걸쳐 지속된다. 청소년이 비교적 잘 형성된 대상항상성을 가지고 있는 상태에서 폭발적인 신체적 성장과 이차 성징이 나타나면 자기 신체에 대한 전능감을 다시 한번 누리게 된다. 아이가 연습기 때 느꼈던 전능감을 성장해서 청소년기에 다시 한번 경험하는 것이다. 마치 자기가 어른이 된 것처럼 전능감을 경험하기도 하고, 신체의 변화에 당황하기도 한다. 이때는 신체적으로 성인에 가까워지면서 부모로부터 한발 더 나아간 독립을 위해 반항하기도 하며, 사춘기 갈등이 생겨서 어른들은 청소년 자녀와의 관계를 힘들어하고 이런 아이들의 상태를 중2병이라고 부르기도 한다. 이 시기는 유아 시절의 분리-개별화와 유사한 현상이 나타나기에 2차 개별화의 시기로 보기도 한다(Colarusso, 1992/2011, p. 171).

이 시기에는 일탈이나 청소년 비행과 같은 행동이 나타날 수도 있으므로 가정은 든든한 울타리가 되어 주어야 할 필요가 있다. 특히 아빠의 역할이 중요한데, 아빠는 방황하고 비행하는 자녀에게 엄격함을 제공함으로써 역설적으로 안전감을 느끼도록 해 줄 수 있다. 물론 유아기 분리-개별화 과정에서 양육을 전담하는 주요 대상이 엄마만이 아니라 아빠도 가능한 것처럼, 청소년기에 반항하는 청소년 자녀에게 엄격함으로 울타리를 제공하는 것은 아빠만이 아니라 상황에 따라서는 엄마가 할 수도 있다. 반항하는 청소년 자녀를 대할 때 아이가 원하는 것은 실제로 자기가 심하게 공격하는 아빠나 엄마가 상처받고 무너지는 것이 아니다. 부모가 청소년 자녀의 공격을 견뎌 주고 자녀에게 정확하고 엄격하며 단호함을 제공하는 파괴할 수 없는 환경을 제공함으로써 자기의 파괴적인 공격성에 아빠나 엄마가 파괴되지 않는다는 사실이 오히려 자녀에게 안전감을 제공해 주게 된다(Winnicott, 1971/1997, pp. 166-167).

성인기의 대상항상성과 자기항상성

'성인기에 연애와 결혼생활을 건강하게 잘할 수 있는 사람들은 어떤 사람들일까?'라는 궁금증이 생길 수 있다. 싱글인 사람 중에 홀로서기 하는 것이 너무 힘들어서 빨리 의지할 수 있는 대상을 만나고 싶다고 이야기하는 사람들이 생각보다 많다. 그런데 실제로 정신적·정서적으로 홀로서기가 힘든 사람은 함께하는 관계에서도 어려움을 보인다. 즉, 자기감, 자기항상성이 약한 사람은 대상과의 친밀한 관계도, 상호작용도 어렵고, 동시에 대상항상성도 약하다. 대상항상성이 약하면 대상이 눈에 보이지 않을 때 불안하고 힘들고 버려질 것 같은 느낌이 들 수 있다. 연애하는 두 사람 중 한 명은 대상항상성이 잘 형성되어 있고, 다른 한 명은 대상항상성이 약하다면, 두 사람 다 관계를 맺으며 정서적으로 매우 힘들어질 수 있다.

대상항상성이 잘 형성된 사람은 연인과 함께 있는 시간도 너무 좋지만, 혼자서 충전하는 시간도 필요하다고 느낀다. 반대로, 대상항상성이 약한 사람은 연인과 함께 있는 시간에 마음이 편안하고 좋지만, 떨어져 있는 시간이 길어질수록 불안하고 고통스럽게 느끼기도 한다. 그래서 늘 함께 있으려고 하고 조금도 떨어지려고 하지 않는다. 예를 들면, 대학생들이 연애할 때 자주 벌어지는 상황은 남자친구와 여자친구가 함께 있다가 남자친구가 여자친구에게 내일이 중간고사이니 이제 각자 도서관이나 집에 가서 시험공부를 하고 내일 다시 만나자고 제안하면, 여자친구가 떨어지기 싫어서 떼를 쓰거나, 유기 불안을 느끼거나, 짜증 부리고, 심하게 분노하는 상황이다. 이 중에서 남자친구는 대상항상성이 안정적으로 형성된 경우이고, 여자친구는 대상항상성이 약한 사람으로 볼 수 있다.

이런 경우 여자친구가 심지어는 "자꾸 따로 공부하자고 하고 내일 보자고 할 거면 우리 헤어져!"라고 하면서 먼저 위협하기도 한다. 대상항상성이 약한 여자친구는 남자친구가 실제로 자기를 버리려고 하는 것처럼 불안하고 고통스럽게 느낄 수 있다. 남자친구에게 결국 버려질 거면, 차라리 내가 먼저 버리는 게 덜 고통스러울 것으로 느낄 수도 있다. 남자친구는 여자친구의 이런 반응이 전혀 이해가 안 될 수 있지만, 대상항상성이 약한 여자친구에게는 자기 생존이 달린 문제로 느껴질 만큼 살고 죽는 정도의 심각한 문제이다. 이런 불안정한 관계가 연애하면서 나중에 잘 극복될 수도 있지만, 그렇지 않은 상태로 결혼까지 이어지면 안타깝게도 한 명이 다른 한 명에 대해서 의부증, 의처증으로 발전하기도 한다. 대상항상성이 약하기에 대상이 눈에 보이지 않을 때 불안하고, 무슨 일을 하고 있는지, 누구를 만나고 있는지 알 수 없어서, 배우자가 직장에 있는 시간이나 집을 비운 시간 동안 고통스러움을 느낄 수 있다.

또한 대상항상성이 약하다면 자기항상성도 약하기에 대상과의 관계에서 자기가 뭘 원하는지, 뭘 좋아하는지 잘 모를 수 있고, 자기감정도 잘 느끼지 못할 수 있다. 자기감정을 잘 인식하지 못하면 사랑, 친밀감, 정 등 관계를 이어 주고 발전시켜 주는 중요한 감정들에 무뎌진다. 두 사람의 관계가 깊어지려면 친밀감을 느껴야 하는데, 한 사람은 느끼지만 다른 한 사람이 느끼지 못한다면 결국 그 관계는 잘 유지되기 어렵다. 친밀감을 느끼는 사람은 친밀감을 느끼지 못하는 연인이 자기를 사랑하지 않는다고 생각할 수 있고, 친밀감을 느끼지 못하는 사람은 친밀감을 느끼고 원하는 상대가 자기에게 너무 많은 요구를 하고 불평한다고 느낄 수 있다. 결국 어느 쪽이든 대상에 대해서 만족스럽지 않고 불만이 쌓여 갈 수 있기에 둘 다 대상에 대해서 서서히 지쳐 가게 된다. 만약 자기나 연인이 대상항상성과 자기항상성이 약하다면, 심리치료를 통해서 강화한 후에 만나는 것이 더 좋을 것으로 보인다.

두 사람의 연애과정을 유아의 심리적 탄생과정에 비유해서 볼 수도 있다. 처음에 남녀가 만나면 첫눈에 반하면서 열정적인 사랑에 빠져든다. 열정적인 사랑에 빠지는 일은 어느 정도는 대상과의 관계에서 자기의 경계가 허물어짐을 용납하는 것을 의미한다. 동시에 남녀가 각자의 자기감이 어느 정도 분명하기에 대상이 자기를 침범하는 일에 대한 두려움이 없어서 경계를 허무는 친밀한 형태의 사랑이 가능하다. 이때는 유아 발달 시기에 따르면 정상적 자폐 상태이다. 두 사람은 주변에서 벌어지는 일들에 아랑곳하지 않고 둘만의 세상에 갇혀 있다. 유아가 잠으로만 시간을 보내는 것처럼 서로를 바라보면서, 하루 대부분을 서로에 대해 생각하면서 시간을 보낸다. 자폐기에는 연인이 너무나 예쁘고 멋있어 보이고 단점도 없어 보인다.

얼마 지나지 않아 두 사람의 상태는 공생기로 넘어가게 된다. 서로 오랜 시간 함께하길 원하면서 내가 원하는 것은 상대도 원하는 것이고, 상대가 원하는 것은 내가 원하는 것이라는 융합 상태가 된다. 상대가 없는 세상을 상상할 수 없을 정도로 서로 공동 의존(co-dependency)된 상태여서 유아기 공생관계와 가깝다. 공생 시기의 유아가 좋은 자극과 나쁜 자극을 서서히 구별하면서 좋은 자극에는 행복으로 반응하고, 나쁜 자극은 방출하면서 자기가 아닌 것으로 두는 것은, 연인들이 서로에게 좋은 감정들은 안에 두고 나쁜 감정들을 억압하게 되는 것과 유사하다. 하지만 이 시기에는 처음에 둘밖에 모르던 자폐기와는 달리 좋은 것과 나쁜 것을 구분하게 된다.

사랑과 관련된 뇌과학 연구에 따르면 사랑하는 사람의 뇌는 전대상피질, 미상핵, 편도체, 측중격핵, 뇌섬엽이 활성화되며 기능적인 연결성이 증가하는데, 이 위치는 중뇌 변연 도파민계와 관련되며, 이는 보상, 동기, 정서 조절 뇌 네트워크의 기능을 변화시킴을 의미한다. 도파민계의 변화로 인한 보상중추의 자극은 중독 행위를 하는 것 같은 만족감을 느끼게 하고, 동기가 강화되면서 행복함을 느끼게 되는 것과 관련된다. 편도체와 뇌섬엽은 옥시토신, 바소프레신과 관련된 곳으로 각각 친밀감, 성적 적극성과 관련된다. 또한 측두엽과 두정엽의 경계, 후방 대상피질, 안쪽 전전두피질, 하두정엽, 쐐기앞소엽, 측두엽이 활성화되는데, 이는 사회적 인지 네트워크에 영향을 주는 부위이다. 연애 상대에 대해 장점만 보이고 합리적으로 판단하는 기능이 약간 정지되는 것 같은 상황이 이로 인한 것으로 보인다(Song et al., 2015, p. 1).

뇌신경학적 관점에서 호르몬과 관련해 설명하면, 처음 사랑에 빠지면 우선 원시 뇌의 부분인 미상핵이 활성화되고 흔히 사랑의 묘약이라고 불리는 도파민이 분비된다. 이는 호감을 느끼기 시작하는 초기에 분비되며, 행복감을 느끼게 한다. 하지만 시간이 지날수록 미상핵의 활성도는 감소하고, 이성적 활동을 하는 대뇌피질의 활동이 늘어난다. 그러면서 사랑의 콩깍지가 벗겨지고 대상을 있는 그대로 보게 된다. 또한 열정적인 사랑을 하게 하는 호르몬 중 하나인 페닐에틸아민은 암페타민과 유사한 물질이어서 각성작용이 나타나며, 이 물질은 도파민 분비에도 도움이 된다. 페닐에틸아민은 사랑에 빠지는 촉발 작용을 하고, 사랑의 감정을 고무시킨다. 신체적으로는 몸속에서 심장 박동을 증진시키므로 가슴이 뛰는 설렘도 이 물질에서 기인하게 된다(Kush, 2013, p. 244).

중독에 관련된 이 두 물질과 사회적 인지 네트워크에 영향을 주는 부분이 이성적으로 제어하기 힘들고, 서로의 단점을 보지 못하게 만드는 역할을 한다고 예상할 수 있다. 하지만 도파민과 페닐에틸아민은 일종의 내성이 생기는 것처럼 사람 몸에서 어느 정도 시간이 지나면 민감도가 떨어지게 된다. 시간이 지나면서 열정적인 사랑이 서서히 사라지는 점은 이로 인한 것으로 볼 수 있다. 미국 코넬대학교 신시아 하잔(Cynthia Hazan) 교수가 미국인 5천 명을 인터뷰한 결과에 따르면, 18~30개월(900일)이 지나면 열정적인 사랑이 끝난다고 설명했다. 하잔 교수는 연애 후 1년이 지나면 열정적인 사랑이 50% 감소하고 그 이후에도 계속해서 감소한다고 강조했다. 신기하게도 이는 유아가 태어나서 재접근(16~24개월) 위기를 겪는 시기이다. 진화 심리학자에 따르면 남녀가 만나서 사랑을 나누어서 아이가 태어난 후, 아이를 키우기 위해서 함께 지내는 시간이 900일 정도이기에 그렇다고 주장한다(EBS 교육방송, 2014).

대학생들과 성인 초기 어른들이 연애하는 이야기를 들어보면, 서로의 장점만 보다가 6개월 정도 됐을 때 상대가 하는 행동이 마음에 들지 않기 시작한다고 한다. 실제로 출판된 책 중에 『6개월만 연애하고 상처 주지 않고 이별하는 법』이 있는 것을 보면, 연애관계에서 6개월 이후에는 이상적인 사랑을 할 수 있는 기간이 지난다고 가정해도 좋을 것이다(도민우, 2017). 이를 유아의 심리적 탄생과 비교하면 엄마와 자신이 구분되기 시작하는 분리-개별화의 시작점이다. 예전에는 상대가 좋아하던 것이 나도 좋아하는 것이었는데, 부화기(생후 6~10개월)가 되면 자기 내부에서 유발되는 감각과 외부에서 나타나는 감각을 구별하게 된다. 하지만 이제는 유아의 의존기처럼 자기가 상대에게 의존되었다는 사실을 인식한다. 아직은 상대가 없으면 안 될 것 같은 유기 불안이 있어서 조금씩 참아 보기도 한다.

청년들의 연애 이야기에서 자주 나타나는 현상은 만난 지 1년 정도 된 연인들이 싸움을 많이 시작한다는 것이다. 생후 10~16개월 된 유아가 연습기의 첫걸음을 내딛으면서 자율성을 획득하기 시작하는 시기이므로 연인들도 서로의 자율성을 위해 싸우는 것처럼 보인다. 어느 정도 현실 검증도 되면서 대상에 대한 현실적인 시각도 가지기 시작하는 것이다. 서로가 예전에 생각했던 것처럼, 같은 것을 좋아하는 사람이 아니라는 사실은 장애물로 인식된다. 환상적일 것 같던 연애관계에 실망스러워서 무기력감이 생기면서도 대상에게 의존성을 가지게 된 상태에서 갑작스럽게 떨어지기는 어렵기에 잦은 다툼에도 불구하고 헤어질 수 없다. 갈등은 많지만 다가가야만 하는 재접근 시기 유아의 마음 상태와 유사하다.

연인관계가 24개월 정도에 이르렀을 때 가장 갈등이 심한 재접근 위기가 나타난다. 도파민과 페닐에틸아민 외에 사랑할 때 분비되는 호르몬 중 장기간의 파트너십을 유지할 수 있도록 돕는 것은 옥시토신과 바소프레신이다. 바소프레신은 성적 적극성과 질투심에 관련되는 물질이고, 옥시토신은 친밀감에 더 관련이 있다. 하지만 바소프레신 또한 옥시토신과 함께 도파민이나 페닐에틸아민과 같은 욕망, 욕정에 대한 신경회로를 억제하고 장기적인 동반자 관계를 확립하기 위한 로맨틱한 사랑을 억제하며 사회적으로 인정되는 유대관계를 갖게 한다. 옥시토신은 특히 깊은 안전감과 편안함을 느끼게 만든다. 따라서 이 시기를 잘 이겨 내려면 모성 애착과 사회적 애착 및 관련된 호르몬인 옥시토신이 잘 분비되어야 한다(Fosha et al., 2000/2013, p. 32; Kush, 2013, p. 244). 이는 애정이 담긴 행동과 같은 스킨십을 통해서 분비될 수 있는데, 서로 간에 그간 쌓인 신뢰 속에 나쁜 대상의 요소보다 좋은 대상의 요소가 많으면 공격적 욕동을 중화시킬 수 있어 관계 유지에 도움이 될 것이다.

재접근 시기 갈등과정에서 나쁜 내적 대상에서 나온 투사된 공격성을 잘 통합시키면, 자기감은 더 확고해지면서 자기항상성이 증대될 수 있다. 동시에 대상에게 투사되었던 것들이 거둬지면서 자연스럽게 대상항상성도 확립된다. 서로 대상의 공격을 잘 견뎌 내어서 재접근 위기의 갈등을 해결하면 애착관계도 굳건해질 것이다. 보통 연애관계에서 3년 정도의 시간이 무사히 지나가면 좀 더 장기적인 관계로 지속할 수 있다.

마지막으로, 대상항상성과 자기항상성 형성은 자기와 대상에 대한 **용서**를 가능하게 해 준다. 어떤 사람은 자기 실수로 인해서 다른 사람을 다치게 하거나 고통스럽게 한 경우 자기 자신을 용서하지 못한다. 자기 때문에 이렇게 되었다는 생각과 함께 깊은 죄책감에 시달리면서 자기를 의식적·무의식적으로 벌한다. 심지어는 소중한 자기 목숨을 스스로 끊기도 한다. 이런 마음이 들 때, 자기의 좋은 점, 자기에 대한 좋은 감정을 기억하면서 자기가 나쁜 짓을 해서 용서하기 힘들지만 자기가 잘했던 점도 기억하면서 자기에 대한 감정을 통합하게 되면 어느 정도는 자기의 실수에 대해서 용서할 수 있게 된다.

마찬가지로, 부모와 같은 주요 대상에 대한 분노를 느끼면 평생 용서할 수 없다고 생각할 수 있다. 하지만 나에게 분노 감정을 불러일으키는 부모에 대한 좋은 기억과 좋은 감정을 떠올려서 통합할 수 있다면 대상에 대해서도 용서할 수 있다. 결국 진심 어린 용서는 자기 통합과 대상 통합을 통한 항상성 형성에 달려 있다고 볼 수 있다. 그렇기에 대상항상성과 자기항상성은 유아의 심리적 탄생과정인 24~36개월 사이에 형성되는 것만이 아니고 평생 다져 나가야 하는 우리의 심리적 능력이자 자산으로 볼 수 있다. 성인이 되어서 아직도 대상항상성과 자기항상성이 약해서 관계를 맺으며 살아갈 때 어려움이 있다면 지금이라도 대상관계적 심리상담을 통해서 상담사와의 관계에서 대상항상성과 자기항상성을 기르는 경험을 하는 것이 필요하다.

한국 문화의 분리-개별화 문제

한국 문화에서는 일반적으로 부모와 자녀가 끈끈한 정으로 연결된 가족이 많고, 유아기뿐 아니라 아동·청소년기, 성인 초기에도 분리-개별화를 추구하는 것이 가족에서 바람직하지 않은 느낌을 줄 때가 많다. 심지어 성인이 된 자녀가 결혼하게 되면 자기 본가, 친정은 이제는 원가족이 되어야 하고, 새로 결혼한 부부와 태어날 아이가 가족 구성원이 되어야 하는데 원래 하던 대로 원가족이 여전히 자기 가족으로서 기능하는 경우가 대부분이다. 부모 생각에 성인이 되고 결혼한 자녀가 부모로부터 분리-개별화가 너무 잘 되면 부모를 찾지 않게 되고 독립적으로 생활할 수도 있어서, 부모 관점에서는 불효자로 느껴질 수 있고 자녀로부터 버려질 수도 있다는 불안감을 느낄 수도 있다. 또한 살아가기 힘든 각박한 세상에서 온 가족이 똘똘 뭉쳐서 서로 보호하고 격려하면 좋을 텐데, 뭘 그렇게까지 유난스럽게 독립을 추구하느냐는 반응을 받을 수도 있다. 결국 분리-개별화를 추구하는 일은 젊은 세대에게는 마치 독립투쟁 정도의 강한 결심 없이는 추구하기 어려운 유별난 행동으로 평가받게 되는 것이다.

약 7~8년 전에 상담에서 만났던 젊은 부부 내담자의 이야기이다. 30대 초중반의 남편과 아내가 두 살쯤 된 아들을 키우는 아름다운 부부였다. 그 부부는 대학과 대학원 과정을 마치고 각자 자기 일을 하면서 가족을 일구어 가고 있었는데, 유일한 어려움으로 남편이 자기 어머니와 정서적 커플로 지내는 문제가 있었다. 정서적 커플은 실제로는 부부관계가 아닌 두 사람이 정서적으로 마치 부부처럼 모든 일을 나누고 끈끈한 감정을 느끼는 관계이다. 우리 문화에서는 고부갈등의 주요 원인이기도 하다. 아내는 시어머니와 남편의 끈끈한 연결관계를 심각하게 느끼고 있었고 그 문제를 주요 호소 문제로 상담에 왔다. 남편이 조금 이해가 되었던 것은 홀어머니 밑에서 자라났고 그 홀어머니가 아들을 아들 겸 남편으로 의지하고 살아왔기에 결혼하고 자기 가족을 이루었어도 남편은 어머니와 거리를 두고 아내와 친밀한 관계를 맺기가 어려웠던 것이었다. 하지만 아내의 관점에서는 받아들이기 어려운 관계였다.

상담 중에 상담사로서 많이 놀란 것은, 남편은 회사에서 좋은 식당에 가서 회식을 하면 바로 그날이나 다음 날 어머니를 모시고 바로 그 식당에 간다는 것이었다. 놀랍게도 남편이 회식에서 발견한 좋은 식당에 아내를 데려가는 일은 없었다. 다음 회기에 남편에게 물었다. "○○ 씨에게 가족 구성원들은 누구인가요?" 남편의 답은 어머니, 아들, 아내 순이었다. 상담사가 다시 물었는데, 남편은 무슨 영문인지 모르겠다는 표정으로 다시 같은 대답을 심드렁하게 반복했다. 상담사로서 보통은 내담자가 직접 깨닫거나 자기 대답의 모순에 대해서 스스로 발견할 때까지 기다리는 편이었는데, 그 회기에는 너무 답답해서 조금 공격적인 직면과 동시에 직접 대답을 주게 되었다. "○○ 씨에게 가족은 아내, 아들입니다. 어머니는 ○○ 씨의 가족이 아니라 원가족이고 본가의 어머니입니다."라고 직접 답을 주고 말았다.

남편의 얼굴에는 순간 불편한 기색이 스쳐 지나갔고, 늘 보이던 예의 있는 태도로 회기가 끝났지만, 이후에 두고두고 그 일을 불편해했던 것으로 기억한다. 그리고 남편은 상담사의 말에 동의하거나 완전히 이해하지는 못했던 것으로 보인다. 남편은 자기를 키워 준 홀어머니를 위해서 힘들게 효도하는 마음으로 하는 행동이 아니었다. 실제로 어머니에 대해 정서적으로 거리를 두고 떼려고 해도 뗄 수 없는 너무나도 소중한 가족의 일원으로 느끼고 기쁜 마음으로 대하던 상황이었다. 이 부부의 사례에서 보는 문제가 사실은 그 부부만의 문제는 아니다. 아마도 이 책을 읽는 독자들이 자기 가족 이야기인 것으로 생각하고 뜨끔할 수도 있다. 그만큼 한국 문화와 가족에서 흔히 볼 수 있는 풍경이다.

우리나라의 가족은 시대적으로 분리-개별화의 양상이 다른 것처럼 보인다. 부모가 1953년 이전에 태어난 세대는 식민지 트라우마와 전쟁 트라우마로 인한 불안과 두려움이 매우 높아 안전감을 느끼는 데에 문제가 있어 자녀와의 분리-개별화에서 문제를 보이게 된다. 사실, 1953년 이후에 태어난 부모들도 그들의 부모가 전쟁을 겪은 세대이기에 부모가 전쟁 트라우마가 있는 경우 트라우마의 세대 간 전수로 인해 이들의 불안도 높아 자녀의 분리-개별화를 막을 수 있다. 불안이 높은 1950~1960년대에 태어난 성인들이 부모가 되어서 낳은 1980~1990년대생들의 분리-개별화가 잘 이루어지지 않게 되는 현상은 경제 상황이 회복되면서 또 다른 양상을 나타내는 것으로도 보인다.

1950~1960년대생들이 사회활동을 하던 시기는 1980년대와 1990년대로 우리나라 경제가 높은 성장을 이룬 시기였다. 그 당시에 이들은 지금처럼 정규직, 비정규직 구분 없이 비교적 안정적인 직업을 갖기가 쉬운 상황이었고, 그 당시는 집값이 터무니없이 비싸지 않아서 성실하게 일하고 저축하면 쉽게 주택을 구매할 수 있었다. 이들은 성인이 되어 결혼하고 아이를 낳는 것이 너무나 당연한 사회적 인식 속에서 대다수가 결혼하여 가정을 이루며, 대부분 경제적 독립을 이루고 살았다. 하지만 이들은 1930년대에 태어나서 힘들게 살았던 부모를 모셔야 하는 책임도 져야 하는 상황이었고, 이러한 것을 하지 않으면 불효라고 인식되는 암묵적인 압박 속에 살았다. 이들이 겪는 문제는 앞의 사례에서 보는 것처럼 보통 가부장적인 환경에서 시어머니를 모셔야 하는 아내와 남편의 갈등으로 나타났다.

1980~1990년대생들의 분리-개별화 문제는 1950~1960년대생인 부모 세대와는 양상이 다르다. 이들은 불안이 높은 부모의 높은 교육열로 자기의 욕구를 무시한 채 학교 공부가 성공의 지름길이라는 인식 속에서 개인의 재능은 무시된 채 부모의 강요 속에서 과도하게 공부로만 경쟁하던 세대이다. 이는 1960년대 말과 1970년대 초반에 태어난 사람들이 취업하던 1990년대 초중반에 한국이 경제적으로 급성장을 이루며 취업이 잘되던 상황에서, 실제로 공부를 잘하면 좋은 대학에 가고 더욱 좋은 일자리를 구할 수 있다는 경험을 공유했기 때문이었다.

하지만 공부를 잘하면 직업을 구하고 성공할 수 있다는 가치관을 가지고 살아온 1980년대생들이 대학을 졸업하던 시기는 IMF 구제금융을 극복하면서 한일월드컵을 치렀던 2002년 이후인데, 이 당시는 취업난이 심해져서 청년 실업률이 8% 이상으로 높은 모습을 보이고 고용률이 심각하게 하락하여 직장을 갖기 어려운 상황이 되었다(최경수, 2017, p. 1). 1980년대 초반생들은 베이비 붐 세대이기에 실업자의 수는 과거 세대보다 훨씬 늘어나게 되었다. 게다가 지속적인 주택 가격 상승으로 인해 청년들의 주택 매입은 점차 어려워져 이들이 경제적 독립을 바라는 것은 요원한 일이 되었다. 이들은 돈이 없기에 연애하기도 힘들다고 생각하고, 결혼을 꿈도 꾸지 못하며, 출산도 하지 못해 연애·결혼·출산을 포기하게 되었고, 그로 인해서 3포 세대라는 말이 생겨났다. 불안이 높은 부모 아래에서 자라서 불안이 전달된 채로 커 온 이들에게 경제적 독립을 한다는 것이 중요했을 것이기에 좌절감이 컸을 것이다. 또한 경제적 독립이 심리적이고 정서적인 독립에 미치는 영향이 큰 현실적인 상황에서 경제적 어려움으로 인해 불안이 높아 부모에게 의존하며 분리-개별화를 하지 못하는 현상은 우리 사회에 흔한 모습이 되었다.

최근에는 더 심해진 취업난으로 취업 포기, 주택 구매 포기, 이외의 다른 많은 것을 포기하는 현상으로 N포 세대라는 말까지 나왔다. 이들은 많은 것을 포기하며 무기력하게 부모에게 벗어나지 못하고 40대가 되도록 부모와 함께 사는 모습을 보인다. 이는 심리적으로 성숙하지 않으려는 과거의 피터팬 증후군과는 또 다른 양상으로 나타나는 현상이다. 피터팬 증후군은 어른이 되는 것에 따르는 책임과 역할을 피하고 영원히 아이로 살고 싶어서 자기 스스로 한 선택이라고 한다면, 최근의 1980~1990년대생들은 경제 상황과 같은 외부 요인으로 인한 분리-개별화의 좌절이라 할 수 있다.

이들에게는 부모로부터 경제적 독립을 하지 못해 무기력하게 부모의 의견에 맞추어 살아야 하는 데에서 오는 갈등이 있을 수 있다. 예를 들어, 성인이 된 자녀가 경제적 능력이 없기에 부모가 자식에게 정기적으로 돈을 주며 그것을 무기로 자녀를 마음대로 하려고 하는 현상을 들 수 있다. 이러한 부모들의 무의식 속에서는 자녀가 자기들로부터 분리되는 것에 대한 무의식적 불안으로 인해 분리-개별화를 막고 있는 것이 중요한 요인으로 작용할 수 있다. 부모의 경제적 능력이 충분하여 자식을 결혼시키고, 집을 마련해 주어 분가시킨 경우에도 자녀의 가족에게 이런저런 충고들을 하며 자기들의 불안을 투사하고, 부모의 마음대로 자식이 움직이지 않으면 경제적인 지원을 줄인다는 암묵적인 협박을 하며 자기들 마음대로 자녀를 움직이려 하기도 한다.

최근 들어 많이 나타나는 모습으로 자식이 부부 싸움 후 각자 자기 부모에게 전화하여 싸운 내용을 이야기하는 경우를 들 수 있는데, 자녀의 배우자가 하는 행동이 마음에 들지 않는 부모는 자녀에게 그럴 거면 그냥 이혼하라고 부추겨서 자녀 부부가 결국 헤어지게 되는 웃지 못할 상황이 많이 벌어진다. 1990년대생들은 점점 더 분리-개별화가 되지 못하는 양상이 심각해지는 것으로 보인다. 자녀가 어린 시절부터 경력관리를 하는 것이 꼭 필요하다고 느끼는 엄마들의 머릿속에는 자녀의 학업 성적이나 스펙 관리를 어떻게 해야 하는지, 아들이 언제 군대에 가야 하고, 어떤 직업을 가져야 하며, 어떤 회사에 취직해야 하는지에 대한 청사진이 그려져 있고, 이에 따라 자녀가 착착 움직여야 하는 것이다.

한국에 귀국해서 지금 재직하는 대학으로 오기 전에 일 년 동안 강사로서 학생들을 가르쳤던 한 대학에서 학기 초에 학부모들의 문자나 전화에 시달렸던 경험이 있다. 민원의 내용은 자기 자녀가 수강 신청을 하려고 광클릭을 했는데 수강 신청에 실패했으니 받아 달라는 내용이었다. 또한 중간고사와 기말고사 시즌에는 왜 자기 아이가 A학점을 받지 못했는지에 대한 문의와 항의를 많이 받았던 기억이 있다. 씁쓸하게 느껴졌던 점은 학생들에게 직접 받은 연락은 거의 없었다는 것이다. 자녀가 군대에 가면 군대 지휘관에게 연락해서 자녀의 군 복무를 챙기기도 하고, 회사에서 구인 광고를 내면 엄마가 대신 전화해서 이런저런 문의 사항들을 묻고, 취직 후에는 자녀의 동료 관리까지 대신해 주는 일도 많다.

대학에서 20대 청년들을 가르치는 선생으로서 최근에 겪는 일들은, 학기 초에 상세한 강의계획서를 주었는데도 불구하고 학생들이 세부 사항에 대해서 끊임없이 묻고 또 확인하는 것이다. 대학생으로서, 성인으로서 스스로 충분히 생각하고 결정할 수 있는 일인데 그런 능력이 없는 학생이 정말 많아 보인다. 심지어는 수업 전에 이메일로 자기 사정이 이런데 수업에 빠져도 되는지까지 묻는다. 학기 초에 그런 문의의 이메일에는 답하지 않겠다고 미리 광고를 하고, 나중에는 교수에게 결정을 내려 달라는 그런 종류의 이메일을 보내면 점수를 감점한다고 해도 학생들은 멈추지 않고 계속 문의한다.

'누가 이 청년들을 이렇게 의존적으로 만들었을까? 누가 이 대학생들을 이렇게까지 불안을 느끼고 일일이 다 물어보고 결정을 내려 달라고 매달리게 만들었을까?' 하는 질문이 머릿속에서 떠나지 않고 맴돈다. 아마도 N포 세대의 청년들은 부모나 어른들이 알려 주는 정답을 반드시 알아야만 따를 수 있고, 순종하지 않으면 마치 큰일이 날 것 같은 심한 불안에 시달리는 것으로 보인다. 결국 지금의 청년들은 분리-개별화의 어려움 속에서 무기력감을 느끼고, 연애도, 취업도, 결혼도, 출산도 마음 편히 결정하기 어려운 것으로 보여서 학생들의 부모 세대로서 미안함을 많이 느낀다.

제8장

심리 기제

제7장에서 유아의 심리적 탄생을 공생 상태에서 시작해서 분리—개별화 과정을 거쳐서 대상항상성과 자기항상성을 형성하는 방향으로 나아가는 과정으로 설명했다. 이 장에서는 심리적 탄생과정의 각 단계와 밀접하게 연관된 심리 기제에 대해서 알아보고, 제9장에서는 특정 수준의 심리 기제를 사용하는 사람들이 어떤 대상관계 방식으로 다른 사람들과 관계를 맺고 어떤 성격 수준 혹은 성격장애로 형성될 수 있는지 상호 연관성에 관해서 설명하려고 한다. 심리 기제는 **방어 기제**(defense mechanism)라고도 하는데, 방어 기제는 장점과 단점이 공존한다. 방어 기제는 한편으로는 생각이나 감정을 왜곡하기도 하고, 중요한 것을 인식하거나 느끼지 못하게도 만들고, 현실감이 없게도 만들며, 자기와 대상 사이의 정서적 경험을 혼동하게도 하는 등 병리적인 측면이 많지만, 다른 한편으로는 자기를 보호하고 자기감과 자존감을 유지하기 위해서 혹은 대상과의 관계를 맺고 사회생활을 하기 위해서 사용하는 고유한 심리과정이라고 볼 수 있다.

심리 기제 혹은 방어 기제는 다른 말로 그 사람의 고유한 생존 전략 혹은 대처양식이라고 볼 수도 있다. 사람마다 내적으로 고통스럽고 힘든 상황을 피하고 극복하기 위해서 각자 선호하는 생존 혹은 대처 방식이 있다. 그런데 기본적으로 심리적 탄생이 대상항상성 형성까지 잘 진행된 경우는 그동안 거쳐 왔던 모든 기본적이고 성숙한 방어 기제를 상황에 따라서 다 사용할 수 있지만, 특정 단계에서 성장이 어려웠던 경우는 그 단계 수준까지 사용할 수 있는 심리 기제만 부득이하게 주요 기제로 사용할 수밖에 없다. 한 개인이 잘 발달하고 성숙했다면 상황에 따라서 상당히 다양한 레퍼토리의 방어를 자유자재로 사용할 수도 있는데, 그렇지 않은 경우는 특정 방어 기제를 집중해서 반복적으로 사용할 수밖에 없기에 아무래도 불리한 점이 많다.

방어 기제가 유아가 언어와 논리를 습득하기 이전에 형성한 방어 기제인지, 그 이후에 형성한 방어 기제인지에 따라서 비교적 미성숙한 일차적 방어 기제와 비교적 성숙한 이차적 방어 기제로 볼 수도 있다. 언어와 논리 이전이라면 아무래도 현실감이 아직 없고, 자기와 외부를 분리해서 느끼거나 대상항상성이 아직은 없는 상태이다. 언어와 논리를 습득하기 전의 방어는 어떤 자극 혹은 상황이 생겼을 때 자동적이고 무의식적인 형태를 띠는 경우가 많고, 그 이후의 방어는 이차적 사고 과정을 통해서 의식적인 형태를 띠는 경우가 많다. 언어와 논리 이전의 방어는 아무래도 즉각적인 정서적 반응이기도 하고 자기가 원하는 방식으로 적절한 시점에 사용하거나 조절하기는 어렵겠지만 나름대로 자기를 보호하기 위한 방식으로 사용할 수 있다.

일차적 방어와 이차적 방어, 또는 미성숙한 방어와 성숙한 방어로 구분할 수 있는 또 다른 기준은 경계의 문제에 대한 것이다. 즉, 어떤 경계 사이의 갈등에서 방어가 일어나느냐의 문제이다. 일차적, 미성숙한 방어는 자기와 외부 세계 혹은 대상 사이의 경계 문제가 중요한데, 경계를 분명하게 구분하지 못하고, 혼란스럽고, 착각한 상태에서 방어가 일어난다. 일차적 방어는 미분화된 방식으로 진행되어서, 인지, 정서, 행동의 측면들이 잘 구분되지 않고 한 덩어리로 융합되어 작동하는 특징이 있다. 이차적, 성숙한 방어는 외적 경계 문제가 아닌 원초아, 자아, 초자아의 내적 경계 사이에서 일어나는 방어이거나, 경험 자아와 관찰 자아 사이의 내적 경계 사이에서 일어나는 방어이다 (McWilliams, 2011/2018, p. 147). 경험 자아와 관찰 자아 사이에서 벌어지는 방어는 자기의 문제를 동질적으로 경험하는 자기의 측면과 그 경험을 마치 제삼자의 관점처럼 이질적으로 관찰하는 자기의 측면 사이의 갈등에서 나타나는 방어이다. 이차적 방어는 인지, 정서, 행동의 측면들이 일차적 방어보다 더 분화되어 있거나 조합이 다양하게 변형되어 나타나기도 한다.

방어가 일차적인지 이차적인지에 관한 가장 전형적인 예로 부인과 억압을 비교해 볼 수 있다(McWilliams, 2011/2018, p. 148). 예를 들면, 부인은 사랑하는 가족의 사고 소식을 갑작스럽게 들었을 때 일어난다. 부인은 외부 세계에서 일어난 사고를 그 일이 일어

낮을 리 없다 혹은 일어나지 않았다고 생각하며 아예 의식적으로 인정하지 않고 즉각적으로 부정하는 매우 비현실적이고 비이성적인 과정이고, 자기와 외부 세계 사이의 경계 문제로 볼 수 있다. 반면, 억압은 우선 그 사고 소식을 듣고 인식한 후에 일어나는 훨씬 더 복잡한 내적 과정으로서 사고의 내용, 생각, 정서 등을 억압해서 무의식의 영역으로 맡기는 과정이다. 현실 자체를 부정하는 부인과 달리 억압은 그 일이 일어난 사실을 인식은 하지만 너무 힘들고 고통스러워서 잊어버리고 싶은 욕구를 보여 준다. 부인과 억압 모두 갑작스러운 상황을 겪고 큰 고통 가운데 있는 사람을 방어하는 기능을 하고 있다.

한 사람이 사용하는 심리 기제를 알면 좋은 점은 그 사람의 심리적 탄생과정의 성숙도가 어느 정도인지를 알 수 있고, 그 사람이 어떤 수준의 성격 조직을 형성했는지 혹은 어떤 성격장애를 형성했는지를 파악하는 데 직접적인 도움이 된다는 것이다. 즉, 방어 기제는 성격장애 진단에 중심 기준이 될 수 있다는 의미이다. 개인 성격의 성숙 수준에 따라서 하나의 심리 기제 혹은 여러 개의 심리 기제가 그 사람의 내면에 지속해서 강력하게 작동하고 있는 것을 상담사가 내담자와의 관계 안에서 발견하고 느낄 수 있다. 결국 다음 장에서 설명할 정신증, 경계선, 신경증 및 정상 성격 수준 혹은 반사회성, 경계선, 자기애적 성격장애 등의 명칭은 사실 이 장에서 논의할 그 사람의 습관적인 심리적 패턴 혹은 방어의 방식을 정리하고 줄여서 간략하게 부르는 명칭이라고 볼 수도 있다.

우리가 사회생활에서 대인관계를 맺다 보면 다른 사람에 대해서 흔히 하는 말 중에 "저 사람 너무 방어적이야."라는 표현이 있다. 이 말은 심리학을 아는 사람들만 쓰는 것이 아니라 일반 대중들도 대부분 알고 종종 사용한다. '방어적'이라는 표현은 주로 부정적인 뉘앙스로 사용되고 그 사람의 대처 방식에 관한 판단과 비난으로 받아들여지기도 한다. 그 사람이 부적응적 방식 혹은 미성숙한 방식으로 난처하고 힘든 상황에 대처하는 것으로 간주하기도 한다. 하지만 방어가 작동하는 일이 꼭 병리적인 것이 아니라 반대로 자기를 보호하려고 필사적으로 내적 기제를 작동시키려고 노력하며 효과적으로 잘 작동되고 있다는 의미로 볼 수도 있다. 오히려 정신증 성격 수준에 이른 사람들이 심리적으로 붕괴한 이유가 방어 기제의 작동이 불충분해서 그렇게 된 것으로 간주할 수도 있다는 의미이다.

방어 기제는 1894년 프로이트의 논문 「방어의 신경정신학」에서 최초로 제시되었다. 프로이트는 대중들에게 정신분석적 개념을 쉽게 설명하고 교육하기 위해서 비유를 즐겨 사용했는데, 심리 내적인 작용과 기제(mechanism)를 종종 방어, 전투와 같은 군사적 용어를 이용해서 설명했다(McWilliams, 2011/2018, p. 145). 실제로 방어 기제는 내적 방어의 기능을 하는데, 예를 들면 정서적으로 깊은 상처 혹은 트라우마를 입은 사람들이 그 기억이 너무 고통스럽고 견딜 수 없다면 과거의 그 상처나 트라우마를 다시 경험하지 않으려고 필사적으로 애를 쓰게 된다. 이렇게 억압, 해리 같은 심리 기제를 사용해서 고통스러운 상처로부터 자기를 방어하는 기능을 잘하는 측면도 있지만, 프로이트는 다른 긍정적 정서도 함께 느낄 수 없거나 전반적으로 자기 기능이 저하되고 손상되는 부작용도 있다는 점을 걱정했다. 오히려 상담사가 내담자의 방어를 해제해서 두려운 압도적 정서를 그대로 느낌으로써 강력한 에너지를 방출시키는 것을 더 궁극적인 해결책으로 보기도 했다.

심리적으로 방어하는 것은 실제로 긍정적인 기능도 많이 가지고 있다. 대인관계에서 느껴지는 위협으로부터 자기를 보호하는 기능을 하기에 방어라는 용어가 적절하다고 볼 수 있는데, 방어의 긍정적인 기능은 강력한 감정을 잘 다루거나 피할 수 있게 해 주는 측면과 자존감을 유지해 주는 측면이다(McWilliams, 2011/2018, p. 146). 방어는 한편으로는 불안, 슬픔, 죄책감, 수치심 등의 강력한 감정에 너무 압도되거나 무너지지 않고 잘 대처할 수 있게 해 주는 기능을 하고, 다른 한편으로는 응집력 있고, 일관성 있고, 긍정적인 자기의 감각을 건강하게 유지하는 기능을 해 준다. 각 개인은 타고난 기질, 초기 아동기 경험에서의 스트레스 혹은 트라우마, 주요 대상이 보여 준 특정 방어 방식, 방어를 사용했을 때의 효과 등 다양한 요인에 따라서 무의식적으로 결정된다고 볼 수 있다.

이 장에서는 심리 기제와 방어 기제라는 두 용어를 같은 의미로 간주하고 사용할 것이다. 방어 기제라는 용어에 직접적으로 드러나는 내용인 방어적으로 행동한다는 의미보다는 적응적으로 살아가기 위해 사용한다는 의미를 포함하는 것이 중요하고, 심리 기제라는 용어가 좀 더 포괄적이고 부드러운 의미를 지닌 용어이기 때문이다. 성격장애가 있어서 특정 방어 기제를 사용하는 사람들의 주관적 현실이 외부에서 보는 객관적 현실과 다를 수 있다는 이해가 필요하고, 심리 기제라는 용어의 사용을 통해 방어를 비판적으로 바라보고 직면하려는 마음보다는 그 사람을 더욱 잘 이해하며 부드럽게 대할 수 있는 관점을 가지는 것이 중요하다. 또한 정상적인 발달과정에서 자연스럽게 나타나는 방어 기제들은 방어라고 표현하기보다는 심리 기제라고 표현하는 것이 좀 더 적절할 수도 있다.

각 방어 기제의 구체적 내용에 대해 알아보기 전에 생각해 봐야 할 것은 발달과정과 심리 기제의 상호 연관성에 관한 것이다. 〈표 8-1〉에서 자폐기, 공생기, 분리-개별화의 부화기, 연습기에 해당하는 칸 아래에 보면 연관된 심리 기제로 통합과 분화, 투사, 내사가 있다. 심리적 탄생의 재접근기와 연관된 심리 기제로는 분열, 이상화-평가 절하, 투사적 동일시가 있고, 대상항상성 형성과 연관된 심리 기제로는 온전한 대상관계, 동일시가 있다. 물론 특정 발달단계에 있다고 해서 표에 있는 모든 심리 기제가 반드시 나타나는 것은 아니고, 퇴행해서 이전 단계와 연관된 심리 기제를 사용하거나, 비교적 건강한 심리 기제를 사용할 수도 있다. 하지만 심리적 탄생과정과 심리 기제의 관계, 다음 장에서 살펴볼 심리 기제와 성격장애의 일반적인 상호 연관성을 보면 자기와 대상을 이해하거나 진단하는 데 큰 도움이 된다.

유아는 신체 발달과 함께 심리 발달을 하게 된다. 유아의 심리적 탄생과정에서 유아는 환경에 적응하기 위해 원시적인 심리 기제를 사용하기 시작하고, 점차 성숙해가면서 좀 더 발달한 형태의 심리 기제를 사용한다. 이러한 심리 발달과정을 통해 성숙한 성인은 다양하고 복잡한 심리 기제를 사용하여 환경에 적응할 수 있게 된다. 유아가 출생한 후 심리 발달에 가장 중요한 시기는 대상항상성, 자기항상성이 형성되는 만 3세까지이다. 이때까지 유아는 통합과 분화에서 시작해서 투사, 내사, 분열, 이상화-평가 절하, 투사적 동일시, 중간대상 형성 등을 거쳐서 온전한 대상관계, 동일시에 이르기까지 다양한 심리 기제를 획득하게 되는데, 이 시기에 양육자가 유아의 기질적인 부분을 잘 조율하여 양육하는 것이 중요하다. 이 과정을 표로 정리하면 〈표 8-1〉과 같다. 이 도식은 절대적이고 무조건적인 인과관계는 아니지만, 윗줄과 아랫줄 내용 간의 상호 연관성은 매우 높다.

〈표 8-1〉 심리적 탄생과 심리 기제의 연관성

심리적 탄생
(유아기)
	• 정상적 자폐기(0~2개월)
	• 정상적 공생기(2~6개월)
	• **분리-개별화(6~24개월)**
	  – 부화기(6~10개월)
	  – 연습기(10~16개월)
		– 재접근기(16~24개월)	• **대상항상성 형성**
			(24~36개월 이후)

심리 기제 (성인기)	• 통합과 분화 • 투사 • 내사	• 분열 • 이상화-평가 절하 • 투사적 동일시 • 전환기 대상 형성	• 온전한 대상관계 • 동일시

출처: 가요한(2017/2021), p. 30/80.

통합과 분화

통합과 분화는 유아가 출생 이후에 가장 기본적으로 습득하게 되는 심리 기제이다. 유아는 출생 이후부터 통합과 분화를 지속하게 된다. 유아는 다양한 감각과 지각을 수용하고, 이 과정에서 정서와 생각이 유발되며, 이러한 다양한 요소를 표상하여 기억하는 활동을 하게 된다. 유아의 초기에는 이러한 요소들이 매우 혼란스럽게 존재해 있는데, 통합은 감각과 지각을 통한 다양한 정신적인 조각을 의미 있게 합치는 것을 의미하며, 분화는 다양한 정신적인 조각을 따로 떼어 놓으며 혼란스러운 정신적 요소들을 정리하는 것을 의미한다. 유아는 감각과 지각의 자극을 통합하거나 분화를 통해 변별하면서 상황을 파악하고 반응을 하게 되며, 통합과 분화를 반복하면서 자기와 대상을 서서히 구분하게 되는 것이다.

유아의 생애 초기에 이렇게 통합과 분화가 가능해지고 능숙해져야만 이후에 훨씬 더 다양하고 복잡한 심리 기제를 습득하는 일이 가능하다. 통합과 분화는 우리가 어떤 운동을 배울 때 기본 자세를 배우는 것과 같고, 그 기본 자세를 끊임없이 반복적으로 연습하면서 자연스럽게 몸에 밸 수 있도록 숙달하는 것과 같다. 유아가 태어났을 때 가장 기본적이고 중요한 일은 신체의 감각, 즉 오감을 잘 느끼고 오감을 통한 생생한 감각을 통합하는 것이다. 유아의 감각이 잘 발달한 이후에 좀 더 성장하게 되면 인지 기능을 사용해서 지각, 즉 외부에서 들어오는 자극이나 다양한 정보를 인식하고 처리해서 저장하는 과정도 거치게 되는데, 이런 감각과 지각의 여러 요소를 의미 있게 합치거나 나누는 것을 통합과 분화라고 볼 수 있다.

예를 들면, 유아가 주로 처음 경험하는 대상인 엄마에게 안겨 있을 때의 엄마 가슴에 대한 촉감, 엄마 몸의 고유한 냄새, 엄마가 주는 젖의 맛, 엄마를 눈으로 보는 것, 엄마의 목소리를 듣는 것을 하나하나 느끼고, 그런 감각들을 다 합쳐서 엄마라는 대상으로 느끼는 것을 통합이라고 볼 수 있다. 반대로, 엄마와 관련된 감각과 지각, 엄마와 관련 없는 감각과 지각을 잘 구별해서 나누어 느끼고 인식하는 심리적 작업을 분화라고 볼 수 있다. 성인에게는 통합과 분화가 어떻게 보면 너무나도 당연하고 자연스러운 과정이라고 생각될 수 있지만, 성장하는 유아에게는 꾸준한 연습을 통해서 익혀야 하는 힘든 과정이고, 성인이 된 후에도 통합과 분화가 되지 않아서 혼란스럽고 고통스러운 내적 경험을 하는 사람도 많다. 예를 들면, 조현증인 사람들의 경우 감각과 지각을 통합하고 분화하는 심리 기제가 잘 작동하지 않아서 굉장히 혼란스러움을 경험하고 대인관계의 어려움을 느낀다.

유아의 생애 초기에 통합과 분화가 일어난다는 사실은 초기 유아의 뇌 시냅스 과잉 생성과 소멸로 설명할 수 있다. [그림 8-1]에 유아의 시냅스 생성과 소멸과 관련하여 시기별 시냅스의 생성과 감소 정도가 나타나 있다. 유아의 출생 직전까지 시냅스 수는 성인의 10%도 되지 않는데, 불과 2~3주 만에 시냅스의 수가 최대치에 이를 정도로 폭발적으로 증가하게 된다. 뉴런 자체는 태아 상태일 때 이미 완벽하게 만들어져 후천적으로 노력한다고 뉴런이 더 늘어나지 않지만, 시냅스의 활발한 생성으로 인해 뉴런 간 연결이 이루어지는 것이다. 시냅스 과잉 생성은 초기 유아가 태어났을 때, 엄마 배 속의 평온하고 고요한 세상에서 나와 다양한 외부 자극을 받게 되면서 일어나는 현상이다.

시냅스 생성이 폭발적으로 일어나는 이유는 아직 정확히 밝혀지지는 않았지만, 필요한 시냅스가 어디인지 모르기 때문에 최대한 시냅스를 확보해 놓는다는 것이 학계의 주장이다. 이를 대상관계이론과 관련해서 적용해 보면, 유아가 초기에 외부 환경과 많은 자극을 혼란스러운 상태로 받아들여 심리 내적으로 혼란스러운 상태라고 보는 것은 시냅스의 숫자가 폭증한 상태와 연관이 있음을 생각해 볼 수 있다. 시냅스가 존재하는 뇌 영역에 따라 시냅스 수의 생성과 감소의 시기가 차이가 있다. 감각 기관과 관련된 시냅스는 생후 3개월경, 언어 능력과 관련된 시냅스는 생후 9개월경, 높은 인지 기능은 만 2~3세경에 절정에 달한다. 예를 들어, 유아의 언어 능력 습득은 3~5세 사이에 폭발적으로 발달하는데, 이와 관련된 시냅스가 미리 형성되어 있는 상태에서 실제 특정 능력이 발달하는 것으로 볼 수 있다. 여러 가지 능력과 관련된 시냅스가 절정에 달한 이후에 특정 나이가 되면 급격히 감소하는데, 그 이유는 필요한 양의 시냅스만 효율적으로 사용하기 위해서이다. 자극을 받는 뇌 영역의 시냅스 연결은 계속 유지되고, 자극이 없는 뇌 영역의 시냅스는 차츰 소멸하는 것이다.

혼돈의 상태에 있는 유아가 분화 심리 기제를 사용하여 심리 내적으로 정리가 되는 것을 시냅스의 과다 생성 후 소멸과 관련되는 것으로 설명할 수 있다. 한편, 통합은 시냅스가 필요한 부분에 적절히 연결되는 것으로 설명해 볼 수 있다. 과도하게 생성되었던 시냅스가 필요한 시냅스를 제외하고 소멸이 되는데, 만약 시냅스 연결이 제

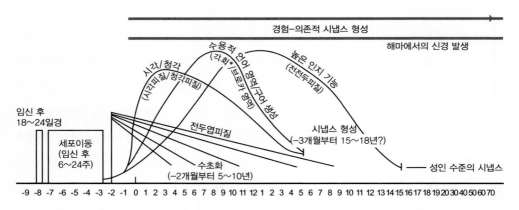

[그림 8-1] 인간의 뇌 발달과정

주. 신경관의 형성과 세포 이동이 태내에서 중요한 과정임을 보여 주는 그래프: 3세 이후의 시냅스 형성과 수초화는 중요하며, 경험에 기초한 시냅스의 형성과 해마의 핵심 영역(치상회)에서의 신경 생성은 매우 중요하다.

＊각회: 측두엽과의 경계에 위치한 두정엽의 한 부위. 좌반구의 이 부위가 손상되면 전도성 실어증이 발생.

출처: Gupta & Raut (2016), p. 53.

대로 이루어지지 않는다면, 외부 자극을 받아들여서 처리하는 데 문제가 생길 수 있기 때문이다. 이는 통합에 문제가 있는 자폐증과 조현증에서 시냅스의 연결에 문제가 생기는 현상을 통해 알 수 있다(Coyle et al., 2016, p. 80; Friston, 2002, p. 66; McGlashan & Hoffman, 2000, p. 637).

이처럼 초기 유아 시절의 적절한 양육과 돌봄은 유아의 뇌 형성과 발달에도 영향을 미치는 동시에 심리 발달에 중대한 영향을 줄 수 있음을 알 수 있다. 중요한 것은 시냅스는 인간이 생애를 마치기 전까지는 생성과 소멸을 반복한다는 점이다. 시냅스는 대체로 나이가 들어 가면서 감소하지만, 꾸준한 학습이나 외부 자극을 경험하는 것을 통해서 지속해서 새로운 시냅스를 만들어 낼 수 있기에 나이가 들더라도 꾸준히 학습하고 외부 활동을 하는 것이 매우 중요하다. 또한 이러한 사실이 상담사에게 주는 희망적인 메시지는 시간이 얼마나 걸릴지 모르더라도 지속적인 시냅스 연결을 통해 결국에는 내담자에게 의미 있는 변화가 생길 수 있다는 사실이다.

투사

통합과 분화처럼 투사와 내사도 심리적으로 보면 동전의 양면과 같은 경험으로 볼 수 있다. 투사와 내사가 일어난다는 것은 자기와 대상, 자기와 외부 세계의 경계가 분명하지 않다는 의미이다. 유아는 자기가 지금 하는 경험이 내부에서 오는 경험인지, 외부에서 오는 경험인지를 구분하는 감각이 생기기 전까지는 여전히 내적 혼란을 경험할 수 있다. 심지어는 유아가 지금 어떤 신체적인 불편함을 느낀다면 그 불편함이 자기 배 속에 뭔가가 불편해서 그렇게 느끼는 것인지, 아니면 자기 몸 밖에 불편한 자극이 있는 것인지도 구별하지 못하는 상태에서 투사와 내사 같은 심리 기제가 경험될 수 있다.

투사는 자기 안의 원하지 않는 측면, 예를 들어 어떤 충동, 생각, 감정 등을 자기 안에 두지 못하고, 외부 세계로 옮겨 놓는 정신과정을 의미한다. 투사는 유아가 자기 안에서 느끼는 경험을 외부에서 오는 경험으로 오해하고 착각할 때 경험된다고 설명할 수도 있다. 자기 안에 넣어 두기 불편한 내용물을 안에 담아 두지 않고 밖으로 토하는 것과 비슷하다. 투사는 영어 단어로 projection인데 개인의 내면을 외부에 투영하는 심리기제라는 점에서 컴퓨터에 담긴 내용을 프로젝터(projector)를 통해서 반대편 스크린에 보여 주는 기제와 유사하다고 볼 수 있다. 투사하는 사람은 자기의 충동, 생각, 감정을 자기의 것이 아닌 다른 사람의 것으로 지각하게 되는데, 이러한 기제를 통해 투사를 사용하는 개인의 내면을 추측해 볼 수 있다. 실제로 흔히 보이는 투사의 내용은 주로 공격적인 충동이나 욕구, 부정적인 자기 이미지와 관련된 내용인데, 원하는 것과 원하지 않는 것, 좋은 것과 나쁜 것을 변별하고자 하는 시도이다. 투사는 자기와 타인의 감정과 생각을 구분하지 못함으로써 자기와 대상의 구별을 어렵게 하여 관계를 혼란스럽게 한다.

투사에는 부정적 기능과 긍정적 기능이 공존한다. 우선, 투사는 투사되는 대상의 실제 생각이나 감정과는 다르게 그 대상을 왜곡하고 오해하기 때문에 대인관계에 큰 문제가 생기는 경우가 많다. 특히 투사하는 내용물이 자기 내면의 나쁜 측면들이고 자기의 것으로 절대로 인정하고 싶지 않은 상태일 때 그런 투사를 당하는 대상은 매우 황당함을 경험할 수 있다(McWilliams, 2011/2018, p. 159). 투사를 받는 상대방은 자기가 부정적이고 나쁜 마음을 갖고 있다고 오해받는 사실에 대해서 매우 화가 나고, 자기가 다른 사람을 괴롭히고, 비판하고, 질투하는 사람으로 취급받는 것에 대해서 복수하고 싶은 마음이 들 수 있다. 그런 마음을 행동으로 옮겼다가는 투사가 오해가 아니라 투사한 사람의 말이 사실이라는 점이 밝혀지기에 정말 문제가 많은 사람으로 전락할 수도 있다. 이렇게 대상에게 분노를 유발하는 투사는 결과적으로 이후에 설명할 방어 기제인 투사적 동일시를 일으키게 되는 경우가 많아, 투사와 투사적 동일시를 뚜렷이 구분하는 것은 어려운 일이다.

하지만 투사에는 긍정적 기능도 존재한다. 보통은 투사의 내용물이 부정적이고 미성숙하며 자기 안에 가지고 있기 싫은 분노, 질투, 공격성, 혹은 자기의 못난 특징과 같은 것들이지만, 사랑, 정, 혹은 자기의 좋은 특징들도 투사할 수 있다. 실제로 자기와 대상의 경계가 너무 명확하고 경직되어 있으면 어떤 정서적 교류도 일어나기 어렵다. 다른 사람의 마음을 이해하기 위해서는 자기의 경험을 투사해서 느껴 보려고 시도해 볼 수 있는데, 이런 성숙한 형태의 투사는 공감의 기초가 될 수 있다. 다른 사람과의 깊은 정서적 교제를 위해서는 대상에게 자기의 생각과 감정을 투사하는 과정이 필요하다. 실제로 사랑에 빠진 연인들은 신기하게도 상대방의 마음을 잘 읽게 되는데, 강력한 투사의 과정을 거치기 때문이다.

다음 사례는 투사를 잘 설명해 준다. 친구 관계인 고등학생 A, B가 있다. A는 반에서 1등이고, 얼굴도 예쁘며, 반에서 인기가 많다. B는 A만큼은 아니지만, 성적이 상위권이고, 집이 부유한 편이다. B는 A가 자기와 친하지만, A가 자기와 같이 지내고 싶은 이유가 자기 집이 잘살아서라고 생각한다. A가 자기를 부러워하며 심지어 질투하고 샘을 낸다고 느끼기도 한다. 하루는 함께 있다가 A가 실수로 주스가 담긴 컵을 넘어뜨려서 B에게 쏟아져 B의 옷이 젖게 되었다. B의 옷은 고가의 명품 옷으로, B는 A가 자기의 옷을 보고 샘낸 나머지 주스를 일부러 쏟았다고 추측하게 되었다. B는 A에게 몹시 화를 내었고, 옷이 샘나서 그런 거라고 비난하게 되었다. A는 아니라고 하며, 실수로 그런 것이라 말했지만 과도하게 화를 내는 B를 보면서 정말 자기가 B에게 샘이 나서 그랬는지 헷갈리는 마음이 되었다. 이 사례에서 실제로는 B가 A를 질투하고 있는데, B는 A가 자기를 질투하고 있다고 투사했다고 볼 수 있다.

투사는 기본적으로 원시적인 반응이라 할 수 있다. 유아는 좋은 감정은 자기-엄마 대상관계 단위에 보존시키고, 나쁜 것은 자기-엄마 내부에 머물지 못하도록 외적 대상에게 투사한다. 유아는 성장하면서 원하지 않는 감정을 자기-엄마 대상관계 단위 밖으로 투사하는데, 걸어 다닐 때쯤 되면 인형과 같은 사물 대상에 투사하기도 한다. 이후에는 자기가 저지른 일을 "내가 안 그랬어요! 선생님이 그랬어요!"라는 식으로 말하며 타인의 탓을 해서 어린이집 선생님 같은 돌봄 제공자가 억울한 일을 당할 수도 있다. 이렇게 자란 아이는 성인이 되어서도 자기 문제를 인정하지 않고, 원하지 않는 감정을 대상에게 투사하는 것과 같은 상황이 벌어지게 된다. 흔한 예로 정치인 중에서 실제로는 자기가 기업으로부터 뇌물을 받은 사실이 있는데, 경쟁하고 있는 상대편 정치인이 뇌물을 받았다고 주장하면서 투사하는 사례를 볼 수 있다. 자기 문제를 남에게 전가하거나 무시함으로써 문제를 외현화하려고 시도하는 것뿐만 아니라, 자기 문제에 비추어 오히려 남에게 자기 문제와 같은 문제가 있다고 비난하려고 하는 것이다.

투사의 사회적 용어로 라쇼몽 효과가 있는데, 같은 사건을 두고 각자의 관점에 따라 사실을 달리 해석하여 본질을 다르게 인식하는 집단적인 현상을 말한다. 이는 일본 구로사와 아키라 감독의 영화 〈라쇼몽〉에서 유래되었다. 실제로 라쇼몽 효과에 관해 뇌연구를 했는데 연구참여자에게 애매한 사회적 시나리오를 들려주고 뇌 활성화가 어떻게 나타나는지에 대해 연구했다(Finn et al., 2018, pp. 1-13). 연구참여자가 시나리오를 듣고 정신화하는 과정에서 투사를 자주 사용하는 편집증 수준이 높은 사람과 정상적인 피험자 사이의 뇌 활성화가 차이가 있었다. 편집증 수준이 높은 사람들은 과도한 정신화 경향성이 드러났는데, 이들이 사회적 상황을 해석하는 과정에서 정신화와 관련된다고 여겨지는 좌측 측두엽극, 내측 전전두피질이 정상 수준의 사람들보다 눈에 띄게 많이 활성화되는 것으로 나타났다. 투사를 많이 사용하는 편집증 수준이 높은 사람들의 뇌 활성화 연구를 통해 투사가 작동하는 뇌 부위가 있을 수 있다고 생각해 볼 수 있다.

내사

내사는 대상을 자기 안으로 들이는 과정으로 일종의 통합과정이라 할 수 있다. 투사와 반대로 내사는 자기 외부에 있는 경험을 자기 내부에 있는 것으로 오해하고 착각할 때 경험된다. 내사는 무엇인가를 자기 안으로 받아들이는 것이기에 자기와 대상에 대해 어렴풋한 구분이라도 있어야만 가능하다. 발달과정상 주로 투사 단계 이후에 내사가 일어난다. 유아는 내사를 통해 초자아의 도덕적 힘이나 자아의 양심을 형성한다. 하지만 내사는 대상의 주장에 대해 깊이 생각하지 않고 대상의 관점이나 가치관을 그대로 자기의 것으로 받아들이는 것으로, 자기와 대상이 아직은 잘 구분되지 않아서 감정조절이 어려운 상태로 섞여 있는 혼란스러운 상태이다. 대상을 통째로 삼키는 것 같은 함입과 함께 내사는 내면화의 낮은 수준이고, 좀 더 높은 수준의 내면화로는 동일시가 있다. 컨버그는 자기가 대상관계를 통해 세 단계의 내면화를 거치게 된다고 보았는데, 내사, 동일시, 자기 정체성 형성의 세 단계로 구분했다.

내사는 외부로 나타나지 않고, 내부로 향해 있기에 투사만큼 분명하게 드러나지 않는다. 상담에서도 내사를 잘 알아차릴 수 없어서 다루기 어려운데, 내사된 내적 대상이 실제 외적 대상과 정확하게 일치하지 않는 경우가 많으므로 상담 시간에 지금-여기에서 내사와 관련된 내용이 나오는 경우 내담자의 그 경험을 상담사가 다루는 것이 필요하다. 이러한 내사를 통해 들어온 정보가 왜곡되어 투사를 통해 나타날 수 있기 때문이다. 내사와 관련된 실제 사례는 다음과 같다.

내담자 C는 권력 추구를 위해 노력하지만, 성취되는 것은 없고, 타인의 비난에 취약하여 타인에게 잘 보이고 싶어서 피학적인 모습을 보이기도 한다. C가 경험하는 문제는 자기감이 취약하여 타인이 자신에 대해 어떠한 의견을 내놓으면 자기가 실제로 그러한 것인지 헷갈리는 경우가 많다는 것이다. C는 현재 다니고 있는 대학을 휴학하고, 어학연수를 갈까 하고 고민 중이다. 하지만 부모님을 설득해야 하는 일이 걱정되어서 그러한 걱정에 관해 상담사에게 이야기하곤 했다.

하루는 C가 친구 D를 만나고 왔는데, D는 C가 어학연수를 가려는 이유를 대학 공부가 하기 싫어서 도피하는 것이라고 했다. 이 말을 들은 C는 자기가 실제로 그런 의도로 어학연수를 가려고 했던 것인지 헷갈리기 시작했다. 이렇게 누군가 C에게 무슨 말을 하면 C는 자기 생각이나 감정 등을 헷갈린다고 말하면서 자기 안에 불안이 많은 것 같다고 했다. 상담사는 다음 시간에는 C의 불안 깊숙한 곳에 어떤 것이 있는지 생각해 보면 좋겠다고 했다. C는 다음 시간에 선생님이 내 준 숙제를 마쳤다고 뿌듯하게 말했다. 그런데 상담사는 자기가 무슨 숙제를 내 줬는지 기억이 잘 나지 않아서 물어보았다. C는 자기의 불안을 깊이 탐색해 보고 오라고 했다면서 그 숙제를 반드시 해야만 하는 과제처럼 느꼈다고 말했다.

내담자 C는 상담사를 권위적인 대상으로 느끼고 있었던 것으로 보인다. 상담사가 무슨 말을 하면 반드시 해야만 할 것으로 느꼈고, 실제로 상담사가 강요하지 않았지만, 강요했다고 느끼고 있었다. 평상시 외부의 대상에 대해 판단 없이 내용을 내사하는 모습을 보이는 C는 상담사가 말한 부분도 자기가 실제로 하고 싶은지 아닌지에 대해 잘 생각해서 결정하지 않고, 반드시 해야 할 것으로 느끼는 모습을 보이는데, 이는 내사 심리 기제를 드러내는 부분이다. 실제로 권위적이지 않은 상담사이지만, 권위적이라고 왜곡하는 것을 보면 자기의 권력에 대한 욕구를 상담사에게 투사하는 양상을 보이기도 한다. 이러한 모습은 내사와 투사를 동시에 경험하는 사람들이 보이는 행동이라 할 수 있다.

내사가 병리적 형태를 띠면 투사처럼 굉장히 파괴적 결과를 가져올 수 있다. 만약 외적 대상에 대해서 심한 공포를 느끼거나 학대당하는 상태에서 어떤 사람들은 무서운 학대자의 말, 태도, 정서, 행동과 같은 특징을 그대로 내면에 받아들임으로써 심한 두려움과 고통에 대처하고 극복하려 시도할 수 있다. 즉, 자기를 학대하는 사람을 그대로 내사하고 동일시하는 것인데, 학대자를 내사함으로써 자기는 무력하게 학대당하고 희생당하는 사람이 아니고 오히려 자기를 고통스럽게 하는 힘 있는 학대자 혹은 그 학대자의 일부인 것처럼 무의식적으로 착각하고 행동할 수 있다.

이런 내담자들은 자기가 학대자에게 의지하고 있다는 사실을 받아들이는 대신에 차라리 자기에게 문제가 있고 잘못이 있다고 믿고 받아들이는 편을 선택하는 경향이 있다. 페어베언은 이런 과정을 "도덕적 방어(moral defense)"라고 불렀고, "악마가 지배하는 세상에서 살기보다는 신이 지배하는 세상에서 죄인으로 사는 편이 더 낫다."라고 설명했다(McWilliams, 2011/2018, p. 161에서 재인용). 내사를 병리적으로 사용하는 사람은 결국 악마를 자기 밖의 대상으로 남겨 두지 않고 차라리 자기 안으로 내사하고 자기가 악마와 동일시되어서 죄인으로 살아가는 편을 선택한다는 것이다. 그만큼 공격자 혹은 학대자는 무섭고 두려운 존재라서 그 존재를 어떤 방법으로든 사라지게 하는 것이 자기를 보호하는 최선의 방어로 절박하게 느낄 수 있다.

내사의 병리적 측면에도 불구하고 내사는 우리에게 꼭 필요한 기제이기도 하다. 내사가 좋은 측면으로 작동하는 것은 중요한 대상과의 원시적 동일시를 한다는 의미이고, 중요한 대상을 내사함으로써 성장할 수 있다. 유아는 자기에게 중요한 대상이 보여 주는 대부분의 행동, 정서, 태도 등을 자연스럽게 받아들이는 모습을 보인다. 내사 기제를 사용하는 유아를 관찰해 보면, 유아가 주요 대상인 엄마 혹은 아빠를 받아들이겠다고 자발적으로 선택하기 이전부터 마치 엄마나 아빠의 존재를 자기 내면으로 통째로 삼키는 것처럼 보이기도 한다.

이와 비슷하게 장기간 상담을 받는 내담자는 상담사의 행동이나 태도를 서서히 내사하여, 자기의 공격적 행동, 감정, 생각에 대해 잘 느끼고 조절하고 통제할 수 있다. 이는 의식적으로 일어나는 것이 아니라 내담자의 내면에서 무의식적으로 일어난다는 점에서 동일시라기보다는 내사라 할 수 있다. 유아가 자장가를 불러 주던 엄마의 목소리를 자연스럽게 내사하여 엄마의 부재 시 노래를 기억하고 따라 부르거나, 신앙을 가진 사람들이 자기가 믿는 신의 모습을 내사하여 고통스럽고 외로운 순간에 자기와 함께 존재하고 자기를 위로하는 신의 존재와 위로의 메시지를 떠올리는 것도 내사의 한 형태라 할 수 있다.

내사 기제와 관련된 뇌의 뉴런은 거울 뉴런이다. 거울 뉴런은 원숭이에게서 발견된 것인데, 한 원숭이가 다른 원숭이의 행동을 보기만 해도 똑같이 반응하는 뉴런이다. 즉, 간접 경험만으로도 함께 반응하는 뉴런인데, 사람에게도 이 거울 뉴런이 존재한다. 원숭이의 거울 뉴런은 주로 운동을 담당하고 있는 뇌에서만 발견되어 단순한 행동을 모방할 수 있지만, 사람의 거울 뉴런은 뇌의 다양한 부위에 존재하며 중요한 역할을 한다. 결국 사람은 다른 사람의 행동뿐만 아니라 가치관, 사고, 태도, 직업, 말투 등 다양한 차원에서 모방할 수 있다. 거울 뉴런은 자동적이고 비자발적이며 무의식적인 반응을 하게 하는데, 초기 유아 시절 언어와 감각을 통해 엄마와 상호작용에 관여하도록 한다. 좀 더 성숙한 사람에게 존재하는 거울 뉴런은 타인의 의도를 파악하게 하며, 정서적 공명을 통해 공감할 수 있는 능력을 얻게 되어 공감적 조율을 할 수 있게 한다 (Meissner, 2010, pp. 421-469). 결국 거울 뉴런으로 인해 사람들은 다양한 대상과 관계를 맺으며 사회적 존재로 살아갈 수 있다.

분열

분열은 발달상으로 재접근기(16~24개월) 전반 유아의 언어 사용 이전의 경험으로 볼 수 있다. 분열은 대상과 자기에 대해서 좋은 측면과 나쁜 측면을 따로 떼어서 한 번에 한 가지 측면만 지각하고 느끼는 심리 기제이다. 재접근 전반의 유아는 엄마나 아빠가 좋은 측면과 나쁜 측면을 동시에 가지고 있다고 이해하거나 받아들이기 어렵다. 또한 자기에 대해서도 좋은 측면과 나쁜 측면을 다 가지고 있다고 생각하지 못하고 자기가 좋은 사람처럼 느껴졌다가 금방 나쁜 사람처럼 느껴지는 경험을 한다. 아직 대상항상성이 형성되지 않아서 좋은 측면과 나쁜 측면을 동시에 인식하고 통합할 수 없기 때문이다. 또한 분열 상태에서는 양가감정을 느끼기 어렵다. 양가감정은 한 대상에 대해서 두 가지 이상의 상반된 감정을 동시에 느끼는 상태인데 한 번에 좋은 측면이나 나쁜 측면만 느끼는 분열은 양가감정을 느끼는 것이 아니기 때문이다.

분열은 유아가 정신을 조직화하기 위해 정상적인 발달과정에서 일어나는 것이라 볼 수 있다. 유아의 심리 내적 상태는 원초적인 본능이 분화되지 않아 혼란스러운 상태인데, 분열은 분화되지 않은 혼란스러운 내적 상태를 좋은 경험과 나쁜 경험으로 나누어서 한 번에 하나씩만 경험하도록 도와줌으로써 내면에 질서를 부여하는 기능을 한다. 그런데 유아가 자기의 혼란스러운 내적 경험을 자기 혼자서 정리해서 질서를 부여하기는 어렵기에 주요 대상과의 관계와 상호작용에서 얻은 영향을 전적으로 좋은 정서적 경험 혹은 전적으로 나쁜 정서적 경험으로 나눈다. 결국 좋은 대상-좋은 자기, 나쁜 대상-나쁜 자기의 짝으로 나누어 경험하면서 그 두 가지 정서 상태를 왔다 갔다 하며 분열을 경험하게 된다. 분열 기제는 미성숙하고 아동 같은 느낌이 들 수도 있지만, 실제로 불안을 감소하게 하고 자존감을 유지하게 해 주는 방어적 기능 측면에서 볼 때 굉장히 효과적이다.

앞서 언급한 바와 같이 만 2세 정도까지의 재접근기에 있는 유아들이나 그보다 나이가 더 들었지만 대상항상성을 형성하지 못하고 정서적으로 덜 성숙한 아이들은 "엄마 나빠!" "아빠 좋아!"라는 표현을 하다가 금방 바뀌어서 이번에는 "아빠 나빠!" "엄마 좋아!"라는 표현을 한다. 어린이집에 맡겨질 때면 두고 가는 엄마는 나쁜 사람이고 자기를 받아서 안아 주는 선생님은 좋은 사람이라고 느낀다. 같은 아이인데도 오후에 엄마가 데리러 가면 엄마는 좋은 사람으로 바뀌고 자기를 보내는 선생님은 나쁜 사람으로 느끼기도 한다. 그런데 중요한 점은 대상을 전적으로 나쁘게 느낄 때는 그 대상과 관계하고 있는 자기에 대한 느낌도 같이 나쁘고, 대상을 좋게 느낄 때는 그 대상과 함께 있는 자기도 좋게 느낀다는 점이다.

분열 기제는 유아기 경험에만 있는 것이 아니라, 성인 중에도 경험하는 사람이 아주 많다. 예를 들면, 어떤 사람이 지난 6개월 동안 회사에 근무하면서, 자기 팀의 팀장을 매우 좋은 사람으로 느낄 수 있다. 자기를 늘 칭찬하고 격려하고 어려움을 들어 주는 등 만족스러운 경험을 주로 했기 때문이다. 즉, 좋은 팀장-좋은 자기의 자기-대상 구성단위로 정서적으로 만족스럽게 느끼는 상태이다. 그런데 어느 날 팀장이 자기가 한 일에 대해서 잘못했다고 비판하고 야단치면 나쁜 팀장-나쁜 자기의 상태로 순간 변할 수 있다. 그동안 일을 잘해 왔던 자기에 대한 감정을 기억하지 못하고 전적으로 나쁜 감정이 되고, 그동안 자기를 격려하고 칭찬했던 팀장에 대한 좋은 기억과 감사한 마음을 기억하지 못하고 나쁜 감정으로 바뀐다. 앞서 설명한 것처럼, 두 가지 이상의 기억과 감정을 동시에 느끼지 못하고 한 번에 한 가지 감정만 느낄 수 있기 때문이다.

상담에서도 내담자가 양가적인 감정을 느끼면서 갈등하는 모습을 보이지 않고 한 가지 측면만 인정하면서 분명한 태도를 보이고 반대 측면에 대해서는 아예 무시하거나 상관없다는 식의 태도를 보이면 분열 기제를 사용하고 있다고 짐작할 수 있다. 예를 들면, 경계선 성격장애인 내담자는 자기를 잘 수용해 주는 상담사는 전적으로 좋은 사람이라고 느끼면서 좋은 상담사-좋은 내담자 감정에 머무는 반면, 자기 담당 상담사가 아닌 다른 상담사는 무능하고 무관심하고 공격적인 나쁜 상담사라고 느낄 수 있다. 또한 상담사는 좋은 사람이지만, 자기 배우자, 부모는 자기에게 무관심하고 공격적이고 나쁜 사람이라고 느끼기도 한다. 어떤 경우에는 경계선 성격장애인 내담자가 자기 상담사를 좋다고 느끼다가 다음 회기에는 상담사의 실수 같은 특별한 이유 없이 상담사에게 분노하면서 무능하고 나쁜 상담사라고 공격할 수도 있다. 이때는 그동안 상담사가 좋은 상담사였다는 기억하지 못하고 나쁜 상담사-나쁜 내담자 상태로 느끼는 것으로 볼 수 있다. 즉, 대상에 대해서 전적으로 나쁜 감정이 있을 때 자기에 대해서도 전적으로 나쁜 감정 상태에 머문다.

내면이 분열된 사람은 주변 사람들도 분열시킬 수 있다. 예를 들면, 주변 사람들을 좋은 사람과 나쁜 사람으로 나누고, 적당히 괜찮은 사람은 없이 흑백논리로 구분하는 경향이 있다. 분열 기제를 사용하는 사람은 자기 직장에서 동료 중의 일부는 전적으로 자기에게 동정심을 느끼고 자기편을 들고 보살펴 주게 만들고, 일부는 자기를 멀리하고 좋지 않게 평가하며 공격하게 만드는 상황에 놓인다. 심지어는 자기가 없는 자리에서 동료들이 자기에 대해 평가하는 말들이 오가다 보면 일부는 자기편을 들어 주는 말을 하고 다른 일부는 자기를 비판하고 공격하는 말을 하게 되어서 그들 사이에서 갈등과 논쟁이 벌어지게 되기도 한다. 결국 분열 기제를 사용하는 일은 주변 사람들을 지치게 만들고 서로 갈라지게 하며 그 결과로 자기에 대한 평판도 나빠지게 되는 안타까운 결과를 가져온다.

집단이 완전히 분열되는 때도 있지만, 반대로 경계선 성격장애인 사람이 주변 사람들 전체로부터 따돌림을 당하거나 퇴출당하기도 한다. 이러한 일을 반복해서 경험하면 결국 관계를 단절당하는 경험이 쌓이고 그 경험이 쌓여서 관계적 트라우마를 반복하게 된다. 이들은 자기 자신이 문제를 유발한 것에 대해 잘 인식하지 못하므로 자기 스스로 퇴출당하는 불쌍한 사람으로 인식하게 되고 다른 사람의 도움을 유도할 수 있다. 이에 구원환상이 있는 사람들은 경계선 성격장애인 사람을 도와주고 싶게 되어 관계가 엮이게 되기도 한다. 하지만 결국 도와주려고 나선 이들은 경계선 성격장애인 사람들이 보이는 극단적인 흑백논리에 완전히 두 손 두 발 다 들고 관계를 단절하고 싶은 욕구가 들거나 실제로 관계를 단절하는 결과를 가져온다.

분열 기제는 한국 사회의 일상에서도 자주 볼 수 있다. 정치 지도자가 통합적인 지도자의 역할을 하는 대신에 국민을 자기를 전적으로 지지하는 내 편과 어떤 일이든 무조건 반대하는 남의 편으로 갈라서 갈등을 조장할 수도 있고, 선거에 임하는 정치인이 분열을 통해서 극단적인 방법으로 선거에서 목표를 얻기도 한다. 아이들이 좋아하는 만화 영화나 성인들이 보는 영화에도 늘 선한 사람과 악당이 동시에 등장하고 권선징악적 주제의 이야기가 많은 사람의 흥미와 관심을 일으키는 현상도 볼 수 있다. 세계 정치와 경제 질서도 민주국가인 서방 국가들과 사회주의 체제에 속한 국가들이 두 편으로 분열되어서 서로 견제하고 충돌하고 심지어는 전쟁을 일으키기도 한다. 이 모든 현상이 내적인 분열 심리 기제가 외현화되어서 사람들 사이에 분열을 일으키는 현상으로 확장된 것이라고 볼 수 있다.

이상화-평가 절하

다양한 심리 기제에서 분열과 함께 재접근기에 해당하는 심리 기제는 이상화-평가 절하, 투사적 동일시이다. 다음 장에서 살펴보겠지만, 이상화-평가 절하, 투사적 동일시 심리 기제는 재접근기 유아-엄마의 상호작용 및 관계 역동과 유사하고, 이러한 심리 기제를 사용하는 사람들은 경계선 성격 수준에 있다고 볼 수 있다. 그중에서 분열과 이상화-평가 절하는 발달과정에서 스펙트럼의 바로 옆에 위치하는 심리 기제인데, 두 기제는 유사한 면이 있으면서도 매우 다른 기제이다. 바로 앞에서 설명한 분열 기제를 사용하는 사람은 좋은 대상-좋은 자기, 나쁜 대상-나쁜 자기로 경험하지, 좋은 대상-나쁜 자기, 나쁜 대상-좋은 자기로 엇갈려서 경험하는 경우는 없다. 그렇게 엇갈려서 경험하는 기제는 분열이 아닌 이상화-평가 절하로 볼 수 있는데, 두 기제는 자기와 대상에 대한 평가와 느낌이 다르게 배열된다.

분열은 자기와 대상의 관계에서 경계가 덜 분명하게 분화된 심리적 상태로 자기와 대상을 구분하지 못하고 그 둘을 마치 한 덩어리로, 즉 하나의 자기-대상 구성단위(unit)로 여전히 느끼는 데 반해, 이상화-평가 절하는 자기와 대상을 한쪽은 좋게 느끼고 다른 한쪽은 나쁘게 느끼는 상태이기에 자기와 대상의 경계를 좀 더 명확하게 구분해서 느끼는 기제이다. 유아가 분리-개별화되어 가는 과정의 관점에서 보면 자기와 대상이 어느 정도 구분되는 이상화-평가 절하 기제가 구분이 거의 안 되는 분열 기제보다는 더 발달하고 성숙한 상태로 볼 수 있다. 하지만 분열과 이상화-평가 절하의 유사점은 둘 다 자기와 대상에 대한 정서적 느낌과 평가가 매우 극단적이라는 점이다.

이상화는 자기나 대상이 지닌 속성에 대해 비현실적으로 과장하여 과대평가하는 것이며, 평가 절하는 자기나 대상에 대해 과도하게 낮추어 무가치한 존재로 느끼는 것이다. 즉, 이상화는 자기나 대상을 완벽하고 좋은 존재로 보는 것이고, 평가 절하는 자기나 대상을 완전히 나쁜 존재로 보는 것이다. 이상화와 평가 절하는 보통 짝이 되어 함께 작용하게 되는데, 이상화된 좋은 자기와 평가 절하된 나쁜 대상이 짝이 되거나 평가 절하된 나쁜 자기와 이상화된 좋은 대상이 짝이 되는 형태를 보인다. 어떤 사람이 대상을 극도로 이상화하는 정서 상태가 되면, 그 대상을 마주하는 자기에 대해서는 반대로 극도로 평가 절하하는 경향을 보일 수 있다. 반대로, 그 이상화하던 대상이 실수하거나 자기를 실망하게 만들면 그 순간 그 대상이 극도로 평가 절하되면서 아무런 쓸모없는 쓰레기처럼 느껴질 수 있고 그 대상을 마주하고 있는 자기는 우쭐하고 잘난 사람으로 느껴지게 된다. 결국 대상 대신에 자기를 이상화하게 되는 것이다.

이상화-평가 절하 기제를 쓰는 경우 정서적으로 극단적인 양상을 보이게 된다. 이상화를 통해 좋은 대상에 대한 흠모, 존경, 감탄, 사랑하는 마음과 같이 긍정적으로 고양된 정서적 상태를 경험하고, 평가 절하를 통해 과도한 실망, 미움, 싫음, 혐오와 같이 극도로 부정적 감정이 유발된다. 대상은 자기를 만족시키고 자기에게 도움이 될 때 이상화 대상이 되고, 자기에게 불만족스럽거나 도움이 되지 않는다고 느낄 때는 쓸모없고 무가치한 존재로 느껴져서 바로 버려도 되는 카드로 간주된다. 어떨 때는 자기가 무시당하고 거절당했다고 느껴서 자기 존재에 대한 수치심이 느껴지거나 반대로 분노하는 감정이 느껴질 수도 있다. 어떤 경우든 이상화-평가 절하 기제에서 경험되는 감정은 매우 강력하고 극단적이다.

하지만 이러한 이상화와 평가 절하는 심리적 탄생과정에서 꼭 필요하다. 이상화가 필요한 이유는 유아가 생애 초기 성장, 특히 분리-개별화 과정의 초기인 연습기에 독립하는 연습을 하기 위해서는 자기가 전능하다는 자기애적 감정의 상태가 어느 정도 필요한데, 이는 연습기 이전인 공생기에 유아가 느끼기에 전능한 부모와의 융합 경험, 동일시를 통해 이루어진다. 이런 원시적 이상화는 대상을 전지전능한 존재로 느껴서, 대상에게 정서적으로 의존하고 애착을 느끼며 자기감을 유지하도록 돕는다. 그런데 그런 대상이 부재하면 유아는 자신감을 느끼지 못하거나 심한 경우 심리 내적으로 두려움이 생겨 대인관계와 이후의 사회생활이 어려워지게 된다.

이런 연습기 유아의 고양된 전능감, 즉 자기의 전능함에 대한 유아기 초기의 환상이 유아가 성장함에 따라 결국 주 양육자의 전능함에 대한 환상으로 서서히 옮겨 간다. 이는 유아나 아동을 관찰해 보면 그 아이들이 얼마나 강렬하게 엄마 혹은 아빠가 위험한 상황으로부터 자기를 보호해 준다고 믿고 있는지를 알 수 있다. 아이들이 종종 느끼는 두려움에서 자기를 보호하는 좋은 방법은 전능하고 자비로운 신과 같은 부모가 자기 삶을 보호하고 책임진다는 믿음을 갖는 것이다. 그런데 이런 아이들의 믿음은 부모에게 큰 부담으로 다가올 수도 있다. 아이가 부모에게 마술을 기대했다가 부모 능력이 없어서 이루어지지 않음을 알게 되면 엄청나게 실망하고 격노 발작을 하는 일도 있다. 예를 들어, 소풍 날 비가 내리지 않도록 엄마가 마술처럼 초능력을 발휘해 주기를 바랐는데 실망스럽게도 비가 내리면 엄마에 대한 이상화가 한순간에 깨지기도 한다.

그 과정을 조금 더 자세히 보면 유아는 부모 중에 보통 엄마와 정서적으로 융합된 상태로 양육되는데, 이때 엄마가 유아의 욕구를 완벽히 충족해 주면 유아의 리비도가 대상인 엄마에게 투사되어 엄마를 이상화된 존재로 받아들이고 이상화된 엄마와의 동일시를 통해 자기도 완벽하다는 전능감을 느끼게 된다. 그런데 유아가 성장하면서 자기가 전능한 부모와 동일한 존재가 아닌 분리된 존재임을 인식하고 무력감을 느끼는 점진적 좌절을 경험하면 이상화는 서서히 사라지면서 리비도 일부가 점차 자기에게 투여되어 결국 자기의 구조를 형성한다. 최적의 좌절을 느끼고 부모를 향한 이상화된 리비도가 자기에게 투여되는 경험을 하면 자기의 구조는 응집력 있게 잘 형성되지만, 좌절이 심한 경우 자기 구조가 제대로 형성되지 않고 이상화-평가 절하의 필요가 계속되어 성인이 되어서도 이러한 심리 기제를 쓰는 병리적인 양상을 보일 수 있다.

사실, 아동과 청소년뿐만 아니라 성인 중에도 유아기의 이상화 욕구가 아직 그대로 남아 있는 경우도 종종 있다. 이런 성인들은 늘 이상화 대상을 물색하며 그 이상화 대상이 자기를 보호해 줄 것이라는 믿음을 가지고 자기 내면의 두려움을 줄이려는 절박한 마음을 보이기도 한다. 역설적인 것은 이상화 대상에 대한 갈망은 자기에 대한 평가 절하로 이어지고 이로 인한 수치심 때문에 더 견디기 힘들 수도 있는데, 반대로 자기가 완벽하고 훌륭하다고 느끼는 그 이상화 대상과의 융합은 수치심과 평가 절하를 덜 느끼게 하고 그런 고민과 상처로부터 자유로워질 수 있는 좋은 해결책이 되기도 한다.

이상화-평가 절하 기제는 상담 장면뿐만 아니라 우리 주변의 일상에서 늘 볼 수 있다. 특히 아동이나 청소년을 상담하다 보면 내담자가 대상을 바로 이상화했다가 평가 절하하는 모습을 종종 볼 수 있다. 얼마 전에 상담에서 경험한 사례를 예로 들면, 초등학교 3학년에 막 올라온 아동 내담자가 상담실에 와서 "2학년 때 담임 쌤은 정말 별로였어요. 나도, 우리 반 애들도 대부분 쌤을 싫어했어요."라고 말하면서 "근데 3학년에 올라와 보니 지금 담임 쌤은 정말 좋아요! 정말 최고예요!"라고 표현했다. 그런데 조금 후에 이 아동 내담자가 말을 계속 이어 갔다. "학교 상담 쌤은 아이들 말도 잘 안 들어주고 아이들이 찾아가도 별로 반가워하지도 않아요. 정말 별로예요. 그런데 여기 센터에 와서 만난 쌤은 정말 너무 좋아요! 앞으로도 계속 상담받으러 올 수 있으면 좋겠어요."라고 말했다.

지금 이 아동 내담자는 상담사를 이상화하는 상태에 푹 빠져 있다. 자기는 마치 아무런 능력이나 힘이 없고 이상화하는 상담사 옆에만 꼭 붙어 있으면 아무 문제가 없을 것 같은 마음 상태이다. 그런데 이 말을 들은 상담사는 마음이 몹시 불편할 수밖에 없다. 왜냐하면 내담자가 자기를 더 높이 이상화하면 할수록 얼마 후에 실망을 느꼈을 때 금방 더 극단적으로 평가 절하하면서 마음으로 상담사를 바닥에 더 세게 내팽개칠 것이 분명하기 때문이다. 또한 '결국 이 아이가 나에게 실망할 텐데 어떻게 하나?' 하는 마음의 걱정이나 속상함이 미리 들 수도 있다.

마찬가지로 경계선 성격인 성인 내담자들도 처음에 상담사를 만나면 자기를 지지해 주고 치료해 줄 수 있는 완벽하고 훌륭한 존재로 느끼며 그런 느낌을 상담사에게 직접 표현하기도 한다. 그들은 대개 자기 스스로는 상담에 찾아오지 않고 가족이나 주변 사람들의 권유 혹은 사회생활과 대인관계의 문제로 궁지에 몰린 마지막 순간에 마지못해 오는 경우가 많은데, 큰맘 먹고 오게 되면 정말 큰 기대를 하고 상담사를 이상화하는 일이 종종 있다.

그런데 내담자가 자기를 이상화하는 말에 상담사도 순간 인간적으로는 기분이 굉장히 좋을 수 있지만, 이상화가 클수록 평가 절하의 순간은 더 빨리 찾아오고 평가 절하의 낙폭은 더 커지고 세질 수밖에 없음을 알면 마냥 기뻐할 수만은 없다. 이런 내담자들은 상담사가 자기 마음에 들지 않으면 순식간에 분노하면서 평가 절하로 돌아서는 경우가 많다. 만약에 상담사가 내담자에게 해석해 주거나 조언해 줄 때 자기를 비난하는 느낌을 받으면 자기는 아무런 문제가 없는 훌륭한 사람이라고 자기를 이상화하면서 상담사가 제대로 상담하지 못하니 자기에게 쓸모없고 무능한 존재라고 평가 절하하게 된다.

대상을 이상화하는 현상은 고양된 정서와 관련된 뇌 활동과 연결해서 살펴볼 수 있다. 고양된 정서는 도파민과 관련된다. 우리가 이상화할 수 있는 매력적인 대상을 만나면 도파민이 분비되어 호감을 느끼고 설렘을 느끼며 각성 현상이 일어난다. 도파민이 분비되면 엄청난 강도의 에너지를 느끼게 되고 의욕이 넘치게 되는데, 예를 들면 연애 초기에 종일 데이트를 하거나 밤새 통화를 하더라도 피곤함을 느끼지 못하는 현상에서 쉽게 볼 수 있다. 그만큼 각성 현상은 우리들의 신체와 마음에 강력하고 많은 영향을 준다.

도파민 분비로 인해 이러한 영향을 미치게 하는 지속 기간은 보통 30개월이다. 그런데 도파민과 관련된 기능 이상이 발견되는 경우 이상화 기제를 자주 사용하는 경계선 성격장애가 생길 가능성이 크다는 연구들이 있다. 이러한 주장은 경계선 성격장애 증상을 통한 이론적 설명뿐만 아니라, 실제 신경생리학 연구들에서도 도파민 수송 유전자, 도파민 수용체의 과다형성 등의 문제가 발견된다. 도파민은 뇌의 여러 영역에서 생산되는데, 고양감과 관련된 보상과 강화 작용을 하는 곳은 변연계 시스템에 속한 편도체, 측좌핵, 해마 등이다. 경계선 성격장애는 초기 애착 트라우마로 인해 다양한 부위의 뇌 기능에 영향을 미치게 되는데, 이와 관련된 주요한 곳이 편도체와 해마이다.

정서적 트라우마를 입은 경계선 성격장애의 경우 편도체의 과다한 활성화로 인해 공격성과 불안이 높아지고, 해마의 문제로 기억하지 못하고 해리 경험을 할 수 있다. 따라서 경계선 성격장애인 사람들이 도파민과 관련된 뇌 기능의 문제로 인해 도파민이 분비되도록 갈망하게 되고 이는 대상에 대한 갈망으로 연결되어서 나타나 자기에게 중요한 대상을 이상화된 대상으로 삼는 행동을 반복하게 될 수 있다. 하지만 이들이 지닌 도파민 체계의 문제로 인해 고양감을 지속할 수 있는 기간이 짧기 때문에 이상화를 오래 유지하지 못하고 어느 정도 시간이 지난 후에 평가 절하하게 되고 주변의 대상들을 상대로 이상화-평가 절하 패턴이 반복될 수 있다. 경계선 성격장애인 내담자의 이상화는 사람 대상뿐만 아니라 사물 대상에게도 향할 수 있는데, 이때 나타날 가능성이 있는 증상이 알코올 중독, 성 중독, 쇼핑 중독과 관련된 중독 현상이다.

투사적 동일시

투사적 동일시 기제는 한마디로 표현하면 자기의 감정을 대상에게 전염시키는 것이다. 즉, 자기가 느끼는 감정을 대상에게 그대로 불러일으켜서 그 대상의 감정 상태를 자기와 같은 상태로 만드는 무의식적인 과정인데, 그 과정이 결국 대상이 자기를 공감하게 만드는 과정이기도 하다. 또한 투사적 동일시는 말 그대로 투사와 동일시가 동시에 일어나는 과정인데, 다른 말로 하면 투사와 내사가 융합된 기제로 표현할 수도 있다. 투사와 내사는 유아의 생애 초기 가장 기초적인 심리 기제이지만 성숙해 가면서 보다 성숙한 형태의 투사와 내사가 나타날 수 있다. 투사와 내사뿐만 아니라 그 두 가지 기제가 동시에 나타나는 투사적 동일시도 자기의 내부와 외부의 혼동이 어느 정도 있는 현상이다.

투사적 동일시는 앞선 두 가지 심리 기제인 분열, 이상화-평가 절하와 함께 재접근기 발달에서 일어나며, 재접근기 문제가 해결되지 않은 성인에게서 가장 흔히 나타나게 된다. 좀 더 자세히 보면, 투사적 동일시는 자기와 내적 대상의 부분들이 자기로부터 분리되어 외부의 대상에게 투사됨으로써 대상을 통제한다. 자기 안에 있는 감당하기 어려운 부정적 감정을 대상에게 투사하여 그 감정을 불러일으킴으로써 대상이 자기와 동일시 상태에서 부정적 감정을 느끼게 하도록 하는 것이다. 이는 자기의 감정이 감당하기 어렵기에 말로 표현하는 일이 불가능하여 대상에게 자기의 감정을 일으키게 하는 비언어적인 방법으로 자기의 감정을 전달하는 생애 초기의 원시적인 의사소통 방법이라 할 수 있다.

투사적 동일시를 다르게 표현하면 자기의 감정을 투사하여 대상에게 집어넣는 것이다. 이러한 과정은 자기와 대상의 경계가 불분명하여 헷갈린 상태에서 일어나며, 이를 통해 대상의 감정을 자기 마음대로 하려고 시도한다. 결국 투사적 동일시의 대상이 되는 사람의 자기감이 분명하지 않으면 투사적 동일시를 일으키는 사람이 전달한 감정이 실제 자기 안에서 일어나는 감정인지 아닌지 혼란스럽게 된다. 투사적 동일시는 클라인의 용어에 의하면 편집-분열적 양태에 있는 사람이 주로 사용하게 되는 기제인데, 대상과의 분리를 피하려고 사용하거나 박해를 하는 대상을 통제하기 위해서 사용한다. 투사와 동일시의 두 가지 기제를 동시에 사용하는 것은 두 가지 상반되는 경험이 공존할 수 있어서 이전 단계인 분열, 이상화-평가 절하를 사용하는 것보다는 정신적으로 상당한 발달이 일어났음을 의미한다. 하지만 대상을 자기와 분리된 개별적 존재로 인식하지 못하는 점을 보면 자기가 독립된 존재로 확립되지 못한 상태로 여전히 대상에게 의존하는 면을 보여 준다.

투사적 동일시는 일상에서 흔히 일어나지만, 그 개념을 잘 알지 못하거나 투사적 동일시를 당했다고 인식하지 못하는 경우 인간관계 안에서 도저히 이해하기 어려운 상황이 펼쳐질 수 있다. 투사적 동일시를 사용하는 사람은 두려움, 무기력감, 자기 경멸, 격노, 고통과 같은 자기 안의 다양한 부정적 감정을 감당하기 어렵기에 자기가 의존하는 대상이 함께 그 감정에 연루되도록 만든다. 그 점에서 투사적 동일시는 자기에게는 방어 기제의 기능을 한다. 이때 투사적 동일시를 일으키는 사람은 투사를 통해서 부정적 감정을 내보냄으로써 자기를 보호하고, 반대로 투사적 동일시의 대상은 그 투사를 받아 자기 안에 내사하는 과정을 경험한다. 투사적 동일시를 받는 대상이 미성숙하면 부정적 감정에 자동으로 반응하여 그것을 일으키는 사람에게 분노를 일으키거나, 두려움을 느끼거나, 무기력함, 자기에 대한 경멸스러움 등을 느끼는 등 부정적 감정에 매몰될 수 있다.

반대로, 대상이 성숙한 경우에는 투사적 동일시를 일으키는 사람의 정서에 공감하게 되고, 자기가 내사한 정서를 자기 안에서 잘 통합하여 투사적 동일시를 일으킨 사람에게 되돌려 주게 된다. 상담사들이 불안이나 고통을 느끼는 내담자들에게 상담에서 해 주는 과정도 같은 맥락이다. 내담자들이 투사한 내용을 상담사가 자기 안에 받아들여서 내담자들의 정서에 공감하고 그 감정을 잘 소화해서 내담자에게 먹기 좋게 돌려주게 된다. 이러한 투사적 동일시에 대한 해석을 정신분석가 비온(Wilfred R. Bion)은 내담자들이 투사한 베타 요소를 알파 요소로 바꾸어 다시 내담자들에게 투사하는 과정으로 설명하기도 했다. 즉, 내담자가 정확하게 언어로 표현할 수 없는 생생한 날것의 감정인 베타 요소를 상담사가 소화해서 의미를 부여한 감정인 알파 요소로 돌려준다는 의미이다. 미성숙한 내담자들이 자기의 연약함으로 인해 감당할 수 없는 좌절과 고통을 상담사가 담아 주고 그 담아 준 감정을 내담자들이 감당할 만한 것으로 바꾸어 되돌려 주는 것이다. 이렇게 공감적으로 사용하게 되는 것이 투사적 동일시의 긍정적 측면이라 할 수 있다.

투사적 동일시라는 용어를 처음 사용한 클라인은 투사와 투사적 동일시라는 용어를 종종 혼용하여 사용하기도 했지만, 이후의 임상가들은 두 가지 의미를 구별하여 사용했다. 투사는 부정적 정서를 밖으로 배출한 후 자기 안에서 나온 것이 아니라 완전히 낯선 것으로 인식되는 것이다. 실제로는 자기에게 다른 사람을 시기하고 미워하는 감정이 있는데 그 감정이 투사되어 외부로 나갔기에 자기는 그 사람에게 아무런 감정을 느끼지 않는다고 착각하는 것이다. 투사적 동일시는 자기 안에서 외부로 투사되어 부인되는 감정의 측면이 자기 안에도 있다고 여기면서, 다른 사람이 자기를 시기하고 미워해서 자신도 그 사람을 미워한다고 느끼는 것이다.

클라인이 투사적 동일시를 병리를 일으키는 원인이라고 부정적으로 보았던 의미를 확장하여 오그덴(Thomas Ogden)은 심리치료 상황에서 투사적 동일시가 꼭 필요한 역할을 한다고 보았다. 그는 투사적 동일시 과정을 ① 내담자가 상담사에게 투사한 후, ② 상담사가 투사된 부분들을 인식하고 소화하는 신진대사의 과정을 거쳐서 내담자에게 위험할 만한 독성을 제거하고, ③ 내담자가 감당할 만한 정도로 만들어서 다시 내담자에게 되돌려 주기의 세 가지 단계를 포함한다고 설명했다. 이러한 과정을 통해 내담자는 자기의 감당할 수 없었던 부분을 통합하여 심리 발달을 이루어 간다고 보았다.

상담 현장에서 투사적 동일시는 알게 모르게 빈번히 일어나게 된다. 투사적 동일시를 일으키는 과정에서 상담사 내면에 어떤 강력한 감정이 유발되는데, 상담사는 그 감정을 느끼면서 평상시 자기의 태도나 행동과는 다르게 된다는 느낌을 받을 수 있다. 이렇게 유발되는 감정, 태도, 행동을 통해 상담사는 내담자의 가장 깊은 정서에 대한 정보를 알 수 있다. 이때 내담자는 자기가 감당할 수 없는 주로 부정적인 감정을 투사하기에 상담사는 기분이 나빠지게 되며, 힘든 감정 상태가 되었음을 느낀다. 하지만 결국 이 과정을 통해 내담자의 감정 상태를 있는 그대로 느끼고 이해하면서 공감을 하게 되는 것이다.

상담에서 만났던 40대 초반의 여성 내담자는 자기 인생에서 애착을 할 만한 대상이 없다는 데에 좌절과 무기력감을 느꼈다. 부모는 아픈 동생에게 신경 쓰느라 어린 시절부터 자기에게 관심이 없었다고 말하면서 자기는 알아서 클 수밖에 없었다고 표현했다. 그녀는 남편과 친밀감을 잘 느끼지 못해 결혼생활에서도 남편이 자기에게 관심이 없는 것처럼 느껴졌고 결국 남편이 다른 여성과 친하게 지내게 된 것에 분노하면서 최근에 이혼을 생각하고 있었다. 내담자는 학력이 좋고 능력이 뛰어나 사회적으로는 기능이 잘 되고 생활력이 강했으며, 외적으로 보기에는 화려하고 세련된 모습으로 다른 사람들이 부러워할 만한 사람이었다. 하지만 내면으로 들어가 보면, 자존감이 낮고, 깊은 공허감과 허무함으로 가득 차 있었다.

이 여성 내담자는 상담에 열심히 참여했는데 사회적으로 잘 기능하는 모습과도 유사하게 상담에 한 번도 빠지지 않고 왔다. 하지만 자기에 대한 깊은 탐색에 어려움을 느끼는 모습을 보이기도 했다. 그녀는 상담이 자기에게 도움이 된다고 말하면서도 사실 누군가가 자기에게 어떤 것을 해 주어도 자존감이 올라가기는 어렵다고 했다. 자신은 의지하고 애착을 느낄 수 있는 사람이 없어서 두려움을 느낀다고 말하면서 마치 자신감이 거의 없는 것처럼 표현하기도 했다. 이러한 말을 들은 상담사는 자신이 내담자에게 꼭 필요한 존재는 아니라는 생각이 들었고, 상담사로서 자기 능력을 의심하게 되어 자존감이 낮아졌으며, 자기가 어떤 것을 해 주어도 내담자에게 아무런 소용이 없다는 생각에 좌절감과 무기력감을 느꼈다. 이 상황이 바로 내담자가 자기의 감정인 좌절감과 무력감을 상담사에게 전달해서 투사적 동일시를 불러일으킨 것으로 볼 수 있다.

투사적 동일시는 상담사들이 모여서 사례 발표와 슈퍼비전을 하는 자리에서 종종 일어나기도 한다. 상담에서 만난 내담자가 자기의 상황이 너무 절망적이고 어떻게 해도 삶이 나아지거나 고통이 줄어들기 어렵다는 표현을 계속하면, 상담사는 내담자의 그 깊은 절망감과 무기력감을 생생하게 전달받아서 그대로 느낄 수 있다. 그런데 그 상담사가 사례 발표를 하고 슈퍼바이저에게 슈퍼비전을 받는 자리에서 내담자가 전달한 깊은 절망감과 무력감을 지금-여기에서 그대로 다시 느끼면서 언어로 생생하게 전달하면 그 감정이 그 자리에 함께 참석한 동료 상담사들이나 심지어 슈퍼바이저에게 그대로 전염되기도 한다.

물론 잘 훈련받은 상담사나 슈퍼바이저라면 한편으로는 한 다리 건너서 간접적으로 전달된 내담자의 고통스러운 감정을 공감해서 느끼면서도, 다른 한편으로는 객관적으로 잘 이해하고 냉철하게 해석할 수도 있다. 하지만 어떤 경우에는 슈퍼바이저도, 동료 상담사들도 전달된 내담자의 감정을 압도적이고 절망적으로 느끼면서 내담자의 감정에 완전히 푹 빠져드는 때도 있다. 그만큼 투사적 동일시는 매우 강력한 심리 기제이고, 투사적 동일시를 통해서 내담자의 감정을 전달받아 느끼는 일을 상담사가 훈련이 덜 되어 그런 것이라고 단정적으로 표현해서는 안 된다. 오히려 내담자가 투사적 동일시를 일으키는 감정을 있는 그대로 잘 느끼고, 담아 주며, 내담자가 감당할 만한 감정으로 돌려줄 수 있는 능력은 상담사의 특별한 재능이자 잘 훈련된 결과로 보는 것이 더 합당해 보인다.

투사적 동일시 기제는 뇌의 변연계 공명을 통해서도 설명할 수 있다. 사람 뇌의 변연계는 변연계 공명, 변연계 조절, 변연계 조정의 세 가지 작용을 한다. 이 중에서 변연계 공명은 악기 소리가 서로 주파수가 맞으면 공명하듯이 타인의 어떤 정서가 나에게 공명해서 느껴지게 해 준다. 이러한 변연계 공명은 포유류가 공통으로 가지고 있는 능력으로서 집에서 기르는 강아지나 고양이 같은 반려동물들이 가족의 감정을 알아채고 다가와 위로를 해 주는 행동으로 설명할 수 있다. 사람과 반려동물들이 정서적 에너지를 주고받으면서 지내게 되는 것이 변연계 공명으로 인한 것이다. 마치 엄마와 유아의 관계에서 유아가 언어나 논리가 발달하기 이전에 비언어적인 의사소통을 통해 정서적으로 교감하고, 엄마가 유아의 상태를 느끼고 알아차리는 일도 이러한 변연계 공명을 통해 일어나는 것으로 이해할 수 있다. 이때 유아의 감정에 따라 엄마의 변연계가 조절되고, 유아의 상태에 맞추어 엄마의 변연계가 조정되는 과정을 거치며 상호작용하게 된다.

이는 다미주 신경 이론에서 엄마가 갓 태어난 아기를 돌볼 때 핵심적인 부교감신경인 배 쪽 미주신경이 작동하여 아기를 돌보는 것으로도 잘 설명할 수 있다. 유아는 생애 초기에 생존과 관련된 뇌의 가장 원시적인 부분인 뇌간을 구조로 하는 파충류의 뇌에서 교감신경계와 부교감신경계가 작동하면서 본능적인 욕구를 충족시키게 된다. 유아는 점차 엄마의 존재를 알게 되고, 정서 시스템인 변연계가 작동하면서 안전감을 느낀다. 엄마의 배 쪽 미주신경이 작동하고 유아 역시 배 쪽 미주신경이 작동하고 사회적 경험이 쌓이고 성숙하면서 뇌 구조에 점차 영향을 주면 사회적 행동과 문화적 활동을 할 수 있게 된다. 즉, 엄마는 배 쪽 미주신경 작용으로 유아의 욕구를 공감하면서 유아의 투사를 받아 내어 공감의 형태로 돌려준다고 볼 수 있다.

하지만 트라우마로 인해 이러한 변연계 시스템이 망가질 수 있는데, 양육과정에서의 실패로 인해 성격장애가 나타나는 경우 변연계 기능에 문제가 생기고 등 쪽 미주신경이 작동하게 될 수 있다. 변연계 기능에 문제가 생기는 경우 인간관계에서 공포감과 두려움을 느끼게 될 수 있어 사회활동이 어려울 수 있고, 등 쪽 미주신경은 환경을 차단하고 에너지 소모를 최대한 줄이게 되어 사람을 움직이지 않게 하는 부동화 반응을 유발할 수 있는데, 인간관계에서의 철수를 유발하기도 한다. 동시에 좌뇌 전두엽 피질 중

언어를 담당하는 브로카 영역의 활성이 감소하여 말하기에 문제가 생기기도 하고, 논리적으로 판단하며 어휘를 기억하는 좌뇌와 감정과 직관, 감각을 담당하는 우뇌의 연결성이 끊겨서 우뇌가 직관적으로 느낀 감정이나 감각을 논리적으로 판단하고 언어로 표현할 수 있는 능력이 떨어지게 된다.

따라서 양육과정에서의 실패로 트라우마를 입은 사람들이 자기의 감정을 언어로 표현하는 능력이 부족하면 투사적 동일시를 통해 상대에게 자기의 감정을 비언어적으로 전달해서 느끼게 하는 방법으로 의사소통을 할 수 있다. 동시에 배 쪽 미주신경이 잘 작동하는 사람은 투사적 동일시를 사용하는 사람의 감정을 잘 알아차리며, 이들이 공감하는 과정은 뇌 신경생리학적으로 설명 가능한 측면이다. 또한 상대에게 투사적 동일시를 당하는 사람은 배 쪽 미주신경을 통해 투사적 동일시를 받아들이는데, 보통 투사적 동일시를 사용하는 사람이 수용하기 어려운 자기의 부정적인 감정을 투사하여 통제하려고 하는 것이므로 불쾌감이 올라오게 되고, 투사하는 감정 자체가 부정적인 감정이므로 내면에서 부정적인 감정이 올라오게 된다.

사실, 상담사도 내담자처럼 연약한 인간이기에 내담자가 투사하는 부정적 감정을 상담사의 내면에 이미 포함하고 있는 경우가 많다. 그래서 상담 중에 어디까지가 내담자가 전달하는 감정이고 어디부터가 상담사 자신의 감정 상태인지 구분해서 파악하는 것이 어려울 때가 종종 있다. 어떨 때는 상담사 자신이 자기가 정서적으로 건강하지 못하다고 생각할 수도 있다. 그만큼 투사적 동일시는 자기와 대상의 경계가 불분명한 정서적 경험으로 종종 강력한 혼란스러움을 불러일으킨다. 하지만 투사적 동일시는 긍정적 정서를 전달할 때도 사용하기에 꼭 재접근기 기제와 관련된 사람들에게서만 나타나는 현상은 아니다. 행복, 기쁨, 사랑과 같은 좋은 감정이 투사적 동일시 기제를 통해서 주변 사람들에게 전달될 수도 있다.

전환기 대상 형성

전환기 대상(transitional object)에 관해서는 이 책의 여러 곳에서 이미 설명했지만, 전환기 대상 형성도 아동의 심리적 탄생과정의 재접근기와 밀접하게 관련된 중요한 심리 기제이고, 자기의 불안을 방어하고 자기를 정서적으로 보호해 주는 효과적인 방어 기제의 역할을 한다. 전환기 대상의 영어 단어의 의미에서 보듯이 유아가 하나의 정서적 상태에서 다른 정서적 상태로 부드럽게 넘어갈 수 있도록 돕는 중요한 역할을 하는 존재이다. 실제로 유아는 이상화하는 대상으로부터의 완벽한 돌봄 안에서 자라다가 대상이 자기와 분리되어 존재한다는 불안감을 스스로 달래기 위해 전환기 대상을 만들게된다. 이는 재접근기에 있는 유아가 자기가 대상과 분리되어서 독립해 나가는 과정 중에 있다는 사실을 받아들이는 것이 매우 힘들기에 전환기 대상을 갖게 되는 것이다.

유아에게 자기와 대상이 완전히 분리되었다는 인식이 있어야 분리-개별화가 이루어지면서 온전한 대상관계가 형성되는데, 이 과정은 홀로서기를 해야 하는 불안을 일으키므로 대상과 어느 날 갑자기 한순간에 분리하기는 매우 어렵다. 따라서 바로 앞의 심리 기제인 투사적 동일시의 자기-대상이 구분되지 않고 혼란스러운 상태에서 완전하게 분리되어 있다고 인식하는 단계에 이르기 위해서 전환기 대상이 꼭 필요하게 된다. 이 전환기 대상은 마치 우리가 학창 시절 체육 시간에 뜀틀을 뛰어넘기 위해 힘차게 디뎌서 사용하던 디딤판과 유사하다. 이처럼 전환기 대상은 유아에게 뜀틀의 디딤판 역할을 해 준다. 유아가 이러한 전환기 대상을 곁에 두고 늘 함께하면서 홀로 존재할 자기를 위해 스스로 위로하고 위안을 줄 수 있게 되면 결국 자기항상성과 대상항상성이 형성되어 가면서 심리적 탄생과정이 어느 정도 마무리되어 가는 기회를 가질 수 있다.

유아의 전환기 대상은 엄마의 젖가슴이나 몸 같은 부드럽고 포근한 느낌을 주어야 하고, 엄마가 곁에 없을 때도 늘 가지고 다닐 수 있는 무게와 손에 쉽게 쥘 수 있는 대상이어야 한다. 가장 흔한 예로, 유아가 가지고 노는 인형이나 장난감과 같은 사물이 전환기 대상이 된다. 주로 부드러운 느낌이 느껴지는 담요, 천, 인형 등은 사랑하지만 분리될 수밖에 없는 엄마를 일시적으로 대체하는 사물로 선택되어 엄마가 옆에 존재한다는 환각을 유지하게 도와준다. 하지만 이러한 전환기 대상은 엄마를 표상하는 동시에 유아가 자기의 일부로 느끼기도 하는, 자기와 대상 양쪽의 특성을 모두 지닌 대상이다. 즉, 엄마와 유아 사이의 교집합과 같은 존재로서, 이런 전환기 존재가 있어야 유아가 엄마와 함께하고 싶은 의존 욕구와 분리되고 싶은 독립 욕구 사이에서 내적 갈등을 견디면서 독립으로 향해 나아가는 연습을 반복해서 할 수 있다. 또한 유아는 전환기 대상을 통해 현실의 외적 세계와 심리 내적인 환상 세계를 함께 지닐 수 있다. 이는 유아에게 자율성을 주는데, 통제할 수 없는 엄마에게서 벗어나 자기가 통제할 수 있는 중간 대상을 소유할 수 있기 때문이다.

위니컷은 전환기 대상 개념을 전환기 현상의 의미로 확장했다. 유아의 옹알이, 잠들 때 자장가를 유아 스스로 흥얼거리는 것이 전환기 현상의 예이다. 이러한 전환기 대상과 전환기 현상은 엄마의 상징으로서 늘 존재하고 작용함으로써 유아의 심리 내적인 불안을 달래 주게 된다. 이러한 과정을 통해 재접근기의 갈등, 특히 의존 욕구와 독립 욕구 사이의 팽팽한 긴장을 극복하고 대상항상성을 형성하면서 독립으로 향해 나아가는 성장이 이루어진다. 하지만 유아기에 경험한 전환기 대상 형성과 재접근기 갈등을 극복한 경험이 그때 끝나는 것은 아니다. 청소년기에는 자기의 심리 내적인 변화로 인해 불안이 높아져 기존에 확립된 대상항상성이 의심스러워지는 경우 전환기 대상을 통해 다시 위안을 얻는 현상이 나타날 수 있다. 예를 들어, 대중가요에 열광하는 것, 유명 가수를 전환기 대상으로 느끼는 것, 유행을 따르는 옷을 입는 것, 다양한 창조적 활동 등은 전환기 대상과 같은 기능을 하는 전환기 현상이라 할 수 있다.

전환기 대상은 성인기에도 지속해서 나타날 수 있는데, 음악, 미술, 문학, 과학, 종교와 같이 건강하고 다양한 활동을 통해 나타나기도 하지만, 술, 약물, 과도한 쇼핑과 같이 병리적인 중독의 형태를 띠기도 한다. 자기항상성과 대상항상성이 잘 형성된 후에도 전환기 대상을 소유하고 집착하여 의존하는 것, 혹은 전환기 현상을 정서적으로 필요하다고 느끼는 욕구를 완전히 포기하기는 어렵다. 사실, 전환기 대상 없이는 온전한 대상관계로 성장하는 것이 어려울 수 있다. 예를 들어, 엄마가 볼일을 보기 위해 유아를 남겨 두고 외출하면 유아는 엄마가 자기를 두고 떠나갔다는 사실에 실망하고 슬퍼하며 울 수 있다. 전환기 대상이 잘 형성된 유아는 시간이 조금 흐른 후에는 전환기 대상을 통해 불안을 달래며 자기를 보호하며 엄마를 기다릴 수 있지만, 전환기 대상 형성이 잘 안 된 유아는 달래기 어렵고, 울고 불안해하면서 끝까지 엄마를 찾는 모습을 보일 수 있다.

전환기 대상을 통해 엄마에 대한 상실감을 달래고 엄마가 자기를 버리고 떠난 것이 아니라 여전히 자기를 위해 존재한다는 사실을 느끼는 경험은 상징화 능력, 기억하는 능력과 관련된다. 전환기 대상이 엄마를 상징하는 대상이 되고, 엄마는 유아의 마음에 정서적으로 기억되기에 불안을 달랠 수 있다. 이런 기억과 관련된 뇌 부위는 해마와 편도체이다. 해마는 언어적 · 의식적 기억을 담당하고, 편도체는 감정적 · 무의식적 기억을 담당하게 되어 공포나 분노를 느끼게 한다. 유아가 엄마의 부재에 공포나 분노로 반응하지 않으려면 엄마의 부재가 공포의 기억으로 남지 않아야 한다. 따라서 언어적 · 의식적 기억을 담당하는 해마의 기능이 중요하다. 언어는 인간이 지닌 고도의 상징화 결과물로 해마가 상징화된 것을 기억하는 장소임을 알 수 있다. 이처럼 뇌의 정상적인 성숙과 발달을 통해 해마의 기능이 잘 작동하게 됨으로써 유아는 상징화 능력을 통해 엄마를 심리 내적인 공간에 기억하게 될 수 있다.

하지만 유아 시절 애착 트라우마를 경험하고, 아동기, 청소년기, 성인 초기의 인생 경험이나 대인관계에서 트라우마를 반복적으로 재경험한 경계선 성격 수준의 내담자들은 뇌의 해마와 편도체 기능에 심각한 문제가 생겨서 대상을 정서적으로 기억하는 것을 통해 대상항상성을 가질 수 없게 된다. 따라서 경계선 수준 성격의 내담자들은 뇌의 구조와 각 부분의 조직이 유아기에 구성되었어도 트라우마로 인해 대상이 부재할 때 해마 기능의 문제로 인해 대상을 정서적 기억 속에 되살리지 못하고, 편도체의 문제로 인해 공포의 정서가 유발되어 유기 불안을 심하게 느끼게 되는 현상이 나타난다 (Nunes et al., 2009, p. 333).

온전한 대상관계

유아는 대상항상성과 자기항상성이 형성되면 부모를 비롯한 주변 대상들과 비교적 온전한 대상관계를 할 수 있다. 이는 우선 대상이 자기와 분리된 존재임을 인식하고, 대상이 때로는 좌절이나 실망 같은 나쁜 경험을 줄 수도 있지만, 항상 그런 것은 아니고 이전에 자기에게 만족이나 기쁨 같은 좋은 경험도 주었다는 것을 동시에 떠올릴 수 있어야 한다. 이렇게 대상이 주었던 좋은 경험과 나쁜 경험을 동시에 정서적으로 기억하고 떠올리며 두 측면을 통합해 나가면 대상을 현실적이고 균형 있게 느끼는 대상항상성이 형성된다. 이는 대상에게만이 아니라 자기에게도 똑같이 작동한다. 자기에게 좋은 측면도 있고 나쁜 측면도 동시에 있는 사실을 잘 받아들이고 통합하게 되면 자기항상성이 형성된다. 자기와 대상의 양가적인 측면이 공존한다는 것을 인정하고 받아들이고 통합할 수 있으면 자기와 대상에 대해 실망스러운 경험이 생겨도 과도하게 실망하거나 좌절하지 않고 여전히 자기와 대상에게 좋은 측면이 있음을 기억하고 인식하며 신뢰감을 느낄 수 있다.

대상항상성과 자기항상성을 획득한 사람은 더는 세상을 선과 악의 세계로 이분법적으로 나누거나, 세상에 있는 사람들을 선한 사람과 악한 사람의 흑백논리로 나누지 않게 된다. 대상도 자기도 다 인간이기에 전적으로 선한 존재도 아니고 전적으로 악한 존재도 아님을 인정할 수 있다. 또한 대상에 대해서도, 자기에 대해서도 존재 자체를 통합적으로 바라보기에 진정한 용서가 가능할 수 있다. 나에게 나쁜 행동을 하고 실망했던 대상에게 좋은 측면과 나쁜 측면이 모두 있다는 사실을 인정하면 그 대상을 용서하는 것이 가능하고, 나의 실수와 잘못된 선택 때문에 삶에 큰 어려움이 생겼을 때도 나 자신이 그동안 잘해 왔던 것을 기억하며 나의 잘못을 용서할 수도 있다.

이는 감사하는 마음에도 똑같이 적용되는데, 대상이 실망스러움을 주는 순간에도 그 대상이 자기에게는 소중한 존재임을 알기에 감사함을 느낄 수 있다. 이러한 용서와 감사는 용서하고 감사해야 한다는 책임감을 교육으로 심어 줄 수 있는 표면적인 것이 아니다. 오히려 심리 내적으로 깊은 마음 안에 정서적 대상항상성이 잘 형성되어야 가능하다. 따라서 초등학교와 중·고등학교에서 인성교육을 하면서 부모님께 감사해야 한다는 교육이나 인지적인 주입은 진정한 인성교육의 기능을 하기는 어려워 보인다. 용서와 감사의 마음은 재접근기의 위기를 잘 거쳐서 대상항상성과 자기항상성이 건강하게 형성된 사람에게 자연스럽게 생겨나는 것이기에, 만 3세에 어느 정도 형성된다고 할 수 있다. 이후의 아동기와 청소년기의 성장과정은 비교적 잘 형성된 대상항상성과 자기항상성을 성장과정의 위기와 삶의 경험에서 다져 나가고 안착시키는 과정이라고 볼 수 있다.

이러한 대상항상성이 정서적 기억이라는 사실도 유아의 뇌 발달과정과 관련해 살펴볼 수 있다. 유아의 뇌 시냅스 형성과정과 순서는 분화와 통합에 제시된 그래프를 통해 알 수 있다. 앞서 [그림 8-1]에서 살펴본 바와 같이 그래프에 나타난 시냅스 형성 시기는 시냅스가 과잉 생성되면서 솎아 내는 시기이다. 유아가 태어나서 6개월 무렵까지 감각 경로(시각, 청각)의 시냅스 형성이 활발하게 이루어진다. 이후 8개월 무렵까지 언어와 관련된 시냅스가 형성되면서 유아는 언어적 발달을 위한 준비를 하게 된다. 또한 높은 인지 기능과 관련된 시냅스는 만 3세까지 형성되는데, 이때 인식하고, 추론하며, 기억하는 것과 관련된 뇌 시냅스가 발달한다.

뇌과학자들은 뇌 발달이 특별히 결정적인 시기, 즉 그 시기가 아니면 절대 발달할 수 없는 것이 아니라 전 생애에 걸쳐 발달할 수 있다고 주장하기도 한다. 하지만 애착 트라우마를 경험한 경계선 성격장애인 사람들에 관한 뇌 연구에서 초기 유아 시절의 정서적 트라우마가 뇌 기능에 영향을 끼쳐 다양한 심리적 증상을 유발한다는 사실을 볼 때, 초기 시냅스 형성과정에서의 발달이 매우 중요함을 알 수 있다. 대상이 계속해서 심리 내적으로 기억되고 내면에 존재하는 대상항상성은 유아의 생후 3년에 가장 정점을 찍는 고도의 인지적 기능과 관련된 시냅스 형성과 관련되어 있음을 예상할 수 있다. 유아는 인지 기능의 발달을 통해 대상의 부재 속에서도 대상을 심리 내적인 공간에 상징화하여 기억할 수 있다.

앞서 언급했듯이 대상항상성은 정서적 대상항상성이다. 대상의 부재가 공포로 다가오지 않고 불안을 달랠 수 있는 능력은 편도체의 정상적인 발달과 관련된다. 편도체 역시 만 3세 이전에 발달하는 것을 볼 때 정서적 대상항상성에 중요하게 작용함을 알 수 있다. 편도체는 감정과 관련된 뇌 영역으로 공포의 느낌과 공격성을 처리하는 핵심적인 역할을 담당하는 뇌 영역이다. 즉, 대상의 부재로 인해 공포와 분노가 올라올 때 이러한 감정을 잘 처리할 수 있으려면 편도체가 정상적으로 잘 발달해야 한다. 대상의 부재가 공포로 느껴지는 경계선 성격장애인 사람은 대상 상실의 불안을 과민하게 받아들이게 되어 편도체가 과활성화되고 각성되어 다양한 스트레스 호르몬이 분비된다. 이러한 공포는 조건화되어 사소한 자극에도 활성화될 수 있다.

또한 정서적 처리와 조절에 관여하는 안와전두엽 피질과 인지적 정서를 조절, 억제하는 기능을 가지는 전대상피질이 불안을 조절하게 하고, 대상을 기억하는 능력을 지니게 하는 해마가 대상을 기억하게 하여 대상항상성에 관여할 수 있게 된다. 이러한 뇌 구조들은 정상적으로 발달하면 생후 1년 이전에 완성되는 것으로 생후 1년까지 유아의 경험이 유아의 뇌 발달뿐만 아니라 심리 내적인 발달에도 중요하게 작용함을 예상해 볼 수 있다. 이러한 발달과정에서 애착 형성이 제대로 이루어지지 않고 트라우마를 경험하는 경우 뇌의 정상적인 성숙과 심리적 문제로 연결되는 경우가 종종 있다.

온전한 대상관계를 위해서는 대상에 대한 통합된 인식이 가장 중요하다. 따라서 대상에 대한 다양한 측면의 정보를 수용하여 자신의 뇌 안에서 정보를 통합하는 것이 결정적이다. 뇌 안에서 각자의 역할을 맡는 다양한 뇌 영역은 어떠한 정보가 들어오면 신경적으로 통합하는 활동을 한다. 신경적 통합은 서로 다른 영역에 걸쳐 신경 활동을 조화롭게 하고 조직화하며 신경적 활동을 조정하는 것으로 묘사되어, 이러한 조직화와 조정이 신경 활동의 통합 기제를 반영하는 것으로 본다. 물론 정서-인지의 상호작용과 관련한 신경 조직화의 기능적 기제에 관해 명확히 발견된 것은 없지만, 최근의 뇌 영상 연구에서는 정서-인지 상호작용이 방어 기제와 관련되어 있다는 사실을 설명하고, 신경의 통합 기제를 설명하는 시도도 이루어지고 있다. 이렇듯 대상을 통합된 한 개체로 인식하는 온전한 대상관계를 할 수 있게 되는 사람은 뇌 기능의 신경적 통합이 잘 이루어져 있음을 함의한다고 이해할 수 있다. 다양한 외상적 사건으로 인해 뇌의 활성화나 연결성에 문제가 생기는 경우 통합된 인식이 불가능하여 온전한 대상관계 자체가 어려워질 수 있다.

동일시

동일시는 이 장의 앞부분에 제시한 심리적 탄생과정과 심리 기제와의 상호 연관성을 나타내는 〈표 8-1〉에서 가장 성숙한 방어 기제로 볼 수 있다. 사실, 동일시는 한 사람이 자기의 고유한 정체성을 유지하는 동시에 주변의 다양한 좋은 사람의 어떤 측면을 받아들여서 자기의 정체성을 일생 점점 더 강화해 나가는 방어적이지 않고 매우 바람직한 심리 기제로 볼 수 있다. 그런데 동일시가 여전히 방어 기제인 이유는 온전한 대상관계가 가능한 사람이 때로는 자기의 불안, 수치심, 슬픔과 같은 힘든 감정을 피하려고 대상과 동일시하려고 할 때도 있고, 자존감이 일시적으로 낮아졌거나 자기의 응집력이 약화되었을 때 더 강화하고 복구하고 싶은 자기 보호의 긍정적인 효과가 있기 때문이다.

동일시는 외적 대상으로부터 자기에게로 뭔가가 들어오는 과정이기에 초기 유아기에 대상을 통째로 집어삼키는 특징을 가진 함입과 대상의 관점, 태도, 가치관을 그대로 자기의 것으로 받아들이는 내사보다 더 성숙하고 고차원적인 심리 기제로 볼 수 있다. 함입, 내사, 자기항상성, 동일시, 정체성 형성 등은 모두 외부의 것을 내부로 받아들여서 자기를 채워 나가는 과정이다. 내사에서는 자기와 대상이 아직은 완전히 구분되지 않아서 감정 조절이 어려운 상태로 섞여 있는 혼란스러운 상태이지만, 동일시는 자기가 비교적 잘 형성되고 자기 정체성을 유지하는 상태에서 외적 대상의 측면을 받아들여 자기의 일부로 만드는 더 복잡하고 성숙한 기제이다. 컴퓨터의 한글 워드 프로그램에 비유해 보면, 함입이나 내사는 외부의 글을 복사(Ctrl+C)해서 자기에게 덮어쓰기(Ctrl+V)를 하는 것으로 볼 수 있고, 동일시는 외부의 좋은 글의 내용을 인용하고 녹여서 자기 글을 꾸준히 강화하는 것과 비슷하다고 볼 수 있다.

동일시 기제는 인간의 복잡한 삶의 문제를 잘 해결해 주는 긍정적인 방어 기제로 인식된다. 동일시는 비교적 성숙한 사람이 자기의 정체성을 흔들리게 할 정도의 정서적인 스트레스를 받았을 때 사용하는 경우가 많다. 자기 인생의 주요 대상, 사랑하는 대상이 갑작스럽게 세상을 떠나서 상실의 아픔을 겪을 때 떠난 대상을 내적 대상으로 삼아 다시 한번 동일시를 하기도 하고, 그 대상을 대체하는 다른 대상을 만났을 때 새 대상과의 동일시를 추구할 수도 있다. 10대 후반의 청소년들이나 성인 초기인 20대 초중반의 청년들도 롤모델로 느끼는 사람을 우상화하거나 동일시하면서 대학생 혹은 직장인으로서의 새로운 도전과 과제를 잘 이겨 내고 싶은 욕구가 있다. 결국 동일시도 자기를 보호하고 성장하게 해 주는 방어 기제의 역할을 효과적으로 수행해 준다.

일차적 vs. 이차적 방어 기제

앞선 내용에서는 유아가 탄생한 이후부터 정상적인 심리적 탄생과정에서 보이는 자기-대상관계적인 심리 기제에 관하여 설명했다. 이 외에도 사람들은 다양한 일차적 혹은 이차적 방어 기제를 사용하면서 환경에 적응하는데, 이때 특정 방어 기제만 주로 사용하는 경우 적응과 관계에 문제가 생기게 된다. 따라서 이러한 방어를 상담에서 발견하고 다루는 것이 중요하므로 이 장에서는 주요 성격장애와 관련된 방어 기제에 관해 간략하게 설명하려고 한다. 성격장애와 관련되어 나타나는 다양한 방어 기제 양상은 〈표 9-1〉에 제시되어 있다. 성격장애와 방어 기제가 항상 이런 상관관계가 있다고 보기는 어렵지만 이 표를 통해 특정 성격장애와 관련되어 자주 나타나는 방어 기제에 대해 어느 정도는 파악할 수 있다. 성격장애와 방어 기제의 연관성은 제9장에서 상세히 설명하려고 한다.

이 장에 포함된 다양한 방어 기제는 철수, 부인, 해리, 신체화, 억압, 합리화, 주지화, 전치, 유머, 승화, 이타주의이다. 실제로 인간이 경험하는 모든 심리과정은 각 개인에게는 다 방어 기제로 사용될 수 있고, 임상가에 따라서 중요시하는 방어 기제는 각기 다르다. 이 중 철수, 부인, 해리, 신체화는 일차적 방어과정에 속하고, 억압, 합리화, 주지화, 전치, 유머, 승화, 이타주의는 이차적 방어과정에 해당한다고 볼 수 있다. 일차적 혹은 이차적 방어를 구분하는 요인은 이 장의 앞에서 이미 설명한 것처럼, 언어 이전, 논리 이전의 방어에 해당하면 일차적 방어, 그 이후에 해당하면 이차적 방어로 볼 수 있다. 또한 방어가 자기와 외적 대상의 경계 문제면 일차적 방어이고, 심리 구조 안의 내적 경계, 즉 원초아, 자아, 초자아 사이의 갈등이거나 경험 자아와 관찰 자아 간의 갈등이면 이차적 방어에 해당한다.

철수

철수는 심리적으로 견디기 힘든 상황에서 후퇴하고 도피하여 자기만의 환상 속으로 도망치거나 잠에 빠져들어 현실로부터 멀어지는 것을 말한다. 쉽게 관찰할 수 있는 예는 유아가 과도하게 자극을 받거나 스트레스와 불안이 높아지면 긴장도를 낮추기 위해 잠에 빠져드는 현상이다. 철수는 유아가 의식적으로 할 수 있는 심리 기제라기보다는 자기를 보호하기 위해 자동으로 사용하는 방어 기제로 볼 수 있다. 철수는 유아만 사용하는 기제가 아니라 스트레스를 많이 느끼는 성인들도 대인관계에서 철수해서 자기만의 자폐적인 공상의 세계로 빠져들기도 한다. 철수는 개인이 고통스러운 현실을 왜곡하지 않으면서 벗어날 수 있게 해 주며, 다른 일차적 방어 기제와 달리 현실의 해석에 있어 오해를 일으키지 않는다. 그러나 과도한 사용은 현실의 대처 가능성을 상당히 제한할 수 있다.

유아의 생애 가장 초기에 욕구의 좌절로 인해 연관된 성격장애가 자폐증이나 조현증인데, 이들이 가장 많이 쓰는 방어 기제가 철수이다. 유아 중에서 기질적으로 예민한 유아들이나 초기 대상에 의한 초기의 과도한 경계 침범 경험이 철수를 촉발할 수 있다(McWilliams, 2011/2018, p. 150). 또한 정서적 방임도 철수를 일으킬 수 있는데, 유아가 자극을 경험하기 위해서 자기의 심리 내적으로 자극을 스스로 만들려고 시도하면서 자기 내부에만 집중하기 때문이다. 자폐증이나 조현증이 있는 사람이 그동안 느꼈고 현재에도 느끼고 있는 과도한 좌절은 경험의 파편화를 유발한다. 이는 초기 대상관계에서 견딜 수 없는 좌절로 세상과의 연결고리를 정신적으로 공격하고, 통합하는 자기의 사고과정도 파괴하게 된다. 정신분석가 비온은 이러한 파괴의 과정을 연결에 대한 공격이라고 불렀다. 이러한 과정에서 통합과 분화에 문제가 생길 수 있다.

실제 뇌 영상 연구에서도 이를 확인해 볼 수 있는데, 어떠한 자극이 주어졌을 때 정상적인 뇌는 다양한 부분에서 활성화되었지만, 자폐증에서는 특정 영역만 활성화되어 이들의 뇌 네트워크 연결이 정상적인 다른 사람들의 뇌와는 매우 다른 활성화 양상을 보였음을 볼 수 있다(Belmonte et al., 2004, pp. 9228-9231). 자폐증이나 조현증이 갖는 이러한 문제로 인해 이들의 정신은 파괴되고, 결국 세상으로부터 차단된 모습을 보이며 살아가게 된다. 이들은 결국 철수 방어 기제를 사용하면서 세상으로부터 물러남으로써 자기를 보호하고 위로하려고 시도한다고 이해할 수 있다.

철수에는 유아가 너무 많은 스트레스와 자극에서 벗어나기 위해서 잠이 들거나, 자폐증이거나 심하게 내향적인 사람들이 다른 사람들과 눈을 마주치지 않으려고 회피하는 모습도 있고, 조현증인 사람들이 사회에서 멀어지는 것과, 분열성 성격인 사람들이 대인관계 접촉을 피하면서 내적 공상 세계를 만드는 형태도 있다. 유아를 제외하고 다양한 증상을 가진 이들은 실제로는 잠에 들지 않았고 깨어 있는 상태이지만, 외부의 대상이 이들의 마음에 정서적으로 접촉하기는 매우 어렵다. 철수 방어 기제는 문제를 적극적으로 해결하지 못하는 결정적인 단점이 있다. 불안에 대처하는 방법으로 습관적으로 철수를 하게 되면, 이를 마주하는 상대는 매우 자폐적으로 보이는 분열성 성격인 사람의 정서를 파악하기 어렵게 되어서 관계에 문제가 생기게 된다. 배우자, 친구, 동료 등 분열성 성격을 가진 주변 사람을 둔 사람들은 그들과 정서적인 교감과 애착관계를 형성하는 것이 어려워 힘든 경험을 할 수 있다.

철수를 사용하는 사람들은 보통 감수성이 예민하여 외부 세계를 위험하게 인식하며, 내적 공상 세계 속에서 살아가게 된다. 이런 내적 세계에 머무는 삶을 이들은 편안하고 안전하게 느낀다. 기능이 비교적 잘 되는 사람들이 철수를 사용하는 경우 이들은 현실을 왜곡하기보다는 현실로부터 심리적 도피를 하는 것이다. 이들은 외부적으로 보면 표현하지 않아서 둔감해 보일 수 있다. 하지만 실제로는 매우 민감해서 타인의 감정을 예리하게 알아차리는 경우가 많아 이들을 둔감하게 느꼈던 사람들을 종종 놀라게 만들기도 한다. 심리적으로 비교적 건강하지만, 세상 및 사람들과 담을 쌓고 사는 분열성 성격인 사람들은 예술적 활동을 통해 세상으로부터 철수하며, 작가, 예술가, 철학자, 과학자, 종교인 등으로 활동하면서 다양한 재능과 창의력을 보이는 경우도 많다.

부인

부인은 고통스러운 사실을 인지하는 것을 의식적으로 거부하는 기제로서 원시적인 방어 기제라 할 수 있다. 사람들은 참을 수 없는 생각이나 감정, 사건에서 벗어나기 위해 부인 방어 기제를 사용하는데, 조증인 사람들이 상황을 긍정적으로 왜곡해서 받아들이면서 사용하기도 한다. 이들은 신체적 한계, 재정적 한계, 자기의 약점, 심지어는 자기가 죽을 수도 있다는 사실조차 부인한다. 부인은 주로 재앙이나 큰 사건을 만났을 때 대부분 사람의 마음속에서 자동으로 작동하는 자연스러운 첫 번째 반응이기도 하다. 전혀 믿을 수 없는 가족의 사고 소식을 들었을 때 '아니야! 그럴 리가 없어!'라고 되뇌면서 사고 자체를 사실로 인정하지 않는 기제이다. 부인은 내가 인정하지 않으면 그 사고는 일어나지 않았다고 느끼는 유아기의 자기중심적인 심리 기제이기도 하다. 충격을 받아 순간적으로 논리가 전혀 작동하지 않는 트라우마 상황에서 종종 작동하고, 효과적으로 자기의 붕괴를 막아 주는 방어 기제 역할을 한다.

부인 기제를 사용하면 실제로 발생한 사고의 의미의 전체 혹은 적어도 일부분을 무의식적으로 부인하고 고통스러운 측면을 직면하지 않게 됨으로써 불쾌하고 고통스러운 정서를 지울 수 있다. 부인을 사용하는 사람은 심리적 고통에서 벗어날 수 있게 됨으로써 사건 혹은 상황에 대해 아무렇지도 않게 느낄 수 있지만, 외부에서 이를 보는 사람들은 부인 방어 기제로 인해 꿈쩍하지도 않는 견고한 벽과 마주하는 것 같은 답답함을 느끼는 경우가 많다. 또한 부인 방어 기제를 너무 자주 사용하게 되면 부인을 사용하는 사람과 관계 맺는 대상은 점점 말을 덜 하거나 하지 않게 되어 결국은 그 사람과의 관계가 멀어지거나 단절될지도 모른다.

부인은 상황에 따라 정상적인 현상으로 느껴지기도 한다. 예를 들어, 힘이 없고 무기력한 아이는 자기가 실제로는 힘이 있고 전능하다는 환상을 통해 자존감을 보호할 수 있다. 사랑하는 대상을 상실한 사람은 일시적으로 대상 상실을 부인할 수 있다. 이때 선택적인 왜곡이 일어날 수도 있는데, 그러한 왜곡이 망상일 경우 정신증 상태라고 볼 수도 있다. 자기 자녀가 죽었는데 다른 사람을 보고 자기 자녀라고 하면서 자녀가 죽지 않았다고 부인할 때 왜곡 혹은 망상으로 볼 수 있다. 한편, 지속적인 부인이 실제로는 적응적이기도 한데, 우리가 대부분 자동차 사고를 자주 목격함에도 계속해서 운전하거나, 다른 나라에서 내전과 전쟁이 자주 일어나고 언론에서 이와 관련된 뉴스를 계속 보도하더라도 우리 마음속에서는 전쟁이 실제로는 일어나지 않을 것처럼 느끼기도 한다.

부인 방어 기제를 사용하면 실제 삶에서 큰 어려움이 생길 수 있다. 우리 일상에는 부인 기제를 사용하는 예가 무궁무진하다. 실제로 우리나라에서 40세 이상인 사람들은 격년으로 반드시 받아야 하는 건강 검진을 거부하는 사람들이 있다. 자기는 아프거나 암에 걸리지 않는다고 믿는 부인 기제로 볼 수 있다. 신체 기능 장애나 노령으로 인해 운전 기능이 저하되어서 운전하기에 매우 위험한 상태인데도 자기는 무사고 운전 경력이 40년 이상이라며 운전면허증 반납을 거부하는 사람들도 있다. 자기는 알코올 중독자가 아니라고 부인하면서 계속 술을 마시는 사람들도 있다. 자기와 자녀들을 심하게 구타하고 학대하는 매우 위험한 남편이 사실은 전혀 위험하지 않고 착하고 좋은 사람이라고 주장하면서 경찰의 도움을 받아 보호소로 몸을 피하지 않고 계속 집에 머무는 아내도 부인 상태에 있다고 볼 수 있다.

부인 기제를 사용하는 다음과 같은 전형적인 사례도 있다. 몇 년 전 수도권의 한 도시에서 대규모 재건축이 시작되었다. 많은 오래된 아파트가 철거되고 있었는데, 예전에는 석면이 단열재로 쓰였다. 과거의 무감각한 인식과는 달리 실제로 석면은 폐암이나 다양한 폐 질환을 유발할 수 있기에 철거할 당시 시민들은 석면이 날리지 않도록 예방 조치를 잘하면서 철거하고 있는지 촉각을 곤두세우고 있었다. 하지만 건설회사는 석면 검출 조사를 제대로 시행하지 않아서 시민들을 불안에 떨게 했다. 이에 시민들은 시청에 방문하여 석면 검출 조사가 제대로 이루어졌는지 확인했고, 확인 후 조사가 제대로 이루어지지 않는 사실을 확인하여 시위를 벌이게 되었다.

이 과정을 다 지켜보던 그 도시의 한 중년 남성은 자기가 평상시 폐가 약하다는 사실을 알았었기에 마음속에 불안이 매우 높아졌다. 하지만 폐암에 걸릴지 모른다고 생각하는 것 자체가 그 사람의 마음에 엄청난 두려움을 유발하기에 1급 발암물질인 석면이 공기 중에 날아다닐 수 있다는 사실 자체를 완전히 부인할 수밖에 없었다. 대규모로 아파트가 철거되던 당시 그 지역의 대다수 시민은 자기와 자녀들의 건강 문제를 염려하면서 더운 날에도 각자 자기 집의 창문을 꼭 닫고 공기청정기를 24시간 틀고 생활했는데, 오히려 그 중년 남성은 창문을 활짝 열고 자면서 석면이 날릴지 모르는 상황과 석면이 건강에 문제가 될 수도 있다는 객관적 사실조차도 부인했다. 이런 부인 심리 기제는 실제로 이 남성의 마음에 안정을 주고 걱정을 더는 측면에서는 효과적이었지만, 주변 사람들에게는 꿈쩍도 안 하고 고집부리는 견고한 벽을 마주한 것처럼 느껴지게 해서 펄쩍 뛰고 싶은 답답한 마음으로 고통을 느끼게 했다.

부인과 관련된 뇌 영역에 관한 연구는 지금까지 직접적으로 이루어지지는 않았다. 기존 연구에서 부인 방어 기제에 대해 추측해 볼 수 있는 조현증인 사람의 질병 인식 불능증과 관련한 연구는 존재한다. 자기의 질병을 인식하는 데에 문제가 있는 질병 인식 불능증을 지닌 조현증인 사람이 자기에게 병이 있음을 부인하는 순간 좌측 측두-두정-후두 접합부와 좌측 내측전전두엽의 뇌 활성화가 증가하는 것으로 나타났다 (Gerretsen et al., 2015, pp. 213-225).

건강한 사람들을 대상으로 한 연구에서는 어떤 진술이 참인지, 거짓인지 또는 불확실한지 결정하는 동안의 뇌 활성화를 조사한 결과, 어떤 진술이 부정확하다고 거부했을 때 뇌섬엽과 배측 전대상회의 선택적 활성화가 관찰되었다(Harris et al., 2008, pp. 141-147). 또한 뇌섬엽과 배측 전대상회 연결의 손상은 이전의 믿음에 의문을 제기하지 못하는 인지불능증인 사람의 행동을 촉발함이 밝혀졌다. 인지불능증은 조현증에서도 나타나면서 질병 인식 불능증과도 관련된다. 결국 부인 방어 기제는 뇌섬엽과 배측 전대상회 연결의 손상과 더불어 좌측 측두-두정-후두 접합부와 좌측 내측전전두엽의 뇌 활성화의 증가와 관련될 수 있음을 예상해 볼 수 있다.

해리

해리는 자기의 일부가 분열된 상태를 말한다. 분열이 정상적인 발달에서 나타나는 심리 기제라면 해리는 정상적인 발달과정에서 나타나지 않는다는 점에서 차이가 있다. 해리는 정신증 수준의 성격장애인 조현증, 조울증뿐만 아니라 경계선 성격 수준의 반사회성 성격과 경계선 성격에도 종종 나타나는 방어 기제이다. 해리는 원래 매우 심각한 정신증적 증상이나 심각한 트라우마 상태에서 나타나는 방어 기제로 간주되었지만, 요즘은 심각한 트라우마 경험이 없더라도 각 사람이 개인적으로 고통스럽게 느끼는 상황에서 해리 기제를 사용할 수도 있다고 이해하는 경향이 있다.

해리 증상은 심한 트라우마 상황이나 혹은 그 경험을 회상할 때 정신이 멍해지고 마치 내가 아닌 것처럼, 비현실적으로 느껴지는 경험이다. 트라우마의 충격이 심할 때 고통과 공포를 견디기 힘들어서 그런 극단적인 심리적 고통에서 벗어나고 생존하기 위해 사용하는 기제로 볼 수 있다. 예를 들어, 심한 고통을 유발하는 수술을 받는 동안 자기의 정신이 신체에서 이탈하는 경험을 할 수 있고, 최근 우리나라에 자주 발생한 지진이나 산불과 같은 심각한 재난 상황에서 자기가 아닌 것처럼 느끼거나 과도하게 용감하게 행동하는 경험도 해리에 해당한다. 해리 기제가 작용하면 고통과 공포를 잘 느끼지 못하게 되고, 죽음이 임박했다는 느낌을 차단해서 효과적으로 고통을 줄이고 자기를 방어할 수 있다. 문제는 실제로 생존에 문제가 되지 않는 상황에서도 해리가 자동으로 작동하는 경우이다. 해리 없이 차분하게 대응하면 훨씬 좋은 결과가 나올 수 있는데도 해리 기제 때문에 더 많은 에너지를 사용하거나 제대로 대응하지 못하는 경우가 많다.

어린 시절에 심한 학대를 반복적으로 받은 사람은 스트레스가 유발되었을 때 습관적으로 해리될 수 있다. 반복된 학대로 인해 경계선 성격장애가 생기기도 하는데, 심한 경우 해리성 성격장애나 다중 성격이 되기도 한다. 이런 성격이 형성되면 자기의 성격 일부가 자기의 지배에서 벗어나 하나의 독립된 성격으로 행동할 수 있는데, 해리에서 벗어나서 원래로 돌아왔을 때 해리되어서 했던 행동에 대해 기억하지 못하는 경우가 대부분이다. 자기가 아직은 완전히 통합되지 못한 만 9세 이전의 아이, 최면감수성이 높은 아이가 지속적인 학대로 인해 해리를 습관적으로 사용하게 되면, 해리성 성격장애로 발전할 수 있다. 우리가 잘 아는 예로 '지킬 박사와 하이드'가 있다.

해리를 일으키는 순간의 뇌에 관한 연구는 아직 불충분하지만, 해리를 억제의 관점에서 보면서 인지 억제, 반응 억제, 정서 방해의 반응들이 해리와 관련된다고 보는 관점이 있다. 뇌의 억제 시스템과 관련한 연구는 인지 억제가 배외측 전전두엽, 등측 전대상회, 두정부와 관련되고, 반응 억제는 등측 전대상 영역, 보조 운동 영역, 배측/복측 외측 전전두피질, 기저 신경절, 중뇌 영역, 두정부를 포함한 전두엽 시스템과 관련된다. 또한 정서 방해는 하전두회의 복측 및 편도체에 관련되어 있다.

다중인격장애는 편도체, 전대상피질, 전전두엽 구조와 관련된 뇌피질-변연계 뇌 시스템에서 연결이 끊기는 것과 관련되는 것으로 제시되기도 했으며, 특히 다중인격장애에서 나타나는 비개인화는 내측 전전두엽, 배외측 전전두엽, 전대상피질과 관련되는 것으로 보기도 했다. 실제로 해리 증상을 나타내는 비인격화된 개인에게서 자기-참조 처리와 관련된 영역인 내측 전전두엽이 강하게 활성화되는 것이 나타나 완전하지는 않지만, 해리 증상을 뇌과학적으로 증명할 수 있음을 보여 주기도 했다(Krause-Utz et al., 2017, pp. 438-451).

신체화

신체화는 정서 경험이 신체에 증상으로 나타나는 것으로서 일차적 방어로 볼 수 있다. 신체화가 일차적 방어인 이유는 언어 이전인 유아기에 자기의 감정을 언어로 표현하도록 부모에게 제대로 수용받지 못하거나 교육받지 못하면 자기의 감정을 결국 신체 행동이나 신체의 증상으로 드러낼 수 있기 때문이다. 결국 신체화도 유아의 재접근기의 정서적 어려움이라고 볼 수 있고, 다양한 경계선 수준의 성격장애에서 나타날 수 있는 방어 기제이다. 많은 사람은 다른 사람의 신체화 기제를 단순히 꾀병으로 생각하고 문제를 가볍게 여기지만 당사자는 자기의 감정을 언어로 표현하지 못해서 몸에 고통이 오기에 매우 심각한 어려움을 겪는다. 실제로 감정은 뇌와 연결되고, 뇌는 우리 몸의 일부이기에 정서가 신체로 나타나는 연결고리는 전혀 이상하지 않다.

오랜 임상 경험이 있는 상담사들은 신체화 증상이 있는 내담자들에 대해 정서를 말로 표현하는 능력에 문제가 있는 감정 표현 불능증으로 보거나, 아동기 트라우마, 불안정 애착 형성이 신체화와 연관이 있음을 종종 발견한다(McWilliams, 2011/2018, pp. 166-167). 사실, 우리는 견디기 힘들고 고통스러운 부정적 감정들 때문에 정서적인 과부하에 걸린 경험이 있거나, 스트레스가 심한 상황에 있을 때 실제로 소화가 잘 되지 않거나, 피부에 문제가 생기거나, 면역 체계가 약화되어서 몸의 여기저기가 아픈 경험을 다 가지고 있다. 또한 과민성 대장 증상이 있거나, 긴장으로 인해 두통이 심하거나, 만성적인 허리 통증을 경험하기도 한다. 우리나라에서는 아직은 흔하지 않지만, 외국에서는 신체 증상을 가진 환자들을 치료하고 약을 써도 잘 낫지 않으면 내과 의사들이 정신건강의학과 의사나 상담사들에게 자기 환자를 의뢰하는 경우가 많다.

일상의 스트레스나 트라우마에 대한 즉각적인 반응은 실제로 자동적인 신체적 반응이다. 신체화를 의식적으로 방어 기제로 사용한다기보다는 그냥 자연스러운 반응이라고 볼 수 있다. 가장 단적인 예는 창피함을 느낄 때 얼굴이 빨개지거나, 긴장할 때 손에 땀이 나는 증상이다. 트라우마를 겪을 때는 뇌에서 글루코코르티코이드가 많이 분비되어서 우리 몸의 순환계, 호르몬 체계, 면역 체계, 위장, 호흡, 심장, 피부 등에 다양한 증상을 일으킨다(McWilliams, 2011/2018, p. 166).

하지만 유아기, 아동기, 청소년기, 성인기 등 어떤 시기이든 우리가 상담을 통해서 자기의 감정을 잘 인식하고 언어로 잘 표현할 수 있으면 신체화 증상은 언제든지 줄어들 수 있고, 언어로 표현이 가능한 능력은 성숙해 가는 과정으로 볼 수 있다. 신체화 방어 기제는 건강 염려증과 헷갈릴 수 있는데, 건강 염려증은 사소한 신체적 증상을 비합리적으로 심각하게 지각하여 질병에 대한 공포를 느낀다는 점에서 차이가 있다.

프로이트는 히스테리 환자에게 신체화 증상이 나타나면, 그 장애를 전환장애라고 명명하기도 했다. 전환장애는 다리를 절게 된다든가 어떤 신체 부위에 마비가 온다든가 하는 한두 가지 분명한 신체적 증상이 나타나는 것을 지칭한다. 프로이트가 신체화를 처음 제시한 사례는 우리에게 잘 알려진 안나 O의 사례이다. 그녀는 병든 아버지를 간호했는데 갑자기 그만두고 방을 뛰쳐나가고 싶은 마음에 깊은 죄책감을 느꼈다. 또한 심한 내적 갈등과 스트레스로 인해서 모국어인 독일어로 의사소통하지 못하고 영어, 프랑스어, 이탈리아어로만 의사소통을 했으며, 가벼운 환각 증세와 신경성 기침, 극심한 두통, 심각한 시력장애를 가지는 등 다양한 신체장애가 있었다. 결국 그녀는 아버지를 병간호할 때 춤을 추고 싶었던 죄책감으로 인해서, 아버지가 사망한 후 사지 마비 증상을 보이기도 했다.

전환장애 환자에 관한 뇌 연구는 다양하게 이루어져 왔다. 전환장애인 사람들은 배측 전전두피질에서 과도한 활성화가 일어나는데, 이는 외상 사건에서 느꼈던 강한 정서를 반영한다. 동시에 이들은 해마에서 매우 적은 활성화가 일어나는데, 이는 외상 사건에 대한 기억을 억제하는 것과 관련된다. 또한 이들은 편도체와 운동 영역 사이의 높은 연결성을 보이는데, 이러한 현상을 통해 전환장애인 사람들이 정서적 고통이 완전히 억제되지 못하고 운동 영역에 영향을 미침을 알 수 있다. 그리고 보조 운동 영역과 측두-두정 접합 부위의 과도한 활성화는 전환장애인 사람들이 가지고 있는 정서적 고통이 신체적 증상으로 나타남을 잘 보여 준다(Arehart-Treichel, 2014, p. 1).

억압

지금까지 살펴본 철수, 부인, 해리, 신체화 방어 기제들은 일차적 방어에 해당하고,

앞으로 살펴볼 억압, 합리화, 주지화, 전치, 유머, 승화, 이타주의 같은 방어 기제들은 이차적 방어에 해당한다. 우리가 자기 마음을 어지럽고 불편하게 만드는 충동을 억압할 수 있으려면 그 전제조건은 자기의 형성과 자기의 감각이 확고해야 한다. 자기 구조와 정체성이 잘 형성되었을 때만 억압 기제의 작동이 가능하고, 그렇지 않으면 투사, 부인, 분열과 같은 일차적 방어 기제를 사용하게 된다. 결국 억압은 자기 구조 내의 원초아, 자아, 초자아의 경계에서 발생하는 심리 기제이기도 하고, 자기 구조 내의 경험 자아와 관찰 자아의 경계에서 발생하는 성숙하고 이차적인 방어 기제로 볼 수 있다.

그런데 억압은 하나의 방어 기제이기도 하지만, 기본적으로 대부분의 성숙한 이차적 방어 기제들이 억압과 관련된다고 볼 수도 있다. 억압은 다른 방어 기제와 함께 사용되기 때문에 인간에게 가장 광범위하게 일어나고 있는 심리 기제라 할 수 있다. 실제로 해리 방어를 사용하더라도 기억이나 자기의 일부분을 억압하게 되고, 신체화 방어를 사용해도 불쾌한 감정이나 생각을 억압함으로써 증상이 나타나게 된다. 또한 부인이나 합리화 방어 기제를 사용할 때도 어떤 사건이나 상황의 진실에 대한 인식을 억압함으로써 부인이나 합리화를 할 수 있다. 억압된 내용은 보통 수치심이나 죄책감을 유발하는 것으로 비도덕적이라는 생각이 들거나 사회적으로 용납될 수 없다고 생각하므로 억압하는 데에 심리적 에너지를 많이 소모하게 된다.

정신분석에서 가장 기본적으로 제시된 개념인 억압은 프로이트가 히스테리 환자들의 기억상실 증상을 관찰하면서 설명했다. 억압은 불쾌한 생각이나 감정, 경험, 기억을 무의식에 묶어 두는 것으로 히스테리 환자들에게서 원초아의 충동을 무의식에 가두게 함으로써 동시에 고통스러운 생각이나 사실, 감정을 망각하게 된다고 보았다. 처음에는 불쾌한 생각이나 정서를 인식하고 있다가 기억이 없어지기도 하는데 이 과정 자체가 무의식적으로 일어나므로 억압되었다는 사실조차 인식하지 못하고, 말실수나 신경 증적 행동, 꿈, 신체화 같은 증상으로 나타나기도 한다.

프로이트는 초기 이론에서는 히스테리 증상에 동반되는 불안이 추동을 억압하면서 밖으로 나오지 않도록 막을 때 발생한다고 보았다. 그런데 후기 이론에서는 불안의 원인이 억압이나 다른 방어 기제들이기보다는 불안을 느끼기 때문에 억압하게 된다고 설명했다. 즉, 불안의 결과로 억압하게 된다는 것이다. 또한 프로이트는 초기 이론에서 트라우마 경험을 한 사람들이 고통스러운 경험을 기억하지 않기 위해서 억압한다고 설명했다. 이들은 억압 때문에 끔찍한 사건을 기억해 내기 어렵지만, 그 장면이 순간적으로 잠깐씩 떠오르는 플래시백의 형태로 고통을 받는다는 것이다. 결국 억압은 자기의 일부분을 속이는 것을 통해서 불안을 해소하는데, 억압된 욕구가 너무 강하거나 억압의 원인을 인식할 수 없으면 불안이 증가하여 우울증, 강박증 등 다양한 심인성 장애의 원인이 될 수도 있다.

뇌 영상 연구에서 억압 방어 기제에 관한 직접적인 연구는 없지만, 해리성 기억상실증과 관련한 기억 억압에 관한 연구가 있다. 스트레스 사건으로 인해 해리성 기억상실이 일어나는 경우 명백한 뇌 손상이 있고, 이는 기억 억압으로 인해 유발되는 것이라고 보았다. 해리성 기억상실 동안 전전두피질 활성이 증가하고, 해마의 활성이 감소하는 뇌 활성화 패턴이 보였다. 해리성 기억상실 치료 후에는 이러한 패턴이 사라지는 결과를 보였기에 전전두피질 활성 증가와 해마의 활성 감소가 기억 억압에 작용하는 것으로도 볼 수 있다. 해리성 기억상실 환자들은 특히 배측 전두피질이 과도하게 활성화되었고, 특히 우측 배측 전두피질이 그 정도가 더 심했다. 이 연구에서는 배측 전두피질이 기억 억압에서 해마의 활동을 억제하는 데 중요한 역할을 할 가능성을 제시했다 (Kikuchi et al., 2010, pp. 602-613).

합리화와 주지화

합리화와 주지화는 머리가 좋고 인지 기능이 이미 잘 발달한 강박증적인 사람들이 주로 사용하는 방어 기제이다. **합리화**는 자기 행동이나 태도를 정당화하기 위해 그럴 듯한 이유나 변명을 통해 설명하려는 방어 기제이다. 합리화는 우리의 자존감을 잘 유지하고 방어해 주는 효율적인 기제이고, 우리가 일상에서도 늘 사용하기에 자세한 설명이 필요 없을 정도로 일반인들도 잘 알고 있다. 썩 좋은 표현은 아니지만 심지어는 "핑계 없는 무덤이 없다."와 "처녀가 애를 낳고도 할 말은 있다."라는 한국어 속담이 있을 정도이다. 어떤 일일지라도 반드시 핑계나 변명은 가능하다는 의미이다. 사실, 우리가 마음먹으면 어떤 것이든 이유를 대고 변명하는 일이 어렵지는 않다.

합리화의 예로 흔히 사용되는 이솝 우화로 '여우의 신 포도' 이야기가 있다. 이 이야기에서 보면, 여우는 포도를 먹고 싶었지만 아무리 노력해도 포도를 먹을 수가 없게 되자, 그 포도는 달지 않고 신맛이 나는 포도라 먹을 필요가 없다고 하면서 포도를 먹지 못하게 된 상황을 스스로 위안한다는 내용이다. 여우는 자기가 원했던 포도를 결국 얻지 못했지만 사실 생각해 보면 자기가 그것을 그다지 원했던 것은 아니었노라고 결론을 내면서 속상한 마음을 극복할 수 있는 방어 기제를 사용했다. 합리화 방어 기제는 자기가 논리적으로 말을 잘하거나 똑똑해서 어떤 상황도 자기가 말로 잘 설명하고 스스로 위로하면서 이겨 낼 수 있다고 생각하는 사람에게서 종종 보인다.

국내 명문 대학을 졸업한 30대 후반 남성 내담자는 실제로 매우 똑똑해서 걸어 다니는 백과사전으로 불리기도 하고, 맥가이버라는 별명이 붙을 정도로 다양한 지식과 기술과 재능이 많은 사람이다. 하지만 그는 남에게 싫은 소리를 듣는 것을 매우 싫어하여 회사에 적응할 수 없어 결국 퇴사했다. 그 남성은 결국 직업을 가지는 것을 회피하며, 어떤 일을 하는지 정확하게 알 수 없는 사무실을 차려 놓고 그곳에서 하루 대부분을 보낸다. 다행히 부모님이 경제적으로 넉넉해서 그의 생활비를 대주고 있어서 그럭저럭 지내고 있는데 주변 사람들이 자기들이 하지 못하는 다양한 일을 도와달라고 요청하면 그는 인정과 칭찬을 받고 싶은 마음에 기꺼이 이에 응하며 시간을 보낸다.

그런데 그 남성 내담자는 자기가 남들도 다 가고 싶어 하는 번듯한 직장에 다니지 않는다는 이유로, 자본주의 사회가 자본으로 노동착취를 하면서 인간의 존엄성을 손상하기 때문에 직업을 가지지 않는 것이라고 설명하면서 자기는 그런 자본주의 사회의 폐해에 말려들지 않겠다고 하며 거의 10년 가까이 직장에 다니고 있지 않다. 그는 직장에 적응하지 못하는 자기의 무기력함과 무능함을 부정하고, 번듯한 직장에 다니고 성공하여 인정받고 싶은 마음을 억압하면서, 이를 그럴듯하게 설명하는 방식으로 합리화 기제를 사용하고 있다. 합리화에서는 보통 억압 기제를 함께 사용하게 되는데, 합리화를 자주 사용하는 경우 결과적으로 억압이 더 강화되기도 한다.

합리화와 관련된 뇌 연구로 의사결정하는 과정에서 태도가 변화하면서 자기가 선택한 다른 옵션이 자신에게 필요 없다는 합리화의 과정을 거치는 뇌에 관한 실험 연구가 있다. 합리화할 때의 뇌는 우측 하부전두회, 내측 전두정 영역 및 복측 선조체에서의 활동이 증가했고, 앞뇌섬엽에서의 활동이 감소했다. 우측 하부전두회는 재평가 과정에 관여하며, 앞뇌섬엽은 흥분, 감정적 고통, 불쾌감을 느끼게 하는데, 앞뇌섬엽 영역의 활동이 감소함으로써 의사 선택을 할 때 생겨나는 고통스러운 감정을 억제하면서 감정 조절을 하는 동시에 우측 하부전두회가 재평가함으로써 합리화가 이루어진다고 보았다(Jarcho et al., 2011, pp. 460-467).

주지화는 감정으로 가득한 상황에서 자기의 감정과 이성을 분리해서 차분하게 이성적으로 상황에 대처하는 고차원적인 방어 기제이다. 정서적으로 휩쓸리지 않고 이성적으로 냉정하게 생각하고 대처할 수 있는 것은, 그 사람의 자아 강도가 상당한 정도로 단단하다는 증거이다. 감정을 잘 소화하고 통제하는 것이 가능하다면 주지화 방어가 효과적으로 잘 작동하는 것이다. 주지화 기제를 사용하는 사람은 위협적인 사건에 감정이 동요되기보다는 이성적이고 합리적인 방식으로 대처함으로써 문제에 지적으로 대처하려고 시도한다. 위협이나 스트레스가 심할 때 정서적·충동적으로 반응하지 않고 주지화 방어를 사용하는 사람은 성격이 성숙하다고 평가받을 수 있고, 특히 한국 사회에서 어떤 상황에서든 감정적인 대응 대신 차분하게 이성적·합리적인 대응을 하는 사람은 훌륭하고 성품이 좋다고 긍정적으로 평가받기도 한다.

상담에 온 내담자 중에는 끔찍한 성폭력 피해 경험이 있거나, 개인적인 비극으로 심한 고통 가운데 오래 살아온 사람이 마치 자기가 지나온 삶의 경험을 아나운서가 뉴스에서 감정을 다 빼고 사실만을 보도하듯이 상담사에게 건조하게 전달하는 경우가 종종 있다. 이런 내담자들이 전형적으로 주지화 방어를 사용하는 사람들이다. 이런 사람은 마치 감정을 생생하게 느끼기보다는 감정을 잘 이해하고 분석할 수 있는 사람처럼 느껴지기도 하고, 정서적으로 매우 메마른 사람으로 느껴지기도 한다. 가끔 자주 만나는 대학생들이나 내담자들에게 오늘 기분이 어떤지 질문하면 "기분이 좋다고 생각합니다." 혹은 "오늘은 화가 많이 나고 너무 힘들다고 생각합니다."라는 다소 역설적인 답을 듣는 경우가 있는데, 감정도 생각으로 표현하는 이런 패턴이 한국 사회에서 살아가는 사람들에게는 매우 익숙한 방법으로 보인다.

합리화 기제처럼 주지화를 사용하는 사람들도 보통 교육 수준이 높은 경우가 많아 문제 해결을 위해 정보를 탐색하고 분석하는 행동을 보인다. 이로 인해 이들은 정서를 다루는 데에 시간이 오래 걸려서 본질적인 문제에 다가가는 데에 어려움이 있을 수 있다. 또한 주지화 방어를 사용하는 사람은 주변 사람들이 보기에는 너무 냉정하고 차갑다고 느껴질 수도 있고, 자기의 감정에 정직하지 않다고 느껴질 수도 있다. 이들은 울거나 흥분하는 정서적 반응에 대해 거부감을 느끼면서 지적인 측면에 자기의 정서를 묶어 두어 메마른 듯한 모습을 보이는 경우가 종종 있다.

이 기제는 주로 청소년기에 시작되어 일생 많이 사용하게 된다. 청소년들은 철학적인 주제에 대해 몰두한다거나 다양한 지적인 활동에 참여하는 것을 통해 본능적인 욕동으로 인해 정신적이고 신체적인 갈등을 일으키는 감정과 생각을 회피하려고 시도하는 경우가 많다. 청소년기의 지적 활동은 지식과 지능 수준을 높일 수 있지만, 성인이 되어서도 자기의 정서는 무시한 채 왜곡된 지적 활동에만 몰입하면 대인관계 문제가 유발될 수 있고, 강박적인 양상을 보일 수도 있다. 또한 주지화는 정서에 접촉하는 일을 어렵게 함으로써 상담의 진행도 매우 늦추게 된다.

주지화의 예는 다양한데, 암과 같은 치료가 어려운 병에 걸린 사람이 자기가 맞닥뜨린 상황에 대한 슬픔, 정서적 고통, 충격에 관해 이야기하기보다는 어떤 병인지에 대해 객관적인 정보를 알아보고 치료법을 검색하는 일을 통해서 고통스럽고 충격적인 정서로부터 자기를 격리하게 되는 것을 들 수 있다. 다른 예로, 다른 사람과의 관계에서 부정적인 감정을 느끼는 경험을 한 사람이 자기의 정서에 접촉하고 어떤 감정을 느꼈는지를 말하기보다는 상대방을 분석함으로써 그 사람이 어떤 심리 때문에 그렇게 했는지, 의도는 무엇인지와 같은 정보 탐색과 분석에 시간을 더 많이 들이는 경우도 주지화 방어 기제를 사용하는 것에 해당한다.

주지화는 자기가 받아들이기 힘든 사건을 받아들이고 적응하여 살아남기 위한 효과적인 방법으로 어려운 현실을 이성적이고 합리적으로 받아들일 수 있어서 주변에서 보기에 세련된 방식으로 문제를 해결하는 것처럼 보인다. 하지만 주지화 방어만을 고집하여 오랜 기간 사용하는 경우 결국 자기의 진짜 욕구를 파악하기 어렵고, 정서에 접촉하기 점점 더 어려워질 수 있다. 상담에서 주지화를 사용하는 내담자를 만나는 경우 그들의 감정에 접촉하는 것이 생각만큼 위협적이거나 두렵고 수치스러운 것이 아니라 충분히 다룰 수 있다는 것을 경험하도록 돕는 것이 필요하다.

전치

전치는 프로이트가 꿈 작업에서 무의식의 내용이 꿈에서 위장되어 나타나는 것을 발견하면서 생겨난 용어이다. 원래의 욕구는 자기가 수용할 수 없는 내용이거나 자기가 욕구를 느끼면 위험한 대상이어서 그 내용이 꿈에서 검열되고 왜곡되어 나타난다. 프로이트는 전치의 내용을 파악하고 분석해서 꿈의 내용을 잘 해석하는 것이 중요하다고 생각했다. 이후에는 전치를 꿈뿐만 아니라 일상에서 어떠한 상황이나 사건에 대한 위협적인 생각이나 정서로 인해 불안이 올라오게 되는데, 이러한 사고나 정서를 표현할 대상으로 원래 대상 대신에 안전하게 느껴지는 다른 대상에 전치하면서 편안하게 불안을 해결하게 된다.

전치는 투사 기제와 헷갈릴 수 있는데 투사는 자기의 감정을 대상에게 투사해서 대상의 감정과 동기를 원래의 것이 아닌 자기의 것을 반영해서 오해하는 것이고, 전치는 자기가 반응하는 대상을 잘못 짚는 것이다. 즉, 전치는 번지수를 잘못 찾아서 원래 대상이 아닌 다른 대상에게 가서 행동하는 것이다. 우리말 표현에 "종로에서 뺨 맞고 한강에서 눈 흘긴다."라는 표현이 있다. 엉뚱한 대상에게 가서 불평이나 화풀이를 하는 경우를 말하는데 이 경우가 전치의 전형적인 예이다. 전치는 특히 남에게 싫은 소리를 할 때 그 대상에게 직접적으로 하지 못하는 우리나라 사람들에게 빈번히 나타나는 방어 기제로 이해할 수 있다.

일상에서 볼 수 있는 전치의 예는 다양하다. 예를 들어, 직장 상사가 부당하다고 느끼지만, 상사에게 불만을 표시하거나 분노하면 해고될 수도 있으므로 집에 돌아와서 아내에게 소리를 지르고 나면 자기의 불안이 해소되는 경우가 있다. 그러면 아내는 아이들에게 짜증을 퍼붓고 아이들은 강아지를 걷어차거나 괴롭힐 수 있다. 따라서 전치의 기제를 자주 사용하면 결국 가까운 관계에서의 문제가 유발되어 심각하면 관계가 단절될 수 있다. 상담 현장에서 주로 발견하게 되는 전치의 형태는 상담사의 개입이 마음에 들지 않았을 때 이에 대해 언급하지 못하고, 갑자기 주제를 돌려 상담사 앞에서 다른 사람을 욕하는 것이다.

유머, 승화, 이타주의

성숙한 성격을 형성한 사람은 유머, 승화, 이타주의와 같은 방어 기제를 많이 사용할 수도 있다. **유머**는 부정적인 경험을 겪어도 지나치게 심각하게 받아들이지 않고, 가볍고 희망적인 마음으로 보는 것이다. 유머나 농담을 종종 사용하면 상황에 매몰되지 않고 객관적으로 바라볼 수 있는 여유를 가지고 낙관적인 태도를 가질 수 있다. 사회를 풍자하는 말이나 글, 그림과 같이 문학작품에서 유머를 녹여 내어 부정적인 생각이나 감정을 농담 반 진담 반으로 표현할 수 있고, 대중매체인 TV나 유튜브에서 개그 프로그램을 통해 사회에 대한 비판적인 시각을 우회적으로 표현할 수 있다. 유머나 농담은 전혀 방어적이지 않아 보이고 주변 사람들을 즐겁게 해 주는 효과가 있다.

하지만 어떤 사람에게 주변 사람들을 유머와 농담으로 웃기려는 강박증이 있다면 그 유머는 긍정적이라기보다는 오히려 방어적으로 볼 수 있다. 우리 주변에 보면 나는 다른 사람과 진지하게 대화하고 싶은데, 상대방은 그 요구를 가볍게 받아넘기면서 유머를 사용하고 농담을 멈추지 않고 계속하는 경우를 볼 수 있다. 이렇게 다른 사람과의 인간관계에서 마치 광대처럼 대상을 계속해서 웃겨야만 한다고 생각하면서 정서적 불편함이나 고통을 피하려고 하는 것은 경계선 성격 수준의 경조증적인 증상으로 볼 수 있다. 유머나 농담을 사용하면 자기의 심리적 고통을 감당하고 이겨 내는 능력을 확장해 줄 수 있지만, 이것도 너무 과하게 사용하면 너무 긍정적인 방향으로 편향하는 방어일 수 있다.

승화는 원시적 충동과 그 충동을 억압하는 힘 사이에 벌어지는 내적인 갈등을 더 건강하고, 사회적으로 유익하고, 창조적인 방법으로 해결하려고 시도하는 방어로서 좋은 방어로 평가되었다. 즉, 자기 안에 있는 충동이 사회에서 수용될 수 없는 충동이라면 그 충동을 사회에서 용인되는 긍정적인 방식으로 표현하는 것을 의미한다. 예를 들어, 자기 내면의 공격성을 이용해 스포츠 선수가 되거나 편집증적인 측면을 활용해 검사가 되어 범인의 범법행위를 자세하게 파헤칠 수 있다. 또한 다른 사람을 칼로 찌르고 싶은 욕구를 외과 의사나 도축업자가 되어 해결하거나 총을 쏘고 싶은 욕구를 승화시켜 군인이 되는 것과 같은 예가 있을 수 있다. 프로이트는 모든 창조적인 일, 예술작품, 직업

등을 충동이 승화된 결과로 보기도 했다. 충동을 부인 혹은 억압을 사용해서 반대 방향으로 상쇄하기 위해 노력하려면 엄청난 에너지를 사용해야 하는데, 승화는 방향을 살짝 돌려줌으로써 과도하게 에너지를 사용하지 않고도 유익한 결과를 낼 수 있는 에너지 효율적인 방어 기제이다.

이타주의는 타인의 욕구에 관심을 가지며 아무런 대가를 바라지 않고 다른 사람을 돕는 것을 말한다. 자기의 욕구를 먼저 돌보기보다는 다른 사람의 욕구를 충족시키는 과정을 통해서 자기의 내적 만족을 느끼는 것이다. 이타주의는 다양한 형태가 있을 수 있는데, 투사로 인한 이타주의와 구별해야 할 필요가 있다. 투사로 인한 이타주의는 자기가 돌봄을 받고 싶은 마음을 대상에게 투사한 후 돌봄을 받고 싶은 마음을 갖게 된 그 대상을 내가 돌보고 도와주는 것이다. 이는 미성숙한 방어 기제로 인한 이타주의로 남을 도운 후 자기가 보상받지 못한 데 대한 서운함이나 분노가 생길 수 있다. 상담사는 내담자가 이타주의적인 성향을 보일 때, 진정한 이타주의인지, 투사로 인해 표면적으로 이타심을 갖는 것처럼 보이는지를 구분하는 것이 필요하다. 내담자가 투사로 인해 이타심을 표현하는 것으로 보일 때는 내담자의 깊이 있는 욕구가 무엇인지에 대해 내담자와 함께 탐색해 보는 것이 필요하다.

앞의 세 가지 성숙한 방어 기제도 좋은 측면이 있지만, 너무 과도하게 사용하면 문제를 유발할 수 있다. 유머 방어를 너무 자주 사용하는 경우 깊이가 없는 가벼운 사람으로 보이거나, 자기를 비하하는 방식으로 유머를 사용하면 자존감이 낮아질 수 있다. 승화 기제를 사용할 경우에도 자기의 진정한 욕구를 파악하지 못하면서 지속해서 사용하면 자기의 삶에서 무엇인가 빠지거나 빗나간 느낌이 들면서 무력해질 수 있다. 만약 검사가 되려는 욕구가 사실은 타인에 대한 편집증적인 자기의 성격 때문인데, 세상을 좋게 바꾸려고 검사가 된다고 생각하면, 자기가 아무리 노력을 하더라도 세상이 좋게 바뀌지 않는 결과를 보고 무력해질 수 있다.

이타주의도 치명적인 결과에 이를 수 있는데, 예를 들어 지하철에서 선로에 떨어진 다른 사람을 구하려다가 결국 자기가 사고를 당해 세상을 떠나기도 한다. 숭고한 사랑과 희생이 담긴 행동이지만 자기 목숨을 잃는 결과를 가져온 경우이다. 유머, 승화, 이타주의의 방어 기제는 사회적으로 적응적이고, 다른 사람에게 이롭기에 다른 방어 기제보다 바람직하다고 볼 수 있지만, 이러한 방어 기제 깊이 있는 욕구가 무엇인지, 왜 이러한 방어 기제를 사용하게 되었는지 주의 깊게 탐색할 필요가 있다.

제9장
성격장애

　성격장애라는 단어를 들으면 곧바로 진단이라는 용어가 연상된다. 어떤 사람의 상태를 장애라는 용어로 지칭하기 위해서는 진단이 없이는 불가능하기 때문이다. 진단이라는 용어는 여러 가지 뉘앙스를 주는데, 일단 진단은 치료를 위한 목적으로 사용되고, 진단하려면 모호함이나 불확실함 없이 확실하고 명확하게 해야 한다는 부담스러운 느낌을 받는다. 상담과 심리치료의 여러 분파에 속하는 임상가들은 우선 정확한 진단 없이는 심리치료가 불가능하고 함부로 해서는 안 된다는 관점을 견지하고 있기도 하다. 실제로 상담사 중 자기의 성격 기질상 불확실함을 매우 싫어하고 견디기 어려워하는 사람들은 정확한 진단을 선호하기도 하고, 병리적 이름을 붙여서 내담자의 문제를 객관화함으로써 내담자의 고통으로부터 거리를 두기도 한다.

　대상관계 이론가를 포함해서 정신역동적 관점에서 내담자를 만나는 임상가들은 대부분 심리검사, 심리평가를 통한 진단을 너무 과도하다고 느끼는 경향이 있다. 경험이 많은 상담사들은 진단에 대해서 내담자를 "화려한 족보로 모욕하는 것"이라고 생각하거나, "라벨은 옷에 붙이는 것이지, 사람에게 붙이는 것이 아니다."라고 언급하기도 한다(McWilliams, 2011/2018, p. 27). 하지만 오랫동안 누적된 임상 데이터와 내담자 관찰을 통해서 모인 내담자의 성격 구조, 방어 기제, 성격장애에 관한 내용을 잘 숙지하고 활용하는 일은 상담을 처음 배우는 초보 상담사들에게 필요한 과정이다. 일단 내담자의 패턴을 알아보는 방법을 잘 훈련하고 나면, 교과서에서 언급한 내용을 다 외우지 않아도 각 내담자의 고유한 특징을 섬세하게 음미하고 느낄 수 있게 되기에 대략적인 도식을 머릿속에 넣어 두는 일은 필요한 일이다.

내담자를 전반적으로 이해하기 위해서 진단을 남용하지 않고 조심스럽게 내려 본다면, 내담자에게 유익이 될 수 있다. 성격장애 진단은 새 내담자를 만났을 때 다양한 심리검사를 하고 바로 판단하고 내리는 것이 아니다. 내담자를 처음 만나면 내담자의 현재 호소 문제, 삶의 상황, 문제의 배경 등에 대해서 상세하게 들어 보고, 내담자에 관한 내담자 자신의 주관적 정보와 상담사가 내담자에게서 관찰하고 느낄 수 있는 객관적 정보를 최대한 수집할 필요가 있다. 내담자가 낯선 상담사를 만나서 편안한 마음으로 이야기를 나누는지를 잘 배려하면서, 상담사가 첫 회기, 두 번째 회기 정도에 내담자의 자세한 가족력과 개인력을 파악하기 위해서 상세한 질문을 하고 답을 들어 보고 필요하면 기록해 두는 과정이 중요하다. 내담자가 아직은 대답하기 불편한 질문이 있을 수도 있어서 그런 경우에는 대답하지 않아도 되는 분위기를 조성해 주면 좋을 것 같다.

대상관계이론에서 관심을 두는 진단은 내담자의 호소 문제가 가족이나 직장에서의 스트레스와 같은 요인으로 갑자기 생긴 일시적인 증상인지, 아니면 어린 시절 주요 대상과의 관계에서 오랜 시간 형성된 성격적인 문제인지를 확인해 보는 것이다. 만약 내담자의 어려움이 성격적인 문제로 생각된다면 내담자가 다른 사람들과의 관계와 상담사와의 관계에서 어떤 심리 기제를 사용하는지, 내담자의 성격 구조가 발달하는 연속선에서 정신증, 경계선, 신경증 수준 성격 중 어디에 해당하는지 등에 관심을 둘 수 있다. 내담자의 호소 문제가 성격으로 굳어진 성격장애에 해당한다면, 최근에 다양한 상담 분파에서 상담 기법이 개발되고 있음에도 불구하고, 여전히 가장 일반적인 방법은 적어도 1~2년 정도의 장기상담이다. 대상관계이론 관점에서는 내담자의 내적 대상과의 관계 역동을 살펴보고, 지금-여기에서 상담사와의 관계 역동, 두 사람 사이의 전이와 역전이 경험을 통해서 내담자의 뿌리 깊은 내적 대상을 파악한 후, 수정하고 재구성하는 것을 목표로 한다.

이 장에서는 우선 유아의 심리적 탄생과 성인기 성격장애의 관계, 그리고 성격장애의 구체적 내용에 대해서 논의하고, 구체적인 대상관계 상담 원리와 기법에 대해서는 제10장에서 상세하게 설명하려고 한다. 대상관계이론의 뿌리인 고전 정신분석에서는 각 개인의 성격에 대해서 두 가지 관점으로 살펴보았다. 우선, 성격이 유아의 초기 성숙과정의 특정 단계에서 발달을 멈추고 고착된 것으로 평가했다. 이후에는 성격을 특정한 유형의 방어 기제가 작동하는 것으로 보았다. 즉, 각 내담자가 내적 불안을 피하려고 시도하는 전형적인 심리 기제가 무엇인가를 본 것이다. 사실, 방어 기제를 확인하는 것도 초기의 어떤 발달단계에서 어려움을 겪었는지를 대략 알 수 있기에 고착을 보았던 첫 번째 관점과 완전히 다른 관점은 아니다.

반면, 대상관계이론을 지향하는 상담사들은 내담자의 유아기와 아동기의 주요 대상들은 누구였는지, 그리고 내담자가 유아기와 아동기에 그 대상들을 어떻게 정서적으로 경험했는지에 대해서 특별한 관심을 가진다. 또한 이런 주요 대상들과 그 대상들과의 정서적 경험이 어떻게 내담자의 마음에 내면화되었는지와, 내적 대상 표상이 내담자의 현재 삶에 무의식적으로 어떻게 영향을 주고 작동하는지를 강조한다. 특히 영국 전통의 대상관계 이론가들은 설리번, 프롬, 호나이와 같은 미국 전통의 대인관계 이론가들보다 초기 내적 대상 표상이 각 개인의 내면에 오랫동안 강렬하게 지속되는 점을 더 강조했다(McWilliams, 2011/2018, p. 58).

대상관계이론에서 각 개인의 성격은 내담자의 자기뿐 아니라 자기 안에 내사된 내적 대상들과의 상호작용의 합이라고 볼 수 있고, 그 상호작용이 때로는 성격장애에 해당하는 인간관계 패턴과 심리 기제를 만들어 내는 것으로 설명한다. 즉, 성인 내담자가 유아기에 경험한 내적 대상들처럼 행동할 수도 있고, 현재의 삶에서 만나는 타인을 내재화된 내적 대상처럼 행동하게끔 무의식적으로 유도하는 패턴이 형성된 것으로도 볼 수 있다. 앞으로 살펴볼 성격장애에 해당하는 내담자들은 불안정한 성격 패턴인 경우가 대부분이지만 그 불안정성이 이상하게도 안정적으로 유지되는, 즉 불안정성이 오랫동안 변하지 않는 패턴으로 지속되는 모습을 보인다. 그렇기에 내담자가 일상에서 맺는 관계 패턴이 상담실에서 상담사와의 관계에서도 반복되는 점에 주목할 필요가 있다.

앞으로 살펴볼 성격장애 중 자기애적 성격장애는 대상관계이론과 밀접한 관계에 있는 자기심리학의 관점으로 잘 이해할 수 있다. 대상관계 이론가들이 본 내담자들의 내면이 공격적이고 비난하며 상처를 주는 내적 대상들로 가득 차 있는 상태라면, 자기심리학자인 코헛이 만났던 자기애적 성격을 가진 내담자들의 내면은 내적 대상이 별로 없는 텅 빈 내면을 가진 상태였다. 내면이 나쁜 내적 대상들로 가득 차 있는 것도 매우 고통스러운 일이지만, 내면이 텅 비어 있어서 자기 존재를 바라봐 주고, 응답해 주고, 확인해 주는 내적 존재가 없는 것도 내담자에게는 평생 굉장히 괴로운 일이다. 그래서 자기애적 내담자들은 겉으로는 자신감 있어 보이고 자기 능력에 도취한 모습으로 보였지만, 내면에서는 자기가 다른 사람으로부터 칭찬받을 만한 존재이고, 수용받을 만한 존재이며, 가치 있는 존재라는 확인을 끊임없이 간절하게 구하는 패턴을 보였다. 즉, 자기의 존재를 자기 내면에서 인정해 주고 받아 주는 내적 시스템이 없기에 외부에서 자원을 늘 조달해야 하는 힘든 상황에 놓이게 된 것이다. 유아기에 뿌리를 둔 이런 자기애적 성격장애는 성인기까지 이어져서 내담자들에게 고통을 주는 원인이 되었다.

심리적 탄생과정과 성격장애 형성

대상관계이론은 유아기 심리적 탄생과정(0~36개월)이 성인기 성격에 영향을 준다는 관점을 가지고 있다. 즉, 심리적 탄생과정과 성격장애의 연관성, 유사성을 강조한다. 예를 들면, 재접근기 독립 욕구와 의존 욕구 사이에서 심하게 갈등하는 모습이 청소년이나 성인에게서 보이기도 한다. 그렇다고 해서 대상관계이론이 굉장히 운명론적이고 결정론적인 관점을 가지고 있지는 않다. 유아기에 정서적 결핍을 경험했다고 해서 반드시 청소년기와 성인기에 심리적 문제나 성격장애 형성에 치명적 손상을 준다고 보지는 않는다. 유전적 영향이나 타고난 성격 기질과 같은 다른 요인들이 많아서, 어떤 사람은 유아기에 결핍이나 트라우마가 많았어도 비교적 건강한 성격으로 형성되는 일도 있기 때문이다. 심지어는 같은 부모 밑에서 태어나 비슷한 양육 환경에 있었어도 성격장애가 형성되는 아이도 있고 건강하게 자라는 아이도 있다.

실제로 앞서 언급한 유아기의 재접근기에 나타나는 정서적 경험이나 행동이 성인기에 나타난다고 해도 성인 내담자의 경험이 재접근기와 비슷하기는 하지만 똑같다고 보기는 어렵다. 왜냐하면 유아기 심리적 탄생과정의 유아는 언어 능력이 거의 없고, 인지 발달과 뇌 발달도 아직 온전한 기능이 어려운 상태에서의 정서적 경험이고, 청소년이나 성인은 이후의 인지 발달, 정서 발달, 정체성 형성과정을 거쳤기 때문에 유아보다는 훨씬 더 복잡한 심리과정이 가능하기 때문이다. 그렇기에 성인기에 성격장애가 있어서 상담사와의 관계와 정서적 상호작용을 통해 심리적 탄생과정을 재경험하게 되더라도 유아기처럼 3년의 과정이 반드시 다시 필요하지는 않다. 내담자에 따라서 6개월~1년 정도의 상담으로 성격장애를 극복하고 성숙하는 데 진전을 보일 수도 있고, 성격 변화에 심리적 저항이 심하면 4~5년 이상이 걸릴 수도 있다.

대상관계이론에 대한 또 다른 흔한 오해는 대상관계이론 임상가들이 내담자의 모든 심리적 어려움을 유아기 심리적 탄생과정의 문제로만 이해한다는 점이다. 물론 대상관계 관점의 임상가들은 생애 초기 정서적 대상관계 경험의 결핍 혹은 부정적 내적 대상의 형성이 심리 문제의 주요 원인이 된다고 보지만, 그 원인을 유일한 원인으로 보지 않고 다른 원인과 가능성도 있다는 관점을 가지고 있다. 다른 원인으로 보는 것은 선천적이고 유전적인 신경생리적 결함인데, 크게 두 가지 이유로 이해한다.

우선, 태아가 나면서부터 선천적인 결함을 가지고 태어난 경우이다. 유아가 엄마와 같은 대상을 인지적으로 인식하고 정서적으로 관계를 맺으려면 기본적인 감각과 지각 기능이 되어야만 한다. 시각, 청각, 후각, 미각, 촉각 등 오감의 기능이 되어야 하고, 외부에서 들어오는 정보를 인식하고 처리하는 지각 기능까지 포함에서 이 모든 정보와 자극을 하나로 통합할 수 있는 자아 기능이 필요한데, 이 기능에 선천적인 결함이 있는 유아들이 있다. 이 기능에 결함이 있으면 일단 내면이 혼란스럽고, 좋은 대상과 나쁜 대상 표상, 좋은 자기와 나쁜 자기 표상을 통합하려고 해도 할 수가 없어서 성인이 되어서도 내면에 분열된 대상관계를 지속해서 경험한다. 이 결함은 아무리 정서적으로 결핍을 채워 주려고 해도, 장기상담을 통해서 성격을 재구성하려고 해도, 통합을 불가능하게 만든다. 이 선천적 결함은 일부 주의력결핍 과잉행동장애(ADHD)나 일부 학습장애가 있는 사람들에게 나타나는 것과 비슷한 어려움이다.

또한 심리적 탄생이 비교적 잘 되고 온전한 대상관계가 되던 사람이 전쟁 혹은 트라우마 경험 등을 통해서 뇌 손상을 입으면 갑작스럽게 대상관계 기능이 떨어지거나 사라질 수도 있다. 예를 들면, 비교적 온전한 대상관계가 가능하던 사람이 뇌 손상 이후 반사회성 성격장애와 같은 심한 성격장애 현상을 보일 수도 있다. 기존에 존재하던 통합하는 자아 기능이 급속도로 감퇴하거나 사라지기 때문이다. 그렇게 되면 뇌 손상을 입은 내담자뿐 아니라 그 내담자와 친밀한 관계가 있던 가족, 동료, 지인들은 이전 관계가 갑자기 사라지는 충격을 경험하게 된다. 주변 사람들은 마치 자기들이 알던 그 인물이 눈앞에 있지만, 정서적 관계가 완전히 달라졌기에 주요 대상이 자기들 앞에 존재하지만, 완전히 잃어버린 것 같은 상실감을 경험하기도 한다.

성격장애 진단

이 책의 여러 장에서 심리적 탄생과정과 심리 기제에 관해서 설명하였고, 이제부터는 심리적 탄생과 심리 기제가 성격장애와 어떤 관계에 있는지 이해할 필요가 있다. 〈표 9-1〉에서 보면 첫 줄에는 유아기 심리적 탄생(0~36개월)을 좌측에서 우측으로 표시했다. 그중에 눈여겨볼 부분은 분리-개별화 과정의 첫 번째, 두 번째 하위단계인 부화기와 연습기는 맨 왼쪽 칸에, 마지막 하위단계인 재접근기는 가운데 칸에 별도로 표시되어 있다는 점이다. 그 이유는 유아의 부화기와 연습기 경험과 재접근기 경험이 매우 다르기도 하고, 부화기와 연습기 경험에 어려움이 생긴 경우에 나타날 수 있는 심리 기제, 성격장애와 재접근기에 어려움이 생긴 경우에 나타날 수 있는 심리 기제, 성격장애가 구분되기 때문이다.

재접근기가 이 표의 중간에 놓인 이유는 재접근기 이전의 유아 경험은 성인기에 정신증 수준의 성격 조직으로 형성될 가능성이 크고, 재접근기의 경험은 경계선 수준의 성격 조직으로, 대상항상성 형성이 된 이후에는 신경증 수준 혹은 정상 수준의 성격 조직으로 형성될 가능성이 크기 때문이다. 물론 이런 분류는 앞서 언급한 것처럼 각 내담자의 성격 기질, 뇌 발달, 유전적 영향, 관계 경험에 따라서 달라질 수 있기에 절대적이고 불변하는 구조는 아니라서 너무 절대화해서는 안 된다. 이 표에는 정신증 수준의 성격 조직에 자폐증, 조현증, 조울증이 배치되어 있고, 경계선 수준의 성격 조직에 반사회성, 경계선, 자기애적 성격장애, 의존성 성격장애, 신경증 수준의 성격 조직에 신경증, 정상 성격이 스펙트럼으로 배열되어 있지만, 이는 대략적인 구분법이고 임상가에 따라서 의견이 조금씩 다르다. 여기서 주의해야 할 부분은 상담사들이 흔히 진단하

〈표 9-1〉 심리적 탄생, 심리 기제, 성격장애의 연관성

심리적 탄생 (유아기)	• 정상적 자폐기(0~2개월)
	• 정상적 공생기(2~6개월)
	• 분리-개별화(6~24개월)
	  - 부화기(6~10개월)
	  - 연습기(10~16개월)
		- 재접근기
		(16~24개월)
			• 대상항상성
			(24~36개월 이후)

심리 기제	• 통합과 분화 • 투사 • 내사	•분열 • 이상화-평가 절하 • 투사적 동일시 • 전환기 대상 형성	• 온전한 대상관계 • 동일시

성격장애	• 정신증(Psychosis) 수준
	  - 자폐증
	  - 조현증
	  - 조울증
		• 경계선(Borderline) 수준
		  - 반사회성 성격장애
		  - 경계선 성격장애
		  - 자기애적 성격장애
		  - 의존성 성격장애
			• 신경증(Neurosis) 수준
			  - 신경증
			  - 정상 성격

출처: 가요한(2017/2021), p. 30/80.

고 사용하는 경계선 성격장애(borderline personality disorder)는 경계선 수준의 성격 조직에 속하는 성격장애 중 하나라는 점이다. 즉, 경계선 성격장애와 경계선 성격 조직을 구분해서 이해할 필요가 있다.

경계선 성격 조직과 자기애적 성격장애에 관해서 오래 연구하고 임상 기법을 개발했던 오토 컨버그는 각 개인의 성격이 특정 발달 수준에서 조직화된다고 보아서 성격 혹은 성격 구조라는 용어 대신에 성격 조직(personality organization)이라는 용어를 사용했다. 이는 특정 성격으로 구성되었다는 의미였다. 컨버그는 혼란이 심한 수준부터 건강한 수준 성격의 스펙트럼을 제시하면서, 병리의 정도에 따라서 정신증-경계선-신경증 및 정상 수준으로 보았고, 성격 유형에 따라서 경계선 수준 성격 조직을 반사회성-경계선-분열성-편집성-자기애성-연극성(히스테리)-의존성-회피성 등의 순서로 보았다. 컨버그가 제시한 이 순서는 절대적이지는 않지만 심한 수준에서 좀 더 약한 수준으로의 스펙트럼을 제시했다고 볼 수 있고, 〈표 9-1〉과 똑같지는 않지만, 좀 더 심한 정도에서 좀 더 성숙한 정도의 순서로 배열된 것에 대해서는 임상가들의 대체적인 합의가 있는 것으로 볼 수 있다.

이 책의 독자들이 상담 현장에서 주로 만나는 내담자는 신경증 수준이거나 심한 경우에도 주로 경계선 수준의 경계선 성격장애, 자기애적 성격장애, 의존성 성격장애 정도일 것이다. 하지만 요즘 상담 현장에 가 보면 반사회성 성격장애, 조울증, 심지어 조현증까지 예전보다 훨씬 심리적으로 혼란스러운 수준의 내담자들이 늘어나고 있음을 알 수 있고, 아동·청소년, 가족, 중독 문제 등과 관련된 현장 상담사들도 점점 더 상담을 힘들어하고 무기력감을 호소하는 경우가 많다. 그만큼 우리 사회가 젊은 부모에게 자녀 양육에 전념할 수 있는 환경을 만들어 주지 못하는 부분이 있고, 젊은 부모들도 원가족의 자기 부모들에게 적절한 돌봄과 양육을 받지 못해서 건강하지 못한성격이 세대 간 전수가 일어나는 원인도 있음을 알 수 있다.

경계선 성격 조직의 문제를 가진 내담자들이 앞으로 점점 더 늘어난다면 상담사들이 특히 주목해 봐야 하는 심리적 탄생과정의 특정 시기는 재접근기이다. 재접근기(생후 16~24개월)는 분리-개별화 과정을 마무리해야 하는 중요한 시기이지만, 유아의 정서적 불안정, 의존 욕구와 독립 욕구의 충돌, 무력감 경험과 분노의 폭발, 심한 투정 등으로 유아 자신도 양육하는 부모도 견뎌 내기가 매우 어려운 시기이다. 인간의 인생에서 약 8개월 정도에 해당하는 비교적 짧은 기간이지만, 이 시기에 유아의 상반된 욕구를 부모가 안정되게 받아 주지 못하고 감정의 소용돌이를 견뎌 내지 못하면 유아는 일생 경계선 성격 조직의 문제로 관계의 어려움, 정서적 불안정, 분리 불안과 유기 불안, 열등감, 수치심, 내적 공허감 등의 힘든 정서적 고통 속에서 살아가야 하는 문제가 있다.

하지만 젊은 부모들에게 유아를 정서적으로 적절하게 담아 주고 수용해 주지 못했다고 지적하기에는 양육자의 관점에서 보면 억울한 면이 많다. 아무리 체력이 좋고 정서적으로 안정된 양육자라도 유아가 8개월 정도의 기간에 거의 매일 반복적으로 과도하고 상반된 요구를 계속하면 견디기 어렵다. 결국 부모는 무력감과 좌절감을 경험하며 적절한 정서적 반응을 일관되게 하기 어려워서 실패하게 된다. 또한 부모 자신이 분리-개별화의 문제가 있는 경우 유아에게 적절하게 반응해 주지 못할 뿐 아니라, 오히려 방해하기도 한다. 결국 재접근기에 적절한 양육에 실패하는 부모도 꽤 많고, 이 시기를 잘 넘어서지 못하는 유아도 꽤 많다고 볼 수 있다. 좀 부정적으로 말하면, '한국 사회에 재접근기를 무사히 넘기는 유아가 얼마나 될까?' '상담사 중에도 대상항상성 형성이 건강하게 된 사람들은 얼마나 될까?' 하는 의문이 들기도 한다. 그만큼 쉽지 않은 과제로 볼 수 있다.

재접근기의 어려움 경험은 결과적으로 경계선 수준 성격 조직이 형성되는 방향으로 이어질 수 있고, 아동기와 청소년기를 거쳐서 경계선 수준 성격에 포함된 다양한 성격장애가 발현될 수 있다. 요즘 흔히 사용하는 DSM-5에 의한 진단은 적어도 만 18세 이상이어야 공식 진단을 내릴 수 있지만, 만 15세 이상이 되면 DSM 진단 기준을 어느 정도는 참고할 수 있다. 왜냐하면 청소년들의 정체성 형성이 마무리되어 가는 시점이 에릭슨이 처음에 제시했던 만 18세보다 빨라지는 경향이 있고, 신체적으로 성인과 같은 몸을 가지는 시점이 점점 빨라지면서 청소년들의 정신증, 경계선 수준 성격 조직의 발현도 점점 시기가 앞당겨지고 있기 때문이다. 섣부르게 진단하지 않도록 주의해야 하지만, 청소년기나 성인 초기의 내담자들에게서 혼란스러운 성격이 보일 때 대상관계이론의 관점에서 상담하면 나이가 어릴수록 혜택을 많이 받을 수 있다.

성격장애를 진단할 때 다양한 심리검사와 심리평가를 사용할 수 있지만, 가장 중요한 정보는 내담자가 상담사와의 관계에서 사용하는 심리 기제를 상담사가 알아차리는 것과 내담자에 대해서 상담사가 느끼는 정서이다. 예를 들면, 내담자가 자기와 대상인 상담사를 어떤 회기에는 좋은 자기, 좋은 대상으로 느끼면서 상대하고, 어떤 회기에는 좌절되고 실망스러운 마음으로 나쁜 자기, 나쁜 대상으로 흑백논리식으로 경험하는 분열 심리 기제를 사용한다면, 그 내담자는 경계선 수준 성격 조직이 형성되었을 수도 있다. 만약 내담자가 어떤 회기에는 자기를 이상화하고 상담사를 평가 절하하다가, 어떤 회기에는 자기를 평가 절하하고 상담사를 이상화한다면, 역시 경계선 수준 성격 조직이 형성되었다고 볼 수 있다.

또한 내담자가 상담사와의 관계에서 마치 자기와 대상 사이의 경계에 관한 의식이 없는 것처럼, 심한 불안과 같은 자기감정을 상담사에게 전가하고 상담사의 정서 상태를 자기와 같은 정서 상태로 만들려고 시도할 때도 많다. 이런 내담자는 자기와 대상이 서로 분리된 두 사람이라는 인식이 없고 경계를 정확하게 인식하지 못하는 상태이다. 이 내담자는 대상관계에서 투사적 동일시 심리 기제를 사용하는 것이고, 그 역시 경계선 수준 성격 조직이라고 생각할 수 있다. 내담자가 상담사의 내면에 많은 역전이 감정을 불러일으키기에 상담사가 자기 내면에 일어나는 감정을 생생하게 잘 느낄 수 있으면 내담자의 성격 구조를 파악하고 이해하는 데 굉장히 좋은 정보가 된다.

정신증(Psychosis) 수준

우리가 어릴 때 친구들 사이에서 갈등이 생길 때 상대방을 향해서 사용하던 나쁜 단어가 하나 있다. 바로 사이코라는 단어이다. 손가락 하나를 옆머리 쪽의 귀 부분에 놓고 빙글빙글 돌리면서 상대방의 말이나 행동을 이해할 수 없다는 표정으로 "너 사이코 아니야?"라고 하던 말을 들어 본 경험이 있을 것이다. 지금은 이 말을 사용하지는 않지만 사실 이 말은 정신증(psychosis)의 영어 표현을 줄여서 부른 말이기도 하다. 정신증에 대한 낙인은 우리나라뿐 아니라 어느 나라에나 있고 정신분석이나 상담이 우리보다 먼저 잘 발달한 나라에서도 이 문제는 있었다. 과거에는 어떤 사람이 너무나도 심하게 미쳐서 그 사람의 생각과정을 전혀 이해할 수 없고 그 사람에게는 어떤 희망도 없다고 단정하던 경향이 어느 사회에나 있었다.

항정신성 약물이 개발되어서 정신증 치료제로 쓰이기 전인 1950년대까지 심하게 미쳐 보이는 내담자의 말을 들으면서 혼란스러운 그 말 안에서도 어떤 질서를 찾아내고 내담자의 내적 고통을 공감적으로 이해하며, 내담자의 내적 고통을 줄이는 방법을 사용하던 특별한 재능을 지닌 임상가들도 있었다(McWilliams, 2011/2018, p. 92). 그런 임상 작업은 모든 임상가가 가능했던 것은 아니고 재능과 직관이 있었던 소수만 가능했던 일이기는 하지만, 사실 이 장의 지금까지의 논의를 곰곰이 생각해 보면 완전히 불가능한 일은 아니다. 정신증 내담자들의 문제가 뇌 발달의 문제나 선천적 자아 기능의 결함이라면 치료가 어렵겠지만, 만약 대상과의 상호작용의 문제로 감각과 지각이 매우 혼란스러워졌다고 본다면, 혼란스러운 정신증 내담자의 대상으로 존재하면서 인내를 가지고 그 내면을 정리하고 통합하는 과정을 내담자와 함께하면 어느 정도의 변화는 가능할 수도 있다.

〈표 9-1〉에서 본 것처럼, 정신증과 연관이 있는 심리적 탄생과정의 시기는 정상 자폐기(0~2개월), 정상 공생기(2~6개월), 분리-개별화 과정의 부화기(6~10개월), 연습기(10~16개월)에 해당하는 시기로 유아의 생애 첫해로 볼 수 있다. 이때는 유아의 뇌가 빠르게 발달하고 감각과 지각을 사용해서 대상인 양육자를 인식하고 느끼며 구분하는 시기이다. 이때 안정적인 대상이 존재해야 하고, 그 대상이 유아와 무수한 상호작용을 함으로써 유아 내면의 느낌, 생각, 환상, 이미지와 같은 여러 내용물을 통합해서 내면에 담아 두고 있도록 돕기도 하고, 그 내용물 중 어떤 것이 자기 안에 있고 어떤 것이 대상 안에 있는 것인지를 인식하고 구별하도록 돕는 과정이다. 또한 유아가 자기 안의 내용물을 대상에게 투사하기도 하고 대상 안의 내용물을 자기 안에 내사하는 과정이기도 하다. 이런 과정이 제대로 작동하지 않으면 유아의 내면이 혼란스럽게 구성되고 질서 있게 통합된 내적 경험과 사고과정을 갖기는 어렵다. 그렇게 되면 결국 성장해서 정신증 수준의 성격 구조를 형성하게 된다.

이렇게 정신증 수준의 성격 구조가 형성된 내담자들을 만나는 상담사들이 자주 느끼는 공통된 감정은 생후 0~16개월 사이의 유아에 대해서 엄마가 느끼는 감정 상태와 굉장히 유사하다. 이 시기 유아의 존재가 매우 사랑스럽고 엄마로서 잘 보호하고 양육하고 싶은 감정이 드는 것처럼 정신증 내담자들이 상담사에게 그런 역전이 감정을 불러일으키는 경우가 많다. 애틋한 마음이 들기도 하고, 깊이 공감하고 안아 주고 싶기도 하고, 때로는 감동하기도 한다. 정신증 내담자들은 상담사에게 인정받고 수용받기 위해서 공손한 태도를 보이고, 상담사가 어떻게든 자기를 도와주려고 애쓰는 모습에 고마운 마음을 느끼는 모습도 보인다.

또한 상담사가 자기를 미친 사람으로 보지 않고 자기의 이상한 생각을 자연스러운 생각으로 받아 주고 반응해 주는 것에 대해서 안도감을 느끼기도 한다. 그런데 문제는 이 시기의 유아를 양육하는 엄마가 느끼는 것처럼, 유아와 함께하는 것은 좋지만 유아가 끊임없이 매달리며 요구하는 일에 대해서는 지치고 탈진한다. 상담사도 내담자에 대해서 비슷한 경험을 하는 경우가 많다. 내담자를 안쓰럽게 여기고 도와주고 싶은 마음도 들지만, 잘 나아지지 않고 내담자의 끊임없는 반복적인 요구에 자포자기하는 마음이 느껴진다. 이 장에서는 우리가 임상에서 만날 수 있는 정신증 수준인 조현증과 조울증 내담자를 구분해서 자세히 알아보려고 한다. 사실, 조현증 내담자는 일반 상담에 오지 않고 정신의학적인 치료를 받는 경우가 대부분이지만 요즘은 상담에서 볼 수 있기도 하다. 조울증도 마찬가지로 약물치료를 받는 경우가 많지만, 상담을 통해서도 의미 있는 변화를 경험할 수 있다.

조현증

정신증 하면 가장 먼저 떠오르는 성격 조직은 조현증이다. 조현증은 예전에는 정신분열증(schizophrenia)으로 불리던 진단이다. 정신분열증은 말 그대로 정신이 분열된 상태라는 것이다. 감각과 지각이 자기 구조 안에 통합되지 못하고 뿔뿔이 흩어져서 통합적으로 작동을 못하는 상태로 볼 수 있다. 이 용어가 조현증 내담자의 내적 경험을 직설적이지만 더 명확하게 표현하는 단어이다. 하지만 우리나라에서는 그동안 정신분열증이라는 용어가 정신적 고통을 당하는 사람들을 낙인찍고 사회적으로 격리하는 부정적 역할을 했기에 요즘은 조현증이라는 말로 바꾸어 쓰고 있다. 조현증이라는 말은 기타와 바이올린 같은 악기의 현을 조율해야 한다는 의미이다. 이 용어는 정신증 환자의 경험을 생생하게 표현하지 못하는 단점이 있고, 현을 조율해야 한다는 의미는 현재 상태가 현이 조율되지 않은 상태, 즉 우리가 흔히 하는 속어로 '정신줄'을 놓은 상태라는 의미도 되어서 별로 긍정적이지는 않아 보인다.

정신증 수준의 성격 구조를 가진 사람을 구분하는 일은 그리 어렵지 않다. 특히 조현증인 사람은 자기를 대상과 구분하지 못하는 공생적 상태에 있다고 볼 수도 있고, 클라인의 용어에 의하면 편집-분열적 양태에 있다고 볼 수 있다. 공생적 상태로 보는 것은, 공생기 유아처럼 자기와 대상을 구분된 두 명의 존재로 인식하지 못하고 공생을 갈망하며, 엄마에 대해 의존적 심리 상태를 갖고 있기 때문이다. 편집-분열적 양태로 보는 것은 멸절 불안을 느끼는 상태, 즉 자기 존재가 사라질 것에 대한 불안, 대상에게 삼켜질 것 같은 두려움의 상태로 볼 수 있다. 조현증인 사람은 보통 겁을 잔뜩 먹고 있는 느낌을 주고, 편집적이며 피해망상적이다.

　예를 들면, 대학생인 조현증 내담자가 잔뜩 겁에 질려서 상담사에게 "이젠 중앙도서관에서 공부를 못하겠어요. 제가 열람실 책상에 보던 책이나 물건을 놓고 나갔다 오면 제 물건이 옮겨져 있어요. 누군가가 저를 지켜보고 해코지하려는 것 같아요."와 같은 말을 하기도 한다. 이런 표현에서 내담자가 느끼는 생생한 두려움을 볼 수 있다. 몇 년 전, 20대 중반의 남성 조현증 내담자가 상담실에 와서 잔뜩 겁에 질린 모습으로 벽을 둘러보면서 벽에 걸린 시계와 액자를 다 내려 달라고 하는 경우도 있었다. 왜 그런지 물어봤더니, 저 시계와 액자가 떨어져서 자기 코를 자를 것 같다고 하거나, 성기를 자를 것 같다고 하거나, 발등을 찍을 것 같다고 표현하기도 했다. 그만큼 오감을 사용하는 감각과 정보처리를 하는 지각 기능이 잘 통합되지 않아서 혼란스럽기에 실제로 액자나 시계가 벽에 걸려 있는 곳과 자기가 앉아 있는 곳의 거리가 있음에도 불구하고 자기에게 상해를 입힐 것으로 생각하여 두려워했던 것이다.

　조현증 내담자들은 일상생활에서 많은 어려움을 겪기도 한다. 예를 들면, 차가 많이 다니는 거리에 서 있을 때 멀리서 달려오는 버스에 대해서도 두려움을 느낄 수 있다. 정신증이 아닌 사람들은 오감을 잘 느끼고 통합하기 때문에 버스가 멀리서 다가올 때 나는 엔진 소리, 타이어 소음, 버스가 지나갈 때 일어나는 바람, 버스가 다가오는 거리감 등을 잘 느끼고 통합적으로 인식해서 그 버스가 자기를 덮치지 않을 것이라는 사실을 잘 안다. 하지만 정신증인 사람들은 마치 그 버스가 자기에게 달려드는 것처럼, 조만간 자기가 그 버스에 치일 것처럼 생생하게 느끼기도 한다. 주변에서 일어나는 많은 일에 대해서 통합된 지각이 부족하기에 생존에 대한 불안과 두려움을 크게 느껴서 고통스러운 정서 속에 살아가는 경우가 많다.

　결국 조현증 내담자들의 근본적인 내적 갈등은 자기가 사느냐 죽느냐의 문제, 즉 실존적 갈등이다. 그들은 깊은 존재론적 불안으로 고통을 당하고 있다. '자기가 존재할 것인가? 파괴될 것인가? 혹은 자기의 신변이 안전할 것인가? 신변의 위협을 받아서 공포를 느끼는가?' 등의 이분법적이고 극단적인 생각에 사로잡혀 있다. 조현증 내담자 가족을 대상으로 한 많은 연구에서 공통적인 원인으로 가족 내에서 특이한 정서적 소통방식이 있었음이 발견되었다. 이들이 아동일 때 가족 내에서 한 개인으로서의 분리-

개별화를 허용받지 못하고 부모의 분신, 연장이라는 교묘한 메시지를 들으면서 자랐다는 것이다(McWilliams, 2011/2018, p. 96). 이들은 자기가 가족 내에서 개별적 존재로 인정받거나 생존할 수 있는 권리가 있다고 생각하지 못했고, 자기 존재감에 대한 개념조차도 없을 정도로 자라난 경우가 많았다. 그만큼 대상에게서 경계를 침범당하면서 자기감을 키워 나갈 기회를 박탈당한 것으로 볼 수 있다.

조현증 내담자의 일상에서의 특징은 환각이나 망상이 심하고, 생각이나 말하는 내용이 상당히 비논리적으로 들린다는 것이다. 조현증인 사람이 항상 정신이 혼란스러워 보이거나 기능이 전혀 안 되는 것은 아니지만, 스트레스가 심한 경우 금방 눈에 띄게 생각이 와해되어서 혼란스럽고 두려운 모습을 보인다. 이때 상담사가 알아차려야 할 것은 내담자가 어떤 방어 기제를 사용하는지이다. 조현증은 투사, 내사, 분열뿐 아니라 해리, 부인, 철수, 신체화 등의 다양한 방어를 사용한다. 이들은 자기가 파괴될 것 같은 공포가 너무 심해서 이런 방어를 통해서 경험하는 자기의 생각이나 감정의 심한 왜곡이 차라리 공포를 느끼는 상태보다는 덜 무섭다고 여긴다. 다른 사람에게 이상하게 보이더라도 그게 신경 쓰이기보다는 자기가 느끼는 생생한 공포를 조금이라도 해소하는 것이 더 중요하다. 무의식적으로, 그리고 자동으로 나타나는 이런 방어들은 조현증 내담자의 내면을 조금이라도 보호해 주는데, 조현증 내담자가 사용하는 방어들은 사실 언어가 생기기 이전, 논리가 발달하기 이전의 과정이라고 볼 수 있다. 즉, 유아기 첫 한 두 해의 경험과도 같다.

두려움과 공포를 느끼면서 이런 방어들을 사용하다 보면, 자기에 대한 감각이 발달할 겨를도 없어서 결국 정체성 형성이 어렵고 내적으로 심한 혼란을 느낀다. 그런데 사실은 정체성 형성이라고 말하기도 어려울 정도로 조현증 내담자들은 자기가 현재 존재하고 있는 사실 자체도 믿기 어려워하는 모습을 보이기도 한다. 자기가 누구인지도 혼란스럽고, 자기의 나이, 성별, 몸과 같은 가장 근본적인 자기에 대한 감각이나 개념도 느끼기 어렵다. 심지어는 "내가 존재한다는 사실을 느낀다는 게 뭐죠?" "내가 누구인지는 어떻게 아는 거죠?" 등의 질문까지 하는 경우도 많다. 또한 조현증 내담자들은 자기 개념이 혼란스러운 것처럼, 대상에 대해서도 일관되고 안정적인 정체성을 가진 인물이라는 느낌이 별로 없어서 그동안 신뢰해 온 주요 인물이 갑자기 자기를 가학적으로 '박해하거나 죽일 수도 있다는 공포를 느끼기도 한다.

자기감이 약한 조현증 내담자들은 현실감 또한 약하다. 성격 진단에서는 현실 검증이 중요한데 조현증 내담자들은 대부분 이 부분에서 매우 취약함을 보인다. 이들은 마술적 신념을 가지고 있는 경우가 많다. 마술적 신념은 인과관계가 없는 비논리적 사고인데 정신증 내담자들을 맹목적인 확신으로 이끈다. 또한 논리가 부족하고 정상적인 사고가 결여된 경우가 많다. 조현증이 아닌 건강한 사람들도 사실 마술적 신념을 가지고 있기는 하다. 예를 들면, '내 차는 오래되었는데도 고장도 없이 잘 달려.'라는 생각을 하면 어김없이 그 차가 고장 난다. 이 경험을 여러 번 하면, 누구든지 그런 말을 하려는 찰나에 불길한 느낌이 들고 말을 뱉고 나면 신기하게도 그 일이 실제로 일어나는 경험을 한다.

조현증의 차이는 그들의 마술적 신념 때문에, 대상과의 관계에서 불안, 걱정, 공포를 크게 느낀다는 점이다. 예를 들면, 조현증 내담자들은 상담사의 기분을 잘 살피고 알아차리는데, 상담사에게 "저 때문에 짜증이 많이 나시나 봐요. 분명히 내가 나쁜 사람이라서 그러시는 거죠?"라는 말을 하는 경우가 있다. 또는 "선생님, 오늘 제 이야기가 너무 지루하시죠? 지난 회기에 제가 선생님에게 화를 많이 내서 그러시는 게 분명해요."라는 말을 하기도 한다. 상담사가 실제로 내담자 때문에 짜증이 나거나 지루한 느낌이 들 수는 있다. 하지만 그 이유가 내담자가 나쁜 사람이라서 혹은 지난 회기에 화를 많이 내서라는 이유는 대개 사실이 아니다. 그들의 말이 맞을 수도 있지만, 인과관계가 없는 경우가 많다. 조현증 내담자들이 상담사의 감정을 때로는 기가 막히게 알아차리더라도, 상담사의 감정을 그 상황과 현실에 맞게 적절하게 이해하고 해석하는 능력이 떨어진다. 이해력이 떨어지기 때문에 그들은 혼란스러움을 느끼고 자기가 다른 사람과 다르다는 느낌과 소외감을 느끼는 경우도 많다.

조현증 내담자들의 또 다른 주요 특징은 그들이 성찰 기능을 사용하기 어렵다는 점이다. 자기를 잘 들여다보고 인식하고 성찰하는 기능이 제대로 작동하지 않는다는 의미이다. 마찬가지로, 대상의 감정이나 생각을 이해하고 성찰하는 기능도 사용하기 어렵다. 이들은 인지적으로 제대로 성숙이 이루어지지 못했기 때문에 추상적 사고를 잘하지 못하고, 그 결과 대상과의 관계 맺음이나 상호작용에 큰 혼란과 어려움을 느낀다.

정신증 내담자 중 일부는 자기관찰을 잘해서 자기 문제를 잘 알고 있는 것처럼 보이기도 한다. 예를 들면, "제가 다른 사람들보다 정신이 너무 혼란스럽고 힘들어서 빠르게 상황 판단이 잘 안 될 때가 있어요."라는 말을 하기도 한다. 그런데 이런 표현은 자기가 직접 성찰 기능을 사용해서 인식하고 느끼는 것이 아니라 정신건강의학과 의사나 상담사에게 들은 이야기를 반복하는 일에 해당한다. 그 이유는 불안과 두려움을 느낄 때 그런 힘든 감정을 줄이려고 하기 때문이다.

이들이 성찰 기능을 사용하기 어려운 근본적인 원인은 자기와 대상 사이의 경계의 혼란, 즉 자기의 통합이 안 되어서 자기 내적으로 경험하는 것과 자기 외부에서 일어나는 일을 느끼는 것을 구분하는 데 혼란을 느끼기 때문이다. 또한 대상에 대한 신뢰의 부족과 안정적인 애착 형성의 문제로 인해서 상담사에 대한 안전감을 느끼기 어렵고 상담사와 한 공간에서 생각과 감정을 공유하는 일에 대해서 존재의 위협, 즉 멸절 불안을 느끼기 때문이기도 하다. 또한 최근에는 조현증의 원인으로 트라우마와 그로 인한 뇌 발달의 문제를 주장하는 임상가들도 점점 늘어나고 있다. 조현증 내담자가 성인이지만 성찰 기능과 자기관찰이 가능한 관찰 자아가 없는 모습을 보이는 것은 그들을 만나는 주변 사람들에게는 충격적인 경험이지만, 내담자도 엄청난 공포와 혼란 속에서 살아가고 있음을 이해하고 깊이 공감할 필요가 있다.

조울증

조울증(manic depression)은 일반인들도 많이 알고 있는 증상으로서 조증과 울증 상태가 번갈아서 반복적으로 나타나는 증상이다. 조울증은 정신증 수준 성격 조직이고 자살 시도나 망상을 동반하는 경우가 많다. 실제로 자살 사고가 종종 생기고, 자해 증상을 보이는 내담자는 매우 많다. 조울증과 동의어처럼 함께 공식적으로 사용되는 다른 용어는 양극성 성격장애(bipolar personality disorder)인데 조울증처럼 정신증적 경험과 자살 충동이 없으면서 조증과 울증 상태를 주기적으로 오간다. 즉, 양극성 성격장애는 꼭 정신증 수준을 의미하는 것은 아니고 경계선 수준 혹은 심지어는 신경증 수준에서도 성격 특징으로 나타나기도 한다. 양극성 성격장애 중에 우울감이 더 심한 사람도 있고, 기분이 비정상적으로 고양되는 조증 상태가 더 심한 사람도 있으며, 양극을 더 자주 심하게 오가는 사람도 있는데, 정신증, 경계선, 신경증 수준에서 다 나타날 수 있다.

조울증 내담자들이 겪는 극단적인 감정 기복 중에 기분이 과도하게 고양된 상태가 조증 상태인데, 이들이 자기와 대상의 경계에 대해서 상당한 수준의 혼란을 느끼기는 하지만 조현증 내담자들이 느끼는 혼란만큼 심하지는 않다. 조증 상태 내담자의 내면은 연습기(생후 10~16개월) 유아가 느끼는 고양된 상태, 즉 세상이 자기의 뜻대로 움직인다는 전능감 경험과 유사하다. 사실, 내적으로는 자기가 보잘것없는 존재이고 능력이 없다는 것을 알아서 절망을 느끼지만, 세상이 자기 맘대로 되지 않는다는 자각과 인식을 피하려고 현실을 부정하고 더 노력을 배가하는 듯한 행동을 한다. 상담사나 주변 사람들이 이들이 가진 계획이 비현실적이라는 사실을 일깨워 주려고 하면 오히려 자기가 전능하다는 사실을 증명하기 위해서 자기를 훨씬 더 혹사하기도 한다. 즉, 자기 약점을 부정하면서 전능감을 발달시키고, 모든 일을 다른 사람의 도움 없이 자기 혼자 다 감당하려는 경향이 있다.

조울증 내담자들의 행동은 연습기(생후 10~16개월) 유아의 행동을 많이 닮아 있다. 자기가 다 할 수 있다는 의지가 강하고, 실패가 반복되어도 포기하지 않는 경향이 있다. 타인들과 대상관계를 맺지 못하는 것은 아니지만 타인들의 존재 목적은 자기를 정서적으로 지지해 주고 자기 계획을 듣는 데 있다. 타인들의 감정을 헤아리거나 욕구에 세심하게 귀 기울이지는 않는다. 누구든지 자기 말을 잘 안 듣고 자기 계획을 거절하거나 좌절시키는 태도를 보이면 그 자리에 머물지 못하고, 그 자리를 떠났다가 조금 후에 다시 돌아오기도 한다. 마치 연습기 유아가 엄마에게서 떨어졌다가 돌아왔다가 하는 행동처럼 보인다. 조울증 내담자들이 겉으로는 과대성을 느끼는 것처럼 보이지만 그 이면에는 대상에게 의존하는 상태로 돌아가고 싶은 갈망, 자기 존재가 작다는 왜소한 느낌, 불안정감 등의 힘든 감정을 고통스럽게 느끼는 경험을 한다.

조울증 내담자들은 현실성이 없는 허풍을 떠는 경우가 많다. 자기가 큰돈을 가진 사업가라는 이야기도 하고, 조만간 자기 사업이 잘 성공하면 다 채용해 주겠다는 말도 한다. 보통 사람들이 들으면 실현 가능성이 거의 없는 계획을 상세하게 설명하면서 동의를 구하기도 한다. 다른 사람이 자기 계획에 동의하지 않거나 말을 가로막으면 더 큰 목소리로 더 빠르게 이야기하면서 "당신들이 내 계획이 얼마나 훌륭한지 모르고, 제대로 이해하지 못해서 그런 반응을 보인다."라는 식의 표현을 하는 경우가 많다. 자기 말이나 계획이 실현 가능하다는 사실을 보여 주고 증명하기 위해서 지금까지 했던 노력보다 훨씬 더 무리수를 두는 모습도 보인다. 주변 사람들이 조울증 내담자에게 문제가 있고 휴식이나 도움이 필요한 것 같다고 말하면 분노하고 격분한다. 그 조언을 들으려 하지 않고 그 조언을 듣거나 도움을 받으면 자기 존재 가치가 없는 것처럼 두려움을 느끼는 경험도 한다.

'그렇다면 조울증 발생의 원인과 시기는 무엇일까?'라는 궁금증이 생긴다. 조울증은 유전적으로 타고난 성격 기질의 영향이나 뇌 형성과 관련해서 나타날 수도 있지만, 조현증과 마찬가지로 유아의 생애 첫해를 중심으로 해서 유아기 주요 대상과의 관계 경험이 영향을 많이 미친다. 우울은 우울 경향성이 유전을 통해서 자녀에게 전달되기도 하고, 우울감을 느끼는 부모의 태도와 행동이 자녀들에게 우울한 분위기를 은연중에 전달함으로써 뇌 발달과정에서 영구적으로 각인될 수도 있다. 조울증인 사람들의 울증과 조증 경험 중 주요 정서는 주로 울증이고 조증은 우울감에 대한 부인(denial) 혹은 방어로 나타나는 경우가 많다. 즉, 우울감을 극복하고 정서적으로 살아남기 위해서 나타나는 생존 전략이라고 볼 수 있다.

내담자들이 느끼는 우울은 내사형 우울과 의존형 우울의 두 가지 방식으로 볼 수 있다. 내사형 우울은 공격성, 증오심 같은 부정적 감정을 자기에게로 돌리는 형태로서 자기가 비난받는 것이 마땅하다는 죄책감을 주로 느낀다. 자기가 뭔가 잘못했다는 느낌, 죄를 지었다는 마음, 주변 사람들에게 충분히 잘하지 못했다는 후회, 이기적인 생각을 했다는 마음에 고민하면서 우울감에 빠진다(McWilliams, 2011/2018, p. 324). 반면, 의존형 우울의 주요 감정은 슬픔이다. 유아는 원래 의존적일 수밖에 없어서 자기 양육자가 믿을 만하지 않거나 나쁜 사람으로 느껴지면 그런 현실을 받아들이거나 부인해야 한다. 현실을 받아들인다면 공허감, 허무함, 갈망, 절망을 느끼는데 이런 경험이 의존형 우울이다. 의존형 우울을 경험하는 사람들은 분노, 증오심, 죄책감과 같은 감정은 별로 느끼지 못한다. 오히려 그들은 주변 사람들의 관심을 집중시킬 만큼 비통함을 너무 생생하게 느껴서 일반인들은 우울증과 슬픔을 자동으로 동일시하기도 한다. 하지만 실제로 우울과 슬픔은 같은 감정이 아니다.

〈표 9-1〉에서 본 것처럼 정신증 성격 구조에서 주로 사용하는 방어 기제는 투사와 내사이다. 조울증 내담자들, 특히 내사형 우울을 보이는 내담자들은 우울의 명칭에서 보듯이 주로 내사를 방어로 사용한다. 내담자들은 내적 고통을 줄이고 자기의 우울 경향을 바꾸기 위해서 이 방어 기제를 사용한다. 이런 내담자는 주로 "그건 내가 너무 이기적이라 그런 것 같아요."라는 식의 말을 한다. 상담사가 "정말 그렇게 생각해요? 누가 그렇게 말해요?"라고 질문하면 주로 '엄마'라는 대답이 나온다. 즉, 주요 대상의 부정적이고 비판적인 면을 무의식적으로 내사해서 그 대상의 메시지를 그대로 기억하며 상담에서 말로 내뱉는 것으로 볼 수 있다. 내사형 우울인 내담자들은 유아기에 주요 외적 대상의 좋은 면은 그 대상의 고유한 특징으로 기억하고, 나쁜 면은 내사해서 자기의 부분으로 느끼는 패턴이 있다. 그런데 '엄마'가 그런 말을 했다고 답하는 내담자의 엄마가 실제로 그랬는지 여부는 알 수 없다.

우울 경험은 너무 때이른 상실, 상실 경험의 반복과 깊은 연관이 있다. 예를 들면, 엄마가 유아를 집에 두고 나갔던 경우, 엄마는 유아를 무척 사랑하지만 유아는 자기가 버림받았다고 느낄 수 있다. 여기서 문제는 초기 상실이 엄마가 실제로 사망했거나 멀리 떠난 것과는 거리가 먼 경우가 많다는 점이다. 실제로는 엄마가 유기하고 떠난 것이 아닌데 유아가 주관적·정서적으로 그렇게 오해하고 상처받는 것이다. 유아는 자기가 유기된 것에 대해 분노를 느끼지만, 엄마를 간절히 원하면서 자기가 뭔가 잘못해서 버림받은 것으로 느낀다. 유아는 버림받은 것에 대해 느끼는 자기의 분노를 애정 대상인 엄마에게 투사하고, 엄마가 뭔가 마음 상하고 화가 많이 나서 자기를 두고 갔다고 상상하기도 한다. 엄마를 자기를 버린 대상으로 느끼기에 유아는 너무 마음이 힘들고, 엄마와 다시 함께하기를 소망하는 것에 방해가 되기에 엄마에 대한 분노 감정은 자기 밖으로 밀려나고 자기의 나쁜 부분으로 느끼게 되는 것이다.

결국 유아는 떠나 버린 엄마를 이상화하고 부정적인 감정은 다 자기 내면으로 내사하면서 이른 상실 경험을 극복해 보려고 노력한다. 이런 우울감을 느끼는 역동은 우리가 잘 아는 것처럼, 유아가 자기가 나쁜 사람이라서 좋은 대상을 잃었고 다시 유기되는 일을 겪지 않기 위해 앞으로 열심히 노력해서 좋은 사람이 되어야겠다는 느낌이 자기

온몸에 배게 된다. 결국 모든 일을 자기 탓으로 돌리는 기제가 발달할 수밖에 없다. 자기 탓으로 돌리면 엄마로부터 버려지는 불안을 줄일 수 있고, 자기가 내사한 나쁜 것들이 자기 내면에 있기에 통제할 수 있다는 힘을 느낀다. 내사형 우울은 자기가 나쁜 사람이지만 통제하는 힘이 있다고 느끼고, 의존형 우울은 수동적이고 무기력하며 자기가 희생당했다고 느끼는 경향이 있다.

유아의 생애 초기에 반복되는 상실 경험은 주관적·정서적으로 느끼는 정서기억인데, 유아의 인지 발달과 언어 발달의 부족으로 잘못 느껴지는 경우가 많다. 유아가 어떤 일이 벌어진 것인지 잘 이해하기 어려운 점과 그 경험에 대해서 마음 편히 슬퍼할 수 없는 상황이 유아의 우울 성향을 촉진한다. 즉, 이해가 안 되고 맘껏 울 수 없는 분위기가 주요 원인이 될 수 있다. 정신증의 원인과 밀접한 연관이 있는 심리적 탄생과정의 공생기, 부화기, 연습기의 유아들, 즉 만 2세 전후의 유아들은 자기에게 벌어지는 일들을 이해할 수 없는 경우가 많다. 엄마가 떠나는 것도 이해하기 어렵고, 사람이 죽는다는 것도 이해하기 어렵다. 겨우 좋은 것과 나쁜 것을 구별할 수 있을 정도의 능력을 지닌 유아에게 엄마가 사라지는 경험은 머리로는 이해할 수 없고 위로와 설득으로도 안정시킬 수 없어서 그 정서기억이 아주 오랫동안 남게 된다. 또한 엄마가 슬플 때 부정하는 모습을 보이거나, 유아가 느끼는 상실감과 고통을 표현하지 않도록 함으로써 엄마를 안심시키려고 하면 유아가 정상적인 애도과정을 경험하기 어렵다.

무엇보다도, 우울 성향이 촉진되는 가장 큰 원인은 엄마 혹은 아빠 자신의 심각한 우울 증상으로 볼 수 있다. 대개 출산한 엄마는 유아의 생후 6개월 정도까지, 즉 유아의 공생기까지 우울감을 느끼는 경우가 많다. 이런 경험은 정상적인 우울 경험이다. 그런데 요즘은 산후우울증으로 출산 후 1~2년 정도, 심하면 3년까지도 우울증으로 고생하기도 하는데, 이 기간이 유아의 분리-개별화 과정과 정확하게 겹치는 기간이다. 엄마가 우울하면 유아를 아무리 잘 양육하고 싶어도 할 수가 없다. 유아는 엄마의 우울증으로 많은 고통을 느낀다. 자기가 원하는 일이 있어도 죄책감 때문에 맘껏 요구하기가 어렵고, 자기 때문에 엄마가 지치고 괴롭고 우울하다고 느끼기도 한다. 어린 시절에 엄마가 우울하면 유아가 정서적으로 의지하기 어렵기에 정서적 유기와 박탈감은 매우 크다.

이 책의 앞에서 소개했던 위니컷, 클라인, 건트립 등의 대상관계 이론가들은 조울증 내담자들에 대해 서로 동의하는 관점을 가지고 있었다. 조울증 내담자들이 보이는 전능감은 실제로는 무력감을 부인(denial)함으로써 바꾼 감정이라는 점이다. 대상관계 이론가들이 임상에서 경험한 것은 상담사가 이들에게 도움을 주려고 하면 그 도움의 시도를 모욕감으로 느끼는 경향성이었다. 실제로 상담사의 도움을 받는다면 자기가 의존적인 사람이라는 사실을 인정하고 결국 절망감을 느끼기 때문이다. 그래서 조울증 내담자들은 자기가 왜소하고 무력하다는 느낌이 들 때는 자기 이미지를 분열시켜서 약한 부분을 대상에게 투사하는 경향이 있다. 그렇게 되면 자기가 무력한 것이 아니라 대상이 무력한 존재가 되고, 자기는 외롭거나 두렵지 않고 대상이 그런 상태에 있다고 느낀다. 자기가 대상이 필요한 것이 아니라 대상이 자기를 필요하다고 생각하기도 한다.

조울증에서 조증 경험을 하는 일은 우울 감정 이면의 정서적 경험으로 볼 수 있다. 조울증인 내담자들은 근본적으로는 우울한 성격 조직이지만, 우울감을 극복하거나 혹은 부인하기 위한 시도로 조증을 경험한다. 그런데 이 시도가 성공적이지 못하고 부인 방어가 실패하면 우울감이 표면화되고 심해진다. 이런 순환이 반복되면 울증과 조증의 악순환이 반복된다고 볼 수 있다. 겉으로는 밝아 보이고, 들떠 있고, 자신감 있고, 기운이 넘치는 사람이 내적으로는 깊은 우울감으로 고통당하고 있을 수 있다는 것이다. 조증 상태에서는 하던 활동을 멈추거나 감정 상태를 가라앉히기가 어렵기에, 주변 사람들을 지치게 만들고 자기도 결국은 소진되는 경우가 많다. 또한 조증 성향이 있는 사람이 주변 사람들을 즐겁게 하거나 분위기를 부드럽게 하기도 하지만, 진지한 이야기를 나누는 분위기일 때도 유머로 돌리는 일이 많아서 모임의 분위기를 완전히 망치기도 한다.

조증 상태인 사람들의 주변에 있다 보면 산만함과 불안함을 느낀다. 이들이 끊임없이 말로 떠들고 계속 몸을 움직이는 모습을 보면 같이 웃으면서 즐겁기는 하지만 어딘지 모르게 믿음직스러운 느낌이 없고 불안하게 느껴진다. 이들의 유아 시절 관계 경험을 살펴보면, 주요 인물 대상과 트라우마적인 분리를 겪으면서 고통스러운 감정을 제대로 잘 느끼고 처리할 수 없었던 상황이 반복된 공통점이 있다. 예를 들면, 갑작스럽게 이사한 경험, 중요 인물의 갑작스러운 죽음, 부모님이 별거하거나 이혼하는 과정에서 아무도 설명해 주지 않았던 경험 등으로 인해 내면이 매우 산만하고 복잡하고 어수선하다.

그런 내적 경험이 행동화로 나타나서 조증적인 행동을 보이는데, 주변 사람들에게 이들의 감정 상태가 고스란히 전달되고 전염된다. 우울한 사람들도 정서적 학대, 유기, 트라우마적인 분리를 똑같이 경험하지만, 조증을 강하게 보이는 사람들의 상실이 훨씬 더 극단적이고 고통스러웠던 경우가 많다. 또한 유아기와 아동기에 상실 경험을 힘들어할 때 부모들이 자녀의 정서적 경험과 의미에 대해서 축소하거나 매우 무심했을 가능성이 훨씬 더 크다.

심각한 정도의 조울증이나 경계선 혹은 신경증 수준의 양극성 성격장애가 아니더라도, 심리적으로 비교적 건강한 사람들도 일상생활에서 조증 방어를 사용하는 경우가 많다. 예를 들면, 일과 시간에 업무를 다 마무리하지 못해서 야근하는 직장인들이나 기말고사를 준비하느라 밤새워서 공부하는 학생들은 피곤함에 대처하려고 조증 방어를 사용하기도 한다. 몸과 마음이 녹초가 되어서 사실은 당장 그만두고 쉬고 싶지만 그럴 수 없기에 피로에 맞서고 더 해야 한다는 생각으로 무장하면서 포기하지 않는 것도 조증 방어로 볼 수 있다.

심리적으로 비교적 건강하지만 상실 경험이 많거나 슬픈 감정에 휩싸인 사람들도 조증 방어를 사용한다. 형제나 자녀를 갑자기 잃은 사람이 그 슬픔을 잊기 위해서 끊임없이 쉬지 않고 종교단체나 봉사단체에서 열정적으로 활동하거나 주변의 어려운 모든 사람을 마치 자기가 다 돌보아야만 할 것처럼 무리하고 과도하게 행동하는 일도 조증 방어이다. 마치 자기 안의 깊은 슬픔이 없는 것처럼, 자기 슬픔을 주변에 이야기하면 아무도 들어 주지 않아서 소용이 없는 것처럼, 명랑하고 에너지 넘치는 모습으로 생활하는 모습도 종종 볼 수 있다. 결국 조증 방어는 각 개인의 많은 노력과 희생을 요구하는 현대 사회를 살아가는 우리들의 일상에 늘 함께하는 모습이기도 하다.

경계선(Borderline) 수준

경계선 수준 성격 내담자들의 특징은 〈표 9-1〉에서 보는 것처럼 분리-개별화 과정의 하위 3단계인 재접근기(16~24개월) 유아의 모습과 유사성이 있다. 즉, 유아의 심리적 탄생과정 중 재접근기에 발달의 어려움을 겪고 심리적 탄생의 마지막 단계인 대상 항상성 형성을 이루지 못한 상태라고 이해할 수 있다. 이 단계의 유아는 독립 욕구와 의존 욕구 사이에서 갈등을 느끼고, 자기가 자율성을 성취하기는 했지만 의존할 수 있는 양육자가 옆에 함께한다는 사실을 늘 확인해야 하는 상태이다. 재접근기 유아는 자기 혼자 다 할 수 있다고 우기면서 엄마의 도움을 거부하는 행동을 하다가, 금방 엄마에게 안겨서 울음을 터뜨리는 행동을 반복하는 경향이 있다. 경계선 수준 성격을 가진 내담자들은 주 양육자가 처음부터 유아의 분리−개별화 과정을 좌절시키고 방해하는 행동을 했거나, 아니면 독립 욕구가 강하던 유아가 의존 욕구가 느껴져서 퇴행해야 할 때 정서적으로 받아 주지 않고 곁에 머물지 않았던 경우라고 볼 수 있다.

경계선 수준의 내담자들은 항상 딜레마 상황을 경험하는 경우가 많다. 대상이 자기에게 가까이 있다고 느끼면 자기가 그 사람에게 통제당하고 삼켜질 것 같은 불안과 공포를 느낀다. 반대로, 대상이 자기에게서 거리를 두거나 혼자 남겨진다고 느끼는 순간에는 자기가 버려졌다고 느낀다. 즉, 유기 불안, 유기 공포를 느끼면서 힘들어한다. 결국 일상에서 다른 사람과의 관계에서도, 상담에서 상담사와의 관계에서도 다가오다가 물러나고 다시 다가오는 행동을 반복하면서 대상과의 거리 조절을 어려워하는 모습을 보이고, 주변 사람들까지 지치고 불편하게 만든다. 버려진 느낌이 들 때는 힘들어하면서 사람들의 주목과 관심을 받기 위해서 자살 시늉이나 위협을 종종 하는데, 실제로 도와주려고 하거나 관심을 가지면 거부하는 모습을 보이기도 한다.

경계선 수준 내담자를 만나면 상담사도 혼란스러운 생각이 들며 힘들고 지치는 느낌을 경험한다. 이들이 부인, 분열, 이상화−평가 절하, 투사적 동일시 등 자기와 대상을 명확하게 구분하지 못해서 대상과의 경계를 넘나드는 심리 기제를 주로 사용하고 자기 정체성에도 문제가 있기 때문이다. 특히 상담사를 평가 절하하는 태도를 보일 때가 종종 있는데, 상담사가 내담자에게 "○○ 씨는 나의 부족한 부분을 발견하면 기분이 좋은 것 같네요. 나한테 도움받고 있다는 사실이 살짝 기분 나쁜데 나의 부족한 점을 언급하면 기분이 좋아질 수 있을 것 같아요."라는 정도의 반응을 보일 수 있다. 정신증 내담자는 상담사의 이런 반응이 너무 강하다고 느껴서 두려움과 공포를 느끼고, 경계선 내담자는 아무 반응이 없거나, 억지로 인정하거나, 빈정거리면서 받아들이는 경우가 많은데, 실제로 상담사와 함께 있는 것에 대한 내담자의 불안감이 감소하는 것을 볼 수 있다.

정신증 내담자보다는 낮지만, 경계선 수준 내담자들의 공통된 주요 특징은 자기 정체성 통합이 잘 안 된 상태라는 점과 자기 정체성과 관련된 대상의 질문에 쉽게 분노하는 점이다. 경계선 내담자들도 정신증 내담자들처럼 자기 경험이 혼란스러울 수는 있다. 자기 경험에 연속성과 일관성이 부족하기 때문이다. 또한 대상 이미지도 일관되지 않고 통합되어 있지 않다. 자기, 아버지, 어머니와 같은 주요 대상에 대해서 어떤 사람인지 묘사해 보라고 질문하면, 자세하게 대답하지 못하고 단답형으로 대답하는 경우가 많다. "우리 아버지는 폭력적이에요." 혹은 "우리 어머니는 그냥 어머니에요."라는 식의 답변이다. 마찬가지로 빈칸을 채우는 문장완성검사에서 "나의 좋은 점은 _____ 이다." "나는 커서 _____ 이(가) 되고 싶다." 등 자기에 관한 질문을 하면 제대로 답변을 못하는 경우가 대부분이다.

경계선 내담자들은 제대로 답변을 못하는 것뿐 아니라 엄청나게 분노를 표출하기도 한다. 자기 정체성 통합이 안 되어서 자기에 대해서 잘 모르는데 질문하면 대답은 궁색하고 기분이 나빠지는데 쓸데없는 질문을 해서 자기를 기분 나쁘게 하고 공격한다고 느끼기 때문이다. 우선, 이들은 그런 생각이 들 때마다 분노나 강한 감정을 인내하거나 잘 조절하지 못하기에 어려움을 많이 겪는다. 또한 수치심, 슬픔, 열등감, 시기심 등의 다양한 부정적 감정을 표현하는 방식이 주로 분노 하나이기에 다른 사람들 눈에는 이들이 다양한 감정을 느끼는 순간에도 자주 분노하는 것으로 보이기도 한다.

경계선 내담자들이 상담에 와서 변화를 경험하면 참 좋겠지만, 안타깝게도 이들은 자기 병리를 스스로 관찰하는 능력이 상당히 부족하다. 다른 사람들이 보기에는 성격적인 문제가 있는 것이 분명해도 자기는 인정하지 않는 경향이 있다. 이들이 상담을 받으러 오는 경우는 종종 있지만 자기 성격에 문제가 있다고 인식하거나 고치고 싶은 동기가 있는 경우는 많지 않다. 가족이나 친구가 강하게 권하거나, 불안, 우울, 공황 발작과 같은 명확한 임상적 진단이 내려졌을 때는 자발적으로 상담에 오기도 한다. 경계선 내담자들은 실제로 스트레스가 별로 없거나 퇴행한 상태가 아닐 때는 현실 검증이 비교적 잘 되고 사회적 기능이 잘 되는 때도 많다. 즉, 별로 병적으로 보이지는 않아서 상담사들도 처음에는 잘 모르다가 내담자와 관계를 맺고 상담이 진행되면서 내담자에게 경계선 수준 성격 구조가 있음을 알아차리는 경우도 많다.

상담사가 알게 되는 경우는 주로 상담사가 한 말을 내담자가 비난이나 공격으로 받아들이고 분노 표현을 하기 때문이다. 상담 경험에 의하면 경계선 내담자들은 처음 상담에 왔을 때 상당히 세련되게 예의를 갖춰서 행동하는 경우가 많다. 자기의 문제를 최대한 오랫동안 드러내지 않고 감추려고 시도한다. 경계선 내담자들은 현실 검증 능력이 있고, 상당히 똑똑한 경우가 많고, 문제 해결 능력도 있으며, 사회적으로 자기 직업에서 성취를 이룬 사람들도 많아서 상담사가 처음에는 발견하지 못하는 경우가 많다. 그렇게 상담관계가 2~3개월 정도 지속되다가 상담사에게 실망하거나 좌절을 경험하면 그때부터 분노와 같은 부정적 감정이 쏟아져 나오는 모습에 상담사 역시 당황하기도 한다. 내담자의 폭풍우와 같은 강한 감정을 상담사가 묵묵하게 견뎌 주는 수밖에 없다.

많은 사람이 경계선 내담자들의 변화가 가능한 기간을 궁금해하는데, 아무리 짧아도 1년, 보통은 2년 정도의 상담이 지속되어야 변화가 보인다. 유아의 심리적 탄생과정이 적어도 36개월에 걸쳐서 자기와 대상의 무수한 상호작용을 통해서 서서히 형성되는 과정이라면, 성인은 그 정도 기간은 아니더라도 적어도 1~2년 정도의 시간이 필요하다. 성인은 인지 발달과 언어 발달이 유아보다 낫기에 그 기간보다는 적게 걸릴 수 있지만, 반대로 이미 형성된 견고한 성격 구조와 고집이 있기에 오히려 더 오래 걸릴 수도 있다. 어느 정도 성격 구조의 변화가 생길 때 상담사의 노력을 이해할 수도 있고, 이전에 상담사가 자기나 대상에 대해서 질문할 때 화냈던 행동들도 미안해할 수도 있다. 그리고 나서야 이전에는 분노로 반응했던 문장완성검사도 이제는 하나씩 채워 나갈 수 있는 능력이 생기기도 한다.

이 장에서 경계선 수준 성격장애의 모든 유형을 다 다루기는 지면의 제한상 어렵고, 그중에서 상담사들이 현장에서 자주 볼 수 있는 반사회성, 경계선, 자기애적, 의존적 성격장애에 관해서 자세히 설명하려고 한다. 이런 성격장애들은 경계선 수준 성격 스펙트럼에 포함되는 성격장애이기에 경험하는 심리적 어려움, 사용하는 방어 기제, 주변 사람들을 힘들게 하는 점 등에서 서로 유사하게 겹치는 부분이 있어서 어떤 경우에는 명확하게 구분이 어려울 수도 있고, 두 가지 성격장애가 동시에 조합되어 나타나는 경우도 많다.

반사회성 성격장애

반사회성(antisocial) 성격은 경계선 수준에서 가장 정도가 심한 성격이라고 볼 수 있고, 일반인들에게도 잘 알려진 경계선 수준 내의 경계선 성격, 분열성 성격, 편집성 성격, 자기애적 성격보다 유아의 심리적 탄생과정에서 좀 더 초기의 어려움과 연관된 성격으로 볼 수 있다. 반사회성 성격의 또 다른 이름은 정신병질(psychopathy) 성격이다. 한국어로는 정신병질보다는 흔히 사이코패스라고 부르는 용어인데 성격 진단의 용어로 많이 사용하기도 한다. 비슷한 이름인 소시오패스, 즉 사회병질(sociopathic) 성격은 예전에 더 많이 사용하던 용어인데 요즘은 예전만큼 자주 사용하지는 않는 경향이 있다.

일반인들이 흔히 생각하는 반사회성 성격은 영화감독 류승완이 제작한 영화 〈베테랑〉(2015)에 등장하는 재벌 3세 조태오(유아인 역)의 모습으로 알고 있다. 매우 폭력적이고, 다른 사람의 감정과 고통에는 무자비할 정도로 무관심하고 냉정하며, 자기 힘을 맘껏 과시하면서 반사회적 행동으로 물의를 일으키는 사람으로 생각한다. 반사회성 성격에 관한 또 다른 전형적 이미지는 많은 사람을 무작위로 골라서 아무렇지도 않게 파리처럼 죽이는 연쇄살인범의 모습이다. 이런 사람들은 모두 외현적 반사회성 성격이라고 볼 수 있다. 이렇게 정신이 완전히 무너지고, 가학적이며, 충동적인 정신증 상태의 반사회성도 있지만 그렇지 않은 반사회성 성격도 실제로 많다.

이런 무자비한 외현적 반사회성인 사람들 말고도 내현적 반사회성인 사람들이 사실은 더 많다. 영화의 재벌 3세와 같은 반사회성 성격은 사회적 지위와 힘이 있어서 함부로 범죄행위를 저지르고도 처벌받지 않고 빠져나오는 경우가 많지만, 일반인들은 그렇지 못하다. 범죄행위를 저질렀다가는 중범죄로 처벌받고 인생을 망칠 수 있기 때문이다. 내현적 반사회성의 가장 눈에 띄는 특징은 무서울 정도로 주변 사람들에 관한 관심이나 그들의 고통에 대한 공감이 전혀 없다는 점이다. 그들은 경쟁적 성취를 잘 달성하고, 회사의 인수합병 같은 업무에 매우 능숙하기도 하며, 다단계 사기 수법을 통해서 주변 사람들에게 피해를 주고도 죄책감이 전혀 없고 오히려 태연한 모습을 보인다. 자기가 이겨서 좋은 자리에 가는 것이 중요하고, 인수합병을 해서 고용승계가 되지 않으면 그 회사의 임직원과 가족들이 얼마나 고통받을지는 생각하지도 않고 관심도 없다.

외현적이든 내현적이든 반사회성 성격인 사람들의 공통점은 자기의 이익을 위해서 다른 사람을 착취하는 성향이다. 이들은 다른 사람들을 의도적으로 조종하고 싶은 집착과 반드시 이겨 먹으려는 성향이 매우 강하다. 사람들은 드러내 놓고 공격적이고 사람들 눈에 쉽게 띄는 외현적 반사회성보다 내현적 반사회성인 사람이 교묘하게 벌이는 일에 더 큰 충격을 받는다. 특히 내현적 반사회성을 보이는 사람 중에는 전문직에 있거나 매력적이고 세련되고 매우 성공한 사람들도 많다. 이들이 삶에서 만족감과 살아 있음을 느끼는 때는 아슬아슬하고 위험하며 강렬한 경험을 할 때이다. 즉, 위험을 무릅쓰고 자극을 추구한다. 이들의 병리 증상은 스펙트럼에서 정신증 수준에 가까운 경계선 수준의 끝에 있다고 볼 수 있고, 애착 형성이 잘 이루어지지 않았으며, 원시적인 방어를 주로 사용하고 의존하는 특징을 가지고 있다.

대상관계이론에서 정신증, 경계선, 신경증 수준 성격 형성에 주 양육자와의 대상관계 경험의 결핍이나 문제를 주원인으로 꼽지만, 유전적이고 생리적인 원인 또한 주목한다. 특히 반사회성 성격은 대상관계 문제로만 설명하기에는 다양하고 복잡한 원인이 존재한다. 태어날 때부터 어떤 유아들은 체질적·기질적으로 더 공격적이고 충동적이며 반사회적인 성향이 높은 것으로 볼 수 있다. 유아기에 방치, 학대 경험이 있는 사람은 뇌에서 도덕적인 부분을 관장하는 안와전두엽피질에 항구적인 부정적 영향을 끼칠 수 있고, 노어에피네프린, 모노아민 산화효소(MAOA) 등의 특정 유전자를 가지고 태어난 유아는 부모로부터 학대를 경험할 때 폭력적·반사회적 패턴을 발달시킬 확률이 훨씬 높기도 하다(McWilliams, 2011/2018, p. 219). 선천적 기질의 영향이 크지만, 양육과정을 통해서 학대, 유기, 폭력 등이 생기지 않도록 예방하는 것이 최선인데 이 또한 쉽지는 않다.

특정 유전자가 무조건 반사회적 성격을 발현시키지는 않지만, 일부 유전자가 생애 초기 대상관계 경험과 상호작용하면 분노, 공격성, 자극 추구 성향 등이 높은 수준으로 나타날 가능성이 매우 크다. 이들은 정서와 언어를 관장하는 뇌의 부분에 문제가 있는 경우도 많은데, 그렇게 되면 주요 대상과의 관계와 상호작용 경험을 통해 감정을 배우는 능력에 문제가 생겨서 자기가 현재 느끼는 감정이 어떤 감정인지 구분하지 못하는 경우가 많다. 사실, 이들은 어떤 감정을 느끼기는 하지만 그 감정을 이유 없는 분노 혹은 들뜬 감정으로, 즉 불쾌 혹은 쾌 정도로만 구분한다. 또한 자기감정을 언어로 표현하기보다는 감정을 잘 사용해서 대상을 조종하는 데 주로 사용하고, 감정을 말로 표현하지 못하기 때문에 말 대신에 주로 행동으로 표현한다.

반사회성 성격인 사람들이 감정을 잘 모르는 이유는 유아가 느끼는 감정을 말로 표현하도록 가르쳐 준 사람이 가족 중에 아무도 없었던 경우가 대부분이고, 언어를 사용해서 감정을 표현할 수 있다는 개념 자체가 없었기 때문이다. 주 양육자가 유아의 정서적 경험에 잘 반응해 주지 않았고, 가족 구성원들끼리 말을 사용하던 주 용도는 다른 가족 구성원의 행동을 통제하려고 시도할 때였다. 유아의 분노나 짜증이 심할 때 차분하게 들어 주고 이유를 물어봐 주거나 유아의 정서를 일관되게 받아 주기보다는 비싼 장난감이나 물건을 사 주고 달래려는 경우도 종종 있다. 이런 식으로 부모가 잘해 주는 것 같은 행동은 순간적으로는 효과가 있고 유아가 좋아할 수도 있지만, 결과적으로는 유아의 정서적 성장이나 성숙에 도움이 되지 않는다. 오히려 부모가 자기에게 뭔가 잘해 준 느낌은 있는데, 자기한테는 말로 표현하기 힘든 공허함과 뭔가 부재하다는 찝찝한 느낌으로 기억되는 경우가 많다.

대상관계이론의 관점에서 반사회성 성격의 주요 원인으로 보는 것은 유아를 거칠고 무섭게 대하는 양육 방식과 지나치게 방임하는 경험이 혼란스럽게 공존하는 경우이다. 알코올 중독과 같은 중독 가족력이 있는 경우가 많고, 우울하고 힘이 없고 피학적 성향의 어머니와 자주 무섭게 폭력을 행사하는 가학적인 아버지 밑에서 자란 경험을 통해서 세상을 안전하지 않고 무서운 곳으로 느꼈던 경우가 많다. 일관된 애정을 받아 본 경험이 거의 없어서 결국 애착이 안정적으로 형성되지 않았고, 좋은 대상을 자기에게 내면화하거나 동일시해 본 경험이 대부분 없다. 좋은 대상의 따뜻한 사랑을 충분히 받아 보지 못했기에 사랑을 받는 느낌이 어떤 것인지 모르는 경우도 많다. 오히려 자기로부터 뭔가를 약탈해 가는 낯설고 나쁜 대상을 내면화한 경험이 있는 것으로 보인다.

반사회성 성격으로 자란 사람 중에는 부모가 잘못된 특권의식을 심어 준 것이 주요 원인에 해당하는 경우도 있다. 앞서 언급한 영화의 재벌 3세 같은 인물들은 어려서부터 부모가 자기 아이가 전능감을 보이는 것에 각별한 관심을 보이고, 자기 아이는 특별하니까 다른 사람들을 자기 마음대로 통제하고 지배할 권리가 있다는 특권의식을 지속해서 심어 준 경험이 있다. 이런 부모는 자기는 어려서 해 보지 못했던 자기 아이의 반항적 행동을 보면서 통쾌해하며 동일시하기도 하고, 경찰이나 교사가 아이의 행동을 저지하거나 처벌하려고 하면 자기가 나서서 오히려 격렬하게 따지기도 한다. 한국 사회에서 최근에 자녀 문제로 속을 썩는 사회 고위층 인사 중에 이런 유형으로 자녀를 양육한 사람들이 실제로 있고, 그들의 자녀들은 반사회적 태도나 행동으로 인해서 사회에서 지탄받는다.

반사회성 성격인 사람이 보이는 전형적인 방어 기제로는 전능 방어, 조종, 행동화, 해리, 투사적 동일시 등이 있다. 우선, 전능 방어는 자기의 힘을 사용해서 주변 사람들과 상황을 강력하게 통제하려는 시도이다. 이 방어 기제는 반사회성인 사람에게는 무엇보다도 중요한 욕구인데 자기 존재에 대한 수치심으로 인해서 자존감이 떨어지지 않도록 방어해 준다. 이들에게 주변 사람들의 존재 가치는 자기의 전능한 힘을 맘껏 발휘하고 과시하도록 돕는 도구에 불과하다. 심지어는 주변 사람들이 자기의 힘이 대단함을 인정해 주면 오히려 자기가 그동안 해 왔던 사기나 범죄에 대해서 떠벌리고 자랑하기도 한다. 이런 행동이 가능한 이유는 자기가 했던 행동에 대한 수치심이 없어서이다. 자기 존재가 수치심을 느끼는 것은 피하고 싶지만, 자기가 힘을 과시해서 했던 범죄 행동에 대해서는 수치심이 없는 아이러니가 존재한다.

조종(manipulation)은 반사회성 성격인 사람이 상대방을 자기 목적과 유익을 위해서 사용하려고 의도적으로 조종하려는 의식적인 시도이다. 조종은 경계선 성격이나 히스테리 성격인 사람들도 종종 사용하는 기제인데 경계선이나 히스테리 성격이 하는 조종은 다른 사람을 이용하려는 고의적이고 의식적인 시도는 아니다. 이들은 자기에게 조종하려는 의도가 있는지 모르는 채로 무의식적으로 자기 욕구를 채우려고 하지만 주변 사람들은 자기가 조종당하고 이용당한 것을 느낀다. 이들이 조종을 사용하는 진짜 이유는 관계를 유지하고 싶은 무의식적 욕구 때문이다. 반면, 반사회성 성격이 하는 조종은 다른 사람을 이용하려는 고의적이고 의식적인 시도이다.

반사회성 성격인 사람들은 감정이 몹시 상하거나 각성이 되면 즉각적으로 행동하도록 부추기는 내적 자극이 다른 사람들보다 강해서 행동화를 주요 심리 기제로 사용한다. 이들이 다른 사람의 말이나 어떤 일에 즉각적으로 반응하고 행동으로 옮겨서 주변 사람들이 놀라는 이유이기도 하다. 이들은 내적 자극이나 충동이 올라올 때 잘 조절하고 통제함으로써 스스로 뿌듯함을 느껴 본 경험이 없는 경우가 많다. 반사회성 성격인 사람은 불안을 잘 느끼지 않는 것으로 보이기도 하는데, 불안 수준이 다른 사람들보다 매우 낮은 것은 사실이지만 실제로 불안이 전혀 없지는 않다. 다만, 불안을 느낄 때 행동화를 바로 하면 주변 사람들의 눈에는 불안해 보이지 않는 경우가 많다.

또한 반사회성 성격인 사람들은 자기가 했던 범죄에 대해서 기억나지 않는다고 주장한다. 그 이유는 범죄행위를 하는 동안 정서적으로 해리 심리 기제를 사용했기 때문이다. 이들이 자기가 한 행동에 대해서 전혀 기억나지 않는다, 혹은 그때 상황은 기억나지만 자기가 그런 행동을 했는지 도무지 알 수가 없다 등의 반응을 보이면 실제로 그렇게 행동하지 않은 것인지 아니면 자기의 책임을 피하기 위한 것인지는 알 수 없는 경우가 많다. 반사회성 성격인 사람이 실제로 어린 시절 학대당한 경험이 많고 학대 경험과 해리 심리 기제의 연관성을 생각해 보면, 반사회성 성격인 사람들이 해리를 자주 사용하는 현상을 이해하기 어렵지 않다. 그렇지만 결과적으로 주변 사람들은 반사회성 성격인 사람들이 거짓말을 한다는 느낌과 이들을 신뢰할 수 없다는 느낌을 지우기는 어려워서 주변 사람들에게도 상담사에게도 이들은 많은 어려움을 준다.

반사회성 성격인 사람들은 또한 정서적으로 미성숙하고 언어로 표현하는 능력이 매우 부족해서 자기감정을 다른 사람에게 잘 표현하지 못하고 표현하려는 시도 자체를 하기 싫어하는 성향이 있다. 결국 직접 감정 표현이 안 되기 때문에 행동화를 하는 것인데 이들이 자기감정을 주변 사람들이 느끼도록 하는 좋은 방법은 다른 사람이 자기 감정을 느끼도록 촉발하는 것이다. 즉, 투사적 동일시 심리 기제도 자주 사용한다. 이들은 유아기 심리적 탄생과정의 재접근 전반과 매우 유사한 심리 상태에 있기에 발달상의 지연과 정서적 언어 습득이 아직 되지 않은 상태와 같아서 자기감정을 직접 표현하는 것은 매우 어렵다. 마치 유아가 자기감정을 언어로 표현하지 못해서 주 양육자인 엄마나 아빠가 유아의 감정을 알아차리도록 만드는 과정과 비슷하다고 볼 수 있다.

유아기부터 선천적으로 산만하고, 고집이 세며, 요구가 많은 아이를 잘 달래고 정서적으로 반영해 주기는 매우 어려운 일인데, 특히 이 아이들의 타고난 높은 공격성은 양육자를 더 힘들게 한다. 이런 아이들에게는 좀 더 강력하고 적극적인 양육이 필요한데 그것이 부모로서는 쉽지 않다. 태어나면서부터 이런 성향이 강해서 양육자가 느끼기에 처음부터 문제 아동처럼 느껴지는 상황에서 부모가 유아에게 듬뿍 주는 사랑과 뿌듯하고 자랑스럽게 느끼는 자연스러운 경로를 통해서 유아가 자존감을 느끼기는 어렵다. 그렇게 되면 유아가 외적 대상인 부모를 정서적으로 의지하기보다는 자기에게 정서적으로 더 투자하게 되고 자기의 힘에 집중할 수밖에 없다. 하지만 재접근기 유아들이 주로 경험하는 것처럼 자기 존재의 전능함과 나약함 사이에서 심한 내적 갈등을 겪게 된다.

이런 유아들이 공격적으로 행동하고 힘을 과시하며 사용하는 이유는 불안과 두려움 같은 불쾌한 느낌을 없앰으로써 자기의 자존감을 다시 회복하려는 시도로 볼 수 있다. 이들은 자기에 대한 비현실적인 우월감을 느끼기에 자기를 연약하고 능력 없는 작은 인간 존재로 느끼는 순간에 다른 사람에게 힘을 행사함으로써 자존감을 되찾으려고 시도한다. 유아기에 주로 자기 힘을 행사하는 대상은 양육자가 되고 자기가 엄마보다 에너지가 많고 엄마를 조종할 수 있는 느낌이 든다면 뭐든지 자기가 원하는 것을 요구하고, 엄마의 가르침은 무시하며, 내키는 대로 행동해도 된다는 것을 배운다. 결국 이런 행동 방식은 아동기와 청소년기에는 친구들을 대상으로 나타나게 되고, 성인이 되어서는 주변 사람들에게 같은 방식으로 행동하게 된다.

반사회성 성격인 사람들은 양육과정에서 부모로부터 사랑, 애정, 관심 등을 충분히 받지 못해서 박탈당했다는 느낌을 받고, 자기에게 결핍된 것을 다른 사람들은 받았고 지금도 누리고 있다고 생각하여 질투를 느끼는 경우가 많다. 그런데 이 질투는 그냥 단순한 질투가 아니라 클라인의 잘 알려진 개념인 원시적 질투(primitive envy)인데 자기가 가장 좋아하고 원하는 것을 갖지 못하는 느낌이 들 때 파괴하고 싶은 소망을 의미한다. 실제로 반사회성 성격인 사람들이 자기가 부러운 것이나 질투심을 말로 표현하는 일은 거의 없지만 행동으로 하는 경우가 많다. 이들은 자기가 느끼기에 다른 사람이 가진 부러운 점들은 무조건 폄하하고 평가 절하하는 경향성이 있고, 행동화해서 원하는 물건을 훔치기도 하고, 심지어는 좋아하거나 매력을 느끼는 사람을 괴롭히거나 죽일 수도 있다. 반사회성 성격장애가 심한 사람은 실제로 성공한 사람이나 행복한 가족을 보면서 부러움과 끓어오르는 질투심을 느껴서 그들을 죽이고 살인범이 되기도 한다.

반사회성 성격은 상담으로 변화가 일어나거나 치료되지 않는다는 일반적인 이해와는 달리 나이가 들어 가면서 기운이 빠지면 어느 정도 반사회성 성향이나 행동이 줄어든다. 반사회성 성격이 아니더라도 청소년기나 청년기에는 전능감이 큰 경우가 많고 자기는 죽지 않는다는 느낌이 크다. 전능 방어가 실제로 한계를 느끼지 않으면 반사회성 성격 경향이 줄어들기 어려운데, 신체적 노화로 인해 체력이 감소하고 신체 내의 호르몬 감소로 인해서 반사회성 태도와 행동은 자연스럽게 줄어들기도 한다. 또한 자기의 반사회적 행동이 대인관계와 사회생활에 좋지 못한 영향을 끼치는 점을 스스로 깨닫고 행동 교정을 시도한다. 결과적으로, 중년 이후에는 자기의 신체적 한계와 죽음에 대한 인식 때문에 이전에 사용하던 전능 방어보다는 좀 더 심리적으로 성숙해지는 과정을 추구하고 실제로 성숙을 경험할 수 있다.

반사회성 성격인 사람들은 양심, 후회, 죄책감 등에 호소하는 방법보다는 반사회적 행동 대신 친사회적 행동을 했을 때 장기적으로 어떤 이익을 얻을 수 있을지에 대해 호소하는 편이 도움이 되는 경우가 많다. 특히 이들은 원하는 것을 갖고 싶은 욕망과 물질적 가치를 중요시하는 경향성이 있으므로 친사회적 행동이 구체적으로 어떤 결과를 가져오게 될지에 대해서 언급하면서 이들을 설득하는 과정이 도움이 될 수 있다. 또한 반사회성 성격장애인 사람은 충동 조절 장애로 큰 어려움을 겪기도 하고, 알코올이나 마약 같은 물질 관련 장애가 함께 나타날 수 있어서 일반적인 상담의 개입이 어려울 수 있다.

반사회성 성격장애는 다음에 설명할 경계선 성격장애, 자기애성 성격장애와 명확하게 구분하기가 어려운 부분이 있고 진단기준을 공통으로 충족하는 부분이 있다. 가장 눈에 띄는 공통점은 타인의 감정에 대해 공감하지 못하는 것, 자기의 유익을 위해서 타인을 착취하고 자기 마음대로 휘두르려는 점이다. 반사회성 성격장애와 경계선 성격장애는 충동성, 공격성, 분노 조절의 어려움, 남의 것을 훔치는 행동, 신체적인 싸움 등 공통된 부분이 매우 많다. 세 가지 성격장애 모두 경계선 성격 수준에 속하고 재접근기 문제와 밀접하게 연관되기에 본질로는 거의 같은 성격장애 병리인데 발현하는 양식이 서로 다른 문제로 볼 수도 있다.

반사회성 성격장애는 다른 성격장애에 비해서 충동성, 무책임함, 무모함의 경향이 좀 더 크고, 주로 물질적 이득에 대한 욕구를 충족하려는 경향성이 강한 특징이 있다. 지금까지 설명한 반사회성 성격에 대해서 『정신질환의 진단 및 통계 편람 제5판(DSM-5)』(American Psychiatric Association, 2013/2015)에서는 다음과 같은 특징들을 제시했다. 대상관계이론에서는 미국 정신건강의학회에서 발행한 DSM-5의 진단기준을 무조건 따르거나 절대적인 기준으로 간주하지는 않지만, 다음과 같은 특징들이 있음을 대략적으로 알려 주는 정보로서 참고할 수 있다.

15세 이후에 시작되고 다음과 같이 다른 사람의 권리를 무시하는 행동 양상이 있고 다음 중 3가지(또는 그 이상)를 충족한다.

- 체포의 이유가 되는 행위를 반복하는 것과 같은 법적 행동에 관련된 사회적 규범에 맞추지 못함
- 반복적으로 거짓말을 함. 가짜 이름 사용. 자신의 이익이나 쾌락을 위해 타인을 속이는 사기성이 있음
- 충동적이거나, 미리 계획을 세우지 못함
- 신체적인 싸움이나 폭력 등이 반복됨으로써 나타나는 불안정성 및 공격성
- 자신이나 타인의 안전을 무시하는 무모성
- 일정한 직업을 갖지 못하거나 혹은 당연히 해야 할 재정적 의무를 책임감 있게 다하지 못하는 것 등의 지속적인 무책임성
- 다른 사람을 해하거나 학대하거나 다른 사람의 물건을 훔치는 것에 대해 아무렇지도 않게 느끼거나 이를 합리화하는 등 양심의 가책이 결여됨

경계선 성격장애

경계선 성격장애는 경계선 수준에 속하는 다양한 성격장애 중 하나로서, 연속된 스펙트럼에서 반사회성 성격장애의 바로 옆에 놓을 수 있는 성격장애이다. 일부 임상가들은 반사회성 성격은 남성에게서 더 많이 나타나고 경계선 성격은 여성에게서 더 많이 나타난다고 강조하면서 반사회성 성격과 경계선 성격이 본질은 같은 성격장애인데 발현하는 양식에서 차이점이 있다고 보기도 한다. 경계선 성격장애는 실제로는 남성과 여성의 성별 차이가 별로 없이 비슷한 비율을 보이는데, 여성들이 상담에 더 많이 오기 때문에 경계선 성격장애는 주로 여성들에게 나타난다고 오해하는 부분도 있다.

경계선 성격장애인 남성들은 반사회성 성격이나 중독의 형태로 나타나서 중독치료 센터나 교도소에서 치료하는 경우가 많고, 여성들은 섭식장애, 쇼핑 중독, 불안장애, 외상 후 스트레스 장애 등을 보이며 상담을 받으러 오는 경우가 더 많다. 경계선 성격장애에서 반사회성 성향을 보이는 비율이 남자는 57%이고 여자는 26%로 나타나, 남성의 경계선 성격장애는 반사회성 성격장애로 진단될 가능성이 더 큰 것은 사실이다 (Sansone & Sansone, 2011, pp. 16-20).

앞서 언급한 것처럼 반사회성 성격과 경계선 성격은 충동성, 공격성, 분노 조절 문제, 도둑질, 신체적 싸움 등에서 공통점이 많다. 하지만 경계선 성격은 반사회성 성격과는 분명하게 눈에 띄는 차이점도 있어서 같은 유형으로 이루어진 성격이라고 보기는 어렵다. 예를 들면, 반사회성 성격은 유기 불안을 거의 느끼지 않지만, 경계선 성격은 유기 불안이 매우 심하다. 반사회성 성격이 유기 불안을 느끼지 않는 이유는 관계를 추구하지 않기 때문이다. 반면, 경계선 성격은 관계를 갈망해서 유기 불안 정도가 아니라 유기 공포로 느끼는 경우도 종종 있다.

이들이 느끼는 유기 불안은 실제로 상대방이 자기를 버리려고 할 때만 느끼는 것이 아니라 상대에게 그런 마음이 전혀 없을 때도 오해하거나 과장해서 느끼고, 그런 실제적이거나 혹은 가상적인 유기를 피하려고 필사적인 노력을 기울이는 모습을 보이기도 한다. 만약에 남자친구나 여자친구가 자기를 조금이라도 소홀히 하는 느낌을 받으면 자기가 곧 이별 통보를 받고 버려질 수 있다는 느낌이 금방 올라오고, 그러면 자기가 버려지느니 차라리 먼저 이별 통보를 해서 상대방을 버리는 것이 덜 고통스럽다고 느끼는 정도이다.

또한 반사회성 성격은 혼자서도 잘 있지만, 경계선 성격은 혼자 있는 시간을 매우 힘들어한다. 남자친구나 여자친구와 함께 있다가 저녁에 헤어져서 집에 돌아가 혼자 있는 시간도 싫어하고, 결별한 후 다른 사람을 만나기 전에 혼자 있는 기간도 힘들어하고 고통스러워한다. 심리적 탄생의 재접근기 시기에 머물러 있는 심리 상태라서 대상항상성 형성이 되어 있지 않기에 외적 대상이 눈에 안 보이는 순간에는 그 대상이 없는 것처럼 느껴져서 불안하고 견디기 힘들다. 이들은 혼자 있는 시간에 누군가가 자기를 위해서 곁에 있었던 사실을 정서적으로 기억하지 못하는 경향이 있다. 자기를 만족스럽게 해 주는 외적 대상이 현재 없을 때, 그 외적 대상이 내면화된 내적 대상의 목소리가 조용히 격려하고 위로해 주는 것을 느끼지 못한다.

경계선 성격장애는 경계선 수준 성격 중에서도 반사회성 성격과 자기애적 성격 사이의 경계선에 있다. 즉, 경계선 성격장애는 반사회성 성격과의 교집합이 있지만, 또한 자기애적 성격과의 교집합도 있다. 경계선 성격의 특징 중에는 자기 정체성의 장애가 있고, 만성적인 내적 공허감에 시달리는 모습이 있다. 경계선 성격은 자기 이미지와 자기에 대한 느낌이 불안정하다. 자기의 긍정적 측면과 부정적 측면을 잘 통합하지 못해서 자기를 한순간에는 전적으로 좋은 사람으로 느끼다가, 다른 순간에는 자기를 전적으로 나쁜 사람으로 느끼는 불안정하고 강렬한 정서 상태가 왔다 갔다 한다. 또한 자기 내면이 공허한 느낌이 많이 나고 외로운 느낌, 버려진 느낌을 많이 받는다.

자기애적 성격은 자기를 전적으로 좋은 사람으로 과장되게 느끼는 동시에 공허감을 느낀다는 점에서 경계선 성격과 비슷하다. 겉으로는 자기에 대한 확신과 자신감이 있어 보이지만, 실제로는 자기 내면의 공허감이 심하고 마치 구멍 난 그릇에 아무리 물을 부어도 계속 새어 나가는 '밑 빠진 독에 물 붓기'와 같은 내면 상태로 고통을 당하는 측면이 있는 것을 보면 경계선 성격과 자기애적 성격도 공유하는 부분이 있다. 자기애적 성격은 대상으로부터 끊임없이 칭찬과 격려를 받아도 여전히 목마르고 만족스럽지 못한 느낌이 있고, 이들에게는 대상의 존재가 항상 필요하다. 결국 혼자 있기보다는 대상의 존재를 필요로 하고 대상의 승인과 칭찬이 필요한 점에서 경계선 성격과 자기애적 성격은 공통점이 있다.

경계선 성격은 반사회성 성격처럼 유아가 경험하는 재접근기 위기와 밀접한 연관성이 있다. 주요 특징으로는 부적절한 분노, 충동성, 대인관계에서의 강렬함과 불안정성, 정체성 혼란 등으로 대인관계에서의 어려움이 크다. 자기가 약하고 대상과의 관계에서 경계를 잘 인식하지 못하기에 분열, 이상화-평가 절하, 투사적 동일시 등의 방어 기제를 자주 사용한다. 자기와 대상에 대해서도 분열된 이미지를 가지고 있어서 기분 상태와 상황에 따라서 자기와 대상을 전적으로 좋게 느끼거나 전적으로 나쁘게 느끼는 극단적인 평가를 하게 된다. 이들은 불안과 분노 같은 정서를 적절하게 조절하고 표현하는 능력이 매우 부족하고, 충동성을 조절하는 능력도 부족하다. 공격성이나 성적 충동을 사회에서 적절한 활동으로 승화하는 능력도 거의 없다. 또한 알코올이나 마약과 같은 물질 중독에 취약한 특징이 있고, 성적으로 도착적이거나 문란한 행동을 보이기도 한다. 막연한 불안에 시달리거나 공포증을 느끼는 특징도 있다.

경계선 성격장애의 대표적인 특징은 심한 분노이다. 이들은 감정의 변화가 심하고 종종 심한 분노를 보여서 주변 사람들을 당황하게 한다. 경계선 성격인 사람들은 자기가 주관적으로 상대에 대해 분노할 이유가 충분하다고 생각하지만, 주변에서 보기에는 합리적으로 이해할 수 없을 때가 많다. 분노는 대인관계에서의 불안정성을 높여 결국 파국으로 치닫게 해서 관계를 안정적으로 지속하기 힘들게 한다. 이들이 분노하는 이유는 대상이 자기에게 그동안 잘해 주었던 일을 기억하지 못하고 지금 대상이 자기에게 주는 실망에 깊이 좌절하기 때문이다. 전적으로 좋은 자기-대상 상태에서 전적으로 나쁜 자기-대상 상태로 순간적으로 바뀌기 때문이다. 이들은 순간 실망을 느끼면 안정적인 정서를 유지하기 어려운 상태가 된다.

경계선 성격장애인 사람들은 자기-대상의 경계가 분명하지 않기에 감정에 대해서도 이 감정이 자기의 감정인지 대상의 감정인지 구분하지 못하는 경우가 많다. 그래서 주변 인물들이나 상담사와의 관계에서 부정적 감정의 투사적 동일시를 자주 경험한다. 예를 들면, 이들은 종종 주변 사람들이 자기에게 화가 나 있다고 불평한다. 자기는 잘못한 일이 없는데 주변 사람들이 화가 나 있어서 관계 맺는 것이 어렵다고 한다. 심지어는 상담사도 자기에게 이유 없이 화가 나 있어서 상담을 계속 받을 수 없다고 말하기도 한다. 사실, 실제로 분노하는 사람은 경계선 성격을 가진 내담자 자신이다. 그런데 자기의 분노를 대상에게 투사해서 대상이 분노하고 있다고 느끼고, 경계의 불분명함 때문에 대상이 분노해서 자기가 분노한다고 주장한다.

경계선 성격의 또 다른 주요 특징은 충동성이다. 경계선 성격인 사람들은 마치 재접근기 유아들이 보이는 충동성처럼 자기 행동이 가져올 결과를 생각하지 않고 충동적으로 행동한다. 경계선 성격의 충동성이 청소년기와 성인기에 가장 문제가 되는 점은 충동적으로 중요한 결정을 하는 점이다. 예를 들면, 직장 상사가 자기를 위해서 업무에 대해 조언을 하면 경계선 성격인 사람은 그런 조언이 자기를 아끼는 마음에 주는 도움이라고 느끼지 못한다. 문제점을 지적하고 자기에 대해서 나쁘게 생각한다고 느낀다. 지난 몇 년 동안 상사가 자기를 아껴 주고 승진시켜 주었다는 사실도 기억하지 못하고, 실망, 좌절, 분노, 불안 등의 부정적 감정으로 가득 차서 충동적으로 사표를 던진다. 자기가 한 그런 충동적 행동의 결과로 소중한 직장을 잃었음을 뼈저리게 느끼고는 이제는 다시 좋아 보이는 직장과 상사에게로 다시 돌아가서 사정하기도 한다.

경계선 성격인 내담자는 상담사와의 관계에서도 처음에는 상담을 좋게 느끼면서 한두 달 정도 좋은 관계를 유지하다가 상담사가 자기에게 잘 공감하지 못한다고 느끼거나 자기를 실망하게 했다고 느끼면 상담이 도움이 되었던 점은 금방 잊어버리고 상담을 중단하기도 한다. 결국 경계선 성격은 좋은 대상과 좋은 관계에 대한 안정적인 느낌을 유지하지 못한다. 대상에 대해서 조금이라도 실망하거나 불안함을 느끼면 곧바로 그 대상을 나쁘게 느끼고 두려워한다. 새로 만나는 사람이나 새로 복용하기 시작한 약물도 흥분감과 기대감으로 시작하지만 조금이라도 불만족스러우면 버리고 바로 다른 대상을 찾는다. 자기와 대상에 대해서 전적으로 좋거나 전적으로 나쁘게 극단적으로 느끼는 이런 패턴은 새로운 관계에는 공생적 애착처럼 굉장히 흥분하면서 집중하게 되고, 실망감을 느끼면 금방 돌변해서 분노하거나 관계를 끊어 버리는 결과를 가져온다. 그 이유는 실망을 느낄 때도 그 대상의 좋은 측면을 기억하는 대상항상성이 부족하기 때문이다.

경계선 성격인 사람은 대상항상성뿐만 아니라 자기항상성에도 어려움이 있다. 자기 내면이 고갈되고 텅 비어 있는 공허감을 느낀다. 이 감정을 느끼는 이유는 전적으로 나뿐 자기-대상 상태로 들어가서 전적으로 좋은 자기-대상 상태의 좋은 감정을 기억하지 못하기 때문이다. 이들은 내면으로는 공허감을 느끼고 외부 세계에 대해서는 지루함을 느낀다(Hamilton, 1988/2007, p. 214). 대상항상성과 자기항상성이 잘 형성되면 어린아이라도 주변에 아무도 없이 오랫동안 혼자 남겨진 상황에서 공허감이나 지루함 없이 잘 지낼 수 있다. 오히려 자기 내적 자원을 활용해서 많은 생각도 하고 상상도 하면서 즐겁게 그 시간을 보내기도 한다. 하지만 성인이라도 자기항상성이 부족하면 혼자 지내는 시간을 몹시 힘들어하고 누군가를 찾아서 함께하려고 시도한다.

자기항상성은 자기 정체감과도 같은 의미인데 자기항상성이 부족하면 자기의 다양한 측면이 통합되지 않아서 정체감에 혼란을 경험할 수 있다. 경계선 성격이 조현증처럼 자기 분열 상태까지 가거나 다중 인격처럼 느끼는 경우는 흔하지 않지만, 좋은 대상 혹은 나쁜 대상과 함께 있다고 느낄 때 좋은 자기와 나쁜 자기를 구분해서 생생하게 느끼는 경우는 종종 있다. 이런 경험 역시 성인기 사회생활에 많은 어려움을 주는데, 좋은 자기 상태일 때는 집중해서 일하고 좋은 결과물을 낼 수 있지만 나쁜 자기 상태일 때는 자기에게 심각한 문제가 있다고 느끼고 자신감을 완전히 잃어버려서 직장에서 제대로 기능하기 어렵게 된다. 경계선 성격인 사람들은 자기의 두 모습이 있는 것에 혼란을 느끼는 경우가 많고 자기 정체감이 통합되지 못하는 어려움을 겪는다. 특히 혼자 있게 되는 시간에 자기가 한없이 작아지고 나락으로 떨어져서 마치 자기 존재가 이 세상에서 완전히 사라질 것 같은 느낌으로 고통당할 수도 있다.

이 느낌은 자기 존재가 해체되는 것 같은 불안과 혼란 경험으로서 이러한 자기항상성의 결여는 일과 사랑을 지속할 수 없는 무능력함으로 나타난다. 자기에게 맞는 일이 무엇인지에 대해서도 판단할 수 없어서 선택할 수가 없고, 외부적 요인으로 일을 선택한다고 하더라도 일에 대한 항상성을 유지할 수 없기에 직장을 바꾸는 일이 빈번할 수 있다. 사랑을 시작할 때도 자기에게 맞는 사람이 어떤 사람인지에 대해 깊은 고민을 할 수 없어서 선택할 수 없거나 융합 갈망으로 과도한 이상화를 하면서 대상을 선택했다가 금방 평가 절하하며 헤어지는 것을 반복하기도 한다. 이들에게 성관계는 융합 욕구를 충족시키는 중요한 경험인데, 대상과의 융합이 자기가 대상에게 삼켜지고 사라질 것 같아 두려운 경우 성관계를 안 하게 되거나 대상 허기를 채우기 위해 많은 대상과 번갈아 가며 성관계를 하는 모습을 보이기도 한다.

경계선 성격장애가 생기는 주요 원인으로 지목되는 것은 재접근기 유아의 정서적 어려움 경험이다. 유아가 언어로 표현이 가능한 시기 이전인 재접근기에 독립 욕구와 의존 욕구 사이에서 갈등하면서 느껴지는 정서를 잘 표현하지 못하거나 충분히 느끼지 못할 때 양육자로부터 적절한 도움을 받지 못하면 대상항상성 형성으로 발달하지 못할 수 있다. 재접근기 유아는 부모가 자기의 불안정한 감정을 잘 받아 주고, 잘 다루어 주며, 위로와 공감을 해 주는 것이 필요한데, 그런 경험이 없으면 부모가 유아에게 해 주는 기능을 유아가 내면화할 기회를 얻지 못한다. 그렇게 되면 부모가 부재할 때 자기의 감정과 내면의 욕구에 귀 기울이고, 자기를 위로하며, 자기의 감정을 적절한 수준으로 조절하는 것을 습득하지 못한다.

경계선 성격장애의 또 다른 원인으로는 자기와 대상을 통합하는 자아 기능에 선천적으로 결함이 있는 경우와 사고, 전쟁, 트라우마 등으로 뇌 손상을 입어서 잘 통합되었던 성격이 잘 기능하지 못하는 경우가 있다. 우선, 좋고 나쁜 대상 이미지와 자기 이미지가 인지적으로 통합되어야 분열된 내적 상태가 통합되고 대상항상성과 자기항상성 형성이 가능한데 그 기능이 없이 태어나는 유아들이 있다고 보는 견해가 있다. 또한 뇌 손상을 입으면 원래는 잘 기능하던 사람이 분노, 충동성, 정서의 불안정, 자기 파괴적 행동들을 하게 되어서 경계선 성격장애와 구분하기 어려운 증상을 보이는 경우가 종종 있다.

어린 시절에 복합외상을 겪으면 경계선 성격장애로 형성되는 사례들이 실제로 많아서 최근에는 임상가 중에 어린 시절 외상이 경계선 성격장애를 유발할 수 있다고 보는 견해가 증가하고 있다. 12년에 걸친 관련 연구 결과들의 메타 연구에서 보면 어린 시절 외상이 유전적 요인과 함께 관련되어 경계선 성격장애를 유발할 수 있다고 제시하기도 했다(Ball & Links, 2009, p. 63). 복합외상은 어린 시절 반복적으로 이루어진 신체적 학대, 정서적 학대, 방임을 포함하는데, 이러한 경험은 유아가 감당하기 힘든 나쁜 내적 대상을 제공하는 경험이므로 유아는 분열 방어 기제를 사용하게 되고 대상을 통합하는 과정을 방해받게 된다.

외상을 입었을 때 분열이나 해리를 방어 기제로 사용하는 것은 통합에 방해가 되어 외상을 극복하지 못하도록 하는데, 특히 언어 습득 이전의 외상은 언어화되지 못했기 때문에 무의식의 기억으로 남아 현실에서 재경험하게 되어 더 많은 문제를 유발하게 된다. 결국 경계선 성격장애인 사람들이 겪었을 재접근기 혹은 그 이전의 외상은 그들의 깊은 정서에 두려움이나 불안감으로 남아 있게 되고, 그들의 정서를 언어화하지 못하고 행동화하게 되는 특성을 가지는 것이다.

초기 유아기는 뉴런의 발달이 이루어져서 뇌신경 세포조직이 생성되고 시냅스가 활발히 연결되면서 뇌신경의 발달이 이루어지는 시기이다. 초기 유아기의 외상 경험은 뇌 발달에 영향을 주게 되는데, 특히 생후 1년 이전의 유아의 뇌는 우뇌가 발달하는 시기로 초기 외상은 우뇌 발달에 영향을 주게 된다. 또한 유아의 전두엽은 초기에는 미성숙 상태로부터 계속해서 발달하게 되고, 성인이 되기 전까지 시냅스 연결이 활발히 이루어지면서 뇌 발달이 이루어진다(Teffer & Semendeferi, 2012, p. 191). 따라서 신체적·심리적 학대는 다양한 뇌 영역의 발달에 영향을 미쳐 다양한 증상을 나타나게 하고, 뇌 발달이 이루어진 이후에도 신체적 학대에서 뇌 손상이 유발될 수 있기에 이로 인해 경계선 성격이 형성될 수 있다.

뇌 연구는 뇌의 크기, 회백질 밀도, 활성화 등을 조사하여 그 상태를 측정하게 되는데, 경계선 성격장애와 관련해서도 뇌의 크기나 활성도가 어떠한지에 관한 연구가 많이 진행되고 있다. 경계선 성격장애에서의 충동적이고 공격적인 행동에 관한 뇌 연구도 오랫동안 많이 진행되었는데, 메타 분석에 의하면 경계선 성격장애인 사람들의 좌측, 우측 해마와 편도체 크기가 정상적인 경우보다 많이 감소한 것을 발견했다(Nunes et al., 2009, p. 333). 해마와 편도체는 변연계를 구성하는 부분으로 해마는 기억에 중요한 역할을 한다. 해마가 손상되는 경우 기억상실증이 나타나는데, 경계선 성격장애인 사람들이 보이는 해마 크기의 감소는 해마가 손상되었을 가능성과 그로 인한 해리성 기억상실과 관련되어 있을 것으로 보인다.

편도체는 해마와 함께 정서적 기억을 위해 중요한 기능을 담당한다. 편도체는 공포반응, 특히 공포 조건화와 관련되어 있다. 경계선 성격장애인 사람들이 보이는 편도체 기저측핵 부위의 손상은 공포 조건화를 학습하지 못하게 되어서 경계선 성격장애인 사람들은 공포나 혐오 표정 인식의 결함이나 정서적으로 둔감한 증상을 보이기도 한다.

실제로 경계선 성격장애인 사람들은 위협적인 표정을 보면 편도체와 뇌섬엽이 과활성화되어 위협에 민감한 것을 확인할 수 있다. 또한 이들은 해마, 안와전두엽 피질, 전대상피질의 회백질 밀도가 감소해 있어서 이 부위의 뇌 기능에 문제가 있는 것으로 보이는데, 이는 어린 시절 심각한 외상 경험으로 인한 것으로 이해할 수 있다.

이로 인해 경계선 성격장애인 사람들은 정서적 처리와 조절에 많은 어려움을 겪는다. 또한 경계선 성격은 세로토닌 시스템, 글루타메이트, 가바(GABA) 시스템에서 기능장애를 보이는데, 이는 억제하는 조절 기능과 관련된 전두엽 저활성화와 관련되어 정서 조절이 어렵고 충동성을 보이게 되는 원인이 된다(Krause-Utz et al., 2014, pp. 438-451). 경계선 성격장애인 사람들의 우측 설전부의 크기가 줄어들었고, 이들에게 해리성 기억상실증이나 해리성 정체성 장애가 있는 경우 좌측 중심후회의 크기가 증가해 있었다. 따라서 경계선 성격장애에서 좌측 중심후회가 해리성 기억상실증, 해리성 정체성 장애의 발달과 연관이 있는 것으로 짐작할 수 있다(Irle et al., 2007, p. 139).

유전자 연구에서는 경계선 성격인 사람들이 행복한 감정과 관련된 세로토닌과 도파민 체계에 문제가 있다는 연구 결과가 많다. 경계선 성격에서는 세로토닌을 만드는 데에 관여하는 트립토판 수산화효소를 부호화하는 TPH1 유전자에 문제가 생겨서 세로토닌 형성에 문제가 생길 수 있는데, 이는 경계선 성격에서의 자살 행동과 관련된다는 연구 결과와 연결된다. 또한 세로토닌 수용체 유전자에도 이상이 생기는데, HTR2A, HTR2C의 다형성(polymorphism)과 경계선 성격장애가 밀접하게 관련된다(Amad et al., 2014, pp. 12-13). 세로토닌 수송 유전자의 다형성도 발견되었는데, 이는 자살, 충동성, 중독, 감정적 불안정성과 연관이 있어서 경계선 성격장애의 주요 특징들과 세로토닌, 도파민 체계의 문제와 상호 연관성이 보인다.

경계선 성격장애에서는 도파민 체계와 관련해 도파민 전달 유전자의 이상으로 도파민 전달에 문제가 생겨서 우울 증상도 보일 수 있다. 도파민 수용체 D2와 도파민 수용체 D4의 부호화에 관여하는 도파민 수용체 유전자에도 문제가 생기게 되는데, 이러한 도파민 통로의 문제는 우울 증상 외에도 정서적 정보처리, 충동 조절, 인지 능력에도 부정적인 영향을 끼친다(Amad et al., 2014, pp. 12-13). 도파민 통로의 문제가 촉발하는 이런 부정적 영향은 경계선 성격장애인 사람들이 어려움을 겪고 고통당하고 있는 특징들과 정확하게 겹치는 것을 볼 수 있다.

　지금까지 간략하게 살펴본 것처럼, 최근 연구자들은 경계선 성격장애와 관련해 뇌 신경생리학적 관점으로 많은 관심을 가지고 연구하고 있다. 지면의 제한으로 이 장에서 경계선 성격장애와 관련된 논문들을 충분히 제시하기에는 어려움이 있지만, 지금까지 인용한 연구 내용은 메타 연구와 체계적 검토를 한 연구들로 연구자들이 전반적으로 지지하고 있는 결과들로서 독자들에게 중요한 참고가 되리라 기대한다. 다양한 연구에서 경계선 성격장애를 유전과 환경이 상호작용하여 발생하는 장애로 본다는 공통점이 있다.

　지금까지 설명한 경계선 성격장애에 대해서 『정신질환의 진단 및 통계 편람 제5판(DSM-5)』(American Psychiatric Association, 2013/2015)에서는 다음과 같은 특징들을 제시했다. 앞서 반사회성 성격장애에서 언급한 것처럼 대상관계이론에서는 미국 정신건강의학회에서 발행한 DSM-5의 진단 기준을 무조건 따르거나 절대적인 기준으로 간주하지는 않지만, 다음과 같은 특징들이 있음을 알려 주는 정보로서 참고할 수 있다.

대인관계, 자아상 및 정동의 불안정성과 현저한 충동성의 광범위한 형태로 성인기 초기에 시작되며 여러 상황에서 나타나고, 다음 중 5가지(또는 그 이상)를 충족한다.

- 실제 혹은 상상 속에서 버림받지 않기 위해 미친 듯이 노력함(주의점. 5번 진단기준에 있는 자살 행동이나 자해 행동은 포함되지 않음)
- 과대이상화와 과소평가의 극단 사이를 반복하는 것을 특징으로 하는 불안정하고 격렬한 대인관계의 양상
- 정체성 장애: 자기 이미지 또는 자신에 대한 느낌의 현저하고 지속적인 불안정성
- 자신을 손상할 가능성이 있는 최소한 2가지 이상의 경우에서의 충동성(예, 소비, 물질남용, 좀도둑질, 부주의한 운전, 과식 등)
- 반복적인 자살 행동, 제스처, 위협 혹은 자해 행동

- 현저한 기분의 반응성으로 인한 정동의 불안정(예, 강렬한 삽화적 불쾌감, 과민성 또는 불안이 보통 수 시간 동안 지속되며 아주 드물게 수일간 지속됨)
- 만성적인 공허감
- 부적절하고 심하게 화를 내거나 화를 조절하지 못함(예, 자주 울화통을 터뜨리거나 늘 화를 내거나, 자주 신체적 싸움을 함)
- 일시적으로 스트레스와 연관된 피해적 사고 혹은 심한 해리 증상

자기애적 성격장애

자기애적 성격장애는 비교적 오랫동안 정신분석가들, 대상관계 이론가들에게 주목을 받았다. 우선, 자기애라는 용어는 프로이트(1914)가 그리스 신화 나르키소스의 이야기에서 착안하여 「자기애에 관하여(On narcissism)」라는 논문에서 소개했다. 이 논문에 의하면 생애 초기 유아는 대상을 잘 인식하지 못하고 자아 성애 단계로 시작해서 2~3개월 정도 지난 후에는 일차적 자기애(primary narcissism) 상태가 되는데 이는 에너지인 리비도를 전부 자기에게 집중해서 투자하는 상태를 의미한다. 이후 유아가 성장하고 발달하면서 리비도가 대상을 향하게 되어 대상을 사랑할 수 있는 능력을 얻게 된다. 하지만 대상 사랑이 좌절되면 리비도는 다시 자기로 철수하게 되는데 이를 이차적 자기애(secondary narcissism)로 명명했다.

프로이트는 자기애를 설명하면서 대상 선택에 관해서도 언급했는데, 의존적 대상을 선택하거나 자기애적 대상을 선택하게 되는 것을 구분해서 설명했다. 일차적 자기애에 머무르는 사람은 상실한 엄마를 되찾기 위해 시도하게 되는데 이때 의존적 대상 선택을 하게 된다. 즉, 엄마가 자기에게 해 줬으면 하는 것을 대상에게 바라는 것이다. 이차적 자기애를 경험하는 사람은 자기가 닮고 싶은 모습을 하거나 자기의 일부라고 여겨지는 대상을 바라며 자기애적 대상 선택을 하게 된다. 이는 현재 자기애적 성격장애의 기제와 경험을 다 포함해서 설명하고 있지는 않지만, 자기애적 성격의 중요한 한 단면을 명확하게 표현하고 있다.

프로이트는 이후 원초아, 자아, 초자아로 구성된 구조이론을 발달시키면서 초자아와 자아 이상의 개념에 대해 제시했다. 초자아가 너무 가혹하거나 자아 이상이 높으면 자존감이 하락하게 되어 자아가 빈곤해지고, 자아가 빈곤하면 대상 사랑을 하면서 자아 리비도가 부족하게 되고 높은 자아 이상에 다다르지 못하게 되어 자기애적 병리를 일으키게 되는 것으로 이해했다. 이때 자존감을 높이려면 자아 이상을 달성하는 것이 필요한데 자기애적 성격장애인 사람이 성공한 사람을 이상화된 대상으로 선택해 우상화하는 방법으로 나타나기도 한다. 가혹한 초자아와 높은 자아 이상은 자아가 그 수준에 못 미칠 때 자기애적 상처로 수치심을 유발하게 되는데, 수치심은 굴욕감, 치욕스러움, 회한, 무관심, 당황스러움, 낮은 자존감 같은 감정을 포함한다.

결국 이러한 수치심은 열등감을 유발하게 되는데, 신프로이트학파로 평가받았던 카렌 호나이(Karen Horney)는 이러한 자신의 결함으로 인한 열등감을 위장하기 위해 보상 활동을 자기 부풀리기(self-inflation)로 설명했다. 호나이에 의하면 자기 과시(self-aggrandizement)는 유아기 초기 관계에서 경험한 장애의 결과로서 주 양육자와의 관계에서 유발된 불만과 두려움으로 인한 반응으로 볼 수 있다. 자기애적인 사람은 이러한 상처로 인해 타인과의 정서적 연결이 극도로 허약해지고, 수용받지 못하는 것에 대해 고통을 받게 된다. 부모의 강요 때문에 진짜 자기를 잃게 되는데, 그 결과로 자기 만족(self-sufficiency), 자기 의존(self-reliance), 자기 주도성(initiative)이 손상된다. 이런 상황에서 자기 부풀리기는 일종의 대응 시도라고 볼 수 있다는 것이다(Horney, 1939/2000, pp. 92-100).

클라인도 이 주제에 대해서 같은 관점을 가졌는데 자기애가 생애 초기에 유아가 자기와 대상을 구분하지 못하는 상태와 연관이 있음을 주목했다. 초기 유아의 마음 상태는 편집-분열적 양태로 자기의 생존 여부에 대해서 편집적이고 강박적이며 외부로부터의 박해를 받는 느낌이 가득하다. 유아는 불안을 피하려고 대상을 좋은 대상과 나쁜 대상으로 분열시키고 대상을 이상화해서 불안을 줄이려고도 시도한다. 이는 자기애적 성격장애인 사람들이 분열, 이상화-평가 절하 기제를 사용하는 것과 밀접한 연관이 있다. 좋은 엄마의 돌봄으로 불안이 점차 줄어들면서 유아는 성장과 발달을 거쳐서 우울적 양태에 도달하게 된다. 하지만 우울적 양태에 도달하려는 시도의 실패는 유아의 내면에 공격성을 유발하게 되고, 잘 다루어지지 못한 공격성은 박해 불안을 유발한다고 보았다. 클라인이 편집-분열적 양태에서 유아가 느끼는 강력한 시기심이 대상을 파괴할 정도의 공격성을 가지고 있다고 설명한 점은 자기애적 성격인 사람이 자기애적 격노를 느끼면서 자기 자신까지 파괴되는 것을 불사하고 남을 파괴하려고 시도하는 현상과도 연관성이 있다(Chessick, 1985/2012, pp. 66-73).

코헛은 자기애적 성격인 내담자들을 많이 만나고 치료한 경험을 통해서 자기애적 성격장애를 연구했고 이것을 자기심리학 이론의 기본 틀로 사용했다. 코헛은 자기애적 성격장애의 기원은 프로이트학파나 신프로이트학파의 임상가들이 생각했던 것보다 훨씬 이른 전오이디푸스기(0~3세)에 있다고 보았다. 이 시기에 자기애가 형성되는 주요 원인은 유아기 초기 양육자의 공감적 양육이 제대로 이루어지지 않아서인데, 그렇게 되면 유아가 적절한 시점에 과대 자기를 내려놓고 자기의 약점과 한계를 인식하고 수용하는 일이 힘들게 된다고 보았다. 즉, 좋고 이상화된 자기와 나쁘고 평가 절하된 자기의 측면을 잘 통합하는 과정이 필요한데 부모의 공감적 양육의 실패가 그 중요한 과제를 힘들게 한다는 것이다.

유아가 자기를 전적으로 나쁘고 평가 절하한 상태로 느끼는 바로 그 순간에 부모가 유아를 위로하고, 공감하고, 긍정적으로 평가하는 기능을 해 주면 유아가 자기의 긍정적 측면과 부정적 측면을 통합해서 느낄 수 있는 좋은 훈련이 된다. 하지만 유아가 부모로부터 그런 도움을 받지 못하고 부모의 공감 능력을 자기에게 내면화하지 못하면 자기가 힘들 때 위로하고 공감하는 능력을 키우지 못해서 자기의 부족한 점을 결국 분열하고 부인하게 된다. 그런 다음 자기의 취약함, 무력감에 압도되는 감정에 적극적으로 대응하고 자기를 방어하기 위해서 오히려 과대 자기를 더 강화한다. 또한 자기의 감정을 적절한 수준으로 조절하고 느끼는 것도 어렵게 되고 자기를 위로하는 기능도 수행하기 힘들게 된다.

코헛이 자기애적 성격 발달의 기원을 유아기 초기로 보았고, 실제로 유아의 자기애적 태도와 행동은 유아의 연습기와 재접근기에 매우 명확하게 나타나지만, 오이디푸스기, 아동기와 청소년기 전반 등 발달과정의 다양한 단계에서 부모의 공감 실패에 만성적으로 노출될 때 자기애적 성격으로 굳어질 확률이 높다. 만약에 부모가 적절한 공감과 위로를 해 주는 역할을 하면 코헛이 강조했던 변이적 내면화(transmuting internalization) 과정을 통해서 부모의 공감과 위로 기능을 유아가 받아들이고 획득할 수 있어서 자기애적 성격으로 형성되지 않을 수 있다. 그렇지 않으면 병리적인 자기애적 성격장애로 굳어져서 성인기 이후 평생 자기 내면과의 관계에서 심리적인 고통과 어려움을 겪을 수 있다.

자기애적 성격장애인 사람들의 전형적인 특징은 일반인들도 잘 아는 것들로 우리 주변에서 종종 볼 수 있다. 예를 들면, 이들은 자기가 훌륭하고 완벽하다는 사실에 도취한 모습을 보이고, 자기의 능력과 성취에 대해서 과장하는 성향이 있다. 자기를 특별한 존재로 생각해서 특별한 자격이나 권리가 있다고 착각하는 모습을 보이고, 자기가 높은 지위에 있는 유명인들과 교류하며 그들의 특별한 인정과 이해를 받는다고 생각한다. 이들은 자기의 성공, 권력, 똑똑함, 아름다움 등을 추구하는데, 어느 정도 성취를 이룬 후에도 만족하지 못하고 끝까지 집착하고 추구하는 성향을 보이기도 한다. 또한 이들은 건방지고 거만한 태도와 행동을 보이고, 다른 사람들을 자기의 목적을 달성하기 위해서 착취적으로 이용하는 성향이 있다. 자기중심적이기에 다른 사람들의 감정을 공감하지 못하고 그들의 필요에 대해서 무관심한 경우도 많다.

그런데 자기애적 성격장애인 사람이 정말 이렇게 잘났을까? 주변 사람들의 평가와 느낌은 그렇지 않다는 반응이 주를 이룬다. 그래서 자기애적인 사람을 보면 우습게 느껴지거나 경멸스럽게 느껴지고, 가능하면 사적인 관계에서 피하고 싶은 마음이 드는 것이 사실이다. 그렇다면 자기애적 성격장애인 사람들은 자기를 정말 특별하고 훌륭하다고 느낄까? 어느 정도는 그렇다. 하지만 이들도 자기 내면에서는 자기가 정말 그런 특별하고 뛰어난 존재는 아니라고 느끼는 부분도 있다. 이들이 그렇게 과대 자기를 보이고 드러내려고 하는 이유도 자기가 혹시라도 무시당하고 존재감이 없어질까 봐 걱정스러워서 그러는 측면이 분명히 있다.

실제로 이들의 내면에는 불일치감이 상당히 크다. 자기 외적으로는 과대 자기에 집착하고, 자기 성취를 자랑하며, 다른 사람의 긍정적 평가를 기대하지만, 내적으로는 자기가 열등하고, 불안정하며, 다른 사람에게 의존적이라는 느낌이 있다. 이들은 자존감을 유지하는 기능을 자기 내면이 아닌 이상화하는 주요 대상들에게 의존하면서 그들에게 귀속시키고, 그 훌륭한 대상들에게 융합해서 훌륭한 대상의 일부가 됨으로써 자존감을 느낀다. 결국 자기가 훌륭한 것이 아니라 이상화 대상이 훌륭하고 자기는 그 대상의 일부이기 때문에 대상과 같이 훌륭하다는 느낌을 받는 것이다. 그 느낌은 일시적으로는 자존감을 유지할 수 있게 해 주지만, 결국 대상의 훌륭함은 자기 자신의 훌륭함이 아니기에 자기에 대해 공허감과 열등감을 느끼는 경우가 많다.

일반인들이 흔히 생각하는 자기애적 성격장애인 사람은 과대한 자기를 갖고 있어 칭송을 바라고, 무한한 성공욕으로 가득 차 있어서 성공을 위해 타인을 착취하며, 공감 능력이 결여된 특징을 가진다. 이러한 양상은 외현적 자기애(overt narcissism)로 드러나서 단호한 자기 주장성과 자기중심적인 태도를 보이게 되므로 이러한 사람은 자기애적 성격장애임이 명확하게 드러나게 된다. 하지만 이러한 양상이 나타나지 않는 자기애적 성격장애가 있는데, 바로 내현적 자기애(covert narcissism)이다. 내현적 자기애는 열등감과 수줍어하는 모습을 보이게 되는데, 과대 자기의 욕구를 억압하며 상처가 될 만한 상황과 비난을 받을 소지가 있는 상황을 피함으로써 자존감을 보존한다. 이는 주도적이지 않은 태도로 나타나게 되는데, 자신의 주장을 제대로 하지 못하고, 스스로에 대한 확신이 없어서 모호한 우울감에 시달리게 된다(Pincus & Lukowitsky, 2010, p. 431).

자기애적 성격장애인 사람들은 겉으로는 잘난 척하지만 자기 자신에게 의지하지 못하기 때문에, 주변에 자기가 필요할 때 의존할 수 있는 사람들을 포진해 놓는 성향이 있다. 그런데 한 사람이 아닌 여러 사람을 포진해 놓는 이유는, 자기가 필요할 때 대상이 즉각적으로 반응해 주고 달려와 주지 않으면 불편하고 걱정되기 때문이다. 이들은 주요 대상들을 경계가 잘 구분된 존재로 느끼기보다는 자기의 일부, 분신처럼 착각해서 자기 마음대로 사용하고 휘둘러도 되는 것으로 착각한다. 마치 자기가 경험하는 것은 주요 대상들도 같이 경험해야 하고, 자기의 감정을 대상들도 함께 느껴야만 한다고 생각한다. 시간 상관없이 아무 때나 문자 메시지를 하고, 자기가 필요하면 대상의 상황을 고려하지 않고 불러내려고 시도한다. 자기가 필요할 때 대상이 못 오는 이유를 대거나 바로 응해 주지 않으면 매우 실망하고 격노를 표현하기도 한다. 자기가 세상의 중심이고 주변 사람들은 자기를 중심으로 돌아가는 듯한 착각 속에 살아가는 경우가 많다.

자기애적 성격장애는 경계선 수준 성격에 속하는데, 경계선 성격 조직 스펙트럼에서는 가장 발달한 쪽에 위치한다. 반사회성 성격장애가 재접근 전반과 밀접한 연관이 있다면, 자기애적 성격장애는 재접근 후반과 연관성이 높다(Hamilton, 1988/2007, p. 225). 경계선 성격장애와 자기애적 성격장애는 경계선 스펙트럼에서 근처에 위치하기에 특징이 서로 중복되는 부분이 있다. 자기애적 성격인 사람들은 대개 경계선 성격장애의 일부 특징을 공유하는 경향이 있다. 자기 정체성에 대한 불안정성이나 만성적인 공허감 같은 중복되는 특징도 있고, 자기애적 성격의 특징들에 경계선 성격의 특징들 몇 가지가 같이 나타나기도 한다. 앞서 살펴본 것처럼 경계선 성격장애는 반사회성 성격장애와 겹치는 부분이 있어서 경계선 수준 성격 조직에 속하는 다양한 성격장애는 명확하게 선을 긋기 어려운 점이 있다.

자기애적 성격장애는 경계선 성격장애보다는 좀 더 발달하고 성숙한 단계로 볼 수 있다(Hamilton, 1988/2007, p. 220). 자기애적 성격장애는 경계선 성격장애보다 자기의 파편화 정도가 덜해서 자기 구조가 어느 정도 형성된 상태이다. 이들은 어느 정도의 응집된 자기를 가지고 있고, 자기와 대상 사이의 분리-개별화가 좀 더 진전된 상태이기도 하다. 경계선 성격장애는 상태가 심각하고 컨디션이 좋지 않으면 일시적으로 망상 또는 환각을 경험하거나 현실감을 상실하는 상태가 발생하기도 하고, 자기-대상의 경계가 상당히 혼란스러운 상태가 되기도 한다. 반면, 자기애적 성격장애는 경계선 성격장애처럼 해체될 것 같은 심각한 불안에 휩싸일 가능성이 없고, 심리적으로 좀 더 분리가 잘된 느낌이 있어서 이런 경계의 심각한 혼동이 거의 발생하지 않는다.

또한 자기애적 성격장애인 사람들은 경계선 성격장애인 사람들만큼 충동적이지 않고, 좌절감을 좀 더 잘 견뎌 내는 능력이 있다. 자기애적인 사람들은 경계선 성격만큼 대상 자체를 갈망하거나, 대상에게 매달리거나, 유기 불안을 심하게 느끼지는 않는다. 이들에게 대상이 필요한 이유는 자기에 관한 관심과 칭찬이 필요하기 때문이다. 즉, 대상 자체보다는 대상의 칭찬과 관심과 격려가 필요한 점이 경계선 성격장애와 다르다. 하지만 이들은 신경증 내담자보다는 자기 구조가 취약한데, 자기애적 성격장애에서는 수치심과 대상 상실의 두려움이 더 먼저 나타나고, 거세불안, 즉 잘못해서 처벌받을 것 같은 두려움은 좀 더 나중에 나타난다. 반면, 신경증 내담자에게서는 죄책감과 거세불안이 더 먼저 나타나고, 나중에 대상 상실의 두려움이 나타나게 되는 차이점이 있다.

자기애적 성격장애를 이해하려면 우선 유아기 심리적 탄생과정의 재접근기를 다시 한번 기억해 보는 것이 도움이 된다. 재접근기는 전능하고 이상화된 대상에 융합되어 있던 과대하고 이상화된 자기가 분화되는 시기이고, 나쁘고 무능하고 평가 절하된 대상에 융합되어 있던 나쁘고 무능하고 평가 절하된 자기가 분화되는 시기이다. 그런데 문제는 이상화된 과대 자기와 평가 절하된 무능한 자기를 아직은 통합하지 못한다는 점이다. 이런 상태에서는 이상화된 자기를 느끼는 순간에 평가 절하된 자기의 측면을 자각하지 못하고, 평가 절하된 자기를 느끼는 순간에 이상화된 자기를 전혀 기억하거나 자각하지 못하는 심각한 문제점이 있다.

자기애적 성격인 사람은 과대하고 이상화된 자기가 우세할 때는 며칠 동안 자기 능력과 중요성을 과도하게 높이 평가하고 자존감을 유지하는 일이 가능하다. 그런데 그 기간은 자기가 슬퍼하거나, 상처받거나, 평가 절하된 느낌이 있더라도 전혀 자각하지 못하는 경우가 많아서 자기의 아픔과 힘든 상태를 잘 보살피거나 위로하지 못한다. 반대로, 평가 절하된 자기가 우세한 기간에는 자기가 실패하고 모멸감을 느끼면서 자기 존재가 무가치하고, 작고, 산산이 부서진 것 같은 정서적 고통을 경험한다. 이때 이상화된 자기에 대한 좋은 평가를 기억한다면 자존감을 어느 정도 유지하고 그 시간을 이겨 나갈 텐데 그러지 못해서 힘든 시간을 보낸다. 그러다가 다시 과대 자기가 우세해지면 자기의 힘든 부분을 자각하지 못하는 악순환이 반복되기도 한다.

자기애적 성격장애는 자기에 대한 이상화와 평가 절하가 반복될 뿐 아니라, 대상에 대해서도 이상화와 평가 절하 방어 기제를 사용한다. 이들은 자기의 자존감을 올려 줄 좋은 대상을 발견하면 무조건 달려가서 그 대상을 맘껏 이상화하고 융합하려는 욕구가 있다. 자기는 그 융합한 훌륭한 대상의 일부이기에 자존감을 유지하는 데 큰 도움이 된다. 처음에는 그 대상의 단점이 보이더라도 단점으로 인식하지 못하고 무조건 장점으로 느끼는 경향이 있고, 이상화 대상을 거의 숭배하는 정도로 함께하려는 의욕에 불탄다. 이는 자존감을 방어하려는 적극적인 시도이다.

그런데 어느 정도 이상화하는 시간이 지나고 그런 완벽한 대상과의 관계에서 아주 작은 것 하나라도 실망스러움을 느끼게 되면 그 대상을 바로 무가치한 존재로 평가 절하하고 자기의 자존감을 유지하기 위해서 그 평가 절하된 대상을 버려질 수 있는 카드로 느낀다. 여기서 대상의 실망스러운 점은 객관적이기보다는 주관적 평가나 느낌인 경우가 많다. 자기애적 성격장애가 대상을 버리려는 이유는, 경계선 성격장애가 유기 불안 때문에 자기가 버려지는 느낌이 날 때 대상을 먼저 버림으로써 자기가 버림받는 상처를 줄이려는 것과는 매우 다르다. 결국 자기애적 성격장애인 사람들이 이상화를 사용하는 것도 자존감을 방어하려는 시도이고, 평가 절하를 사용하는 것도 자존감을 방어하려는 시도로 이해할 수 있다.

자기애적 성격장애인 사람들이 보이는 특징 중 주목할 만한 부분은 공감하고 위로할 수 있는 능력의 부족이다. 흥미로운 점은 이들은 자기에게도 대상에게도 일관되게 이런 모습을 보인다는 점이다. 즉, 이들은 자기중심적이기에 다른 사람에 관한 관심은 없고 자기가 다른 사람을 이상화 대상으로 삼아서 그 대상이 자기를 위해서 존재하는 것에만 관심 있다. 반면, 이상화 대상의 감정이나 필요에 관해서는 진정한 인간적인 관심이 없다. 이들은 과대 자기에 집중하면서 대상에 대해서는 무관심하고, 공감하지 못하고, 위로하지 못한다. 즉, 자기의 자존감 유지와 자기의 목적 달성을 위해서만 대상을 이용하고 의존하면서, 그들에게 어떤 어려움과 고통이 있는지 살피고 돌보는 능력은 없다. 마치 자기가 많이 배고플 때는 다른 사람에게 함께 먹도록 권할 여유가 없는 것과 같다. 자기의 굶주린 배를 채우기 급급한 것이다.

자기애적 성격은 대상을 공감하고 위로하지 못할 뿐만 아니라 자기 자신을 공감하고 위로하는 일도 어렵다. 예를 들면, 자기가 중요한 시험을 잘 치르지 못해서 원하던 성적을 받지 못하거나 직업을 얻지 못했을 때, 자기 자신에게 '괜찮아! 그동안 너무 고생했어. 최선을 다했으니 충분히 잘했어. 힘내서 다음번에 잘 치르면 돼!' 같은 메시지로 위로하거나 자기의 아픈 마음에 공감하지 못한다. 앞서 설명한 것처럼, 이들은 이상화된 자기와 평가 절하된 자기를 통합하는 데 어려움이 크기 때문에 자기가 실패하는 순간에 자기의 고통이나 슬픔을 인식하지 못하는 경우가 많다. 결국 이들은 자기가 자기를 공감하고 위로하지 못하기 때문에 대상의 위로, 공감, 승인이 필요하다. 자기애적 성격장애인 사람 중에서 자기를 공감하고 위로해야 할 순간에 자기를 더 혹독하게 다루고 혹사하는 사람도 많다.

지금까지 논의한 자기애적 성격이 형성되는 주요 원인으로 앞서 설명한 유아기 초기 부모의 공감적 양육의 실패와 더불어서 통합하는 자아 기능이 선천적으로 결함인 경우도 꼭 기억할 필요가 있다(Hamilton, 1988/2007, p. 228). 이는 경계선 성격장애의 원인으로 보았던 측면과도 같은 문제로 볼 수 있는데, 유아가 태어날 때부터 통합하는 자아 기능에 문제가 있으면 부모가 아무리 기능과 역할을 해 주어도 자기의 긍정적 측면과 부정적 측면을 통합하는 과제는 불가능할 수 있다. 만약 유아가 이상화된 자기와 평가 절하된 서로 모순된 자기 이미지를 비교해 보고 동시에 유지할 수 있는 능력이 없으면, 부모가 아무리 잘 양육해도 유아는 이상화된 자기와 평가 절하된 자기를 분열적으로 유지하며 한 번에 한쪽만 느끼는 어려움을 평생 지속할 수도 있다.

자기애적 성격으로 형성되는 것은 부모의 교육 수준, 경제적 여건, 시간적 여건 등과 상관없이 부모의 공감 실패로 인해 많은 가족에서 보편적으로 나타날 수 있다. 특히 1990년대와 2000년대 이후에 한국 사회에서 여성들의 사회 진출이 활발해졌지만, 육아를 지원하는 사회 제도는 아직 잘 정착되지 못했다. 실제로 출산과 양육 자체가 젊은 부모의 희생과 고생을 유발하는 상황에서 부모가 유아에게 일관된 정서적 반응을 보이는 것은 매우 어려운 일이다. 어떤 부모들은 유아에게 공감할 수 있는 정서적 능력이 충분히 있고 자기의 부모로부터 충분히 정서적 분리−개별화를 이루었지만, 실제로 유아와 충분한 시간을 함께하기 어렵거나 일로 인해서 신체적·정서적 에너지가 부족한 경우도 많다. 자녀와 충분히 함께하지 못하는 미안한 마음과 죄책감으로 인해서 자녀에게 경제적으로 더 많은 것들을 보상해 주려는 마음이 있는 부모들도 많다. 그렇게 되면 자녀의 선천적인 통합적 자아 기능이 건강하고 부모의 공감 능력이 충분해도 자기애적 성격 문제가 발생할 가능성이 크다.

프로이트 시대부터 지금까지 각 시대별로 많이 진단되던 성격장애가 있다. 프로이트 시대에는 물론 대부분의 환자가 히스테리 성격으로 진단되었고, 이후에는 컨버그의 경계선 성격장애 연구로 인해서 많은 내담자가 경계선 성격장애가 있는 것으로 진단되었다(Hamilton, 1988/2007, p. 230). 최근에는 상담에 온 많은 내담자를 자기애적 성격장애인 것으로 진단하는 경우가 많다. 한국 사회에도 최근에 신경증 수준과 정상 성격인 내담자를 경계선 성격장애와 자기애적 성격장애로 진단하는 경우가 많은데 성급한 진단이나 과잉 진단을 하지 않도록 주의해야 할 필요가 있다. 처음부터 심리검사를 통해서 성격장애를 진단하고 시작하면 그 내담자의 세밀한 특징이나 고유한 성격을 놓칠 수 있기 때문이다.

진단에서 주의해야 할 또 다른 점은 감정을 강렬하게 느끼는 상태가 꼭 병리적인 것은 아니라는 점이다(Hamilton, 1988/2007, p. 240). 신경증이나 정상 성격인 사람들도 다른 사람을 심하게 질투해서 그 사람의 경계를 침범함으로써 폭력을 행사하는 경우가 있고, 과하다 싶을 정도로 열정적으로 사랑할 수도 있다. 신경증적이고 정상적인 사람이 전쟁을 일으킬 수도 있고 사람을 죽일 수도 있다. 결국 한 사람을 스펙트럼에서 정신증 수준, 경계선 수준, 신경증 및 정상 수준 성격으로 구분하는 기준은 감정의 강렬함이나 강도가 아니라, 감정이 얼마나 통합되었고 잘 느끼고 다룰 수 있는지이다. 주변 인물이나 상담사의 눈에 주로 보이는 부분은 감정의 강도인데 그 기준으로 성격을 파악하고 진단하면 과잉 진단할 확률이 높다.

해밀턴은 주요 성격장애인 사람들의 자기와 대상의 관계를 비교하면서 간단하지만 명확하게 눈에 띄는 구분을 했다. 그에 의하면 경계선 성격장애인 사람은 좋은 대상의 "보살핌"을 추구하고, 자기애적 성격장애인 사람은 대상의 "관심과 칭찬"을 추구하며, 신경증적이거나 정상 성격인 사람은 대상의 "사랑"을 소망한다는 것이다(Hamilton, 1988/2007, p. 230). 특히 앞으로 살펴볼 신경증 수준 혹은 정상 성격인 사람들은 대상으로부터 일방적으로 원하는 것이 아니라 자기도 대상에게 주고 대상도 자기에게 주는 상호적인 사랑을 원한다고 보았다. 사람들이 가진 성격장애 유형에 따라서 대상을 어떻게 인식하고, 대상에게 무엇을 원하며, 대상과 어떤 관계를 맺는지가 달라진다는 점이 흥미로운데, 해밀턴의 구분은 성격장애의 차이점을 생각해 보면 정확해 보인다.

앞서 반사회성 성격장애와 경계선 성격장애에서 제시한 것처럼, 지금까지 설명한 자기애적 성격장애에 대해서 『정신질환의 진단 및 통계 편람 제5판(DSM-5)』(American Psychiatric Association, 2013/2015)에서는 다음과 같은 특징들을 나타낸다고 보았다. 이미 강조한 것처럼 대상관계이론에서는 미국 정신건강의학회에서 발행한 DSM-5의 진단 기준을 무조건 따르거나 절대적인 기준으로 간주하지는 않지만, 다음과 같은 특징들이 있음을 알려 주는 정보로서 참고할 수 있다.

과대성(공상 또는 행동상), 숭배에의 요구, 감정이입의 부족이 광범위한 양상으로 있고 이는 청년기에 시작되며 여러 상황에서 나타나고, 다음 중 5가지(또는 그 이상)로 나타난다.

- 자신의 중요성에 대한 과대한 느낌을 가짐(예, 성취와 능력에 대해서 과장한다, 적절한 성취 없이 특별대우를 받기를 기대한다)
- 무한한 성공, 권력, 명석함, 아름다움, 이상적인 사랑과 같은 공상에 몰두함
- 자신의 문제는 특별하고 특이해서 다른 특별한 높은 지위의 사람(또는 기관)만이 그것을 이해할 수 있고 또는 관련해야 한다는 믿음
- 과도한 숭배를 요구함
- 특별한 자격이 있는 것 같은 느낌을 가짐(즉, 특별히 호의적인 대우를 받기를, 자신의 기대에 대해 자동적으로 순응하기를 불합리하게 기대한다)
- 대인관계에서 착취적임(즉, 자신의 목적을 달성하기 위해서 타인을 이용한다)
- 감정이입의 결여: 타인의 느낌이나 요구를 인식하거나 확인하려 하지 않음
- 다른 사람을 자주 부러워하거나 다른 사람이 자신을 시기하고 있다는 믿음
  오만하고 건방진 행동이나 태도

신경증(Neurosis) 수준 및 정상 성격

예전에 한국 사람들은 다른 사람들과의 관계에서 불안, 갈등, 스트레스 등을 겪을 때 노이로제에 걸릴 것 같다고 표현했던 적이 있다. 그때는 심리상담이나 정신건강의학에 대한 정보나 치료를 지금처럼 쉽게 접할 수 있던 시대가 아니었기에 노이로제라는 단어가 심리적이고 정신적인 문제를 표현하는 전반적인 단어로 사용되었다. 실제로 노이로제(neurose)는 독일어 단어이자 독일어 발음으로 표현한 용어이고, 신경증(neurosis)이라는 영어 단어와 같은 의미이다. 독일어를 모국어로 사용했던 프로이트와 초기 정

신분석가들이 신경증적 증상이 있는 환자들을 지칭할 때 독일어 단어로 사용했고, 이후에 신경증에 관한 연구와 논의가 진행되는 과정에서 독일어 단어 노이로제 그대로 한국에 소개되었던 것으로 짐작된다.

정신분석이나 정신역동적 상담을 하는 많은 임상가는 신경증적이라는 단어를 심리적으로 매우 건강한 사람들, 정서적으로 건강하고 상담사와 만족스러운 관계를 맺고 좋은 예후와 결과를 보이는 사람들을 지칭하고 있다. 그런데 원래 프로이트가 이 단어를 사용할 때의 의미는 지금의 의미와는 매우 달랐다. 프로이트와 당대의 임상가들은 조현증, 조울증, 반사회성과 같이 정서적으로 느끼는 고통이나 혼란이 정신증 수준까지는 아닌 대다수 내담자를 지칭하는 의미로 사용했다. 그렇기에 프로이트가 어떤 환자를 신경증적이라고 지칭했던 경우 실제로는 경계선 수준이나 심지어는 정신증 수준의 문제를 가지고 있었던 사람일 수도 있다(McWilliams, 2011/2018, p. 88). 프로이트가 사례에서 종종 제시했던 히스테리 환자들도 환각이나 망상이 있었던 것으로 볼 때 현재 우리가 생각하는 연극성 성격장애와는 분명한 차이점이 있다.

지금 기준에서 신경증 수준의 성격 조직이라고 보면 내담자가 불안, 외로움, 두려움 등의 정서적 고통이 전혀 없는 상태가 아니라 그런 고통스러운 정서를 느끼고 있더라도 비교적 기능이 잘 되는 상태라고 생각하면 될 것 같다. 아무런 심리적 문제가 없는 완벽하게 정상 성격인 사람은 세상에 거의 존재하지 않기에 신경증 수준이 현실에서는 정상에 가까운 성격으로 볼 수 있다. 신경증 수준의 성격을 형성한 사람들은 부인, 투사, 분열, 투사적 동일시, 이상화-평가 절하 같은 원시적 수준의 방어를 거의 사용하지 않는다. 이들도 가족, 직장, 사회생활에서 스트레스가 극도로 심할 때는 퇴행해서 원시적 방어를 사용할 수 있지만, 보통은 억압과 같은 성숙한 방어 기제를 사용한다.

신경증 내담자 중에도 가끔 원시적 방어를 사용하는 사람이 있지만, 성숙한 방어 기제를 사용하지 않는 사람은 아직은 신경증 수준의 성격을 형성하지 못했다고 보면 된다(McWilliams, 2011/2018, p. 89). 신경증 내담자들도 심층 상담을 받을 때 스트레스가 많은 생활이나 과제로 인해 일시적으로 압도될 때가 있다. 폭풍과 같은 압도적 정서가 신경증 내담자들을 덮칠 때도 있을 수 있고 인지적·정서적 왜곡이 생길 수도 있지만, 내면이 완전히 붕괴되지는 않고 비교적 객관적이고 합리적인 정신 상태를 유지하는 경우가 대부분이다. 이들은 대부분 재접근기에 부모의 공감적 양육을 받아서 자기와 대상의 긍정적·부정적 측면을 통합하는 훈련이 되었기에 힘든 정서적 상태일 때 유아 같은 방법으로 매달리거나 분열, 투사와 같은 방법을 사용하지 않아도 견딜 수 있다.

신경증 수준 성격을 형성한 사람들은 대상항상성과 자기항상성을 기본적으로 형성해서 온전한 대상관계가 가능한 상태이다. 에릭슨의 발달단계로 표현하면 대상에 대한 기본적인 신뢰감과 자기의 자율성을 이미 잘 경험한 상태로 볼 수 있고, 주도성이나 자기 정체감도 비교적 성공적으로 통합되어 가는 상태이다. 신경증 내담자들은 자기 존재에 대한 불안, 즉 통제감이나 안전감이 결여된 고통이 있어서 상담이 필요한 것이 아니라 한 인간으로서 일과 사랑 같은 중요한 과제에서 자기가 원하는 것과 방해하는 것 사이에서 마음의 갈등이 반복되기에 상담이 필요하다. 이들은 상담을 통해서 자기가 원하는 것을 억압하는 그런 방해물들을 제거하기를 원한다. 신경증 내담자 중에는 삶에서 즐거움이나 기쁨을 덜 느껴서 상담을 원하기도 하고 혼자서 독립적으로 지내는 일에 어려움이 있어서 상담을 요청하는 일도 종종 있다.

신경증인 사람들에게 이미 발달되어 있는 자기항상성은 이들이 일관되고 통합된 자기감각을 느끼고 어린 시절부터 성인이 된 지금까지 연속성을 잘 느끼게 해 준다. 자존감과 자신감이 있어서 새롭게 요구되는 과제에 대해서 처음 해 보는 일이라도 크게 당황하거나 정서적으로 압도되지 않고 차분하게 자기 일을 해 나가는 능력이 있다. 분명한 정체성을 가지고 다른 사람과 소통하고 상호작용하는 능력도 충분하다. 이들은 자기에 관한 질문을 받을 때 자기 기질, 성격, 습관, 가치관, 신념, 믿음, 장점, 단점을 비교적 구체적이고 복합적으로 느끼고 있어서 자기를 상담사나 다른 사람에게 잘 표현하는 능력이 있다. 마찬가지로 주요 대상이 어떤 사람인지에 대해서 갑자기 질문을 받아도 당황하지 않고 그 사람의 장점이나 단점을 종합적으로 잘 설명하는 모습도 보인다. 대상에 대해서 전적으로 좋은 대상으로 이상화하거나 한 가지 일 때문에 나쁜 대상으로 평가 절하하지도 않는다.

신경증인 사람들은 자기를 좋은 자기와 나쁜 자기로 원시적으로 분열시키는 대신에, 자기를 객관적으로 관찰하는 자아와 주관적으로 경험하는 자아로 구분할 수 있는 능력이 있다. 이들은 바로 이 능력 덕분에 상담사와의 관계에서도, 주변 대상들과의 관계에서도 깊은 통찰을 얻고 성숙할 수 있는 능력이 있다. 특히 상담사나 다른 대상이 자기의 단점에 대해서 부드럽게 언급하면 이들의 관찰 자아가 금방 상담사와 같은 객관적인 관점에서 자기 상태를 인식할 수 있게 되고 상담사와 협력적인 작업동맹을 금방 만들 수 있다. 즉, 이들은 자기 문제를 자아 이질적으로 받아들이거나, 그렇지 않더라도 상담사가 자아 이질적으로 느끼도록 작업할 수 있다. 만약 신경증 상태가 아니라서 관찰 자아가 없다면 상담사의 직면을 자기에 대한 비난이나 공격으로 받아들이고 자기를 무시하고 경멸한다고 느낄 수 있다. 이들은 자기 문제를 자아 동질적으로 느끼기에 자기 문제가 곧 자기 존재가 되기 때문이다.

또한 신경증 수준 성격인 사람들은 현실 검증 능력이 있다. 일시적이든 장기적이든 망상, 환각, 왜곡, 오해 등이 없이 자기 주변 상황을 잘 인식하고 현실적으로 받아들인다. 그래서 상담사의 언급을 오해 없이 잘 이해하고 수용할 수 있다. 어떤 사람이 왜곡된 지각, 인지, 정서가 있어서 그런 점들을 주변 사람들이나 상담사에게 말하면 왠지 그 사람의 왜곡된 내용을 억지로 받아 주어야 할 것 같고 잘 이해해야 할 것 같은 불편한 압박을 경험할 수 있는데, 신경증 성격 수준의 사람들은 그런 압박이나 요구를 잘 하지 않는다. 그래서 이들과의 대화는 부드럽고, 큰 갈등이나 불편함이 생기지 않는다.

신경증 성격 수준인 사람들이 모든 면에서 대체로 기능이 잘 되고 대상관계나 정서 교류에 큰 어려움이 없지만, 이들도 역시 연약함이 있는 인간이기에 완벽한 상태는 아니다. 신경증적인 사람들도 자기를 좋게 보고 이상화하거나 자기를 나쁘게 보고 평가 절하하는 순간들이 종종 있다. 차이점은 이들이 그런 분열적인 상태에 계속 머무르지 않을 뿐이다. 또한 신경증인 사람들도 자존감이나 자신감의 문제가 있을 때도 있다. 극단적으로 가지 않을 뿐 모든 사람은 상황에 따라서 어느 정도 이런 경험을 한다.

신경증이나 정상 성격인 사람들도 반사회성 성격, 경계선 성격, 자기애적 성격과 다른 방법을 사용하기는 하지만 굉장히 역기능적으로 될 때도 있다. 이들은 자기, 대상, 세상을 과대평가하거나 평가 절하하는 방식으로 이분법적으로 분열되지는 않지만, 긍정적 감정과 부정적 감정을 동시에 느낄 때 선별적으로 한 가지 감정만 느끼고 다른 감정을 억압할 수 있다. 앞서 언급한 것처럼, 억압은 성숙한 방어 기제이지만 특정 감정을 억압해서 무의식적 상태로 있게 되면 역기능적인 상태가 된다. 억압은 갈등하는 감정을 동시에 느끼지만 그중 한 감정을 의식에서 밀어내려고 하면 나중에 그 억압된 감정이 증상, 행동, 꿈 등으로 드러난다는 점에서 원시적인 분열 기제와는 다르다고 볼 수 있다. 분열은 한 감정을 무의식으로 억압하는 것이 아니라, 한 시점에 한 가지 감정만 의식적으로 느끼고 다른 감정은 다른 순간에 의식적으로 느끼기 때문이다.

한국 사람들이 많이 겪는 일을 예로 들면, 직장에서 상사로부터 공개적으로 직면당하고 모멸감을 느끼면 그 감정을 억누르고 아무 일도 없었던 것처럼 괜찮은 척 행동할 수도 있다. 그 자리에서 발끈하는 게 더 수치스러워서일 수도 있고, 한국 사회의 직장 문화에서 윗사람에게 그런 태도를 보이는 일이 쉽지 않기 때문일 수도 있다. 하지만 그 감정을 그 자리에서든 직후에든 잘 느끼지 못하고, 제대로 처리되지 않고 억압한다면 언젠가는 그 감정이 올라오거나 폭발할 수도 있다. 나중에 상담사가 그 당시 있었던 일을 내담자에게서 듣다가 "그때 실제로 마음속 깊은 곳에서는 어떤 감정을 느꼈나요?" 혹은 "그때 왜 표현을 안 하고 조용히 들었나요?"라고 내담자에게 갑자기 질문을 하게 되면 내담자의 감정이 터져서 엄청나게 분노하기도 한다. 평소에 아무 일 없는 듯이 표현하지 않고 조용하게만 지낸다면 결국 그 모습도 정서적으로 건강하다고 보기는 어렵다.

요즘 한국 사회에서는 암 같은 위중한 병에 걸리거나 뇌출혈 등으로 갑자기 쓰러져서 오랜 기간 배우자의 간호를 받는 사람들이 많다. 아내가 남편을 간호하는 것도 매우 힘들지만, 남편이 쓰러진 아내를 간호하게 되면 평상시 가사 노동이나 돌봄을 제공하는 훈련이 안 된 남편은 더 서툴고 고통스럽기 마련이다. 그런데 어떤 남편의 경우는 젊은 시절 부족한 자기를 믿어 주고 열심히 살림하며 자기를 많이 사랑해 준 아내가 뇌출혈로 갑자기 쓰러졌을 때 자기가 직접 병간호에 나서기도 한다. 남편은 병간호를 하면서 힘들고 짜증스러운 감정은 억압해서 의식하지 않고, 아내에게 고맙고 사랑스러운 감정만 의식해서 선명하게 느낄 수 있다. 상담사가 남편에게 감정을 물으면 남편은 아내에게 미안한 마음, 죄책감이 있다고 말로 표현할 수 있지만, 사실 남편의 진짜 감정은 깊은 절망감, 좌절감, 슬픔일 수도 있다.

IV. 대상관계이론의 실제

제10장

대상관계 상담의 원리와 기법

    지금까지 대상관계이론의 역사와 자기, 대상, 자기-대상관계, 자기대상 등 주요 개념과 심리적 탄생과정, 심리 기제, 성격장애의 연관성과 상호작용에 대하여 상세히 설명했다. 제10장부터 제12장까지는 대상관계이론의 실제에 대해서 논의하려고 하는데, 제10장은 대상관계 상담의 원리와 기법으로서 제10장의 내용만으로도 대상관계이론을 처음 접하는 일반인이나 상담에 막 입문한 상담사들에게는 대상관계 상담의 중요 기법을 이해하는 데 충분한 도움이 되리라고 생각한다. 제11장과 제12장은 이 책의 마무리 장으로서 제10장의 내용을 심화한 대상관계 상담의 전이-역전이 경험과 대상관계 상담의 어려움에 관련된 내용을 담고 있다.

    제11장은 대상관계 상담에서의 전이와 역전이에 대한 논의이다. 대상관계 상담은 자기-대상관계, 내담자-상담사 관계에서 정서가 오고 가는 경험이기에 불가피하게 내담자는 강렬한 전이 감정을, 상담사는 그 전이 감정에 대한 강렬한 역전이 감정을 경험한다. 상담사의 역전이 감정은 내담자에 대한 짜증, 분노, 애정과 같이 내담자를 돌보는 역할과 책임을 느끼는 상담사에게는 힘든 정서적 경험이지만, 그 감정을 믿을 만한 정보로 활용해서 내담자가 말로 표현 못하는 감정을 느끼고 공감하는 좋은 기회가 될 수 있다. 제12장은 대상관계 상담의 다양한 어려움에 관한 논의로서, 내담자가 삶에서 느끼는 상실과 애도, 좌절, 공격성, 시기심 등이 상담에서도 재연되는데 그런 경험을 잘 다루면 깊은 공감이 되는 과정에 관련한 중요한 내용들이 포함된다.

    이 장의 바로 앞의 세 장인 제7~9장에서는 각각 심리적 탄생과정, 심리 기제, 성격장애의 연관성과 상호작용에 관해서 상세한 논의를 했다. 다시 한번 간략하게 독자들의 기억을 되살리면 유아는 생후 36개월 동안 심리적 탄생과정을 통해서 주 양육자인 엄마로부터 분리-개별화가 되어 가고, 그 결과 정서적 대상항상성과 자기항상성 형성을 통해서 정서적 기능과 타인과의 상호작용이 가능한 호모 렐라티우스, 즉 상대적 인간이자 관계적 인간으로 성장해 간다. 유아는 다른 사람들과는 명확하게 구분될 수 있는 자기만의 고유한 자기항상성을 가진 상대적 인간이 되어 가면서 동시에 혼자 동떨어져서 존재하는 인간이 아닌 다른 대상에게 의지하고 의지가 되면서 살아가는 존재가 되어 간다. 그리고 이 과정은 유아의 생애 초기 36개월에만 해당하거나 마치는 과정이 아닌 일생의 발달과정으로 이어진다. 아동기, 청소년기, 성인 초기, 성인 중기, 노년기로 이어지는 기간 동안 인생의 새로운 시기를 맞을 때마다 관계를 재경험하고 성숙해 가는 과정이 필요하다.

이러한 심리적 탄생과정에서 유아는 자기를 상대해 주면서 성장시켜 줄 파트너, 즉 대상이 필요하다. 유아의 첫 대상, 주요 대상은 유아의 성격 형성에 매우 중요한 역할을 한다. 물론 유아의 타고난 유전적인 성격 성향과 기질이 큰 몫을 차지하지만, 생후 첫 36개월에 주 양육자와의 정서적 경험과 상호작용이 큰 영향을 미친다. 생애 초기 주 양육자는 대부분 유아에게 엄마인 경우가 많은데, 엄마가 유아 곁에 신체적이고 정서적으로 존재하는지, 유아의 공생 욕구와 이후의 정서적 접촉 시도에 적절하게 잘 반응해 주는지, 유아에게 만족을 주어 정서적으로 잘 채워 주는 동시에 적당한 불만과 좌절을 안겨서 유아가 발달하도록 자극하고 촉진하는지가 중요하다. 특히 유아가 언어를 사용하기 이전, 논리가 발달하기 이전의 대상의 역할이 결정적인데, 이때는 유아가 자기의 필요나 정서적 경험을 대상에게 말로 전달할 수 없기 때문이다. 대상이 상호주관적으로 유아의 상태를 섬세하게 느끼고 알아주고 반영해 주지 않으면 유아는 자기가 수용되거나, 이해받거나, 공감받는다고 느끼지 못하고, 불안함을 느낀다.

그런데 문제는 언어 이전, 논리 이전의 유아의 정서적 상태와 필요를 알아차리는 일이 너무 어렵다는 것이다. 유아를 9개월 동안 임신하고 출산하고 유아의 생후 6개월 동안 공생의 시간을 함께한 엄마도 유아의 상태를 잘 느끼고 최적의 상태로 양육하지 못하는 경우가 많다. 엄마 대신 유아를 돌봐 주는 다른 대상은 엄마보다 훨씬 더 어려움을 겪을 수 있다. 주 양육자가 완벽할 수는 없지만, 유아의 대상이 되어 줄 만한 어느 정도의 정서적 안정감과 성숙도와 좋은 컨디션이 필요한데 이 또한 쉬운 조건은 아니다. 주 양육자인 엄마 자신이 자기 부모로부터의 분리-개별화 과정, 특히 재접근기의 갈등을 잘 수용받지 못해서 분리 불안, 유기 불안 같은 정서적 어려움을 겪기도 하고, 육아로 심신이 지쳐서 좋지 않은 컨디션에서 유아의 끊임없는 요구를 다 맞춰 주지 못하는 상황에 종종 놓인다. 유아도 분리-개별화 과정에서, 특히 재접근기에 독립 욕구와 의존 욕구가 공존하고 언어로 자기의 감정을 잘 표현하지 못할 때 엄마의 역할이 필요한데 이때 제대로 도움을 받지 못하고 발달에 어려움을 겪는다.

유아의 분리-개별화 과정에서 겪은 문제는 아동기, 청소년기 내내 이어질 수 있고 성인기까지 지속되는 경우가 많다. 그렇게 되면 주변 사람들과의 대상관계에서 투사, 내사, 분열, 이상화-평가 절하, 투사적 동일시 등의 미성숙한 심리 기제를 사용하게 된다. 이러한 심리 기제들은 두 가지 조건에서 사용된다. 첫째 조건으로 자기의 감정을 자기 내부에서 어떤 감정인지 잘 느끼고, 스스로 다루고, 대상에게 언어로 제대로 표현하지 못할 때 심리 기제를 사용한다. 마치 재접근기 유아들이 자기에게 느껴지는 불쾌한 감정을 힘들어하고, 어떤 종류의 감정인지 잘 모르고, 엄마에게 표현할 수 없을 때 불안과 두려움을 느끼는 것처럼, 재접근기 상태에 있는 아동, 청소년, 성인들도 비슷한 정서적 어려움을 경험한다. 감정을 잘 느끼지 못하고 다루지 못해서 내면에 생생한 감정이 없고 멍한 상태가 되기도 하고, 다양한 종류의 감정이 느껴지는 것을 화가 나는 감정으로 잘못 느끼기도 한다. 또한 자기가 다른 사람에게 받아들여지지 않고 버려지는 유기 불안, 유기 공포 상태에 빠지기도 한다.

둘째 조건은 이런 사람들이 자기와 대상의 경계를 명확하게 구분하지 못할 때 주로 일어난다. 자기에게 느껴지는 어떤 감정이 자기 내부에서 느껴지는 것인지 외부에서 오는 것인지 혼돈을 경험할 수 있고, 자기 내면의 감정을 혼자 다루지 못해서 외부로 보내기도 한다. 즉, 자기의 불쾌하고 힘든 감정을 성숙하지 않은 방식으로 대상에게 전달하고, 밀어 넣고, 전이시키는 방식을 사용한다. 감정을 다루는 과정을 혼자서 감당할 수 없기 때문이다. 주변 사람들은 상대방이 전달하고 전이시키는 감정을 자기 안에서 느끼면서 깊이 공감할 수도 있지만, 자기가 상대방의 감정 쓰레기통이 된 느낌, 이용당하는 느낌, 그 감정에 같이 휘말려서 힘든 느낌 등이 들 수 있다. 그 경험이 반복되면 그 사람을 회피하게 되고 관계가 멀어지기도 한다. 최근에 한국 사람들이 자주 사용하는 표현 중에 '선을 넘지 마!'라는 표현이 있는데, 이 표현은 자기와 대상의 경계를 잘 구분하지 못하고 미성숙한 상호작용을 시도하는 사람에게 사용하는 표현이다. 그만큼 요즘 한국 사회에는 '선을 넘는 사람들'이 점점 더 많아지고 있다는 것을 알 수 있다.

결국 미성숙한 심리 기제를 사용하는 이 두 가지 조건, 즉 감정을 다루는 문제와 자기와 대상의 경계 문제를 가지고 성인기에 접어들면 성인 아이(adult child) 혹은 소위 키덜트(kidult)로서 세상을 살아가면서 인간관계에 큰 어려움을 겪을 수 있다. 그런 사람들은 이 책의 제9장에서 논의한 정신증 수준 성격 조직, 경계선 수준 성격 조직을 형성하게 되고, 조현증, 조울증, 반사회적·경계선·자기애적 성격장애로 진단될 수 있다. 이들이 감정과 경계 문제 두 가지 이유로 미성숙한 심리 기제를 사용하는 것은, 자기를 방어하는 기능을 함으로써 실제로 도움이 된다. 하지만 심리 기제 혹은 방어 기제는 일시적으로 그 사람의 자존감을 유지해 주고 정신이 붕괴하는 것을 막아 주는 제한적인 방어의 역할을 해 줄 뿐 근본적인 해결책은 되지 못한다.

이 장에서는 대상관계 상담 기법에 대해서 논의하려고 하는데, 대상관계 상담은 지금까지 설명한 두 가지 이유, 즉 감정을 잘 느끼고 다루고 표현하는 일과 자기-대상 경계를 잘 인식하고 건강하고 성숙한 상호적 관계를 맺는 일이 가능하도록 돕는 과정이다. 또한 미성숙한 심리 기제를 사용해서 타인과의 관계와 일상생활에 어려움이 있는 내담자들이 더는 그런 방어 기제를 사용할 필요가 없는 인간관계 상황을 경험하게 하는 과정이기도 하고, 내담자가 관계에서 느끼는 불안과 두려움을 줄여 주는 과정이기도 하다. 미성숙한 방어 기제를 사용하고 성격장애가 있는 내담자들이 온전한 대상관계를 맺고 동일시를 경험하며 꾸준히 성장하는 존재가 되도록 살아가게 하는 과정은 쉽지 않고 오랜 시간과 에너지가 필요하다.

대상관계이론 강의를 들은 상담사들과 일반인들이 늘 물어보는 질문이 세 가지가 있다. 대상관계 상담을 받으면 정말 괜찮아지는가? 대상관계 상담은 얼마나 시간이 걸리는가? 대상관계 상담 대신에 현재 주변 사람들과의 관계 경험을 통해서는 변화가 불가능한가? 우선, 첫 번째 질문은 대상관계 상담을 받으면 정말 대인관계에서 느끼는 대상이 자기를 이상하고 부적절하게 평가하고 생각할 것 같은 불안이 없어질 수 있는지, 그리고 인간관계에서 버려질 것 같은 유기 불안, 유기 공포를 정말 없앨 수 있는지가 관심의 초점이다. 이 질문에 대해서는 불안과 두려움, 관계의 어려움을 완전히 없애기보다는 상당히 줄여서 견딜 만하게 될 수 있다는 말이 정직한 대답일 것이다. 아무리 정서적으로 건강하다고 해도 불안과 두려움이 전혀 없는 인생은 없다. 우리가 살아가는 세상에는 믿을 수 있는 사람보다는 믿을 수 없는 사람이 꽤 많기에 어떤 대상이 믿을 수 있고 없고는 그 외적 대상의 문제도 있지만, 그 대상에 대해 신뢰를 느낄 수 있는 능력은 자기 내면에 있다. 자기 내면의 원인으로 일어나는 불안과 두려움, 관계의 어려움은 대상관계 상담을 통해서 상당히 줄일 수 있다.

두 번째 질문은 한국의 상담사들과 일반인들에게 더 관심의 초점이 된다. 이 질문은 강의나 슈퍼비전에 갈 때마다 거의 빠지지 않고 받는 질문이다. 이 질문을 받으면 솔직히 답답한 마음, 야속한 마음이 많이 든다. 그 이유는, 지금까지 독자 여러분이 이 책을 읽은 것처럼 대상관계이론 강의를 4시간에서 8시간 정도 들은 후 그런 질문을 하기 때문이다. 유아의 심리적 탄생과정에서 36개월의 시간이 소요되고, 그 이후에도 아동기와 청소년기, 성인 초기까지 형성된 성격이라면 적어도 20~25년, 만약 대상관계 상담의 내담자가 40세에 상담사를 찾았다면 40년간 형성된 성격이다. 그런데 그 성격이 '10회기, 20회기 상담 안에 눈에 띌 만한 변화가 가능할까?'라는 반문을 하고 싶다. 정해진 회기 안에 내담자의 변화를 이끌 수 있으면 그만큼 좋은 상황은 없다. 내담자는 가능한 한 시간, 상담비, 에너지를 최소화하고 싶고, 상담사도 내담자를 오래 붙잡고 있으면서 결과를 못 만드는 상담사라는 이야기를 듣고 싶지는 않을 것이다. 10회기 안에 내담자가 관계에서 느끼는 유기 불안을 줄이거나 없앨 수 있다면 정말 얼마나 좋을까?

'대상관계 상담을 받으면 시간이 얼마나 걸리는가?'라는 질문은 상담사들과 일반인들의 상담에 대한 효율적인 기대를 드러내기도 하지만, 대상관계 상담의 목표를 잘못 이해해서 하는 질문이기도 하다. 만약 대상관계 상담이 내담자의 인지와 행동을 전환해 주는 상담이면 대상관계이론 강의를 듣거나 책을 읽듯이 10시간 정도만 사용하면 될 수도 있다. 내담자에게 지금 내담자의 어려움은 재접근기 문제라고 설명해 주고, 대상이 당신을 버릴 이유가 없는 것 같으니 유기 불안, 유기 공포를 가질 필요가 없다고 말해 줄 수 있다. 또한 당신은 지금 이상화-평가 절하, 투사적 동일시 방어 기제를 사용하고 있는데, 그 기제를 사용하면 타인과의 관계에서 주변 사람들의 마음이 불편하고 당신도 성숙한 심리 기제를 사용하는 것이 아니니 그런 기제들을 사용하지 말라고 지침을 줄 수도 있다. 주변 사람들에게 충동적인 행동이나 분노를 표출하는 행동을 하지 말라고 할 수도 있다.

하지만 이런 인지적인 이해의 전환이나 타인과의 관계에서 행동의 변화는 머리로 이해하는 것만으로는 불가능하다. 내담자의 어려움은 주 양육자와의 정서적 기억과 관련되어 있고, 자기-대상관계의 경계 문제가 유아기부터 현재의 삶까지 오랜 기간 누적된 자동적·무의식적 반응이기 때문이다. 결국 유일한 방법은 유아기에 엄마와의 관계에서 무수한 자기-대상 상호작용을 통해서 신뢰가 형성되고 대상항상성이 형성되었던 것처럼, 내담자가 자기의 감정을 잘 느끼고, 다루고, 표현하는 연습을 반복하고, 대상과의 관계에서 적절한 거리와 경계를 찾을 수 있도록 연습을 반복하는 것이다. 그러려면 감정을 받아서 함께 연습해 주고 감정을 돌려줄 수 있는 대상, 적절한 거리와 경계를 연습할 수 있는 연습 파트너가 필요하다. 그리고 그 파트너와 연습을 반복하기 위해서는 상당한 시간이 필요하다. 대상관계 상담을 통해 불안과 두려움, 관계적 어려움을 일상에서 불편함이 없을 정도로 줄이는 데 적어도 6~12개월, 보통은 1~2년 혹은 그 이상의 기간이 필요하다. 실제로 3~4년이 걸리는 사례들도 많다. 그만큼 상담사도 내담자도 인내와 꾸준함이 필요하다.

마지막으로, '대상관계 상담 대신에 현재 주변 사람들과의 관계 경험을 통해서는 변화가 불가능한가?'라는 세 번째 질문도 강의나 슈퍼비전 후 빠지지 않고 등장한다. 상담에 가서 상담사를 만나는 일이 현실적으로 어려운데, 배우자나 주요 대상과의 현재 개인적인 관계에서는 해결이 안 되냐는 것이다. 그 질문을 받으면 드는 생각이 두 가지 있는데, 하나는 그게 가능하면 얼마나 좋을까 하는 생각이다. 내담자와 가족의 관점에서 그런 생각이 든다. 또 하나는 '현재 인간관계로는 지금까지 내담자가 지속해 온 감정, 생각, 행동의 패턴, 방어 기제, 대인관계의 패턴을 변화하기에 충분하지 않았기에 지금 내담자가 어려움을 계속 겪고 있는 것이고, 그래서 그 이상의 도움이 필요한 것은 아닌가?'라는 생각이다. 이 책의 전반에서 강조해 온 것처럼, 자기-대상관계는 구성단위(unit) 혹은 짝으로 함께 뭉쳐 있기에 짝 안에 포함된 배우자나 주요 대상들은 이미 내담자의 상호작용 패턴 안에 중요한 한 부분으로 들어가 있어서 내담자의 감정 경험과 관계 패턴을 바꾸기에는 어려움이 많다. 세 번째 질문에 대한 답은 완전히 불가능한 일은 아니겠지만 실제로는 매우 어렵고 불가능에 가깝다.

상담사-내담자의 실제 관계

대상관계 상담에 대한 상담사들과 일반인들의 질문 후에 내려지는 결론은, 내담자의 정서적 경험과 관계의 근본적인 변화를 위해서는 성숙하고 건강한 인간 대상이 필요한데, 그 대상은 내담자의 인생에서 지금까지 시간을 함께해 온 주요 대상이 아닌 새로운 대상이어야 한다는 것이다. 그 새로운 대상이 내담자가 잘 느끼지 못하고 표현하지 못하는 감정을 받아서 다루고 돌려줄 수 있어야 하고, 적절한 거리와 경계를 연습할 수 있는 연습 파트너가 되어 주어야 한다. 그 대상이 완벽한 사람일 필요는 없지만, 자기-대상관계 패턴을 알아차리고, 내담자의 고유한 방어 기제 방식을 느끼며, 내담자보다는 정서적으로 안정되어 있고 감정을 잘 다룰 수 있는 사람이면 좋다. 만약에 내담자보다 더 불안하고 두려움을 많이 느끼며 자기-대상관계가 미숙하다면, 내담자가 자기의 불안과 두려움, 관계의 어려움을 그 대상 앞에서 마음 편히 드러낼 수 없을 것이다.

결국 내담자는 새로운 대상이 필요하고, 그 새로운 대상과의 실제 관계 경험이 필요하다. 대상관계 상담에 처음 오는 내담자들이 궁금해하는 부분은 '과연 상담사와의 관계가 인위적인 관계가 아닌 실제 관계 경험이 될까?'이다. 처음에 상담사를 만날 때는 누군가의 소개 혹은 자기가 찾아서 연락했던 낯선 타인일 수 있지만, 만남이 이어지고 회기가 늘어날수록 내담자의 인생에 중요한 실제 인물로 느껴질 수 있다. 내담자의 자기-대상관계에서 변화를 촉진하기 위해서는 지금-여기에서 상호작용이 가능한 실제 외적 대상이 필요하다. 그 외적 대상과의 새로운 관계 경험이 내담자가 그동안 가져온 내적 대상들과의 관계 패턴, 경험, 정서를 바꾸는 데 도움이 된다.

내담자-상담사의 대상관계 단위 혹은 짝이 내담자의 내면을 교정하는 데 중심 요소이고, 내담자는 상담사를 통해서 재양육 경험을 할 수 있다. 내담자가 상담사와 함께 자기 내면의 내적 대상들이 어떤 모습으로 형성되었고, 지금-여기에서 어떻게 영향을 미치는지 검토하고 작업하면서 그 두 사람은 실제 관계 안에 존재하게 된다. 상담사와 내담자의 관계는 내담자의 현재 삶의 모든 관계에 직간접적으로 영향을 주는 내적 대상관계 체계를 반영한다. 상담사가 내담자와의 관계 역동 안에 들어가서 새로운 짝이 되면 내담자가 관계를 맺는 고유한 방식의 특징들을 발견할 수 있고, 내담자가 대상과 관계를 맺을 때 어느 정도 거리를 두는지, 어떤 방어 기제를 사용하는지 알 수 있다. 상담사는 내담자가 전달하는 언어적·비언어적 감정 표현을 알아차리고, 자기가 내담자에게 경험한 것을 언어적·비언어적 표현방식을 통해서 알려 주기도 한다. 대상관계 상담에서 상담사와 내담자의 관계는 상담사가 내담자의 문제점을 찾아내서 알려 주고 고치도록 하는 일방적인 관계가 아니라 두 사람이 짝이 되어서 내담자의 내적 세계를 함께 탐구하고 교정해 가는 파트너로 보면 좋을 것 같다.

상담사는 또한 내담자에 대한 반응으로 자기 안에서 느껴지는 감정을 통해서 내담자의 고통을 깊이 공감할 수도 있다. 제11장 전이와 역전이에서 상세하게 설명하겠지만, 내담자는 상담사와 자기-대상관계가 형성되고 나면 상담 상황에서 자기 안에 일어나는 감정, 특히 어떤 감정인지 잘 인식하지 못하거나 언어로 잘 표현하지 못하는 감정을 상담사에게 투사하고 투사적 동일시를 불러일으킬 수 있다. 즉, 내담자가 상담사를 원래 자기가 경험한 외적 대상의 대체물로 삼아서 감정을 느끼는 것이다. 내담자가 경험했던 외적 대상이 내면화되어서 내담자에게 내적 대상으로 남아 있었는데, 내담자-상담사의 자기-대상관계 안에서 내담자가 자기 안에 있는 내적 대상에 대한 분노와 같은 감정을 상담사에게 전달할 수 있다.

이런 전이 감정에 대해 상담사의 내면에 일어나는 감정이나 태도는 역전이 감정이다. 상담사가 자기 안에 일어나는 감정이나 태도를 잘 인식하면 내담자가 다른 사람들과의 관계에서 어떤 내적 경험을 하고 있는지 알아차리게 된다. 상담사가 잘 훈련받았고, 자기 자신의 문제에 의해서 자기가 지금 느끼는 감정이 방해받지 않는다면, 상담 중에 내담자와의 관계에서 생기는 감정, 생각, 연상을 주의 깊게 살펴보고 활용할 필요가 있다. 상담사가 상담 중에 느끼는 감정이 자기의 문제일 수 있기에 상담사가 느끼는 모든 감정을 내담자의 감정이 전달된 전이 감정이라고 볼 수는 없다. 따라서 상담사는 자기 문제가 포함되어서 내담자에게 전달된 전이 감정이 오염되지 않도록 교육분석, 즉 상담사가 다른 상담사에게 받는 교육과 훈련 목적의 장기상담을 통해서 자기 내면을 잘 성찰하고 잘 성숙시켜야 하는 책임과 의무가 있다. 이 과정은 자기를 위한 과정이기도 하지만 내담자의 유익을 위한 과정이기도 하다.

한 가지 아쉬운 점은 상담사-내담자 짝이 상담에서 상호작용할 때 내담자의 생생한 감정 표현이 상담사에게 편하게 전달되어야 하는데, 인간적인 관계에서 예의를 갖추려고 노력하고, 상담사를 '선생님'으로 부르는 한국 문화에서는 생생한 감정 표현을 하기 어려워하는 내담자들이 많다. 우리보다는 수평적 관계에 더 익숙한 외국의 내담자들은 예를 들면, 분노 감정의 표출이 상담실 안에서 자연스럽게 일어나고 언어적·비언어적으로 상담사에게 강력하게 전달되기도 한다. 그런데 우리 문화에서는 내담자도 최대한 예의를 갖추고 행동화하지 않으려고 감정을 억압하는 경향이 있고, 상담사도 내담자의 갑작스러운 감정 표출이나 행동화에 어색하고 당황해하는 경향이 많다. 심지어 상담사가 내담자의 공격적인 언행에 기분이 상하고 상처를 받기도 한다. 하지만 이런 감정, 생각, 말, 행동의 주고받음이 있는 현상이 실제 인간관계의 모습이기도 하다. 그런 상황에서 상담사-내담자 짝의 작업이 더 의미 있는 변화를 촉진할 수 있다.

대상관계 상담의 목표와 기법의 원리는 상담사-내담자의 자기-대상 짝의 실제 관계 경험을 통해서 경험되고 이루어진다. 상담 구조화를 잘하고, 내담자가 상담사를 신뢰하며 깊은 관계를 맺을 수 있도록 구조를 안정적으로 만들어 주고 유지해 주는 상담사의 태도와 역량이 필요하다. 이런 상담사의 태도가 상담의 전 과정에 걸쳐서 내담자가 자기의 불안과 두려움을 드러내고, 내담자의 내적 대상관계가 서서히 노출되고 경험되며 조금씩 수정되는 장을 제공할 수 있다. 예를 들면, 내담자의 내적 대상관계 경험을 상담사와의 관계에서 각도를 1도라도 틀어 주면 지금 당장은 큰 변화가 없는 것 같지만, 상담의 회기와 시간이 늘어나면서 엄청나게 큰 변화를 가져올 수 있다. 철로의 두 선 중에 하나의 각도가 1도라도 달라지면 지금은 달라 보이는 점이 없지만, 1km, 2km만 앞으로 나아가도 한 선이 전혀 다른 위치에 가 있는 것과 마찬가지이다.

담아내기

지금부터는 대상관계 상담의 가장 근본적인 원리를 설명하려고 하는데, 대상관계 상담의 근본 원리는 **담아내기, 공감하기, 경계 느끼기**이다. 담아내기는 상담사-내담자 짝이 실제 인간관계로 느껴지고, 그 관계 안에서 내담자가 느끼는 강렬한 감정을 상담사가 잘 전달받아서 자기 안에 담아 주는 것이다. 내담자의 감정을 상담사가 잘 담아 주기를 한 후에, 상담사가 자기 안에 담긴 감정을 잘 느끼고 내담자에게 언어로 표현해 주면 공감하기가 일어난다. 담아내기와 공감하기의 과정에서 상담사는 내담자와의 자기-대상관계 경험을 통해 내담자가 대상과의 경계를 어떻게 인식하고 있는지, 어떤 방어 기제를 사용하고 있는지, 내담자와의 경계 경험에서 어떤 감정이 드는지 알아차릴 수 있다.

정신증 수준 성격, 경계선 수준 성격에 있는 내담자의 핵심적인 고통은 자기 내면에 일어나는 감정을 잘 느끼지 못하고, 그 감정이 무슨 감정인지 명확하게 명명하지 못하며, 그 감정을 적절한 거리와 경계를 지키면서 적절한 방법으로 대상에게 표현하지 못하는 문제이다. 이런 감정은 언어 이전, 논리 이전의 감정이기에 비논리적·비이성적 감정이기도 하고, 그 감정을 느끼면 내담자가 차분하게 대응하기보다는 감정의 소용돌이에 휩싸이게 되고 감정에 압도되는 경험을 한다. 마치 분리-개별화 과정의 부화기와 연습기의 유아가 경험하듯이 자기와 엄마가 구분되지 않은 융합된 상태에서 불편한 감정이 덩어리째로 느껴지거나, 재접근기 유아가 의존 욕구와 독립 욕구 사이에서 갈등하며 짜증, 분노, 좌절감, 무기력감 등 압도되는 감정을 느끼는 상태와 비슷하다.

상담사는 우선 내담자의 내면에 있는 잘 소화되지 않고 잘 다루어지지 않은 감정 덩어리를 받아 내는 역할을 한다. 마치 우리가 소화되지 않거나 체한 음식물을 자기 몸 안에 남겨 두지 못하고 토해야 속이 시원해지고 아픈 배가 낫듯이, 속에 있는 불편한 감정을 쏟아 내는 일이 필요하다. 그런데 이런 감정의 분출은 혼자 있는 상태에서 하는 것이 아니라 대상이 함께하고 지켜봐 주는 상태에서 안전하게 할 수 있다. 유아는 조절되지 않은 강렬한 감정에 의해서 압도되는데, 유아의 어려움은 울음이나 표정 등을 통해서 양육자에게 비언어적으로 전달된다. 양육자 자신이 감정을 다루는 일에 미성숙할 수도 있지만, 대개 유아보다는 감정을 더 잘 다루고 조정하는 편이다. 유아보다는 감정에 덜 압도되고 덜 당황한다고 볼 수 있다.

마찬가지로 상담사는 내담자가 경험하는 불안이나 두려움 같은 압도적이고 강렬한 감정을 담아내는 그릇과 같은 구조를 제공한다고 이해할 수 있다. 상담사나 부모는 그릇과 같은 존재들인데, 그릇이 고급스럽고 완벽할 필요는 없다. 소박하고 투박한 그릇이라도 물이나 음식을 담아내는 본질적인 기능을 하면 충분하다. 마치 부모가 유아에게 하는 것처럼 상담사는 내담자를 주의 깊게 관찰하고 내담자의 호소를 잘 경청하면서 내담자의 내면에 있는 감정을 알아차리고 자기 내면으로 받아들인다. 그 후 상담사의 내면에 받아들인 감정을 잘 분류하고, 조금 가라앉히고, 감당할 만한 정도의 감정으로 잘 조절하고 변화시킨 후에 그 감정의 의미를 잘 설명하면서 내담자에게 돌려주는 역할을 하게 된다.

유아가 자기가 다루기 어려운 힘든 감정을 잘 담아 주고 다루어서 돌려주는 부모의 모습을 보면서 그 기능을 내면화하고 나중에는 자기의 감정을 스스로 달래는 방법을 자연스럽게 배우는 것처럼, 내담자도 상담사가 그렇게 해 주는 모습을 보면서 배우고 내면화하게 되고 혼자서 할 수 있는 능력을 서서히 키울 수 있다. 상담사의 역할은 내담자가 느끼고 고통스러워하는 만큼 감정을 무서워하거나 불안하게 느낄 필요가 없음을 자연스럽게 느끼게 해 주는 일과 그 감정을 어떻게 잘 다루고 소화할 수 있는지를 내담자에게 보여 주는 역할이다. 이런 상담사의 역할은 단 한 번에 내담자에게 입력될 수는 없고, 그 경험이 반복되고 누적되는 과정을 통해서 내면화될 수 있다. 인지적·행동적 교육이라면 성인 내담자에게 한 번 보여 주는 것으로 가능할 수 있지만, 정서적 변화는 한 번으로는 어렵다.

내담자의 강렬하고 다루기 힘든 감정을 상담사가 담아내는 과정을 뜨거운 **군고구마 비유**를 통해서 더 쉽게 이해할 수 있다. 독자 중에는 어린 시절 추운 겨울에 드럼통에서 장작을 때면서 굽던 군고구마를 기억하는 사람들이 많을 것이다. 아니면, 집에 있는 오븐이나 전자레인지에서 요즘 방법으로 구워 내는 군고구마를 떠올려도 좋다. 군고구마가 막 구워져서 나왔을 때 그 군고구마를 자기 손에 편하게 들고 있을 수 있는 사람은 거의 없다. 아무리 손바닥이 두껍고 감각이 둔해도 군고구마를 떨어뜨리지 않고 손에 들고 있기는 어렵다. 그런데 그 막 나온 뜨거운 군고구마를 강렬하고 압도적인 감정으로 비유할 수 있다. 어린아이든 성인 내담자든 그 군고구마를 혼자 끌어안고 다루고 잘 처리해서 혼자서 먹기를 바랄 수는 없다. 아무래도 옆에 있는 엄마나 상담사가 도와줘야 한다.

　아이의 경우를 예로 들어 생각해 보면, 아이가 자기 손에 들린 군고구마가 너무 뜨겁고 손에 들고 있기가 고통스러워서 엄마에게 군고구마를 전달할 수 있다. 그 군고구마를 전달받은 엄마도 사실 뜨겁기는 마찬가지이다. 엄마라고 그 군고구마를 들고 있는 일이 편할 리는 없다. 그때 "이 고구마를 왜 엄마한테 주고 그래? 엄마도 뜨거워서 못 들고 있어!"라고 하면서 군고구마를 바닥에 내동댕이칠 엄마는 없다. 만에 하나라도 그런 행동을 엄마가 한다면 그 아이는 '아, 이 군고구마는 원래 엄마도, 그 누구도 어찌할 수 없는 거구나.'라고 생각하면서 좌절감을 느끼고 더 압도되고 아예 포기하게 된다. 특히 아이에게 엄마는 모든 것을 할 수 있는 엄청난 능력자이고 절대적인 존재이기에 아이가 군고구마를 포기하는 마음이 드는 것은 돌이키기 어려운 매우 큰 상처가 될 수 있다. 만약에 상담사도 내담자가 준 군고구마를 못 까 준다고 받아 주지 않거나 내동댕이친다면 내담자는 '아, 이런 정도의 고통스러운 감정은 상담사도 어쩔 수 없는, 불가능한 거구나.'라고 생각하면서 그 감정에 더 압도되고 완전히 포기하게 된다.

　대부분의 엄마는 사실 그 군고구마를 받으면 자기도 들고 있기 힘들지만, 손으로 이리저리 옮기고 입으로 호호 불어 식히면서 어떻게든 그 군고구마 껍질을 잘 까서 아이에게 먹이려고 할 것이다. 엄마도 뜨겁고 힘들기는 마찬가지지만, 아이보다는 뜨거운 군고구마, 즉 감정을 잘 다룰 수 있기에 힘들지만 의연하게 군고구마를 다루는 모습을 아이에게 보여 줄 수 있다. 손을 옮겨 가면서 잘 까고 군고구마 아래쪽의 밑둥을 손잡이처럼 조금 남겨서 아이가 손에 들고 기분 좋고 맛있게 먹기 좋도록 껍질을 잘 까 줄 것이다. 그러면 그 모습을 본 아이는, '아, 뜨거운 군고구마는 힘들지만 다룰 수 있는 거구나. 엄마는 역시 저렇게 잘하네! 나도 잘 배워서 나중에는 내가 직접 해 봐야겠다!'라고 생각할 수 있다. 아이도 내담자도 군고구마에 압도될 필요도 없고, 포기할 필요도 없다는 사실을 눈으로 목격하고 몸으로 배우는 좋은 기회가 될 수 있다.

　그런데 여기서 생각해 볼 질문이 두 가지 더 있다. 하나는, '지금은 뜨거워서 군고구마를 먹을 수 없으니 식을 때까지 내려놓고 기다리라고 말하거나, 아니면 껍질을 까서 완전히 식은 다음에 차가운 군고구마를 주는 엄마도 있을까?'라는 질문이다. 간혹 그렇게 말하는 엄마도 있을 수 있다. 사람에 따라서 식은 군고구마를 특별히 좋아하거나 반건조된 고구마말랭이로 먹는 것을 좋아하는 사람도 있겠지만, 군고구마는 뜨거울 때 식혀 가면서 먹는 것이 제맛이다. 군고구마를 감정에 비유해 보면, 내담자가 꺼내서 상담사에게 준 군고구마를 지금은 너무 뜨거워서 다룰 수 없으니 식은 다음에 까 주겠다고 하면, 내담자는 '지금 고통스러워 죽겠는데 식은 다음에는 나도 할 수 있겠다.'라고 생각하면서 상담사를 원망하고 크게 실망할 수 있다. 내담자가 군고구마를 넘겨주었을 때 그 자리에서 바로 받아서 까 주고 적당하게 따뜻한 상태에서 돌려주는 타이밍이 가장 중요하다.

또 다른 하나는, '군고구마를 받아서 껍질을 잘 깐 후 침 흘리며 애타게 기다리는 아이에게 돌려주지 않고 얼른 자기 입에 넣어서 먹는 엄마도 있을까?'라는 질문이다. 간혹 아이가 어떤 반응을 보일까 궁금해하며 장난스럽게 그러는 엄마는 있을 것이다. 하지만 그 군고구마를 자기가 깠으니 정말 진지하게 자기에게 먹을 수 있는 권리가 있다고 생각하면서 아이에게 돌려주지 않는 엄마는 아마도 없을 것이다. 그 군고구마는 원래 아이의 것이기 때문에 엄마가 만약 그렇게 행동하면 아이는 '저건 내 군고구마인데. 엄마가 나를 위해서 까 줄 것처럼 그랬지만 사실은 자기를 위한 거였구나.'라고 느끼면서 속상해하거나 울 것이다. 엄마의 입안으로 이미 들어가 버린 군고구마는 다시 빼낼 수 없기에 아이는 심한 허탈감과 배신감을 느낄 수 있다.

상담에서도 마찬가지이다. 내담자에게 넘겨받은 감정을 상담사가 마치 자기가 내담자의 모든 문제를 앞장서서 다 해결해 주는 능력 있는 보호자인 것처럼 그냥 감정을 받아서 다 처리했고 자기가 그 힘든 감정을 다 받아서 삼켰으니 다 해결됐다고 내담자에게 선언할 수는 없다. 이미 다 없어진 감정인데 뭘 그 감정에서 헤어 나오지 못하냐고 말해서도 안 된다. 이는 마치 부모가 "너는 좋은 부모 만나서 부모가 다 해 주고 호강하는데, 학교 잘 다니고, 밥 잘 먹고, 공부만 집중하면 되는데 도대체 뭐가 문제냐?"라고 자녀에게 말하는 것이나 마찬가지이다. 그렇게 되면 내담자는 자기의 감정을 도둑맞은 것처럼, 그 감정이 별것이 아니었던 것처럼, 그 감정을 상담사로부터 깊이 공감받지 못한 것으로 느끼게 된다. 이처럼 자기의 감정이 무시되거나 함부로 여겨지는 듯한 느낌은 내담자에게는 자기의 감정을 소중히 여기는 훈련을 받지 못하는 안타까운 결과로 나타날 수 있다.

공감하기

공감하기는 담아내기와 동전의 앞뒷면으로 볼 수도 있고, 담아내기를 마무리하는 단계로 볼 수도 있다. 앞서 자세히 설명한 것처럼, 두 사람의 관계가 의미 있는 자기-대상관계로 성립하려면 두 사람 사이에 좋은 감정이든 나쁜 감정이든, 고운 정이든 미운 정이든 강렬한 감정이 존재해야 가능하다. 두 사람의 관계가 무정 상태, 즉 서로에 대한 아무런 감정이 없는 상태라면 그 관계는 대상관계가 성립되지 않기에 대상관계 상담에서 내담자의 변화와 성장에 큰 도움이 안 된다. 인지치료나 행동치료에서는 상담사와 내담자의 상담관계에서 정서 교류가 핵심은 아니지만, 대상관계 상담에서 상담이 효과가 있으려면 두 사람 사이에 양방향으로 흐르는 감정이 있어야 관계가 성립되고 관계를 통해서 내적 대상에 대한 정서적 기억의 변화가 가능하다. 결국 두 사람 사이에 감정의 공유, 즉 공감이 필수적이다. 담아내기를 통해서 내담자의 정서를 상담사라는 그릇에 잘 담아 주었다면, 그 담긴 감정을 공유하고 함께 느끼고 내담자에게 감정적 변화를 일으키는 과정이 다음 단계이다.

그런데 상담사가 내담자에게 공감하는 첫 단계는 상담사가 자기 내면의 감정과 생각을 비워 내는 일이다. 상담 시간에 지금-여기에서 자기를 깨끗이 비워야 자기 내면에 내담자의 감정, 생각, 연상, 환상을 담아낼 수 있고, 그 담긴 내용을 잘 느낄 수 있다. 마치 우리의 속이 비어 있고 배가 고파야 입으로 들어가는 음식의 맛을 생생하고 정확하게 음미할 수 있는 것과 같은 이치이다. 우리 배가 이미 다른 음식으로 채워져 있다면 새로 들어가는 음식의 맛을 충분히 느끼고 음식의 양분을 잘 흡수하기는 어렵기 때문이다. 우리는 사실 속이 충분히 비어 있을 때, 심지어는 배고플 때, 정신이 더 맑아지고 마음이 더 집중되는 경험을 하기도 한다.

상담사가 내담자의 말을 잘 경청하고 그 마음에 잘 공감하는 일과 관련해서 정신분석가 비온이 상담에서의 듣기에 대해 설명하면서 가장 순수하고 내담자에게 도움이 되는 형태의 듣기는 상담사가 내담자에 대한 기억이나 욕망 없이 듣는 일이라고 강조했던 적이 있다. 내담자의 말을 잘 듣는 것은 정말 힘든 일이고, 그 말을 들을 때 가장 순수하게 잘 들으려면 상담사의 마음속에 기억과 욕망이 없이 들어야만 한다는 말이다. 비온의 이 말은 잘 음미하지 않으면 이해가 잘 안 될 수도 있다. 어떻게 내담자를 기억하지 않고 이해할 수 있을까? 어떻게 내담자의 변화와 성장을 간절히 바라고 욕망하지 않고 내담자와의 관계에 마음과 정성을 다해 집중하고 변화를 가져올 수 있을까?

비온의 말은 우리가 문자 그대로 내담자에 대한 모든 정보와 기록을 다 잊거나 없애라는 말은 아니다. 내담자의 기본적인 정보, 즉 상담 회기 수, 가족, 부모, 형제, 질병 등은 기록으로 남겨 둘 필요가 있다. 예를 들어, 유부남인 내담자의 아내와 자녀가 어떤지에 대한 사실은 내담자의 입을 통해서 알려질 수 있지만, 그 내담자의 마음 상태가 기혼자의 마음 상태인지는 내담자도 잘 모를 수 있고, 내담자의 말을 듣는 상담사도 정확하게 알 수 없다는 의미이다(Bion, 1962/2013, p. 57). 실제로 몸은 유부남이지만 마음은 싱글남의 정서 상태로 주변 사람들과 관계를 맺고 상호작용을 하며 살아가는 사람들도 있다. 내담자의 가족 구성원에 대한 자세한 정보와 기억이 지금-여기에서 내담자의 현재 생생한 마음 상태, 정서적 경험을 명료하게 관찰하고 현재 내담자의 정서적 경험을 있는 그대로 듣는 것에 오히려 방해가 된다는 의미이다.

비온은 상담사가 참여하고 있는 모든 지금-여기의 회기는 과거 역사의 기록에 너무 영향을 받아서도 안 되고 미래에 이미 가 있어서도 안 된다고 강조하였고, 내담자에 대해 이미 "알려진 것"은 중요하지 않은데 그 이유는 그것은 "틀린 것이거나 상관없는 것"이기 때문이라고 강조했다(Bion, 1992/2018, p. 381). 비온은 또한 기억하려고 하는 시도, 기록을 남겨 두려는 시도가 오히려 내담자의 중요한 경험을 "관찰할 수 있는 역량을 파괴하고 그런 능력을 사용하지 못하게 방해한다."라고 하며 경계했다(Bion, 1962/2013, p. 71). 내담자에 대한 기억이 현재의 생생한 집중과 경청을 방해한다면 오히려 없는 것이 낫다는 것이다. 내담자가 장남인 사실을 기억할 수는 있지만, 상담사가 그 사실을 계속 기억하고 있는 것은 오히려 내담자의 경험을 장남의 경험으로 한정해서 선입견과 편견으로 잘못 이해할 수도 있다.

상담사가 욕망 없이 내담자의 말을 들으라는 뜻은 마치 운동선수에게 중요한 대회에 출전했을 때 몸에 힘을 빼고 하라는 말과 비슷하다. 운동선수에게 잘하고 싶은 욕심, 더 좋은 기록을 내고 메달을 따고 싶은 욕망이 가득 들어가 있으면 오히려 몸에 힘이 들어가서 평소에 편하게 하던 때보다 더 안 좋은 수행이나 점수가 나올 수 있다. 상담사도 내담자 이야기를 들으면서 내담자가 전혀 깨닫지 못했던 대단한 통찰을 찾아내서 주고 싶은 욕망이 있거나, 단시간 안에 내담자의 성격을 고치고 대인관계를 향상시키려는 욕심이 생기면 그 상담은 오히려 더 그르칠 수 있다. 특히 상담 경력이 적은 초보 상담사 시절에는 누구든 상담사로서 자기의 능력과 자질을 증명하고 싶은 욕망이 있는데, 그럴수록 매 회기, 매 순간에 기억과 욕망 없이 가장 순수한 형태의 듣기로 내담자의 호소 문제를 이해하고 감정을 함께 느끼고 공감하려는 노력을 해야 내담자에게 더 중요한 변화를 가져올 수 있다.

공감하기는 회기마다 내담자가 상담사에게 하는 말, 내담자의 불평, 항의, 분노 등을 주의 깊게 집중해서 듣는 일로 시작된다. 때로는 잘 이해가 되고 어떨 때는 무슨 말인지 알 수 없을 때도 있다. 내담자가 조급한 마음으로 빠르게 정신없이 말하는 때도 있고, 뒤죽박죽인 마음 상태를 그대로 혼란스럽게 내놓기도 한다. 자기의 감정을 명확하게 슬프다, 분노한다, 버림받을 것 같아 무섭다, 자기 존재가 수치스럽다 등 직접적으로 표현할 수도 있지만, 대부분의 내담자는 막연하게 불안하고 두렵고 불편한 마음을 돌려서 말한다. 이런 상황에서 상담사가 내담자의 압도당하는 감정을 잘 구분해서 느끼기는 어렵다. 내담자가 자기의 내면을 잘 정리해서 상담사에게 깔끔하게 전달하는 일은 거의 없다. 그 기능이 된다면 상담사 없이도 어느 정도는 자기의 감정을 다루는 일이 가능하기에 상담에 오지 않을 것이다.

이때 공감하기를 위해서는 최대한 집중해서 들으면서 자기 마음에 떠오르는 감정이나 생각이 없는지 인식해 본다. 예를 들어, 내담자가 조용한 톤으로 분노 감정과는 거리가 먼 것처럼 자기는 괜찮다고 태연하게 말하더라도, 상담사는 내담자의 억울한 이야기를 들으면서 내담자를 담아내기하고 공감이 시작될 수 있다. 조금 지나면 내담자의 이야기를 듣는 상담사의 마음에 분노와 슬픔 같은 깊은 감정이 서서히 스며들어 오고 있고, 그 분노나 슬픔의 감정을 상담사가 자기 안에 받아들이고 함께 느끼고 있음을 알 수 있다. 내담자는 자기 존재에서 나오는 감정을 상담사에게 전달하고 상담사도 생생하게 느끼게 해서 강력한 영향을 준다. 하지만 상담사는 내담자처럼 쉽게 흥분하거나 충동에 따라 행동하지는 않는다. 상담사는 자기를 내담자의 관점에 서게 해서 지금 내담자의 마음이 어떤 심정일지 깊이 느낌으로써 결국 공감이 가능하게 된다.

상담사가 내담자에게 너무 쉽게 하는 표현으로, "다 이해가 되네요." "잘 알 것 같아요." "공감이 잘 되네요." 등이 있다. 상담 시간에 자기의 혼란스러운 마음을 간신히 표현한 내담자는 상담사의 이런 즉각적이고 가벼운 반응에 '응? 무슨 소리지?'라고 생각하며 어리둥절한 경우가 많다. '정말 공감하나?'라고 생각하며 의문이나 의심이 생길 수도 있다. 내담자에게 이런 느낌이 들면 상담사의 말에 대해서 공감받는다고 느끼지 못하거나, 상담사가 건성으로 대답하며 공감하는 척한다고 오해할 수도 있다. 신기하게도 내담자는 상담사와의 관계에서 자기의 감정이 서서히 배어 나와서 상담사에게 전달되고 상담사가 내담자에게서 전달받아 자기 내면에서 깊이 느낀 감정을 내담자에게 말로 돌려주고 표현해 주는 과정이 있어야만 비로소 공감받았다고 느낀다. 상담사의 말이 자기에게 맞는 느낌으로 확인되는 순간이 매우 중요한데, 상담사가 헛다리를 짚는 경우는 비일비재하다.

경계 느끼기

내담자의 감정을 담아내기하고 공감하는 과정을 거치다 보면, 상담사는 내담자가 자기와의 관계에서 대인 간의 경계를 어떻게 이해하고, 오해하고, 혼란을 느끼고, 선을 넘고, 정서적으로 경계를 침범하는지 느끼게 된다. 예를 들면, 내담자가 상담사를 자기의 일부로 느끼고 경계를 마음대로 넘나들면서, 자기의 정서 상태와 같은 상태로 만들어서 자기 불안을 낮추려고 하는 것을 느낄 수 있다. 좀 더 직설적인 표현을 하면 상담사는 내담자가 자기를 감정 쓰레기통 정도로 느끼는지, 상담사를 갑을 관계에서 자기를 위해서 존재하는 을의 존재로 대하는지 생생하게 느낄 수 있다. 내담자가 겉으로는 상담사에게 깍듯이 예의를 갖추어도 자동적·무의식적 반응을 통해서 상담사가 느끼는 감정은 무시당하고 침범당하는 기분 나쁜 감정일 때도 많다. 그만큼 경계 느끼기를 위해서는 상담사가 섬세하고 예민해야 하지만, 자기의 성격 문제로 인해서 내담자에게 무시당하는 느낌이 들면 내담자의 관계 패턴이나 방어 기제를 오해할 수 있다.

대상관계 상담에서 주로 일어나는 일은 상담사-내담자 관계에서 상담사를 자기에게서 떨어진 존재로 인식하지 못하고 관계의 경계를 침범하는 것이다. 간혹 내담자가 상담사를 멀리하고 다가오지 않는 경우도 있지만, 그런 경우보다는 상담사에게 치대고, 함부로 대하고, 자기의 부정적 정서를 주입하며, 자기가 원하는 대로 안 해 준다고 불만스러워하고 투정하는 느낌인 경우가 더 많다. 물론 그런 불만을 말로 그대로 전달하는 내담자는 많지 않고 겉으로는 종종 잘 포장한다. 상담사들은 감정을 생생히 느끼는 정서적 경험이 어렵거나 자기-대상관계의 어려움으로 찾아온 내담자에게 처음에는 연민을 느낄 때가 많다. 가능하면 담아내기와 공감하기를 집중해서 해 주고 싶은 역전이 감정이 든다. 물론 그러다가 부정적 역전이가 올라오면 내담자를 싫어하고, 밀어내고 싶고, 분노가 치미는 때도 종종 있다. 상담사가 이렇게 담아내기와 공감하기에 집중하다 보면 균형이 깨지는 실수를 하게 된다.

만약에 재접근기 유아가 하듯이 내담자가 의존 욕구를 보이면서 상담사에게 다가오면 상담사는 적절한 거리와 경계를 유지하지 않고 내담자의 접촉 시도에 따뜻함과 친밀감을 느끼며 더 많이 받아 줄 수 있다. 내담자는 상담사의 이런 따뜻한 태도에 금방 좋은 감정이 들고 불안한 마음이 해소될 수 있는데, 내담자에게는 이런 수용과 지지를 충분히 받는 일이 꼭 필요하다. 하지만 상담사의 태도가 내담자의 성장을 촉진할 수 있는 적절한 수준이 아닌 과도한 따뜻함과 친밀감을 주는 것일 수도 있는데, 그렇게 되면 대상과의 관계에서 경계 문제로 인해 미성숙한 방어 기제를 사용하고 있는 내담자의 문제를 본의 아니게 더 악화시키는 결과를 가져올 수 있어서 결국은 상담이 실패로 돌아갈 수 있다.

특히 아직 자기감을 잘 못 느끼고, 자기 구조가 약하며, 자기항상성이 형성되지 않은 내담자들은 편집-분열적 양태의 유아가 느끼는 자기 존재가 삼켜지고 사라질 것 같은 불안과 공포를 상담사와의 관계에서 느낀다. 내담자는 상담사와 공생적 합일을 원하는 갈망이 너무 강해서 상담사와의 관계에서 경계를 쉽게 무너뜨리고 가까워진다. 그러다가 상담사와 적절한 친밀감이 아닌 과도한 친밀감을 느끼는 순간 내담자가 화들짝 놀라서 상담사로부터 갑자기 거리를 두고 뒷걸음질을 칠 수 있다. 상담사를 정서적으로 밀어낼 수도 있고, 상담사를 이젠 신뢰하지 않고 맘에 들지 않는다는 말을 할 수도 있고, 심지어는 상담관계를 끊으려고 시도할 수도 있다. 자기가 대상 속에 삼켜지거나 빠져서 자기 존재가 대상 속으로 사라지고 상실될 것 같은 두려움, 즉 멸절 불안에 빠지는 일이 고통스럽기 때문이다.

경계 문제가 있는 내담자뿐만 아니라 상담사도 내담자와의 적절한 거리, 경계, 정서적 경험이 어느 정도인지 알기 어려울 때가 많아서 많은 어려움을 겪는다. 내담자에게 담아내기와 공감하기가 필요한 것 같아서 열심히 역할을 하다 보면 내담자는 어느샌가 냉담한 반응과 태도를 보이면서 멀리 물러나 있다. 도움을 청하는 것 같지만 손을 내밀면 금방 그 손을 외면한다. 상담사의 적극적인 역할에 내담자는 금방 자기가 침범당하고 통제당한다는 좋지 않은 느낌을 강하게 받을 수 있다. 그런데 반대로 내담자가 공생적 합일을 원할 때 상담사가 그 요구에 즉각적으로 응해 주지 않으면 내담자는 유기 불안, 유기 공포를 느낀다. 마치 자기를 상담사로부터 버림받고 버려지는 존재로 느끼고, 자기가 무가치하다고 생각하면서 무력감에 빠진다.

상담사는 경계 문제가 있는 이런 내담자와의 관계에서 이러지도 못하고 저러지도 못하는 심한 딜레마를 느끼고, 자기가 어떻게 적절한 정서적 거리를 알고 적절한 친밀감을 주어야 하는지 고민에 빠지게 된다. 어떻게 보면 내담자의 정서적 고통만큼은 아니어도 상담사도 상당한 어려움을 겪을 수 있다. 이때 상담사가 할 수 있는 중요한 일은 내담자와의 적절한 거리를 찾기 위해서 시행착오를 겪으며 계속 연습해 보는 것이다. 내담자의 정서적 상태와 거리감에 맞춰서 마치 두 사람이 춤을 추듯이 스텝을 밟아 가며 움직여 주는 것이다. 두 명의 댄서가 춤을 출 때 상담사가 한발 앞서 이끄는 것보다는 내담자의 리드를 따라서 상담사가 스텝을 맞추는 일이 더 중요해 보인다. 결국 상담사와 내담자의 관계는 밀고 당기는 소위 밀당의 원리에 따라서 자연스럽게 가까워지고 깊어지는 것이 중요하다.

감정 방해하지 않기

지금까지 대상관계 상담의 근본 원리인 담아내기, 공감하기, 경계 느끼기에 대해서 논의했고, 이제부터는 구체적인 상담 기법에 대해서 하나씩 설명하려고 한다. 우선, 대상관계 상담은 정서 중심 상담이기에 정서를 다루는 기법이 중요하다. 상담은 인지, 행동, 정서 중심의 상담이 있고 각각의 장단점이 있지만, 대상관계 상담은 압도된 정서를 잘 다루고, 자기 안에 있는 내적 대상에 대한 정서적 기억과 감정 경험을 수정함으로써 자기-대상관계를 건강하고 성숙하게 맺도록 하는 목표가 있다. 그렇다고 해서 대상관계 상담이 인지와 행동을 교정하는 효과는 없다는 의미는 아니다. 정서를 중심으로 작업하다 보면 대상에 대한 인지와 행동도 자연스럽게 변화할 수 있다.

그런데 대상관계 상담 기법의 첫 번째 주제를 '감정 방해하지 않기'로 표현한 이유는 무엇일까? 누가 누구의 감정을 방해한다는 것일까? 내담자가 여러 가지 방어 기제를 사용해서 자기의 감정을 잘 느끼지 않으려고 억압하고 회피하는 등의 일을 스스로 하는 경우가 많지만, 상담에서 내담자가 감정을 인식하고 느끼는 과정을 오히려 상담사가 방해하는 일도 자주 일어난다. 내담자가 상담 회기 중에 어느 순간 감정적으로 몰입하는 때가 찾아오는데 그때 상담사는 내담자가 느끼는 감정을 최대한 빠르게 인식해야 하고, 내담자가 갑자기 감정에 빠지는 순간에 바로 내담자의 감정 상태에 함께 들어가는 것이 중요하다.

그런데 상담사들이 공통적으로 종종 하는 실수가 두 가지 있다. 하나는, 상담 시간에 내담자가 지금-여기에서 생생한 감정 경험을 하는 상태임을 인식하지 못하는 실수이다. 인식하지 못하는 이유는 내담자가 감정을 억압하거나, 느끼더라도 상담사에게 언어로 표현하지 못하기 때문이다. 상담사가 내담자에게 지금 감정을 묻더라도 내담자는 괜찮다고 하거나 모른다고 답하는 경우가 많다. 그러면 상담사는 내담자가 지금 고통스러운 정서를 느끼고 있다는 사실을 알지 못한다. 만약 예민하고 섬세한 상담사라면 내담자가 순간 울컥하는 느낌을 알아차릴 수도 있고, 내담자가 현재 느끼는 정서를 어렴풋이나마 느낄 수도 있다. 하지만 상담사가 알아차리지 못하면 내담자가 먼저 표현하기는 어렵다.

또 다른 실수는, 내담자가 감정을 느끼는 순간에 상담사가 엉뚱한 질문을 함으로써 내담자가 정서 경험에 집중하는 것을 흐트러트리는 것이다. 예를 들어, 최근에 대학생이 된 내담자가 고등학교 시절을 함께 보낸 가장 친한 친구와 멀리 떨어지게 되어 허전하고 외롭고 슬픔을 겪는 상태에서 상담 시간에 갑자기 울컥할 수 있다. 즉, 갑작스런 대상 상실에 대해서 애도하는 과정을 겪는 것이다. 내담자가 언어로 친구가 떠난 일이 슬프다고는 표현하지 않더라도 감정으로 느끼는 경우는 많다. 그런데 상담사가 그런 내담자의 슬픈 감정을 깊이 헤아리지 못하고, 마음을 좀 가볍게 해 주려는 목적으로 "친구관계 말고 요즘 학교 생활하면서 다른 일은 없어요?" "그 친구 말고 다른 친한 친구들도 주변에 많지 않아요?" "전에 부모님과 갈등이 있다고 했는데 요즘은 좀 어때요?" 등 갑자기 다른 주제로 돌리는 질문을 하면 내담자의 상실 감정이 대수롭지 않은 느낌을 주어서 결과적으로는 내담자의 감정 경험을 방해할 수 있다.

상담사와 내담자의 감정 조율에 관한 비유로 엘리베이터의 비유가 있는데 대상관계 상담의 첫 번째 기법인 '감정 방해하지 않기'를 이해하는 데 매우 도움이 된다(권수영, 2007, pp. 81-82). 높은 지상층과 여러 층의 지하층으로 구성된 건물 안에 상담사와 내담자가 나란히 있는 투명한 유리로 만들어진 두 대의 엘리베이터를 각각 타고 있는데 엘리베이터는 지상층과 지하층 전 층을 운행한다. 이 비유에서 지상층은 머리를 사용하는 인지적 경험의 층이고, 지하층은 가슴을 사용하는 정서적·무의식적 경험을 하는 층이다. 그런데 이 비유를 상담에 적용하면 주로 지상층을 위아래로 운행하던 내담자가 갑자기 지하층 버튼을 누르고 지하층으로 운행하기 시작하면 상담사도 빨리 내담자를 따라서 지하층으로 같이 운행해야 한다는 것이다. 내담자가 지하층으로 운행하는데 상담사가 지상층으로 운행하면 공감이 있는 상담이 사실상 불가능해진다.

문제는 내담자가 지하층 버튼을 누르는 경우가 흔하지 않고, 상담사가 그 순간을 포착하는 일도 그리 많지 않다는 점이다. 만약에 순간 포착을 하더라도 상담사가 내담자를 따라서 지하층으로 운행하지 않고, 지상층 버튼을 눌러서 내담자를 방해할 수도 있다. 또한 내담자가 지하층으로 잠깐 내려가더라도 금방 올라오는 경우도 많아서 상담사가 지하층으로 따라 내려가서 내담자의 깊은 정서적 차원, 무의식적 차원의 경험을 충분히 공유하지 못하는 경우가 많다. 상담사가 얼마만큼 민첩하게 내담자를 따라 지하층으로 내려가서 잠시라도 함께 머물 수 있는가에 따라서 공감의 성공과 실패가 좌우된다. 따라 내려가면 내담자가 말하는 감정이 어떤 감정인지 상담사가 자기 안에 잘 느껴 보는 노력이 필요하다. 빨리 따라 내려가지 못하면 내담자의 정서를 만날 수 없고, 오히려 지하층으로 내려간 내담자의 엘리베이터를 지상층으로 끌어 올리는 역효과가 날 수도 있다.

다음의 사례에서 29세의 여성 내담자는 다니던 직장을 그만두고 다시 취업준비생으로 지내면서 겪는 어려움에 관해서 상담을 받고 있다. 이 여성은 어린 시절 엄마의 지속적인 정서적 학대로 인해서 트라우마를 입었고, 내적 대상에 대한 막연한 불안과 두려움으로 사회에서 대인관계가 잘되지 않는 어려움을 겪었다. 그 이유로 첫 직장을 일 년 만에 그만두고 나왔고, 혼자 지내면서 다른 직장에 가기 위한 시험을 준비하고 있지만, 붙으면 또 새로운 인간관계를 해야 한다는 생각에 두려움이 크고, 떨어지면 무서운 엄마와 같은 집에서 더 지내야 한다는 힘든 상황을 마주하고 있다.

> 내담자: 제가 재작년에 다니던 직장을 그만두고 작년에 시험에 한 번 떨어져서 이번에 다시 시도하는데, 이번에 또 떨어진다면…… 정말 생각하기도 싫고 마음이 너무 힘들어요.
>
> 상담사: 요즘 우리 사회에 MZ세대 20대 퇴직자들이 많아서 ○○ 씨만 겪는 어려움은 아닌 것 같아요. 주변 친구 중에도 같이 시험 준비하는 사람들 있지 않아요? 이번에는 잘되겠죠.
>
> 내담자: 근데 제 친구들은 저와는 상황이 달라요. 저는 집에서 엄마, 아빠와 더는 같이 못 지낼 것 같고 시험에 붙어야 집에서 나올 텐데 잠도 잘 안 오고…….
>
> 상담사: 그래도 ○○ 씨는 교사 자격증이 있어서 시험에 떨어지면 다시 학교로 돌아가면 되지 않겠어요? 너무 걱정하지 말아요. 취업준비생인 다른 학생들보다는 훨씬 상황이 나으니까요. 원래 직장이 훨씬 더 좋은걸요, 뭘.
>
> 내담자: 이번에 떨어지면 엄마, 아빠와 같은 집에서 함께 더 지내야 한다는 생각에 너무

두려워요. 특히 엄마는 제게 너무 무서운 분이라…… 그런 엄마와 함께 더 오래 지내야 한다는 것이 너무 힘들 것 같아요. 첫 직장에서도 꼭 우리 엄마와 비슷한 느낌의 선배 선생님이 있었는데 그분을 마주치면 저도 모르게 너무 놀라고 움츠러들어서…… 거기서 오래 근무하지 못하고 일 년 만에 그만두고 나왔어요. 그런데 그런 엄마와 같은 집에서 더 지내야 한다는 상황이…….

상담사: 저도 예전에 취업해서 집에서 나오기 전에 ○○ 씨와 비슷한 상황이었어요. 그때 저는 더 어렸고요. ○○ 씨는 이제 30세가 다 된 성인인데요. 이미 좋은 전문직도 있어서 큰 걱정하지 않아도 되고요. 엄마랑 같이 지내도 예전만큼 힘이 없으실 것 같고. 제 말이 어때요?

이 사례에서 내담자는 계속 지하층으로 내려가면서 자기의 불안과 두려움을 상담사에게 호소하고 있다. 그런데 상담사는 내담자가 겉으로는 너무 멀쩡해 보이고 시험에 떨어져도 큰 문제가 없다는 생각이 들어서 내담자의 감정의 호소에 공감하지 못하고 자꾸 긍정적인 이야기를 해 주면서 주의 집중을 다른 곳으로 돌리고 있다. 내담자가 힘들게 자기의 감정을 표현하면서 말꼬리를 흐릴 때 상담사는 여운도 주지 않고 내담자가 자기의 감정에 머물 수 있도록 조용히 침묵하는 가운데 기다려 주지도 않음으로써 내담자의 깊은 감정 경험을 방해하고 있다. 상담사의 의도는 내담자의 상황이 그렇게 나쁘지 않다는 것을 인식시켜 줌으로써 내담자의 불안과 두려움을 잠재워 주고 싶었던 것 같은데, 실제로 내담자는 자기의 힘든 감정을 상담사가 담아내거나 공감하지 못하는 것으로 경험했을 것으로 보인다.

또한 내담자는 MZ세대 청년들의 공통적인 어려움이 아닌 자기만의 고유한 고통을 표현하고 싶었던 것으로 보이는데, 상담사는 그 세대 청년들의 공통적인 어려움을 언급하면서 내담자만의 고통이 아니라는 식으로 분위기 전환을 시도한 것으로 볼 수 있다. 상담사는 내담자의 고통을 일반화하고 자기의 이전 경험에 대한 자기 노출을 해 가면서 내담자의 상황이 나쁘지 않다는 점을 강조하고 싶었던 것으로 보인다. 하지만 내담자에게는 상담사가 자기의 감정에 공감해 주지 못하고 인지적으로 설득함으로써 큰 도움이 되지 못했다. 또한 내담자는 무서운 내적 대상 경험으로 인해 비슷한 상황에서 무의식적·자동적 정서 반응으로 고통 가운데 있는데, 상담사가 그 감정을 받아들여서 공유하고 엄마와는 다른 새로운 외적 대상으로서 꾸준히 역할을 해 줬다면 내담자가 정서적 경험이 교정되는 효과를 보았을 것으로 보인다.

이 사례에서 내담자가 불안과 두려움 가운데에서 고통을 호소할 때 상담사의 반응이 어떤 것이 정답이라는 것은 없지만, 이런 반응을 해 주었으면 훨씬 더 좋았을 것으로 보인다.

> 상담사: ○○ 씨의 이야기를 들으면서 ○○ 씨 마음의 깊은 불안과 두려움이 느껴져요. 특히 어머니와 함께 지내는 일에 대한 두려움이 여전히 크게 느껴져요. ○○ 씨에게 지금의 준비과정은 단순히 취업 시험에 붙고 안 붙고의 문제 그 이상인 것 같네요. 시험에 붙으면 또 새로운 인간관계를 해야 한다는 생각에 두려움이 크고, 떨어지면 무서운 엄마와 같은 집에서 더 지내야 한다는 두려움이 느껴지는 딜레마 상황인 것 같아요.

내담자의 '감정 방해하지 않기'는 생각보다 쉽지 않다. 특히 상담사 자신이 불안이 높거나 감정을 잘 못 다루는 경우 내담자가 언어적·비언어적으로 감정 표현을 하는 순간이 되면 불편해서 이야기의 주제를 다른 주제로 돌리는 경우가 빈번하다. 앞의 상담 사례에서는 그래도 상담사가 내담자가 하는 말을 받아서 반응했다. 현재 젊은 MZ세대 대부분이 비슷한 상황이고, 자기도 젊어서 그런 경험이 있으며, 그래도 내담자는 교사 자격증이 있으니 낫다는 말로 일반화, 자기 노출, 인지적 접근 등의 방법을 사용하지만, 다수의 상담사는 아예 다른 질문을 하기도 한다. 예를 들어, 내담자가 "저는 집에서 엄마, 아빠와 더는 같이 못 지낼 것 같고 시험에 붙어야 집에서 나올 텐데 잠도 잘 안 오고……."라고 지하층으로 이동하며 감정을 표현했을 때, 상담사가 "참, 요즘 남자친구하고는 어떻게 지내요?"라는 등의 질문을 하면서 아예 다른 주제로 돌려서 내담자가 감정에 머무는 순간을 방해하고 흐트러트려 놓기도 한다. 상담사들은 자기가 내담자의 감정을 방해하고 있지는 않은지 스스로 검토할 필요가 있다.

부정적 감정 다루기

대상관계 상담이 자기-대상 상호작용에서 느껴지는 감정을 인식하고 느끼고 다루는 과정이기에, '감정 방해하지 않기'와 더불어서 내담자가 강렬하게 느끼는 '부정적 감정 다루기'도 매우 중요하다. 앞선 장의 심리 기제와 성격장애의 상관관계에서 살펴본 것처럼, 경계선 수준 성격 조직을 가진 내담자들은 특히 투사, 분열, 이상화-평가 절하, 투사적 동일시를 주로 사용하는데, 일상에서 다른 사람들과의 관계, 그리고 상담 시간에 상담사와의 관계에서도 부정적인 감정을 강렬하게 느끼고 오해하는 경우가 많다. 내담자가 자기 자신에 대해서 부정적으로 느끼는 순간에 자기의 주요 대상인 부모에 대해서도, 배우자에 대해서도, 그리고 무엇보다 상담사에 대해서도 나쁘게 느끼는 전적으로 나쁜 감정 상태에 빠지게 된다.

이때가 상담사의 역할이 매우 중요한 순간이다. 자기-대상관계 구성단위의 전체 감정이 나쁜 감정으로 휩싸이는 상태가 되기 때문에 이를 상담사가 같이 느껴 주고, 내담자의 절망적인 느낌을 상담사가 먼저 말로 질문하고 내담자가 답을 하게 함으로써, 자연스럽게 인식시켜 주는 것이 필요하다. 내담자가 전적으로 부정적인 감정 상태에 휩싸이면 상담사가 자기와의 관계를 그만두고 자기를 버리려고 한다고 생각해서 유기 불안에 휩싸일 수 있다. 또한 상담사에 대해서 순간 실망해서 부정적으로 느끼는 감정에 빠질 수도 있다.

부정적 감정 다루기는 현재 내담자가 내담자-상담사 관계를 전적으로 나쁜 대상관계에 빠져 있음을 자각하도록 돕는 기법으로 내담자의 현실 인식에 큰 도움이 된다. 내담자가 그런 감정 상태에 빠져서 상담 회기에 언급하면 상담사가 다음과 같은 개입을 해 주면 좋다. 이 개입은 내담자에게 상담사도 역시 주요 대상임을 알려 주고, 상담사와의 관계에서의 감정 경험이 매우 중요함을 일깨워 주는 좋은 배움의 기회가 될 수 있다. 이어지는 사례에 등장하는 내담자는 경계선 수준 성격에 해당하는 내담자인데 상담사를 만나 상담 회기를 시작하는 첫 순간에 자리에 앉으면서 다음과 같은 대화로 회기를 시작했다.

> 내담자: (상담이 시작되는 순간에 한숨을 크게 들이쉬며) 휴. 정말 지금 너무 불안하고 무섭고 기분이 안 좋아요. 주변에 맘 편히 이야기할 사람도 없고, 제 이야기를 들어 줄 사람도 없고. 정말 외롭고 힘든 느낌이 들어요. 저는 왜 이렇게 인생에 지지리도 복이 없을까요? 저를 이해해 주는 사람이 제 주변에 정말 단 한 사람도 없어요. 제 인생이 이런데 제가 왜 상담에 와 있는지도 모르겠어요.
>
> 상담사: ○○ 씨가 지금 정말 너무 힘들고 외롭네요. 주변에 이해해 주는 사람이 단 한 명도 없다는 이야기가 너무 마음 아프고요. 일부러 시간 내고 상담비를 내면서 힘들게 오는 상담도 별 도움이 안 되는 것 같고. 그럼 저에 대해서도 많이 실망했을 것 같아요. 제가 상담사라고 ○○ 씨 옆에 있는데 저도 ○○ 씨를 이해 못하는 것 같고, 옆에 있어도 필요 없는 것 같네요.
>
> 내담자: (순간 깜짝 놀라고 손사래를 치면서) 아, 그런 의미는 아니에요. 선생님이 저한테 그렇게 하신다는 의미는 전혀 아니에요. 선생님은 제가 올 때마다 제 이야기를 잘 들어 주셔서 제가 많이 편안하게 느끼고 도움이 많이 되죠. 상담을 받으러 와서 선생님을 만나면 기분이 훨씬 편해져요. 선생님이 제 이야기를 들어 주는 유일한 분이고요. 제 남편과 엄마가 그렇다는 이야기에요. 제 주변에 그런 사람들이 아주 많아요.
>
> 상담사: 네. 저는 ○○ 씨의 감정이 좋지 않을 때는 내 주변에 아무도 없다고 느껴질 수 있을 것 같아요. 그렇게 느껴지는 것이 이상하진 않아 보여요.

내담자의 첫 이야기를 들으면 내담자의 감정이 언뜻 생생하게 느껴지지 않을 수도 있다. 성인 내담자이기에 어린아이처럼 펄펄 뛰면서 불안을 드러낸 것이 아니라 한숨을 들이쉬며 조용히 이야기하고 있는 모습이기 때문이다. 하지만 내담자는 지금 굉장히 절망적인 감정에 휩싸여 있는 상태로 보인다. 자기 존재가 불안하고 두렵고 자기 혼자 세상에 던져진 느낌에 감정적으로 많이 주눅이 들어 있다. 불안하고 두려운 이 감정에 대해서 상담사는 가볍게 생각하고 넘기지 않고 그 깊은 절망과 두려움의 감정을 같이 인식하고 느끼기 위해서 노력한 것으로 보인다.

이 대화를 들으면, 내담자는 마치 상담사는 예외인 것처럼 느끼는 모습을 보인다. '내담자는 자기를 이해해 주는 사람이 단 한 사람도 없다고 분명히 이야기했는데, 상담사를 왜 자기 삶의 주요 대상으로 생각하지 않고 빠뜨렸을까?' 하는 의문이 들 수 있다. 이 순간에 내담자는 세상에 그래도 단 한 사람, 상담사가 자기 곁에 있고 자기 이야기를 들어 줄 사람이라는 것을 기억하지 못했다. 기억하지 못한 것은 인지적 기억이기보다는 정서적 기억이라고 볼 수 있고, 심리적 탄생과정에서 경험해야 하는 정서적 대상항상성이 없는 상태이기 때문으로 이해할 수 있다. 상담이 막 시작되던 순간의 대화이기에 내담자는 일주일 동안의 생활에서 상담사에게 돌아온 순간 자기 주변에 단 한 명의 사람도 없다고 불평한 것이다.

또 다른 이유는 내담자가 상담사와의 관계를 실제 관계로 느끼지 않았기 때문이다. 내담자들이 종종 보이는 태도 중의 하나는 자기가 매주 만나는 상담사와의 관계를 자기 주변의 사람들처럼 편하게 만나면서 자연스럽게 상호작용하는 관계이기보다는 자기 경험을 보고하고 해결책을 제시받는 전문가로 생각한다. 그래서 사례의 내담자는 자기 이야기를 들어 주고 공감해 줄 사람이 자기 인생에 단 한 명도 없어서 힘들고 외롭다고 표현했다. 즉, 상담사는 자기 인생에서 현실 인물이 아니고, 상담 시간을 제외하고는 일주일 내내 대부분의 시간을 늘 곁에 있지는 않다고 느끼는 경우가 많다.

사례에서 내담자가 상담사와의 관계를 현실적으로 느끼지 않는 것 같을 때 상담사가 "그럼 저에 대해서도 많이 실망했겠네요."라고 말했는데, 내담자가 순간 깜짝 놀라 손사래를 치며 이야기했던 이유는, 자기가 상담 선생님에 대해서 실망하면 선생님이 자기와의 관계를 멀리하거나 관계를 끝낼 수도 있다고 생각했기 때문일 수도 있다. 비교적 건강한 내담자라면 상담사의 언급을 금방 이해하고 자기-대상관계에서 상담사의 존재를 금방 인식하고 돌아올 수도 있지만, 앞의 대화에 나온 것처럼 경계선 수준 성격을 가진 내담자라면 실제로 강한 유기 불안이나 유기 공포를 느낄 수도 있다. 비교적 건강한 심리 수준의 내담자는 자기가 경험하는 부정적 정서에 의해 압도되는 경험을 하더라도 자기 스스로 그런 감정에 휩싸이는 순간을 견디는 힘을 가진 경우도 많다.

얼마 전 상담에서 만난 내담자가 이런 말을 했다. 그 내담자는 내적 대상에 대한 두려움으로 관계를 갈망하지만, 관계에서 충분한 지지를 느끼지 못하는 30대 초반의 직장인이다. 내담자의 말에 따르면 자기는 주중에 대화를 나눌 사람이 거의 없어서 입에 거미줄이 처질 정도인데, 그래도 일주일에 한 시간 상담사 선생님과 이야기를 나누는 시간이 소중하다고 했다. 상담사가 "일주일에 이야기 나눌 시간이 더 있으면 좋겠는데 상담 시간은 단 한 시간이라 아쉽긴 하겠네요."라고 말을 받았더니, 내담자는 "주중에 힘든 일이 있고 감정 상태가 너무 안 좋을 때 선생님이 늘 옆에 안 계셔서 너무 아쉽지만 할 수 없죠. 선생님은 다른 일도 많으시고 내담자들도 많아서 바쁘실 텐데 주중에 제가 자꾸 연락드리고 징징댈 수는 없죠. 저는 그래도 선생님이 옆에 계신 것처럼, 혼자서 말할 때도 있어요."라고 말하며 옅은 웃음을 지었다.

이 내담자는 상담사를 만나지 않는 시간에도 상담사의 존재를 인식하고 상담사와 자기-대상관계를 맺고 있는 비교적 건강한 내담자로 볼 수 있다. 사실, 다수의 내담자가 이렇지는 않고, 오히려 자기-대상관계의 경계를 넘나들며 상담사에게 정서적으로 치대고 요구하며 상담사를 자기 필요대로 이용하려고 하는 내담자가 훨씬 많다. 주중에 문자로 연락하고 접촉을 시도해서 위로를 요구하거나 어떤 결정을 해야 하는지 묻는 경우도 많은데, 상담사가 조금이라도 거리를 두는 문자나 태도를 보이면 섭섭해하고 분노하는 모습도 종종 보인다.

기억 상기하도록 돕기

이미 설명했던 것처럼 대상관계이론은 과거 경험과 현재 경험이 반드시 원인과 결과라는 인과론적·운명론적 관점을 가지고 있지는 않다. 하지만 심리적 탄생과정의 문제로 인하여 미성숙한 방어 기제를 사용하게 되고 성격장애로 이어지는 밀접한 연관성은 인정한다. 이 주제와 관련하여 대상관계 상담에서 중요한 또 다른 기법은 내담자의 이전 경험을 상담사가 말로 언급함으로써 내담자가 과거 경험을 다시 한번 생생하게 기억하도록 돕는 것이다. 상담사는 상담 회기에서 내담자에게서 이미 들었던 내용이나 상담사 자신이 내담자에게서 직접 관찰하고 목격한 내용을 내담자에게 부드럽게 상기시켜 줄 수 있다. 내담자에게 이미 일어났던 경험을 내담자가 의식하고 있더라도 현재 생생하게 상기하지 못할 때 내담자의 경험을 외적 대상인 상담사가 내담자 앞에 다시 가져다준다는 관점에서 보면 매우 효과적일 수 있다. 이 사례는 2년 전에 남편을 암으로 잃은 중년 여성의 상담 내용이다.

> 내담자: 제가 요즘은 별로 큰일이 없이 잘 지내고 있는데 기운이 없고 감정이 가라앉을 때가 많은 것 같아요. 친구들도 자주 만나서 밥도 먹고 다니고 좋은 곳도 많이 돌아다니고 하는데 제가 좀 이상한 것 같네요. 몸도 아주 가쁜하지는 않고 입맛도 없을 때가 꽤 있고. 우울증은 아닌 것 같은데…….
> 상담사: 요즘 일상은 평화롭고 즐거운 시간으로 채우고 계신 것 같네요. 친구들이 도움도 많이 되셔서 다행이고요. 그런데 2년 전에 ○○ 씨 남편을 갑작스럽게 먼저 떠나보낸 일은 ○○ 씨에게는 너무 힘든 일이었던 것 같아요. 시간이 꽤 흘렀지만, 아직도 남편에 대한 그리움을 느끼실 수 있고요. ○○ 씨의 몸과 마음이 여전히 힘들 수도 있겠다는 생각이 들어서 안타깝네요.

이 사례에서 내담자가 2년 전에 남편을 떠나보내고 여전히 그리워하며 애도하는 상황인데, 내담자가 남편을 떠나보낸 사건을 기억하고 있는 사실은 분명해 보인다. 다만, 현재 일상에서 몸과 마음에 우울감이 여전히 있는 상황에서 2년 전의 큰 사건을 생생하게 기억하지는 못하는 것으로 보인다. 이때 상담사는 내담자의 현재 정서적 상태가 충분히 그럴 수 있음을 과거의 경험과 연결해서 다시 한번 내담자의 눈앞에 가져다 놓아 주고 있다. 상담사가 내담자의 외적 대상으로서 내담자의 삶의 경험에 관해 확인을 제공해 줌으로써 내담자의 자기 이해와 성찰을 촉진할 수 있다.

물론 앞의 대화에서 상담사가 했던 것처럼, 아무리 부드럽게 과거의 경험을 내담자의 눈앞에 가져다 놓는다고 해도 내담자가 불편하게 느끼면 상담사의 기법은 부정적으로 느껴질 수 있다. 힘들고 아팠던 과거의 경험에 대한 내담자의 기억이 많이 흐려져서 편안해졌을 수 있는데 그 기억을 상담사가 다시 되살리는 일이 좋지 않다고 생각할 수도 있지만, 대부분의 내담자는 과거 경험에 대한 이런 상기가 오히려 현재의 삶에서 성숙하는 데 더 도움이 되는 경우가 많다.

내담자의 이전 경험을 상기하도록 돕는 또 다른 방법은 내담자가 현재 경험하고 느끼는 일이 이전 경험이 반복되는 것이라는 점을 부드럽게 언급해 주는 것이다. 다시 한번 강조하면, 과거 사건과 현재 사건의 인과관계를 결정론적·운명론적 관점에서 지적하는 느낌이 아니라 과거 경험과 현재 경험의 유사성과 병렬성을 언급해 주는 것이다. 이 방법을 사용하면 내담자 삶의 두 가지 이상의 경험을 나란히 놓아 주어 내담자가 자기가 아직도 대상관계에서 정서적인 불안과 두려움을 겪고 있음을 인식할 수 있도록 도와줌으로써 내담자의 변화에 효과적일 수 있다. 다음은 30대 후반 남성 회사원의 사례로서 대인관계에서 반복된 거절 경험 때문에 유기 불안을 느끼며 어려움을 겪고 있다.

> 내담자: 제가 불안이 많이 줄어들고 회사에서 동료들과의 관계가 예전보다는 좀 편해지고 있어요. 그런데 제가 좀 더 상태가 좋아지면 선생님이 상담에 그만 오라고 하실까 봐 마음이 좋지 않아요. 저는 아직도 상담 선생님의 도움이 더 필요하다고 느끼는데, 제가 상담실에 왔을 때 가끔 보면 선생님 표정이 좋지 않고 기분 나빠 보일 때가 있어요. 그러면 저도 모르게 걱정이 많이 돼요.
>
> 상담사: 그렇군요. 아직도 많이 마음이 힘들어서 걱정이네요. ○○ 씨는 제 표정이 좋지 않거나 기분 나빠 보이면 혹시라도 제가 ○○ 씨를 멀리하거나 그만 오라고 할 것 같은 불안하고 두려운 마음이 여전히 있는 것 같네요.
>
> 내담자: 네, 아직 그런 것 같아요. 선생님이 그러지 않으실 것이라는 사실은 머리로는 잘 알겠는데 여전히 감정 통제가 잘 안 되는 것 같아요. 여전히 그 점은 많이 힘든 것 같아요.

상담사: 저에 대해서 조금이라도 마음이 편해지시면 좋겠는데요. 예전에 ○○ 씨가 여러 번 저한테 이야기해 주었듯이 ○○ 씨 어머니는 자기 곁에 가까이 오지 말고 저리 가 있으라고 했었다고 했죠? 그래서 그런 일이 또 생길까 봐 무서워했었고요. ○○ 씨는 회사에서도 부장님의 안색이 좋지 않으면 많이 살피고 무서워했었는데, 실제로 부서 이동이 있었던 트라우마 경험 때문에 많이 당황하고 힘들어했고요. 회사에서 있었던 그 일은 요즘은 좀 괜찮아진 것 같아요?

내담자: 네, 지금은 많이 좋아진 것 같아요. 그런데 여전히 막연한 불안과 두려움은 남아 있는 것 같아요. 선생님과의 관계에 대해서도요.

이 사례에서 30대 후반 내담자는 상담사와의 관계에서 아직도 유기 불안으로 고생하고 있다. 그런데 상담사는 그런 내담자의 감정을 잘 받아 주고 내담자의 경험이 어린 시절 경험, 즉 성인이 된 후에도 과거의 경험과 유사한 경험이 여전히 나타나고 있음을 내담자에게 부드럽게 상기시켜 주고 있다. 이렇게 이전 경험과 현재 경험을 나란히 놓아서 보여 주고, 그 유사한 관계 경험이 어린 시절 어머니, 회사 부장님, 특히 현재 만나는 상담사와의 관계에서도 계속해서 나타나고 있음을 선명하게 보여 주고 있다. 이렇게 다양한 대상과의 유사한 정서 경험을 나란히 놓아 주면 상담사와의 정서 경험이 교정됨에 따라서 다른 외적 대상뿐만 아니라 이미 세상을 떠났거나 멀리 떨어진 내적 대상과의 관계에서도 정서적 경험의 의미 있는 변화가 생길 수 있다.

대상 통합하기

대상관계 상담이 필요한 사람들은 유아기 심리적 탄생과정의 공생기와 분리-개별화 시기에 머무는 경우가 대부분이다. 내담자가 공생기 문제, 분리-개별화의 부화기, 연습기와 연관이 있다면 아직 자기와 대상을 구분하지 못하고 한 덩어리로 있는 듯한 정서 상태이다. 주요 대상인 주변 사람들, 상담사를 대상으로 융합 환상이 있어서 자기-대상 구분을 못하고 내적 혼란을 경험하며 대상에게 한없이 다가와서 대상이 자기와 같은 감정 상태에 머물기를 원하고 함께하기를 원하는 모습을 보인다. 내담자가 분리-개별화의 마지막 하위단계인 재접근기 주제와 연관이 있다면 분열, 이상화-평가 절하, 투사적 동일시 등을 사용하면서 자기와 대상에 대한 극단적 평가와 감정이 불안정하게 오갈 것이다. 아직은 대상항상성과 자기항상성이 없기에 대상에 대한 감정도 자기에 대한 감정도 통합되어 있지 않은 상태에 머물며 극단적인 관계 경험을 한다.

대상관계 상담에서 상담사의 특히 중요한 과제는 내담자가 대상을 전적으로 좋은 대상과 전적으로 나쁜 대상으로 분열시켜 강렬하게 느끼는 감정을 통합해 주는 것이다. 즉, 한 대상에게 좋은 측면과 나쁜 측면이 동시에 있을 수 있음을 머리로 이해하는 수준이 아니라 정서적으로 충분히 느끼는 정도로 통합해 주는 일이 필요하다. 대상에 대한 감정이 너무 강렬하고 양극단의 한쪽으로만 쏠려 있으면, 그 대상과의 관계가 안정적으로 경험되거나 유지될 수 없고 금방 한 대상과 관계를 맺다가 관계에서 파국이 오는 경험을 반복하게 될 수밖에 없다. 그런 관계의 깨짐이 여러 번 반복되면 내담자는 주눅이 들 수밖에 없고, 자기 주변의 모든 사람과 자기의 주변 세계는 나쁘다고 느끼게 되어서 악순환이 반복되는 안타까운 결과를 가져오게 된다.

대상 통합하기 기법은 내담자가 느끼는 대상의 전적으로 좋은 감정과 전적으로 나쁜 감정을 나란히 놓아 주는 것이다. 대상항상성이 형성되지 않은 내담자들은 대상이 자기 눈앞에 보이지 않을 때 그 대상에 대한 정서적 항상성, 즉 그 대상이 떠나지 않았고 여전히 존재한다는 느낌과 곧 돌아와서 함께하리라는 정서적 신뢰와 편안함을 느끼지 못하는 사람들이다. 이들에게는 시각적으로 눈앞에서 한 대상의 두 가지 극단적인 측면을 나란히 놓아 주는 기법을 반복하는 연습이 꼭 필요하다. 바로 앞에서 설명한 기법인 기억 상기하도록 돕기에서 내담자가 특정 경험을 의식하고 있고 기억하고 있더라도 현재 생생하게 상기하지 못할 때 외적 대상인 상담사가 내담자의 경험을 마치 내담자의 눈앞에 다시 가져다주는 것과 같은 맥락이다.

대상을 분열시키거나 이상화-평가 절하 패턴으로 내담자가 빠지게 되면 그 대상이 되는 주변 사람들뿐만 아니라 상담사도 큰 어려움을 경험한다. 내담자가 분열 상태에 빠지면 자기 아버지를 전적으로 좋게 느껴서 아버지의 잘못과 단점을 정서적으로 전혀 기억하지 못하거나, 아버지를 전적으로 나쁘게 느껴서 아버지의 장점과 자식에 대한 사랑을 정서적으로 전혀 기억하지 못하는 정서적 기억상실증에 빠지게 된다. 특히 아버지에 대한 부정적 기억이 많은 내담자는 아버지에게 좋은 점이 있음에도 불구하고 아버지를 전적으로 나쁜 대상으로 왜곡해서 느끼고 기억한다.

분열 기제를 사용하는 내담자는 대상인 아버지를 나쁘게 기억할 때는 그 아버지의 짝인 자기에 대한 감정도 나쁘게 느끼고, 좋게 기억할 때는 자기에 대한 감정도 좋게 느낀다. 이상화-평가 절하 기제를 사용하는 내담자는 아버지를 이상화할 때는 그 이상화 대상인 아버지에게 학대당한 자기를 평가 절하하고, 아버지를 나쁜 놈으로 평가 절하할 때는 자기가 아무런 잘못 없이 학대당했지만 이렇게 훌륭하게 성장했다고 자기를 이상화한다. 특히 아버지에게 심한 신체적·정서적 학대를 당한 내담자들의 경우 아버지를 이상화하면서 아버지도 힘들고 고통스러웠던 상황에서 자랐고 힘들게 일하며 가족을 부양했다고 말하면서 아버지가 이해되고 불쌍하다고 느낀다. 간혹 학대 피해자가 가해자를 처벌하기를 원하지 않는 모습을 보면 이해가 안 갈 때가 있지만 그들의 내면이 가해자를 이상화하고 자기를 학대당해 마땅한 존재로 평가 절하할 수 있다는 점을 생각해 보면 이해되기도 한다.

이런 내담자들은 상담사에게도 같은 방식으로 극단적인 대상관계를 맺는 경향이 있고 내담자의 상담사에 대한 경험이 순간 극단적으로 변하는 패턴을 보인다. 상담사는 이런 순간적이고 극단적인 변화를 내담자의 태도나 말을 통해서 금방 알아차릴 수 있고, 내담자가 분열을 사용하든 이상화-평가 절하를 사용하든 간에 대상에 대한 정서적 기억과 감정을 통합하는 연습을 반복해서 도와줄 필요가 있다. 이 연습은 내담자의 과거 대상에 대한 부정적 정서 경험과 긍정적 정서 경험을 눈앞에 나란히 가져다 놓듯이 연상시킬 수도 있고, 상담사에 대한 극단적 평가와 경험을 통합해 주는 방식으로 할 수도 있다. 특히 상담사를 대상으로 한 연습이 생생하고 효과적일 수 있는데, 예를 들어 내담자가 오늘 상담에서 상담사에 대해 비난하고 공격하면, 지난 회기에는 상담사를 높이 평가하고 고마워했던 경험을 나란히 놓아서 기억을 상기시킬 수 있다.

상담에서 주로 벌어지는 상황은 상담사가 내담자에 대해서 해석해 주거나 조언해 주면 내담자는 자기가 상담사에게 오해받았다고 느끼고 상담사가 자기를 문제 있다고 평가하고 비난한다고 느낄 수 있다. 그러면 내담자는 자기를 아무 문제가 없는 사람이라고 이상화하면서 오히려 상담사에게 심각한 문제가 있다고 극단적으로 평가 절하하거나, 상담사를 나쁜 사람으로 느끼면서 그런 상담사와 만나고 있는 자기도 문제가 많고 못난 사람, 나쁜 사람으로 느끼고 정서적으로 한없이 가라앉을 수도 있다. 반대로, 상담사가 아무 말도 안 하고 조용히 듣고 있으면 내담자는 상담사가 자기에게 관심이 없어서 자기가 홀대당한다고 느끼면서 조금 있으면 상담사가 자기를 버릴 것이라는 유기불안을 느낄 수도 있다.

내담자가 일상의 삶의 대상 이야기를 하면서 대상통합, 대상항상성에 문제가 있는 모습을 드러낼 수도 있다. 내담자가 씩씩대면서 상담실에 와서 자기를 그동안 따뜻하게 격려해 주어서 자기가 지난 2년 동안 전적으로 믿고 따랐던 자기 회사의 부장이 사실은 나쁜 놈이고 자기 등 뒤에서 자기를 배신했다고 흥분할 수 있다. 그런데 상담사가 기억하기에 그 부장은 그동안 내담자에게 아낌없이 격려하고 지지했던 좋은 외적 대상이었다. 내담자가 감정이 격해진 그 순간에 상담사가 그 부장에 대해서 얼마 전까지 전적으로 좋은 분이라고 하지 않았냐고 질문하면 내담자는 상담사도 부장과 같은 편이라고 생각하면서 더 분노할 수 있다. 그럴 때는 그냥 내담자의 불평과 분노 표현을 조용히 들어 주고, 감정이 가라앉았을 때 그 부장에 대한 대상통합 작업을 시도할 수 있다.

다음 사례는 30대 후반 남성이 성인이 된 후에도 아버지 대상을 여전히 두려워하고 있고, 회사에서도 부장님 같은 권위자들과의 관계 맺음을 어려워하는 문제로 상담에 와서 했던 대화이다.

내담자: 우리 아버지는 생각해 보면 참 나쁜 놈이에요. 회사 일이 힘드니까 매일 술 먹고 들어오고, 회사 상사들에게 못 하는 분풀이를 엄마와 어린 우리에게 해댔어요. 그때만 생각하면 지금도 분노가 치밀어서……

상담사: 그런 아버지를 마주하면 엄청 무섭고 싫었겠어요. 특히 어릴 때는 아버지가 더 크게 보이고 대항할 길이 없는 절대자처럼 느껴졌을 텐데.

내담자: 네. 너무 무섭고 무기력감을 느꼈던 것 같아요. 아버지의 발소리가 현관에서 나면 온몸과 마음이 긴장되면서 부들부들 떨렸던 것 같아요.

상담사: 그런 공포 속에서 매일 밤 어떻게 견뎠어요? 어린 나이에 감당하기에 너무 힘들었을 텐데.

내담자: 그냥 견뎠죠. 엄마도 옆에서 같이 무서워하면서 막아 주기도 했고. 동생도 같이 떨었으니까.

상담사: ○○ 씨와 동생, 엄마까지 온 가족이 고통 가운데 지낸 이야기를 들으니 너무 마음이 아프네요. 그런데 아버지는 매일 그렇게 술 먹고 들어와서 분풀이 대상이 필요했던 거예요?

내담자: (잠시 침묵) 음. 매일은 아니었던 것 같아요. 그러고 보니 안 그런 날도 있었네요.

상담사: 아, 안 그런 날도 있었어요? 그런 날은 어땠던 것 같아요?

내담자: 치킨 같은 간식을 사 오셔서 먹으라고 주기도 하셨어요. 그러면 우리는 얼떨떨하면서도 그런 날은 아버지도 기분이 괜찮으시고 하니까 그냥 맛있게 먹기도 했어요. 먹고 나서는 '오늘은 아버지가 왜 저러지?' 하고 의아하기도 하고. (침묵) 그러고 보니 어쩌다 어린이날 같은 날은 가끔 선물도 사 주시고, 놀이 공원에 한두 번 같이 간 적도 있기는 하네요.

상담사: 아, 그러면 평소와 다른 아버지 모습에 어리둥절하기는 했지만, 간식도 먹고 놀고 한 기억도 있긴 하네요. 공포에 떨었던 날이 대부분이었지만, 아버지가 따뜻했던 날도 있어서 그나마 다행이네요.

내담자: 네, 그렇긴 하네요. 그래도 제 기억에 아버지는 주로 나쁜 놈이에요. 가능하면 안 만났으면 좋겠고, 제 주변에 어슬렁거리지 않았으면 좋겠어요. 가끔 명절이나 생신 같은 때 만나면 지금도 무섭기도 하고 아버지를 힘으로 어떻게 하고 싶기도 해요.

상담사: ○○ 씨에게 많은 고통과 두려움을 준 분이죠. 그 상처가 아직도 너무 크고요. 아마 아버지에 대한 기억이 쉽게 바뀌기는 어려울 거예요.

내담자: 네, 그런 것 같아요. 아직도 어릴 때를 생각하면 치가 떨리고 너무 무섭고. 지금
　　　　도 회사에서 부장님 같은 윗사람들을 만날 때 너무 어려워요. 어떻게 대해야
　　　　할지 잘 모르겠고. 혹시 제가 업무를 잘못하거나 윗사람들을 잘못 대해서 나
　　　　쁘게 평가받거나 혼날까 봐 무서울 때도 있어요. (침묵) 어쨌든 저보다 나이가
　　　　많거나, 많이 배웠거나, 경험이 많거나 한 어른들을 보면 여전히 어렵고 불편
　　　　하고 피하고 싶은 마음이 커요.

상담사: 그렇죠. ○○ 씨가 아버지에 대한 두려움과 어색한 느낌이 있으니까, 부장님
　　　　이나 다른 어른들에 대해서도 어려울 거예요. (침묵) 그런데 혹시 저는 어떻게
　　　　느껴져요?

내담자: (흠칫 놀라며) 선생님요? 선생님도 윗사람이죠. 선생님도 저보다 열 살 이상
　　　　많으시고, 경험도 많으시고, 많이 배우셨고. (웃음) 대하기 어렵긴 하죠. 근데
　　　　선생님은 부드럽게 제 이야기도 잘 들어 주시고, 제가 하는 생각이나 느낌을
　　　　이렇다 저렇다 평가는 안 하시고 혼내지도 않으시니까. 저한테는 좀 새로운 경
　　　　험 같아요. 이전에는 이런 관계를 경험해 본 적이 별로 없어서.

상담사: 제 질문에 흠칫 놀라는 것 같아서 질문하고 괜히 미안했네요. (같이 웃음) 저는
　　　　○○ 씨의 이야기를 들어 주고 응원하니까 저에 대해서는 조금 다르게 느끼실
　　　　수 있죠. 근데 아마 제가 다른 사람과 함께 있을 때 다른 사람들은 저를 그렇게
　　　　안 느낄 수도 있어요. (같이 웃음) ○○ 씨 주변에서 잘 찾아보면 ○○ 씨가 비
　　　　교적 편하게 대할 수 있는 어른이 또 있긴 할 거예요.

내담자: 네. 요즘 선생님께 상담받고 난 후로는 어른이 좀 덜 무서워지긴 했어요. 예전
　　　　보다는 긴장되는 느낌도 많이 괜찮아진 것 같고.

상담사: 좀 전에 ○○ 씨가 지금도 아버지를 가끔 만나면 무섭기도 하고 아버지를 힘으
　　　　로 어떻게 하고 싶다고도 했는데, 요즘 가끔 아버지 만나면 어떤 감정이 주로
　　　　들어요? 여러 가지 감정을 느낄 수도 있는데.

내담자: (침묵) 마음이 착잡하고 복잡하죠. 지금은 완전히 힘없는 이빨 빠진 호랑이 같
　　　　은 노인네가 되었는데, 예전 기분 같으면 제가 힘으로 제압해서 실컷 때려 주

고 싶기도 하고. 그런데 다 늙어서 초라해진 모습을 보면 젊어서 그 위세 당당하던 모습이 없어져서 좀 안쓰럽다고 할까? 하여간 마음이 짜증스럽고 복잡해요. 만나기도 싫고 그런데 가끔 들여다봐야 하나 싶기도 하고. 어쨌든 어릴 때 힘들게 직장 다니면서 우리를 먹여 살리긴 한 거고. 가끔은 잘해 주기도 했고.

상담사: 네. ○○ 씨 마음속에 여러 가지 감정이 있네요. 그런 감정들을 느끼면 복잡하고 힘들 것 같아요. 아버지에 대한 부정적 기억이 많지만 긍정적 기억도 있고. 그래서 마음의 갈등이 많을 것 같네요.

이 사례에서 상담사는 지금까지 설명한 여러 대상관계 상담 기법, 즉 감정 방해하지 않기, 부정적 감정 다루기, 기억 상기하도록 돕기, 대상 통합하기를 적절하게 잘 사용했다. 상담 회기의 앞부분에서 상담사는 내담자가 아버지에 대한 부정적 정서를 경험하고 표현하는 것을 반박하거나 균형 잡으려고 시도하지 않고 그대로 들어 주고 담아내고 공감해 주었다. 그 후 아버지가 매일 그랬냐는 상담사의 질문에 내담자가 매일은 아니었다고 답하면서 자연스럽게 대화가 이어지고 아버지에 대한 얼마 안 되는 좋은 기억을 나란히 눈앞에 놓아 주는 기법을 상담사가 부드럽게 사용했다. 하지만 이후에도 내담자가 아버지에 대한 부정적 감정으로 다시 돌아갔을 때 상담사는 그대로 받아 주었다.

내담자의 표현이 다시 어린 시절 무섭고 치가 떨리는 아버지 이야기로 돌아갔을 때 상담사는 조용히 들어 주었고, 내담자의 얘기는 다른 주요 대상들인 회사 부장님과 윗사람들에 관한 이야기로 흘러갔는데, 내담자는 윗사람들을 만날 때의 어려움과 두려움을 토로했다. 그 마음을 상담사가 그대로 수용해 주면서, 실제 주요 대상에 상담사 자신도 포함됨을 "그런데 혹시 저는 어떻게 느껴져요?"라고 넌지시 질문하면서 눈앞에 놓아 주었다. 내담자의 아버지, 회사에서의 어른들이 실제 대상이지만, 그동안 내담자가 만나면서 자기-대상관계를 맺어 온 상담사도 실제 대상이라는 점을 인식하는 연습을 시켜 준 것으로 볼 수 있다. 이후 내담자가 상담사를 만나면서 요즘은 긴장도 덜 하고 덜 무섭다는 감정 표현을 했을 때, 상담사는 아버지 이야기로 자연스럽게 연결하면서 현재 아버지에 대한 감정이 어떤지 질문해 주었다.

대상 통합하기는 내담자가 상담사를 이상화하고 전적으로 좋은 사람으로만 느낄 때도 꼭 사용해서 상담사에 대한 이상화를 서서히 균형을 잡아 주는 방향으로 연습할 필요가 있다. 대부분의 상담사는 다른 사람을 돌보고 돕는 역할을 하는 사람들이라서 자기가 내담자에게 좋은 사람으로 느껴지기를 바라고 좋은 사람으로 오랫동안 기억되기를 바란다. 그런데 그렇게 해서는 내담자가 상담사에 대해 어느 정도는 실망해서 이상화가 깨지고, 상담사를 현실 인물로 느끼며, 한 인간으로서 상담사의 장점과 약점을 통합해서 균형 잡힌 관점으로 관계를 맺는 연습을 할 수 없다. 즉, 내담자에게 좋은 대상으로만 남으려는 마음은 상담사가 자기만 생각하는 이기적인 마음이고, 내담자의 유익을 위한 마음은 아니다.

앞의 사례에서도 내담자가 상담사는 어른이지만 다른 어른들과는 다른 사람으로 인식하고 좋게 평가할 때, 상담사는 내담자의 좋은 평가와 이상화를 즐기지만은 않았다. 오히려 자기가 갑작스럽게 질문해서 내담자를 흠칫 놀라게 했던 점도 언급하고, 상담사도 내담자가 아닌 다른 사람과 있을 때 다른 사람은 그렇게 따뜻하고 좋은 사람으로만 느끼지는 않을 수도 있음을 상기시켜 주었다. 그리고 내담자 주변에도 잘 찾아보면 내담자가 편하게 만나고 관계 맺을 수 있는 좋은 어른 대상들이 또 있음을 알려 줌으로써 내담자가 상담사와의 관계에서만 긍정적인 경험을 하고, 주변에 다른 어른 대상들과의 관계는 다 어렵고 힘든 것으로 분열적으로 경험하지 않도록 잘 안내했다. 이런 연습이 상담 회기에서 반복될 때 내담자의 대상 경험은 통합되어 갈 수 있고, 한 대상에 대해서 긍정적·부정적 감정을 동시에 경험함으로써 너무 양극단적인 느낌이 들지 않을 수 있음을 내담자가 서서히 자각하며 성장할 수 있다.

자기 통합하기

대상 통합하기와 함께 짝으로 사용할 수 있는 기법은 자기 통합하기이다. 재접근기 정서 상태와 비슷한 청소년이나 성인 내담자들은 대상항상성뿐만 아니라 자기항상성에도 어려움을 겪는다. 자기항상성은 자기 통합, 자기 정체성 형성과도 연결되어 있는 같은 맥락의 경험이기에 자기의 전적으로 좋은 측면과 자기의 전적으로 나쁜 측면 어느 한쪽으로만 극단적으로 쏠리지 않고 균형 잡힌 관점을 가지도록 반복적인 연습이 필요하다. 바로 앞에서 설명한 대상 통합하기는 분열, 이상화-평가 절하 방어 기제를 주로 사용하는 반사회성 성격, 경계선 성격을 가진 내담자들에게 좀 더 필요하고, 자기 통합하기는 경계선 수준 성격 조직을 가진 내담자 중에 반사회성 성격, 경계선 성격보다는 조금은 더 발달한 자기애적 성격을 가진 내담자들에게 더 필요한 기법이다. 물론 대상 통합하기와 자기 통합하기는 대상항상성과 자기항상성처럼 동전의 양면과 같은 관계에 있기에 두 기법을 함께 활용하면 훨씬 더 효과적이다.

자기 통합하기는 자기를 이상화하는 과대 자기 상태인 내담자에게는 자기의 연약한 부분을 나란히 놓아 주고, 자기감과 자존감을 상실해서 평가 절하하는 내담자에게는 자기의 강점과 재능을 나란히 놓아 주는 것이다. 우선, 상담사들이 청소년 내담자나 자기애적 성격인 성인 내담자를 만날 때 웬만하면 그들의 과대 자기를 직면하지 않고 그냥 두려고 하는 경우가 많다. 직면하면 내담자의 감정이 폭발할 수도 있고, 상담사와의 관계가 틀어질 수도 있으며, 아예 상담을 그만두는 경우가 많기 때문이다. 상담을 갑자기 그만두면 상담사는 그 내담자를 도와줄 기회를 잃을 수 있어서 상담사들이 주저하는 경우가 많다. 하지만 과대 자기를 직면하지 않는 것도 내담자의 유익을 위하는 길이 아니다. 내담자의 과대 자기를 그냥 두면 일상생활에서 실패가 반복될 수 있는데, 그 이유는 자기 주변의 사람들이 자기의 과도하고 비합리적인 기대를 다 맞춰 줄 것으로 기대하기 때문이다. 결국 상담사는 내담자의 자존감을 적당하게 잘 지지하면서 그들의 과장된 기대를 알아차리도록 알려 주는 중요한 역할을 감당해야 한다.

자존감을 상실해서 자기를 평가 절하하는 내담자에게 강점과 재능을 나란히 놓아 주려고 시도할 때 상담사가 특히 주의할 점은 자기가 약한 내담자들의 경우 칭찬해 주어도 막연하게 칭찬해 주면 그 칭찬을 믿지 못하고 받아들이지 못하기에, 칭찬할 때 상담사의 진심을 담아서 굉장히 구체적으로 해 주어야 한다는 것이다. 어설프게 칭찬하면 내담자가 "제 어떤 면이 훌륭한데요?"라고 반문하거나 "좀 더 구체적으로 설명해 주세요."와 같은 자세한 부연 설명을 원할 때가 많다. 그와 반대로 과대 자기를 도전할 때는 일단 과대 자기를 전적으로 지지해 주면서 부드럽게 직면하는 기법을 써야 내담자가 우쭐한 상태에서 자기의 약점을 듣고 받아들이는 경험을 하게 되어서 자기애적 상처가 덜 아플 수 있다.

대부분의 청소년 내담자와 자기애적 성격을 가진 성인 내담자는 자기 표상이 잘 통합되어 있지 않다. 자기가 전적으로 완벽하고 훌륭하다고 느끼는 과대 자기 상태이거나 자기는 아무런 쓸모가 없고 쓰레기 같이 느껴지는 자존감 상실 상태로 볼 수 있다. 우쭐한 상태의 청소년이나 성인에게 연약하고 부족한 측면을 말로 직접 언급하면서 갑자기 직면하면 내담자는 자기가 무가치하고 전혀 쓸모없는 존재라는 깊은 절망감을 느끼고 갑자기 자존감을 상실하면서 한번에 무너져 버린다. 그러면 내담자는 상담사에 대해서 크게 실망하면서 격분하게 되고, 그동안 믿고 만나 왔던 상담사가 자기를 갑자기 배신했다고 느끼면서 자기가 상담사에 의해 버려질 것 같은 유기 불안에 빠질 수 있다. 유기 불안을 느끼는 사람들이 유기로 인한 고통을 피하기 위한 목적으로 먼저 상대방과의 관계를 끊고 상대방을 버리는 것처럼, 이런 내담자들은 자기의 과대 자기의 측면을 더 키우면서 상담을 갑자기 그만둠으로써 자기를 방어하려고 시도한다.

자기 통합하기 기법은 내담자의 충동성을 조절하는 데에도 유용하다. 뇌가 완성되는 시점이 만 25세이고 그때가 되어야 충동성과 위험을 인식하는 전전두엽이 완성되어서 충동성이 줄어들고 자기 주변의 위험을 잘 감지해서 위험한 행동을 덜 한다. 예를 들어, 청소년이나 20대 초반의 청년들이 비 오는 날 오토바이를 타거나 자동차를 몰고 폭주하는 행동을 종종 하는데, 이는 자기 능력을 과신하고 자기에게는 나쁜 일이 일어날 수 없으며, 자기는 죽지도 않을 거라는 왜곡된 믿음이 있어서이다. 이들에게는 자기 능력에 대한 현실적인 인식이 생기도록 도와주어야 하고, 자기의 강점과 약점을 통합해서 균형 있게 인식하여 자기에게 가능한 일과 가능하지 않은 일을 잘 구별할 수 있도록 도와야 한다.

자기 통합하기는 언뜻 들으면 자기 혼자 할 수 있는 대상관계 기법 같지만, 이것도 대상이 눈앞에 있어야 자기를 인식할 수 있고, 그 대상이 자기와의 대상관계와 상호작용을 통해서 자기의 양극단에 있는 두 측면에 대한 강렬한 감정이 하나로 통합되도록 반복적으로 인식시켜 주고 도와주어야 한다. 자기 통합하기에는 자존감이 떨어진 내담자에게 자기의 좋은 면을 인식하도록 돕는 과정이 있고, 반대로 자기를 이상화하면서 우월한 감정과 과대 자기를 가진 사람에게 자기의 연약함과 그런 자기에게 닥칠 수 있는 위험에 대해서 인식하도록 돕는 과정이 있다. 이 두 과정에서 후자의 과정을 다음의 사례를 통해서 볼 수 있다. 마치 주사를 놓을 때 주사 맞을 부위를 살살 문질러 주고 톡톡 치면서 아픔을 경감시키며 놓아 주듯이 과대 자기를 직면할 때는 미리 자기애적 상처가 너무 크게 느껴지지 않도록 문질러 주는 과정이 필요하다.

다음은 군대를 갓 전역한 24세 남성의 사례이다. 그는 공수특전사에서 근무했고 사격을 월등하게 잘해 특등 저격수로 상을 받기도 해서 남다른 자부심을 느끼고 있었는데, 전역하고 몇 달 동안 쉬면서 다니던 대학교에 복학을 준비하고 있었다. 이 남성 내담자는 군대에서 경험한 트라우마와 부적응 경험으로 인해 복학에 대한 막연한 불안과 두려움을 느꼈고 그 문제를 다루기 위해 복학하기 직전에 상담에 왔다. 이 내담자는 복학 후에도 계속 상담을 받고 있었는데, 중간고사를 치른 후 친한 후배들과 함께 놀러가서 저녁을 먹고 술을 마시다가 주변 손님들과 시비가 붙고 몸싸움이 벌어졌다. 손님한 명과 언성이 높아지고 서로 멱살잡이를 하다가 주먹으로 한 대씩 주고받았다. 더 큰싸움으로 번지고 위험할 뻔했는데 다행히 후배들과 주변 손님들이 잘 막아 주어서 큰사고는 나지 않았고, 다음 날 상담 회기에 오게 되었다. 내담자는 자리에 앉자마자 자랑스럽게 10분 정도에 걸쳐 자초지종을 늘어놓았고, 다음의 대화는 그 이후의 대화 내용이다.

> 상담사: 어제 정말 위험한 상황이었네요. 많이 다치지 않고 이만하길 다행인 것 같아요. 그 일 이후에 푹 쉬고 마음이 좀 가라앉았어요?
>
> 내담자: (우쭐대면서) 위험하긴요. 제가 전역한 지 얼마 안 돼서 기운이 뻗치는데 그런 배 나온 아저씨들 몇 명은 아주 우습죠. 사실, 주변에서 말리지 않았으면 실컷 몸 좀 풀 수 있었는데 아쉽죠.
>
> 상담사: 후배들 앞에서 선배로서 뭔가 역할을 해서 뿌듯하긴 하겠어요.

내담자: 그럼요. 안 그랬으면 아주 쪽팔릴 뻔했는데. 저도 한 대 맞긴 했지만 제 주먹에 그 아저씨가 뒤로 벌렁 나동그라져서 다행이긴 했죠. (웃음)

상담사: 아까 ○○ 씨 이야기를 듣다 보니 옆 테이블의 손님들이 ○○ 씨 후배들을 좀 하대하고 막말하면서 무시한 것 같긴 해요. 그래서 ○○ 씨가 어쩔 수 없이 나서서 그 상황을 막아 주게 된 것 같기도 하고요.

내담자: 네. 저도 이제 나이도 20대 중반에 접어들고 어릴 때보다는 좀 더 진중하게 행동하려고 노력은 하는데, 어제 같은 일이 벌어지면 지금도 순간 욱해요. 싸움이 붙어도 가뿐히 이길 수 있을 것 같고. 어제 제가 안 나섰으면 그 아저씨들이 계속 시비를 걸었을 수 있고, 우리뿐만 아니라 다른 테이블의 손님들도 불쾌한 얼굴들이어서 제가 나서지 않을 수 없었어요.

상담사: ○○ 씨가 막 전역한 공수특전사 용사의 정신으로 그 아저씨들에게 참교육을 해 준 것 같아요. 선배로서 후배들을 챙기고 보호하는 모습도 보여 줬고……. ○○ 씨는 그런 일이 있을 때마다 나서서 해결하는 일을 좋아하는 성격인 것 같아요.

내담자: 근데 선생님이 칭찬하고 격려해 주시는 것 같기는 한데 왠지 기분이 별로 좋진 않네요.

상담사: 그래요? 어떤 느낌이 드는데요? 조금 더 이야기해 주실래요?

내담자: 왠지 저를 비난하시는 것 같고, 선생님이 해 주시는 칭찬도 저의 행동을 못마땅하게 느끼시고 빈정대시는 것 같기도 해요. 그동안 상담받으면서 선생님이 제가 군대에서 겪은 트라우마와 부적응 문제를 잘 이해해 주신 것 같고 저의 불안과 두려움을 잘 받아 주신 것 같아서 좋았는데. (침묵) 이번에는 왠지 제가 잘못했다고 비난하시는 느낌이 들어요. 마치 어린아이를 막 혼내시는 듯한 느낌도 들고요.

상담사: 제 말을 그렇게 느꼈군요.

내담자: (침묵) 우리 어머니도 그랬던 것 같아요. 제가 어릴 때 뭔가 사고를 치고 오면

그렇게 반대로 이야기하셨던 것 같아요. 대놓고 혼내지는 않으시는데 이야기를 듣다 보면 반대로 칭찬하면서 돌려서 혼내셨던 것 같아요. (침묵) 이런 기분 정말 오랜만인데. 기분이 너무 안 좋네요. 선생님한테 이런 기분을 느끼게 될 줄은 몰랐어요.

상담사: 아, 내 말에 ○○ 씨 기분이 많이 나빴군요. ○○ 씨가 어릴 때 어머니와의 관계에서 비슷한 기억이 있었죠. 그 경험을 기억하고 지금 저와의 경험과 비슷한 느낌을 받으셨군요. 저에 대해서도 어머니를 대할 때 같은 느낌이 들 때가 이전에도 또 있었어요?

내담자: 네, 가끔요. 근데 선생님 제가 이 기분이 굉장히 찜찜한 느낌이 들고 해결해야 할 것 같은데 선생님이 저한테 해 주고 싶은 말씀 있으시면 직접 해 주시면 좋을 것 같아요. 저는 그렇게 돌려서 이야기하는 느낌을 좋아하지 않아요.

상담사: 저와의 관계에서도 ○○ 씨가 어머니와의 상호작용에서 느꼈던 기분 좋지 않은 느낌을 받을 때가 있었네요. (침묵) 근데 저는 ○○ 씨의 어제 행동이 훌륭했던 면이 있는 것 같아요. 후배들 앞에서 오버했다고 느끼지는 않아요. 그 중년 아저씨들이 잘못 행동한 부분이 분명히 있고요. 후배들을 데리고 식사하러 나갔던 거라 보호해야 할 의무와 책임도 느꼈던 것 같고요. ○○ 씨 자신도 자기 안의 그런 책임 있는 모습을 좋게 여기고 있는 느낌인데. 그렇지 않아요?

내담자: 그렇긴 하죠. 그럼 그때 나서지 않았으면 어떻게 됐겠어요? 나서서 일을 해결해야죠. 근데 선생님이 그렇게 말씀하시니 조금은 이해가 되고 기분이 조금 나아지긴 하는데. 그래도 원래 하고 싶었던 이야기를 해 주시는 느낌은 안 드네요.

상담사: 그래요?

내담자: (거만한 말투로) 당연히 그렇게 느끼죠. 제가 분명히 뭔가 찜찜하게 느끼고 있는데도 선생님은 아닌 척 발뺌하시고. 자꾸 돌리지 마시고 하실 말씀을 해 주시죠.

상담사: (침묵) 저는 ○○ 씨가 나서서 후배들을 보호하려고 했고, 후배들을 대표해서 나섬으로써 어느 정도는 면이 섰다고는 생각해요. 실제로 ○○ 씨는 얼마 전

까지 특수부대에서 표창을 받은 군인이었고 나설 수 있는 용기와 능력도 되어 보이고요.

내담자: 네.

상담사: 근데 그동안 ○○ 씨를 만나다 보니까 ○○ 씨는 자기가 연약하고 의존적인 면도 있고 가끔은 다른 사람에게 의지해도 된다는 사실을 인식하지 못하는 느 낌이 들 때가 있어요. 늘 책임지려는 느낌이 들어요. 제가 본 ○○ 씨는 공수 특전단 이미지와 달리 내성적이고 섬세하고 감수성이 풍부한 면도 있는데, 힘 있고 능력 있는 모습을 더 보여 줘야 한다고 마음의 압박을 느끼는 것 같기도 해요. ○○ 씨 자신이 할 수 있는 일 이상의 것을 보이라고 자기에게 요구하는 것 같아요.

내담자: 제가 그런가요?

상담사: ○○ 씨 후배들은 불과 한두 살 아래 동생들이잖아요? 어제 같은 일이 생기면 ○○ 씨 혼자만 나서지 않고 그 후배들의 도움을 받아서 같이 감당했어도 됐 을 것 같다는 느낌이 들어요. ○○ 씨 혼자 주변 사람들, 온 세상을 다 떠맡아 서 도움을 주려고만 하지 말고요. ○○ 씨는 다른 사람의 도움을 받는 것을 별 로 좋아하지 않는 것 같아요.

내담자: 이해는 되는데요. 근데 저도 필요할 때는 다른 사람들의 도움을 받긴 하는데 요.

상담사: 그래요? 그럼 다행이고요. 근데 어제 같은 일은 가게 주인에게 이야기할 수도 있고, 경찰을 찾아도 될 것 같고. ○○ 씨 혼자 위험하게 나서서 꼭 영웅이 될 필요는 없죠. 어제 그만하길 다행이지 더 크게 싸움이 붙었으면 많이 다칠 수 도 있었죠. 누구 한 명 칼이라도 들었다면 아주 위험할 뻔 했죠.

내담자: 네. 무슨 말씀인지는 알겠네요.

이 사례에서 상담사는 내담자의 과대 자기를 한 번에 누그러뜨리지는 않았다. 24세 청년으로서 아직은 전전두엽이 완성되어 가는 중인 청소년의 뇌를 가졌기에 충동성이 있고 자기는 위험하거나 죽지 않는다는 그런 자기 이상화, 과대 자기 상태에 있었는데 그런 우쭐한 표현을 상담사는 충분히 담아내기를 했다. 옆 테이블 손님들의 무례함을 객관적으로 확인해 주고 내담자의 용감함을 지지하고 격려했고, 내담자가 상담사의 칭찬에 대해서 기분이 좋지 않아 할 때 상담사는 그 감정을 잘 수용해 주고 어떤 기분인지 함께 더 탐색하려고 시도했다. 또한 내담자가 자기의 어린 시절 주요 대상이었던 어머니와의 관계에서 종종 느꼈던 기분 나빴던 감정을 상담사와의 관계에서 느꼈을 때도 그 감정 표현을 받아 주고 내담자가 원했지만, 어머니에게서 받지 못했던 대화 방식을 사용해 주었다.

하지만 내담자가 상담사에게 돌려서 이야기하는 느낌을 좋아하지 않는다고 하면서 선생님이 하고 싶은 이야기가 있으면 직접 하라고 단도직입적으로 요구할 때, 내담자의 우쭐한 마음과 과대 자기적인 요구에 바로 응해 주지는 않았다. 내담자의 행동이 훌륭했던 면이 있었고 과장된 행동으로 느껴지는 않는다고 하면서 다시 한번 칭찬했고, 내담자가 다시 한번 하고 싶은 이야기를 그냥 해 달라고 요구했을 때 그제야 그 요구를 들어주었다. 즉, 상담사는 내담자의 과대 자기를 충분히 지지하면서도 그 반대 측면에 있는 내담자의 약점, 즉 자기를 너무 강하고 능력 있는 모습으로만 규정지으려고 하면서 다른 사람의 도움을 받거나 의지하지 않으려는 모습에 대해서 알려 줌으로써 자기의 강점과 약점을 나란히 눈앞에 놓아 주려는 기법을 사용했다. 결국 상담사의 차분한 대응과 기법에 내담자는 자기가 양쪽 특징을 통합하는 작업이 덜 되었음을 인식하고 통찰을 얻게 되었다.

자기 통합하기는 청소년과 성인 초기 내담자들을 상담할 때 많은 도움이 된다. 아직 정체성 형성이 덜 된 내담자들, 사회에서 자기 자리를 잡지 못한 사람들은 종종 심하게 주눅이 들고 자기가 한 가지라도 좋은 결과를 못 내었을 때 급격하게 자신감을 잃고 주저앉아서 포기하는 경우가 많다. 예를 들면, 청소년 내담자가 중간고사를 완전히 망쳤다고 느끼거나 대학교를 갓 졸업한 신입 사원이 발표를 한 번 크게 잘못했다고 느낄 때, 자기 공부와 직장생활 자체를 완전히 망친 것으로 절망감과 자괴감을 느끼는 경우가 많다. 이렇게 자기에 대해서 심하게 평가 절하하는 내담자들에게 그동안 학교에서의 학업과 직장에서의 과업 중에 잘 되었던 점이 있었던 점을 나란히 놓아 주어서 자기에 대해서 너무 극단적인 평가로 빠지지 않도록 도우면 내담자가 스스로 자기를 재구성해 가고 자기 정체성을 채워 가는 동기부여가 될 것으로 기대할 수 있다.

내담자 끌어당기기

'내담자 끌어당기기가 어떤 기법일까?'라는 궁금한 마음이 들 것이다. 내담자 끌어당기기는 바로 앞에서 이미 설명한 기법인 자기 통합하기와 바로 뒤에서 설명할 기법인 내담자 밀어내기와 밀접한 연관이 있다. 우선, 자기 통합하기는 정체성 형성과 관련이 있고, 정체성 형성은 자기-대상관계에서 친밀감을 느끼는 데 결정적인 영향을 준다. 그런데 이상화 혹은 과대평가된 자기 상태에만 머물러 있거나, 자기감과 자존감을 상실해서 평가 절하된 자기 상태에만 머무는 등 한쪽 극단에 머물면서 자기 통합하기에 어려움을 겪는 내담자들은 주로 자기 정체성 형성이 덜 된 경우가 많다. 에릭 에릭슨의 심리사회발달 8단계 이론에서 에릭슨이 특히 강조했던 주제는 5단계 청소년기(12~20세)에 자아 정체감 대 역할 혼란의 갈등을 겪게 되고, 6단계 성인 초기(21~35세)에 친밀감 대 고립감의 갈등을 겪게 된다는 점이었다.

특히 청소년기에 자기에 대한 주체성, 다른 사람이 지각하는 자기와 자기가 지각하는 자기 사이의 일관성을 경험하면 정체성이 잘 형성되어서 다음 단계인 성인 초기에 주변의 대상들과의 관계에서 친밀감을 느낄 수 있는 능력을 키울 수 있다. 정체성 형성이 잘 안 되면 친밀한 관계를 회피하고 고립감을 경험하게 된다. '친밀감은 인간이라면 당연히 느끼는 것 아닐까?'라는 의문을 가질 수도 있지만, 실제로 친밀감을 느끼는 일은 정체성에 기반한 각 개인의 능력에 해당한다. 대상관계이론에서 자기와 대상의 관계가 성립되려면 둘 사이에 감정이 존재해야 한다고 보는 것처럼, 상담사-내담자 관계에서도 친밀감이 약하면 대상관계 상담 기법들을 사용하기가 쉽지 않다. 내담자가 상담사에게 어느 정도의 친밀감을 느껴야 자기-대상관계 안에 들어오게 되고 상호작용이 가능하며 그래야만 지금까지 설명한 기법들을 적용하는 일이 가능해진다.

내담자 끌어당기기 기법과 내담자 밀어내기 기법 간의 밀접한 연관성은 이미 느꼈겠지만 하나는 거리를 멀리하는 내담자를 가까이 다가오게 하려는 목적의 기법이고, 다른 하나는 자기-대상 경계를 너무 허물고 가까이 다가와서 상담사의 정서적 경계를 침범하는 내담자를 조금은 더 거리를 두고 멀어지게 하는 기법이다. 내담자가 상담사와의 관계를 적절한 거리를 두고 다가오는지 아닌지에 따라서 내담자를 끌어당기거나 밀어내는 기법이다. 상담에 오는 내담자들은 주로 밀어내기가 필요한 경우가 대다수이지만, 끌어당기기가 필요한 내담자들도 꽤 많다. 내담자가 상담사와 두는 거리를 상담사가 잘 인식하고 느껴서 각 내담자에게 밀어내든 끌어당기든 적절한 기법을 사용하면 상담에서 상담사-내담자 관계가 적절하게 형성되고 다양한 기법을 통한 대상관계 상담을 진행할 수 있다.

내담자 끌어당기기 기법은 상담사에 대해 신뢰나 친밀감을 잘 느끼지 못해서 거리를 두고 잘 다가오지 않으려고 하는 내담자를 상담사에게 다가오게끔 하는 것이다. 우선, 이런 내담자를 만나면 상담사들이 당황할 수 있고, 답답함과 조급함에 오히려 내담자에게 정서적으로 더 다가가려는 역전이 감정이 느껴질 수 있다. 그런데 상담사가 다가가서 정서적 접촉을 시도하면 할수록 친밀감을 잘 느끼지 못하는 상태의 내담자는 오히려 불안을 느끼고 놀랄 수 있고, 마치 자기-대상 경계가 침범당하는 것처럼 느껴져 뒷걸음질을 치면서 상담사와의 관계에서 더 멀어지려고 할 수 있다. 다음 상담 회기에 오는 것을 망설이거나, 갑자기 오늘 상담에 못 온다고 문자를 하거나, 상담에 오더라도 깊은 정서적 이야기보다는 일상에서 있었던 생활 사건을 주로 이야기하면서 상담이 좀 겉도는 느낌을 받을 수 있다.

이때는 상담사가 성급하게 다가가서 친밀한 접촉을 시도하기보다는 상담사-내담자 관계에 대한 내담자의 감정, 즉 불안함을 느끼거나 거리감을 느끼는 등의 경험을 부드럽게 물어보고, 내담자와의 관계를 어떻게 느끼는지 솔직하게 이야기해 주면 도움이 될 수 있다. 그렇게 상담사-내담자 관계에 대한 감정을 여러 회기에 걸쳐 반복해서 경청하고, 수용하고, 공감하다 보면 내담자가 상담사에게 대상관계를 맺는 과정이 덜 불안하고, 덜 두렵게 바뀌어 갈 수 있다. 상담사에게 가까이 다가오지 않는 내담자들은 두려운 내적 대상과의 감정을 상담사에게 투사하는 경우가 많아서 상담사와 편안한 마음으로 그런 불안과 두려움 감정을 나누고, 상담사가 그 감정을 공유하다 보면 친밀감을 형성하는 데 도움이 된다. 내담자 끌어당기기 기법은 앞서 설명했던 자기 통합하기 기법과 병행하면 더 효과가 좋다. 자기 통합하기를 통해서 이상화된 자기와 평가 절하된 자기를 나란히 놓는 연습을 병행하면서 정체성이 점점 더 통합되어 가다 보면 대상과의 관계에서 신뢰와 친밀감이 좀 더 느껴질 수 있다.

다음의 사례는 25세 남성의 장기 상담 사례의 예인데, 회기를 마쳐 갈 즈음 있었던 대화이다. 이 내담자는 코로나 상황에서 종종 비대면으로 오기를 원했던 내담자였는데, 대면 상담이 가능한데도 다시 비대면을 원한다는 의사를 밝혔다. 이 대화에서 상담사는 내담자 끌어당기기 기법을 부드럽게 사용한 것으로 보인다.

내담자: 저, 선생님…… 제가 다음 주에는 비대면으로 상담받으면 안 될까요? 제가 상담실에 오는 거리가 꽤 되고 몸도 좀 피곤하기도 해서 다음 주 한 번만 그렇게 하고 싶어서요. 저는 비대면으로 해도 괜찮아요…….

상담사: 아, 그래요? ○○ 씨는 비대면으로 저를 만나도 편안해 보이기는 할 것 같네요.

내담자: (웃음) 네. 저는 그런 것 같아요.

상담사: 그런데 전에 ○○ 씨가 저랑 마주 앉아서 상담받는 일이 좀 낯설고 어색하고 불편하다고 했었는데…… 지금은 좀 어떤 것 같아요?

내담자: (잠시 침묵) 요즘은 전보다는 편해졌어요. 선생님 만나러 올 때도 덜 망설여지고. 예전에는 상담받는 날 되면 아침부터 마음이 피곤하기도 했어요.

상담사: 네. 그럼 상담받는 게 그동안 많이 힘들었겠네요. ○○ 씨가 잘 표현하지 않고 차분해 보여서 그렇게 보이지는 않았던 것 같아요. 근데 저는 ○○ 씨 만나는 게 어떨 것 같아요? 저도 낯설고 어색해 보여요?

내담자: 아…… 선생님도 그러신가요? 그래 보이지는 않으시는데요. (웃음)

상담사: 저도 처음에는 아무래도 조금은 서먹하긴 했죠. ○○ 씨가 저랑 앉아서 이야기하는 것도 힘들어 보였고. 근데 ○○ 씨를 계속 만나다 보니까 전보다는 훨씬 편해졌어요.

내담자: 아, 저는 선생님도 그러실 줄은 전혀 몰랐어요. 선생님은 사람들도 많이 만나

셔서 사람 만나는 일이 편하신 줄 알았어요.

상담사: 네. 저도 항상 편한 건 아니에요. (웃음) 근데 지금은 오히려 ○○ 씨와 좀 더 친해지고 싶기도 해요. 좀 더 자주 대면하면 더 깊은 이야기를 나눌 수 있을 것 같기도 하고.

내담자: 아, 네. (웃음)

상담사: 좀 전에 다음 주 상담을 비대면으로 했으면 좋겠다고 하셨는데 어때요? 저는 대면으로 만났으면 좋겠다는 마음도 드는데요.

내담자: 네. 비대면도 좋기는 한데…… 일단 다음 주에는 상담받으러 올게요. 선생님과 자주 얼굴 보고 조금은 더 친해져도 될 것 같아요.

상담사: 네, 그럼 다음 주 이 시간에 봬요. 한 주 동안 잘 지내시고요.

내담자: 네. 감사합니다. 다음 주에 뵐게요. 안녕히 계세요.

이 사례에서 상담사는 내담자가 상담사와의 관계에서 거리를 두고 멀어지려는 욕구를 듣고 네 혹은 아니요 둘 중에서 하나로 바로 대답하지 않고 내담자가 느끼고 망설이는 감정을 방해하지 않으려고 노력했다. 그리고 내담자가 전에 상담사와의 관계에서 아직은 어색하고 힘들다고 이야기했던 것을 현재로 끌어와서 상기하도록 도우면서, 내담자-상담사 대상관계에 대한 탐색 대화로 자연스럽게 이끌었다. 상담사가 자기는 내담자를 만나는 느낌이 어떨 것 같은지, 여전히 낯설고 어색하다고 느낄 것 같은지 물었고, 내담자는 상담사도 그럴 줄은 몰랐다고 답했다. 상담사가 자기도 항상 편한 것은 아니라고 말하자 내담자는 상담사에 대해 가진 이상화를 줄이고 좀 더 현실적으로 느끼게 되었다. 마지막으로, 상담사는 내담자와 좀 더 편해지고 싶은 마음을 표현하면서 다음 회기에 내담자가 비대면으로 하고 싶었다는 이야기에 대해 부드럽게 질문해 줌으로써 내담자가 직접 오는 결정을 하도록 도왔다.

내담자 밀어내기

　지금까지 대상관계 상담의 세 가지 기본 원리인 담아내기, 공감하기, 경계 느끼기와 대상관계 상담의 다양한 기법인 감정 방해하지 않기, 부정적 감정 다루기, 기억 상기하도록 돕기, 대상 통합하기, 자기 통합하기, 내담자 끌어당기기를 설명했다. 이 여섯 가지의 기법은 내담자를 위로하고 지지하고 격려하는 따뜻하고 친절하고 세심한 느낌을 주는 기법으로 느껴질 수 있다. 하지만 대상관계 상담 기법에는 좀 더 엄격하고 강력한 기법들도 있다. 지금부터 그 두 가지 기법을 설명하려고 하는데, 바로 내담자 밀어내기와 한계 설정하기이다. 내담자 밀어내기는 상담사가 자기-대상 경계를 잘 구분하지 못하고 경계를 넘어서 침범하는 내담자가 경계를 인식하도록 연습하는 기법이고, 한계 설정하기는 내담자가 상담사와의 약속을 어기거나, 늦거나, 협력하지 않는 등 상담사와 힘겨루기를 할 때 사용하는 대상관계 상담 기법이다.

　그런데 사실 대상관계 상담 기법에는 친절한 기법과 냉정한 기법, 착한 기법과 나쁜 기법이 구분되지 않는다. 모든 기법은 내담자의 유익을 위해서 존재하기 때문이다. 또한 대상 통합하기와 자기 통합하기처럼 대상관계 상담의 모든 기법은 통합을 목표로 하고, 다양하게 유기체적으로 밀접하게 연관되어 있다. 하지만 앞으로 설명할 주요 기법인 내담자 밀어내기와 한계 설정하기에 대해서는 내담자들이 냉정하고 섭섭하게 느낄 수는 있다. 따뜻하게 안아 주는 기법이기보다는 선을 긋고 관계의 경계를 명확히 하며, 내담자를 직면하는 등 상담사가 엄격하게 행해야 하는 기법들이다. 내담자를 가능하면 공감해 주고 수용해 주려는 성격이 많은 상담사에게도 도전이 되는 기법일 수 있다.

　내담자 밀어내기 기법은 다르게 표현하면 자기-대상 경계 명료화로 볼 수 있다. 내담자 밀어내기는 앞에서 설명한 기법인 자기 통합하기처럼 자기애적 성격인 내담자에게 적용되는 기법일 경우가 많다. 특히 내담자가 투사적 동일시 방어 기제를 종종 사용한다고 상담사가 느낀다면 그 내담자는 자기-대상관계 경계가 불분명한 것이다. 투사적 동일시는 내담자가 상담사를 원래 자기의 일부였던 것 같은 태도를 보이고 감정을 느낌으로써 상담사를 자기와 동일시하려는 경향이다. 이때 상담사는 내담자가 자기에게 부적절한 거리로 매우 가까이 다가오면서 치대고 상담사를 자기 마음대로 조종하려고 하는 불편한 느낌을 받는다. 상담사가 이런 느낌을 받을 경우, 대상인 내담자를 반복적으로 밀어냄으로써 자기-대상관계의 경계를 분명하게 긋고 거리를 두는 작업이 필요하다.

내담자는 이렇게 다른 사람들에게 선을 넘어서 가까이 다가가 정서적으로 치대고 의존하는 경향 때문에 다른 사람들로부터 경계 대상이 되어서 그동안 다른 사람들로부터 밀어냄을 당하는 경험을 이미 했을 것이다. 이런 패턴은 투사적 동일시 방어 기제를 주로 사용하는 내담자들이 자연스럽게 보이는 모습이고, 이들이 대상에게 다가가서 치대는 행동은 이들의 강력한 내적 욕구와 갈망을 따라 작동하기에 내담자가 자기의 문제점을 머리로 인식하더라도 정서적으로는 쉽게 고쳐지지 않는다. 내담자는 상담사든 주변의 주요 대상들이든 늘 가까이 다가가서 의지하고 싶고 그 대상들이 자기를 대신해서, 자기의 유익을 위해서 뭔가를 해 주기를 바라는 마음이 간절하다. 이때 대상들이 내담자와의 경계를 부드럽게 명확히 하는 작업이 필요하다.

상담사도, 내담자의 주요 대상들도 마음이 편하지는 않겠지만 내담자 밀어내기를 해야만 내담자의 자기-대상 경계에 변화가 생길 수 있고, 궁극적으로는 내담자의 일상에서의 대상관계가 적절하고 건강하게 맺어질 수 있다. 결국 내담자 밀어내기는 내담자의 변화를 위한 기법이다. 내담자 밀어내기 기법의 핵심은 내담자를 버리지 않는다는 느낌을 주면서도 동시에 자기-대상 경계를 명확히 하는 작업을 하는 것이다. 두 가지 상반된 심리적 작업을 동시에 실행하기에는 많은 어려움과 갈등이 따른다. 내담자마다 어느 정도 수준의 밀어내기가 내담자에게 적절한 밀어내기일지는 상담사가 판단해야 하고, 내담자가 너무 힘들어하거나 유기 불안을 강하게 느낀다면 밀어내기의 강도를 조금 약하게 조절해야 한다. 내담자가 상담사에게 서운함을 느낄 수 있고, 상황에 따라서는 내담자가 분노를 느끼며 깊이 좌절할 수도 있다.

상담사-내담자 관계에서 주로 나타나는 경계 침범은 내담자가 상담사에게 자기를 대신해서 다른 사람에게 뭔가를 말해 달라는 요청을 하거나 자기 문제를 대신 해결해 달라고 요청하는 경우이다. 내담자가 자기-대상 경계를 불분명하게 느끼고 상담사에게 개인적으로 친근감을 느끼기에 상담사가 도와줄 일과 자기가 직접 해야 할 일 사이의 구분을 하지 못하는 상태로 볼 수 있다. 대상관계이론을 공부한 경험 많은 상담사라도 상담 회기 중에 내담자가 상담사에게 갑작스럽게 요구하면 그 자리에서 거절하면서 밀어내기란 쉽지 않다. 특히 내담자가 청소년이거나 상담사에게는 한참 어리고 힘없이 느껴지는 성인 내담자라면 상담사의 역전이 감정 때문에 자기도 모르게 순간 뛰어들어서 돕기 마련이다. 특히 내담자가 상담사에게 투사적 동일시를 사용해서 자기의 감정 상태와 비슷하게 만들어 버리기 때문에 내담자의 강력한 요구를 거절하기란 정말 어렵다.

　다음 사례에 나오는 내담자는 해양수산계열 특성화 고등학교 2학년 남학생으로서 학교에서 그동안 방과 후에 받아 온 6개월 프로그램인 전자통신장비 직업훈련을 마쳐 가는 중이다. 자기 구조 형성이 약하고 정체성 형성도 잘 이루어지지 않은 자기애적 성격 경향을 가진 학생으로서 자기-대상 경계의 문제를 가지고 있고, 다른 사람에게 늘 도움을 청하는 의존적인 학생이다. 아직 진로 고민이 심하고, 학교에서 배운 내용을 사용해서 직업을 가지기를 원하지 않는 상태이다. 3개월째 매주 한 시간씩 상담센터에 와서 청소년 상담사에게 상담을 받으며 정서적으로 안정을 찾아가고 있고, 상담사에게 개인적인 도움을 받으려는 욕구가 강하다. 이번 회기에 와서 이미 10분 동안 자기가 요즘 너무 우울하고 힘들다는 이야기와 다 적성에 안 맞아서 고등학교를 졸업하면 부모님의 도움을 받아 장사를 하고 싶다고 상담사에게 호소한 다음에 이어지는 대화이다.

내담자: 쌤(선생님), 저는 아무리 생각해도 학교 공부가 적성에 잘 맞지 않는 것 같아요. 배도 타기 싫고. 그래서 직업 교육도 따로 받았잖아요? 근데 그것도 잘 안 맞아서 너무 고민이에요. 통신장비 쌤은 제가 교육을 마쳐 가니까 자꾸 저를 실습에 내보내려고 해요. 제가 아무리 적성에 안 맞는다고 이야기하고 죽어도 안 가고 싶다고 이야기해도 그 쌤이 제 말을 전혀 안 들어요. 그래서 부탁이 하나 있는데요. 쌤이 그 쌤한테 저 대신에 제 사정 좀 이야기해 주시면 안 돼요? 저 정말 너무 미치겠어요. 쌤이 그 쌤 마음 좀 제발 돌려주세요.

상담사: 그래? 그럼 정말 고민이겠네. 그 쌤이 ○○이가 원하지 않는데 계속 억지로 실습을 보내려고 해? ○○이는 6개월 교육받은 건 어땠어? 할 만했어?

내담자: (침묵) 사실,…… 어렵지는 않았어요.

상담사: 그럼 그 쌤이 보시기에는 ○○이가 그 교육이 적성에도 맞고 실력도 된다고 생각하시나 보다.

내담자: 아마 그러신 것 같아요. 제가 아무리 아니라고 해도 제 말은 전혀 들어 주지를 않아요. 그러니까 쌤이 저 대신 이야기 좀 잘 좀 해 주세요.

상담사: ○○이는 내가 뭔가 대신 나서 줘야 한다고 생각하는 것 같은데. 그 쌤 입장에서는 ○○이가 재능도 있어 보이고 6개월 동안 교육을 잘 받았으니 무조건 실습을 나가야 한다고 생각하시는 것 같고. ○○이가 실제로 재능도 있고 실력도 있어 보이고. ○○이는 자기 자신의 능력에 대해서 믿지 못하는 마음도 있나 보다.

내담자: 네, 그렇긴 해요. 제가 그 반에서 좀 잘하긴 했는데. 그 분야로 성공할 만큼은 아닌 것 같아요. 지겹기도 하고요.

상담사: 나한테 이야기해 달라고 하지 말고 오늘 나한테 이야기한 것처럼 그 일이 ○○이 적성에 잘 안 맞고 졸업하면 다른 좋은 계획이 있다고 다시 한번 잘 설득하면 알아들으실 것도 같은데. ○○이가 그 쌤한테 직접 다시 한번 말해 보면 어때?

내담자: 쌤, 정말 너무하시는 것 같아요. 이미 많이 이야기했다니까요.

상담사: ○○이는 진심을 담아 말하면 굉장히 설득력이 있는데, ○○이 자신은 그걸 잘 모르는 것 같구나. 자기 능력에 대한 점수가 너무 짠 것 같은데. 그렇지 않아?

내담자: 제가 그런 능력도 없고, 그 쌤은 제 이야기를 전혀 들으려 하지 않을 거예요. 근데 지금 쌤한테도 너무 짜증이 나요. 쌤이 그 쌤한테 바로 말해 줄 수도 있는데 안 해 주려고 자꾸 저한테 미루잖아요? 저는 고등학교 졸업하고 장사해서 돈을 많이 벌 거라니까요.

상담사: 근데 그 쌤한테 대신 말해 주는 일은 내 일은 아닌 것 같아. ○○이는 내가 그

일을 ○○이한테 미룬다고 하는데. 오히려 ○○이가 나한테 미루는 것 아닐까?

내담자: (침묵)

상담사: ○○이는 내가 말하기만 하면 원하는 모든 것이 바로 해결될 수 있으리라고 기대하는 것 같아. ○○이가 직접 해결하지 못할 것 같으니까 내가 대신해 주면 금방 해결될 것으로 생각하는데. 나도 갑자기 마술 부리듯이 이 일을 해결할 수는 없어. 그리고 그 쌤은 ○○이에게 실습을 권하는 거지 그 직업을 계속하라는 건 아닌 것 같은데.

내담자: 지금 너무 짜증 나요. 그럼 저는 이러지도 못하고 저러지도 못하고 진퇴양난이네요. 그 쌤한테 다시 말해도 절대로 안 들어줄 것 같고. 가서 이야기를 안 하자니 꼼짝없이 실습을 나가야 할 것 같고.

상담사: 그래. ○○이가 그렇게 느낄 것 같아. 너무 답답하고 짜증 나고. 근데 이 상황을 벗어나기 위해서 ○○이가 아직은 포기하지 않고 시도해 볼 수 있을 것 같은데.

내담자: 그게 뭔데요?

상담사: 내가 ○○이에게 직접 말해 주지 않아도 ○○이 스스로 몇 가지 일을 생각해 낼 수 있을 것 같은데?

내담자: 쌤, 정말 저한테 왜 그래요? 그동안 쌤한테 상담받으러 꼬박꼬박 오면 쌤이 다 나서서 도와줄 줄 알았는데 정말 너무 실망이에요. 쌤이 이렇게까지 고집을 부리고 안 해 줄 줄 몰랐어요. 알았어요. 정말 너무 치사해요. 제가 그냥 다시 가서 말해 볼게요. (허탈한 웃음)

이 사례에서 고2 남학생 내담자는 자기-대상관계의 경계가 불분명해 보인다. 내담자는 자기가 해결하고 싶은 문제를 지난 3개월간 상담에서 만났던 상담 선생님이 자기를 대신해서 해결해 줄 수 있을 것으로 계속 착각하고 기대하고 있는데, 상담사는 내담자의 이야기를 경청하고 공감하면서도 내담자의 선을 넘는 요구에 대해서는 반복적으로 밀어내기를 하는 모습을 볼 수 있다. 즉, 내담자를 버리지 않으면서도 내담자의 경계 문제를 해결하기 위해서 내담자를 반복적으로 실망케 하고 좌절시키고 있다.

이 사례에서 상담사는 내담자가 상담사의 능력에 대한 환상을 표현할 때 자기도 마술처럼 문제를 해결할 능력이 없음을 직접 언급하기도 하고, 내담자가 힘과 내적 자원이 있으니 직접 방법도 고민해 보고, 직접 나서서 진심을 담아 선생님을 설득하면서 해결해야 하는 문제임을 끝까지 포기하지 않았다. 내담자는 상담사의 반복되는 밀어내기에 너무 짜증이 난다고 표현하면서 무력한 느낌으로 다시 돌아가는 모습을 보이기도 했지만, 결국 상담사를 전능한 대상으로 보지 않고 허탈하게 웃으면서 상담사의 개입을 수용하며 성장하려는 모습을 보인다.

한계 설정하기

재접근기 문제에 해당하는 내담자들, 즉 경계선 수준 성격에 해당하는 내담자들은 상담 구조화에 대해 저항하는 태도를 종종 보인다. 경계선 수준 성격 내담자는 주로 비자발적 내담자로 대상관계 상담에 오기 때문에 상담 초기에 구조화도 어렵고, 상담사와 자기-대상관계를 맺기도 어렵다. 독립 욕구와 의존 욕구가 팽팽하게 공존해서 상담사가 내담자와의 적절한 거리를 조절하기도 어렵고 다가가거나 거리를 두는 일도 쉽지 않다. 상담사들이 공통으로 경험하는 어려움 중에 내담자가 상담사와 파워 게임을 하면서 통제하려고 시도할 때 받아 주지 않으면 상담에 오지 않을 수 있고, 받아 주면 상담사는 내담자가 의도한 대로 상담과정 내내 끌려 다닐 수도 있다. 내담자가 상담에 일부러 늦게 오기도 하고, 갑자기 못 온다고 뒤늦게 연락이 오기도 한다. 심지어는 연락 없이 무단결석을 하기도 한다. 어쨌든 내담자는 다양한 방법으로 상담 구조에서 벗어나려고 시도한다. 이런 상황에 마주하면 상담사가 처음에는 내담자를 공감적으로 부드럽게 직면하는 방법이 있다.

상담사: 매주 상담에 오는 일이 불편하고 귀찮을 수 있을 것 같아요. 그런데 제가 여기
서 ○○ 씨의 이야기를 열심히 들으려고 노력하고 있고, 힘든 점을 이해하고
공감하려고 애쓰고 있는데…… 그래도 이 상담이 조금은 도움되지 않아요? 그
런데 나와 ○○ 씨가 이 시간에 계속 만나고 상담을 진행하려면 상담 시간에
늦거나, 못 온다는 문자 없이 빠지는 일은 없도록 노력해야 하지 않을까요? 어
때요?

이 사례에서 상담사는 내담자 마음을 공감하려고 노력하면서도 상담사-내담자 관
계가 유지되려면 내담자가 상담사의 시간을 존중하고 상담사와 약속한 최소한의 상담
구조를 따르는 일이 필요함을 상기시키고 있다. 상담사는 전달하고 싶은 메시지를 명
확하게 전달하면서도 내담자를 존중하는 모습을 보였다. 그런데 이런 강도의 메시지가
내담자의 행동을 바꾸는 데 충분하지 않고 내담자가 시간을 어기거나, 미리 연락해 주
지 않거나, 작업동맹에 열심히 동참하지 않으면 상담사가 다음과 같은 좀 더 강력한 한
계 설정 상담 기법을 사용할 수 있다. 이때 중요한 점은, 내담자가 상담사의 말에 종종
두려움을 느끼고 유기 불안에 시달릴 수 있기에 내담자의 정서적 상황을 보고 신중하
게 사용하려고 노력할 필요가 있다는 것이다. 특히 다른 사람과의 관계에서 버려진 상
처를 입은 내담자에게는 조심해야 할 필요가 있다.

한계 설정하기를 사용할 때 상담사는 보통 두 가지 무기를 사용할 수 있다. 하나는,
내담자가 상담사와의 관계에서 약속을 반복해서 위반하면 상담사는 내담자와 약속한
비밀보장을 지켜 줄 수 없으며, 배우자, 부모님, 주변 사람들에게 상황을 알리고 도움을
구할 수 있다고 이야기하면 된다. 또 다른 하나는, 이렇게 매주 같은 시간에 상담이 진
행되기 어려우면 상담사도 내담자를 도울 방법이 없으니 상담이 지속되기는 어려울 것
같다고 말할 수 있다. 내담자가 처음에는 상담 약속을 잘 지켜서 오지만, 몇 회기 지나
고 나면 내담자는 원래 일상생활에서 보이는 주변 사람들과의 관계 패턴을 상담사와의
관계에서 드러내는 경우가 많다. 내담자와 상담 구조화를 하는 일에 어려움이 느껴지
면 방금 언급한 두 가지 방법에서 하나를 사용하면 도움이 된다. 특히 이 기법은 배우자

나 자녀, 그리고 법원 같은 기관에 의해서 억지로 상담에 온 경우에 종종 발생한다.

상담사: 저는 ○○ 씨의 불안과 두려움을 줄이고 직장에서 관계의 어려움을 줄이도록 돕고 싶은 마음이 큰데, 지금 상황에서는 도와드리기가 어려운 것 같아요. ○○ 씨가 힘들더라도 매주 규칙적으로 상담을 받으러 오려고 노력하지 않으면 아무래도 저한테는 다른 방법은 없을 것 같네요.

내담자: (당황하면서) 네, 그게 갑자기 무슨 말씀이세요? 오늘로 상담을 마치고 그만두시겠다는 이야기예요?

상담사: 아, 그런 의미는 아니에요. ○○ 씨가 상담 시간을 잘 지키고 매주 오면 아마 이 상담이 도움이 될 거예요. 그런데 지난주나 오늘처럼 미리 문자도 없이 오지 않으시거나 늦으시면 한 달 정도 상담을 진행하면서 마무리해야 할 것 같아요. 그 사이에 ○○ 씨가 저와의 약속을 잘 지켜 주시면 계속 이어서 하면 되고요. 어떻게 생각하세요?

내담자: 선생님한테 너무 섭섭한 마음이 드네요. 저한테 너무하시는 것 같아요. 선생님도 알다시피 저는 일정을 맞추기 힘든 직업을 가지고 있고, 너무 약속이 많아서 자주 잊어버리는 문제가 있다고 했잖아요. 그 문제도 선생님 도움이 필요한 부분이잖아요? 선생님이 잘 이해하실 거라고 기대했는데 아니라서 너무 실망이네요.

상담사: 네. 저한테 섭섭한 마음도 들고 실망감이 드실 수 있을 것 같아요. 근데 일정이 많고 상담 시간을 지키는 일에 어려움이 있는 사실은 알지만, 그 문제를 어떻게든 극복하고 제시간에 매주 오시지 않으면 제가 도와드리기는 어렵잖아요? 상담의 도움 없이 그 행동을 먼저 바꿔야 하는 일이 힘들고 어려우시겠지만 다른 방법으로는 제가 ○○ 씨를 도울 방법은 없는 것 같아요.

내담자: (한숨을 쉬며) 그렇긴 하네요. 일단 알았어요. 제가 어떻게든 일정을 잘 기억하고 와 보도록 노력해 보겠습니다. 근데 제가 그 문제 행동을 스스로 극복할 수 있으면 상담에서 선생님이 저에게 도움이 되는 부분은 어떤 게 있나요? 궁금

해서 그래요.

상담사: ○○ 씨가 왜 약속을 빠듯한 시간에 잡고 자주 잊어버리시는지 이유를 찾아갈 수 있죠. 그리고 그 문제 말고도 다른 어려움도 같이 발견하고 성장해 갈 수 있고요. 혼자서도 문제를 찾아내고 노력할 수 있지만, 곁에서 지켜봐 주고 함께 연습할 수 있는 대상이 있으면 도움이 될 수 있을 것 같아요. 운동을 혼자 할 수 있지만, 트레이너가 옆에서 봐 주고 함께해 주면 더 도움이 되는 것처럼요.

이 사례에서 유기 불안이 있는 내담자는 자기가 약속을 어기고 구조화를 깨는 행동을 하는 것에 대해 상담사가 강하게 이야기하는 것을 듣고 당황하는 모습을 보였다. 이 내담자는 주요 대상에 대한 항상성이 없고, 관계에서 버림받는 일에 민감한 것으로 보인다. 상담사의 말 한마디에 내담자는 상담사와의 관계가 이번 회기로 바로 끝날 것으로 오해하면서 두려운 감정을 느꼈고 당황해서 상담사에게 질문했다. 이에 상담사는 상담을 오늘 당장 종결하거나 완전히 끝내자는 제안 대신에 한 달 정도 더 보고 어려우면 일단 상담을 중단하는 게 낫겠다고 이야기했다. 상담사의 이런 제안은 관계에서 종종 버림받았다고 느끼는 내담자가 상담에서 같은 경험을 다시 경험하는 문제를 피하면서도 내담자에게 강력하게 한계 설정하기가 가능하다는 면에서 효과적인 기법으로 평가할 수 있다. 내담자는 여전히 따지면서도 상담사의 제안에 순응하는 모습을 보였다.

단기상담 vs. 장기상담

대상관계 상담 원리와 상담 기법에 관한 이 장을 마무리하면서 이 장의 서두에서 제기했던 문제를 다시 한번 간략히 언급하려고 한다. '대상관계 상담은 얼마나 걸리는가?'라는 질문이었는데, '생애 초기 적어도 3년에 걸쳐 형성되어서 수십 년간 성격으로 자리 잡은 관계 패턴이 10회기, 20회기 안에 과연 변화할 수 있을까?'라는 반문을 던졌다. 상담사도 내담자만큼 눈에 띄는 변화를 빨리 보고 싶기도 하고, 10회기 정도의 상담을 통해서 내담자의 유기 불안을 줄이거나 없애고 싶은 욕구가 강하다. 하지만 대상관계 상담은 상담사가 자기 존재를 도구 삼아 내담자와의 자기-대상관계를 통해서 정서적 기억과 경험을 교정하는 작업이고, 이를 통해 내담자의 성격 안에 깊이 자리 잡은 내적 자기-내적 대상의 짝을 새롭게 구성하는 작업이기도 하다.

앞서 언급한 것처럼 대상관계 상담은 불안과 두려움, 자기-대상 경계 문제 등을 불편함이 없을 정도로 줄일 수 있는 데 적어도 6~12개월, 보통은 1~2년 혹은 2~3년 정도의 기간이 필요하다. 실제로 그보다 더 오래 걸리는 사례들도 많다. 그만큼 상담사도 내담자도 꾸준함과 인내가 필요하다. 그런데 현장 상담사들의 주 호소 문제는 실제로 센터에서 주어지는 회기는 10~12회기 내외라는 것이다. 약 3개월 정도의 시간인데 그 기간 안에 인지행동치료로 행동 변화를 어느 정도 이끄는 목표는 가능하지만 대상관계 상담은 아예 포기해야 하지 않느냐는 것이다. 사설 상담센터에 내담자가 직접 상담비를 내면서 자발적으로 장기간 오는 사례 외에는 불가능하다고 생각하기도 한다. 그 이야기를 들으면 절망적인 느낌이 들기도 하지만 이런 상황에서 대상관계 상담에 대한 고민은 크게 두 가지로 시도해 볼 만하다.

우선, 공공 센터에서 주어진 10~12회기 정도의 단기상담을 통해서도 어느 정도 개선은 가능할 수 있다. 예를 들면, 내담자가 강렬한 정서를 혼자 감당하지 못하고 표현하지 못하는 어려움은 상담사가 담아내기와 공감하기를 회기마다 집중적으로 시도해 주면 내담자에게 오래 쌓인 불안과 두려움 같은 고통스러운 정서가 어느 정도 해소될 수 있다. 또 다른 예로 대인관계에서 자기-대상의 적절한 경계를 넘어서 대상에게 의지하고 자기를 위해서 뭔가를 부탁하는 행동은, 상담사와 내담자가 라포를 형성한 후에 내담자 밀어내기 기법을 집중적으로 연습함으로써 어느 정도 개선될 수 있다. 상담 구조화를 깨는 행동도 상담사의 부드러운 직면과 이후의 한계 설정을 통해서 즉각적인 행동 개선이 가능하다. 결국 상담사와 내담자의 자기-대상관계 형성과 대상관계 상담 기법 중 한두 가지 정도의 기본 원리와 상담 기법을 집중적으로 시도함으로써 비교적 눈에 띄는 증상 개선은 가능하다. 하지만 자기 인식 향상이나 성격 변화와 같은 좀 더 장기적인 상담 목표를 이루기에는 시간이 절대적으로 부족하다. 실제로 반사회성, 경계선, 자기애적 성격장애인 내담자들의 성격 변화는 적어도 1~2년 정도의 집중 상담이 없이는 어렵다.

또 다른 방법은 10~12회기가 주어지는 센터에서 상담사가 상담 사례 종결 후 같은 내담자를 다시 상담 사례로 받아서 10~12회기를 이어서 진행하는 방법이다. 이 방법은 대상관계이론 강의를 했던 센터에서 매번 제안해 봤는데, 어느 정도 시간이 흐른 후 확인해 보니 일선 상담센터에서 센터장이나 팀장의 허락하에 시도하고 있는 상담사들이 많아졌음을 알게 되어 매우 기뻤던 경험이 있다. 이렇게 두 세트 정도 진행이 가능하면 적어도 6개월의 시간이 확보되고, 이 장에서 논의했던 다양한 대상관계 상담 기법을 내담자의 상태와 문제에 따라서 선택하고 집중하는 방법을 통해서 상당한 효과를 거둘 수도 있다. 상담사가 경계 느끼기와 내담자의 방어 기제 인식하기에 익숙해진다면 상담사가 내담자의 문제를 알아차리기까지의 시간이 단축되고 그로 인해 다양한 대상관계 상담 기법을 적용할 수 있는 시간이 더 확보될 수 있다.

한 17세 여고생 내담자의 사례를 보면 학업 집중의 어려움을 호소하여 지역 청소년 상담센터에서 12회기 상담을 받기로 하고 시작했는데, 상담을 종결할 무렵에 학업 집중이 안 되는 문제가 개선되고 불안감이 감소하는 효과를 보았다. 12회기 단기상담에서는 내담자-엄마의 관계가 내담자의 낮은 자존감 문제, 유기 불안, 대상항상성 문제의 중요한 원인임을 확인하는 것에서 마무리되었다. 3개월 후 이 내담자가 대상에 대한 신뢰 부족 문제와 낮은 자존감 문제로 인한 어려움으로 청소년 상담센터에 다시 의뢰되었다. 센터장의 배려로 같은 상담사에게 배정되어서 12회기 상담을 시작하면서 유기 불안, 내담자의 의존성, 자기-대상관계에서의 경계 문제 등을 집중적으로 탐색하고 다루었다.

상담을 종결할 당시 내담자는 새로운 대상인 상담사에 대한 신뢰 경험을 통해 다른 대상들에 대한 신뢰도 높아졌고, 그로 인해 대상과의 관계에서 심하게 고통스러웠던 유기 불안 문제가 감당할 만한 수준으로 좋아졌다. 또한 주변 대상들에게 의존하고 경계를 침범해서 자기 맘대로 하려는 패턴도 많이 줄었다. 하지만 상담사가 느끼기에는 분열, 이상화-평가 절하, 투사적 동일시 방어 기제를 내담자가 종종 사용했고, 경계선 수준 성격 조직이 느껴지는 등 이 내담자가 성인 초기에 이르렀을 때 성격장애 문제로 어려움을 겪을 수 있다고 생각했다. 상담사는 아쉬운 마음이 들었지만, 내담자가 20대

가 되었을 때 다시 한번 대상관계 상담의 기회가 있을 것으로 기대하며 상담을 마무리
했다.

제11장

대상관계 상담에서의 전이와 역전이

> 두 사람이 만날 때 정서적 폭풍이 생성된다. 그들은 만났고, 정서적 폭풍이 발생했기에,
> 이 폭풍에 참여한 두 사람은 "나쁜 일을 최상의 것으로 만들기 위해"
> 무엇인가를 결정할 수 있다(Bion, 1979/2000, p. 247).

전이(轉移)라는 단어를 들으면 처음 연상되는 생각은 무엇일까? 아마 이 책을 읽는 독자마다 각각 다른 생각과 감정이 떠오를 것이다. 우리 모두의 과거 경험이 다르기 때문이다. 나는 전이라는 단어를 들으면 바로 암의 전이가 연상된다. 부모님 두 분 모두 암 투병을 하셨고 전이 때문에 고생하시는 과정을 곁에서 지켜본 간접 트라우마가 있어서이다. 60세 이상 국민의 1/3이 암과 투병하고 있는 한국 사회의 사람들에게 암은 그만큼 두려운 존재이고, 전이라는 단어는 그만큼 강력한 연상을 유발한다. 사전마다 조금씩 정의가 다르지만, 전이의 뜻은 자리 혹은 위치를 다른 곳으로 옮기는 것을 의미한다. 하나 더 추가된 설명은 악성 종양 등이 혈액과 림프를 따라 다른 조직으로 옮아가는 현상을 전이라고 정의했다. 즉, 어떤 내용물이 한 위치에서 다른 위치로, 한 조직에서 다른 조직으로 옮아가는 현상을 전이라고 명명한 것이다.

앞 장에서 대상관계 상담의 기본 원리와 기법에 대해서 다루면서 대상관계 상담에서의 전이와 역전이에 대해서 간략하게 설명했는데, 대상관계 상담에서 전이와 역전이가 매우 중요하기에 이 장에서는 내담자와 상담사가 느끼는 전이와 역전이 감정 경험을 조금 더 자세하게 다루려고 한다. 대상관계이론에서 사용하는 전이라는 개념은 한국어

사전적 용어와 같은 의미이다. 상담 시간에 내담자-상담사 관계에서 내담자의 과거 혹은 현재 다른 사람과의 관계에서 강렬하게 느끼는 감정이 상담사와의 관계로 옮아가는 현상을 전이(transference)라고 이해할 수 있다. 암으로 투병 중인 환자의 한 기관의 암세포가 다른 기관으로 빠르고 무섭게 옮아가는 것처럼, 내담자의 관계 경험에서 느꼈던 감정이 지금-여기에서의 상담사와의 관계로 빠르게 옮겨 오고 내담자에게는 마치 지금 그 관계가 다시 일어나는 것처럼 생생하게 느껴지는 경험이다. 그 감정을 마주 앉은 상담사도 내담자만큼 생생하게 느끼고 그 감정에 빠져든다.

내담자의 파트너인 상담사도 내담자가 전달하는 감정을 생생하게 느낄 뿐만 아니라, 상담사의 과거 대상관계 경험에서 느낀 감정이 내담자와의 관계의 감정으로 옮겨진 역전이(counter-transference) 감정을 느낄 수 있다. 상담사의 정서 경험을 역전이라고 부르게 된 원래 이유는 이 감정이 내담자의 전이 감정에 대한 상대(counter-) 감정이라고 생각했기 때문이다. 과거에는 상담사는 감정이 있어서는 안 되고 빈 스크린처럼 내담자를 마주해야 한다고 생각했는데, 상담사가 역전이 감정을 느끼는 것이 덜 훈련되고 덜 성숙한 증거로 판단되기도 했다. 요즘은 역전이 감정이 상담에 좋은 정보가 되고 상담사가 내담자와 더 역동적인 관계를 맺을 수 있는 좋은 촉진제가 된다고 보는 경향이 많다. 상담사의 역전이 감정은 원래 의미처럼 내담자의 전이 감정에 대한 반응일 수도 있고, 상담사 자신의 과거 경험에 근거한 개인적인 문제와 감정일 수도 있다.

앞 장에서 설명한 것처럼 대상관계 상담에서 상담의 기본 원리나 중요 기법들만큼 전이와 역전이가 중요한 이유는 많은 내담자, 특히 심리적 탄생과정에서 재접근기까지에 연관된 어려움을 겪고 있는 내담자들은 어떤 감정을 느껴도 언어로 표현을 못하는 경우가 많기 때문이다. 내담자의 언어 이전, 논리 이전 시기에 느꼈던 강렬하고 불편한 감정을 주요 대상을 통해서 담아내고, 조율하고, 명명하는 과정을 경험하지 못했기 때문이다. 내담자는 과거 혹은 현재 주변 대상들과의 관계에서 생생하게 느끼는 언어화하기 어려운 감정을 상담 시간에 자연스럽게 옮겨 오고, 그 감정을 상담사와 공유하여서 상담사의 공감을 불러일으킬 뿐 아니라, 상담사에게 다른 역전이 감정들까지 불러일으키기도 한다. 상담사나 내담자의 눈에는 보이지 않는 감정의 흐름이 두 사람 사이에 일어나고 있는 것으로 볼 수 있다.

상담사와 내담자 사이의 전이와 역전이 감정 경험은 비언어적 감정 교류, 무의식적 의사소통을 포함하는데, 상담사와 내담자는 상호 관계 속에서 순간적으로 정서적인 융합을 경험하며 투사와 내사를 주고받게 되고, 투사적 동일시와 내사적 동일시가 작동하게 된다. 내담자가 전달한 두려움, 슬픔, 격노와 같은 고통스러운 감정은 상담사의 내면에도 상당한 불편감을 불러일으키고 그런 감정들을 내담자가 전이시키는 즉시 바로 뱉어 내고 싶은 욕구와 충동이 들 수 있다. 그런데 내담자가 투사한 감정을 담아내기하고 공감하기 없이 바로 뱉어 내는 경우 내담자는 더 압도당하는 경험을 하게 되고, 결과적으로 치료관계가 깨질 수 있기에 상담사가 내담자의 감정을 내면에 유지하면서 잘 다루어서 돌려주는 능력은 대상관계 상담에서 필수적이다.

조금 더 구체적으로 설명하면, 전이는 내담자와 상담사의 관계에서 투사와 내사가 일어나는 과정에서 내담자의 내적 대상이 상담사에게 옮겨지면서 일어난다. 내담자가 언어 이전에 겪었던 초기 유아 시절의 경험은 무의식 깊이 들어 있게 된다. 언어 발달 이후의 경험은 내담자의 인지적 기억에 남아 있게 되어 대상관계 상담에서 내담자의 자유연상을 통해 서서히 드러날 수 있다. 하지만 내담자의 언어화되지 못했던 불쾌한 정서적 경험은 내담자가 기억해 내지 못하고 무의식에 계속 남아 있으면서 결국 내담자의 행동화로 드러난다. 내담자는 언어화 이전의 경험에 얽혀 있는 부분을 현재의 삶에서 경험할 때 낮은 수준의 방어 기제를 주로 사용하게 된다.

그런데 유아가 생애 초기에 겪게 되는 정서적 경험은 적대적인 대상으로부터 받는 박해 불안으로 인하여 죽음 욕동을 수반하고 있기에 행동화의 파괴력은 대단히 클 수 있다. 언어 이전의 정서적 경험에 매여 있는 내담자는 이러한 박해 불안으로 인해 상담사가 상담에서 내담자에게 하는 실제 말과 태도, 뉘앙스보다 더 적대적으로 공격하고 있다고 느낄 수 있다. 상담사의 섬세한 조율 없이는 내담자가 더 고통스러운 경험을 할 수 있고 치료가 제대로 이루어질 수 없다. 상담사에게 공격받는다고 느낄 때 내담자가 주로 사용하는 방어 기제는 분열로서 나쁜 상담사, 좋은 상담사로 분열시키는 것이다. 또한 내담자는 상담사를 이상화하다가 평가 절하하기도 하고, 투사적 동일시를 이용해 상담사를 조종하려고 시도하기도 한다. 상담사는 이런 경험이 정서적으로 매우 힘들기에 피하고 싶은 마음이 들고, 내담자의 감정을 잘 담아내고 숙고한 후에 해석하기보다는 바로 내뱉고 싶은 충동을 느끼게 된다.

전이-역전이의 발견과 이론적 이해

전이와 역전이를 조금 더 심도 있게 이해하기 위해서는 전이가 어떻게 처음 발견되었고, 전이와 역전이를 이론적으로 어떻게 이해할 수 있는지 다양한 이론적 개념을 소개할 필요가 있다. 전이와 역전이를 설명하기 위해 비온, 위니컷, 오그덴, 그롯슈타인 (James S. Grotstein), 스팟닛츠(Hyman Spotnitz), 포나기(Peter Fonagy) 등의 다양한 정신 분석가와 대상관계 이론가는 담아내기, 보듬어 주기, 베타 요소의 알파 요소로의 변형, 정신화, 분석적 제삼자, 상호 주관성 등의 다양한 개념을 소개하면서 상담사-내담자 관계와 상호작용, 이를 통해 생기는 전이와 역전이 현상을 묘사하려고 노력했다. 이런 임상가들의 다양한 설명이 언뜻 보면 다 똑같은 현상을 말하면서 자기의 용어를 만들어 말장난하는 것처럼 느껴질 수도 있지만, 각각의 설명이 뉘앙스가 다르고 전이-역전이 현상에 대한 깊이를 더해 주고 풍부하게 해 줄 수 있는 설명이기에 간략하게나마 소개하려고 한다.

정신분석이론에서 전이에 관한 관심이 나타나게 된 가장 최초의 사건은 프로이트와 함께 히스테리를 연구했던 브로이어(Josef Breuer)에 의해서이다. 그는 안나 O를 분석하였는데, 그녀가 브로이어에게 사랑에 빠지면서 브로이어의 아내에게 질투를 느끼게 되었다. 안나 O는 브로이어의 아이를 가지는 상상 임신을 하게 되었는데, 브로이어는 이에 당황해서 치료를 중단하게 되었다. 그는 안나 O에 대한 부정적 역전이를 느끼고 고통스러워하며 다시는 이런 환자를 만나 시련을 겪지 않겠다고 다짐했던 것으로 알려졌다(Spotnitz, 1969/2016, pp. 264-265). 안나 O의 전이는 브로이어에게는 너무나도 실제처럼 느껴졌기에 그는 정서적 고통에서 벗어날 수 없었던 것으로 보인다. 하지만 안나 O가 실제로 사랑하거나 미워했던 대상은 브로이어가 아닌 그녀의 내적 대상이었는데 브로이어는 그 점을 몰랐다. 만약 브로이어가 전이-역전이 이론을 알고 안나 O의 분석에 임했다면 그 결과가 어떻게 달라졌을지 궁금하기도 하다.

앞의 장에서 대상관계 상담의 기본 원리로 소개했던 담아내기는 원래는 유아가 생애 초기에 주요 대상인 엄마를 통해 경험하는 것을 말한다. 아직 말하지 못하는 유아는 엄마와의 의사소통을 위해서 투사적 동일시 기제를 통해 자기의 불안을 밀어내어 엄마에게 투사한다. 그런데 유아는 자기의 불안을 밀어내면 대상인 엄마가 자기를 공격할 것이라는 박해 불안에 시달리게 된다. 박해 불안은 다시 유아에게로 내사되는데, 이러한 내사는 무서운 불안을 유발하므로 다시 외적 대상에게 투사되는 악순환을 가져올 수 있다. 이러한 불안을 투사하고 불안과 두려움을 느끼고 다시 투사하는 악순환은 엄마가 유아의 불안을 담아내고 견뎌 주는 일을 통해서 유아의 정신과정이 발달할 수 있게 되면서 서서히 벗어나서 성숙하게 된다(Hinshelwood, 1994/2006, p. 188).

정신분석가 비온은 이러한 담아내는 장치로서의 정신이 인간의 정신 발달에서 나온다고 하면서 담는 것(the container)과 담기는 것(the contained)이라는 개념을 제시했다. 우리가 음식물을 담아 두는 용기를 컨테이너(container)라고 하는 것처럼, 상담사는 내담자의 전이 감정을 담는 그릇과 같은 역할을 하게 되고, 내담자는 상담사라는 그릇에 담기게 되는 경험을 의미한다. 비온은 정신증 내담자들을 만나면서 그들이 자신들이 투사한 것을 상담사가 견디지 못할 것이라고 느낀다는 사실과 상담사가 내담자에게 언어로 의사소통하려고 하는 경우 내담자는 상담사가 자기를 공격한다고 느낀다는 것을 알게 되었다. 따라서 상담사는 정신증 환자의 정서적 투사물을 담아내는 과정과 견디어 내는 과정을 지나면서 상담사가 파괴되지 않는다는 것을 확인시켜 주어 정신증 내담자가 자기의 감정을 억압하지 않음으로써 내면 세계를 고립시키지도 않고 마음껏 편하게 상담사에게 투사할 수 있게 된다는 사실이 매우 중요하다고 볼 수 있다(Grotstein, 2007/2012, p. 232).

전이-역전이와 관련된 비온의 또 다른 설명은 베타 요소가 알파 요소로 변형되는 과정이다. 내담자는 상담사에게 투사적 동일시를 통해 의사소통을 시도하는데 자기가 소화하지 못했던 정신 내용을 상담사에게 밀어 넣음으로써 내담자는 상담사가 자기 대신에 그 내용물을 잘 소화해 주기를 기대한다. 내담자가 소화하지 못했던 요소는 정신화되지 못했던 정서적 경험으로 베타 요소라고 지칭한다. 이러한 베타 요소가 상담사에게 들어오면 상담사는 그것을 담아내고, 그 내용물이 무엇을 의미하는지 몽상(reverie)

을 통해 경험하고 숙고하는 과정을 거친다. 정신분석에서 몽상은 원래 엄마가 유아의 투사를 잘 담아 주는 존재가 되기 위해 엄마가 가지는 모성적 태도를 지칭하는 것인데, 위니컷이 강조했던 일차적 모성적 몰두와 유사한 개념이다. 위니컷은 엄마가 유아의 공생기 기간에 자기가 독립된 존재이고 정체성을 가진 사실을 잊을 정도로 유아와 융합된 상태에 빠져 모든 신체적·정서적 경험을 공유하는 상태를 강조했다.

내담자를 위해 엄마 대신에 상담사가 나서서 내담자가 전달한 베타 요소를 상담사의 몽상 안에서 처리과정을 거친 내용물을 숙고한 결과, 결국 변형을 이루어서 소화되지 못했던 베타 요소가 알파 요소로 바뀌게 된다. 그리고 그 알파 요소가 상담사에 의해 다시 내담자에게 투사되면 내담자는 소화된 알파 요소를 내사하는 정신화(mentalization) 과정이 이루어진다. 그렇게 되면, 내담자의 불안과 고통은 상담사 안에서 수정되어 다시 내담자에게로 내사되면서 상담사의 기능을 내담자가 얻을 수 있다. 결국 상담사가 빌려준 정신 기능을 내담자가 내재화하면서 내담자의 정신 구조가 발달하고, 그 결과 내담자가 자기 스스로 정신화할 수 있는 능력을 점차 발달시킨다. 포나기가 강조했던 정신화 능력은 비온의 담아내기 과정과 관련됨을 알 수 있다.

내담자의 투사적 동일시와 상담사의 내사적 동일시는 동시에 일어나는 상호작용의 과정이라고 볼 수 있다. 상담사가 내담자의 전이 감정을 담아내고 공감하는 일을 거부하지 않는 이상 두 과정은 동시에 일어난다. 상담은 이러한 과정이 끊임없이 순환되면서 나타나게 되는데, 상담이 잘 이루어지는 경우 내담자의 투사물은 상담사를 거쳐 계속해서 내담자에게 다시 통합되는 결과를 가져 오게 된다. 담아내기는 상담사의 상대적인 침묵을 유발하는데 이는 내담자가 자유롭게 연상하도록 할 수 있고 편하게 퇴행할 수 있게 해 준다. 이러한 퇴행은 유아기적 소망의 깊은 층의 기억을 자극해 문제가 유발되던 최초의 시점에 다다르게 할 수 있다(Grotstein, 2007/2012, p. 241). 그런데 간혹 상담사가 역전이 감정을 잘 인식하지 못하는 경우 그 감정이 내담자에게 투사되어 흘러들어 갈 가능성도 있다. 이때 상담사의 투사는 자기의 불안으로 인한 자기감정의 투사일 수도 있고, 내담자의 감정을 소화하지 못한 채로 다시 뱉어 내는 투사일 수도 있다.

상담사-내담자 관계와 둘 사이의 감정의 교류가 처음에는 내담자에서 상담사에게로 흐르다가, 나중에는 상담사에서 내담자에게로 흐르게 된다. 이를 그롯슈타인은 담는 것-담기는 것의 역할 교대라고 표현했는데, 이는 상담사가 자기 안에서 소화된 내담자의 내용물을 해석한 것을 내담자가 돌려받을 때 일어난다. 상담사는 해석을 내담자에게 전달함으로써 이번에는 자기가 내담자에게 담기는 존재가 되고, 내담자는 상담사의 해석을 담는 존재의 역할을 한다는 것이다(Grotstein, 2007/2012, p. 243). 이러한 차이는 역전이를 대하는 태도에 차이를 두게 되는데, 과거에는 상담사가 역전이를 인식하더라도 행동화하지 않는 관점에서 접근했지만, 최근에는 그롯슈타인의 설명처럼 전이의 짝으로서 역전이를 적극적으로 활용하는 것이 중요함을 보여 준다.

위니컷은 보듬어 주기(holding)를 크게 두 가지 요소인 환경적 보듬어 주기와 초점적 보듬어 주기로 나누어서 설명했다. 우선, 환경적 보듬어 주기는 엄마가 아이에게 보듬어 주는 환경을 제공하는 것처럼 상담사가 내담자에게 환경이 되어서 내담자의 성장과 발달을 촉진하는 것을 의미한다. 환경적 보듬어 주기는 상담사가 내담자를 일방적으로 보듬어 주는 환경을 만들어 내는 것만을 의미하는 것이 아니라 내담자도 상담사와 함께 상호작용해서 보듬어 주기의 일부를 제공하는 상호작용을 강조한 것이다. 유아가 보듬어 주는 환경에서 존재의 연속성을 경험할 수 있는 것처럼 내담자도 상담실 공간 안에서 상담사의 보듬어 주는 환경의 역할에 편안함과 안전감을 느끼며 정서적으로 안정되고, 상담사와 안정된 애착관계를 형성할 수 있게 된다는 것이다.

이러한 환경 속에서 내담자와 상담사가 관계를 맺으면서 상담사는 초점적 보듬어 주기를 하게 된다. 이는 위니컷이 말했던 대상 엄마라는 개념으로부터 나온 개념이다. 대상 엄마는 유아에게 욕망의 대상이 되고 유아는 욕망의 대상에 대해 사랑을 추구하게 된다. 대상 엄마는 유아의 욕구를 충족시켜 주기도 하지만 완벽하게 충족시켜 주지는 못하는데, 여기서 유아에게 경험되는 좌절로 인해 유아는 상실감을 느끼기도 한다. 마찬가지로 내담자도 상담을 통해 상담사가 자기의 욕구를 완벽히 충족시켜 주길 원하게 되지만 개인의 병리나 욕구를 세심하게 다 맞추지 못한 상담사의 치료적 접근은 상담실의 상담사-내담자 관계에서 강렬한 초점 전이와 환경 전이를 유발하게 된다.

내담자는 치료 공간에서 상담사가 자기를 잘 이해하고 공감하고 있는지 확인하고 싶어 하고, 좋은 돌봄을 받고 있다는 것을 느끼고 싶어 한다. 이는 내담자의 초기 환경 경험으로부터 영향을 받게 되는데, 환경 전이가 긍정적이면 내담자는 자기가 잘 이해받는다고 느끼고, 안정감을 느끼면서 자기 자신을 알아 갈 수 있도록 지지받을 수 있다. 하지만 환경 전이가 부정적이면 내담자는 상담사를 신뢰하지 못하고 불안을 느낌으로써 상담은 파괴될 수 있다. 이는 내담자가 상담 시간에 늦거나 잊어버리고, 상담비를 내는 것을 잊거나 지연시키는 행동을 통해 나타난다. 결국 상담사는 역전이 감정을 인식하는 것을 통해 환경 전이가 어떻게 나타나는지 유의하여 내담자에게 민감하게 반응할 필요가 있다.

초점 전이는 내담자의 내적 대상이나 내적 자기의 일부분이 투사적 동일시를 통해 상담사에게 흘러들어 오는 것을 의미한다. 초점 전이를 통해 상담사는 자기가 내담자에게 어떤 대상이 되고 있는지를 잘 살핌으로써 내담자 안에 내면화되어 있는 다양한 대상을 발견하게 된다. 즉, 환경 전이를 통해 내담자는 보듬어 주는 환경 안에서 자기를 발견할 수 있도록 지지받을 수 있고, 초점 전이가 발생하면서 내담자는 상담사를 포함한 자기의 대상들을 발견하게 되며, 그러한 대상들을 통해 자기의 내면 세계를 알아보게 될 수 있다. 이처럼 환경 전이와 초점 전이의 개념을 통해서 상담사-내담자의 전이-역전이 경험을 명확하게 이해할 수 있다.

한편, 오그덴은 전이-역전이 경험과 관련해서 분석적 제삼자라는 개념을 제시했다. 분석적 제삼자는 내담자와 상담사의 상호작용으로 인해 내담자만의 경험도 아니고 상담사만의 경험도 아닌 두 사람 사이의 공간에서 펼쳐지는 경험적 현상을 의미한다. 이 개념은 전이-역전이 개념이 상담사와 내담자의 상호주관주의로 확대되는 데에 공헌했다. 상호주관주의는 프로이트가 초반에 제시했던 잘 알려진 개념인 상담사의 자유롭게 떠다니는(free-floating) 혹은 자유롭게 배회하는 느낌을 통해 내담자의 자유연상에서 나오는 무의식의 내용을 받아들여서 느끼는 상담사의 무의식이 있다는 것으로부터 시작되었다. 이후 과정은 내담자에게 유발되는 역전이 감정의 경험과 해석을 통해 내담자에게 공감하고 그 감정을 소화하는 작업을 거쳐서 상담사가 내담자에게 다시 투사하는 과정이라고 믿었다.

이렇게 상담사와 내담자 모두에게서 발생하는 무의식적인 백일몽 혹은 무의식적 환상 기능의 중요성이 강조되었고, 이는 상호주관적인 분석과정에서 내담자와 함께 꿈을 꾸고 감정을 느끼는 일이 상호주관적인 상담에서 중요함을 강조하는 것이다. 상담사와 내담자 사이에서 함께 꿈을 꾸는 일의 중요성은 오그텐과 그롯슈타인도 앞서 언급했던 몽상(reverie)의 중요성과 잘 연결되고 있음을 쉽게 이해할 수 있다. 상담사가 내담자에게서 전달된 정신적 내용물을 잘 받아들여서 몽상을 통해 잘 경험하고 숙고하는 과정을 진지하게 함으로써 그 의미와 정서를 이해하는 과정과 상담사와 내담자 사이에서 분석적 제삼자의 공간에서 두 사람이 함께 꿈을 꾸고 느끼고 인식하는 작업이 매우 중요함을 알 수 있다.

상호주관주의는 내담자와 상담사와의 상호 관계 속에서 공동 창조되는 것의 중요성을 강조하는 관점이다. 이때 내담자는 상담사에게 어떤 역할을 부여하고, 상담사는 역할 반응성 경험을 하게 된다. 이러한 역할 반응성은 내담자의 내적 경험이 전달되었을 때 상담사는 행동화를 통하여 내담자의 경험을 실연(enactment)하게 된다는 것이다. 상담사의 실연은 내담자의 내면 세계가 외재화하는 것으로 무의식이 의식화된다는 의미와 유사하지만, 다른 점은 공동으로 창조한 어떤 것이 단순히 왜곡된 환자의 내면 세계를 발견하는 것이 아니라 내담자의 내면 세계의 숨은 진실을 함께 발견하는 것까지 확장된다고 볼 수 있다.

즉, 상담사의 역전이가 불필요하고 없어져야 하는 것이 아니라 분석에 적극적으로 활용될 수 있게 됨을 의미한다. 상담사는 투명한 거울로 존재하는 것이 아니라 내담자와 상담사의 고유한 특성들로부터 정서적 장을 공유하며, 두 사람에 의해 공동 창조된 요소는 각자의 고유한 정신에 따라 경험된다. 예를 들어, 어떠한 사건이나 사람에 대해 의미를 부여할 때, 내담자 자신의 이야기나 상담사의 이야기의 한 측면만이 진실을 말한다고 가정하는 것이 아니라 상호주관적인 해석을 주고받는 것을 통한 결과로 진실에 더 가까이 가게 되는 것이라는 의미이다. 이러한 상호주관적 만남을 통해 내담자뿐만이 아니라 상담사 자신의 성장도 일어나는 경험을 할 수 있다(Brown, 2011/2018, pp. 71-72, 77-78, 81).

역전이는 내담자가 투사한 어떤 내용물이 동일시 과정을 통해 상담사 내부에서 일어나면 그 정서를 이해하는 과정이다. 이러한 정서에는 내담자와 비슷한 감정이 상담사의 내면에 유발되거나, 내담자의 대상이 느끼는 감정과 비슷한 감정을 유발하는 두 가지 방식이 있다. 전자를 지칭하는 개념은 일치적 동일시이고 후자를 지칭하는 개념은 상보적 동일시이다. 일치적 동일시는 내담자가 상담사에게 투사한 내담자 자기의 일부분에 대한 동일시를 말하며, 상보적 동일시는 내담자가 투사한 대상의 일부분에 대한 동일시를 말한다. 즉, 일치적 동일시는 상담사가 내담자를 빙의하는 것과 같고, 상보적 동일시는 상담사가 내담자의 과거 혹은 현재의 다른 대상을 빙의하는 것과 같다.

일치적 동일시와 관련한 예로는, 어떤 내담자가 상담사에게 전혀 감정이 실리지 않은 말투로 자기가 어린 시절에 부모님이 바빠서 집에 늦게 들어오는 날이 많았는데, 하루는 놀다가 넘어져서 크게 다쳤다고 말했던 것을 들 수 있다. 핸드폰이 없던 시절이라서 내담자는 피가 나는 곳을 휴지로 대서 겨우 피를 멎게 하고 저녁 내내 부모님을 기다렸다고 했다. 상담사의 내면에는 어린 시절 심하게 다쳐서 많이 놀랐을 아이의 모습과 피가 멎지 않을까 봐 두려웠을 것 같은 강렬한 정서가 느껴졌다. 이렇게 내담자가 느꼈던 감정에 대한 동일시가 일치적 동일시이다. 일치적 동일시를 통해 상담사 내면에 느껴진 정서를 내담자에게 해석해 줌으로써 내담자는 자기의 정서를 상담사와 함께 느끼고 자기 내면에 통합할 수 있게 된다.

상보적 동일시의 예로는, 내담자가 자기 집에서 일어났던 일을 말하면서 자기 어머니 흉을 보기 시작했던 것을 들 수 있다. 어머니가 하는 음식에 대한 불만, 어머니가 하던 활동에 대한 불만, 자기가 어렸을 때 시험 점수를 잘 못 받았다고 어머니가 자기를 심하게 혼냈던 일, 자기가 너무 많이 먹어서 살쪘다고 잔소리했던 이야기 등 세세한 모든 것에 불만을 표현하는 것을 상담사가 듣게 되었다. 상담사는 들으면서 내면에서는 사소한 것까지 트집 잡는 내담자를 이해할 수 없고, 상담 시간의 대부분을 무의미한 비난으로 채우는 데에 짜증이 느껴졌다.

이는 내담자의 불만스러운 태도로 인해 느꼈을 내담자 어머니의 정서에 대한 동일시이다. 상담사가 내담자의 주요 대상인 어머니의 관점에서 느끼는 동일시를 상보적 동일시라 한다. 이러한 상보적 동일시의 인식을 통해 상담사는 내담자의 내적 대상을 인식하고 그 대상의 감정을 함께 느끼게 됨으로써 내담자의 대상을 이해하는 데에 이르게 된다. 이러한 상보적 동일시 경험은 궁극적으로는 내담자의 내적 대상과의 관계에서 내담자가 어떤 경험을 했고 어떤 감정을 느꼈을지를 예측하는 데에도 도움이 된다. 상보적 동일시를 경험할 때 상담사가 내담자에게 내담자의 내적 대상 관점의 해석을 성급히 제시하는 것은 치료관계를 파괴할 수 있기에 담아내고, 공감하고, 숙고하고, 몽상하는 과정을 거치는 것이 필요하다. 내담자가 상담사가 느낀 상보적 동일시 경험에 기반한 해석을 받아들일 준비가 되었을 때 조심스럽게 해석을 시도해 볼 수 있을 것이다.

전이 해석의 유의점

대상관계 상담에서 전이와 역전이를 인식하고, 경험하고, 해석해 내는 일은 수련을 잘 받은 상담사이더라도 매우 어려운 일이다. 특히 상담사가 기질적으로 혹은 양육과정에서의 어려움으로 정서를 생생하게 잘 느끼지 못하는 경우 내담자가 전달하는 정서인 전이를 느끼기 어려울 수 있고, 상담사 자신의 문제가 해결이 잘 안 된 부분과 연결된 전이에서는 역전이 감정이 상담사의 문제로 인해 오염될 수 있다. 만약 전이와 역전이에 대한 파악이 제대로 되지 않으면, 상담사가 자기가 원하는 방향으로 내담자를 유도하며 내담자와의 관계를 착취적인 관계로 이끌어 갈 수도 있다. 예를 들어, 성(性)과 관련된 역전이는 매우 강력한데, 상담사가 내담자와의 친밀감을 이용해서 내담자를 성적 착취의 대상으로 삼는 심각한 상담 윤리 위반이 발생할 수도 있다.

전이 해석은 정신분석, 대상관계 상담에서 높은 수준의 치료적 개입이라고 여겨지는 중요한 부분이다. 전이는 이미 설명한 것처럼 내담자가 어린 시절 중요한 대상들과 관계하면서 경험했던 정서, 생각, 행동들이 내면화되어서 자기 안에 내적 대상으로 자리하게 되고, 그 내적 대상 표상이 현재 일상에서 관계를 맺고 있는 다른 사람들에게 전이되어 나타나는 감정이라고 볼 수 있다. 전이 반응은 상담뿐만 아니라 일반적인 대인관계에서도 종종 나타난다고 볼 수 있는데, 상담 공간 안에서의 전이와 역전이가 훨씬 더 강력하다고 볼 수 있다(American Psychoanalytic Association, 1990/2002, p. 434). 특히 내담자가 경험하는 대부분의 문제는 매번 같은 문제의 반복인 경우가 많은데, 과거 대상과의 정서적 경험에 주요 원인이 있기에 전이와 역전이 해석이 대상관계 상담에 매우 중요하다.

이처럼 전이-역전이 경험과 그 경험의 해석을 통해 내담자는 투사한 내용을 자기에게 통합하게 된다. 지금까지 수용할 수 없었던 감정이나 생각들을 수용하게 되면서 처음 투사할 때 내용의 독성은 제거된다고 볼 수 있다. 내담자가 상담사에게 투사를 충분히 하도록 하는 것이 중요한데, 이를 위해 내담자의 감정과 생각을 상담사가 수용하는 과정이 충분히 선행되고 반복되는 것이 필요하다. 내담자의 감정과 생각에 대해서 틀렸다고 느끼게 하기보다는 상담사와 함께 고민하고 소화하고 논의하는 방식으로 전이 해석을 진행하면 내담자에게도 상담사에게도 도움이 된다. 이 외에도 전이-역전이에 대해 상담사가 가져야 할 몇 가지 중요한 태도가 있다.

우선, 대상에 대한 내담자의 왜곡된 인식 때문에 전이가 나타난다는 관점을 가지지 않는 것이 중요하다. 전이를 해결하는 목적은 내담자가 대상과의 관계에서 유연성과 탄력성을 갖도록 하는 데에 있다. 내담자들은 그동안 살아오면서 경직되고 미성숙한 방어들을 사용하며 효과적이고 적절하지 못한 반응을 함으로써 대상관계에서 고통을 느껴서 상담에 찾아온 사람들이다. 상담사는 내담자가 이제까지 가졌던 관점이 왜곡되고 틀렸다는 것을 증명하기 위해 전이 해석을 하는 것이 아니라, 내담자가 가능하면 다양한 관점으로 느끼도록 함으로써 대상에 대해 가장 적절한 정서적 반응을 선택하도록 도울 필요가 있다. 적절한 반응 방법을 찾는 길은 상담사가 직접 제시하는 답이 정답이라는 태도보다는 내담자와 함께 공동 창조하는 과정을 통해서 선택하고 시도해 보는 경험을 하는 것이 내담자에게 훨씬 더 도움이 된다(Bauer, 1993/2007, p. 167).

또한 상담사의 목표는 내담자에게 완벽하고 훌륭한 전이 해석을 해 줌으로써 상담사로서의 자기의 능력을 드러내고 내담자를 감탄하게 하거나, 직접적인 조언과 가이드를 해 줌으로써 도와주려는 것이 아니다. 내담자는 자기의 문제로 인해 자존감이 이미 매우 낮은 상태로 상담실에 찾아오는 경우가 많다. 상담사가 멋진 전이 해석을 통해서 내담자의 문제를 완벽하게 해결하고 치료해 줄 수 있다고 생각하는 것은 상담사 자신의 구원환상으로 인한 것일 수 있다. 또한 문제 해결책을 쉽고 명료하게 직접 제시해 주는 것은 내담자 스스로가 자기 문제를 알아보거나 개선할 수 없는 부족한 사람임을 다시한번 확인해 주는 것일 수도 있다. 오히려 상담사가 내담자의 경험과 관점을 존중하고, 상호작용을 통해 관계에서의 유형을 탐색함으로써 내담자 스스로 이해를 얻도록 돕는 일이 내담자에게는 더 근본적인 성장 경험이 될 수 있다(Bauer, 1993/2007, p. 181).

마지막으로, 무엇보다도 상담사는 전이와 역전이 감정에 대해 성급하게 해석하지 말아야 한다. 상담사가 완벽하다고 생각하는 전이 해석을 내담자에게 성급하게 제시하면 맞지 않을 가능성이 크고, 그 해석이 일리가 있고 맞더라도 내담자가 받아들일 준비가 되지 않으면 오히려 내담자의 미성숙하고 부적절한 방어 기제를 더 강화할 수 있다. 이를 위해 상담사는 내담자가 정서적으로 준비될 때까지 내담자의 투사를 자기 내면에 담아 둘 수 있어야 한다. 또한 내담자의 투사로 인해 상담사가 역전이 행동화를 하지 말아야 상담이 파괴적으로 진행되지 않을 텐데 이는 상담사가 자기 분석을 충분히 받아야 함을 의미한다. 예를 들어, 상담사의 자기애적인 욕망으로 인해 내담자에게 칭송받고 싶어 하거나 내담자의 미움을 사랑으로 바꾸고 싶다면 상담사는 내담자의 투사에 대한 해석을 빙자하여 자기가 하고 싶은 말을 뱉어 내고 싶은 욕구가 느껴지기도 한다. 따라서 상담사가 이러한 자기의 욕구를 잘 알아차리면서 내담자의 투사를 담고 견뎌야만 상담이 치료적으로 작용할 수 있다(Bauer, 1993/2007, p. 185).

상담사가 대상관계 상담에서의 전이와 역전이 현상을 알고 있고 느끼고 있다면 내담자와의 관계에서 전이와 역전이를 현상을 회피하기보다는 개방성과 유연성을 가지고 대하는 태도가 필요하다. 내담자와의 관계에서 느껴지는 것 중에 어떤 것이 현실적이고 어떤 것이 전이인지에 대한 불확실성을 감내하며 기다릴 수 있는 인내심이 필요하다. 전이가 상담사 자신에 대한 내담자의 실제 감정은 아니라는 점을 염두에 두고 경험한다면 상담사가 느낄 정서의 강렬함으로부터 자기를 보호할 수 있고, 거리감을 두고 관찰하는 관점에 서게 할 수도 있다(Bauer, 1993/2007, pp. 157-158). 결국 전이-역전이 해석을 할 수 있는 상담사의 역량이 내담자의 치료에 결정적인 역할을 할 수 있다는 점을 안다는 것은 아무리 강조해도 지나치지 않다.

정신증 수준 성격 내담자와의 전이와 역전이

우선, 지금까지 살펴본 내담자와 상담사의 전이와 역전이 경험은 내담자의 성격 조직 수준에 따라서 다르게 경험될 수 있다. 정신증 수준 성격 내담자는 다른 사람들과 주변 세계에 대한 기본적인 신뢰와 안전감이 부족하거나 부재하다. 이들은 대상의 경계 침범으로 인해서 자기가 사라질 것 같은 멸절 불안을 느낀다. 이들이 잔뜩 겁에 질린 모습을 보면 상담사의 역전이 감정은 마치 겁에 질린 아이를 보는 듯한 안쓰러운 느낌과 보호해 줘야 할 것 같은 강렬한 느낌이다. 실제로 정신증 내담자를 보면 어린아이를 보는 것처럼 사랑스럽기도 하고 비논리적인 말을 하기는 하지만 그 내용이 흥미롭기도 하고 경청하고 싶은 욕구도 생긴다. 정신증 내담자는 상담사의 말을 고분고분 듣는 경향이 있는데, 이는 권위자이자 권력자인 상담사의 말을 듣지 않으면 상담사가 자기를 해칠 수 있다는 두려움 때문이다. 상담사를 신뢰하거나 마음에 들고 편안해서 순응적인 태도를 보이는 것은 아니다.

정신증 수준 내담자를 어린아이와 같다고 표현하는 것이 이들을 무시하는 의미는 아니다. 정신증, 경계선, 신경증 내담자는 스펙트럼의 연속선에 있기에 정신증 내담자의 어려움은 세 성격 수준 중에 훨씬 더 초기에 경험한 어려움이라 볼 수 있어서 이들은 아이들처럼 순수하고 투명한 측면이 있다. 또한 대상에 대해서 공생적 집착을 하면서도, 그 대상에 대해 불신과 두려움이 있고 그 대상이 혹시 자기를 싫어할까 봐 두려움을 느끼기도 한다. 이들은 상담에서 만난 또 다른 주요 대상인 상담사에 대해서도 두려움을 느끼고 상담사가 자기를 어떻게 생각하고 느끼는지에 대해 궁금한 마음이 많다. 그래서 정신증 내담자들은 상담사가 자기에 대해서 혹시라도 화가 나지 않았을까 하는 막연한 두려움을 느끼면서 마치 어린아이처럼 상담사에게 "저한테 혹시 화가 많이 났어요?"라고 직접 묻기도 한다.

이런 질문을 받았을 때, 상담사가 화가 나지 않은 척하거나, 아니라고 말로 부정하면 정신증 내담자는 더 불안을 느낀다. 내담자를 안심시키는 것이 아니라 오히려 내담자의 불안에 기름을 붓는 격이 된다. 왜냐하면 이들은 정서적으로 예민해서 상담사가 자기에게 화가 났을 때는 동물적인 본능으로 감지하기 때문이다. 이럴 때는 차라리 "어떻게 알았어요? 내가 좀 그런 것 같아요. 내가 ○○ 씨에게 별 도움이 안 되는 것 같아서 나 자신에게 실망하고 분노하고 있어요." 등의 솔직한 답을 하는 것이 내담자의 신뢰를 촉진할 수 있는 좋은 전략이 된다(McWilliams, 2011/2018, p. 115). 이 답은 솔직한 답변이기도 하지만 상담사의 분노가 꼭 내담자를 향한 것은 아니고 상담사 자신에 대한 실망의 결과라는 설명도 된다. 결국 상담사는 정신증 내담자를 만날 때 느끼는 자기 내면의 생생한 역전이 감정을 내담자에게 최대한 솔직하게 개방하는 방법 외에는 정신증 내담자를 편안하게 도울 방법이 없다.

반면, 정신증 내담자보다는 분리-개별화가 잘 된 사람들에게는 상담사가 자기 개방을 너무 많이 하면 오히려 내담자의 전이가 잘 안 일어나게 억제하게 되어서 방해가 될 수 있다. 이들은 무의식적인 전이를 교묘하게 돌려서 드러내기 때문에 오히려 상담사가 자기 개방을 많이 하지 않고 불투명한 모습을 보이는 것이 훨씬 도움이 된다. 예를 들면, 한 아이의 육아를 감당하며 이 아이의 출산이 자기의 경력을 망쳤다는 무의식적 분노 때문에 아이를 몰래 미워하고 있는 젊은 엄마가 있는데, 중년 여성인 상담사가 육아가 매우 힘들었지만 세 아이를 정서적으로 정말 잘 키웠다는 정보를 내담자가 미리 알게 되면 그 상담사 앞에서는 그런 이야기를 하려던 마음이 쏙 들어가고 전이 감정이 억제될 수 있다.

정신증 내담자를 만날 때 상담사가 종종 느끼는 또 다른 역전이 감정은 오해받아서 억울한 감정이다. 앞서 언급한 정신증 내담자의 멸절 불안은 상담사에 대한 경계심으로 종종 나타난다. 이들은 클라인이 말한 편집-분열적 양태에 있기에 누군가가 자기를 파괴하거나 죽이려 한다는 편집증적 망상에 사로잡혀 있는 경우가 많다. 어떨 때는 내담자의 망상이 너무 어이없어서 웃음이 나오기도 하고, 정말 너무 억울해서 펄펄 뛸 것 같은 느낌이 들기도 한다. 이때는 정신증 내담자들이 어린아이와 같은 심리적 상태라고 기억해 보면 내담자들이 마음껏 망상하고 오해하는 상황이 금방 이해되기도 한다. 이들이 멸절 불안으로 두려워하면 상담사는 그럴 일이 절대 없다고 안심시켜 주거나 내담자가 오해로 인해서 공포를 느끼고 있음을 설명해 주고 싶은 강렬한 유혹이 느껴지는 역전이 감정을 경험한다.

하지만 상담사의 이런 시도는 내담자에게 더 큰 공포를 초래하고 상담사가 내담자를 박해하는 사람들과 한편이 되었다는 두려움과 분노를 일으킬 가능성이 크다. 이때 상담사에게는 그런 강력한 역전이 감정을 물리치고 조용히 들어 주는 역할이 필요하다. 내담자가 자기의 공포와 그 이유에 대해서 장황하게 충분히 설명하도록 기회를 주고,

내담자가 멈추면 최근에 어떤 일이 이 내담자에게 이런 강렬한 두려움을 주었는지 원인을 함께 탐색해 주는 것이 도움이 된다. 보통은 내담자가 최근 겪었던 일 중에 이별하거나 분리된 상실의 경험이 두려움을 촉발하는 방아쇠 역할을 했을 가능성이 크다. 예를 들면, 남편이 먼 곳에 파견 근무를 나가거나, 아이가 학교에 들어가서 낮에 이별해야 하는 상황이 벌어졌거나, 부모님이 돌아가셨거나 한 경험이 있을 수 있다.

내담자와 함께 탐색하는 작업을 하려면 잠시지만 내담자처럼 왜곡되게 생각하면서 내담자의 관점을 공유해야 하는 경우가 종종 생긴다. 다른 말로 하면, 내담자와 함께 미쳐 주는 것이다. 상담사에게 이 일은 내키지 않는 일일 수 있지만, 내담자의 관점을 받아들이지 않으면 내담자를 이해하기 어렵고 내담자도 이해받고 수용받았다고 느끼지 않는다. 예를 들어, 내담자가 상담실에 들어오자마자 상담사를 막 비난하면서 주변 사람들이 자기를 죽이려고 하는데 상담사가 그 일에 가담했다고 항의하는 경우가 벌어질 수 있다.

이때 상담사가 억울한 감정이 들고 해명해야 한다는 역전이 감정이 올라오면 펄펄 뛰면서 아니라고 부정하게 된다. 하지만 이런 해명은 내담자에게는 전혀 먹히지 않고 오히려 상담사가 정말 그 일에 가담했다는 의심과 확신만 키울 수 있다. 이럴 때는 오히려 일단 내담자의 의심을 인정하고, 그 이후에 함께 탐색할 기회를 잡는 것이 유리하다. 예를 들어, "아, 그래요? 내가 ○○ 씨를 죽이려는 일에 나도 모르게 가담했다니 나도 믿어지지 않네요. 정확히 어떤 일이 벌어진 거예요?"라고 답하면 도움이 된다 (McWilliams, 2011/2018, p. 123). 이 답을 자세히 보면 내담자의 확신에 찬 의견을 무시하지 않으면서도, 내담자의 말에 동의하지도 않는다. 또한 내담자에게 어떤 일이 벌어진 건지 되물음으로써 함께 탐색할 수 있도록 내담자를 권유하고 있다.

경계선 수준 성격 내담자와의 전이와 역전이

경계선 수준 성격 내담자는 재접근기 유아의 정서적 경험과 연관되어 있기에 한편으로는 자기가 대상에게 삼켜지고 사라질 것 같은 두려움을 느끼고, 다른 한편으로는 대상에게 고통스럽게 버려질 것 같다는 두려움을 느낀다. 이들은 재접근기 유아가 제멋대로 요구하고 행동하듯이 상담사에게도 상담 구조를 깨려고 시도하고 경계를 시험하는 요구나 질문을 많이 한다. 예를 들어, 이들은 상담 회기 사이에 상담사에게 핸드폰으로 연락해도 되는지, 언제까지 상담사에게 문자로 통보하면 상담비를 안 내도 되는지, 자기가 스트레스가 심하니 자기 대신에 부장님에게 당분간 업무를 줄여 달라고 이메일을 써 줄 수 있는지, 자살 충동이 있으면 아무 때나 연락해도 되는지 등 경계를 시험하고 넘어서는 질문을 종종 한다.

이때 상담사에게 드는 역전이 감정은 양가적이다. 내담자가 상담사에게 적대적인 태도를 보이면서 경계를 넘어오고 공격적인 느낌을 주면 상담사의 내면에서는 불쾌한 감정이 들고 분노가 일어나는 역전이 감정이 불러일으켜지고, 내담자가 우울해 보이거나 두려워하는 모습을 보이면 애틋한 감정이 느껴진다. 이들이 그동안 자라면서 박탈 경험과 애착 트라우마 경험으로 애정에 굶주린 아픔이 많았다는 사실에 안쓰럽게 느껴지고 원하는 대로 가능한 한 다 들어주고 싶은 마음에 말려들기 쉽다. 특히 상담에 처음 입문한 상담사들일수록 그런 욕구를 참기 힘들다. 하지만 말려들어서 내담자의 요구를 많이 들어주어도 이들이 나아지지 않고 오히려 더 악화되는 느낌이 들면서 상담사가 좌절을 느끼고 화가 나는 감정을 느끼게 된다.

결국 경계선 내담자에게 도움이 되는 길은 오히려 선을 긋고, 엄격한 규칙을 지키게 하고, 제멋대로 행동하지 못하도록 제재를 가하는 것이다. 내담자가 많이 울거나 더 이야기하려고 매달려도 상담 시간을 정확하게 마치거나, 다음 회기에 와서 지난 회기에 자기가 힘들어할 때 상담을 제시간에 칼같이 마쳐서 상처받았다고 항의를 하더라도 마음이 약해지지 않고 규칙을 지키는 것이 중요하다. 오히려 내담자를 불쌍히 여기고 너그럽게 대하는 것은 그 내담자를 아이로 취급하는 행동이고, 내담자를 망치는 결과를 가져올 수 있다. 상담사가 엄격한 규칙을 지키고 한계 설정하기를 하면 내담자는 분노나 공격성을 보일 수 있지만, 상담사가 자기를 어른으로 대하고 자기가 함부로 요구하는 대로 들어주지 않는다는 메시지를 주어서 내담자의 성장을 촉진하는 결과를 얻을 수 있다.

대상관계 상담을 하는 상담사들은 상담사의 내면에 생생하게 불러일으켜지는 역전이 감정을 잘 느끼고 활용하는 일이 중요하다. 재접근기 유아처럼 경계선 수준 성격의 내담자는 자기 내면의 강렬한 감정을 언어로 표현하지 못하고 대상에게 전달하여 투사적 동일시를 주로 일으킨다. 오히려 내담자가 상담 시간에 말로 표현하는 이야기에는 진짜 중요한 감정이 포함되어 있지 않은 경우가 많다. 그래서 상담사가 자기에게 직관적으로 떠오르는 반응, 자기도 모르게 나오는 정서적 반응, 떠오르는 이미지 등에 집중하고 귀를 기울이는 것이 내담자와 상담사 사이에 일어나는 역동과 정서를 더 정확하게 알려 줄 수 있다. 예를 들어, 내담자의 말을 듣다가 갑자기 두려움이 느껴지거나, 분노가 일어나거나, 지루한 느낌이 들거나, 성적인 상상이 떠오르거나, 내담자를 구원해 주고 싶은 욕구가 강하게 느껴지거나 하면 내담자의 내적 상태에 대한 중요한 정보일 가능성이 크다(McWilliams, 2011/2018, p. 137).

내담자가 직장 상사에게 통제당하고 무시당하며 부당한 대우를 받는다고 이야기하면서 자기가 느끼는 두려움과 분노를 상담사에게 언어로 표현한다면, 이 이야기를 듣고 있던 상담사는 내담자의 감정을 빙의해서 그런 감정들 외에도 다양하고 복잡한 감정을 대신 느낄 수 있다. 상담사가 그럴 이유가 별로 없는데도 이상하게 자기가 무기력하고 연약하고 작은 존재라는 느낌이 들거나, 갑자기 많은 사람 앞에서 망신당하거나 언어로 공격당하는 불길함, 엄청나게 비난당하고 욕을 먹을 것 같은 불안함과 두려움 등을 느끼면 이런 감정들은 내담자가 전달한 감정인지, 아니면 상담사 자신의 문제로 인한 역전이 감정인지 확인해 볼 필요가 있다. 이때 상담사는 자기 안에 느껴진 역전이 감정을 느껴서 내담자가 느끼는 감정이 두려움과 분노만 있는 것은 아니라는 점을 알려 줄 필요가 있다. 상담사가 "○○ 씨는 그 일로 두려움과 분노를 느낀다고 했는데, 다른 한편으로는 힘없는 존재라는 느낌과 욕먹거나 공격당할 것 같은 불안함도 있는 것 같아요."라고 내담자에게 표현해 주면 경계선 내담자에게 도움이 될 수 있다.

경계선 성격장애 내담자와의 전이와 역전이

지금부터는 경계선 수준 성격 스펙트럼에 있는 성격장애 중 경계선 성격장애와 자기애적 성격장애인 내담자와의 전이와 역전이 경험에 대해서 조금 더 설명하려고 한다.

경계선 성격장애인 내담자는 보통 초기 양육 환경에서 애착 외상을 경험한 것이 원인이 되는데, 이러한 내담자들은 보통 대인관계에서 외상 경험을 반복하게 된다. 이처럼 성장하는 과정에서 경험하는 외상과 성인이 된 후에 반복적으로 외상을 경험하게 됨으로써 경계선 성격장애 내담자들은 복합 트라우마 증상을 보이게 된다. 이런 내담자를 만나면서 상담사가 경험하는 가장 큰 문제는 내담자에게 연민을 느끼면서 공감이 되기보다는 부정적 역전이가 가장 먼저 올라온다는 점이다.

일회성 외상을 경험한 내담자들, 예를 들어 길을 가다가 갑자기 강도를 만났다거나, 폭행을 당했거나, 성폭행을 당하는 등 일회성이지만 강력한 강도의 트라우마를 경험한 경우, 예상하지 못한 상황에서 너무나 큰일을 경험해서 힘들겠다는 측면에서 연민을 느끼고 내담자의 고통을 공감할 수 있을 것이다. 하지만 경계선 성격장애인 내담자는 인생을 살아오면서 오랜 기간 지속적으로 정서적 트라우마 상황 속에 처해 왔는데, 이렇게 만성적인 정서적 트라우마를 경험하는 경우는 초기 양육 환경에 애착 문제로 애착 트라우마의 문제가 있을 가능성이 있다. 만약 상담사가 내담자에 대해서 일치적 동일시보다는 오히려 상보적 동일시를 느끼게 되면, 내담자를 학대했던 부모에 빙의한 감정을 느끼게 되고 피해자인 내담자에 대한 공감이 어려울 수 있다.

경계선 성격장애 내담자는 방어 기제 중 투사적 동일시를 많이 사용하는데, 이들이 경험하는 부적절하고 심한 분노, 공허감, 초조함, 불안함 등의 부정적 감정을 상담사에게 전이하고, 이로 인해 상담사에게 느껴지는 역전이 감정도 역시 부정적 감정들일 수 있어서 상담사–내담자 사이에 이런 강렬한 감정들을 공유하면서 상담사가 내담자의 경험과 아픔을 바로 공감하기는 어렵다. 이러한 내담자들은 보통 분노를 표출하는 경우가 많은데, 이를 대하는 상담사는 내담자가 표현하는 공격성에 방어적으로 대할 수 있다. 혹은 내담자의 분노로 인해 상담사 내면에도 분노가 함께 올라오면서 부정적 감정을 느낄 수 있다.

어떤 내담자의 경우에는 감정을 억압하므로 표정이 자연스럽지 못하고 긴장된 모습을 보이며, 트라우마 경험으로 인해 어느 순간 공격받을지 모른다는 두려움을 느낀다. 이러한 내담자의 내면에는 분노가 있을 수 있지만, 억압 상태에 있을 가능성이 크므로 내담자가 자신의 이런 상태를 말로 표현하지 못할 수 있다. 하지만 이런 내담자를 대하는 상담사는 상호주관성에 관여하는 배 쪽 미주신경의 작용과 거울신경의 작용으로 내 담자의 그러한 상태를 느끼면서 함께 긴장되고 원인을 알 수 없는 부정적인 감정 상태를 느끼게 된다.

이렇게 두려움이 많고 긴장 상태에 있는 경계선 내담자의 경우 상담사와 가학과 피학을 주고받을 수 있다. 어린 시절 정서적 학대를 받거나 경계의 침범을 많이 받아서 자기감이 없고 긴장된 상태의 사람들은 자기의 의견이 없고, 경직된 사고를 가지고 있는 경우가 많다. 이러한 내담자는 상담사에게 자기가 어떻게 해야 하는지 의견을 구하고, 상담사의 의견에 따르는 일을 편안하게 느낀다. 모든 일을 어떻게 처리해야 하는지 상담사에게 의견을 구하면 상담사는 내담자가 잘되기를 바라는 마음에 이런저런 조언을 해 주기도 하고, 그렇게 하면 안 된다는 충고를 해 주고 싶게 된다. 하지만 이렇게 의견을 주는 상담에서의 역할은 학대를 받고 자율성과 통제감을 상실한 내담자의 경계를 침범하게 되는 가학적 상태로 몰아가게 만든다. 내담자는 자기가 경험했던 학대로 인해 가지게 되는 피학성을 반복하고 있는 것일 수도 있다. 이런 경우 내담자에게 처음부터 자율성을 주게 되면 내담자는 상담이 자기에게 도움이 되지 않는다고 여길지도 모른다. 따라서 처음에는 내담자의 요구에 응해 주다가 조금씩 내담자의 의견을 물음으로써 자율성을 획득하게 할 수 있다.

실제로 얼마 전 상담에서 경험한 투사적 동일시를 유발한 사례도 있다. 중년 여성인 내담자가 상담을 신청해서 왔는데, 사귀고 있는 남자친구가 매우 공격적이고 화를 잘 낸다고 하면서 자기가 그것 때문에 공포와 불안에 시달리고 있다고 했다. 그러면서 내담자는 남자친구와의 대화 녹음을 증거로 들려주었는데, 들어 보니 화를 잘 낸다던 남자친구는 조용한 목소리로 차분히 자기의 의견을 말하고 있고, 내담자가 흥분한 상태로 화를 내며 답을 하고 있었다. 내담자는 녹음을 조금 들려주다가 남자친구가 화내던 부분이 나오지 않자 그 사람이 화내는 걸 들려준다면서 녹음을 뒤로 한참 돌려 들려주었다.

상담사가 그 대화를 유심히 들어 보니 내담자의 남자친구는 내담자가 계속해서 화내며 말하는 것을 듣다가 더는 참지 못한 상태에서 결국 화를 내며 이야기를 했던 것이다. 내담자는 드디어 발견했다는 듯이 이것 좀 들어 보라고 하면서 자기 남자친구가 자기에게 계속 심하게 화를 내면서 트라우마를 입히고 있다고 주장했는데, 그 이야기를 들은 상담사는 남자친구가 아닌 내담자가 오히려 트라우마 상황을 먼저 불러일으키고 있다는 생각에 내담자의 말이 공감되지 않는 역전이 감정을 느꼈다. 또한 남자친구에 관해 이야기하면서 자신은 남자친구에게 트라우마를 입어서 두렵다고 말했지만, 실제로는 흥분하면서 이야기하는 모습이 화가 많이 나 있는 것처럼 느껴졌다. 동시에 남자친구가 잘못한 것에 대해 판정을 내리고 자기의 말에 동의하라는 압박과 함께 투사적 동일시를 일으켜서 상담사 내면에도 분노를 유발하였고, 내담자를 밀어내고 싶다는 역전이 감정이 올라왔다.

이러한 경험을 통해 본래 애착 트라우마를 경험했던 사람이거나 반복된 트라우마로 인해 상대를 신뢰할 수 없게 된 내담자는 자기의 내면 안에 인간에 대한 불신으로 인해 분노, 불신, 불안의 정서를 느낄 수 있고, 이로 인해 내담자의 남자친구가 트라우마를 경험한 내담자를 신뢰할 수 없어서 분노하게 만들고 결국 공격성을 유발하게 될 수도 있다는 점을 알게 되었다. 트라우마를 입은 내담자는 관계에서 자기가 유발한 부분에 대한 성찰 능력이 전혀 없었고, 자기의 감정에 매몰되어 논리적 사고가 되지 않았기에 자기가 대상에게 어떤 반응을 보이고 있는지에 대한 파악이 어려웠다. 결국 애착 트라우마를 입은 사람들은 상대방 관점이 되지 않고 성찰적 자기가 없다는 주장처럼 상담에서 만났던 중년 여성 내담자 역시 애착 트라우마를 입은 사람일 수 있다는 가정을 할 수 있었다.

이러한 내담자는 자기가 왜 이렇게 트라우마 상황을 반복하고 있는지에 대한 성찰 역량이 부족하기에 상담사는 내담자에게 어떤 깨달음을 주고 싶어서 왜 그러한 상황이 계속되는지에 대해 질문하고 싶은 욕구가 올라올 가능성이 크다. 하지만 이러한 질문은 내담자에게 자기가 잘못해서 비슷한 상황이 반복된다는 비난으로 들릴 수 있기에 질문할 때 매우 주의할 필요가 있다. 그리고 내담자는 반복적으로 외상 상황에 노출되어 있으면서도 벗어나지 못하는 상태에 있는데, 이는 트라우마 내담자의 부동화 반응이나 반복 강박으로 인해 그럴 수 있다는 것을 머리로는 알고 있지만, 동시에 그 상황에서 왜 벗어나지 않는지 묻고 싶은 욕구가 생긴다. 이 또한 내담자에게는 공감받지 못한다는 느낌을 유발하므로 주의할 필요가 있어 보인다.

따라서 상담사는 이러한 역전이 감정과 질문하고 싶은 욕구를 관리하는 것이 중요하며, 공감을 해 줘야 한다는 당위성 때문에 기계적으로 공감하는 경우 내담자는 상담사의 거짓 공감을 금방 알아차려서 상담에서 벗어날 위험과 동시에 내담자가 트라우마 상황을 반복하는 데에 자기가 초래한 부분에 대한 성찰을 막을 수 있으므로 기계적인 공감을 하지 않도록 해야 한다. 또한 상담사가 내담자에게 동일시가 되면서 과도한 공감과 경계 침범의 욕구가 올라올 수 있다. 만약 과도한 공감과 동일시가 일어나면 상담사는 자기의 삶 중에 내담자가 경험했던 부분과 유사한 부분이 공명하고 있지는 않은지 분석해 보는 것이 역전이 실연을 하지 않는 방법일 수 있다.

트라우마를 경험해서 상담에 오는 내담자는 주로 상담사에게 자기에게 트라우마를 입힌 사람이 잘못했다는 점을 상담사가 판단하여 판결을 내려 주기를 바라는 경우가 많다. 그리고 상대를 처벌할 방안을 함께 강구해 주기를 원하기도 한다. 상담사는 이때 공감하기 어려울 수 있지만, 반대로 역전이 감정에 말려들어서 과도하게 공감해서 함께 처벌할 방법을 생각하고 조언할 수도 있다. 상황에서 벗어나는 방법을 찾지 못하는 내담자에게 방법을 찾아 주고 함께 노력해서 벗어나도록 행동하고 싶을 수 있고, 내담자에게 이런 방법들을 쓰면 지금 상황이 개선될 수 있다는 직접적인 조언을 해 주고 싶을 수도 있다. 하지만 이러한 방법은 자기 삶의 통제권을 빼앗기고, 자율성을 침해당했던 내담자에게 같은 상황을 반복하는 것일 수 있기에 매우 조심해야 한다.

또한 정말 위법적인 일을 당해서 처벌해야 할 정도였다면 내담자는 상담사를 찾아오는 것이 아니라 경찰서나 처벌할 수 있는 곳에 신고했을 것이다. 상담사가 대신 신고해 주기를 내담자가 바라거나 신체적으로 위험한 상황에서는 직접 신고해 줄 수도 있지만, 내담자가 원하지 않을 때는 내담자에게 스스로 해결할 힘을 주는 것이 더 적절한 상담사의 태도로 볼 수 있다. 경계를 침범당했던 트라우마 내담자는 경계를 지키고 주도권을 갖는 것이 중요하다. 이를 통해 침범당했던 경험을 반복하지 않을 수 있고 경계를 지키는 환경 속에서 자기가 경험했던 상황에서 느꼈던 감정과 떠올랐던 생각들을 수용받는 경험이 가장 중요하다. 그래야만 자기의 감정과 생각에 대해 인정받을 수 있고, 더 깊은 정서와 생각에 접촉할 수 있으며, 이를 통해 자기의 내면에서 올라오는 진정한 욕구를 파악하여 자기의 삶을 살 수 있게 된다.

이러한 과정을 통해서 결국 트라우마의 증상은 옅어지거나 사라질 수 있으며, 트라우마 경험은 재해석되어 내담자의 삶에 통합된다. 만약 내담자가 트라우마 치유에서 더 나아가 성장을 향해 나아갈 수 있다면, 트라우마를 경험했던 일들이나 현실에서 이루어지는 경험을 상담에서 이야기하면서 성찰 능력을 키우고, 트라우마 이후의 새로운 정체성을 형성시키면서 성장, 성숙을 향해 갈 수 있다.

자기애적 성격장애 내담자와의 전이와 역전이

자기애적 성격장애인 내담자에게서 주로 느껴지는 전이와 역전이는 내담자의 과대자기를 위해 칭송해 줘야 할 것 같은 강렬한 느낌이다. 내담자는 명시적으로나 암묵적으로 자기가 위대하고 훌륭하다는 점을 상담사에게 주입할 수 있다. 자기애적인 성격 구조를 가진 내담자는 상담사가 보기에 외모가 어떤지 평가해 주길 바라기도 하고, 회사에서의 자기의 능력과 실적을 이야기하면서 칭찬하고 인정해 주기를 바라기도 한다. 이러한 요구는 명시적으로 할 수도 있고, 암묵적으로 상담사에게 느껴질 때도 있다. 상담사가 이러한 요구를 받아들여 칭찬해 주어도 내담자는 만족하지 못하고 다음과 같이 더 구체적으로 요구할 때도 있다. 그냥 잘한다는 정도의 칭찬은 내담자의 욕구에 충분한 만족을 줄 수 없을 때가 많다. 다음은 내담자가 이런 상황에서 주로 하는 두 가지 종류의 표현이다.

> 내담자: 선생님이 칭찬해 주실 때, 그냥 칭찬해 주면 제가 칭찬해 달라고 해서 억지로 말하는 것 같이 느껴져요. 제가 구체적으로 어떤 부분에서 잘하고 있는지 말해 주셔야 진짜 칭찬을 받는 것 같다는 느낌이 들 것 같아요.
>
> 내담자: 선생님이 그냥 잘한다고 표현하는 것은 칭찬하는 시늉만 하는 것 같아요. 정말 대단히 잘했다고 하거나 다른 사람과 비교도 안 될 만큼 정말 훌륭하다고 해 주셔야 진짜 칭찬해 주는 것 같아요.

상담 중에 내담자에게서 이런 말을 들으면 상담사는 순간 당황할 수 있다. 또한 상담 회기 내내 내담자의 이야기를 하나도 빠짐없이 잘 들어서 아주 구체적으로 언급하며 반영해 줘야 할 것 같은 굉장히 부담스러운 역전이 감정을 느낄 수 있다. 이러한 내담자는 생애 초기 과대 자기가 형성되는 유아기에 대상과의 관계에서 충분히 수용되는 경험을 하지 못했을 가능성에 대해 추측해 볼 수 있으며, 이러한 이해를 통해 상담사는 자기에게 느껴지는 역전이 감정을 인식하고 내담자에 대한 적절한 반응을 결정할 수 있을 것이다. 상담사는 내담자의 성격 수준에 따라 내담자가 원하는 만큼 충분한 칭찬과 인정을 해 줄 수도 있고, 좀 더 중립적인 태도를 보이는 가운데 최적의 좌절을 주면서 내담자 관점에서는 조금 늦게 혹은 양이 적게 느껴지는 정도의 칭찬과 인정을 해 줄 수도 있다.

우울증 내담자와의 전이와 역전이

내담자: 저는 앞으로 어떻게 해야 할지 모르겠어요. 학점이 좋지 않아서 취직이 어려울 것 같은데, 졸업을 연기해서 학교에 더 다닌다고 해서 학점이 좋아질 것 같진 않아요. 대학원을 다녀 볼까도 생각하는데, 일단 졸업하려면 토익 점수를 따야 하고요. 그런데 토익 공부는 또 어떻게 해야 할지 모르겠어요. 엄청 무기력해서 아침에 눈 뜨는 게 너무 힘들고, 책상에 앉아서 책을 펼쳐도 전혀 눈에 들어오지도 않아요. 앞으로가 너무 걱정이고 입맛도 없고 잠도 잘 오지 않아요.

이 사례는 깊은 우울증을 겪고 있는 내담자가 한 말이다. 상담사는 내담자가 회기마다 반복해서 하는 이 말을 듣고 함께 무기력해질 수 있다. 상담사는 지난 몇 달 동안 내담자가 자기에게 와서 같은 내용의 말을 반복하고 무기력한 감정을 전이해서 그동안 굉장히 힘든 시간을 보내고 있었다. 반면, 내담자는 성인이 된 후 오랫동안 지속된 깊은 우울증으로 인해 상담사의 어떤 노력이나 개입도 무기력하게 만들고 있었다. 내담자는 자기의 의지로 어찌할 수 없는 상황에 있는 상태인데, 비교적 건강한 기능을 하는 상담사는 내담자의 무기력함에 공감할 수 없어서 상담사가 생각하기에 내담자에게 도움이 될 것 같은 이런저런 조언을 하면서 인지행동적 접근을 하게 되기도 한다.

예를 들어, 아침에 일찍 일어날 수 없는 생활 습관이 있는지를 탐색하고 잘못된 생활양식을 고치려 할 수도 있다. 또는 하루의 일정 계획표를 세우게 한 후 그 계획표에 따라 움직이게 하려면 어떻게 해야 좋을지 내담자와 의논하고 싶은 마음이 들기도 한다. 하지만 이러한 상담사의 적극적 개입은 내담자에게서 전달된 전이 감정으로 인한 반응인데, 이는 오히려 내담자가 세운 목표와 계획을 지킬 수 없다는 좌절감을 더 심하게 느끼게 만들어 더 무기력감으로 몰아갈 수 있다. 이때 상담사는 자기의 치료적 개입이 잘못된 개입이었다는 점을 느끼게 되어서 내담자와 함께 깊은 무기력감에 빠져들 수 있다.

이럴 때 상담사는 내담자가 자기에게 투사해서 전염시킨 무기력감을 함께 느끼면서 내담자와 함께 머무는 것을 통해 내담자가 자기의 힘든 감정을 상담사와 함께 느끼며 견디고 있는 관계 경험을 인식하게 하는 것이 치료적일 수 있다. 깊은 우울증에 있는 내담자는 주로 내담자의 예민한 감정을 공감하지 못하는 억압적인 환경에서 양육이 되었거나 트라우마 경험이 있는 경우가 많다. 이러한 내담자에게는 자기의 깊은 우울감과 무기력감의 고통에 상담사가 공감해 주는 경험 자체가 중요하다. 이런 경험을 통해 내담자는 자기의 내면의 힘이 점차 세지면서 우울감과 무기력감을 견디고 극복할 수 있는 힘을 가지게 된다.

전이와 역전이 사례

상담실에 온 40대 여성 내담자가 있었다. 이 여성은 집안에 교사가 많은 보수적인 환경에서 자랐다. 그녀의 첫인상은 선하고 좋은 사람으로 보였다. 그녀는 자기의 부모가 자기가 하는 행동에 대해 이렇게 하라, 저렇게 하라는 간섭을 많이 하고 충고를 너무 많이 해서 답답하고 이제는 미칠 것처럼 힘들다고 말했다. 이 여성은 아직 결혼하지 않앉고 결혼하고 싶지 않은데 집안에서 빨리 결혼해야지 애를 낳을 수 있을 것이라며 빨리 결혼하라는 압박 속에서 살고 있었다. 그녀는 자기의 인생을 바꾸기 위해 답답한 집을 벗어나려고 결정하는 중요한 갈림길에 서 있었다. 결정하려고 하는 내용은 외국에 가서 새로운 공부를 하고 자리를 잡는 것이었다. 하지만 지금까지 부모와 함께 살아온 그녀로서는 새로운 세계로 첫발을 내딛는 결단을 내리기가 너무 어려웠고, 그 때문에 상담사에게 도움을 받기 위해서 왔다.

그녀는 어린 시절부터 자라온 자기의 이야기를 하며 자기는 집에서 떠나야만 한다는 점을 회기마다 반복적으로 이야기했다. 집안에는 교사들이 너무 많아서 친척 아저씨들이 오면 사람은 이래야 한다, 저래야 한다는 등 충고를 많이 하고, 부모님과의 관계에서도 계속해서 이렇게 행동하라, 저렇게 행동하라는 말을 40세가 다 되도록 듣고 살고 있다고 했다. 그러면서 자신이 외국에 가면 어떤 공부를 해야 할지, 어느 나라를 가야할지, 아니면 어떻게 살아야 할지 끊임없이 상담사에게 질문했다. 공교롭게도 상담사도 교사 출신으로 자신도 이렇게 해야만 한다고 스스로 강요하는 강한 초자아로 인해 고통을 당해 상담을 받다가 상담사가 된 사람이었다.

내담자가 상담하는 과정 중에 다양한 질문을 하자 상담사는 이렇게 하는 게 좋을 것 같다, 저렇게 하는 게 좋을 것 같다고 말해 주는 등 여러 가지로 조언을 해 주게 되었다. 몇 회기 후에 상담사는 자기가 너무 많은 조언을 했다고 인식하게 되었고, 이는 주변 인물들이 충고와 조언을 많이 해 주는 환경에서 자란 내담자가 상담사에게 전이를 일으켜서 생겨난 상담사의 역전이 경험이었다. 상담사가 이를 인식하고 나서 다음 회기에 내담자가 이야기를 시작했는데, 상담사에게 화를 내면서 당신은 나에게 이래라저래라 계속 말하는데 마치 선생님 같다고 하면서, 혹시 자기가 교사 자녀인 것처럼 상담사 부모가 교사이거나 상담사가 교사여서 그런 거냐고 따져 물었다.

상담사는 깜짝 놀랐고, 거짓말을 할 수 없기에 자신은 교사 출신으로 일을 그만두고 상담사를 하게 되었다고 솔직하게 말했다. 내담자는 그 말을 듣고 감정이 누그러졌고, 자기가 자꾸 무엇인가를 물어서 상담사가 직접 조언해 줄 수밖에 없었을 것으로 어느 정도 이해하게 되었다. 이때 상담사가 자기가 했던 행동에 대해 인식하지 못하고, 방어하는 태도로 아니라고 부정하며 솔직하지 않았다면, 내담자의 분노가 가라앉기 힘들었을 것이고, 상담은 중단되었을지도 모른다. 하지만 상담사가 내담자의 전이를 인식할 수 있었고, 솔직한 태도로 임했기에 내담자가 상담사를 이해하고, 자신의 행동과 태도에 대한 이해의 시간을 가질 수 있었다.

이 여성이 불러일으킨 또 다른 전이가 있다. 그녀는 고학력자인 똑똑한 여성으로 지적 호기심이 많았는데, 세상 돌아가는 일에 대해 자기의 생각을 주장하기도 하고, 여러 가지 전문적인 지식을 상담에서 이야기하는 것을 좋아하기도 했다. 내담자가 상담사에게 불러일으킨 역전이는 상담사 자신도 많이 알고 있다는 것을 표현하고 싶은 경쟁심을 유발했는데, 이를 인지한 상담사는 최대한 자제하면서 내담자의 이야기를 경청했다. 하지만 이전의 사건과 유사하게 내담자는 또다시 자기의 의견에 대한 상담사의 의견을 물었다. 상담사는 내담자가 물었기 때문에 그동안 참았던 이야기를 길게 했다. 한참을 가만히 듣고 있던 내담자는 갑자기 짜증스럽게 충고를 하는 자신의 엄마, 아빠 이야기를 하면서, 요새 그런 부모님과 관련된 재미있는 노래가 있다며 사이(Sai)라는 가수의 〈엄마말〉이라는 노래를 불러 주겠다면서 갑자기 노래를 시작했다.

내가 엄마 말 잘 들어야 엄마 오래 살아?
그럼 엄마는 오래 살아도, 나는 오래 못 살아.
엄마 말 잘 들으려면, 엄마가 시키는 대로 다 해야 되는데
그럼 나는 오래 못 살아.

공부하라면 공부해야 하지
밥 먹으라면 밥 먹어야 하지
하지 말라면 안 해야 되는데
나는 오래 못 살아.

내담자는 노래를 다 마치고 "선생님, 너무 재미있죠?"라고 말했지만, 상담실에는 고요한 정적만 흘렀다. 내담자는 의식적으로는 자기의 부모님에 대해 이야기했지만, 사실은 지금-여기에서의 상담사에 관한 이야기였다. 좀 전에 상담사가 자기의 의견을

너무 길게 말한 것이 내담자의 마음에 부정적 전이를 일으켰지만, 내담자는 이를 전치하여 부모 이야기를 하면서 사실은 상담사에 대해 '말 좀 그만하라'고 말한 것이었다. 이를 느낀 상담사는 한동안 침묵을 지켰다.

이 내담자가 다른 사람들에게 불러일으키는 전이에 대해 분석해 보면, 다른 사람들의 말을 잘 들을 것 같은 선한 모습을 하고 상담사에게 질문을 많이 해서, 상담사가 조언을 해 주고 말을 하게 되는 역전이를 불러일으켰다. 또한 똑똑한 내담자에 관한 부러움과 내담자와 지적으로 대결하고 싶은 경쟁심을 불러일으키는 역전이도 유발되었다. 실제로 내담자는 어린 시절부터 남들을 이기고 싶어서 공부를 열심히 했다고 하는데, 이러한 전이가 무의식적으로 작용해서 상담사에게 역전이로 작용했을 수 있다. 아마도 내담자는 일상에서도 비슷한 경험을 많이 할 것이다. 주변에 내담자에게 질투심을 느끼는 사람도 많을 것이고 이런저런 말을 해 주는 사람도 많을 것이다. 상담사는 내담자의 일상을 볼 수는 없지만 지금-여기에서 이러한 사실들을 경험하며 내담자에 대한 이해가 깊어지게 되었다.

이 내담자는 상담사와 라포가 빨리 형성되어, 전이와 역전이가 비교적 빨리 일어났다. 이는 내담자가 상담사를 이용할 수 있도록 상담사가 자기를 자연스럽게 내어 주는 것으로 가능했다. 내담자가 불러일으키는 전이에 대해 상담사가 무의식적으로 방어하며 행동하는 경우 내담자의 전이-역전이 상호작용은 잘 일어나지 않을 것이다. 상담사는 전이-역전이를 인식한 후 이에 대한 적절한 해석을 하고 나서 개입해야만 한다. 이 사례에서 이후의 개입은 상담사가 최대한 자기의 의견을 자제하고, 내담자가 스스로 생각하고 결정할 수 있도록 질문을 던지는 것이었다. 이 내담자가 상담사에게 의견을 물어보는 질문을 하면, 그 질문을 다시 되돌려 반영하여 독립적인 생각을 키워 나갈 수 있도록 상담을 진행하였고, 점점 그 내담자는 부모와의 관계에서도 자유롭게 되었으며, 자기의 주장을 당당히 할 수 있었다.

역전이는 한 종류만 생기는 것이 아니라, 장기간에 걸쳐 다양한 전이와 역전이의 양상이 나타나기도 한다. 대상관계 상담에서는 지금-여기에서 이러한 전이 감정과 역전이 감정을 잘 인식하여 전이를 해석한 후 내담자에게 개입하고, 내담자의 내적 대상을 수정하여 대상관계 문제를 풀어내는 것이 중요하다.

전이와 관련된 반복 강박 뇌 연구

사람의 뇌가 처음에는 완성되지 않은 채로 태어난다는 것은 모두가 익히 알고 있을 것이다. 유아는 성장하면서 뇌가 점차 발달하는데, 이는 타인과의 상호작용을 통해 더욱 활발히 자극된다. 초기 유아는 전두엽 발달이 덜 되어 인지 기능이 부족한 상태로 외현적 기억을 형성하는 뇌 구조가 생후 2년까지 기능하지 못하게 된다. 초기에는 장기기억과 관련된 전두피질 형성이 덜 되어 있어서 생애 초기 경험은 기억 속에 자리 잡지 못하고, 정서적인 느낌으로만 남게 되거나 무의식에 자리 잡게 된다(Kolb & Whishaw, 2015/2018, p. 448; Solms, 2004, p. 85).

생애 초기의 경험을 기억하기 힘든 것은 뇌의 기억 체계가 함께 발달하는 것이 아니라 시간의 차이를 두고 성숙하기 때문이다. 또한 연구자들은 다른 이유를 제시하기도 했는데, 유아가 성장하면서 새로운 기억을 해야 하므로 기존의 기억을 적극적으로 삭제하기 때문이라고 했다. 어린 시기의 뇌에서는 기억에 관여하는 해마에서 계속해서 뉴런이 생성되는 것이 관찰되었다(Kolb & Whishaw, 2015/2018, p. 444). 이러한 사실을 통해 프로이트가 유아 기억상실증이라고 불렀던 것을 설명할 수 있다.

프로이트는 무의식에 억압된 기억이 반복적으로 나타나는 것을 반복 강박(repetition compulsion)이라고 했다. 프로이트는 『쾌감원칙을 넘어서(Beyond the Pleasure Principle)』에서 처음으로 반복 강박을 이야기했는데, 이는 죽음 본능의 표현이다. 내담자는 자기가 가지고 있는 본능 충동이 불쾌하기에 무의식에 억압하여 기억할 수 없게 된다. 내담자가 기억할 수 없기에 억압된 자료를 행동화를 통해 반복한다. 여기에서의 강박은 우리가 평상시 많이 사용하는 강박증이 아니라, 충동으로 인해서 반복하는 일을 말한다. 프로이트는 무의식의 기억을 재경험하도록 해야 치료가 된다고 생각했다(Freud, 1920/2017, pp. 234-235). 이렇게 억압된 기억을 다시 경험해야 한다는 프로이트의 접근이 확대된 것이 전이-역전이 분석 기법이라 할 수 있다.

이러한 억압은 뇌 신경생리학적으로도 증명되었다. 노벨상을 받은 캘리포니아 공과대학교의 스페리(Roger W. Sperry)는 1960년대부터 1970년대 사이에 뇌의 양쪽 좌·우반구가 연결되지 않은 분리 뇌(split-brain) 환자들을 연구했다. 이러한 환자들은 질병 인식 불능증이 있었는데, 이들은 무의식적으로 동기부여된 행동들에 대해 그럴듯하지만 꾸며진 설명을 하면서 달갑지 않은 사실을 끊임없이 합리화했다. 라마찬드라(Vilayanur Ramachandra) 또한 우뇌 두정엽 영역에 손상이 생긴 사람들을 연구했는데, 그들은 자기의 신체적 결함을 인식하지 못했다. 이들의 우반구를 인공적으로 자극하자 내담자가 자기의 신체에서 문제가 있는 부위를 느끼면서 그 원인에 대한 인식이 가능했다. 이러한 실험 결과들을 통해 라마찬드라는 프로이트의 억압 기제가 설명된다고 했고, 일반인들에게서도 충분히 나타날 수 있는 현상이라고 강조했다(Solms, 2004, p. 86).

억압으로 인한 반복 강박 또한 뇌 신경생리학으로 설명이 된다. 쇼어(Allan Schore)에 의하면, 편도체는 태어나면서부터 활성화된다. 편도체는 정서기억과 관련되는데, 초기에 편도체가 자극되면 암묵적 정서로 남는다. 뇌의 대상은 3~9개월에 활성화되는데, 대상의 구조인 대상피질은 정서적 조절, 감각, 행동 사이의 접속에 중요한 역할을 한다. 감각 정보를 받고 정서와 보상에 관련된 의사결정에 작용하는 안와전두피질은 10~12개월에 활성화된다. 또한 안와피질은 생후 2년 중기에 성숙하게 되는데, 이때 유아는 70개 이하의 단어를 말할 수 있게 된다. 따라서 이때까지의 핵심 자기는 비언어적인 상태에서 무의식의 상태로 암묵적 기억에 자리 잡게 되어서 정서적 패턴을 형성한다(Shore, 2001, p. 37). 즉, 편도체가 암묵적 기억에 가장 우선적으로 관련됨을 알 수 있다. 유아기 초기 시절은 뇌 발달에 중요한 시기이다. 이 시기의 문제는 조그마한 자극에도 큰 변화를 일으킬 수 있다는 것이다. 내담자를 만났을 때 내담자가 이유를 알 수 없는 어떠한 행동을 반복하면서도 이에 대한 인식이 없는 경우에는 초기의 문제로 인해 뇌 활성에 문제가 생겨서 나타날 수 있는 증상임을 생각해 볼 수 있다.

뇌 활성에 문제가 생겨서 유발될 수 있는 변화에 대한 저항이 나타나는 반복 강박은 뇌간, 편도체, 우측 안와전두피질을 연결하는 신경 회로가 만성적·자동적으로 촉발하기 때문이며, 이로 인해 도파민, 노르아드레날린, 옥시토신의 시냅스가 전달되는 것과 관련된다. 원래 안와전두피질-편도체 회로에서는 앞서 살펴본 대로 안와전두피질에서 감각 정보를 받고 정서기억을 통해 최적의 의사결정이 이루어지게 한다. 정상적인 상황에서는 최적의 결정을 하는 선택을 하지만, 외상으로 인해 안와전두피질과 편도체 회로가 정상적으로 발달하지 못하면 이득이 있는 선택을 할 수 없게 되고, 부정적인 결과를 반복하는 반복적인 충동 행동을 하게 한다.

이는 잠깐 무의식적으로 노출된 시각적 자극으로 인해 사람의 선호도에 영향을 미치게 되어서 마케팅에 활용하는 것을 통해 알 수 있다. 즉, 무의식적으로 노출된 자극으로 인해 암묵적 기억이 형성되고 이러한 암묵적 기억의 인출을 위해 우측 전전두 영역이 활성화된다. 결국 인간은 미미한 자극에도 영향을 받게 되고 선택에 영향을 미치게 되는데, 뇌가 정상적으로 작동하는 때는 전전두엽 부위가 정상적으로 작동하여 인지적 판단으로 최적의 결정을 하게 되지만, 외상 환자의 경우 어떠한 특정 자극에 전전두엽 부위가 정상적으로 작동하지 못하게 되어서 인지적 판단이 불가능하고 충동적인 행동을 하게 되는 것이다.

이렇듯 반복적인 충동 행동의 촉발은 편도체와 연결된 자율신경계의 역할로 인한 것이다. 편도체는 옥시토신,·도파민, 아드레날린의 분비를 통해 시상하부의 자율신경계와 연결되어 두려운 사건이 생겼을 때 투쟁-도피(fight or flight)하는 생존 회로의 역할을 한다. 초기 양육과정에서 부적절한 경험을 하게 되면 편도체의 발달에 문제가 생길 수 있다. 유아의 편도체 손상은 사회적 유대감과 정서 형성에 영향을 주게 되어 위험한 신호를 놓치게 만든다. 유아가 외상을 입었을 때 과각성 작용과 해리가 일어나게 되는데, 이는 투쟁-도피 신경생물학적 반응으로 인한 것이다. 스트레스 사건은 아드레날린이 분비되게 함으로써 불쏘시개가 되어 반응을 불러일으킨다. 정상적일 때는 유아 시절에 부모와의 애착관계를 통해 노르아드레날린의 생성을 조절할 수 있다. 노르아드레날린은 생리활성을 조절하는 기능과 관련되어 작용하는데, 유아 시절의 외상으로 인해 노르아드레날린을 조절하는 회로의 과각성이 일어나게 되고, 과도한 불안, 무망감, 패배감과 우울감이 유발되며, 이는 반복 강박에서의 악성 기억과도 관련된다.

한편, 애착관계에서 생성되는 도파민이나 옥시토신은 행복감을 주는 물질로 급격히 좋은 감정을 만들어 내는 반복 강박을 유발한다. 이는 초기 유아 시절 엄마와의 행복한 상호작용 중에 도파민과 옥시토신이 분비되었던 경험으로부터 시작되는 것이다. 옥시토신은 행복 호르몬인 세로토닌 분비를 자극한다. 하지만 심한 외상을 경험하는 경우 편도체의 과민 반응으로 인해 옥시토신 분비에 문제가 생기고, 이에 따라 행복 호르몬인 세로토닌 분비에 문제가 생길 수 있는데, 이런 경우에 걱정과 불안의 감정이 많아지

는 것이다. 내담자들이 보통 외상을 경험하고 나서 상담에 온다고 가정해 본다면, 세로
토닌 분비에 문제가 생길 가능성이 커서 불안감이 높거나 걱정이 많을 수 있고, 이러한
감정이 상담사에게 전이될 것이다. 이러한 불안하고 걱정이 많은 부정적인 감정을 상
담사가 잘 담아내고 표현할 수 있도록 도움을 주는 상담과정이 필요하다. 이러한 경험
속에서 내담자의 뇌 신경생리 작용이 정상화될 수 있다.

유아가 엄마와 경험하는 행복한 상호작용은 긍정적 전이 감정을 불러일으켜서 좋은
대상관계를 할 수 있게 하는 하나의 초석이라 할 수 있다. 하지만 내담자는 대상과 행
복한 상호작용을 하지 못해 상담실에 방문하게 된다. 이러한 내담자에게 상담사가 해
줄 수 있는 것은 긍정적인 상호작용을 통해 뉴런의 변화를 촉발하는 것이다. 이는 언어
적일 수도 있고, 비언어적일 수도 있다. 인간관계에서 뉴런이 촉발되는 것과 관련된 기
제를 불쏘시개라고 한다. 불쏘시개의 의미는 작은 불이 붙으면 더 크게 타오르게 되는
것을 말하는데, 작은 흥분이 결국 큰 흥분으로 촉발될 때를 설명하는 말이다. 이러한
불쏘시개는 신경 회로를 변형시키기도 하는데, 상담에서의 관계 형성을 통해 성장을
향한 변화의 불쏘시개 역할을 할 수 있음을 시사한다.

제12장

대상관계 상담의 다양한 어려움

지금까지 제10장과 제11장에서 대상관계 상담의 주요 원리, 기법, 그리고 대상관계 상담의 내담자와 상담사 관계에서 경험할 수 있는 전이와 역전이 감정에 관해서 알아보았다. 이 책의 마지막 장인 제12장에서는 이러한 대상관계 상담의 원리와 기법을 적용해서 내담자를 상담할 때 상담사가 인식하고 느낄 수 있는 다양한 어려움과 내담자가 회복에 저항하게 되는 여러 가지 이유에 대해 조금 더 추가하여 논의하려고 한다. 이 장에서는 상실과 애도, 좌절의 의미, 공격성과 시기심 같은 강렬한 정서 역동, 조증 방어 등이 어떻게 대상관계 상담을 어렵게 하고 힘들게 하는지 논의하고, 이 책을 마치는 마지막 부분에서는 깊은 공감의 어려움과 그 원인을 뇌 신경생리학적 관점의 이해와 사례들을 통해 설명할 것이다.

상실과 애도

인간은 좌절을 경험한 후 좌절로 인해 생겨난 상실을 잘 수용하면 애도를 할 수 있고 그 결과 성장이 일어나게 된다. 상담사와 내담자가 함께 상담에서 작업하는 것은 결국 내담자가 상실한 것에 대한 애도 작업이라 할 수 있다. 예를 들어, MZ세대인 20~30대 성인 중에서 취업에 계속해서 실패하는 사람이 자기의 능력이나 준비가 부족하다고 인식하고 성찰하는 경우 이들은 성숙한 사람들이다. 이들은 반복되는 좌절로 인한 자존감의 상실을 수용하는 사람들로서, 내면에서 애도 작업이 일어난다고 볼 수 있다. 반면, 젊은 층이 취업을 못 하거나 퇴사하는 이유를 자본주의 사회의 구조적 문제로 생각하거나 기성세대의 고리타분한 사고방식 때문에 적응하기 힘들어서라고 원인을 돌리는 사람은 좌절로 인한 자존감의 상실을 인식하거나 수용하지 못하는 사람으로서 애도 작업이 일어나지 않는 사람이다.

상실되어서 생긴 고통보다는 애도 작업이 일어나야 내담자의 내면에 진정한 변화가 일어날 수 있기에 애도는 중요한 주제인데, 실제 상담에서 내담자를 만나면 애도가 이루어지기 매우 어렵다는 것을 느끼게 된다. 상실한 것에 대한 애도가 어려운 이유에는 다양한 원인이 있는데, 상실했다는 사실을 받아들이기 어렵다는 점과 상실로 인해 생겨나는 강렬하고 부정적인 정서를 느끼는 데에 대한 두려움 때문이다. 상실은 인간의 삶의 일부임에도 각박하게 살아가는 세상 속에서 상담사를 포함한 다수의 사람이 자기가 무엇을 상실하는지 잘 인식하지 못한 채 살아가게 된다.

그렇다면 무엇이 상실일까? 아기는 태어나자마자 엄마 배 속의 완벽한 공간인 자궁을 상실한다. 태어난 후 엄마와 융합된 상태에서 공생하며 양육되다가 부화, 연습, 재접근의 분리-개별화 과정을 거치면서 자기에게 너무나도 따뜻하고 좋았던 엄마의 돌봄을 상실한다. 좀 더 커서 학교에 다니게 되면, 해마다 학교 선생님과 친했던 친구들과 헤어지고, 먼 도시에 있는 대학교에 진학하면서 부모님 품을 떠나서 지내게 되는 등 삶은 아픈 상실 경험의 연속이다. 사랑하는 사람과 결혼을 하고 시간이 흐르면서 열정적인 사랑은 사그라지고 친밀감으로 변하거나, 더는 사랑을 느끼지 못해 이혼을 경험하는 것 또한 고통스러운 상실 경험이다.

이렇듯 상실 경험은 유아가 성장해 부모와 분리되는 경험이나 인간의 만남과 헤어짐을 통해 또는 다양한 삶의 경험을 통해 일어나게 된다. 어쩌면 이러한 경험들은 인간이 태어나고 죽음을 맞닥뜨리는 순간까지 겪으면서 그러한 죽음을 받아들일 수 있는 숙달 경험일지도 모른다. 하지만 어린 시절에 상실의 과정을 건강하게 경험하지 못했던 사람은 자기가 경험한 고통스러운 상실을 애도하는 것이 힘들어진다. 또한 부정적 감정을 느끼는 것이 감당하지 못할 정도가 아니라는 것을 엄마와 경험하지 못했던 사람은 부정적 감정인 슬픔을 견디지 못하며, 상실로 인한 슬픔을 받아들이지 못하여 결국 애도의 과정을 경험할 수 없다.

상실했다는 사실을 받아들이기 어려운 상태는 내담자가 보이는 다양한 병리 증상과도 관련된다. 내담자는 완벽하기를 원하고 추구하지만 실제로는 완벽하지 않게 느껴지는 자기의 삶을 받아들이기 어렵다. 인간은 모두 부족한 존재라는 사실을 받아들이기 어려워서 자기애적 성격장애인 사람들은 과대 자기를 가지고 자기를 이상화하거나 상담사를 이상화하고, 경계선 성격장애인 사람들은 상담사에 대한 이상화와 평가 절하를 오가며, 강박증이 있는 사람들은 완벽을 위해 극도로 노력한다. 이런 현상들은 모두 인간이 불완전한 존재라는 사실을 받아들이기 어렵기 때문이다.

상실을 받아들이기 어려운 또 다른 이유는 정서를 느끼는 데에 대한 두려움으로 인해 깊은 정서적 접촉이 어렵기 때문이다. 어린 시절 양육과정에서 부모님이 유아의 감정을 수용해 주지 않으면, 유아는 자신의 감정을 느끼는 일이 부적절하다고 여기게 된다. 이런 경우 유아는 불안함, 슬픔, 화남과 같은 감정을 느끼고 표현하는 것이 수치스럽거나 감정에 압도될까 두려움을 느끼게 되어 가능한 한 감정을 부정하고 억압한다. 유아기에 부모로부터 감정이 다루어지지 않아서 표현하지 못하고 억압하는 일이 습관이 되면 부정적 감정뿐만 아니라 긍정적 감정까지도 느끼기 어렵게 되어서 성인이 되어서도 전반적인 자기의 감정을 잘 느끼지 못하는 상태가 될 수도 있다.

인간은 자기의 감정을 잘 느끼고 다루어서 어떠한 사건을 처리할 수 있어야 성장할 수 있는데, 감정이 잘 다루어지지 않으면 그 감정에 머무르게 되어서 **반복 강박**(repetition compulsion)이 나타나게 된다. 즉, 감정이 잘 다루어지지 않으면 경험한 사건을 과거의 것으로 떠나보내는 애도가 이루어지지 못한 채 다양한 상황과 시점에서 그 경험을 무의식적으로 반복하는 반복 강박이 생기는 것이다. 반복 강박은 프로이트의 개념으로 내담자들이 자기 삶의 어떤 사건들을 계속해서 유사하게 반복하는 것을 설명하는 개념이었다. 의식할 수 없는 내면의 충동으로 인해 자기의 행동이 괴롭고 고통스러움에도 자기가 무엇을 반복하는지 의식하지도 못하면서 무의식적·강박적으로 반복하는 경험이다. 반복 강박은 양육자와의 관계에서 경험했던 반복적인 패턴으로 인해 생겨나기도 하고, 트라우마 경험이 제대로 처리되지 않으면 처리되지 않은 경험을 재경험하면서 숙달하게 되는데, 이 또한 반복 강박 형태로 나타날 수 있다. 이러한 반복적인 패턴으로 인해 개인은 계속해서 유사한 문제를 일으키게 되므로 상담에서 내담자의 이런 패턴이 어떠한 경험으로 인해 생겨났는지 다루어야 할 중요한 문제이다.

프로이트는 애도(mourning)와 멜랑콜리(melancholia)를 비교하면서 애도과정 중에 공허해지는 것은 세상이지만, 멜랑콜리에서는 자아 자체라고 설명했다. 멜랑콜리는 비난의 화살이 자아로 향해서 병리적 우울증이 나타나는 것을 의미하는데 그 이유는 상실한 대상이 무엇인지 모르기 때문이다. 즉, 상실한 사실이 의식에 통합되지 않았음을 의미한다. 프로이트는 의식에 통합할 수 있는 정서적·인지적 능력이 있어야만 애도가 이루어질 수 있음을 이미 알았던 것 같다. 단순히 신체적으로 성장하고, 나이가 들기만 한다고 해서 애도 경험이 가능한 것은 아니다. 대상을 상실했다는 사실을 부정하고 분열시켜 버리거나 슬프지 않고 괜찮다고 하면서 감정을 부인하면 애도과정이 시작될 수 없다.

프로이트에 이어서 클라인은 애도와 조울 상태의 관계에 관한 논의에서, 엄마의 사랑이 충분하면 유아는 환상 속의 나쁜 내적 대상으로 인한 편집적인 박해 불안으로부터 환상 속의 좋은 내적 대상이 회복되는 애도 반응이 나타나며, 이는 편집-분열적 양태에서 벗어나 우울적 양태에 도달할 수 있다는 것을 의미한다. 반면에 엄마의 사랑이 부족하면 유아는 자기가 가지고 있는 나쁜 내적 대상을 투사한 후 이를 통제하려고 다시 내사하는 편집증적 순환이 이루어져 박해 불안을 느끼는 편집적 방어가 나타난다. 유아는 자기 내면에서 대상을 손상했다는 죄책감이 생기게 되는데, 이러한 상실의 고통을 피하기 위한 방어로서 조중 방어가 나타나는 우울적 양태의 방어를 보일 수 있다. 좀 더 심한 상태는 편집-분열적 양태에 고착되어 박해 불안에 시달려 누군가 자신을 죽일지 모른다는 망상이 나타나 편집증이 나타날 수도 있고, 해체되거나 멸절될 것 같은 불안과 파편화될 것 같은 공포가 나타날 수도 있다(Segal, 1964/1999, pp. 90-93).

클라인에 따르면, 편집-분열적 양태에서 벗어나 우울적 양태에 도달하는 것이 애도가 이루어지는 가장 중요한 부분이다. 편집-분열적 양태는 초기 자아의 형태로 파편화되고 해체될 것 같은 멸절 불안을 느끼는 깊은 공포의 상태이다. 이러한 상태에서 불안을 투사하면 환상 속에서 자기를 공격하는 가학적인 대상이 남는다. 이때 유아의 외부는 좋은 대상으로 남아 있어야만 공격에서 살아남을 수 있기에 유아가 대상을 이상화하는 현상이 일어나기도 한다. 또는 좋은 대상과 나쁜 대상을 분열시키고, 자기 안의 나쁜 것을 투사하는 방어 기제가 나타나게 된다. 이때 클라인이 강조했던 투사적 동일시도 나타나는데, 이는 대상에게 투사한 후 대상을 자신의 마음대로 움직이려고 통제하는 기제이다(Segal, 1964/1999, p. 131).

이렇게 편집-분열적 양태에 머물러 있다가 우울적 양태로 가게 되는데, 우울적 양태에 머물기는 어렵고, 우울적 양태에 도달했다가 다시 편집-분열적 양태를 오고 가는 진자 운동을 하는 경우가 많다. 우울적 양태에 도달하려면, 자기가 편집-분열적 양태에서 엄마와 같은 좋은 내적 대상을 공격했다는 것을 인정하는 것이 필요하다. 공격에 대한 인정은 자기 안에 진정한 죄책감을 유발하게 되고, 대상에 대해 진정한 사랑을 할 수 있게 한다. 하지만 이러한 인정은 슬픈 후회의 아픔을 포함하는 창자를 찢는 것과 같은 통렬한 고통이 느껴지기에 스스로 인정하는 것은 매우 힘든 일이다. 엄마의 좋은 돌봄과 같은 사랑이 존재할 때 이러한 고통을 극복하게 되며 자기의 엄마를 향한 공격이 용서받을 수 있다는 감각이 느껴져서 그 결과 타인도 용서할 수 있게 된다. 하지만 엄마의 사랑이 충분하지 않으면 고통을 이겨 내기 힘들어서 이러한 감정을 느끼지 않기 위해 부인하고, 실제 일어나는 현실을 직면하기 힘든 상태에서 사건의 의미를 재조직하는 승리감을 느끼면서 내적 대상들을 통제하는 조증 방어가 나타난다. 우울적 양태의 고통은 죄책감을 수반하는데, 이때 개인은 자기에 대한 끊임없는 반추로 옮겨 가며 자기를 징벌하는 편집적 방어가 나타날 수 있다(Hinshelwood, 1994/2006, pp. 141-147).

앞서 언급했듯이 감정이나 정서가 처리되기 어려운 이유는 부모로부터 감정을 수용받지 못했던 이유가 크다. 또 다른 이유로는 좌절이 있는 트라우마 경험이 정서적·인지적으로 잘 처리되지 않으면 과거 트라우마의 충격에서 벗어나지 못하고 계속해서 경험하게 되는 것을 들 수 있다. 이러한 상황을 마주한 사람이 우울적 양태에서 벗어나 편집 분열적 양태로 되돌아가는 경우가 있다. 트라우마 경험은 흔히 큰 트라우마(대문자 T, Trauma)만을 생각할 수 있지만, 많은 연구에서 자존감에 상처를 입는 것과 같은 생활 사건과 관련된 작은 트라우마(소문자 t, trauma)의 누적이 큰 트라우마보다 더 영향을 미칠 수 있기에 우리가 매일 경험하는 상실들이 모두 다 트라우마라 할 수 있으며, 편집-분열적 양태로 퇴행하는 이유가 될 수 있다.

이러한 트라우마 사건들 모두 생생한 정서를 느끼고 표현하는 처리과정을 거치지 않으면 이를 처리하기 위해 재경험을 하게 된다. 재경험하는 것은 뇌의 작용과도 관련이 있다. 트라우마를 경험하는 사람은 말문이 막히게 되는데, 이는 트라우마로 인해 말하기를 담당하는 좌뇌 전두엽 피질의 브로카 영역의 활성이 감소하기 때문이다. 증상을 사라지게 하려면 트라우마 경험을 말로 전달하는 것이 중요한데, 자기가 경험한 정서, 생각, 감정 등을 시작, 중간, 끝이 있는 일관되고 체계적인 이야기로 정리함으로써 말로 표현하고 전달하여 트라우마 경험을 처리하는 과정이 꼭 필요하다. 따라서 상담과정에서 자기가 경험한 트라우마 사건을 말하게 하는 일이 치료의 과정이고, 내담자가 말로 표현할 수 있도록 상담사는 다양한 상담 기법을 사용하게 되는 것이다.

자기가 경험한 일을 말로 전달하는 데에 어려움이 있는 경우 그 원인은 다양하다. 만약 성폭력을 당했거나 전쟁과 같이 심각한 트라우마 경험의 경우에는 트라우마를 경험했다는 사실이 명백하다. 이러한 경우는 이미 설명한 것처럼 브로카 영역 활성의 문제로 언어 표현이 어렵게 되지만, 반대로 원인을 알기에 치료가 좀 더 쉬울 수도 있다. 반면, 자존감에 상처를 입는 작은 트라우마나, 정서적인 측면에서 민감도가 높아서 경험하게 되는 트라우마, 어린 시절 양육과정에서의 자기애적 상처와 같이 작은 트라우마들이 쌓여서 문제가 생기는 경우는 내담자가 인식하지 못하는 상태에서 증상을 발현시키게 되는데, 이때 무의식에 억압된 상태로 남아 반복 강박의 형태로 증상이 나타나며 그 원인을 알기 어려우므로 치료가 어려워지게 된다.

따라서 내담자가 경험했던 사건에서 미처 느끼지 못하고 지나갔던 일, 순간 느꼈으나 억압해야만 했던 일, 감정을 말로 표현하지 못했던 일들을 상담사가 내담자와 같이 탐색하고 다루어 주는 것이 치료의 과정이다. 앞 장에서 논의했던 담아내기, 공감하기, 경계 느끼기 등과 같은 대상관계 상담의 기본 원리가 내담자가 경험했던 정서, 감정, 생각들을 충분히 표현하고 다루어 주기 위한 주요한 방법이다. 또한 이러한 원리를 사용하는 과정에서 수용적인 상담사와의 관계 경험을 통해 정서를 억압하게 했던 부모와의 관계 경험으로 인해 나타나게 되었던 특정 패턴들을 변화시켜주는 것이 대상관계 상담이라 할 수 있다. 이 과정에서 내담자는 자기가 경험했던 사건들로 인해 상실한 것들을 파악하고 애도함으로써 과거를 떠나보낼 수 있게 되어, 결국 앞으로 나아가는 성숙과정을 거칠 수 있는 것이다.

상담에서 추구하는 일은 상실로 인해 발생하는 내담자의 여러 가지 고통스러운 감정을 상담사의 현존으로 함께 경험하는 과정을 통해서 애도할 수 있는 능력을 키우게 하는 것이다. 이러한 애도가 중요한 이유는 대상관계 상담에서 애도의 과정이 심리적 변형이 일어나는 데 핵심 요소이기 때문이다. 말러가 강조했던 신체적 탄생과 심리적 탄생의 성취는 유아가 엄마와 연결되고 분리되는 경험에서 유아가 처음 경험하는 애도과정이며, 양육자가 함께해 주면서 유아가 분리-개별화를 건강하게 경험하게 해 주는 것이 애도를 경험하게 해 주는 것이다. 즉, 애도는 분리-개별화를 통해 이루어지는데, 정서 발달과 인지 발달 간의 상호적 결과로 가능한 것으로 이를 발달적 애도라고 할 수 있다(Kavaler, 2004/2009, p. 12). 이런 경험으로 인해 이후 관계에서도 큰 불안이나 마음의 저항 또는 고통스러운 감정 없이 분리-개별화를 잘 이루어 나갈 수 있는 토대를 마련해 줄 수 있다.

애도를 통해 심리적 변형이 일어난다고 보는 관점에서는 상실을 경험한 후 발생하게 되는 애도는 심리 발달에 도움이 된다고 본다. 인간은 필연적으로 상실을 경험하게 되는데 이러한 상실을 긍정적으로 표현한 개념이 코헛의 최적의 좌절이다. 앞서 설명한 것처럼, 코헛은 상담사가 내담자에게 이상화된 대상으로 존재하는데, 상담사에 대한 불만족스러운 경험으로 인해서 내담자가 최적의 좌절을 경험하게 되면, 변이적 내면화의 과정을 거쳐서 상담사의 이상화된 모습을 자기에게 내면화시키게 된다고 보았다. 코헛이 최적의 좌절이라는 애매한 표현을 사용한 이유는 내담자마다 좌절을 감내하는 힘이 각기 다 다르기에 내담자마다 적절한 정도의 좌절이 필요하다는 의미이다. 즉, 최적의 좌절은 상담사가 일부러 좌절을 만들어 주는 것이 아니라 상담사가 내담자를 충분히 수용하고 지지하는 환경 속에서도 인간이라는 한계로 인해 내담자가 불가피하게 불만족과 좌절을 경험하게 한다는 의미이다. 이러한 좌절은 양육과정에서도 중요한 주제이지만, 상담에서 내담자가 상담사에게 좌절을 느끼는 경험이 중요하기에 대상관계 상담에서는 필수적인 주제라고 볼 수 있다.

좌절의 의미

상실이 결국 발달적 애도를 하게 하는 요인이어서 중요한 주제이기에 대상관계 이론가들은 각자 다른 표현을 사용해 상실의 의미를 지닌 좌절에 관한 내용을 언급했다. 페어베언은 유아가 엄마의 젖가슴을 추구하는데 그 욕망이 제대로 충족되지 않을 때 좌절을 경험한다고 보았다. 이때 유아는 좋았던 대상을 자기가 파괴했다고 느끼면서 대상을 더는 파괴하지 않고 보호하기 위해 철수하지만, 대상과 너무 가까이 있으면 유아에게 두려움이 생겨서 자기가 대상에게 함입되어 사라지지 않으려고 갈등하게 된다. 결국 유아의 발달 과제는 거절하는 기술을 터득해 자기-대상 경계를 침범당하거나 상실하지 않으면서 잘 분리되고, 그러면서도 동시에 자기가 좋아하는 대상에게 의존적 관계를 맺을 수 있는 능력이라고 보았다. 즉, 건강한 유아의 상태는 엄마에게 마음껏 의존하면서도 자기주장, 즉 거절할 수 있는 상태로 볼 수 있다.

하지만 좌절로 인해 유아는 심리적 분열이 일어나는데, 제2장에서 설명한 것처럼 엄마에게서 분리를 위한 자기의 주장이 거절당하면 대상을 흥분시키는 대상과 거절하는 대상으로 나누고 억압한다. 거절하는 대상은 내적 파괴자로 구조화되어 공격성을 나타내게 되는데 이러한 공격성은 대상을 파괴할지 모른다는 불안으로 인해 자기가 철수하는 증상을 보이게 되고 자기의 정서를 차단하고 주지화하는 모습을 보이게 된다. 이러한 측면에서 생각해 보면, 분열을 하는 유아의 경험과 비슷한 내적 상태인 분열성 환자는 거절당하는 좌절을 감당하기 힘들어 현실에 참여하지 못하고 내면의 환상 속에 갇혀 있을 수 있다. 또한 자기가 경험한 사건에 감정이 개입되지 않고, 생각으로 판단하며, 거절당하기 전에 먼저 상대를 거절하는 현상이 나타날 수도 있다.

페어베언과 유사한 좌절을 언급했던 임상가는 건트립이다. 대상으로부터 사랑하고 싶은 욕구가 거절되면 자기의 사랑이 받아들여지지 않는다는 고통스러운 감정을 경험하고 이러한 경험을 통제하려는 시도로 인해 자기를 거절하는 나쁜 대상이 자기 내면에 내재화된다고 보았다. 나쁜 대상은 유기 대상과 거절 대상으로 분열되는데, 유기 대상은 유기할 것이라 위협하므로 더 큰 고통을 주고, 거절 대상은 단순히 사랑을 거절하는 것이기에 덜 위협적이다. 왜냐하면 유기 대상을 경험하는 일은 결국 대상을 상실하는 것이고, 거절 대상을 경험하는 일은 대상의 사랑을 상실하는 것이므로, 두 불안을 비교해 보면 대상의 존재 자체를 상실하는 것이 유기 불안을 유발하여 더 큰 공포를 느끼게 된다.

건트립이 내담자의 발달 수준에 따라 분명하게 비교하여 제시하지는 않았지만, 유기 대상은 전오이디푸스기의 발달적 문제와 유사하고, 거절 대상은 오이디푸스기 발달적 문제와 관련성이 있음을 유추해 볼 수 있다. 전오이디푸스기에 해당하는 재접근기 경험과 밀접하게 연관된 경계선 성격장애인 사람들은 대상이 자기를 유기할지도 모른다는 유기 불안의 문제가 있고, 오이디푸스기의 문제인 신경증인 사람들은 오이디푸스기의 남아가 엄마를 아빠에게 빼앗겨 사랑을 거절당하고 상실하는 것으로 인해 심리적 문제가 발생하는 것이기 때문이다. 이를 통해 경계선 성격장애인 사람의 상실과 신경증 수준 내담자가 경험하는 상실의 차이점에 관해 이해할 수 있다.

위니컷은 다른 대상관계 이론가들과는 달리 발달과정에서 좌절 경험보다는 좋은 환경을 더 강조하여 설명했다. 위니컷은 촉진적 환경, 일차적 모성적 몰두, 전환기 대상과 같은 개념을 제시함으로써 성장과정 중에 유아에게 불가피하게 경험되는 좌절을 견딜 수 있는 좋은 환경을 제공해 주는 일이 발달의 핵심 요소라고 보았다. 이미 살펴본 것처럼, 위니컷은 유아가 절대적 의존 단계부터 시작해서 상대적 의존을 거쳐 독립을 향해 가는 과정을 거친다고 보았는데, 유아가 분리, 독립을 향해 나아갈 때 엄마와 접촉의 상실을 느끼게 되어 불안이 유발된다고 보았다. 따라서 이러한 불안을 안아 주는 환경 안에 담기는 경험을 해야 발달을 이룰 수 있다고 보았다. 엄마의 완벽한 양육은 유아가 전능한 세상 속에서 살아가는 것으로 경험되어 통합된 자기감을 가지게 되는데, 유아가 좌절을 경험할 때마다 전능감은 조금씩 사라지게 되고 현실감을 가지게 된다. 이때 전환기 대상이 존재해서 유아가 경험하는 좌절을 감당할 수 있는 현실이 되고, 계속해서 좌절을 감당하면서 유아는 점점 더 큰 좌절을 견딜 수 있게 된다고 보았다.

좌절이 발달에 중요함을 강조한 대표적 임상가는 코헛이다. 코헛에 의하면 유아에게 최적의 공감, 인정, 수용을 통해 전능감을 충족시키는 과정이 먼저 일어난 후, 자기를 만족시키던 대상이 끝까지 실수하지 않고 자기를 완벽하게 만족시키지는 못하고 결국은 실패하게 되어서 불가피하게 유아가 좌절을 경험하게 되면 발달이 촉진되는 것으로 보았다. 여기서 코헛이 강조한 유아의 좌절 경험은 압도적 좌절이 아니라 최적의 좌절이다. 감정에 완전히 압도되는 좌절이 아니라 가장 적절한 정도의 좌절을 경험하면 유아 혹은 내담자가 결국 엄마 혹은 상담사의 기능을 자기 안으로 받아들여서 자기 안에 그 기능을 탑재하려는 욕구가 생긴다는 것이다. 코헛이 처음에 유아가 전능감을 느끼게 만족시키지 못하면 자기 발달에 정지가 일어나고 고착되어 다양한 병리가 생긴다고 했던 것으로 볼 때, 좌절 이전에 전능감을 느끼게 해 주는 좋은 환경을 마련하는 것이 필수적임을 강조했음을 알 수 있다. 코헛이 제시한 전능감과 좌절에 관한 설명이 다른 임상가들과 차별화된 특별한 점은 좌절을 욕구를 만족하지 못함이나 대상을 상실함과 같은 측면에 초점을 둔 다른 대상관계 이론가들과는 달리 수용과 공감, 지지라는 정서적 만족에 초점을 두었다는 것이다.

다양한 대상관계 이론가가 제시한 좌절의 의미에 대해 살펴보면, 내담자의 병리가 전오이디푸스기의 문제로 인해 주요 증상이 유발되는 것인지, 오이디푸스기의 문제로 인해 주요 증상이 유발되는지의 차이에 따라 전이와 역전이 관계에서 상담사가 내담자 내면에 어떻게 존재하고 있을지에 대해 추측해 볼 수 있다. 이를 통해 대상관계 상담 기법의 기계적인 적용이 아니라, 각 내담자 개개인의 고유한 특성에 맞추어 상담사가 어떻게 해야 할지에 대해 고민해 볼 수 있다. 또한 내담자의 병리 수준에 따라 상담사가 어떤 대상으로 존재해야 할지에 대해 좀 더 깊이 있게 생각해 볼 수 있을 것이다.

애도와 좌절의 뇌 신경생리학

대상관계 상담을 통한 내담자의 치료가 어려운 점에 대한 다양한 관점의 이해를 위해 뇌 신경생리학적인 설명이 도움이 된다. 상담을 통한 변화를 간절히 원하는 내담자가 자기의 의도와는 달리 어려움을 경험하는 것은 좌절로 인해 형성된 뇌 구조 때문일 수 있다. 인간이 좌절을 경험했다는 것은 외상을 경험한 것이라 볼 수 있다. 예를 들면, 경계선 성격장애를 유발하는 학대나 애착 외상, 자기애적 성격장애에서의 자기애적 상처, 초기 유아 시절의 좌절로 인해 나타날 가능성이 있는 정신증 수준의 병리 등 다양한 병리에서 외상을 경험했을 가능성을 생각해 볼 수 있다. 외상을 경험하는 경우 회복할 능력이 있으면 정상적으로 외상을 처리할 수 있지만, 견디기 힘든 심한 외상을 경험하는 경우 뇌와 신경은 비정상적으로 작동하여 여러 문제를 일으킨다. 충격이 심한 경우 비정상적으로 작동한 뇌와 신경 기능이 영구적으로 정상 상태로 되돌아오지 못하고 계속해서 외상 반응을 일으켜 외상 증상을 유발하게 된다.

사람이 위험을 감지하게 되면 먼저 뇌가 즉각적으로 반응한다. 외상을 경험할 때 뇌가 정상적으로 반응하는 경우 시각, 청각, 후각, 촉각을 통해 전달받은 외부 감각들이 변연계 내부 시상으로 모인다. 시상은 인지한 정보를 종합하여 처리하는데, 무의식으로 가는 길은 편도체로 가는 길이고, 의식으로 가는 길은 전두엽으로 가는 길이 된다. 외상이 견딜 만하면 사건 정보는 전두엽으로 가는 길로 향하게 되어 자기가 경험한 일을 자전적 이야기로 만들 수 있어서 통합적이고 일관되며 체계적인 경험으로 설명할 수 있게 된다. 하지만 심각한 외상에서 뇌는 정상적으로 작동하지 못하게 되어 전두엽으로 가는 이동 속도가 느려지면서 시각, 청각, 후각, 촉각의 감각들은 파편화되어 흩어진다.

즉, 위협적인 상황에서는 무의식으로 가는 길인 편도체가 반응한다. 편도체는 스트레스 정보가 유입되면 즉각적으로 생존과 관련된 문제인지 확인하는데, 편도체 근처에 존재하는 장기기억을 하는 해마가 함께 작동하면서 과거의 경험과 비교해서 지금 경험하고 있는 사건이 위험한 상황인지 판단한다. 편도체가 위험한 상황이라고 감지하는 경우 시상하부와 뇌간에 스트레스 호르몬을 방출하게 한다. 스트레스 호르몬은 코르티솔, 아드레날린과 같은 물질들인데, 이러한 물질들은 자율신경계에 작동하여 심장 박동수를 증가시키고, 혈압이 올라가게 하며, 호흡을 가빠지게 한다. 이는 인간 뇌에서 본능적인 반응에 기원한 파충류 뇌, 변연계와 관련되어 있다고 볼 수 있다.

파충류 뇌는 뇌의 가장 원시적인 부분으로 뇌간에 위치하며, 먹기, 호흡, 잠자기, 온도 조절, 배설물 배출, 생식 활동과 같이 가장 기본적인 생명 유지에 작용하여 내분비계와 면역 체계 조절을 통해 인체 항상성을 유지하는 곳이다. 변연계는 편도체, 해마, 시상, 시상하부, 중격 핵으로 구성되는데, 파충류 뇌 바로 위에 위치하며 인간의 감정에 작동한다. 위험을 감지하고, 즐겁거나 두려운 일을 구분하여 인간의 생존에 중요한 것과 중요하지 않은 것을 구분하게 되는데, 유아가 어린 시절 경험하는 동안 본래 가지고 태어났던 기질과 함께 상호작용하면서 정서적 지도와 지각 지도를 발달시킨다. 파충류 뇌와 변연계가 함께 작동하여 정서적인 뇌가 구성되는데, 이러한 정서적인 뇌는 중추신경계 중심에 위치하며 이성적인 뇌보다 빠른 판단을 할 수 있다. 위협 상황에서는 파충류 뇌와 변연계가 함께 작동하는 것이 효과적이므로 외상 상황이 심각한 경우 파충류 뇌와 변연계가 빠르게 작동하는 것이다.

심한 스트레스 상황에서 전두엽으로 가는 이동 속도는 느려지고, 파충류 뇌와 변연계 뇌를 통해 즉각적인 반응을 하므로 외상 경험에 대한 반응은 빠르게 되지만, 문제는 사건을 경험한 후에 무슨 일이 있었는지 잘 기억하지 못하게 되는 현상이 일어날 수 있다. 또한 외상 경험을 하면 배외측 전전두엽 피질에 문제가 생기게 되는데, 배외측 전전두엽 피질의 활성이 사라지면 시간에 대한 감각을 잃게 되어서 과거, 현재, 미래에 대한 구분이 어렵게 된다. 정상적일 때는 배외측 전전두엽 피질과 해마가 외상 경험의 사실과 의미를 파악할 수 있는데, 이 영역에 문제가 생기는 경우 경험은 처리되지 못하고 의미를 파악하지 못한다. 또한 외상 경험이 끝이 없이 계속된다고 느껴지고, 상실감을 이겨 낼 수 없을 것처럼 느껴진다. 상담에서 내담자가 자기 경험을 이야기하게 함으로써 배외측 전전두엽의 활성을 회복시켜 외상 경험이 과거의 일이라는 점을 인식하게 하고, 현실 감각을 유지할 수 있게 할 수 있다.

위협적인 상황에서 주로 분비되는 아드레날린, 코르티솔, 아세틸콜린 같은 스트레스 호르몬들은 투쟁-도피 반응과 관련된 교감신경과 부동화(freeze) 반응과 관련된 부교감신경에 작용하여 위험한 상황에서 맞서 싸우거나 도망가게 하거나 죽은 것같이 보이게 하여 자기를 보호할 수 있다. 이를 트라우마에서 투쟁, 도피, 부동화 반응이라고도 하는데, 위험한 상황을 극복하게 하는 보호 기능을 해 준다. 정상적인 상황에서는 스트레스 상황에서 벗어났을 때 호르몬이 정상화되고 신체는 원래대로 돌아가는 항상성을 유지하게 되지만, 잦은 외상을 경험하거나 심하게 충격을 받았을 때는 호르몬이 정상 수준으로 돌아오는 데에 오랜 시간이 걸려서 심장 박동이 높게 유지되거나 혈압이 지속해서 높아지는 결과가 생길 수도 있다.

정상적인 컨디션일 때는 스트레스 상황에서 화내거나 공격적인 표현을 하는 것은 미주신경을 통해 반응한다. 미주신경은 본래 엄마와 유아가 상호작용할 때 작동하는 영역으로서 사회활동을 하게 하는 뇌의 영역이다. 엄마는 미주신경 활동을 통해 미묘한 상호작용을 하면서 유아의 상태를 느끼고 파악하며 유아와 조율하게 된다. 이러한 미주신경은 안전, 위험과 관련된 생물학적 특성과 관련이 있는데, 친절한 얼굴, 조용히 달래 주는 목소리 톤 등을 통해 안전하다고 느끼고 마음이 편해지는 현상이 나타난다. 미주신경 작동을 통해 인간은 표정으로 화를 표현하여 공격적인 반응을 나타낼 수도 있는데, 미주신경에 문제가 생기는 경우 교감신경과 부교감신경이 작동한다. 따라서 정상적인 컨디션일 때 미주신경이 작동하며 혈압이 높아지거나 심장 박동수를 늘려서 공격적인 반응을 할 필요 없이 표정으로 화를 표현하게 되면, 신체에 영향을 미치지 않고 공격성을 표출할 수 있기에 신체 반응에 문제가 생기지 않는 상태에서 자기주장을 할 수 있게 된다.

유아는 초기에는 미주신경을 작동할 수 없고 파충류 뇌와 관련된 교감신경계와 부교감신경계의 작동으로 본능적인 반응을 하다가, 점차 엄마와 상호작용하면서 배 쪽 미주신경 활동을 통해 정서적으로 안전감을 느끼고 사회적 반응을 한다. 하지만 외상을 경험하는 경우 배 쪽 미주신경 시스템이 망가져서 변연계와 등 쪽 미주신경 작동을 하게 되어 각종 외상 증상이 나타날 수 있다. 변연계의 작용은 투쟁, 도피를 통해 대상을 공격하거나 안전한 장소로 도망가는 반응을 유발하고, 등 쪽 미주신경의 활성화는 환경을 차단하고 에너지 소모를 최소한으로 줄여 부동화 반응으로 얼어붙는 상태가 된다. 따라서 내담자가 기억하지 못하는 초기 유아기의 외상 경험으로 인해 배 쪽 미주신경에 문제가 생기는 경우 평상시에 안전한 상황에 있더라도 정서적으로 안전감을 느끼지 못하고 투쟁, 도피, 부동화 반응을 촉발할 수 있다.

이러한 뇌와 신경의 반응으로 인해 내담자가 회복되는 데 오랜 시간이 걸릴 수 있다. 하지만 상담사가 내담자의 말을 들어 주고 이해해 준다는 기분을 느끼게 되면 내담자의 몸은 점차 변화할 기회를 얻게 된다. 내담자는 신체의 생리 반응이 변화하고 자기가 경험하고 있는 감정들을 분명하게 표현할 수 있다. 또한 내담자의 감정을 알아주는 상담사가 존재한다는 느낌은 변연계를 활성화해서 상호성과 동시성을 느끼게 하고, 상담사의 배 쪽 미주신경 작동을 통한 내담자와의 상호작용은 내담자의 배 쪽 미주신경을 작동하게 하여 사회적인 활동을 할 수 있게 해 준다.

외상과 좌절을 경험한 내담자들은 논리적으로 판단하고 언어화하는 좌뇌의 기능과 감각, 직관, 감정에 관여하는 우뇌의 기능이 통합되지 않는 문제가 있다. 특히 외상을 촉발하는 어떠한 감각, 감정이 생기는 경우 사건을 논리적으로 판단하는 좌뇌의 기능이 마비되고, 우뇌의 반응만 촉진되어 외상 증상이 나타나게 된다. 따라서 우뇌와 좌뇌를 연결하는 치료가 필요한데, 상담사와의 관계를 통해 안전함을 느끼게 되고 상담사와 연결되는 경험을 통해 관계 속에서 좌뇌와 우뇌의 기능이 통합되지 않는 문제를 회복할 수 있다. 안전하고 신뢰할 수 있는 사람에게 자신의 감정을 편안히 드러내고 고통스러운 이야기를 하는 경험은 자기가 부정적인 감정을 표출해도 안전하다는 경험을 하게 하여 결국은 정서에 접촉할 수 있게 된다.

이러한 경험은 내담자가 애도할 수 있도록 도와준다. 편도체 기능이 온전하게 작동하면 슬픔과 분리의 괴로움에 대처할 수 있고 궁극적으로 상실을 받아들일 수 있다. 변연계의 일부인 편도체는 감정기억을 저장하여 대상에게 애착하는 것이 안전한지 아닌지를 감지하게 되는데, 과거에 과활성화되어 대상에게 공포를 느끼게 해서 관계에 문제가 생겼던 부분이 편도체 기능이 정상화됨에 따라 대상에게 공포를 느끼지 않고 현실감 있게 대하는 것으로 바뀔 수 있다. 이러한 과정은 상담사와의 대상관계를 통해서 이루어지는 것으로 상담사와의 친밀한 관계에서 분비될 수 있는 옥시토신은 편도체의 반응을 완화하면서 정서 조절을 하게 된다.

애도 반응과 관련한 뇌 MRI 영상을 연구한 결과, 애도의 초기에 발생하는 것은 편도체 반응이 일어나는 것으로 나타났으며, 이는 슬픔과 상관관계가 입증되기도 했다. 이때 복측 전전두엽, 피질하, 변연계, 시상 영역에 활성화가 일어나기도 하며, 정서적 경험에 대한 회피는 디폴트 모드(default mode), 즉 뇌가 아무것도 하지 않는 상태와 앞뇌 섬엽에서 등 쪽 전방 대상피질까지 이르는 영역을 포함하는 광범위한 피질 네트워크와 안와전두피질 기반 신경 하위 네트워크 사이의 상호작용을 통해 일어난다. 회피는 부정적 감정을 조절하기 위해 나타나지만, 전전두엽에서 사건을 처리하지 못하기 때문에 역설적으로 상실에 대해 더 많은 침습적 사고를 유발할 수 있다.

결국 애도 반응은 배측 전전두엽 피질 조절 영역이 편도체에 작용함으로써 정서적인 조절을 통해 일어난다(Chen et al., 2020, p. 1090). 이는 앞서 언급한 바와 같이 외상을 경험했을 때 정상적일 경우 배측 전전두엽 피질이 사건에 대해 의미 부여를 함으로써 외상 사건을 처리하는 기능이 있다는 것과 같은 맥락에서 외상을 극복하는 데에 배측 전전두엽 피질의 역할이 중요함을 시사한다. 애도가 완료되는 시점에서는 앞에 언급한 뇌 부위가 더는 활성화되지 않게 된다. 특히 안와전두피질은 정서적인 신경 체계에 중요한 역할을 해서 부정적인 감정, 특히 슬픔과 불면, 식욕의 변화 등 신체적 증상에 영향을 미치는데, 애도 반응이 완료된 이후에는 이러한 부위의 비정상적인 활성화가 일어나지 않는다.

이를 통해 볼 때 외상 사건으로 인한 뇌 신경생리학적인 활성은 매우 복잡하게 상호작용하며 회복에 영향을 미침을 알 수 있다. 또한 자율신경계에 작용하는 내분비계 호르몬의 작용으로 인해 항상성을 회복하는 일은 시간이 걸린다. 그런데 우리에게 희망을 주는 내용은 인간의 뇌는 가소성이 있어 회복할 수 있다는 점이다. 인간은 죽을 때까지 끊임없이 시냅스 연결을 하게 되는데, 인간의 뇌를 구성하는 시냅스는 인간이 경험하게 되는 사건과 이를 통해 유발되는 감정, 생각, 말, 행동들이 뇌의 기억에 저장되어 연결된다. 따라서 상담에서 내담자가 이야기하면서 자기의 감정, 생각을 표현하는 경험은 내담자의 뇌 시냅스 연결을 새롭게 할 수 있도록 자극을 주는 중요한 활동으로 볼 수 있다.

내담자가 새로운 시냅스 연결을 통해 외상을 극복하고 새롭게 성장해 나아가는 기간은 어떤 분야의 전문가가 되기 위해서 숙달에 필요한 시간이 1만 시간 정도라고 하는 잘 알려진 법칙을 적용해 보면 좀 더 쉽게 이해할 수 있다. 인간이 어떠한 기능을 숙달하기 위해 그 방향으로 뇌 시냅스 연결의 길을 뚫는 데에 1만 시간이 걸린다면, 내담자가 뇌 구조 안에 새롭게 시냅스 길을 뚫어 완전히 회복되는 데에도 1만 시간이 걸린다고 가정해 볼 수 있다. 내담자가 자는 시간을 제외한 1만 시간을 헤아려 보면, 1년에서 2년 정도 걸리는 시간이다. 따라서 내담자가 상담을 통해 변화하는 시간은 최소 1년에서 2년, 혹은 그 이상이 소요됨이 추측 가능하다. 상담사는 내담자의 빠른 변화를 기대하면서 내담자가 빨리 변화하지 않는다고 실망하고 자기의 역량이 부족함을 탓할 수 있지만, 내담자의 변화는 뇌 신경생리학적으로 살펴보아도 오랜 시간이 걸림을 알 수 있다. 이러한 사실이 조급한 마음에 내담자가 빨리 변화되길 바라면서 다급하게 해석하거나 직면하는 상담사에게 주는 중요한 메시지가 있다. 상담사는 이러한 사실을 잘 인식하고 내담자의 변화를 차분히 기다려 주는 마음을 갖는 것이 필요하다.

공격성

좌절을 경험하고 감내하고 애도하여 성숙을 향해 나아가는 것이 중요하지만, 대상관계 상담에서의 장애물 중 내담자가 경험하게 되는 좌절을 감당하기 힘들어서 공격성을 느끼고 상담관계를 파괴하는 결과가 나타나는 문제도 있다. 중요한 원인은 좌절로 인해 유발되는 공격성 문제이다. 가장 흔히 일어나는 일은 내담자가 상담을 갑자기 그만두는 것인데, 이는 치료적 환경으로부터 급작스럽게 철수하는 것으로 내담자 내면에 느껴지는 공격성이 상담사와의 상담관계 자체를 파괴하는 것이다. 이러면 상담사는 속수무책으로 내담자를 변화시키고 성장시키는 기회를 박탈당하게 되어서 당황하게 되는 경우가 많다.

다른 방법은 내담자가 직접 혹은 간접으로 상담사에게 공격성을 표현하는 것이다. 예를 들면, 상담사의 능력이 부족해서 상담이 뭔가 잘 되지 않고 있고 불만족스럽다는 메시지를 상담사에게 직접 말로 전달할 수도 있고, 상담사로 인해서 자기가 나아지지 않고 이렇게 갑자기 더 나빠졌다고 불평이나 비난을 할 수도 있다. 또 다른 방법은 내담자가 상담사에게 화가 나고 공격성을 느끼는데, 그 공격성을 상담사에게 직접 말로 표현하지 못하고 다른 사람이나 사물에 전치해서 공격성을 보이는 경우가 있다. 내담자가 이러한 공격성을 보이는 경우 상담사는 매우 당황할 수 있고 심할 때는 내담자를 만나기 버겁다고 느껴 그만두고 싶은 강렬한 역전이 감정을 느낄 수 있다.

하지만 이러한 공격성은 긍정적인 신호로 여겨질 수 있다. 앞서 설명했듯이 페어베언은 유아 혹은 내담자가 대상을 거절하는 기술을 습득하여 분리를 성취한다고 보았으며, 위니컷은 자기 이론의 전반에 걸쳐 공격성이 생명력과 활동성이라고 하면서 매우 중요시했다. 그는 공격성이 자기에 맞서는 나 아닌 어떤 것 혹은 외적인 것을 추구하는 성향이라고 하면서 유아의 성장 안에 공격성이 반드시 포함된다고 강조했다. 또한 주체는 대상을 파괴하면서 변화가 시작되는데, 대상이 파괴를 견디고 살아남기 때문에 사랑하는 능력이 생긴다고 보았다.

클라인도 유아에게 공격 충동과 파괴 환상이 있음을 설명하면서 유아의 사랑 충동과 파괴 충동을 융합하는 일이 성숙을 이끌게 된다고 보았다. 클라인은 놀이치료를 통해 아동들을 치료했고, 위니컷은 놀이를 통해 파괴된 것을 건설하여 성장으로 이끄는 창조성의 바탕이 될 수 있다고 했다. 위니컷은 공격성을 인간에게 있어 하나의 성취로 보았는데, 발달 초기의 무의미한 파괴성으로부터 발달함으로써 성숙한 형태의 아이디어나 행동으로 나타나서 문명적 가치를 갖게 된다고 보았다. 신경과학 연구에서도 인간의 공격성에서 나타나는 동기적·정서적 체계가 중요함을 역설하며, 공격성이 경쟁에 직면하여 자기주장을 할 수 있는 능력이라는 점을 역설했다(Fosha et al., 2000/2013, pp. 28–36).

대상관계 이론가들은 공격성을 적절하게 숙달시키는 방법을 놀이에서 찾았다. 클라인은 아동 정신분석에서 놀이로 아동을 치료했고, 위니컷은 아동의 환상 속에서 파괴된 것을 창조하는 일이 놀이를 통해 일어난다고 강조했다. 이러한 놀이의 공간은 위니컷이 이야기했던 전환기 공간이고, 전환기 공간으로서 상담은 내담자가 마음껏 자유롭게 연상하고 표현할 수 있는 공간이 되어야만 한다. 상담사는 내담자가 좌절로 인한 공격성을 보일 때 이를 두려워하면서 방어적으로 대하지 말고 내담자가 지금 성장을 향해 나아가고 있다는 신호로 받아들이는 긍정성을 가질 필요가 있다. 위니컷이 말했던 것처럼, 내담자는 상담사를 파괴하면서 변화가 시작되고, 상담사는 내담자의 공격성과 파괴성을 견디고 살아남아서 내담자가 관계를 맺고 사랑하는 능력이 생길 수 있도록 도와야 치료가 가능한 것이다.

시기심

공격성과 함께 대상관계 상담에서의 장애물 중 내담자의 치료를 어렵게 하는 또 다른 주요 원인은 유아 혹은 내담자의 시기심이다. 클라인은 시기심을 유아의 가장 원초적인 감정이라고 보면서 편집-분열적 양태의 유아는 엄마의 젖가슴을 한편으로는 좋아하고 갈망하기도 하지만 다른 한편으로는 시기한다고 보았다. 엄마가 유아에게 좋은 젖가슴으로 존재하는 것처럼, 상담사는 내담자에게 좋은 대상으로 존재하게 되며, 해석이나 개입을 통해 내담자의 문제를 다루게 된다. 상담사는 내담자를 위해 치료적으로 좋은 해석이나 개입을 주면서 존재하게 되는데, 유아가 좋은 젖가슴을 시기하는 것처럼 내담자가 상담사를 좋은 젖가슴으로 느끼고 그에 대한 시기심을 느낌으로써 상담사가 주는 좋은 것을 받지 못하는 상황이 벌어질 수 있다. 그런데 유아 혹은 내담자의 시기심은 엄마 혹은 상담사의 좋은 젖가슴을 파괴하여 대상도 죽게 만들지만, 결과적으로 자기도 죽게 만든다. 생명의 원천인 좋은 젖가슴에 대한 시기심으로 인해 죽음 본능이 생명 본능을 이기는 상황이 벌어지고 마는 것이다.

유아가 편집-분열적 양태에서 보이는 모습은 외적 대상을 증오하는 것으로 드러나며, 이는 아이러니하게도 좋은 젖가슴을 가지고 자기에게 생명을 주는 엄마를 증오하는 결과를 초래한다(Hinshelwood, 1994/2006, p. 217). 기저귀를 갈아 주고, 우유를 주고, 아무리 달래려고 해도 달래기가 어렵고 우는 이유조차 알 수 없이 엄마를 지치게 만드는 유아에 대해 클라인은 편집적 순환이라는 용어로 표현했는데, 상담에서도 비슷한 상황이 종종 벌어진다. 상담사가 내담자에게 공감적 정서 표현을 해도 내담자가 "꼭 그런 건 아닌 것 같아요."라고 해석을 거부하거나, 상담사가 그럼 혹시 이런 마음인지 물었을 때, "잘 모르겠어요."라는 등의 반응을 보일 때이다. 이때 상담사에게 불러일으켜지는 역전이 감정은 자기가 내담자에게 가치가 없는 상담사인 것 같다는 강렬한 느낌이다.

이러한 내담자의 모습은 내담자의 인식하는 역량이 부족한 이유일 수도 있지만, 클라인의 편집-분열적 양태 개념으로도 설명할 수 있는 측면이 있다. 내담자들은 한편으로는 상담사를 이상화하면서 상담이 좋다고 칭찬하지만, 다른 한편에서는 의식적으로 의도하지는 않더라도 상담을 망치려고 시도하고 결국엔 상담을 망치고 파괴하는 결과가 나타난다. 상담사는 자기의 역량이 부족하다고 느끼면서 좌절할 수 있는데 이러한 좌절은 역전이 감정의 부분으로 내담자가 평상시에 일상적으로 느끼는 좌절을 투사적 동일시를 통해 표현한 것이라고도 볼 수 있다. 상담사는 좌절해서 내담자를 다른 상담사에게 보내고 싶은 마음이 든다든지, 상담이 효과적이지 않아 보여서 그만두고 싶어질 수 있는데, 이러한 감정이 내담자가 불러일으키는 역전이 감정이라는 점을 잘 인식하면 그 상황을 인내하고 버틸 힘이 생길 수 있다.

또한 내담자의 시기심은 탐욕과도 관련된다. 탐욕은 과도한 욕망으로 대상을 다 빨아먹는다. 시기심이 대상을 망치려고 한다면, 탐욕은 대상을 소진하게 만든다. 시기심과 탐욕이 결국 대상을 파괴하는 결과는 비슷해 보이지만 목적은 분명하게 다르다. 탐욕은 자기감이 약해 자기가 약하다는 생각에 대상을 함입하고 삼키려고 하기에 좋은 젖가슴을 게걸스럽게 먹어 치우는 것이다. 이때 욕망이 과도하므로 대상이 나쁘다는 인식을 할 수도 없다. 내담자 자신의 탐욕은 투사되어 탐욕스러운 젖가슴으로 비추어지며, 가혹한 초자아를 형성하게 된다. 결국 탐욕으로 인해 자기의 내면과 대상에게도 과도한 요구를 하게 되어 자기와 대상 모두를 소진하게 만든다.

상담에서 볼 수 있는 내담자의 탐욕은 다양한 양상으로 나타나게 된다. 상담사가 상담 시간이 다 되어서 끝마치려고 하는데, 내담자는 계속 자기의 이야기를 쉴 틈 없이 쏟아 내고 이어 나가면서 상담을 마무리하지 못하게 방해하는 경우가 종종 있다. 또는 상담사가 돈을 버는 일에 혈안이 되어서 내담자를 만나고 있다고 자기 마음대로 오해하기도 하며, 상담비를 내는 것이 아까운 느낌이 들어서 상담비를 내야 할 날짜에 내지 않고 미루는 것과 같은 형태로 나타나기도 한다. 사실, 내담자가 상담실에 와서 상담사가 개입할 틈을 주지도 않고 자기의 말을 쉴 틈 없이 쏟아붓고 가는 것도 상담 시간을 자기가 다 사용해야 한다는 탐욕에서 나오는 것일 수 있다. 어떤 내담자는 상담사에게 상담 회기와 회기 사이에 읽으라고 자기의 마음을 표현한 글을 주고 가거나 상담사에게 숙제를 내 주려고 시도하기도 한다.

일상에서 쉽게 볼 수 있는 시기심의 형태도 있다. 예를 들어, 아이가 엄마의 소중한 것을 없애 버리려고 하는 경우이다. 상담에 왔던 고등학생 딸과 엄마의 사례이다. 딸은 어렸을 때부터 하고 싶은 것을 모두 다 하고 자랐다. 골프, 볼링, 해금, 승마, 피아노, 바이올린, 수영, 발레, 피겨 스케이팅 등 손으로 다 셀 수 없을 정도로 많은 것을 누리면서 자랐다. 그중에는 아이가 꽤 재능이 있어서 수상 경력이 있는 것도 있었다. 엄마는 자기가 딸아이의 모든 과외활동을 개인교습을 시킬 정도로 굉장히 정성을 들여서 키운 것으로 말했지만 안타깝게도 아이는 배웠던 모든 것에 흥미를 잃어버려서 지금까지 기억해서 할 줄 아는 것은 없었다. 결국 이 아이는 공부를 열심히 하고 싶다고 하여 엄마는 스터디 카페 쿠폰을 끊어 주었다. 하지만 아이는 스터디 카페에 등록만 해 놓고 친구와 놀러 다니면서 시간과 엄마의 돈을 허비했다. 이 외에도 엄마에게 이런저런 것들을 사 달라고 해서 집에는 없는 물건이 없을 만큼 채우지만 사용하지도 않고 버리지도 못해서 사용하지 않는 새 물건이 잔뜩 쌓여 있다.

아이는 항상 두통이 있다고 누워 있었고, 생리통이 심해서 생활하기 힘들어했다. 학교생활을 특히 힘들어했는데, 뛰어났던 재주에도 불구하고 노력하는 것을 싫어했기 때문으로 보였다. 공부하는 것에 흥미가 없었고, 밤늦게까지 TV를 보다가 학교에 지각하기 일쑤였다. 하지만 엄마는 아이가 어렸을 때 자기가 우울증을 심하게 앓아서 아이를 잘 돌보지 못했던 것에 대한 죄책감이 있어서 아이를 혼내지 않고 학교에는 애가 많이 아파서 늦었다고 말해 주었다. 아이는 시험 기간에도 자주 결석해서 성적이 엉망이었다. 자기는 공부에 흥미가 없으니 가수를 해 보고 싶다고 하면서 춤과 노래를 배웠지만, 이 또한 하다가 그만두었다. 결국 아이는 고등학교 생활에 적응하지 못하고 중퇴하고 말았다.

아이는 어느 정도 머리는 있어서 검정고시를 봐서 고등학교를 졸업하고 집에서 조금 먼 대학에 진학하게 되었다. 학교는 한 시간 정도 거리에 있어서 통학할 수 있었는데 아이는 굳이 학교 앞에서 자취하겠다고 고집을 부렸다. 부모는 없는 살림에 크고 좋은 자취방을 얻어 주었다. 하지만 딸은 자취방에 혼자 있는 것이 외롭다면서 평일에 자주 집에 드나들었다. 대학을 다니면서도 친구들이 모두 이상해서 마음에 들지 않는다고 하면서 친하게 지내는 친구도 없었다. 아마도 자기의 친구들이 자기에게 시기심이 있어서 가만두지 않는 것 같다고 말하기까지 했다. 또한 딸은 대학교를 졸업한 후에는 취업하지 않고 부모님 집에서 얹혀살았다.

실제로 딸아이의 외모는 꽤 괜찮아서 모델 오디션에 뽑혀서 광고를 찍기도 했다. 스스로에 대해 우월감을 느끼면서 다른 애들보다 월등해서 학교에서 내 준 팀별 과제도 자기가 다 맡아서 하게 된다고 했고, 다른 애들은 다 제대로 못해서 자기가 꼭 마무리하며 봐 줘야 한다고 투덜대기도 했다. 친구들이 자기한테 질투가 심했던 것을 느끼면서 아마 회사에 가서도 동료들 때문에 힘들 것이라고 예상하며 취업할 생각이 전혀 없었다. 상담사는 이 내담자의 이야기를 들었을 때, 학교에 적응하지 못했던 아이가 과연 성인이 되어 회사 생활에 적응할 수 있을까 하는 의문이 들었다. 결국 아이는 하는 일 없이 집에서 시간을 보내다가 건강염려증이 심해졌고, 자기의 이빨과 턱이 이상하다고 하면서 위아래에 있는 앞니 6개씩을 빼고 임플란트를 했다. 그리고 팔목이 자꾸 아프다면서 수근관 증후군 진단을 받고 수술을 했고, 요양해야 한다면서 필리핀에 다녀온 후 상담에 찾아왔다.

이 사례를 보면 딸은 어렸을 때부터 무의식적으로 엄마의 소중한 것을 없애려고 한 것으로 보인다. 엄마의 돈을 많이 쓰면서 이런저런 활동들을 했지만 결국 흥미를 잃어 가면서 하나도 남는 게 없이 비우려는 행동을 했다. 이는 편집-분열적 양태에서 나타나는 양상으로 자기 안의 나쁜 것들을 투사해서 비워 내는 기제로 볼 수 있다. 딸은 아마도 다른 이들이 하는 활동들이 부러웠을지 모른다. 하지만 자기의 시기심을 보지 못하고, 그 시기심을 투사해서 남들이 자기를 시기한다고 착각했다. 많은 활동을 함으로써 탐욕을 보였고, 엄마는 딸의 욕구를 충족시켜 주기 위해 소진하다시피 할 정도로 희생해야만 했다. 딸은 다른 사람을 비난하면서 자기 안의 나쁜 것들을 투사하고 비워 내는 방어 기제를 사용했다. 자기 내면의 것을 투사하는 것은 자기의 일부를 잘라 내는 것으로, 잦은 투사로 인해 자기감이 약해질 수 있는데, 자기감이 약해진 딸은 결국 건강염려증과 신체화 증상이 나타나게 되었다고 볼 수 있다.

딸은 상담에 와서도 불평불만들을 이야기했고, 자기의 몸이 어디가 아픈지에 대해 끊임없이 이야기했다. 이야기를 잘 들어 줄 때는 조금 나아지다가도 아주 약한 개입을 시도하면 다시 퇴행하는 모습을 보였다. 많은 회기가 지난 후에 상담사가 보기에는 예전보다는 조금씩 나아지는 모습도 느껴져서 뿌듯하기도 했는데, 내담자는 상담이 효과가 없는 것처럼 상담사에게 계속 불편함을 호소해서 상담사가 죄책감과 좌절감을 느끼도록 만들었다. 상담사는 내담자가 자기가 조금은 괜찮아졌다는 좋은 결과를 인식하지 못하는 것이 안타까워서 내담자의 좋아진 부분에 대해 한 번 언급했다. 그 회기가 지나고 다음 회기에 내담자는 자기 신체의 다른 부위가 아프다면서 왔다. 상담사는 내담자가 자기가 좋아졌다는 사실을 반가워하지 않는 것처럼 느껴졌다. 편집-분열적 양태의 내담자는 상담사를 시기하기 때문에 상담을 파괴하기를 원한다. 상담 시간에 매번 늦거나, 회기를 잊거나, 퇴행하는 등 시기심으로 인한 자기 파괴적 행위의 예는 무수히 많다. 편집-분열적 양태가 심각한 정도에 이르면 자살을 시도하기도 한다. 이런 점들이 대상관계 상담에서 상담사가 종종 느끼는 어려움이고, 내담자가 치료되지 못하는 원인이 되기도 한다.

성인의 편집-분열적 양태와 시기심 사례

지금까지 살펴본 딸의 사례에서 나타난 시기심은 상담뿐만 아니라 직장에서도 실제로 자주 벌어지는 일이다. 상담사는 내담자의 시기심을 이해하고 견딜 수 있지만 직장 동료들은 어느 한 직원의 시기심과 파괴성을 견디기 힘든 경우가 많다. 이 사례는 일상에서 성인들이 보이는 편집-분열적 양태와 시기심과 공격성을 명확하게 볼 수 있는 좋은 사례로서 어느 제약회사에서 실제로 있었던 일이다. 마케팅팀 사원이었던 여성 직원 A는 갑자기 자기 부서의 부장님이 회사 내 재정 비리로 인하여 해고되며 팀이 해체되는 상황에 놓이게 되었다. A는 좋은 대학 출신 약사로서 사내에서 촉망받던 영업직원이었으나, 자존감이 낮아 자신감이 없었기에 이 상황이 매우 당황스러워 어찌할 바를 모르고 있었다. 이를 지켜보던 학술팀 팀장 B가 A에게 접근하면서 걱정이 많이 될 것 같다면서 고민을 들어 준다고 했다. A는 달리 도움을 청할 곳이 없었고 학술팀 팀장님의 배려가 고마워서 팀장님과의 긴 대화 끝에 결국 학술팀의 업무가 자기에게 맞는지 고려해 보지도 않고 학술팀으로 부서를 옮기기로 했다.

하지만 학술팀의 업무와 분위기는 A가 상상한 것과는 매우 달랐다. 팀장을 포함한 팀원 전원이 모두 여성으로 이루어진 팀 내 분위기는 늘 긴장감이 감돌았고 서로 시기심과 질투심을 보이는 행동을 종종 했다. 그중에는 히스테리적 성격을 가진 팀원도 있었는데, 믿었던 학술팀 팀장인 B 역시 히스테리적인 부분이 있어서 A는 당황스러움을 자주 느꼈다. 또한 학술 지원 업무가 자기의 적성에 잘 맞지도 않았는데, 매출이 늘어나는 수치로 성과를 측정했던 마케팅팀과는 달리 자기의 성과를 명시적으로 측정할 방법이 없는 학술 지원 업무는 A가 성취감을 느낄 방법이 없어 유능감을 느끼기 무척 어려웠다.

이러한 이유로 인해 학술팀 내 분위기도 팀원들이 각자 성과를 낼 이유가 없었기에 딱히 신경을 많이 써야 할 일이 없었고, 업무가 생각보다 바쁘거나 분주하지 않아서 서로에 대해 불필요한 시기와 질투를 보이며 시간과 에너지를 낭비하는 경우가 많았다. 괜히 다른 팀원이 하는 일에 관심을 가지고 참견하며 개인 간의 경계를 침범하는 행동을 많이 했고, 팀원들의 이러한 행동들은 새로 학술팀에 들어온 A의 마음을 매우 불편하고 힘들게 했다. 학술 지원 업무는 대부분 마케팅팀과 협업을 했는데, 마케팅팀에서 홍보물을 제작하거나 학술 내용을 요청할 경우 학술 자료를 지원하는 업무를 담당하고 있었다.

또 다른 주요 업무로는 신입 사원들이 입사하면 실시하는 신입 사원 교육에서 강의하는 것이었다. A는 신입 사원 교육을 맡으면서 굉장한 스트레스를 받았는데, 특히 강의하기 전에 팀 내에서 미리 시연해 보는 연습을 하는 것에 스트레스를 받았다. A는 강의 내용도 B 팀장에게 미리 확인을 받았고, 자기 나름으로 열심히 연습했다. 하지만 팀원들은 강의 내용과 강의 태도 등에 이런저런 비판을 가했다. 그중에는 받아들일 수 있는 건설적인 부분도 있었지만, 이해하고 받아들이기 어려운 부분들도 많았다. A는 그때까지 받은 이유를 정확히 알 수 없는 시기와 질투에 더해서 신입 사원 교육 시연 이후로 팀을 나와야겠다는 결심을 하게 되었다.

A는 사실 B 팀장이 다가와서 고민을 들어 주고 학술팀으로 옮기도록 하기 전에 가고 싶었던 사내 다른 마케팅팀이 있었기에 어느 날 그 부서의 팀장인 C와 이야기를 나누게 되었다. C 팀장과 이야기를 나누던 A는 놀라운 이야기를 들었다. C는 다른 마케팅팀에서 좋은 성과를 내던 A를 오랫동안 눈여겨보았고, 학술팀 B 팀장에게 A가 맘에 들어서 A가 자기 팀이면 좋겠다는 마음을 여러 차례 개인적인 자리에서 표현했다는 것이다. 그런데 A가 속했던 마케팅팀이 해체되던 때 자기가 있던 마케팅팀이 아닌 학술팀을 선택해 A에게도, B 팀장에게도 의아한 마음과 서운한 마음이 있었다는 것이었다. A는 C 팀장이 자기를 눈여겨보고 있다는 말을 B 팀장에게 전혀 들어 보지도 못했다고 말하며 놀라운 마음을 감출 수 없었다.

그 이야기를 나눈 후 한동안 고민하던 A는 결국 B 팀장에게 자기가 학술팀에 맞지 않는 것 같다고 이야기하고, C 팀장이 있는 마케팅팀으로 옮기게 되었다. 다행히 A는 자기의 적성에 맞는 마케팅팀에 다시 돌아와 능력을 발휘하며 즐겁게 지내게 되었다. C 팀장은 밝고 능력 있고 늘 열심히 일하는 A를 자주 칭찬했고, 원래 팀에 있던 팀원들이 A를 보면서 본받기를 바랐다. 원래 있던 팀원들은 일을 그다지 잘하지 못해서 C 팀장의 마음에 썩 들지는 않았지만, 성격이 좋은 C 팀장은 그동안 직원들에게 딱히 잔소리하지 않고 지내던 상태였다. C 팀장은 자기와 생각과 관점이 잘 맞고 능력 있는 A를 영입했기에 새로운 약을 외국에서 수입해서 더 많이 판매하려는 계획을 세우게 되었다. 이렇게 하기 위해서는 외국 회사와 계약을 하고, 식약처에 허가를 받는 과정을 거쳐야 하며, 유통 방식에 관한 결정 등 복잡한 결정과정을 거쳐야 하기에 할 일이 매우 많았다. C 팀장은 팀원들과 자주 모여서 의논하며 앞으로의 계획에 관해 이야기하였고 이를 의욕적으로 진행하게 되었다.

하지만 기존에 있던 다른 팀원들은 새로운 일을 추가로 하게 되었기에 당황스러워하며 잘하지 못했는데, 쓸데없이 업무를 늘린 A가 탐탁지 않았고 그런 A를 아끼고 자주 대화하는 C 팀장에 대해서도 기분이 나빴다. 즉, A에게 심한 시기와 질투를 느낀 것이다. C 팀장은 A가 약 수입을 진행해 본 경험이 있어 잘 알 것이니 A가 부탁하는 것들에 잘 협조하고 따라 주면 좋겠다고 말했고, 다른 팀원들은 자기들보다 늦게 합류한 A가 팀장에게 총애받는 것이 질투가 났으나 아무 말도 하지 않고 알겠다고만 했다. 그런데 얼마 후에 큰 문제가 발생했다. 약을 수입하는 일을 하던 중 팀원인 D가 큰 실수를 하고 말았다. 계약하는 과정에서 계약서에 약의 판매 가격을 너무 적은 금액으로 잘못 적었는데 팀장이 가격을 다시 수정하라고 해서 수정하고 나서는 어이없게도 수정된 계약서가 아닌 원래 계약서를 들고 수입하려는 회사의 직원과 만나게 된 것이다. 그 일은 계약이 되더라도 회사에 큰 손실을 주게 되는 큰 문제였고, C 팀장은 D 직원이 여러 건의 계약과 업무에서 평상시에 불성실한 태도 문제가 늘 있었던 차에 그런 문제가 이번에 다시 한번 드러나게 되었고, A가 이끄는 프로젝트에 대한 마음의 저항이 있었던 것으로 생각했다.

C 팀장은 이렇게 중요한 서류를 실수한 D를 나무랐지만, D의 태도는 놀라웠다. D는

죄송하다고 말하지도 않았고, 자기는 아무런 문제나 책임이 없다는 태도를 보였다. D와 오랫동안 함께 일해 온 C 팀장은 매우 실망했고 큰 충격을 받았다. 다른 사람에게 크게 뭐라고 하지 못하는 C 팀장의 성격상 엄하게 나무라지 못했고, 더는 책임을 묻지도 않았다. 하지만 한편으로는 수입 업무에서 제외해서 자기의 불성실함을 돌아보게 하고 처음부터 다시 일을 시켜서 제대로 가르쳐 가겠다는 다짐을 했다. 그런데 더 큰 문제가 발생했다. 이러한 과정을 지켜본 다른 팀원들은 늦게 합류한 능력 있는 직원인 A에게 그동안 묘한 시기와 질투를 느끼고 있었기에 C 팀장의 조치가 적절하다고 생각하거나 지지하지 않았고 팀장을 비난하는 마음이 들었다. 또한 대놓고 D가 불쌍하고 억울하다는 공감을 하면서 편을 들었다. 한편, 이 과정을 옆에서 본 학술팀 팀장 B는 D에게 접근했다. B 팀장은 D에게 마케팅 부서에서 힘들진 않은지 공감을 해 주면서 학술팀으로 들어오는 것은 어떤지 물었고 D는 이에 응하고 팀을 옮기게 되었다.

마케팅 팀원들이 D의 일을 알게 되었고, 회사 라운지에서 수다를 떨면서 그 이야기를 하는 것을 C 팀장이 지나가다가 우연히 듣게 되었다. 팀장 C는 자기와 7년 넘게 일해 온 D가 자기와 상의도 없이 팀을 옮기는 결정을 한 것에 대해 엄청난 실망감을 느꼈고, 동료인 학술팀 팀장 B에게도 분노를 느꼈다. 그도 그럴 것이 학술팀 팀장 B는 C 팀장이 필요할 때 도와준다고 다가오면서 항상 뒤통수를 치는 사람이었지만, 성격 좋은 C 팀장은 항상 너그러이 봐줬기 때문이다. C 팀장은 더는 학술팀 팀장 B에 대해 참지 못하겠다는 생각이 들었고, 오랜 시간 함께 지낸 D에 대해서도 용서할 수 없다는 생각이 들었다. 팀장 C는 D를 만나서 D가 그동안 불성실한 모습을 보였던 것에 대해서 이야기하고 D가 자기와 의논 없이 B 팀장의 팀에서 일하려고 결정했던 이 사안에 대해 어떻게 생각하는지 다시 한번 진지하게 물었다. 그런데 D는 자기는 그동안 C 팀장의 팀을 위해서 나름대로 일을 많이 했고 이번 일에 대해서도 자기는 아무런 거리낌이나 문제를 느끼지 못한다고 항변했다.

한편, 학술팀 B 팀장은 C 팀장이 자기를 만나서 불같이 화내는 것을 보면서 비로소 자기가 실수했다고 느꼈다. B 팀장은 자기가 자세히 보니 D가 C 팀장이 이끄는 마케팅 팀에 도움이 안 되고 학술팀에 적성이 맞는 것 같아서 도와주려고 그랬다고 변명했다. 그 말을 들은 C 팀장은 자기의 잘못을 잘 깨닫지 못하는 학술팀 B 팀장에 대해서도 더는 참아 주지 못하겠다는 분노를 느끼고 지긋지긋하다는 느낌이 들었다. C 팀장은 B 팀장에게 앞으로는 가능하면 마주치지 말자고 하고, 동료관계는 이제 끝인 것 같다고 말했다. 이에 놀란 학술팀 B 팀장은 D에게 자기 팀에 D를 받지 못하겠다고 이야기를 했고, D는 결국 C 팀장의 마케팅팀에도 남기 어렵고 학술팀으로 옮기기도 어렵다는 생각이 들어서 결국 회사를 그만두어야겠다고 결심하게 되었다.

D는 자기만 이렇게 된 데에 억울함을 느끼면서 다른 팀원들에게 팀장이 A 때문에 오랜 관계를 맺어 온 자기를 내친다고 호소했다. 그리고 결국 남은 팀원들도 자기와 같은 처지가 될 것이라고 겁을 주었고, 결국 다른 팀원들은 팀장에게 D를 다시 받아 줘야 한다고 주장하며 그렇게 하지 않는 팀장의 처사는 부당하다고 주장했다. 팀장은 팀원들의 그런 태도를 보고 그들도 이제는 신뢰하지 못하겠다는 생각에 D와 관련된 일에 가담한 팀원들을 중요한 일에서 제외하게 되었다. 결국 D를 편들고 가담했던 팀원들은 동시에 사직서를 제출했다. 이 일은 팀장에게도 큰 상처였고 오랫동안 이 일로 인해 힘들어하게 되었다. 팀원들은 회사를 나가면서도 끝까지 자기들이 옳았고 A를 편애하고 자기들을 몰아내는 팀장이 문제라고 주장하고 비난하면서 떠났다. 이 일은 회사 전체에 소문이 났고 회사 내의 주요 임원들과 다른 팀의 팀장들 귀에도 들어가게 되었다. 결국 팀원이 줄어든 C 팀장은 팀원 보충을 위해 정기 채용에서 필요한 인원을 보충하려고 했다. C 팀장이 이끄는 마케팅팀에 지원한 인원은 2명으로 능력이 좋은 사람들이었고 원래 팀에 있었던 3명보다 적은 인원이었기에 모두 선발하는 것이 회사 예산상 가능한 일이었다.

게다가 지원자 2명 모두 주눅 들지 않고 자신감 있게 자기 의견을 말하고 당당한 태도를 보였기에 C 팀장의 마음에 들었다. 하지만 같이 면접에 들어왔던 학술팀 B 팀장은 마케팅 부서를 지원한 지원자들에게 자기 팀에 잘 맞을 것 같고 지원자들의 관심이 학술팀의 일에 가까운 것 같은데 혹시 학술팀에 들어올 의향은 없는지에 대해 질문했다. 지원자들은 그 이야기를 듣고 자기들은 마케팅이 적성에 맞고 많이 배우면서 일하고 싶은 마음에 회사에 지원한 것이라 원래 지원한 C 팀장의 마케팅팀에 가고 싶다고 대답했다. C 팀장은 B 팀장이 왜 그런 질문을 했는지 의아해했지만, 곧 이유를 추측해 볼 수 있게 되었다.

면접자들이 나간 후 심사 결과를 토론하던 시간에 B 팀장이 지원자들이 마음에 안 든다며 저런 사람들은 우리 회사에 절대로 발을 들이면 안 된다고 반대하기 시작한 것이다. C 팀장은 그 이야기를 듣고 어이가 없었다. 면접 때는 지원자들이 학술팀에 맞는다고 주장하던 사람이 갑자기 저 지원자들은 회사에 도움이 안 된다고 아예 받지 말자고 한 것이다. C 팀장은 어차피 마케팅팀 정원이 있는 거라서 지원자들을 모두 뽑아도 다 채워지지 않으니 뽑는 것이 좋겠다고 하였고, B 팀장은 사람을 한번 뽑아서 회사에 들이고 나면 자르기가 힘들기에, 회사에 맞지 않는 사람은 처음부터 절대 뽑으면 안 된다고 끝까지 주장하고 목소리를 높였다.

이에 C 팀장은 자기 팀에 팀원으로 들어오는 사람들이니 잘못되어도 자기가 책임진다며, 현재 C 팀이 수주하고 맡은 일이 많기에 인원 보충이 꼭 필요하다고 호소했다. B 팀장은 그건 C 팀장의 개인 사정이고 일이 많으면 다른 팀의 팀원들을 보강해서 일시적으로 도와줄 수 있다고 하면서 지금 지원자들은 절대 뽑을 수 없다고 끝까지 반대했다. 두 사람의 의견은 팽팽하게 맞서서 C 팀장은 자기 팀의 필요를 다른 면접위원들에게도 어필했는데 놀랍게도 면접에 참석한 다른 팀 팀장들도 전원이 B 팀장의 의견을 지지하면서 C 팀에 팀원들이 부족하고 꼭 필요해도 우리 회사에 들어오는 인원들이라 함부로 뽑을 수 없다고 B 팀장 의견에 동의했다.

C 팀장은 다른 팀장들과 늘 협력적이고 우호적인 관계를 이어 왔고 다른 팀장들이 필요한 사안에 대해서는 그동안 대부분 동의하고 돕던 터라 다른 팀장들의 태도에 대해서 더 큰 충격을 받았다. 그리고 자기가 원하는 팀원들의 조건과 다른 팀장들이 평가하는 팀원들의 조건이 매우 다름을 인식하고 굉장히 낙담하고 힘든 마음이 들었다. 또한 C 팀장은 B 팀장이 늘 자기가 원하는 일에 반대해 왔고, 도와주는 척하면서도 훼방했던 태도에 대해서 분노하는 마음이 들었고, 그에 동조하는 다른 팀장들에 대해서도 앞으로는 신뢰하며 같이 협력적으로 일하기 힘들다고 판단하게 되었다. 그런데 B 팀장은 늘 하던 태도로 자기가 C 팀장 부서에 도움이 안 될 만한 좋지 않은 팀원들이 들어오는 것을 막아 준 것인데 분노하는 C 팀장이 이해가 안 간다는 적반하장식의 태도를 보였다.

이 사례에서 학술팀 B 팀장, 그리고 자기 팀이 해체될 때 C 팀장 팀에 합류해서 일을 잘하고 팀장의 신뢰를 받던 A를 시기하고 질투하며 D의 입장을 지지하고 팀장에게 강하게 반발했던 팀원들은 의식적으로는 자기들이 그 순간에 느꼈던 감정과 행동을 전혀 파악하지 못했던 것 같다. 그들은 어쩌면 A와 C 팀장이 성실하고 좋은 사람들이고 회사에 도움이 되는 존재들이라는 것을 의식적으로는 알면서도, 마음속 깊은 곳에서 클라인이 말했던 편집-분열적 양태의 무의식적인 불안, 두려움, 시기심, 질투심이 많았던 것으로 보인다. 그들은 A와 C 팀장은 좋은 사람들이고 그들의 일이 잘 되면 회사가 잘 되고 회사의 구성원 전체에게 유익하다는 생각은 하지 못했다. 오히려 B 팀장과 다른 팀원들은 자기들이 비교당하고, 무시당하며, 평가 절하될 것이라는 막연한 두려움과 자기들의 영역과 존재감이 줄어들어서 존재가 없어질 수도 있다는 멸절 불안을 느꼈다. 이들이 느꼈던 막연한 두려움과 불안은 실제 상황과는 다를 수 있지만 개인 내적으로 느꼈던 주관적 감정이었다. 클라인이 말한 유아의 경우처럼 좋은 것이 자기 내부가 아닌 외부에 있고, 자기 외부에 있는 것은 온전히 자기의 것이 아니기에 그것을 망가뜨리고 싶은 강렬한 충동을 느꼈던 것으로 보인다.

동경과 선망이 아닌 질투심과 시기심을 느꼈던 B 팀장과 C 팀장의 팀원들은 타인의 좋은 모습을 격려하고 모방하려는 마음보다는 방해하고 공격하려는 무의식적 욕망이 컸고, 결국은 대상도 파괴되고 자기들도 파괴되는 어리석은 결과를 낳고 말았다. 특히 클라인이 질투와 시기 중에서 시기심을 강조했던 것처럼, C 팀장의 팀원들은 무의식적으로 경쟁자를 시기하고 공격하고 죽이려는 욕망을 실제 행동으로 옮김으로써 자기들에게도, C팀장과 A에게도, 회사에도 유익하지 않은 나쁜 결과를 가져오게 된 것이다. 이 사례를 통해서 자기가 좋아하고 원하는 것을 손에 넣어서 자기 내부에 가지지 못할 경우, 우리가 느끼는 강렬한 시기심은 안타깝게도 자신을 파괴하기도 하고, 상대를 파괴하기도 하는 것을 잘 알 수 있다. 그리고 불행하게도 이러한 일들이 우리 사회와 인간관계에서 무수히 많이 일어난다. 사회적 관계에서 가해자들도 그렇지만 피해자들은 트라우마를 입게 되어 그 이후에 2차, 3차 피해를 경험할 수 있고, 평생 그 트라우마와 씨름하며 살아가야 하는 고통에 처할 수 있다. 이 부분은 편집-분열적 양태를 내포하고 있는 우리가 무의식적 시기심 때문에 타인에게 가해자가 될 수 있기에 특히 조심해야 할 부분이다.

특히 깊은 시기심이 의식이 아닌 무의식에 자리 잡는 경우가 많아서 많은 사람이 일상에서는 이 감정을 인식하지 못하는 경우가 많고, 다른 사람이 그 점을 이야기해 줘도 부인하고 받아들이지 않는 경우가 대부분이다. 오히려 이야기해 주는 사람에 대해서 불쾌해하고 공격적인 태도를 보일 수가 있기에 우리 사회에서 이 문제는 쉽게 해결되기 어려운 문제로 보인다. 이 사례에 나오는 사람들이 상담에 자발적으로 오지는 않더라도 각자 자기의 편집-분열적 양태를 인식하고, 깊은 시기심을 느낄 수 있는 상태가 되도록 자기를 돌아보아야 할 필요가 있다.

조증 방어

공격성, 시기심과 더불어 대상관계 상담의 방해가 되는 또 다른 예는 내담자가 조증 방어를 사용하는 일이다. 편집-분열적인 사람들은 자기들이 대상을 파괴했다는 통렬한 고통을 느끼지 않기 위해 부정, 억압, 투사적 동일시와 같은 다양한 방어 기제를 사용하게 된다. 이 중에서 가장 흥미로운 것은 조증 방어 기제를 사용한다는 것이다. 편집-분열적인 사람들의 조증 방어는 의기양양함을 보여 주며, 자기가 대상보다 뛰어나다는 전능감을 가진다. 이들은 대상의 긍정성을 무시하고 부정적인 것만 보면서, 자기를 이상화하고 대상을 평가 절하하는 태도를 보인다. 그런데 조증 방어를 사용하는 사람이 의기양양하고 즐거울 것 같지만, 실제로는 그 반대인 경우도 더 많다. 사람들이 심한 좌절을 경험했을 때 수치스럽거나 자존심에 상처를 심하게 입은 슬픔의 정서를 그대로 느끼면서 감당하기 힘든 경우가 종종 있다. 이때 고통스러운 감정을 느끼지 않고 방어하려고 조증 방어를 사용할 수 있는데, 실제로는 조증 방어를 사용하고 있는데도 조증 방어를 사용하고 있는지 파악하기 어려울 때가 종종 있다.

예를 들면, 회사에서 팀장이 다른 사람 앞에서 특정 직원을 무시하거나, 승진을 누락시키거나, 사업을 진행하는 데 빼놓고 진행하는 것과 같은 좌절을 줄 수 있다. 이때 이 직원은 자존심에 깊은 상처를 입어서 자기의 능력에 문제가 있다거나 팀장이 자기를 좋게 평가하지 않는 것 같다는 등의 현실 인식을 하기 어려울 수 있다. 이 직원은 자존심에 상처를 입었지만 수치스러운 감정에 접촉하지 못하고, 오히려 팀장이 자기의 능력을 시기해서 제외하는 것으로 정신승리를 하면서 팀장이 자기보다 능력이 뛰어나지 못해 결국엔 자기가 승자의 자리를 차지하게 될 것이라고 상상할 수 있다. 물론 실제로 팀장이 이 직원을 시기해서 제외할 수도 있지만, 이 직원이 이 상황을 애도하기 위해 해야 할 것은 팀장이 자기를 무시함으로써 느끼는 수치심, 자존심의 상처를 잘 느끼는 일이고 더 깊은 곳에서는 인정을 받지 못하고 있는 자기에 대한 깊은 슬픔을 충분히 느끼는 일이다.

상담사는 내담자가 고통스러운 감정과 깊은 슬픔 속에서 조증 방어를 사용하여 자기를 방어하고 있을 때 그 기제를 잘 알아보는 일이 중요하다. 이때 상담사가 해야 할 일은 내담자의 말을 충분히 경청하며 공감해 주고, 인정해 주면서 수용하는 것이다. 그러한 과정을 거치고 나면 내담자가 자기의 감정을 표현해도 안전하다는 느낌을 받게 되고, 진솔한 자기의 감정을 표현할 수 있게 될 것이다. 여기서 중요한 점은 상담사 자신에게서 올라오는 감정을 내담자에게 집어넣으려고 하지 않는 것이다. 상담사가 내담자를 공감해 주고 수용해 주는 환경 안에서 내담자는 자연스럽게 자기의 감정을 표현할 힘을 얻게 되고, 결국 내담자는 자기의 정서에 접촉할 수 있게 될 것이다.

그런데 조증인 사람들은 조증 방어가 고착화되었다는 측면에서 훨씬 더 병리적이라고 볼 수 있다. 앞서 언급한 힘든 상황에서의 조증 방어는 편집-분열적 양태에 잠깐 머무르면서 나타나는 것인 데 반해, 조증이 굳어진 사람들은 항상 조증 방어를 사용하게 됨으로써 자기의 감정에 접촉하지 못하는 상황이 계속해서 벌어지게 되어서 더 병리적이라고 볼 수 있다. 조증 방어를 주로 사용하는 사람들이 보이는 양상은 다양한 측면에서 나타난다. 실제로는 내면의 깊은 우울감이 있지만, 표면적으로는 아무런 문제가 없는 것으로 말하는 사람들이 많다. 또한 자기의 부정적인 감정을 감당하기 힘든 경험은 대상을 공감하지 못하는 모습으로도 나타난다. 다른 사람이 힘든 상황에 관해 이야기하면서 공감해 주기를 바라면, 조증 방어를 주로 쓰는 사람은 "에이, 그게 뭐 대단한 일이라고 기분이 안 좋아."라며 깔깔대고 웃어넘기는 일도 많다. 상대방은 공감을 받지 못해서 기분이 나쁘고, 조증 방어를 사용하는 사람의 내면은 자기가 겪었던 부정적인 경험으로 인해 발생하는 고통을 분열시키고 억압시켰기 때문에 자기감은 약해지고 이유를 알 수 없는 무기력감에 빠지는 현상으로 나타나기도 한다.

또한 이러한 사람들은 밤에 잠드는 것이 어려울 수 있다. 밤에 잠을 잔다는 것은 세상으로부터 철수하여 일종의 죽음에 다가가는 것이라 볼 수 있는데, 조증 방어를 사용하는 사람은 인간은 결국 늙고 병들어 죽게 된다는 사실을 수용할 수 있는 능력이 없어서 죽음 욕동이 느껴지게 되는 잠으로 빠져드는 일이 어렵게 느껴진다. 이러한 이유로 인해 조증 방어를 사용하는 사람은 밤에 잘 잠들지 못하고 결국 아침에 늦게 일어나는 생활을 반복하게 될 수도 있다. 이런 사람을 상담에서 만날 때 표면적으로는 즐겁고 아무 문제가 없는 것으로 보일 수 있지만, 사실 이들이 자기의 깊은 내면의 감정을 잘 살피지 못하고 깊은 우울증에 빠져 있지는 않은지 잘 살펴볼 필요가 있다.

편집-분열적 양태에서 우울적 양태로 넘어가지 못하고 조증 방어를 사용하는 사람은 내면이 매우 분열적이므로 통합된 삶을 살아가기 어려울 수 있다. 이들은 자기 통합의 문제가 있어서 자기의 신체와 정신이 합쳐지지 않게 되어 신체 감각이 둔할 수도 있다. 또한 정서를 차단하는 방어로 인해 감각들이 함께 둔해질 수도 있다. 그 예로 자기 발에 자꾸 걸려 넘어진다든지, 발로 공을 찰 때 헛발질을 한다든지, 문을 닫는데 자기의 손을 문 사이에 넣어서 손을 다친다든지 등이 있다. 맛에 대한 감각도 둔해서 음식의 맛을 잘 느끼지 못해 간을 맞추지 못하거나, 칼질이 서툴러 손이 잘 베일 수도 있다. 재료의 외관이 비슷한 경우 무슨 재료인지 잘 모르기도 하는데, 어떤 경우에는 청국장과 된장을 구분하지 못하거나 음식이 상했는데도 맛을 느끼지 못해서 상했는지 모를 수도 있다.

조증 방어를 사용하는 또 다른 예는 종교적인 신앙을 건강하지 못한 방식으로 가진 사람들에게서도 종종 나타나는 현상이다. 우리는 누구든지 자기에게 다가온 좌절, 실망, 상실을 충분히 애도하고 정서적으로 느끼면서 현실 인식을 해 나가야 할 필요가 있는데, 맹목적이고 과도한 신앙을 사용하여 자기에게는 아무런 고통이나 어려움이 없는 것처럼 행동하고 표현하는 사람들이 있다. 이들은 마치 수술을 받기 직전에 좋은 진통제로 전신마취를 해서 온몸에 아무런 통증을 느끼지 못하는 사람과 비슷한 상태이다. 물론 전신마취가 된 상태로 세상을 계속 살아갈 수 있으면 아픔과 고통 없이 잘 지낼 수 있어서 좋지만, 결국 시간이 지나면 마취가 깨게 되고, 마취했던 시간 동안 수술을 받지 않았으면 아픈 부위도 도려내거나 치료된 것이 아니기에 결국 아픈 부위를 안고 살아갈 수밖에 없게 된다. 신앙이 우리에게 큰 힘과 지지가 되는 것은 사실이지만, 자기나 가족에게 큰 고난이 와서 고통스러운 정서를 느낄 때 상담을 통해서 애도를 경험하며 성장해 나가는 일은 매우 중요하다.

지금까지 살펴본 바에 의하면, 조증 방어를 사용하는 사람들은 일상에서 다양한 양상을 보이는 것을 알 수 있다. 이들은 자기들이 가진 문제의 심각성을 잘 인식하지 못하고, 괜찮다고 생각하면서 조증 방어를 사용할 가능성이 있기에 상담에 와서 자기의 문제를 이야기할 수 있는 데에 오랜 시간이 걸릴 가능성이 있다. 조증 방어를 사용하는 사람에게 상담사는 인간은 결국 죽는다는 것을 포함해 인간이 경험할 수 있는 다양한 부정적 감정을 내담자가 느끼더라도 아무런 문제가 생기지 않는다는 점을 인식시켜 주고, 내담자가 부정적인 정서적 경험을 충분히 할 수 있도록 도와줄 필요가 있다.

공감의 어려움과 뇌 신경생리학

이제 대상관계 상담의 다양한 어려움의 마지막으로 공감의 어려움과 그에 관한 뇌 신경생리학적 관점을 살펴보고, 사례를 제시함으로써 이 책을 마무리하려고 한다. 현대 심리학에서 공감을 나누는 두 가지는 인지적 공감과 정서적 공감의 차원이다. 정서적 공감(emotional empathy)은 다른 사람의 정서 상태에 적절한 감정으로 반응하는 능력, 즉 타인의 감정을 함께 느끼고 반응하며 공유하는 능력을 말한다. 인지적 공감(cognitive empthy)은 타인의 관점이나 역할을 수용해 타인의 생각, 느낌을 이해하는 정신 내적인 활동이다. 유아는 언어 능력과 인지 능력이 발달하기 이전인 생애 초기부터 타인의 정서를 공유하는데 이를 정서적 공명이라고 하며, 유아의 공감은 주로 정서적 공감이다. 반면, 인지가 발달한 후에 무엇 때문에 그러한 정서를 느끼는지에 대한 정서적 의미를 생성하게 되는데, 이를 공감적 이해(empathic understanding) 혹은 인지적 공감으로 볼 수 있다. 인지적 공감은 머리로만 이해하고 감정으로는 느끼지 않는 현상을 의미하기보다는 정신화(mentalization)를 포함한다. 인지적 공감은 다른 사람이 느끼는 감정의 의미에 대한 내적 표상을 만들 수 있어야 가능한데 타인의 관점을 이해할 수 있는 능력이 발달하는 것과 관련 있다.

공감의 어려움은 대상관계 상담에서의 주요 장애물로 볼 수 있는데, 특히 상담사가 인지적 공감에 강하고 정서적 공감에 약하면 내담자에게 깊은 공감의 느낌을 주지 못해서 상담과정에 큰 걸림돌이 되기도 한다. 상담사 중에 타고난 성격 기질로 인해서 내담자의 정서를 생생하게 느끼고 받아들이고 다루어서 내담자에게 돌려주지 못하고 머리로만 주로 이해하고 어떤 감정일지 상상으로 느껴서 내담자에게 언어로 표현하는 상담사도 꽤 많다. 민감한 내담자는 이를 금방 느끼고 상담사가 제대로 공감해 주지 않았음을 말로 원망하기도 한다. 또한 상담사 중에 내담자의 감정 표현이 나왔을 때 내담자의 세밀한 비언어적 정서 경험을 아예 인식하지 못하거나 인지적 공감으로만 감정을 이해하려는 자동적인 반응 때문에 내담자에게 불만족과 좌절감을 느끼게 하는 상담사들도 많다.

공감에 대한 대상관계 이론가들의 관점을 보면 클라인과 비온은 유아의 정서적 침투를 받아들이면서 함께 경험하는 것의 중요성을 강조했는데, 특히 비온은 이 과정에서의 유아와 엄마 사이의 정서적 공명을 중시했기에 정서적 공감을 좀 더 강조했던 것으로 볼 수 있다. 비온과 클라인은 발달 초기의 문제를 가진 정신증 내담자들을 많이 만나서 정서적 공명, 정서적 공감을 더 강조했던 것으로 볼 수 있고, 코헛은 경계선 성격 조직의 자기애적 내담자들을 만났기에 공감적 이해와 정서적 공감을 동시에 강조했던 것으로 이해할 수 있다. 정서적 공명은 다른 사람과의 접촉을 잘 못하는 자폐증 내담자도 가능하다는 연구 결과가 있기에 심지어 정신증 수준에서도 정서적 공감은 가능하다(Baird et al., 2011, p. 333). 인지적 공감은 오랜 시간에 걸쳐서 발달하기 때문에 성인이 되더라도 아직은 발달이 덜 된 상태일 수 있다. 그런데 자기애적 성격장애인 사람들이 전형적으로 보이는 공감의 부족은 초기에 경험했던 외상으로 인해 전전두엽 발달에 영향을 미쳐서 인지적 공감 발달에도 영향을 미쳤을 가능성을 생각해 볼 수 있다.

정서적 공감과 인지적 공감에서 뇌의 어떤 부위가 활성화되는지에 관한 연구를 보면, 발달이 정지됨에 따른 공감의 차이에 대해 생각해 볼 수 있다. 공감과 관련한 뇌 영상 연구들은 초기에 정서적으로 공감된 뇌 구조를 편도체, 시상하부, 복측 선조체, 중격 측핵, 안와전두피질의 내측 회로망이라고 보았다. 편도체는 변연계 일부분으로 정서 반응을 조율하는 역할을 한다. 시상하부에서 분비하는 옥시토신이 편도체를 조절해 주는 작용을 하여 정서적 공감에 관여하는데, 정서적 자극이 오면 편도체가 활성화되면서 옥시토신의 방출을 자극하게 된다. 옥시토신은 안와전두피질 내측과 중격 측핵 수용체, 편도체에도 결합하게 되는데, 안와전두피질의 내측은 복측 선조체/중격 측핵에 투사해서 정서의 정보를 전달한다.

복측 선조체는 중격 측핵 뉴런 집합이 있어서 보상과 쾌락에 중요한 역할을 하는데, 공감에 대한 보상을 느끼게 하기도 한다. 안와전두피질은 전두엽 눈 아래 위치한 곳으로 정서적 의미를 결정하는 역할을 하는데, 전전두피질과 연결되어서 부정적 정서는 약화하고 긍정적 정서는 확대하는 등 감정을 조절하는 역할을 한다(Decety, 2011/2018, pp. 190-194). 또한 공감할 때 관여하는 뇌 구조는 뇌섬엽과 대상피질을 포함하는데, 뇌섬엽은 시상에 존재하는 복내측핵으로부터 일차적인 감각 정보를 입력받는다. 이러한 정보를 받고 메타 표상(meta-representation)을 만들게 되는데, 이를 통해 정서에 대한 앎이 형성된다고 볼 수 있다(Decety, 2011/2018, p. 278).

전체적인 공감의 뇌 구조는 앞서 살펴본 바와 같은데, 정서적 공감과 인지적 공감의 뇌 활성화 부위는 세부적으로 차이가 있다. 정서적 공감에서는 앞뇌섬엽과 중심대상회가 활성화되었고, 인지적 공감 혹은 정신화를 가능하게 하는 추론 활동에서는 측두두정 접합, 설전, 내측 전전두피질이 활성화되었다(Marsh, 2018, p. 112). 또한 정서적 공감을 더 잘하는 경우 인슐라 피질에서 더 높은 회백질 밀도와 관련이 있었고, 인지적 공감을 더 많이 하는 경우 중심대상피질과 배내측의 전전두엽피질 인접 부위에서 더 높은 회백질 밀도를 보였다(Eres et al., 2015, p. 306). 여러 연구에서 나이에 따른 공감의 차이에 관해 연구가 이루어지기도 했다. 공감을 유발하는 고통스러운 장면을 봤을 때 나이가 더 어린 경우 편도체, 뒤쪽 뇌섬엽, 보조운동 영역, 편도체와 변연계와 직접 연결된 안와전두피질, 중격 핵이 활성화되어서 나이 든 사람보다 더 고통스럽게 느끼고, 이 부위는 정서를 같이 느끼는 정서적 공명 상태와 유사하다. 이러한 뇌의 부위는 잠재적 위협에 대한 본능적 반응으로 이러한 발달은 유아들의 실제 혹은 잠재적 위협의 평가와 관련한 정서 발달에 중요한 역할을 한다고 볼 수 있다(Decety et al., 2009, p. 893).

반면, 나이가 많을수록 뒤쪽 뇌섬엽의 활동은 줄어들고, 뇌섬엽의 앞쪽이 더 활성화되는데, 인지 조절을 하며 반응을 억제하는 배외측 전전두피질과 하전두회가 더욱 활성화된다. 이 부위의 활성화는 두려움을 일으키는 정서적 자극에 반응하는 편도체 작용을 저하할 수 있다. 나이가 많을수록 연민 유발 자극 시 안와전두피질의 활성화가 내측에서 측면으로 이동하고, 복내측시상하핵 전전두엽피질이 활성화되는데, 이는 분리된 상태에서의 공감과 연민에 주요한 역할을 하는 것으로 보이고, 사회적 인지 능력에 더 관여한다(Decety & Michalska, 2009, p. 894). [그림 12-1]의 뇌 사진은 공감하는 상황에서 뇌가 활성화되는 양상을 보여 준다. 좌측은 좀 더 어린 시절의 안와전두피질 내측에서 활성화되는 양상이고, 우측은 7세 이상 유아에게서 활성화 부위가 좀 더 측면으로 이동하는 양상을 보여 준다.

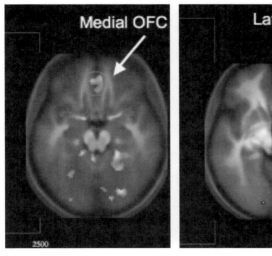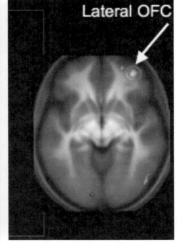

| 7세 이전 유아의 뇌 활성 | 7세 이상 유아의 뇌 활성 |

[그림 12-1] 공감하는 상황에서 뇌 활성화 양상

출처: Decety & Michalska (2009), p. 893.

어린 시절에는 전전두피질이 덜 발달하기에 적어도 생후 1년 이후에야 전전두피질이 기능을 할 수 있다. 전전두피질 중에서는 안와전두피질이 가장 먼저 성숙하게 되고, 그 이후 복외측 전전두피질, 배외측 전전두피질로 발달하는데, 편도체, 시상하부, 중격측핵과 같은 구조들에 점진적으로 연결된다(Decety, 2011/2018, p. 193). 정서적 공감은 좀 더 어렸을 때 발달하는 뇌의 중심부와 관련되고 타인의 고통스러움을 봤을 때 인지적으로 처리하는 것이 아니라 공유하며 느끼므로 더 고통스럽게 느끼게 된다.

반면, 인지적 공감은 좀 더 성숙한 이후 발달하는 뇌의 피질 부분과 관련됨을 알 수 있다. 정서적 공감은 유아가 태어난 후 3세까지 비슷한 수준에서 유지되거나 조금 증가하지만, 인지적 공감은 지속해서 발달할 수 있다. 인지적 공감은 다른 사람의 감정의 의미가 무엇인지 표상을 만들 수 있어야 하며, 타인의 관점을 취할 수 있는 능력이 향상되는 것과 관련된다. 이는 집행 기능(executive function)과 정신화 기능에 밀접한 연관이 있다. 집행 기능은 전전두피질과 관련되는데, 집중과 운동 반응을 조절하고, 만족을 지연시킬 수 있는 높은 수준의 자기 조절 인지과정이다. 정신화 기능은 자신과 타인의 마음을 아는 마음이론과 밀접한 관련이 있다(Carlson et al., 2004, p. 1105).

하지만 생애 초기 외상으로 인해 뇌 발달에 문제가 생기는 경우 타인에 대한 공감뿐만 아니라 자기의 마음에 대한 공감 능력에도 영향을 미칠 수 있다. 또한 성인이 되어서도 극복하기 힘든 외상이나 반복적인 외상으로 인해 뇌 활성화에 문제가 생기면 공감 능력에 큰 영향을 미치기도 한다. 자기가 경험하는 사건에 대해서도 공감 능력이 부족해져 일반적으로 쉽게 극복할 수 있는 사소하고 일상적인 자기애적 상처를 심리 내적으로 처리하지 못하고 외상으로 남게 되기도 한다. 따라서 상담사가 정서적 공감, 인지적 공감을 제공하는 상담을 통해 내담자가 자기의 감정에 대해서도 공감할 수 있는 역량을 내면화할 수 있도록 하게 되면 내담자는 상담을 마친 후에도 생활에서 경험하는 다양한 사건에 대해 내적으로 처리할 수 있는 역량을 확장할 수 있다.

생애 초기 외상과 관련해서 공감 능력이 발달하지 못하게 되는 요인을 쉽게 알 수 있는 좋은 방법은 발달선상에서 가장 초기의 문제이고 자기-대상관계의 관점에서 볼 때 상호작용에 가장 어려움이 있는 자폐증 환자들의 뇌 연구를 통해서이다. 자폐증에서는 사회적 상호작용을 하면서 상대의 마음을 읽는 정신화 능력에 문제가 생긴다. 이는 상대에게 정신을 돌리고 무엇으로부터 상대의 마음이 유래되었는지 그 요인을 생각해 보는 정신 상태 귀인 능력(mental state attribution)에 문제가 생기는 것이다(Decety, 2011/2018, p. 322). 이는 생애 초기 유아의 뇌 발달과정에서 시냅스 연결에 문제가 생겨서 대뇌 영역 간에 비정상적으로 연결되기 때문이다(Decety, 2011/2018, p. 336).

따라서 심각한 수준의 정신증 환자의 경우에는 공감 능력이 발달할 수 없게 된다. 연구에서는 거울 뉴런이 공감 능력과 관계있다고 보고 자폐증에서 공감 능력이 없는 것을 거울 뉴런 연구를 통해서 증명했다. 거울 뉴런은 1992년에 원숭이가 다른 원숭이의 행동을 보는 것만으로도 행동할 때와 같은 뉴런이 반응한다는 사실을 발견하면서 그 존재와 기능이 확인되었다(Gallese et al., 1996, p. 593). 거울 뉴런은 모방 행동을 하게 하는 작용을 하는데, 유아들이 엄마의 표정을 따라 할 때 작용하는 뉴런이다. 거울 뉴런을 통해 인간은 행동, 표정, 감정 등을 모방할 수 있고, 언어 습득도 가능하게 된다. 거울 뉴런의 또 다른 중요한 기능을 보면 상대방의 입장을 알 수 있게 해서 공감과 상대방의 관점을 취하는 행동과 관련되어 있다(Woodruff, 2018, p. 158). 하지만 자폐증에서는 거울 뉴런 신경계의 선천적인 이상이 나타남을 관찰했고, 이를 통해 자폐증에서 나타나는 상호작용의 문제는 거울 뉴런에서의 문제로 인해 나타남을 알 수 있다.

대상관계이론과 정신분석에서도 거울 뉴런에 관한 관심이 증대되고 있다. 거울 뉴런은 독특한 기능을 통해 대상의 정서적 상태를 공유하게 되고, 상호주관적인 경험을 하게 하는 의사소통의 역할을 한다. 자폐증은 결국 대상의 주요 신호를 알아차리기 어려운 상태로 인해 의도적 조율을 방해받는 상태이다. 자폐증 환자들은 상호주관적으로 기능하지 못하는 결함을 가지고 있어서 인지적·실행적 결함을 가지게 되는데, 이는 거울 뉴런 연결의 손상으로 인한 것이라고 볼 수 있다. 사람이 사회생활을 하는 과정에서 자기를 형성하고 사회적 지능을 개발하는 데에 상호주관성이 작용하는데, 거울 뉴런은 이러한 상호주관성이 작용하게 되는 데 관련이 있기에 대상관계 상담에 매우 중요하다(Gallese, 2006, p. 47).

이러한 환자들을 위해 비온은 깊은 수준의 정서적 공감으로 공명해 주는 분석가의 능력을 강조했다. 이는 뇌의 좀 더 원시적이고 본능적인 부위인 편도체, 뒤쪽 뇌섬엽, 안와전두피질 부위의 활성화와 관련이 있을 수 있다. 앞서 살펴본 바와 같이 이 부위의 활성화는 좀 더 큰 고통을 유발하기 때문에 성장하면서 대뇌피질의 발달로 활성화가 억제된다고 했다. 하지만 정서적 공감 능력으로 공명해 주는 분석가의 기능은 내담자가 감당하기 힘든 고통을 나눠 주게도 한다.

다양한 연구에서의 강조점은 정서적 공감과 인지적 공감이 함께 작동하는 것이 중요하다는 것이다. 하지만 어린 시절 부모의 적절한 반응을 받지 못했던 외상을 입은 애착 트라우마 내담자들의 경우 정서를 처리하는 기능에 문제가 생기게 된다. 이들 중 신체적·심리적 학대를 받았던 경우는 두려운 정서에 압도되어 과활성화되거나 정서적 반응을 제대로 받지 못했던 방임 경험으로 인해 정서를 잘 느끼지 못하기도 한다. 과활성화되는 경우 실제 문제가 없는 상황에서도 심각한 두려움을 느끼게 되어서 사회적 기능을 할 수가 없거나 정서가 억제되는 경우 주지화나 합리화 등의 과도한 방어 기제로 타인에 대해 공감할 수 없게 된다. 정서를 잘 느낄 수 없는 경우 상황 판단 기능이 떨어지거나 정서 차단으로 인해 생생함이 없는 경직된 삶을 살 수도 있을 것이다. 갑작스러운 트라우마로 인해 정서를 인지화하는 능력이 정지될 수 있는데, 이때 깊은 수준의 공감이 필요하다. 다음에 설명할 두 사례를 통해 깊은 수준의 공감이 어떤 것인지에 대해 생각해 볼 수 있다.

A가 오랫동안 사귀어 온 사랑하는 사람이 갑작스러운 교통사고로 병원에 실려 갔지만 결국 사망하게 되었다. A는 병원에 갔다가 충격을 받은 나머지 죽을 것 같은 고통스러운 마음에 친구 B에게 문자를 했고 영상통화로 다급하게 전화를 걸어 온 친구의 얼굴을 영상으로 마주하고 한참 서로의 얼굴을 쳐다보다가 힘겹게 이야기를 시작했다. A는 숨을 잘 쉴 수가 없는 공황발작 상태에 있었고, B는 그 친구의 숨 막히는 고통이 마음으로 너무나 잘 전달되었다. A는 말을 하기 힘들었고, 믿을 수 없는 이 상황에 대해 가쁜 숨을 몰아쉬며 띄엄띄엄 말을 이어 갔다. "좀 전에 만났다가…… 집으로 간다고 헤어졌는데…… 어떻게 이런 일이…… 믿을 수 없어." A는 말하면서 눈물을 흘렸지만, 큰 소리로 울지도 못하고 삼켰다.

B는 영상으로 A의 모습을 보면서 눈을 들여다보았고, 가슴을 짓누르는 느낌과 함께 숨이 막히는 것과 같은 경험과 가슴이 쓰라린 고통을 느꼈다. '이를 어쩌지. 정말 큰일 났네. 마음이 너무 아프다. 하지만 이 시간이 지나가고 친구가 이겨 낼 수 있겠지.'라

는 생각을 하며, 깊은 슬픔을 함께 느끼면서 영상 너머에 있는 A를 바라보았다. 실제로는 찰나의 시간이었지만, 억겁의 시간처럼 길게 느껴졌다. 그렇게 얼굴을 바라보며 시간이 조금 지나고 나니 B의 마음은 여전히 아프고 고통스러웠지만, 희미하게 편안함이 느껴지기 시작했다. 그렇게 그 시간을 함께하고 많은 시간이 지난 후 A가 충격에서 좀 더 회복되었을 때 B에게 말했다. "그때 난 숨을 쉴 수가 없었어. 머릿속에는 아무 생각이 없이 나도 죽고 싶다는 생각만 있었고…… 그런데 네가 영상통화를 걸어서 나를 뚫어지게 쳐다보는데, 그 눈빛이 같은 감정을 느끼는 눈빛으로 보는 것 같았어. 그리고 조금 지나고 나니 조금씩 숨을 쉴 수 있더라."

이 사례는 상담실에서의 상황은 아니고 깊이 마음을 나누는 친구관계에서의 공감이라 상담사가 내담자에게 할 수 있는 정도의 공감보다는 좀 더 깊은 수준의 공감일 수 있다. 하지만 이 사례의 친구 B는 실제로 고통스러운 트라우마 내담자를 상담해 주는데 특별한 재능을 가진 잘 훈련된 상담사였고, 내담자의 고통을 좀 더 정서적으로 함께 생생하게 느껴 주는 상담사의 공감이 필요함을 강조하기 위해서 이 사례를 독자들에게 소개했다. 상담사는 내담자와 신체적 접촉을 할 수도 없고, 자기가 할 수 없는 범위를 넘어서는 수준의 일은 할 수 없다. 하지만 심한 좌절과 고통 속에서 견디기 힘들어하는 내담자에게는 자기와 대상의 경계가 허물어지면서 침투를 허용하여 담아내고 공명해 주는 상담사의 능력이 필요할 때도 있다. 이 사례에서 볼 수 있는 것처럼 내담자는 말로 표현하기 힘든 고통을 겪고 있기에 더욱 고통스러웠다. 이러한 고통은 지금까지 살펴본 것처럼 언어를 사용할 수 없었던 유아기에 정서를 경험했을 때 나타나는 좀 더 원시적인 뇌 영역의 활성화와 관련된다.

다음 사례는 좀 더 인지적인 공감을 하던 남성이 정서적인 공감을 하는 역량을 점차 키워 가던 사례로, 앞에 제시된 사례와 함께 깊은 공감이 무엇인지에 대해 생각해 볼 수 있을 것이다. 깊은 공감을 하기 힘들어서 공감을 책으로 배우기 시작했다는 남자 C의 사례이다. C는 어린 시절 부모님으로부터 받은 큰 상처가 없었기에 아픔이 무엇인지, 고통스러운 감정이 무엇인지에 대해 느낄 기회가 별로 없었다. 평상시에 가지고 있는 정서는 즐거움과 기쁨 같은 긍정적 감정이었다. 어머니는 과도하게 사랑을 주어서 아들이 느끼기에는 체할 것 같은 느낌을 주는 분이었는데, C는 어머니가 자기에게 관심을 좀 덜 주었으면 하는 마음이 가득했다. 그는 체질적으로 입맛이 없어서 적게 먹는 사람이었는데, 어머니는 아들이 적게 먹는 것에 대해 항상 마음이 좋지 않아서 어떻게 하면 입맛에 맞게 음식을 해 줄까 늘 고민하던 분이었다고 한다. 반찬이 식으면 더 맛이 없기에 식지 않은 따뜻한 상태에서 음식을 먹이려고 음식 만드는 순서를 맞춰서 음식을 정성스럽게 차려 줄 정도로 신경을 쓰는 분이었다. 또한 식사 때마다 반찬의 가짓수도 일반 가정에서 먹는 가짓수보다 항상 많았다고 한다. 초등학교 고학년 때에는 입맛이 도는 좋은 보약을 먹어서 입맛이 너무 좋아져 한동안 살이 찌기도 했다.

그렇게 사랑을 받다 보니 그 사랑이 버거워서 C는 엄마를 벗어나고 싶은 마음이 생겼고, 대학교 1학년 여름방학 때 엄마를 벗어나서 군대에 가야겠다고 생각했다. 결국 1학년만 마친 상태에서 갔던 군대는 그에게 굉장한 좌절을 경험하게 했지만, 다행히 C는 그 시간을 잘 견뎌 내고 더 성장하여 나오게 되었다. 이후 대학교 시절을 잘 보내고 대학원에 들어갔을 때는 연구자가 되고 교수가 되어야겠다고 계획했는데, 대학원에 들어가면서 상담심리학에 깊은 관심을 가지게 되어 상담사가 되어야겠다고 결심하고 공부를 시작했다. 그런데 상담을 공부하면서 가장 큰 문제는 자기가 살아오면서 큰 정서적 고통이 없어서인지 타인의 고통을 생생하게 잘 공감할 수 없다는 점이었다. 다른 사람의 불안과 고통을 마음을 다해 느끼거나 이해할 수 없었고, 그냥 머리로 생각하기에 내담자가 힘들었을 것이라 짐작하는 정도였다. 그래서 학업과 임상 훈련 중에 책에 나온 다양한 사례를 읽으면서 내담자의 고통을 머리로 암기하며 이해하기 시작했고, 책에서 배운 공감을 적용해서 공감하는 연습을 반복하게 되었다.

C는 공부와 훈련을 무사히 마치고 상담사로서 활동하면서 내담자의 아픔이 여전히 가슴 깊이 잘 공감이 되지 않는 문제를 가지고 고민을 했다. 그 과정에서 내담자들은 이 상담사에게 자신의 깊은 마음을 이해받지 못한다고 종종 불만을 표현하기도 해서 C는 자기가 가진 공감 능력이 부족한 데에 대해 불편함과 속상함을 느끼기도 했다. 하지만 어느 날 C는 한 내담자를 만나면서 내담자의 감정을 생생하게 느끼고 공감하는 경험을 했고, 그 경험은 상담사로서 그에게 큰 전환점이 되었다. 그 내담자는 감수성이 풍부한 내담자로 예술 활동을 하는 사람이었는데, 상담실에서 내담자로 만나기에는 성격의 큰 어려움이 없는, 비교적 정서적으로 성숙한 사람이었다. 그 내담자의 이야기는 정서적

으로 이해가 되는 부분도 있었고, 내담자가 거꾸로 상담사를 이해해 주는 경험도 하게 되었다. 어느 날 내담자는 웃으면서 다음과 같이 말했다.

내담자: 선생님께 이야기하면서 한번은 정말 깊이 공감받았다는 느낌이 들었어요. 그때 굉장히 감동적이었는데…… 저의 불안을 진심으로 이해받았다고 느꼈고, 그 순간 제가 현실에 존재하는 것이 아니라는 느낌이 들었어요. 귀가 먹먹해지면서 주변이 고요해지고 따뜻한 무언가로 감싸 안는 느낌이 들었는데, 그게 엄마 배 속에서 느꼈던 느낌일까 싶었거든요. 그런데 그 이후로는 선생님이 제가 바란다고 말했던 것들을 외워서 공감해 준다는 느낌이 있어요. 그게 되게 재미있었거든요. 지난번에 제가 이 이야기를 했는데, '선생님이 기억하고 이걸 해 주네.' 이런 생각이 드는 일이 많았는데, 진짜 웃긴 건 이제는 더 안 해 줘도 되는데, 선생님이 과도하게 해 준다고 느껴져요. (웃음) 그래도 좋긴 해요. 또 마음속으로는 재미있어요. 그리고 어린 시절부터 부모님은 제가 원하는 걸 좀처럼 해 주지 않던 분들이었기 때문에 이렇게 공감을 많이 받아도 좋은 것 같아요. 그런데 선생님이 기억력이 굉장히 좋으신가 봐요. 어떻게 그걸 다 기억하고 해 주시나요?

C는 조금 민망했지만, 자기가 내담자를 깊이 공감하기보다는 내담자가 오히려 자기를 깊이 이해해 주고 공감해 준다는 느낌이 들었다. 내담자가 상담사를 잘 파악하고 하는 이야기여서 상담사에게는 내담자의 말이 직면이기도 했지만, 해석의 일종이기도 했다. C는 사실 기억력이 좋아서 생각이 머릿속에서 끊이질 않고 계속해서 드는 사람이었다. 어떨 때는 생각이 멈춰지지 않아서 밤에 바로 잠들지 못하는 경우도 많았다고 한다. 그는 감정을 느끼지 않는 것은 아니지만, 생각이 너무 빨리 돌기 때문에 감정이 생기는 순간 생각과 함께 소용돌이치기 시작하고 결국 인지적으로 생각하고 판단하고 결론을 내리게 된다는 것이다.

이는 내담자에게도 인지적 공감을 주로 해 준다는 의미가 된다. 뇌 신경생리학 연구에 따르면 정서적 공감을 할 때는 생애 초기 유아기에 발달하는 뇌 부위가 활성화되는데, 정서적 공감을 한다는 것은 타인이 고통스러운 것을 봤을 때 타인과 함께 공유하면서 느껴서 공명하는 상태가 되는 것이다. 정서적 공명 상태에서는 타인의 고통을 함께 느끼는 정도가 더 심하고 강렬하다. 반면에 인지적 공감은 사람이 좀 더 성숙해서 전두엽피질 부분이 발달했을 때 나타나는 것으로서 이 뇌 부위의 발달은 정서적 고통을 잘 분리해서 인지적으로 잘 공감하게 해 준다. 유아기 외상을 입었던 사람은 정서 기능에 문제가 생겨서 정서를 담당하는 뇌의 부위가 과활성화되거나 정서가 억제된다. 따라서 그러한 사람의 경우 타인의 힘든 상황을 봤을 때, 정서적 공감을 담당하는 부위가 과활성화될 가능성이 있어서 고통을 함께 느끼는 공명 상태와 유사하게 된다. 또한 초기 외상은 정서적으로 느껴지는 것을 인지적으로 해석하게 하는 뇌 연결 부위에 문제를 일으켜 인지적 공감 능력을 떨어지게 할 수 있다.

상담사 C는 본인의 기억에 외상 경험이 없기도 하고, 실제로 내담자의 정서를 느끼기는 하므로 외상을 겪은 것 같지는 않다고 했다. 오히려 그는 어린 시절 고통스러운 경험을 별로 하지 않았기 때문에 고통스러움을 느끼는 뇌 부위의 활성화가 덜 되었을 수도 있고, 기질적인 원인일 수도 있다. C는 전두엽피질 부분이 과도하게 발달해서 인지적 공감을 더 많이 하는 것으로 보이는데, 전두엽피질의 발달은 타인의 고통을 잘 분리하는 능력을 발달하게 하므로 C의 경우 이러한 능력이 발달해서 내담자의 고통을 절절히 느끼지 않는 것일 수도 있다. 하지만 내담자가 진심으로 공감받았다고 한순간에는 공명했던 상태처럼 보이기 때문에 그 순간에는 내담자와 상담사가 상호주관적으로 공명을 했을 가능성이 있다. 어쩌면 보통 때는 인지 기능이 너무 발달해서 생각이 빨리 돌아 공명을 인식하는 시간적 여유가 없을 수도 있다. 아니면 이 내담자가 비교적 성숙한 사람이기에 상호작용을 잘할 수 있는 능력과 관련된 배 쪽 미주신경 활성화가 잘 이루어져 거꾸로 상담사의 배 쪽 미주신경 활성화를 도왔을 가능성도 있다.

이 사례에서 "심한 정서적 고통을 겪었던 사람이 더 좋은 치료자가 될 수 있다."라는 말이 떠오른다(McWilliams, 2004/2007, p. 76). C는 심한 정서적 고통 경험을 겪어 보지 못했기에 내담자의 고통을 이해는 하지만, 절절히 마음으로 느끼지는 못했다. 머리로 이해한 공감을 내담자에게 계속해 줘서 내담자가 '이제는 그만해 줘도 괜찮은데.'라고 느꼈던 부분은 상대의 정서를 바로 느끼지 못하기 때문인지도 모른다. 그리고 어쩌면 어린 시절 어머니가 상담사 C에게 과하게 해 주었던 것을 반복하고 있었을지도 모른다. 한편으로 내담자들은 보통 부모의 사랑을 받지 못하고 상담에 찾아오는 사람들이기 때문에 상담사의 과한 수용과 지지가 내담자에게 적절한 것일 수도 있다. 엄마 젖을 충분히 먹어야 분리되는 유아처럼 내담자들도 충분히 먹고 괜찮아져서 치료되는 상황도 있는 것 같다.

앞서 언급했던 바와 같이 엄마가 배 쪽 미주신경을 통해 유아의 상태를 느끼고 파악하는 능력과 유사하게 상담사 역시 내담자와 상호주관적인 관계를 한다. 상담사는 정서적으로 함께 경험하지만, 정서의 소용돌이에 휘말려 드는 것만이 아니라 분리된 상태로 빠져나올 수 있는 능력도 필요하다. 이를 위해서는 기본적으로 자기감이 단단한 상담사의 자질이 필수적이다. 내담자와의 정서적 공명 속에서 내담자가 소화하지 못하는 베타 요소들을 알파 요소들로 소화해 주고, 이에 대한 해석을 내담자에게 돌려줄 것인지 아닌지를 판단해야 하지만 이는 상황에 따라 다르다. 상호주관적인 상황 속에서 소화된 알파 요소를 직접 전달하지 않아도 전달되는 때도 있고, 내담자가 좌절을 좀 더 견딜 수 있다고 판단되면 해석을 전달해 줄 수도 있다. 이러한 진정한 공감 속 해석은 내담자와 상담사 양측 모두에게 성장을 가져올 것이다.

대상관계이론에서 중요하게 여기는 공감은 투사적 동일시의 성숙한 형태라고 본다. 공감하지 못하는 편집-분열적 양태에서의 투사적 동일시와 공감 능력이 생기는 우울적 양태에서의 투사적 동일시의 수준이 다르다는 점은 비온이나 오그덴과 같은 임상가들에 대해 제시되었다. 편집-분열적 양태와 우울적 양태는 이론적 개념과 구분이 있을 뿐, 실제로 구분하는 방법은 제시되고 있지 않아서 사람들이 어느 양태에 많이 머물러 있는지는 상담사가 주관적으로 판단할 수밖에 없다. 만약 공감과 관련된 뉴런에 관한 연구가 많이 축적되고 나면 뇌의 이미지 촬영으로 한 개인의 공감 능력을 측정함으로써 편집-분열적 양태에 많이 머물러 있는 덜 성숙한 사람인지, 우울적 양태에 많이 머물러 있는 성숙한 사람인지 구분할 수 있는 날이 오지 않을까 하는 기대도 해 본다.

지금까지 뇌 신경생리학 이론을 적용해서 공감과 관련된 뇌 활성에 대해 살펴보았고, 깊은 수준의 공감이 무엇인지에 대해 생각해 보았다. 내담자들이 자기의 문제에 대해 공감할 수 있는 역량의 부족은 뇌 활성화 기능의 부족이 한 가지 원인이라고 생각해 볼 수 있다. 이러한 사실들을 통해 생각해 볼 수 있는 점은 상담사의 공감 능력은 다양한 뇌 영역의 복잡한 활성화로 가능하다는 점이다. 만약 상담사가 외상으로 인해 공감하는 역량이 부족한 경우 상담사 역시 교육분석, 즉 장기간 다른 상담사에게 상담을 받는 경험을 통해 자기의 문제를 돌아보고 공감 능력을 내면화함으로써 상담사로서의 역량을 키울 필요가 있다. 또한 공감과 관련된 다양한 관점의 학습을 통해 공감한다는 것이 무엇인지, 자기가 공감을 제대로 하고 있는지를 살펴보고 실제 상담에서 어떻게 적용해야 할지 깊은 고민을 해야 할 것이다. 이 책을 읽은 심리학 및 상담학 전공생들, 현장 상담사들뿐만 아니라 일반인들도 대상관계이론에 대한 전반적인 이해가 되었기를 간절히 바라며 이 책을 마친다.

참고문헌

가요한(2017). 종교적 경험이 발달적 이해. 한국기독교상담학회지, 28(2), 9-43.

가요한(2021). 심리영성발달의 이해: 호모 스피리투스 되어가기. 서울: 학지사.

국립국어원 표준국어대사전 https://stdict.korean.go.kr/main/main.do

권수영(2007). 기독[목회]상담, 어떻게 다른가요: 심리학과 신학의 만남. 서울: 학지사.

도민우(2017). 6개월만 연애하고 상처 주지 않고 이별하는 법. 경기: 쿼렌시아.

영남일보(2019. 06. 20.). [우리말과 한국문학] '자기'의 매력.

최경수(2017). 청년 실업률은 왜 상승하는가?. KDI FOCUS, 88, 1-8

Amad, A., Ramoz, N., Thomas, P., Jardri, R., & Gorwood, P. (2014). Genetics of borderline personality disorder: Systematic review and proposal of an integrative model. *Neuroscience & Biobehavioral Reviews, 40*, 6-19.

American Psychiatric Association. (2015). 정신질환의 진단 및 통계 편람(제5판) [*Diagnostic and statistical manual of mental disorders* (5th edition)]. (권준수, 김재진, 남궁기, 박원명, 신민섭, 유범희, 윤진상, 이상익, 이승환, 이영식, 이헌정, 임효덕 공역). 서울: 학지사. (원저는 2013년에 출판).

American Psychoanalytic Association. (2002). 정신분석용어사전 (*Psychoanalytic terms and concepts*). (이재훈 역). 서울: 한국심리치료연구소. (원저는 1990년에 출판).

Arehart-Treichel, J. (2014). Imaging Shows Brain Changes In Conversion-Disorder Patients. *Psychiatric News, 49*(2), 1-1.

Ball, J. S., & Links, P. S. (2009). Borderline personality disorder and childhood trauma: Evidence for a causal relationship. *Current Psychiatry Reports, 11*(1), 63-68.

Baird, A., Ingrid, D., Scheffer, E., & Wilson, S. J. (2011) Mirror neuron system involvement in empathy: A critical look at the evidence. *Social Neuroscience, 6*(4), 327-335.

Bauer, G. P. (2007). 지금-여기에서의 전이분석 (*The Analysis of the transference in the here and now*). (정남운 역). 서울: 학지사. (원저는 1993년에 출판).

Belmonte, M. K., Allen, G., Beckel-Mitchener, A., Boulanger, L. M., Carper, R. A., & Webb, S. J. (2004). Autism and abnormal development of brain connectivity. *Journal of Neuroscience, 24*(42), 9228-9231.

Bion, W. R. (2000). Making the best of a bad job. *In Clinical seminars and other works*. London: Karnac Books. (원저는 1979년에 출판).

Bion, W. R. (2013). 경험에서 배우기 (*Learning from experiences*). (윤순임 역). 서울: NUN. (원저는 1962년에 출판).

Bion, W. R. (2018). 숙고 (*Cogitations*). (이재훈 역). 서울: 한국심리치료연구소. (원저는 1992년에 출판).

Brown. L. J. (2018). 상호주관적 과정과 무의식 (*Intersubjective process and the unconscious*). (이재훈, 김유진 공역). 서울: 한국심리치료연구소. (원저는 2011년에 출판).

Carlson, S. M., Mandell, D. J., & Williams, L. (2004). Executive function and theory of mind: Stability and prediction from ages 2 to 3. *Developmental Psychology, 40*(6), 1105-1122.

Chen, G., Ward, B. D., Claesges, S. A., Li, S. J., & Goveas, J. S. (2020). Amygdala functional connectivity features in grief: A pilot longitudinal study. *The American Journal of Geriatric Psychiatry, 28*(10), 1089-1101.

Chessick, R. D. (2012). 자기심리학과 나르시시즘의 치료 (*Psychology of the self and the treatment of narcissism*). (임말희 역). 서울: NUN. (원저는 1985년에 출판).

Colarusso, C. A. (2011). 정신분석적 발달이론 (*Child and adult development: A psychoanalytic introduction for clinicians*). (반건호, 정선주 공역). 서울: 학지사. (원저는 1992년에 출판).

Coyle, J. T., Balu, D., Puhl, M., & Konopaske, G. (2016). A perspective on the history of the concept of "disconnectivity" in schizophrenia. *Harvard Review of Psychiatry, 24*(2), 80-86.

Cozolino, L. (2018). 정신치료의 신경과학: 사회적인 뇌 치유하기 (*The neuroscience of psychotherapy*). (강철민, 이영호 공역). 서울: 학지사. (원저는 2010년에 출판).

Decety, J. (2018). 공감-기초에서 임상까지 (*Empathy: From bench to bedside*). 서울: 학지사. (원저는 2011년에 출판).

Decety, J., & Chaminade, T. (2003). When the self represents the other: A new cognitive neuroscience view on psychological identification. *Consciousness and Cognition, 12*(4), 577-596.

Decety, J., & Michalska, K. J. (2009). Neurodevelopmental changes in the circuits underlying empathy and sympathy from childhood to adulthood. *Developmental Science, 13*(6), 886-899.

EBS 교육방송(2014). 사랑은 900일간의 폭풍. 서울: 교육방송(EBS).

Eres, R., Decety, J., Louis, W. R., & Molenberghs, P. (2015). Individual differences in local gray matter density are associated with differences in affective and cognitive empathy. *NeuroImage, 117*, 305-310.

Finn, E. S., Corlett, P. R., Chen, G., Bandettini, P. A., & Constable, R. T. (2018). Trait paranoia shapes inter-subject synchrony in brain activity during an ambiguous social narrative. *Nature Communications, 9*(1), 1-13.

Fosha, D., Siegel, D. J., Solomon, M. F. (2013). 감정의 치유력 (*The transforming power of affect: A model for accelerated change*). (노경선, 김건종 공역). 서울: NUN. (원저는 2000년에 출판).

Freud, S. (2017). 정신분석학의 근본 개념 (*Sigmund Freud Gesammelte Werke*). (윤희기, 박찬부 공역). 서울: 열린책들. (원저는 1920년에 출판).

Friston, K. J. (2002). Dysfunctional connectivity in schizophrenia. *World Psychiatry, 1*(2), 66.

Gallese, V. (2006). Mirror neurons and intentional attunement: Commentary on olds. *Journal of the American Psychoanalytic Association, 54*(1), 47-57.

Gallese, V., Fadiga, L., Fogassi, L., & Rizzolatti, G. (1996). Action recognition in the premotor cortex. *Neurology, 119*, 593-609.

Gomez, L. (2008). 대상관계이론 입문 (*An introduction to object relations*). (김창대, 김진숙, 이지연 공역). 서울: 학지사. (원저는 1997년에 출판).

Greenberg, J. R., & Mitchell, S. R. (1999). 정신분석학적 대상관계이론 (*Object relations in psychoanalytic theory*). (이재훈 역). 서울: 한국심리치료연구소. (원저는 1983년에 출판).

Grotstein, J. S. (2012). 흑암의 빛줄기: 윌프레드 비온의 정신분석학 (*A beam of intense darkness*). (이재훈 역). 서울: 한국심리치료연구소. (원저는 2007년에 출판).

Guntrip, H. (1992). *Schizoid phenomena, object relations and the self.* London: Routledge.

(원저는 1968년에 출판).

Guntrip, H. (2020). 짧게 쓴 정신분석의 역사 (*Psychoanalytic theory, therapy, and the self*). (정승아 역). 서울: 학지사. (원저는 1971년에 출판).

Gupta, S. S., & Raut, A. V. (2016). *Early childhood development: Maximizing the human potential in frontiers in social pediatrics*. New Delhi, India: Jaypee Brothers Medical Publishers

Hamilton, N. G. (2007). 대상관계이론과 실제: 자기와 타자 (*Self and others: Object relations theory in practice*). (김진숙, 김창대, 이지연 공역). 서울: 학지사. (원저는 1988년에 출판).

Hamilton, N. G. (2008). 심리치료에서 대상관계와 자아기능 (*The self and the ego in psycho-therapy*). (김창대, 이지연, 김진숙 공역). 서울: 학지사. (원저는 1996년에 출판).

Harris, S., Sheth, S. A., & Cohen, M. S. (2008). Functional neuroimaging of belief, disbelief, and uncertainty. *Ann Neurol. 63*(2), 141-147.

Hinshelwood, R. D. (2006). 임상적 클라인: 이론과 실제 (*Clinical Klein: From theory to practice*). (이재훈 역). 서울: 한국심리치료연구소. (원저는 1994년에 출판).

Horney, K. (2000). *New ways in psychoanalysis*. New York: W. W. Norton & Company. (원저는 1939년에 출판).

Irle, E., Lange, C., Weniger, G., & Sachsse, U. (2007). Size abnormalities of the superior parietal cortices are related to dissociation in borderline personality disorder. *Psychiatry Research: Neuroimaging, 156*(2), 139-149.

Jarcho, J. M., Berkman, E. T., & Lieberman, M. D. (2011). The neural basis of rationalization: Cognitive dissonance reduction during decision-making. *Social Cognitive and Affective Neuroscience, 6*(4), 460-467.

Kanai, R., Feilden, T., Firth, C., & Rees, G. (2011). Political orientations are correlated with brain structure in young adults. *Current Biology, 21*(8), 677-680.

Kavaler, S. (2009). 애도: 대상관계 정신분석의 관점 (*Mourning, spirituality and psychic change: A new object relations view of psychoanalysis*). (이재훈 역). 서울: 한국심리치료연구소. (원저는 2004년에 출판).

Kikuchi, H., Fujii, T., Abe, N., Suzuki, M., Takagi, M., Mugikura, S., & Mori, E. (2010). Memory repression: Brain mechanisms underlying dissociative amnesia. *Journal of Cognitive Neuroscience, 22*(3), 602-613.

Kohut, H. (2002). 자기의 분석 (*The analysis of the self*). (이재훈 역). 서울: 한국심리치료연구소. (원저는 1971년에 출판).

Kohut, H. (2006). 자기의 회복 (*The restoration of the self*). (이재훈 역). 서울: 한국심리치료연구소. (원저는 1971년에 출판).

Kolb, B., & Whishaw, I. Q. (2018). 신경심리학의 기초(제7판) [*Fundamentals of human neuropsychology* (7th ed.)]. (김명선, 김제중, 진영선, 한상훈 공역). 서울: 시그마프레스. (원저는 2015년에 출판).

Krause-Utz, A., Frost, R., Winter, D., & Elzinga, B. M. (2017). Dissociation and alterations in brain function and structure: Implications for borderline personality disorder. *Current Psychiatry Reports, 19*(1), 1-22.

Krause-Utz, A., Winter, D., Niedtfeld, I., & Schmahl, C. (2014). The latest neuroimaging findings in borderline personality disorder. *Current Psychiatry Reports, 16*(3), 437-438.

Kush, L. (2013). The molecular basis of love. *International Journal of Innovative Research and Development, 2*(11), 242-247.

Lefèvre, A. (2016). 100% 위니캇 (*100% Winnicott*). (김유빈 역). 서울: 한국심리치료연구소. (원저는 2011년에 출판).

Mahler, M. (1997). 유아의 심리적 탄생: 공생과 개별화 (*The psychological birth of the human infant: Symbiosis and individuation*). (이재훈 역). 서울: 한국심리치료연구소. (원저는 1975년에 출판).

Marsh, A. A. (2018). The neuroscience of empathy. *Current Opinion in Behavioral Sciences, 19*, 110-115.

McGlashan, T. H., & Hoffman, R. E. (2000). Schizophrenia as a disorder of developmentally reduced synaptic connectivity. *Archives of General Psychiatry, 57*(7), 637-648.

McWilliams, N. (2007). 정신분석적 심리치료 (*Psychoanalytic psychotherapy: A practitioner's guide*). (권석만, 이한주, 이순희 공역). 서울: 학지사. (원저는 2004년에 출판).

McWilliams, N. (2018). 정신분석적 진단: 성격 구조의 이해(2판) (*Psychoanalytic diagnosis, Second Edition: Understanding personality structure in the clinical process*). (이기련 역). 서울: 학지사. (원저는 2011년에 출판).

Meissner, W. W. (2010). Some notes on the epistemology of empathy. *The Psychoanalytic Quarterly, 79*(2), 421-469.

Mitchell, S. A., & Black, M. J. (2000). 프로이트 이후: 현대 정신분석학. *(Freud and beyond: A history of modern psychoanalytic thought)*. (이재훈, 이해리 공역). 서울: 한국심리치료연구소. (원저는 1995년에 출판).

New York Times (2021. 10. 17.). "Anni Bergman, Therapist who listened to children, dies at 102".

Nunes, P. M., Wenzel, A., Borges, K. T., Porto, C. R., Caminha, R. M., & de Oliveira, I. R. (2009). Volumes of the hippocampus and amygdala in patients with borderline personality disorder: A meta-analysis. *Journal of Personality Disorders, 23*(4), 333-345.

Pincus, A. L., & Lukowitsky, M. R. (2010). Pathological narcissism and narcissistic personality disorder. *Annual Review of Clinical Psychology, 6*(1), 421-446.

Posner, M. I., & Peterson, S. E. (1990). The attention system of the human brain. *Annual Review of Neuroscience, 13*, 25-42.

Sansone, R. A., & Sansone, L. A. (2011). Gender patterns in borderline personality disorder. *Innovations in Clinical Neuroscience, 8*(5), 16-20.

Scharff, J. S., & Scharff, D. E. (2008). 초보자를 위한 대상관계 심리치료 *(Object relations theory and practice: An introduction)*. (오규훈, 이재훈 공역). 서울: 한국심리치료연구소. (원저는 1995년에 출판).

Schlauch, C. R. (1999). Rethinking selfobject and self: Implications for understanding and studying religious matters. *Pastoral Psychology, 48*, 57-78.

Schore, A. N. (2001). The effects of a secure attachment relationship on right brain development, affect regulation, and infant mental health. *Infant Mental Health Journal, 22*, 7-66.

Segal, H. (1999). 멜라니 클라인: 멜라니 클라인의 정신분석학 *(Introduction to the work of Melanie Klein)*. (이재훈 역). 서울: 한국심리치료연구소. (원저는 1964년에 출판).

Solms, M. (2004). Freud returns. *Scientific American, 290*(5), 82-88.

Song, H., Zou, Z., Kou, J., Liu, Y., Yang, L., Zilverstand, A., Uquillas, F. O., & Zhang, X. (2015). Love-related changes in the brain: A resting-state functional magnetic resonance imaging study. *Frontiers in Human Neuroscience, 9*, 1-13.

Spotnitz, H. (2016). 정신분열증치료와 모던정신분석 *(Modern psychoanalysis of the schizophrenic patient)*. (이준호 역). 서울: 한국심리치료연구소. (원저는 1969년에 출판).

St. Clair, M. (2017). 대상관계이론과 자기심리학(제4판) [*Object relations theories and self psychology: An introduction* (4th ed.)]. (안석모 역). 서울: 센게이지러닝코리아. (원저는 2003년에 출판).

Stern, D. N. (2018). (정신분석과 발달심리학적 시각에서 바라본) 유아의 대인관계적 세계 *(The interpersonal world of the infant: A view from psychoanalysis and developmental psychology)*. (한동석 역). 서울: 씨아이알. (원저는 1985년에 출판).

Strozier, C. (2004). *Heinz Kohut: The making of a psychoanalyst*. New York: Other Press.

Summers, F. L. (2004). 대상관계이론과 정신병리학 *(Object relations theories and psychopa-thology: A comprehensive text)*. (이재훈 역). 서울: 한국심리치료연구소. (원저는 1994년에 출판).

Teffer, K., & Semendeferi, K. (2012). Human prefrontal cortex: Evolution, development, and pathology. *Progress in Brain Research*, *195*, 191-218.

Tulving, E. (2002). Episodic memory: From mind to brain. *Annual Review of Psychology*, *53*, 1-25.

Winnicott, D. W. (1997). 놀이와 현실 *(Playing and reality)*. (이재훈 역). 서울: 한국심리치료연구소. (원저는 1971년에 출판).

Woodruff, C. C. (2018). Reflections of others and of self: The mirror neuron system's relationship to empathy. In L. Stevens & C. C. Woodruff (Eds.), *The neuroscience of empathy, compassion, and self-compassion* (pp. 157-187). Cambridge, MA: Elsevier Academic Press.

찾아보기

저자 소개

가요한(Ka, Yohan)

미국 밴더빌트대학교 대학원에서 박사학위(Ph.D.)를 받았고, 감리교신학대학교, 연세대학교, 이화여자대학교에서 강의했다. 2011년부터 한동대학교 상담심리사회복지학부 및 대학원 심리학과 교수로 재직 중이다. 한국연구재단 등재지인 『한국기독교상담학회지』 편집위원장(2016~2023)으로 활동했으며, 심리 발달과 영성 발달의 관계와 상호작용에 관심을 두고 연구하고 있다. 한국청소년상담복지개발원 청소년 상담사 교육과정의 대상관계이론 강사(2017~현재)로 강의하고 있고, 현대정신분석연구소(KICP) 정신분석가 과정 중이다. 2019년에 스피리투스(SPIRITUS) 심리분석연구소 · 심리상담센터를 설립한 후 연구소장과 슈퍼바이저로 상담, 교육, 연구에도 힘쓰고 있다. 대표 저서 및 역서로 『심리영성발달의 이해: 호모 스피리투스 되어가기』(학지사, 2021), 『종교적 경험과 심리』(공저, 학지사, 2018), 『Liberal Arts Education and Colleges in East Asia: Possibilities and Challenges in the Global Age』(공저, Springer, 2016), 『ADHD 코칭: 정신건강 전문가와 코치를 위한 안내서』(공역, 한국코칭수퍼비전아카데미, 2021), 『나르시시스트와 직장생활하기: 기업 리더들의 성격장애』(공역, 한국코칭수퍼비전아카데미, 2020), 『실존치료』(공역, 학지사, 2014) 등이 있다.

문은영(Moon, Eunyoung)

성균관대학교 약학부를 졸업한 후 제약회사 직원과 약사로 일하면서 서울대학교 대학원 경영학과(조직 및 인사선발 전공) 석사과정을 수료하였고, 앱 디자이너로 일하면서 디자인 공부의 필요를 느껴서 한양사이버대학교에서 디자인학 학사와 디자인학 석사학위를 마쳤다. 한동대학교 대학원 심리학과에서 심리학석사(MS), 심리학박사(Ph.D.) 과정을 졸업했으며, 현대정신분석연구소(KICP) 정신분석가 과정 중이다. 포스트 코로나 시대의 유연하고 적응력 있는 인간인 프로티언(Protean) 성격과 진로 발달 상담에 관해서 연구하고 있으며, 심리적 문제로 인한 신체화 증상과 신체적 · 심리적 · 영성적 관점의 통합적 치료에도 관심을 두고 연구하고 있다. 현재 스피리투스(SPIRITUS) 심리분석연구소 · 심리상담센터의 연구실장과 전문상담사로 재직하고 있으며, 캐나다에서 연수 및 연구 중이다. 역서로 『ADHD 코칭: 정신건강 전문가와 코치를 위한 안내서』(공역, 한국코칭수퍼비전아카데미, 2021), 『나르시시스트와 직장생활하기: 기업 리더들의 성격장애』(공역, 한국코칭수퍼비전아카데미, 2020)가 있다. 정서적으로 건강하게 잘 자라고 있는 두 아들 혁진(중3), 호진(초5)의 엄마이기도 하다.

대상관계이론과 상담
-호모 렐라티우스 되어 가기-
Object Relations Theories & Counseling
-Becoming *Homo Relativus*-

2022년 9월 20일 1판 1쇄 발행
2023년 8월 10일 1판 2쇄 발행

지은이 • 가요한 · 문은영
펴낸이 • 김진환
펴낸곳 • (주) 학지사

　　　　　04031 서울특별시 마포구 양화로 15길 20 마인드월드빌딩
대표전화 • 02)330-5114　　　팩스 • 02)324-2345
등록번호 • 제313-2006-000265호

홈페이지 • http://www.hakjisa.co.kr
인스타그램 • https://www.instagram.com/hakjisabook/

ISBN 978-89-997-2753-5 93180

정가 24,000원

출판미디어기업 학지사

간호보건의학출판 **학지사메디컬** www.hakjisamd.co.kr
심리검사연구소 **인싸이트** www.inpsyt.co.kr
학술논문서비스 **뉴논문** www.newnonmun.com
교육연수원 **카운피아** www.counpia.com